ŒUVRES COMPLÈTES
DE VOLTAIRE

TOME VINGT-SEPTIÈME

PARIS
LIBRAIRIE HACHETTE ET Cⁱᵉ
79, BOULEVARD SAINT-GERMAIN, 79

À LA MÊME LIBRAIRIE

ŒUVRES
DES PRINCIPAUX ÉCRIVAINS FRANÇAIS

VOLUMES IN-18 JÉSUS

On peut se procurer chaque volume de cette série relié en percaline gaufrée, sans être rogné, moyennant 50 cent.; en demi-reliure, dos en chagrin, tranches jaspées, moyennant 1 fr. 50 cent.; et avec tranches dorées, moyennant 2 fr. en sus du prix marqué.

1re Série à 1 franc 25 c. le volume.

Barthélemy : *Voyage du jeune Anacharsis en Grèce dans le milieu du IVe siècle avant l'ère chrétienne.* 3 volumes.
— *Atlas* pour le Voyage du jeune Anacharsis, dressé par J.-D. Barbié du Bocage, revu par A.-D. Barbié du Bocage. In-8, 1 fr. 50 c.
Boileau : *Œuvres complètes.* 2 vol.
Bossuet : *Œuvres choisies.* 5 vol.
Corneille : *Œuvres complètes.* 7 vol.
Fénelon : *Œuvres choisies.* 4 vol.
La Fontaine : *Œuvres complètes.* 3 volumes.
Marivaux : *Œuvres choisies.* 2 vol.
Molière : *Œuvres complètes.* 3 vol.
Montaigne : *Essais*, précédés d'une lettre à M. Villemain sur l'Éloge de Montaigne, par P. Christian. 2 vol.
Montesquieu : *Œuvres complètes.* 3 volumes.
Pascal : *Œuvres complètes.* 3 vol.
Racine : *Œuvres complètes.* 3 vol.
Rousseau (J.-J.) : *Œuvres complètes.* 13 volumes.
Saint-Simon (le duc de) : *Mémoires complets et authentiques sur le siècle de Louis XIV et la Régence*, collationnés sur le manuscrit original par M. Chéruel, et précédés d'une notice de M. Sainte-Beuve, de l'Académie française. 13 vol.
Sedaine : *Œuvres choisies.* 1 vol.
Voltaire : *Œuvres complètes.* 46 vol.

2e Série à 3 francs 50 cent. le volume.

Chateaubriand : *Le Génie du Christianisme.* 1 vol.
— *Les Martyrs ; — le Dernier des Abencerrages.* 1 vol.
— *Atala ; — René ; — les Natchez.* 1 vol.
Fléchier : *Mémoires sur les Grands-Jours d'Auvergne en 1665*, annotés par M. Chéruel et précédés d'une notice par M. Sainte-Beuve. 1 vol.
Malherbe : *Œuvres poétiques*, réimprimées pour le texte sur la nouvelle édition des *Œuvres complètes de Malherbe*, publiées par M. Léon Lalanne dans la Collection des GRANDS ÉCRIVAINS DE LA FRANCE. 1 vol.
Sévigné (Mme de) : *Lettres de Mme Sévigné, de sa famille et de ses amis*, réimprimées pour le texte sur la nouvelle édition publiée par M. Monmerqué dans la Collection des GRANDS ÉCRIVAINS DE LA FRANCE. 8 vol.

COULOMMIERS. — TYPOGRAPHIE PAUL BRODARD.

ŒUVRES COMPLÈTES
DE VOLTAIRE

COULOMMIERS
Imprimerie PAUL BRODARD.

ŒUVRES COMPLÈTES

DE VOLTAIRE

TOME VINGT-SEPTIÈME

PARIS
LIBRAIRIE HACHETTE ET Cie
79, BOULEVARD SAINT-GERMAIN, 79

1894

MÉLANGES.

(SUITE.)

LES QUESTIONS DE ZAPATA

TRADUITES PAR LE SIEUR TAMPONET, DOCTEUR DE SORBONNE.

(1767.)

Le licencié Zapata, nommé professeur en théologie dans l'université de Salamanque, présenta ces questions à la junta des docteurs en 1629. Elles furent supprimées. L'exemplaire espagnol est dans la bibliothèque de Brunswick.

SAGES MAÎTRES, — 1° Comment dois-je m'y prendre pour prouver que les Juifs, que nous faisons brûler par centaines, furent, pendant quatre mille ans, le peuple chéri de Dieu?

2° Pourquoi Dieu, qu'on ne peut sans blasphème regarder comme injuste, a-t-il pu abandonner la terre entière pour la petite horde juive, et ensuite abandonner sa petite horde pour une autre, qui fut pendant deux cents ans beaucoup plus petite et plus méprisée?

3° Pourquoi a-t-il fait une foule de miracles incompréhensibles, en faveur de cette chétive nation, avant les temps qu'on nomme historiques? Pourquoi n'en fait-il plus depuis quelques siècles? et pourquoi n'en voyons-nous jamais, nous qui sommes le peuple de Dieu?

4° Si Dieu est le Dieu d'Abraham, pourquoi brûlez-vous les enfants d'Abraham? et si vous les brûlez, pourquoi récitez-vous leurs prières, même en les brûlant? Comment, vous qui adorez le livre de leur loi, les faites-vous mourir pour avoir suivi leur loi?

5° Comment concilierai-je la chronologie des Chinois, des Chaldéens, des Phéniciens, des Égyptiens, avec celle des Juifs? et comment accorderai-je entre elles quarante manières différentes de supputer les temps chez les commentateurs? Je dirai que Dieu dicta ce livre; et on me répondra que Dieu ne sait donc pas la chronologie.

6° Par quels arguments prouverai-je que les livres attribués à Moïse furent écrits par lui dans le désert? A-t-il pu dire qu'il écrivait au delà du Jourdain, quand il n'a jamais passé le Jourdain? On me répondra que Dieu ne sait donc pas la géographie.

7° Le livre intitulé *Josué* dit que Josué fit graver le *Deutéronome* sur des pierres enduites de mortier : ce passage de Josué et ceux des anciens auteurs prouvent évidemment que, du temps de Moïse et de

Josué, les peuples orientaux gravaient sur la pierre et sur la brique leurs lois et leurs observations. Le *Pentateuque*[1] nous dit que le peuple juif manquait, dans le désert, de nourriture et de vêtements ; il était peu probable qu'on eût des gens assez habiles pour graver un gros livre, lorsqu'on n'avait ni tailleurs ni cordonniers. Mais comment conserva-t-on ce gros ouvrage gravé sur du mortier ?

8° Quelle est la meilleure manière de réfuter les objections des savants, qui trouvent dans le *Pentateuque* des noms de villes qui n'existaient pas alors, des préceptes pour les rois que les Juifs avaient alors en horreur, et qui ne gouvernèrent que sept cents ans après Moïse, enfin, des passages où l'auteur, très-postérieur à Moïse, se trahit lui-même en disant : « Le lit d'Og[2] qu'on voit encore aujourd'hui à Ramatha.... Le Cananéen[3] était alors dans le pays ?... etc., etc., etc. »

Ces savants, fondés sur des difficultés et sur des contradictions qu'ils imputent aux chroniques juives, pourraient faire quelque peine à un licencié.

9° Le livre de la *Genèse* est-il physique ou allégorique ? Dieu ôta-t-il en effet une côte à Adam pour en faire une femme ? et comment est-il dit auparavant qu'il le créa mâle et femelle ? comment Dieu créa-t-il la lumière avant le soleil ? comment divisa-t-il la lumière des ténèbres, puisque les ténèbres ne sont autre chose que la privation de la lumière ? comment fit-il le jour avant que le soleil fût fait ? comment le firmament fut-il formé au milieu des eaux, puisqu'il n'y a point de firmament, et que cette fausse notion d'un firmament n'est qu'une imagination des anciens Grecs ? Il y a des gens qui conjecturent que la *Genèse* ne fut écrite que quand les Juifs eurent quelque connaissance de la philosophie erronée des autres peuples, et j'aurai la douleur d'entendre dire que Dieu ne sait pas plus la physique que la chronologie et la géographie.

10° Que dirai-je du jardin d'Éden, dont il sortait un fleuve qui se divisait en quatre fleuves, le Tigre, l'Euphrate, le Phison, qu'on croit le Phase, le Géhon, qui coule dans le pays d'Éthiopie, et qui par conséquent ne peut être que le Nil, et dont la source est distante de mille lieues de la source de l'Euphrate ? On me dira encore que Dieu est un mauvais géographe.

11° Je voudrais de tout mon cœur manger du fruit qui pendait à l'arbre de la science, et il me semble que la défense d'en manger est étrange ; car Dieu ayant donné la raison à l'homme, il devait l'encourager à s'instruire. Voulait-il n'être servi que par un sot ? Je voudrais parler aussi au serpent, puisqu'il a tant d'esprit ; mais je voudrais savoir quelle langue il parlait. L'empereur Julien, ce grand philosophe, le demanda au grand saint Cyrille, qui ne put satisfaire à cette question, mais qui répondit à ce sage empereur : « C'est vous qui êtes le serpent. » Saint Cyrille n'était pas poli ; mais vous remarquerez qu'il ne répondit cette impertinence théologique que quand Julien fut mort.

La *Genèse* dit que le serpent mange de la terre ; vous savez que la

---

1. *Exode*, XVI, 3. (Éd.) — 2. *Deut.*, III, 11. (Éd.) — 3. *Genèse*, XII, 6. (Éd.)

Genèse se trompe, et que la terre seule ne nourrit personne. A l'égard de Dieu qui venait se promener familièrement tous les jours à midi dans le jardin, et qui s'entretenait avec Adam et Ève et avec le serpent, il serait fort doux d'être en quatrième. Mais comme je vous crois plus faits pour la compagnie que Joseph et Marie avaient dans l'étable de Bethléem, je ne vous proposerai point un voyage au jardin d'Éden, surtout depuis que la porte en est gardée par un chérubin armé jusqu'aux dents. Il est vrai que, selon les rabbins, *chérubin* signifie bœuf. Voilà un étrange portier. De grâce, dites-moi au moins ce que c'est qu'un chérubin.

12° Comment expliquerai-je l'histoire des anges qui devinrent amoureux des filles des hommes, et qui engendrèrent les géants? Ne m'objectera-t-on pas que ce trait est tiré des fables païennes? Mais puisque les Juifs inventèrent tout dans le désert, et qu'ils étaient fort ingénieux, il est clair que toutes les autres nations ont pris d'eux leur science. Homère, Platon, Cicéron, Virgile, n'ont rien su que par les Juifs. Cela n'est-il pas démontré?

13° Comment me tirerai-je du déluge, des cataractes du ciel, qui n'a point de cataractes, de tous les animaux arrivés du Japon, de l'Afrique, de l'Amérique, et des terres australes, enfermés dans un grand coffre avec leurs provisions pour boire et pour manger pendant un an, sans compter le temps où la terre, trop humide encore, ne put rien produire pour leur nourriture? Comment le petit ménage de Noé put-il suffire à donner à tous ces animaux leurs aliments convenables? Il n'était composé que de huit personnes.

14° Comment rendrai-je l'histoire de la tour de Babel vraisemblable? Il faut bien que cette tour fût plus haute que les pyramides d'Égypte, puisque Dieu laissa bâtir les pyramides. Allait-elle jusqu'à Vénus ou du moins jusqu'à la lune?

15° Par quel art justifierai-je les deux mensonges d'Abraham, le père des croyants, qui, à l'âge de cent trente-cinq ans à bien compter, fit passer la belle Sara pour sa sœur en Égypte et à Gérare, afin que les rois de ce pays-là en fussent amoureux, et lui fissent des présents? Fi! qu'il est vilain de vendre sa femme!

16° Donnez-moi des raisons qui m'expliquent pourquoi Dieu ayant ordonné à Abraham que toute sa postérité fût circoncise, elle ne le fut point sous Moïse.

17° Puis-je par moi-même savoir si les trois anges à qui Sara servit un veau tout entier à manger, avaient un corps, ou s'ils en empruntaient un? et comment il se peut faire que Dieu ayant envoyé deux anges à Sodome, les Sodomites voulussent commettre certain péché avec ces anges? Ils devaient être bien jolis. Mais pourquoi Loth le juste offrit-il ses deux filles à la place de deux anges aux Sodomites? Quelles commères! elles couchèrent un peu avec leur père. Ah! sages maîtres, cela n'est pas honnête!

18° Mon auditoire me croira-t-il quand je lui dirai que la femme de Loth fut changée en une statue de sel? Que répondrai-je à ceux qui me diront que c'est peut-être une imitation grossière de l'ancienne fable d'Eurydice, et que la statue de sel ne pouvait pas tenir à la pluie ?

19° Que dirai-je quand il faudra justifier les bénédictions tombées su. Jacob le juste, qui trompa Isaac son père, et qui vola Laban son beau-père ? Comment expliquerai-je que Dieu lui apparut au haut d'une échelle ? et comment Jacob se battit-il toute la nuit contre un ange ? etc., etc.

20° Comment dois-je traiter le séjour des Juifs en Égypte, et leur évasion ? l'*Exode* dit qu'ils restèrent quatre cents ans[1] en Égypte; et en faisant le compte juste, on ne trouve que deux cent cinq ans. Pourquoi la fille de Pharaon se baignait-elle dans le Nil, où l'on ne se baigne jamais à cause des crocodiles? etc., etc.

21° Moïse ayant épousé la fille d'un idolâtre, comment Dieu le prit-il pour son prophète sans lui en faire des reproches? Comment les magiciens de Pharaon firent-ils les mêmes miracles que Moïse, excepté ceux de couvrir le pays de poux et de vermine ? Comment changèrent-ils en sang toutes les eaux qui étaient déjà changées en sang par Moïse? Comment Moïse, conduit par Dieu même, et se trouvant à la tête de six cent trente mille combattants, s'enfuit-il avec son peuple, au lieu de s'emparer de l'Égypte, dont tous les premiers-nés avaient été mis à mort par Dieu même? L'Égypte n'a jamais pu rassembler une armée de cent mille hommes, depuis qu'il est fait mention d'elle dans les temps historiques. Comment Moïse, en s'enfuyant avec ces troupes de la terre de Gessen, au lieu d'aller en droite ligne dans le pays de Canaan, traversa-t-il la moitié de l'Égypte, et remonta-t-il jusque vis-à-vis de Memphis, entre Baal-Séphon et la mer Rouge ? Enfin, comment Pharaon put-il le poursuivre avec toute sa cavalerie, puisque, dans la cinquième plaie de l'Égypte, Dieu venait de faire périr tous les chevaux et toutes les bêtes, et que d'ailleurs l'Égypte, coupée par tant de canaux, eut toujours très-peu de cavalerie ?

22° Comment concilierai-je ce qui est dit dans l'*Exode* avec le discours de saint Étienne dans les *Actes des apôtres*, et avec les passages de Jérémie et d'Amos ? L'*Exode*[2] dit qu'on sacrifia à Jéhova pendant quarante ans dans le désert; Jérémie[3], Amos[4], et saint Étienne[5], disent qu'on n'offrit ni sacrifice ni hostie pendant tout ce temps-là. L'*Exode*[6] dit qu'on fit le tabernacle dans lequel était l'arche de l'alliance; et saint Étienne, dans les *Actes*[7], dit qu'on portait le tabernacle de Moloch et de Remphan.

23° Je ne suis pas assez bon chimiste pour me tirer heureusement du veau d'or, que l'*Exode*[8] dit avoir été formé en un seul jour, et que Moïse réduisit en cendres. Sont-ce deux miracles ? sont-ce deux choses possibles à l'art humain ?

24° Est-ce encore un miracle que le conducteur d'une nation dans un désert ait fait égorger vingt-trois mille hommes de cette nation par

---

1. L'*Exode*, XII, 40, dit quatre cent trente ans. (Éd.)
2. XVI, 35. (Éd.) — 3. Jérémie ne dit pas cela. (Éd.) — 4. Amos, v, 26. (Éd.)
5. *Actes*, VII, 42. (Éd.) — 6. XL, 3. (Éd.) — 7. VII, 43. (Éd.) — 8. XXXII, 4. (Éd.)

une seule des douze tribus, et que vingt-trois mille hommes se soient laissé massacrer sans se défendre?

25° Dois-je encore regarder comme un miracle, ou comme un acte de justice ordinaire, qu'on fît mourir vingt-quatre mille Hébreux, parce qu'un d'entre eux avait couché avec une Madianite, tandis que Moïse lui-même avait pris une Madianite pour femme? et ces Hébreux, qu'on nous peint si féroces, n'étaient-ils pas de bonnes gens de se laisser ainsi égorger pour des filles? et à propos de filles, pourrai-je tenir mon sérieux, quand je dirai que Moïse trouva trente-deux mille pucelles dans le camp madianite, avec soixante et un mille ânes? Ce n'est pas deux ânes par pucelle.

26° Quelle explication donnerai-je à la loi qui défend de manger du lièvre [1], « parce qu'il rumine et qu'il n'a pas le pied fendu, » tandis que les lièvres ont le pied fendu, et ne ruminent pas? Nous avons déjà vu que ce beau livre a fait de Dieu un mauvais géographe, un mauvais chronologiste, un mauvais physicien; il ne le fait pas meilleur naturaliste. Quelles raisons donnerai-je de plusieurs autres lois non moins sages, comme celle des eaux de jalousie, et de la punition de mort contre un homme qui a couché avec sa femme dans le temps qu'elle a ses règles? etc., etc., etc. Pourrai-je justifier ces lois barbares et ridicules, qu'on dit émanées de Dieu même?

27° Que répondrai-je à ceux qui seront étonnés qu'il ait fallu un miracle pour faire passer le Jourdain, qui, dans sa plus grande largeur, n'a pas plus de quarante-cinq pieds, qu'on pouvait si aisément franchir avec le moindre radeau, et qui était guéable en tant d'endroits, témoin les quarante-deux mille Éphraïmites égorgés à un gué de ce fleuve par leurs frères?

28° Que répondrai-je à ceux qui demanderont comment les murs de Jéricho tombèrent au seul son des trompettes, et pourquoi les autres villes ne tombèrent pas de même?

29° Comment excuserai-je l'action de la courtisane Rahab qui trahit Jéricho sa patrie? en quoi cette trahison était-elle nécessaire, puisqu'il suffisait de sonner de la trompette pour prendre la ville? et comment sonderai-je la profondeur des décrets divins, qui ont voulu que notre divin Sauveur Jésus-Christ naquît de cette courtisane Rahab, aussi bien que de l'inceste que Thamar commit avec Juda son beau-père, et de l'adultère de David et de Bethzabée? tant les voies de Dieu sont incompréhensibles!

30° Quelle approbation pourrai-je donner à Josué, qui fit pendre trente et un roitelets dont il usurpa les petits États, c'est-à-dire les villages?

31° Comment parlerai-je de la bataille de Josué contre les Amorrhéens à Béthoron sur le chemin de Gabaon? Le Seigneur fait pleuvoir du ciel de grosses pierres, depuis Béthoron jusqu'à Azéca; il y a cinq lieues de Béthoron à Azéca; ainsi les Amorrhéens furent exterminés par des rochers qui tombaient du ciel pendant l'espace de cinq lieues. L'É-

---

1. *Deutér.*, XIV, 7. (Éd.)

criture dit qu'il était midi; pourquoi donc Josué commande-t-il au soleil et à la lune de s'arrêter au milieu du ciel pour donner le temps d'achever la défaite d'une petite troupe qui était déjà exterminée? pourquoi dit-il à la lune de s'arrêter à midi? comment le soleil et la lune restèrent-ils un jour à la même place? A quel commentateur aurai-je recours pour expliquer cette vérité extraordinaire?

32° Que dirai-je de Jephté qui immola sa fille, et qui fit égorger quarante-deux mille Juifs de la tribu d'Éphraïm, qui ne pouvaient pas prononcer *Schiboleth* ?

33° Dois-je avouer ou nier que la loi des Juifs n'annonce en aucun endroit des peines ou des récompenses après la mort? Comment se peut-il que ni Moïse ni Josué n'aient parlé de l'immortalité de l'âme, dogmes connus des anciens Égyptiens, des Chaldéens, des Persans et des Grecs, dogme qui ne fut un peu en vogue chez les Juifs qu'après Alexandre, et que les saducéens réprouvèrent toujours, parce qu'il n'est pas dans le *Pentateuque* ?

34° Quelle couleur faudra-t-il que je donne à l'histoire du lévite qui, étant venu sur son âne à Gabaa, ville des Benjamites, devint l'objet de la passion sodomitique de tous les Gabaonites, qui voulurent le violer? Il leur abandonna sa femme, avec laquelle les Gabaonites couchèrent pendant toute la nuit : elle en mourut le lendemain. Si les Sodomites avaient accepté les deux filles de Loth au lieu des deux anges, en seraient-elles mortes?

35° J'ai besoin de vos enseignements pour entendre ce verset 19 du premier chapitre des *Juges* : « Le Seigneur accompagna Juda, et il se rendit maître des montagnes; mais il ne put défaire les habitants de la vallée, parce qu'ils avaient une grande quantité de chariots armés de faux. » Je ne puis comprendre par mes faibles lumières comment le Dieu du ciel et de la terre, qui avait changé tant de fois l'ordre de la nature, et suspendu les lois éternelles en faveur de son peuple juif, ne put venir à bout de vaincre les habitants d'une vallée, parce qu'ils avaient des chariots. Serait-il vrai, comme plusieurs savants le prétendent, que les Juifs regardassent alors leur dieu comme une divinité locale et protectrice, qui tantôt était plus puissante que les dieux ennemis, et tantôt était moins puissante? et cela n'est-il pas encore prouvé par cette réponse de Jephté[1] : « Vous possédez de droit ce que votre Dieu Chamos vous a donné; souffrez donc que nous prenions ce que notre Dieu Adonaï nous a promis? »

36° J'ajouterai encore qu'il est difficile de croire qu'il y eût tant de chariots armés de faux dans un pays de montagnes, où l'Écriture dit en tant d'endroits que la grande magnificence était d'être monté sur un âne.

37° L'histoire d'Aod me fait beaucoup plus de peine. Je vois les Juifs presque toujours asservis, malgré le secours de leur dieu, qui leur avait promis avec serment de leur donner tout le pays qui est entre le Nil, la mer, et l'Euphrate. Il y avait dix-huit ans qu'ils étaient sujets

---

1. *Juges*, XI, 24. (ÉD.)

d'un roitelet, nommé Églon, lorsque Dieu suscita en leur faveur Aod, fils de Géra, qui se servait de la main gauche comme de la main droite. Aod, fils de Géra, s'étant fait faire un poignard à deux tranchants, le cacha sous son manteau, comme firent depuis Jacques Clément et Ravaillac. Il demande au roitelet une audience secrète; il dit qu'il a un mystère de la dernière importance à lui communiquer de la part de Dieu. Églon se lève respectueusement, et Aod, de la main gauche, lu enfonce son poignard dans le ventre. Dieu favorisa en tout cette action, qui, dans la morale de toutes les nations de la terre, paraît un peu dure. Apprenez-moi quel est l'assassinat le plus divin, ou celui de ce saint Aod, ou de saint David, qui fit assassiner son cocu Uriah, ou du bienheureux Salomon, qui, ayant sept cents femmes et trois cents concubines[1], assassina son frère Adonias, parce qu'il lui en demandait une, etc., etc., etc.

38° Je vous prie de me dire par quelle adresse Samson prit trois cents renards, les lia les uns aux autres par la queue, et leur attacha des flambeaux au cul pour mettre le feu aux moissons des Philistins. Les renards n'habitent guère que les pays couverts de bois. Il n'y avait point de forêt dans ce canton, et il semble assez difficile de prendre trois cents renards en vie, et de les attacher par la queue. Il est dit ensuite qu'il tua mille Philistins avec une grande mâchoire d'âne, et que d'une des dents de cette mâchoire il sortit une fontaine. Quand il s'agit de mâchoires d'âne, vous me devez des éclaircissements.

39° Je vous demande les mêmes instructions sur le bonhomme Tobie, qui dormait les yeux ouverts, et qui fut aveuglé par une chiasse d'hirondelle; sur l'ange qui descendit exprès de ce qu'on appelle l'empyrée, pour aller chercher avec Tobie fils de l'argent que le juif Gabel devait à Tobie père; sur la femme à Tobie fils, qui avait eu sept maris à qui le diable avait tordu le cou; et sur la manière de rendre la vue aux aveugles avec le fiel d'un poisson. Ces histoires sont curieuses, et il n'y a rien de plus digne d'attention, après les romans espagnols : on ne peut leur comparer que les histoires de Judith et d'Esther. Mais pourrai-je bien interpréter le texte sacré, qui dit que la belle Judith[2] descendait de Siméon, fils de Ruben, quoique Siméon soit frère de Ruben, selon le même texte sacré[3], qui ne peut mentir?

J'aime fort Esther, et je trouve le prétendu roi Assuérus fort sensé d'épouser une Juive, et de coucher avec elle six mois sans savoir qui elle est; et comme tout le reste est de cette force, vous m'aiderez, s'il vous plaît, vous qui êtes mes sages maîtres.

40° J'ai besoin de votre secours dans l'histoire des *Rois*, autant pour le moins que dans celle des *Juges*, et de Tobie, et de son chien, et d'Esther, et de Judith, et de Ruth, etc. Lorsque Saül fut déclaré roi, les Juifs étaient esclaves des Philistins. Leurs vainqueurs ne leur permettaient pas d'avoir des épées ni des lances; ils étaient même obligés d'aller chez les Philistins pour faire aiguiser le soc de leurs charrues et leurs cognées. Cependant Saül donne une bataille aux Phi-

---

1. *III Rois*, xi, 3. (Éd.) — 2. Judith, viii, 3. (Éd.) — 4. *I Par.*, ii, 1. (Éd.)

listins, et remporte sur eux la victoire : et dans cette bataille il est à la tête de trois cent trente mille soldats, dans un petit pays qui ne peut pas nourrir trente mille âmes; car il n'avait alors que le tiers de la terre sainte tout au plus; et ce pays stérile ne nourrit pas aujourd'hui vingt mille habitants. Le surplus était obligé d'aller gagner sa vie à faire le métier de courtier à Balk, à Damas, à Tyr, à Babylone.

41° Je ne sais comment je justifierai l'action de Samuel, qui trancha en morceaux le roi Agag, que Saül avait fait prisonnier, et qu'il avait mis à rançon.

Je ne sais si notre roi Philippe, ayant pris un roi maure prisonnier, et ayant composé avec lui, serait bien reçu à couper en pièces ce roi prisonnier.

42° Nous devons un grand respect à David, qui était un homme selon le cœur de Dieu ; mais je craindrais de manquer de science pour justifier, par les lois ordinaires, la conduite de David, qui s'associe quatre cents hommes de mauvaise vie, et accablés de dettes, comme dit l'Écriture [1]; qui marche pour aller saccager la maison de Nabal, serviteur du roi, et qui, huit jours après, épouse sa veuve; qui va offrir ses services à Achis, ennemi de son roi, et qui met à feu et à sang les terres des alliés d'Achis, sans pardonner ni au sexe ni à l'âge; qui, dès qu'il est sur le trône, prend de nouvelles concubines; et qui, non content encore de ses concubines, ravit Bethzabée à son mari, et fait tuer celui qu'il déshonore. J'ai quelque peine encore à imaginer que Dieu naisse ensuite en Judée de cette femme adultère et homicide que l'on compte entre les aïeules de l'Être éternel. Je vous ai déjà prévenus sur cet article qui fait une peine extrême aux âmes dévotes.

43° Les richesses de David et de Salomon, qui se montent à plus de cinq milliards de ducats d'or, paraissent difficiles à concilier avec la pauvreté du pays, et avec l'état où étaient réduits les Juifs sous Saül, quand ils n'avaient pas de quoi faire aiguiser leurs socs et leurs cognées. Nos colonels de cavalerie lèveront les épaules, si je leur dis que Salomon avait quatre cent mille chevaux dans un petit pays où l'on n'eut jamais et où il n'y a encore que des ânes, comme j'ai déjà eu l'honneur de vous le représenter.

44° S'il me faut parcourir l'histoire des cruautés effroyables de presque tous les rois de Juda et d'Israël, je crains de scandaliser les faibles plutôt que de les édifier. Tous ces rois-là s'assassinent un peu trop souvent les uns les autres. C'est une mauvaise politique, si je ne me trompe.

45° Je vois ce petit peuple presque toujours esclave sous les Phéniciens, sous les Babyloniens, sous les Perses, sous les Syriens, sous les Romains; et j'aurai peut-être quelque peine à concilier tant de misères avec les magnifiques promesses de leurs prophètes.

46° Je sais que toutes les nations orientales ont eu des prophètes, mais je ne sais comment interpréter ceux des Juifs. Que dois-je entendre par la vision d'Ezéchiel, fils de Buzi, près du fleuve Chobar; par

---

1. *I Rois*, XXII, 2. (ÉD.)

quatre animaux qui avaient chacun quatre faces et quatre ailes avec des pieds de veau; par une roue qui avait quatre faces; par un firmament au-dessus de la tête des animaux? Comment expliquer l'ordre de Dieu donné à Ézéchiel de manger un livre de parchemin, de se faire lier, de demeurer couché sur le côté gauche pendant trois cent quatre-vingt-dix jours, et sur le côté droit pendant quarante jours, et de manger son pain couvert de ses excréments? Je ne peux pénétrer le sens caché de ce que dit *Ézéchiel* au chapitre 16 : « Lorsque votre gorge s'est formée, et que vous avez eu du poil, je me suis étendu sur vous, j'ai couvert votre nudité, je vous ai donné des robes, des chaussures, des ceintures, des ornements, des pendants d'oreilles; mais ensuite vous vous êtes bâti un b....., et vous vous êtes prostituée dans les places publiques : » et au chapitre 23 le prophète dit : « qu'Ooliba a désiré avec fureur la couche de ceux qui ont le membre viril comme les ânes, et qui répandent leur semence comme les chevaux. » Sages maîtres, dites-moi si vous êtes dignes des faveurs d'Ooliba.

47° Mon devoir sera d'expliquer la grande prophétie d'Isaïe qui regarde notre Seigneur Jésus-Christ; c'est, comme vous savez, au chapitre 7. Razin, roi de Syrie, et Phacée, roitelet d'Israël, assiégeaient Jérusalem. Achaz, roitelet de Jérusalem, consulte le prophète Isaïe sur l'événement du siége; Isaïe lui répond : « Dieu vous donnera un signe; une fille ou femme concevra et enfantera un fils qui s'appellera Emmanuel. Il mangera du beurre et du miel avant qu'il soit en âge de discerner le mal et le bien. Et avant qu'il soit en état de rejeter le mal et de choisir le bien, le pays sera délivré des deux rois.... et le Seigneur sifflera aux mouches qui sont à l'extrémité des fleuves d'Égypte, et aux abeilles du pays d'Assur.... et dans ce jour le Seigneur prendra un rasoir de louage dans ceux qui sont au delà du fleuve, et rasera la tête et le poil du pénil et toute la barbe du roi d'Assyrie. »

Ensuite, au chapitre 8, le prophète, pour accomplir la prophétie, couche avec la prophétesse; elle enfanta un fils; et le Seigneur dit à Isaïe : « Vous appellerez ce fils Maher-Salal-has-bas, *hâtez-vous de prendre les dépouilles, courez vite au butin* : et avant que l'enfant sache nommer son père et sa mère, la puissance de Damas sera renversée. » Je ne puis sans votre secours expliquer nettement cette prophétie.

48° Comment dois-je entendre l'histoire de Jonas, envoyé à Ninive pour y prêcher la pénitence? Ninive n'était point israélite, et il semble que Jonas devait l'instruire de la loi judaïque avant de l'induire à cette pénitence. Le prophète, au lieu d'obéir au Seigneur, s'enfuit à Tharsis; une tempête s'élève, les matelots jettent Jonas dans la mer pour apaiser l'orage. Dieu envoie un grand poisson qui avale Jonas; il demeure trois jours et trois nuits dans le ventre du poisson. Dieu commande au poisson de rendre Jonas, le poisson obéit; Jonas débarque sur le rivage de Joppé. Dieu lui ordonne d'aller dire à Ninive que dans quarante jours elle sera renversée si elle ne fait pénitence. De Joppé à Ninive il y a plus de quatre cents milles. Toutes ces histoires ne demandent-elles pas des connaissances supérieures qui me manquent? Je voudrais bien confondre les savants qui prétendent que cette fable est tirée de la fable de l'ancien Hercule. Cet Hercule fut enfermé trois jours dans le ventre d'une baleine; mais il y fit bonne chère, car il mangea sur le gril le foie de la baleine. Jonas ne fut pas si adroit.

49° Enseignez-moi l'art de faire entendre les premiers versets du prophète Osée. Dieu lui ordonne expressément de prendre une p....., et de lui faire des fils de p..... [1].

Le prophète obéit ponctuellement; il s'adresse à la dona Gomer, fille de don Debelaïm; il la garde trois ans, et lui fait trois enfants, ce qui est un type. Ensuite Dieu veut un autre type. Il lui ordonne de coucher avec une autre cantonera qui soit mariée [2], et qui ait déjà planté cornes au front de son mari. Le bonhomme Osée, toujours obéissant, n'a pas de peine à trouver une belle dame de ce caractère, et il ne lui en coûte que quinze drachmes et une mesure d'orge. Je vous prie de vouloir bien m'enseigner combien la drachme valait alors chez le peuple juif, et ce que vous donnez aujourd'hui aux filles par ordre du Seigneur.

50° J'ai encore plus besoin de vos sages instruction sur le *Nouveau Testament*; j'ai peur de ne savoir que dire quand il faudra concorder les deux généalogies de Jésus. Car on me dira que Matthieu donne Jacob pour père à Joseph, et que Luc le fait fils d'Héli, et que cela est impossible, à moins qu'on ne change *he* en *ja*, et *li* en *cob*. On me demandera comment l'un compte cinquante-six générations, et comment l'autre n'en compte que quarante-deux, et pourquoi ces générations sont toutes différentes, et encore pourquoi, dans les quarante-deux qu'on a promises, il ne s'en trouve que quarante-une ; et enfin, pourquoi cet arbre généalogique est celui de Joseph, qui n'était pas le père de Jésus. J'ai peur de ne répondre que des sottises, comme ont fait tous mes prédécesseurs. J'espère que vous me tirerez de ce labyrinthe. Êtes-vous de l'avis de saint Ambroise, qui dit que l'ange fit à Marie un enfant par l'oreille, *Maria per aurem impraegnata est*; ou de l'avis du R. P. Sanchez, qui dit que la Vierge répandit de la semence dans sa copulation avec le Saint-Esprit? La question est curieuse; le sage Sanchez ne doute pas que le Saint-Esprit et la sainte Vierge n'aient fait tous deux une émission de semence au même moment : car il pense que cette rencontre simultanée des deux semences est nécessaire pour la génération. On voit bien que Sanchez sait plus sa théologie que sa physique, et que le métier de faire des enfants n'est pas celui des jésuites.

51° Si j'annonce, d'après Luc, qu'Auguste avait ordonné un dénombrement de toute la terre quand Marie fut grosse, et que Cyrénius ou Quirinus, gouverneur de Syrie, publia ce dénombrement, et que Joseph et Marie allèrent à Bethléem pour s'y faire dénombrer; et si on me rit au nez; si les antiquaires m'apprennent qu'il n'y eut jamais de dénombrement de l'empire romain; que c'était Quintilius Varus, et non pas Cyrénius, qui était alors gouverneur de la Syrie; que Cyré-

---

1. Osée, chap. I. (Éd.) — 2. *Id.*, chap. III. (Éd.)

nius ne gouverna la Syrie que dix ans après la naissance de Jésus, je serai très-embarrassé, et sans doute vous éclaircirez cette petite difficulté. Car s'il y avait un seul mensonge dans un livre sacré, ce livre serait-il sacré?

52° Quand j'enseignerai que la famille alla en Égypte selon Matthieu, on me répondra que cela n'est pas vrai, et qu'elle resta en Judée selon les autres évangélistes; et si alors j'accorde qu'elle resta en Judée, on me soutiendra qu'elle a été en Égypte. N'est-il pas plus court de dire que l'on peut être en deux endroits à la fois, comme cela est arrivé à saint François Xavier, et à plusieurs autres saints?

53° Les astronomes pourront bien se moquer de l'étoile des trois rois qui les conduisit dans une étable. Mais vous êtes de grands astrologues; vous rendrez raison de ce phénomène. Dites-moi surtout combien d'or ces rois offrirent: car vous êtes accoutumés à en tirer beaucoup des rois et des peuples. Et à l'égard du quatrième roi, qui était Hérode, pourquoi craignait-il que Jésus, né dans cette étable, devînt roi des Juifs? Hérode n'était roi que par la grâce des Romains; c'était l'affaire d'Auguste. Le massacre des innocents est un peu bizarre. Je suis fâché qu'aucun historien romain n'ait parlé de ces choses. Un ancien martyrologe très-véridique (comme ils le sont tous) compte quatorze mille enfants martyrisés. Si vous voulez que j'en ajoute encore quelques milliers, vous n'avez qu'à dire.

54° Vous me direz comment le diable emporta Dieu et le perça sur une colline de Galilée, d'où l'on découvrait tous les royaumes de la terre. Le diable qui promet tous ces royaumes à Dieu, pourvu que Dieu adore le diable, pourra scandaliser beaucoup d'honnêtes gens, pour lesquels je vous demande un mot de recommandation.

55° Je vous prie, quand vous irez à la noce, de me dire de quelle manière Dieu, qui allait aussi à la noce, s'y prenait pour changer l'eau en vin en faveur de gens qui étaient déjà ivres.

56° En mangeant des figues à votre déjeuner à la fin de juillet, je vous supplie de me dire pourquoi Dieu, ayant faim, chercha des figues au commencement du mois de mars, quand ce n'était pas le temps des figues.

57° Après avoir reçu vos instructions sur tous les prodiges de cette espèce, il faudra que je dise que Dieu a été condamné à être pendu pour le péché originel. Mais si on me répond que jamais il ne fut question du péché originel, ni dans l'*Ancien Testament*, ni dans le *Nouveau*; qu'il est seulement dit qu'Adam fut condamné à mourir le jour qu'il aurait mangé de l'arbre de la science, mais qu'il n'en mourut pas; et qu'Augustin, évêque d'Hippone, ci-devant manichéen, est le premier qui ait établi le système du péché originel, je vous avoue que, n'ayant pas pour auditeurs des gens d'Hippone, je pourrais me faire moquer de moi en parlant beaucoup sans rien dire. Car, lorsque certains disputeurs sont venus me montrer qu'il était impossible que Dieu fût supplicié pour une pomme mangée quatre mille ans avant sa mort; impossible qu'en rachetant le genre humain il ne le rachetât pas, et le laissât encore tout entier entre les griffes du diable, à quelques élus près, je ne répondais à cela que du verbiage, et j'allais me cacher de honte.

58° Communiquez-moi vos lumières sur la prédiction que fait Notre-Seigneur dans saint Luc, au chap. XXI[1]. Jésus y dit expressément « qu'il viendra dans les nuées avec une grande puissance et une grande majesté, avant que la génération à laquelle il parle soit passée. » Il n'en a rien fait, il n'est point venu dans les nuées; s'il est venu dans quelques brouillards, nous n'en savons rien; dites-moi ce que vous en savez. Paul, apôtre, dit aussi à ses disciples thessaloniciens[2] « qu'ils iront dans les nuées avec lui au-devant de Jésus. » Pourquoi n'ont-ils pas fait ce voyage? en coûte-t-il plus d'aller dans les nuées qu'au troisième ciel[3]? Je vous demande pardon, mais j'aime mieux les *Nuées* d'Aristophane que celles de Paul.

59° Dirai-je avec Luc que Jésus est monté au ciel, du petit village de Béthanie? insinuerai-je, avec Matthieu, que ce fut de la Galilée, où les disciples le virent pour la dernière fois? en croirai-je un grave docteur qui dit que Jésus avait un pied en Galilée et l'autre à Béthanie? Cette opinion me paraît la plus probable, mais j'attendrai sur cela votre décision.

60° On me demandera ensuite si Pierre a été à Rome: je répondrai, sans doute, qu'il n'y a pas été pape vingt-cinq ans : et la grande raison que j'en rapporterai, c'est que nous avons une épître de ce bonhomme, qui ne savait ni lire ni écrire, et que cette lettre est datée de Babylone; il n'y a pas de réplique à cela, mais je voudrais quelque chose de plus fort.

61° Instruisez-moi pourquoi le *Credo*, qu'on appelle le *Symbole des apôtres*, ne fut fait que du temps de Jérôme et de Rufin, quatre cents ans après les apôtres? Dites-moi pourquoi les premiers Pères de l'Église ne citent jamais que les évangiles appelés aujourd'hui apocryphes? N'est-ce pas une preuve évidente que les quatre canoniques n'étaient pas encore faits?

62° N'êtes-vous pas fâchés comme moi que les premiers chrétiens aient forgé tant de mauvais vers qu'ils attribuèrent aux sibylles; qu'ils aient forgé des lettres de saint Paul à Sénèque, des lettres de Jésus, des lettres de Marie, des lettres de Pilate; et qu'ils aient ainsi établi leur secte par cent crimes de faux qu'on punirait dans tous les tribunaux de la terre? Ces fraudes sont aujourd'hui reconnues de tous les savants. On est réduit à les appeler pieuses. Mais n'est-il pas triste que votre vérité ne soit fondée que sur des mensonges?

63° Dites-moi pourquoi Jésus n'ayant point institué sept sacrements, nous avons sept sacrements? pourquoi Jésus n'ayant pas dit qu'il est *Trin*, qu'il a deux natures avec deux volontés et une personne, nous le faisons *Trin* avec une personne et deux natures? pourquoi avec deux volontés n'a-t-il pas eu celle de nous instruire des dogmes de la religion chrétienne?

Et pourquoi, lorsqu'il a dit que parmi ses disciples il n'y aurait ni

1. Verset 27. (Éd.) — 2. *I Thess.*, IV, 17. (Éd.) — 3. *I Cor.*, XII, 2. (Éd.)

premiers ni derniers, M. l'archevêque de Tolède a-t-il un million de ducats de rente, tandis que je suis réduit à une portion congrue?

64° Je sais bien que l'Église est infaillible; mais est-ce l'Église grecque, ou l'Église latine, ou celle d'Angleterre, ou celle de Danemark et de Suède, ou celle de la superbe ville de Neuchâtel, ou celle des primitifs appelés quakers, ou celle des anabaptistes, ou celle des moraves? L'Église turque a aussi du bon, mais on dit que l'Église chinoise est beaucoup plus ancienne.

65° Le pape est-il infaillible quand il couche avec sa maîtresse ou avec sa propre fille, et qu'il apporte à souper une bouteille de vin empoisonnée pour le cardinal Adriano di Corneto [1]?

Quand deux conciles s'anathématisent l'un l'autre, comme il est arrivé vingt fois, quel est le concile infaillible?

66° Enfin ne vaudrait-il pas mieux ne point s'enfoncer dans ces labyrinthes, et prêcher simplement la vertu? Quand Dieu nous jugera, je doute fort qu'il nous demande si la grâce est versatile ou concomitante; si le mariage est le signe visible d'une chose invisible; si nous croyons qu'il y ait dix chœurs d'anges ou neuf; si le pape est au-dessus du concile, ou le concile au-dessus du pape. Sera-ce un crime à ses yeux de lui avoir adressé des prières en espagnol quand on ne sait pas le latin? serons-nous les objets de son éternelle colère pour avoir mangé pour la valeur de douze maravédis de mauvaise viande un certain jour? et serons-nous récompensés à jamais si nous avons mangé avec vous, sages maîtres, pour cent piastres de turbots, de soles, et d'esturgeons? Vous ne le croyez pas dans le fond de vos cœurs; vous pensez que Dieu nous jugera selon nos œuvres, et non selon les idées de Thomas ou de Bonaventure.

Ne rendrai-je pas service aux hommes en ne leur annonçant que la morale? Cette morale est si pure, si sainte, si universelle, si claire, si ancienne, qu'elle semble venir de Dieu même, comme la lumière, qui passe parmi nous pour son premier ouvrage. N'a-t-il pas donné aux hommes l'amour-propre pour veiller à leur conservation; la bienveillance, la bienfaisance, la vertu, pour veiller sur l'amour-propre; les besoins mutuels pour former la société; le plaisir pour en jouir; la douleur qui avertit de jouir avec modération; les passions qui nous portent aux grandes choses, et la sagesse qui met un frein à ces passions?

N'a-t-il pas enfin inspiré à tous les hommes réunis en société l'idée d'un Être suprême, afin que l'adoration qu'on doit à cet Être soit le plus fort lien de la société? Les sauvages qui errent dans les bois n'ont pas besoin de cette connaissance; les devoirs de la société qu'ils ignorent ne les regardent point; mais sitôt que les hommes sont rassemblés, Dieu se manifeste à leur raison : ils ont besoin de justice, ils adorent en lui le principe de toute justice. Dieu, qui n'a que faire de leurs vaines adorations, les reçoit comme nécessaires pour eux et non pour lui. Et de même qu'il leur donne le génie des arts, sans lesquels

---

1. L'auteur voulait apparemment parler du pape Alexandre VI.

toute société périt, il leur donne l'esprit de religion, la première des
sciences et la plus naturelle; science divine dont le principe est certain, quoiqu'on en tire tous les jours des conséquences incertaines. Me
permettrez-vous d'annoncer ces vérités aux nobles Espagnols?

67° Si vous voulez que je cache cette vérité; si vous m'ordonnez absolument d'annoncer les miracles de saint Jacques en Galice, et de
Notre-Dame d'Atocha, et de Marie d'Agréda qui montrait son cul aux
petits garçons dans ses extases, dites-moi comment j'en dois user avec
les réfractaires qui oseront douter : faudra-t-il que je leur fasse donner, avec édification, la question ordinaire et extraordinaire? Quand
je rencontrerai des filles juives, dois-je coucher avec elles avant de les
brûler? et lorsqu'on les mettra au feu, n'ai-je pas le droit d'en prendre
une cuisse ou une fesse pour mon souper avec des filles catholiques?

J'attends l'honneur de votre réponse.

DOMINICO ZAPATA,
y verdadero, y honrado, y caricativo.

Zapata, n'ayant point eu de réponse, se mit à prêcher Dieu tout
simplement. Il annonça aux hommes le père des hommes, rémunérateur, punisseur et pardonneur. Il dégagea la vérité des mensonges, et
sépara la religion du fanatisme; il enseigna et pratiqua la vertu. Il fut
doux, bienfaisant, modeste; et fut rôti à Valladolid, l'an de grâce 1631.
Priez Dieu pour l'âme de frère Zapata.

LETTRE DE M. DE VOLTAIRE.

Parmi un grand nombre de lettres anonymes, j'en ai reçu une de
Lyon, datée du 17 avril, commençant par ces mots : *J'ose risquer une
95° lettre anonyme.* Je l'ai envoyée au ministère, qui fait réprimer ces
délits, et qui est persuadé que tout écrivain de lettres anonymes est
un lâche et un coquin; un lâche parce qu'il se cache, et un coquin
parce qu'il trouble la société.

Cet homme, entre autres sottises, me reproche d'avoir dit qu'un
nommé *La Beaumelle est huguenot.* Je ne me souviens point de l'avoir
dit, et je ne sais si on s'est servi de mon nom pour le dire. Il m'importe fort peu que l'on soit huguenot. Il est assez public que je n'ai
jamais regardé ce titre comme une injure, et il n'est pas moins public
que j'ai rendu des services assez importants à des personnes de cette
communion. Mais ceux qui ont dit ou écrit que La Beaumelle était
protestant ou prédicant, ne se sont certainement pas trompés; et l'auteur de la lettre anonyme a menti quand il a écrit le contraire.

On trouve dans les registres de la compagnie des ministres de Genève, que Laurent Anglevieux[1], dit La Beaumelle, natif du Languedoc, fut reçu proposant en théologie, le 12 octobre 1745, sous le rec-

---

1. Angliviel. (Éd.)

torat de M. Ami de La Rive. Il prêcha à l'hôpital et dans plusieurs églises pendant deux ans. Il fut précepteur du fils de M. Budé de Boissi. Il alla ensuite solliciter à Copenhague une place de professeur, et fut ensuite chassé de Copenhague.

Si cet homme s'était contenté de faire de mauvais sermons, je me dispenserais de répondre à la lettre anonyme, quoiqu'elle soit la quatre-vingt-quinzième que j'aie reçue : mais La Beaumelle est le même homme qui, ayant falsifié l'histoire de Louis XIV, la fit imprimer, avec notes, à Francfort, chez Eslinger, en 1752. Il dit dans ses notes, en parlant de Louis XIV et de Louis XV, *qu'un roi qui veut le bien est un être de raison*. Il ose soupçonner Louis XIV d'avoir empoisonné le marquis de Louvois; il insulte la mémoire du maréchal de Villars, et de M. le marquis de La Vrillière, de M. le marquis de Torci, de M. de Chamillart. Il pousse la démence jusqu'à faire entendre que le duc d'Orléans, régent, empoisonna la famille royale. Son infâme ouvrage, fait du style d'un laquais insolent, se débita, grâce à l'excès même de cette insolence. C'est le sort passager de tous les libelles écrits contre les gouvernements et contre les citoyens; ils inondent et ils inonderont toujours l'Europe, tant qu'il y aura des fous sans éducation, sans fortune, et sans honneur, qui, sachant barbouiller quelques phrases, feront, pour avoir du pain, ce métier aussi facile qu'infâme.

Le prédicant La Beaumelle, qui osa retourner en France, ne fut puni que par quelques mois de Bicêtre[1]; mais son châtiment étant peu connu, et son crime étant public, mon devoir est de prévenir dans toutes les occasions les suites de ce crime, et de faire connaître aux Français et aux étrangers quel est l'homme qui a falsifié ainsi l'histoire du siècle de Louis XIV, et qui a tourné en un indigne libelle un monument si justement élevé à l'honneur de ma patrie.

Comme il a fait contre moi plusieurs autres libelles calomnieux, je dois demander quelle foi on doit ajouter à un homme qui, dans un autre libelle intitulé *Mes pensées*, a insulté les plus illustres magistrats du conseil de Berne, en les nommant par leur nom, et monseigneur le duc de Saxe-Gotha, à qui je suis très-attaché depuis longtemps. J'atteste ce prince, et Mme la duchesse de Saxe-Gotha, qu'il s'enfuit de leur ville capitale avec une servante, après un vol fait à la maîtresse de cette servante. Je ne relèverais pas cette turpitude criminelle, si je n'y étais forcé par la lettre insolente qu'on m'écrit. Je déclare publiquement que je garantis la vérité de tout ce que j'énonce. Voilà ma réponse à tous ces libelles écrits par les plus vils des hommes, méprisés à la fin de la canaille même pour laquelle ils ont été faits. Je suis indulgent, je suis tolérant, on le sait, et j'ai fait du bien à des coupables qui se sont repentis; mais je ne pardonne jamais aux calomniateurs.

VOLTAIRE.

Fait au château de Ferney, 24 avril 1767.

1. De Bastille. (Ed.)

EXAMEN IMPORTANT
DE MILORD BOLINGBROKE,
ou
LE TOMBEAU DU FANATISME.
ÉCRIT SUR LA FIN DE 1736.

AVIS DES ÉDITEURS[1].

Nous donnons une nouvelle édition du livre le plus éloquent, le plus profond, et le plus fort qu'on ait encore écrit contre le fanatisme. Nous nous sommes fait un devoir devant Dieu de multiplier ces secours contre le monstre qui dévore la substance d'une partie du genre humain. Ce précis de la doctrine de milord Bolingbroke, recueillie tout entière dans les six volumes de ses Œuvres posthumes, fut adressé par lui, peu d'années avant sa mort, à milord Cornsbury. Cette édition est beaucoup plus ample que la première; nous l'avons collationnée avec le manuscrit.

Nous supplions les sages, à qui nous faisons parvenir cet ouvrage si utile, d'avoir autant de discrétion que de sagesse, et de répandre la lumière sans dire de quelle main cette lumière leur est parvenue. Grand Dieu! protégez les sages; confondez les délateurs et les persécuteurs.

AVANT-PROPOS.

L'ambition de dominer sur les esprits est une des plus fortes passions. Un théologien, un missionnaire, un homme de parti, veut conquérir comme un prince; et il y a beaucoup plus de sectes dans le monde qu'il n'y a de souverainetés. A qui soumettrai-je mon âme? serai-je chrétien, parce que je serai de Londres ou de Madrid? serai-je musulman, parce que je serai né en Turquie? Je ne dois penser que par moi-même; le choix d'une religion est mon plus grand intérêt. Tu adores un Dieu par Mahomet; et toi par le grand lama; et toi par le pape. Eh, malheureux! adore un Dieu en ta propre raison.

La stupide indolence dans laquelle la plupart des hommes croupissent sur l'objet le plus important semblerait prouver qu'ils sont de misérables machines animales, dont l'instinct ne s'occupe que du moment présent. Nous traitons notre intelligence comme notre corps; nous les abandonnons souvent l'un et l'autre pour quelque argent à des charlatans. La populace meurt, en Espagne, entre les mains

1. Cet Avis existe déjà dans les éditions de 1767. (ED.)

d'un vil moine et d'un empirique; et la nôtre à peu près de même[1]. Un vicaire, un dissenter, assiègent leurs derniers moments.

Un très-petit nombre d'hommes examine; mais l'esprit de parti, l'envie de se faire valoir, les préoccupe. Un grand homme[2], parmi nous, n'a été chrétien que parce qu'il était ennemi de Collins; notre Whiston n'était chrétien que parce qu'il était arien. Grotius ne voulait que confondre les gomaristes. Bossuet soutint le papisme contre Claude, qui combattait pour la secte calviniste. Dans les premiers siècles, les ariens combattaient contre les athanasiens. L'empereur Julien et son parti combattaient contre ces deux sectes; et le reste de la terre contre les chrétiens, qui disputaient contre les Juifs. A qui croire? il faut donc examiner; c'est un devoir que personne ne révoque en doute. Un homme qui reçoit sa religion sans examen ne diffère pas d'un bœuf qu'on attelle.

Cette multitude prodigieuse de sectes dans le christianisme forme déjà une grande présomption que toutes sont des systèmes d'erreur. L'homme sage se dit à lui-même : Si Dieu avait voulu me faire connaître son culte, c'est que ce culte serait nécessaire à notre espèce. S'il était nécessaire, il nous l'aurait donné à tous lui-même, comme il a donné à tous deux yeux et une bouche. Il serait partout uniforme, puisque les deux choses nécessaires à tous les hommes sont uniformes. Les principes de la raison universelle sont communs à toutes les nations policées, toutes reconnaissent un Dieu : elles peuvent donc se flatter que cette connaissance est une vérité. Mais chacune d'elles a une religion différente; elles peuvent donc conclure qu'ayant raison d'adorer un Dieu, elles ont tort dans tout ce qu'elles ont imaginé au delà.

Si le principe dans lequel l'univers s'accorde paraît vraisemblable, les conséquences diamétralement opposées qu'on en tire paraissent fausses; il est naturel de s'en défier. La défiance augmente quand on voit que le but de tous ceux qui sont à la tête des sectes est de dominer et de s'enrichir autant qu'ils le peuvent, et que, depuis les daïris du Japon jusqu'aux évêques de Rome, on ne s'est occupé que d'élever à un pontife un trône fondé sur la misère des peuples, et souvent cimenté de leur sang.

Que les Japonais examinent comment les daïris les ont longtemps

---

[1]. Non : milord Bolingbroke va trop loin; on vit et on meurt comme on veut chez nous. Il n'y a que les lâches et les superstitieux qui envoient chercher un prêtre. Et ce prêtre se moque d'eux. Il sait bien qu'il n'est pas ambassadeur de Dieu auprès des moribonds.

Mais, dans les pays papistes, il faut qu'au troisième accès de fièvre on vienne vous effrayer en cérémonie, qu'on déploie devant vous tout l'attirail d'une extrême-onction et tous les étendards de la mort. On vous apporte le dieu des papistes escorté de six flambeaux. Tous les gueux ont le droit d'entrer dans votre chambre; plus on met d'appareil à cette pompe lugubre, plus le bas clergé y gagne. Il vous prononce votre sentence, et va boire au cabaret les épices du procès. Les esprits faibles sont si frappés de l'horreur de cette cérémonie, que plusieurs en meurent. Je sais que M. Falconnet, un des médecins du roi de France, ayant vu une de ses malades tourner à la mort au seul spectacle de son extrême-onction, déclara au roi qu'il ne ferait plus jamais administrer les sacrements à personne. (*Note de 1771.*)

[2]. Samuel Clarke. (ÉD.)

subjugués; que les Tartares se servent de leur raison pour juger si le grand lama est immortel; que les Turcs jugent leur *Alcoran;* mais nous autres chrétiens, examinons notre *Évangile.*

Dès là que je veux sincèrement examiner, j'ai droit d'affirmer que je ne tromperai pas : ceux qui n'ont écrit que pour prouver leur sentiment me sont suspects.

Pascal commence par révolter ses lecteurs, dans ses pensées informes qu'on a recueillies : « Que ceux qui combattent la religion chrétienne, dit-il, apprennent à la connaître, etc. » Je vois à ces mots un homme de parti qui veut subjuguer.

On m'apprend qu'un curé, en France, nommé Jean Meslier, mort depuis peu [1], a demandé pardon à Dieu, en mourant, d'avoir enseigné le christianisme. Cette disposition d'un prêtre à l'article de la mort fait sur moi plus d'effet que l'enthousiasme de Pascal. J'ai vu en Dorsetshire, diocèse de Bristol, un curé renoncer à une cure de deux cents livres sterling, et avouer à ses paroissiens que sa conscience ne lui permettait pas de leur prêcher les absurdes horreurs de la secte chrétienne. Mais ni le *testament* de Jean Meslier, ni la déclaration de ce digne curé, ne sont pour moi des preuves décisives. Le juif Uriel Acosta renonça publiquement à l'*Ancien Testament* dans Amsterdam : mais je ne croirai pas plus le juif Acosta que le curé Meslier. Je dois lire les pièces du procès avec une attention sévère, ne me laisser séduire par aucun des avocats, peser devant Dieu les raisons des deux partis, et décider suivant ma conscience. C'est à moi de discuter les arguments de Wollaston et de Clarke, mais je ne puis en croire que ma raison.

J'avertis d'abord que je ne veux pas toucher à notre Église anglicane, en tant qu'elle est établie par actes de parlement. Je la regarde d'ailleurs comme la plus savante et la plus régulière de l'Europe. Je ne suis point de l'avis du *Whig indépendant,* qui semble vouloir abolir tout sacerdoce, et le remettre aux mains des pères de famille, comme du temps des patriarches. Notre société, telle qu'elle est, ne permet pas un pareil changement. Je pense qu'il est nécessaire d'entretenir des prêtres, pour être les maîtres des mœurs, et pour offrir à Dieu nos prières. Nous verrons s'ils doivent être des joueurs de gobelets, des trompettes de discorde, et des persécuteurs sanguinaires. Commençons d'abord par m'instruire moi-même.

CHAP. I. — *Des livres de Moïse.*

Le christianisme est fondé sur le judaïsme[2] : voyons donc si le judaïsme est l'ouvrage de Dieu. On me donne à lire les livres de Moïse, je dois m'informer d'abord si ces livres sont de lui.

1. Cela est très-vrai; il était curé d'Étrépigni, près Rocroi, sur les frontières de la Champagne. Plusieurs curieux ont des extraits de son testament. (*Note de 1776.*)
2. Supposé, par un impossible, qu'une secte aussi absurde et aussi affreuse

1° Est-il vraisemblable que Moïse ait fait graver le *Pentateuque*, ou du moins les livres de la loi, sur la pierre, et qu'il ait eu des graveurs et des polisseurs de pierre dans un désert affreux, où il est dit que son peuple n'avait ni tailleurs, ni faiseurs de sandales, ni d'étoffes pour se vêtir, ni de pain pour manger, et où Dieu fut obligé de faire un miracle continuel pendant quarante années[1], pour conserver les vêtements de ce peuple, et pour le nourrir?

2° Il est dit dans le livre de *Josué*[2] que l'on écrivit le *Deutéronome* sur un autel de pierres brutes enduites de mortier. Comment écrivit-on tout un livre sur du mortier? comment ces lettres ne furent-elles pas effacées par le sang qui coulait continuellement sur cet autel? et comment cet autel, ce monument du *Deutéronome*, subsista-t-il dans le pays où les Juifs furent si longtemps réduits à un esclavage que leurs brigandages avaient tant mérité?

3° Les fautes innombrables de géographie, de chronologie, et les contradictions qui se trouvent dans le *Pentateuque*, ont forcé plusieurs Juifs et plusieurs chrétiens à soutenir que le *Pentateuque* ne pouvait être de Moïse. Le savant Leclerc, une foule de théologiens, et même notre grand Newton, ont embrassé cette opinion; elle est donc au moins très-vraisemblable.

4° Ne suffit-il pas du simple sens commun pour juger qu'un livre qui commence par ces mots : « Voici[3] les paroles que prononça Moïse au delà du Jourdain, » ne peut être que d'un faussaire maladroit, puisque le même livre assure que Moïse ne passa jamais le Jourdain[4]? La réponse d'Abbadie, qu'on peut entendre en deçà par au delà, n'est-elle pas ridicule? et doit-on croire à un prédicant mort fou en Irlande plutôt qu'à Newton, le plus grand homme qui ait jamais été?

De plus, je demande à tout homme raisonnable s'il y a quelque vrai-

que le judaïsme fût l'ouvrage de Dieu, il serait démontré en ce cas, et par cette seule supposition, que la secte des galiléens n'est fondée que sur l'imposture. Cela est démontré en rigueur.

Dès qu'on suppose une vérité quelconque, énoncée par Dieu même, constatée par les plus épouvantables prodiges, scellée du sang humain; dès que Dieu, selon vous, a dit cent fois que cette vérité, cette loi sera éternelle; dès qu'il a dit dans cette loi qu'il faut tuer sans miséricorde celui qui voudra retrancher de sa loi ou y ajouter; dès qu'il a commandé que tout prophète (*Deut.*, XIII, 1, 5, 6) qui ferait des miracles pour substituer une nouveauté à cette ancienne loi fût mis à mort par son meilleur ami, par son frère; il est clair comme le jour que le christianisme, qui abolit le judaïsme dans tous ses rites, est une religion fausse et directement ennemie de Dieu même.

On allègue que la secte des chrétiens est fondée sur la secte juive. C'est comme si on disait que le mahométisme est fondé sur la religion antique des Sabéens : il est né dans leur pays; mais loin d'être né du sabisme, il l'a détruit.

Ajoutez à ces raisons un argument beaucoup plus fort, c'est qu'il n'est pas possible que l'être immuable, ayant donné une loi à ce prétendu Noé, ignoré de toutes les nations, excepté des Juifs, en ait donné ensuite une autre du temps d'un pharaon, et enfin une troisième du temps de Tibère. Cette indigne fable d'un dieu qui donne trois religions différentes et universelles à un misérable petit peuple ignoré, serait ce que l'esprit humain a jamais inventé de plus absurde, si tous les détails suivants ne l'étaient davantage. (*Note de* 1771.)

1. *Deut.*, XXIX, 5. (Ed.) — 2. VIII, 32. (Ed.) — 3. *Deut.*, I, 1. (Ed.)
4. *Deut.*, III, 27, et XXXI, 2. (Ed.)

semblance que Moïse eût donné dans le désert des préceptes aux rois juifs, qui ne vinrent que tant de siècles après lui, et s'il est possible que, dans ce même désert, il eût assigné[1] quarante-huit villes avec leurs faubourgs pour la seule tribu des lévites, indépendamment des décimes que les autres tribus devaient leur payer[2]? Il est sans doute très-naturel que des prêtres aient tâché d'engloutir tout; mais il ne l'est pas qu'on leur ait donné quarante-huit villes dans un petit canton où il y avait à peine alors deux villages; il eût fallu au moins autant de villes pour chacune des autres hordes juives; le total aurait monté à quatre cent quatre-vingts villes avec leurs faubourgs. Les Juifs n'ont pas écrit autrement leur histoire. Chaque trait est une hyperbole ridicule, un mensonge grossier, une fable absurde[3].

CHAP. II. — *De la personne de Moïse.*

Y a-t-il eu un Moïse? Tout est si prodigieux en lui depuis sa naissance jusqu'à sa mort, qu'il paraît un personnage fantastique, comme notre enchanteur Merlin. S'il avait existé, s'il avait opéré les miracles épouvantables qu'il est supposé avoir faits en Egypte, serait-il possible qu'aucun auteur égyptien n'eût parlé de ces miracles, que les Grecs, ces amateurs du merveilleux, n'en eussent pas dit un seul mot ? Flavius Josèphe, qui, pour faire valoir sa nation méprisée, recherche tous les témoignages des auteurs égyptiens qui ont parlé des Juifs, n'a pas le front d'en citer un seul qui fasse mention des prodiges de Moïse. Ce silence universel n'est-il pas une présomption que Moïse est un personnage fabuleux?

Pour peu qu'on ait étudié l'antiquité, on sait que les anciens Arabes furent les inventeurs de plusieurs fables, qui, avec le temps, ont eu cours chez les autres peuples. Ils avaient imaginé l'histoire de l'ancien Bacchus, qu'on supposait très-antérieur au temps où les Juifs disent que parut leur Moïse. Ce Bacchus ou Back, né dans l'Arabie, avait écrit ses lois sur deux tables de pierre; on l'appela Misem, nom qui ressemble fort à celui de Moïse; il avait été sauvé des eaux dans un coffre, et

---

1. *Deutér.*, chap. xiv. — 2. *Nomb.*, chap. xxxv, verset 7.
3. Milord Bolingbroke s'est contenté d'un petit nombre de ces preuves : s'il avait voulu, il en aurait rapporté plus de deux cents. Une des plus fortes, à notre avis, qui font voir que les livres qu'on prétend écrits du temps de Moïse et de Josué, sont écrits en effet du temps des rois, c'est que le même livre est cité dans l'histoire de Josué, et dans celle des rois juifs. Ce livre est celui que nous appelons *le Droiturier*, et que les papistes appellent l'*Histoire des Justes*, ou *le Livre du Roi*.
Quand l'auteur du *Josué* parle du soleil qui s'arrêta sur Gabaon, et de la lune qui s'arrêta sur Aïalon en plein midi, il cite ce Livre des *Justes*. (Josué, ch. x, verset 13.)
Quand l'auteur des chroniques ou des Livres des *Rois* parle du cantique composé par David sur la mort de Saül et de son fils Jonathas, il cite encore ce Livre des *Justes*. (*Rois*, liv. II, chap. I, verset 18.)
Or, s'il vous plaît, comment le même livre peut-il avoir été écrit dans le temps qui touchait à Moïse, et dans le temps de David? Cette horrible bévue n'avait point échappé au lord Bolingbroke; il en parle ailleurs. C'est un plaisir de voir l'embarras de cet innocent de dom Calmet, qui cherche en vain à pallier une telle absurdité. (*Note de 1771.*)

ce nom signifiait *sauvé des eaux*; il avait une baguette avec laquelle il opérait des miracles; cette verge se changeait en serpent quand il voulait. Ce même Misem passa la mer Rouge à pied sec, à la tête de son armée; il divisa les eaux de l'Oronte et de l'Hydaspe, et les suspendit à droite et à gauche; une colonne de feu éclairait son armée pendant la nuit. Les anciens vers orphiques qu'on chantait dans les orgies de Bacchus, célébraient une partie de ces extravagances. Cette fable était si ancienne, que les pères de l'Église ont cru que ce Misem, ce Bacchus, était leur Noé[1].

N'est-il pas de la plus grande vraisemblance que les Juifs adoptèrent cette fable, et qu'ensuite ils l'écrivirent quand ils commencèrent à avoir quelque connaissance des lettres sous leurs rois ? Il leur fallait du merveilleux comme aux autres peuples; mais ils n'étaient pas inventeurs; jamais plus petite nation ne fut plus grossière; tous leurs mensonges étaient des plagiats, comme toutes leurs cérémonies étaient visiblement une imitation des Phéniciens, des Syriens, et des Égyptiens.

Ce qu'ils ont ajouté d'eux-mêmes paraît d'une grossièreté et d'une absurdité si révoltante, qu'elle excite l'indignation et la pitié. Dans quel ridicule roman souffrirait-on un homme qui change toutes les eaux en sang, d'un coup de baguette, au nom d'un dieu inconnu, et des magiciens qui en font autant au nom des dieux du pays? La seule supériorité qu'ait Moïse sur les sorciers du roi, c'est qu'il fit naître des poux, ce que les sorciers ne purent faire; sur quoi un grand prince[2] a dit que les Juifs, en fait de poux, en savaient plus que tous les magiciens du monde.

Comment un ange du Seigneur vient-il tuer tous les animaux d'Égypte? et comment, après cela, le roi d'Égypte a-t-il une armée de cavalerie? et comment cette cavalerie entre-t-elle dans le fond de la mer Rouge?

Comment le même ange du Seigneur vient-il couper le cou pendant

---

[1]. Il faut observer que Bacchus était connu en Égypte, en Syrie, dans l'Asie mineure, dans la Grèce, chez les Etrusques, longtemps avant qu'aucune nation eût entendu parler de Moïse, et surtout de Noé et de toute sa généalogie. Tout ce qui ne se trouve que dans les écrits juifs était absolument ignoré des nations orientales et occidentales, depuis le nom d'Adam jusqu'à celui de David.

Le misérable peuple juif avait sa chronologie et ses fables à part, lesquelles ne ressemblaient que de très-loin à celles des autres peuples. Ses écrivains, qui ne travaillèrent que très-tard, pillèrent tout ce qu'ils trouvèrent chez leurs voisins, et déguisèrent mal leurs larcins: témoin la fable de Moïse, qu'ils empruntèrent de Bacchus; témoin leur ridicule Samson, pris chez Hercule; la fille de Jephté, chez Iphigénie; la femme de Loth, imitée d'Eurydice, etc. (1771.) Eusèbe nous a conservé de précieux fragments de Sanchoniathon, qui vivait incontestablement avant le temps où les Juifs placent leur Moïse. Ce Sanchoniathon ne parle pas de la horde juive. Si elle avait existé, s'il y avait eu quelque chose de vrai dans la *Genèse*, certainement il en aurait dit quelques mots. Eusèbe n'aurait pas manqué de les faire valoir. Le Phénicien Sanchoniathon n'en a rien dit; donc la horde juive n'existait pas alors en corps de peuple; donc les fables de la *Genèse* n'avaient encore été inventées par personne. (1776.)

[2]. Frédéric II, qui probablement avait fourni l'idée du *Sermon des cinquante*. (ED.)

la nuit à tous les aînés des familles égyptiennes? C'était bien alors que le prétendu Moïse devait s'emparer de ce beau pays, au lieu de s'enfuir en lâche et en coquin avec deux ou trois millions d'hommes parmi lesquels il avait, dit-on, six cent trente mille combattants. C'est avec cette prodigieuse multitude qu'il fuit devant les cadets de ceux que l'ange avait tués. Il s'en va errer dans les déserts, où l'on ne trouve pas seulement de l'eau à boire; et, pour lui faciliter cette belle expédition, son dieu divise les eaux de la mer, en fait deux montagnes à droite et à gauche, afin que son peuple favori aille mourir de faim et de soif.

Tout le reste de l'histoire de Moïse est également absurde et barbare. Ses cailles, sa manne, ses entretiens avec Dieu; vingt-trois mille hommes de son peuple égorgés à son ordre par des prêtres; vingt-quatre mille massacrés une autre fois; six cent trente mille combattants dans un désert où il n'y a jamais eu deux mille hommes; tout cela paraît assurément le comble de l'extravagance; et quelqu'un a dit que l'*Orlando furioso* et *Don Quichotte* sont des livres de géométrie en comparaison des livres hébreux. S'il y avait seulement quelques actions honnêtes et naturelles dans la fable de Moïse, on pourrait croire à toute force que ce personnage a existé.

On a le front de nous dire que la fête de Pâques chez les Juifs est une preuve du passage de la mer Rouge. On remerciait le Dieu des Juifs, à cette fête, de la bonté avec laquelle il avait égorgé tous les premiers-nés d'Égypte; donc, dit-on, rien n'était plus vrai que cette sainte et divine boucherie.

Conçoit-on bien, dit le déclamateur et le mauvais raisonneur Abbadie, « que Moïse ait pu instituer des mémoriaux sensibles d'un événement reconnu pour faux par plus de six cent mille témoins? » Pauvre homme! tu devais dire par plus de deux millions de témoins; car six cent trente mille combattants, fugitifs ou non, supposent assurément plus de deux millions de personnes. Tu dis donc que Moïse lut son *Pentateuque* à ces deux ou trois millions de Juifs! Tu crois donc que ces deux ou trois millions d'hommes auraient écrit contre Moïse, s'ils avaient découvert quelque erreur dans son *Pentateuque*, et qu'ils eussent fait insérer leurs remarques dans les journaux du pays! Il ne te manque plus que de dire que ces trois millions d'hommes ont signé comme témoins, et que tu as vu leur signature.

Tu crois donc que les temples et les rites institués en l'honneur de Bacchus, d'Hercule, et de Persée, prouvent évidemment que Persée, Hercule et Bacchus étaient fils de Jupiter, et que, chez les Romains, le temple de Castor et de Pollux était une démonstration que Castor et Pollux avaient combattu pour les Romains! C'est ainsi qu'on suppose toujours ce qui est en question; et les trafiquants en controverse débitent sur la cause la plus importante au genre humain des arguments que lady Blackacre[1] n'oserait pas hasarder dans la salle de *common plays*.

---

1. Lady Blackacre est un personnage extrêmement plaisant dans la comédie du *Plain dealer*, de Wicherley. (ÉD.)

C'est là ce que des fous ont écrit, ce que des imbéciles commentent, ce que des fripons enseignent, ce qu'on fait apprendre par cœur aux petits enfants; et on appelle blasphémateur le sage qui s'indigne et qui s'irrite des plus abominables inepties qui aient jamais déshonoré la nature humaine!

CHAP. III. — *De la divinité attribuée aux livres juifs.*

Comment a-t-on osé supposer que Dieu choisit une horde d'Arabes voleurs pour être son peuple chéri, et pour armer cette horde contre toutes les autres nations? et comment, en combattant à sa tête, a-t-il souffert que son peuple fût si souvent vaincu et esclave?

Comment, en donnant des lois à ces brigands, a-t-il oublié de contenir ce petit peuple de voleurs par la croyance de l'immortalité de l'âme et des peines après la mort[1], tandis que toutes les grandes nations voisines, Chaldéens, Égyptiens, Syriens, Phéniciens, avaient embrassé depuis si longtemps cette croyance utile?

Est-il possible que Dieu eût pu prescrire aux Juifs la manière d'aller à la selle dans le désert[2], et leur cacher le dogme d'une vie future? Hérodote nous apprend que le fameux temple de Tyr était bâti deux mille trois cents ans avant lui. On dit que Moïse conduisait sa troupe dans le désert environ seize cents ans avant notre ère. Hérodote écrivait cinq cents ans avant cette ère vulgaire; donc le temple des Phéniciens subsistait douze cents ans avant Moïse; donc la religion phénicienne était établie depuis plus longtemps encore. Cette religion annonçait l'immortalité de l'âme, ainsi que les Chaldéens et les Égyptiens. La horde juive n'eut jamais ce dogme pour fondement de sa secte. C'était, dit-on, un peuple grossier auquel Dieu se proportionnait. Dieu se proportionner! et à qui? à des voleurs juifs! Dieu être plus grossier qu'eux! n'est-ce pas un blasphème?

---

1. Voilà le plus fort argument contre la loi juive, et que le grand Bolingbroke n'a pas assez pressé. Quoi! les législateurs indiens, égyptiens, babyloniens, grecs, romains, enseignèrent tous l'immortalité de l'âme; on la trouve en vingt endroits dans Homère même; et le prétendu Moïse n'en parle pas! il n'en est pas dit un seul mot ni dans le *Décalogue* juif, ni dans tout le *Pentateuque!* Il a fallu que des commentateurs ou très-ignorants, ou aussi fripons que soi, aient tordu quelques passages de Job, qui n'est point juif, pour faire accroire à des hommes plus ignorants qu'eux-mêmes, que Job avait parlé d'une vie à venir, parce qu'il dit (XIX, 25, 26) : « Je pourrai me lever de mon fumier dans quelque temps; mon protecteur est vivant; je reprendrai ma première peau, je le verrai dans ma chair; gardez-vous donc de me décrier et de me persécuter. »

Quel rapport, je vous prie, d'un malade qui souffre et qui espère de guérir, avec l'immortalité de l'âme, avec l'enfer et le paradis? Si notre Warburton s'en était tenu à démontrer que la loi juive n'enseigna jamais une autre vie, il aurait rendu un très-grand service. Mais, par la démence la plus incompréhensible, il a voulu faire accroire que la grossièreté du *Pentateuque* était une preuve de sa divinité; et par l'excès de son orgueil, il a soutenu cette chimère avec la plus extrême insolence. (1771.)

2. Le doyen Swift disait que, selon le *Pentateuque*, Dieu avait eu bien plus soin du derrière des Juifs que de leurs âmes. (1771.) Voy. le *Deutéronome* chap. XXIII (12, 13); vous jugerez que le doyen avait bien raison. (1776.)

CHAP. IV. — *Qui est l'auteur du Pentateuque?*

On me demande qui est l'auteur du *Pentateuque*: j'aimerais autant qu'on me demandât qui a écrit *les quatre Fils Aymon, Robert le Diable,* et l'histoire de l'enchanteur *Merlin.*

Newton, qui s'est avili jusqu'à examiner sérieusement cette question, prétend que ce fut Samuel qui écrivit ces rêveries, apparemment pour rendre les rois odieux à la horde juive, que ce détestable prêtre voulait gouverner. Pour moi, je pense que les Juifs ne surent lire et écrire que pendant leur captivité chez les Chaldéens, attendu que leurs lettres furent d'abord chaldaïques, et ensuite syriaques; nous n'avons jamais connu d'alphabet purement hébreu.

Je conjecture qu'Esdras forgea tous ces *contes du Tonneau*[1] au retour de la captivité. Il les écrivit en lettres chaldéennes, dans le jargon du pays, comme des paysans du nord d'Irlande écriraient aujourd'hui en caractères anglais.

Les Cuthéens, qui habitaient le pays de Samarie, écrivirent ce même *Pentateuque* en lettres phéniciennes, qui étaient le caractère courant de leur nation, et nous avons encore aujourd'hui ce *Pentateuque.*

Je crois que Jérémie put contribuer beaucoup à la composition de ce roman. Jérémie était fort attaché, comme on sait, aux rois de Babylone; il est évident, par ses rapsodies, qu'il était payé par les Babyloniens, et qu'il trahissait son pays; il veut toujours qu'on se rende au roi de Babylone. Les Égyptiens étaient alors les ennemis des Babyloniens. C'est pour faire sa cour au grand roi maître d'Hersalaïm Kedusha, nommé par nous Jérusalem[2], que Jérémie et ensuite Esdras inspirent tant d'horreur aux Juifs pour les Égyptiens. Ils se gardent bien de rien dire contre les peuples de l'Euphrate. Ce sont des esclaves qui ménagent leurs maîtres. Ils avouent bien que la horde juive a presque toujours été asservie; mais ils respectent ceux qu'ils servaient alors.

Que d'autres Juifs aient écrit les faits et gestes de leurs roitelets, c'est ce qui m'importe aussi peu que l'histoire des chevaliers de la table ronde et des douze pairs de Charlemagne; et je regarde comme la plus futile de toutes les recherches celle de savoir le nom de l'auteur d'un livre ridicule.

Qui a écrit le premier l'histoire de Jupiter, de Neptune, et de Pluton? Je n'en sais rien, et je ne me soucie pas de le savoir.

Il y a une très-ancienne *Vie de Moïse* écrite en hébreu[3], mais qui

---

1. De Swift. (Éd.)
2. Hersalaïm était le nom de Jérusalem; et Kedusha était son nom secret. Toutes les villes avaient un nom mystérieux que l'on cachait soigneusement aux ennemis, de peur qu'ils ne mêlassent ce nom dans des enchantements, et par là ne se rendissent les maîtres de la ville. A tout prendre, les Juifs n'étaient peut-être pas plus superstitieux que leurs voisins; ils furent seulement plus cruels, plus pauvres, et plus ignorants.
3. Cette *Vie de Moïse* a été imprimée à Hambourg, en hébreu et en latin.

n'a point été insérée dans le canon judaïque. On en ignore l'auteur, ainsi qu'on ignore les auteurs des autres livres juifs; elle est écrite dans ce style des *Mille et une nuits*, qui est celui de toute l'antiquité asiatique. En voici quelques échantillons.

L'an 130 après la transmigration des Juifs en Égypte, soixante ans après la mort de Joseph, le pharaon, pendant son sommeil, vit en songe un vieillard qui tenait en ses mains une balance. Dans l'un des bassins étaient tous les Égyptiens avec leurs enfants et leurs femmes; dans l'autre un seul enfant à la mamelle, qui pesait plus que toute l'Égypte entière. Le roi fit aussitôt appeler tous ces magiciens, qui furent tous saisis d'étonnement et de crainte. Un des conseillers du roi devina qu'il y aurait un enfant hébreu qui serait la ruine de l'Égypte. Il conseilla au roi de faire tuer tous les petits garçons de la nation juive.

L'aventure de Moïse sauvé des eaux est à peu près la même que dans l'*Exode*. On appela d'abord Moïse Schabar, et sa mère Jéchotiel. A l'âge de trois ans, Moïse, jouant avec Pharaon, prit sa couronne et s'en couvrit la tête. Le roi voulut le faire tuer, mais l'ange Gabriel descendit du ciel, et pria le roi de n'en rien faire. « C'est un enfant, lui dit-il, qui n'y a pas entendu malice. Pour vous prouver combien il est simple, montrez-lui une escarboucle et un charbon ardent, vous verrez qu'il choisira le charbon. » Le roi en fit l'expérience; le petit Moïse ne manqua pas de choisir l'escarboucle; mais l'ange Gabriel escamota, et mit le charbon ardent à la place; le petit Moïse se brûla la main jusqu'aux os. Le roi lui pardonna, le croyant un sot. Ainsi Moïse, ayant été sauvé par l'eau, fut encore une fois sauvé par le feu.

Tout le reste de l'histoire est sur le même ton. Il est difficile de décider lequel est le plus admirable de cette fable de Moïse, ou de la fable du *Pentateuque*. Je laisse cette question à ceux qui ont plus de temps à perdre que moi. Mais j'admire surtout les pédants, comme Grotius, Abbadie, et même cet abbé Houteville, longtemps entremetteur d'un fermier général à Paris, ensuite secrétaire de ce fameux cardinal Dubois, à qui j'ai entendu dire qu'il défiait tous les cardinaux d'être plus athées que lui. Tous ces gens-là se distillent le cerveau pour faire accroire (ce qu'ils ne croient point) que le *Pentateuque* est de Moïse. Eh! mes amis, que prouveriez-vous là? que Moïse était un fou. Il est bien sûr que je ferais enfermer à Bedlam[1] un homme qui écrirait aujourd'hui de pareilles extravagances.

CHAP. V. — *Que les Juifs ont tout pris des autres nations*.

On l'a déjà dit souvent, c'est le petit peuple asservi qui tâche d'imiter ses maîtres; c'est la nation faible et grossière qui se conforme grossièrement aux usages de la grande nation. C'est Cornouailles qui est le singe de Londres, et non pas Londres qui est le singe de Cor-

1. Bedlam, la maison des fous à Londres

nouailles. Est-il rien de plus naturel que les Juifs aient pris ce qu'ils ont pu du culte, des lois, des coutumes de leurs voisins?

Nous sommes déjà certains que leur dieu, prononcé par nous Jehovah, et par eux Jaho, était le nom ineffable du dieu des Phéniciens et des Égyptiens; c'était une chose connue dans l'antiquité. Clément d'Alexandrie, au premier livre de ses *Stromates*, rapporte que ceux qui entraient dans les temples d'Égypte étaient obligés de porter sur eux une espèce de talisman composé de ce mot Jaho; et quand on savait prononcer ce mot d'une certaine façon, celui qui l'entendait tombait roide mort, ou du moins évanoui. C'était du moins ce que les charlatans des temples tâchaient de persuader aux superstitieux.

On sait assez que la figure du serpent, les chérubins, la cérémonie de la vache rousse, les ablutions nommées depuis baptême, les robes de lin réservées aux prêtres, les jeûnes, l'abstinence du porc et d'autres viandes, la circoncision, le bouc émissaire, tout enfin fut imité de l'Égypte.

Les Juifs avouent qu'ils n'ont eu un temple que fort tard, et plus de cinq cents ans après leur Moïse, selon leur chronologie toujours erronée. Ils envahirent enfin une petite ville dans laquelle ils bâtirent un temple à l'imitation des grands peuples. Qu'avaient-ils auparavant?. un coffre. C'était l'usage des nomades et des peuples cananéens de l'intérieur des terres qui étaient pauvres. Il y avait une ancienne tradition chez la horde juive, que lorsqu'elle fut nomade, c'est-à-dire lorsqu'elle fut errante dans les déserts de l'Arabie pétrée, elle portait un coffre où était le simulacre grossier d'un dieu nommé Remphan, ou une espèce d'étoile taillée en bois[1]. Vous verrez des traces de ce culte dans quelques prophètes, et surtout dans les prétendus discours que les *Actes des Apôtres*[2] mettent dans la bouche d'Étienne.

Selon les Juifs mêmes, les Phéniciens (qu'ils appellent Philistins) avaient le temple de Dagon avant que la troupe judaïque eût une maison. Si la chose est ainsi, si tout leur culte dans le désert consista dans un coffre à l'honneur du dieu Remphan, qui n'était qu'une étoile révérée par les Arabes, il est clair que les Juifs n'étaient autre chose, dans leur origine, qu'une bande d'Arabes vagabonds qui s'établirent par le brigandage dans la Palestine, et qui enfin se firent une religion à leur mode, et se composèrent une histoire toute pleine de fables. Ils prirent une partie de la fable de l'ancien *Back* ou *Bacchus*, dont ils firent leur *Moïse*. Mais, que ces fables soient révérées par nous; que nous en ayons fait la base de notre religion, et que ces fables mêmes

---

1. « M'avez-vous offert sacrifice au désert durant quarante ans? Avez-vous porté le tabernacle de Moloch et de votre dieu Remphan? » (*Actes*, VII, 43; Amos, v, 26; Jérémie, XXXII, 35.) Voilà de singulières contradictions. Joignez à cela l'histoire de l'idole de Michas, adorée par toute la tribu de Dan, et desservie par un petit-fils de Moïse même, ainsi que le lecteur peut le vérifier dans le livre des *Juges*, chap. XVII et XVIII. C'est pourtant cet amas d'absurdités contradictoires qui vaut douze mille guinées de rente à milord de Kenterbury, et un royaume à un prêtre qui prétend être successeur de Céphas, et qui s'est mis sans façon dans Rome à la place de l'empereur.

2. Chap. VII. (ÉD.)

aient encore un certain crédit dans le siècle de la philosophie, c'est là surtout ce qui indigne les sages. *L'Église* chrétienne chante les prières juives, et fait brûler quiconque judaïse. Quelle pitié! quelle contradiction! et quelle horreur!

CHAP. VI. — *De la Genèse.*

Tous les peuples dont les Juifs étaient entourés avaient une *Genèse*, une *Théogonie*, une *Cosmogonie*, longtemps avant que ces Juifs existassent. Ne voit-on pas évidemment que la *Genèse* des Juifs était prise des anciennes fables de leurs voisins?

Jaho, l'ancien dieu des Phéniciens, débrouilla le chaos, le Khautereb[1]; il arrangea Muth, la matière; il forma l'homme de son souffle, Calpi; il lui fit habiter un jardin, Aden ou Éden; il le défendit contre le grand serpent Ophionée, comme le dit l'ancien fragment de Phérécyde. Que de conformités avec la *Genèse* juive! N'est-il pas naturel que le petit peuple grossier ait dans la suite des temps, emprunté les fables du grand peuple inventeur des arts?

C'était encore une opinion reçue dans l'Asie, que Dieu avait formé le monde en six temps, appelés chez les Chaldéens, si antérieurs aux Juifs, les *six gahambars*.

C'était aussi une opinion des anciens Indiens. Les Juifs qui écrivirent la *Genèse* ne sont donc que des imitateurs; ils mêlèrent leurs propres absurdités à ces fables, et il faut avouer qu'on ne peut s'empêcher de rire quand on voit un serpent parlant familièrement à Ève, Dieu parlant au serpent, Dieu se promenant chaque jour, à midi, dans le jardin d'Éden, Dieu faisant une culotte pour Adam et un pagne à sa femme Ève. Tout le reste paraît aussi insensé; plusieurs Juifs eux-mêmes en rougirent; ils traitèrent dans la suite ces imaginations de fables allégoriques. Comment pourrions-nous prendre au pied de la lettre ce que les Juifs ont regardé comme des contes?

Ni l'histoire des *Juges*, ni celle des *Rois*, ni aucun prophète, ne cite un seul passage de la *Genèse*. Nul n'a parlé ni de la côte d'Adam, tirée de sa poitrine pour en pétrir une femme, ni de l'arbre de la science du bien et du mal, ni du serpent qui séduisit Ève, ni du péché originel, ni enfin d'aucune de ces imaginations. Encore une fois, est-ce à nous de les croire?

Leurs rapsodies démontrent qu'ils ont pillé toutes leurs idées chez les Phéniciens, les Chaldéens, les Égyptiens, comme ils ont pillé leurs biens quand ils ont pu. Le nom même d'Israël, ils l'ont pris chez les Chaldéens, comme Philon l'avoue dans la première page du récit de sa députation auprès de Caligula[2], et nous serions assez imbéciles dans notre Occident pour penser que tout ce que ces barbares d'Orient avaient volé leur appartenait en propre!

1. Voy. le paragraphe XIII de l'*Introduction à l'Essai sur les mœurs*. (Éb.)
2. Voici les paroles de Philon : « Les Chaldéens donnent aux justes le nom d'Israël, voyant Dieu. » (1776.)

CHAP. VII. — *Des mœurs des Juifs.*

Si nous passons des fables des Juifs aux mœurs de ce peuple, ne sont-elles pas aussi abominables que leurs contes sont absurdes? C'est, de leur aveu, un peuple de brigands qui emportent dans un désert tout ce qu'ils ont volé aux Egyptiens. Leur chef Josué passe le Jourdain par un miracle semblable au miracle de la mer Rouge; pourquoi? pour aller mettre à feu et à sang une ville qu'il ne connaissait pas, une ville dont son Dieu fait tomber les murs au son du cornet.

Les fables des Grecs étaient plus humaines. Amphion bâtissait des villes au son de la flûte, Josué les détruit; il livre au fer et aux flammes, vieillards, femmes, enfants, et bestiaux: y a-t-il une horreur plus insensée? il ne pardonne qu'à une prostituée qui avait trahi sa patrie; quel besoin avait-il de la perfidie de cette malheureuse, puisque son cornet faisait tomber les murs, comme celui d'Astolphe faisait fuir tout le monde? Et remarquons en passant que cette femme, nommée Rahab la paillarde, est une des aïeules de ce Juif dont nous avons fait depuis un dieu, lequel dieu compte encore parmi celles dont il est né l'incestueuse Thamar, l'impudente Ruth, et l'adultère Bethsabée.

On nous conte ensuite que ce même Josué [1] fit pendre trente et un rois du pays; c'est-à-dire trente et un capitaines de village qui avaient combattu pour leurs foyers contre cette troupe d'assassins. Si l'auteur de cette histoire avait formé le dessein de rendre les Juifs exécrables aux autres nations, s'y serait-il pris autrement? L'auteur, pour ajouter le blasphème au brigandage et à la barbarie, ose dire que toutes ces abominations se commettaient au nom de Dieu, par ordre exprès de Dieu, et étaient autant de sacrifices de sang humain offerts à Dieu.

C'est là le peuple saint! Certes, les Hurons, les Canadiens, les Iroquois, ont été des philosophes pleins d'humanité, comparés aux enfants d'Israël; et c'est en faveur de ces monstres qu'on fait arrêter le soleil [2] et la lune en plein midi! et pourquoi? pour leur donner le temps de poursuivre et d'égorger de pauvres Amorrhéens déjà écrasés par une pluie de grosses pierres que Dieu avait lancées sur eux du haut des airs pendant cinq grandes lieues de chemin. Est-ce l'histoire de Gargantua? est-ce celle du peuple de Dieu? Et qu'y a-t-il ici de plus insupportable, ou l'excès de l'horreur, ou l'excès du ridicule? Ne serait-ce pas même un autre ridicule que de s'amuser à combattre ce détestable amas de fables qui outragent également le bon sens, la vertu, la nature, et la Divinité? Si malheureusement une seule des aventures de ce peuple était vraie, toutes les nations se seraient réunies pour l'exterminer; si elles sont fausses, on ne peut mentir plus sottement.

Que dirons-nous de Jephté qui immole sa propre fille à son Dieu sanguinaire, et de l'ambidextre Aod qui assassine Églon son roi au nom du Seigneur, et de la divine Jahel, qui assassine le général

1. XII, 24. (Éd.) — 2. Josué, chap. X, versets 11, 12, 13. (Éd.)

Sixara avec un clou qu'elle lui enfonce dans la tête; et du débauché Samson, que Dieu favorise de tant de miracles? grossière imitation de la fable d'Hercule.

Parlerons-nous d'un lévite qui vient sur son âne avec sa concubine, et de la paille et du foin, dans Gabaa, de la tribu de Benjamin? et voilà les Benjamites qui veulent commettre le péché de sodomie avec ce vilain prêtre, comme les Sodomites avaient voulu le commettre avec des anges [1]. Le lévite compose avec eux, et leur abandonne sa maîtresse ou sa femme, dont ils jouissent toute la nuit, et qui en meurt le lendemain matin. Le lévite coupe sa concubine en douze morceaux avec son couteau, ce qui n'est pourtant pas une chose si aisée, et de là s'ensuit une guerre civile.

[2] Les onze tribus arment quatre cent mille soldats contre la tribu de Benjamin. Quatre cent mille soldats, grand dieu! dans un territoire qui n'était pas alors de quinze lieues de longueur sur cinq ou six de largeur. Le Grand-Turc n'a jamais eu la moitié d'une telle armée. Ces Israélites exterminent la tribu de Benjamin, vieillards, jeunes gens, femmes, filles, selon leur louable coutume. Il échappe six cents garçons. Il ne faut pas qu'une des tribus périsse; il faut donner six cents filles au moins à ces six cents garçons. Que font les Israélites? Il y avait dans le voisinage une petite ville nommée Jabès; ils la surprennent, tuent tout, massacrent tout, jusqu'aux animaux, réservent quatre cents filles pour quatre cents Benjamites. Deux cents garçons restent à pourvoir; on convient avec eux qu'ils raviront deux cents filles de Silo, quand elles iront danser aux portes de Silo. Allons, Abbadie, Sherlockh, Houteville et consorts, faites des phrases pour justifier ces races de cannibales; prouvez que tout cela est un type, une figure qui nous annonce Jésus-Christ.

CHAPITRE VIII. — *Des mœurs des Juifs sous leurs melchim ou roitelets, et sous leurs pontifes, jusqu'à la destruction de Jérusalem par les Romains.*

Les Juifs ont un roi malgré le prêtre Samuel, qui fait ce qu'il peut pour conserver son autorité usurpée [3]; et il a la hardiesse de dire que

---

1. L'illustre auteur a oublié de parler des anges de Sodome. Cependant cet article en valait bien la peine. Si jamais il y eut des abominations extravagantes dans l'histoire du peuple juif, celle des anges que les magistrats, les portefaix, et jusqu'aux petits garçons d'une ville, veulent absolument violer, est une horreur dont aucune fable païenne n'approche, et qui fait dresser les cheveux à la tête. Et on ose commenter ces abominations! et on les fait respecter à la jeunesse! et on a l'insolence de plaindre les brames de l'Inde et les mages de Perse, à qui Dieu n'avait pas révélé ces choses, et qui n'étaient pas le peuple de Dieu! et il se trouve encore parmi nous des âmes de boue assez lâches à la fois et assez impudentes pour nous dire : « Croyez ces infamies, croyez, ou le courroux d'un Dieu vengeur tombera sur vous; croyez, ou nous vous persécuterons, soit dans le consistoire, soit dans le conclave, soit à l'officialité, soit dans le parquet, soit à la buvette. » Jusqu'à quand des coquins feront-ils trembler des sages? Quel est l'homme de bien qui ne se sente ému de tant d'horreurs? et on les souffre! que dis-je? on les adore! Que d'imbéciles! mais que de monstres!

2. *Juges*, xx, 2. — 3. *I Rois*, chap. VIII.

c'est renoncer à Dieu que d'avoir un roi. Enfin, un pâtre qui cherchait des ânesses est élu par le sort. Les Juifs étaient alors sous le joug des Cananéens; ils n'avaient jamais eu de temple; leur sanctuaire, comme nous l'avons vu, était un coffre qu'on mettait dans une charrette : les Cananéens leur avaient pris leur coffre : Dieu, qui en fut très-irrité, l'avait pourtant laissé prendre; mais pour se venger, il avait donné des hémorroïdes aux vainqueurs, et envoyé des rats dans leurs champs. Les vainqueurs l'apaisèrent en lui renvoyant son coffre accompagné de cinq rats d'or et de cinq trous du cul aussi d'or [1]. Il n'y a point de vengeance ni d'offrande plus digne du roi des Juifs. Il pardonne aux Cananéens, mais il fait mourir cinquante mille et soixante et dix hommes des siens pour avoir regardé son coffre.

C'est dans ces belles circonstances que Saül est élu roi des Juifs. Il n'y avait dans leur petit pays ni épée ni lance; les Cananéens ou Philistins ne permettaient pas aux Juifs, leurs esclaves, d'aiguiser seulement les socs de leurs charrues et leurs cognées; ils étaient obligés d'aller aux ouvriers philistins pour ces faibles secours : et cependant on nous conte que le roi Saül [2] eut d'abord une armée de trois cent mille hommes, avec lesquels il gagna une bataille [3]. Notre Gulliver a de pareilles fables, mais non de telles contradictions.

Ce Saül, dans une autre bataille, reçoit le prétendu roi Agag à composition. Le prophète Samuel arrive de la part du Seigneur, et lui dit [4] : *Pourquoi n'avez-vous pas tout tué?* et il prend un saint couperet, et il hache en morceaux le roi Agag. Si une telle action est véritable, quel peuple était le peuple juif, et quels prêtres étaient ses prêtres !

Saül, réprouvé du Seigneur pour n'avoir pas lui-même haché en pièces le roi Agag son prisonnier, va enfin combattre contre les Philistins après la mort du doux prophète Samuel. Il consulte sur le succès de la bataille une femme qui a un esprit de Python : on sait que les femmes qui ont un esprit de Python font apparaître des ombres. La pythonisse montre à Saül l'ombre de Samuel qui sortait de la terre. Mais ceci ne regarde que la belle philosophie du peuple juif : venons à sa morale.

Un joueur de harpe, pour qui l'Éternel avait pris une tendre affection, s'est fait sacrer roi pendant que Samuel vivait encore; il se révolte contre son souverain; il ramasse quatre cents malheureux; et, comme dit la sainte Écriture [5] : « Tous ceux qui avaient de mauvaises affaires, qui étaient perdus de dettes, et d'un esprit méchant, s'assemblèrent avec lui. »

C'était un homme *selon le cœur de Dieu* [6]; aussi la première chose qu'il veut faire est d'assassiner un tenancier nommé Nabal, qui lui refuse des contributions : il épouse sa veuve; il épouse dix-huit femmes, sans compter les concubines [7]; il s'enfuit chez le roi Achis, ennemi de

---

1. *Rois*, liv. Ier, chap. vi, v. 5. — 2. Ier *Rois*, chap. xi, v. 8.
3. *Ibid.*, chap. xiv. — 4. *Ibid.*, chap. xv, v. 19. — 5. I *Rois*, chap. xxii, v. 2.
6. *Ibid.*, chap. xxv. — 7. *Ibid.*, chap. xxvii.

son pays; il est bien reçu, et pour récompense il va saccager les villages des alliés d'Achis; il égorge tout, sans épargner les enfants à la mamelle, comme l'ordonne toujours le rite juif; et il fait accroire au roi Achis qu'il a saccagé les villages hébreux. Il faut avouer que nos voleurs de grand chemin ont été moins coupables aux yeux des hommes; mais les voies du Dieu des Juifs ne sont pas les nôtres.

Le bon roi David ravit le trône à Isboseth, fils de Saül. Il fait assassiner Miphiboseth, fils de son protecteur Jonathas. Il livre aux Gabaonites deux enfants de Saül et cinq de ses petits-enfants, pour les faire tous pendre. Il assassine Urie pour couvrir son adultère avec Bethsabée; et c'est encore cette abominable Bethsabée, mère de Salomon, qui est une aïeule de Jésus-Christ.

La suite de l'*Histoire juive* n'est qu'un tissu de forfaits consacrés. Salomon commence par égorger son frère Adonias. Si Dieu accorda à ce Salomon le don de la sagesse, il paraît qu'il lui refusa ceux de l'humanité, de la justice, de la continence, et de la foi. Il a sept cents femmes et trois cents concubines. Le cantique qu'on lui impute est dans le goût de ces livres érotiques qui font rougir la pudeur. Il n'y est parlé que de tétons, de baisers sur la bouche, de ventre qui est semblable à un monceau de froment, d'attitudes voluptueuses, de doigts mis dans l'ouverture, de tressaillement; et enfin il finit par dire : « Que ferons-nous de notre petite sœur? Elle n'a point encore de tétons; si c'est un mur, bâtissons dessus; si c'est une porte, fermons-la. » Telles sont les mœurs du plus sage des Juifs, ou du moins les mœurs que lui imputent avec respect de misérables rabbins et des théologiens chrétiens encore plus absurdes.

Enfin, pour joindre l'excès du ridicule à cet excès d'impureté, la secte des papistes a décidé que le ventre de la Sulamite et son ouverture, ses tétons et ses baisers sur la bouche, sont l'emblème, le type du mariage de Jésus-Christ avec son Église[1].

De tous les rois de Juda et de Samarie, il y en a très-peu qui ne soient assassins ou assassinés, jusqu'à ce qu'enfin ce ramas de brigands qui se massacraient les uns les autres dans les places publiques et dans le temple, pendant que Titus les assiégeait, tombe sous le fer, et dans les chaînes des Romains avec le reste de ce petit peuple de Dieu, dont dix douzièmes avaient été dispersés depuis si longtemps en Asie, et soit vendu dans les marchés des villes romaines, chaque tête juive étant évaluée au prix d'un porc, animal moins impur que cette nation même, si elle fut telle que ses historiens et ses prophètes le racontent.

Personne ne peut nier que les Juifs n'aient écrit ces abominations.

---

1. On sait que les théologiens chrétiens font passer ce livre impudique pour une prédiction du mariage de Jésus-Christ avec son Église. Comme si Jésus prenait les tétons de son Église, et mettait la main à son ouverture; et sur quoi cette belle explication est-elle fondée? sur ce que *Christus* est masculin et *ecclesia* féminin. Mais si au lieu du féminin *ecclesia*, on s'était servi du mot masculin *coitus*, *conventus*, que serait-il arrivé? Quel notaire aurait fait ce contrat de mariage?

Quand on les rassemble ainsi sous les yeux, le cœur se soulève. Ce sont donc là les hérauts de la Providence, les précurseurs du règne de Jésus! Toute l'histoire juive, dites-vous, ô Abbadie! est la prédiction de l'Église; tous les prophètes ont prédit Jésus; examinons donc les prophètes.

CHAP. IX. — *Des prophètes.*

Prophète, *nabi, roëh, parlant, voyant, devin,* c'est la même chose Tous les anciens auteurs conviennent que les Égyptiens, les Chaldéens, toutes les nations asiatiques, avaient leurs prophètes, leurs devins. Ces nations étaient bien antérieures au petit peuple juif, qui, lorsqu'il eut composé une horde dans un coin de terre, n'eut d'autre langage que celui de ses voisins, et qui, comme on l'a dit ailleurs, emprunta des Phéniciens jusqu'au nom de Dieu : Eloha, Jehova, Adonaï, Sadaï; qui enfin prit tous les rites, tous les usages des peuples dont il était environné, en déclamant toujours contre ces mêmes peuples.

Quelqu'un a dit[1] que le premier devin, le premier prophète fut le premier fripon qui rencontra un imbécile; ainsi la prophétie est de l'antiquité la plus haute. Mais à la fraude ajoutons encore le fanatisme; ces deux monstres habitent aisément ensemble dans les cervelles humaines. Nous avons vu arriver à Londres par troupes, du fond du Languedoc et du Vivarais, des prophètes, tout semblables à ceux des Juifs, joindre le plus horrible enthousiasme aux plus dégoûtants mensonges. Nous avons vu Jurieu prophétiser en Hollande. Il y eut de tout temps de tels imposteurs, et non-seulement des misérables qui faisaient des prédictions, mais d'autres misérables qui supposaient des prophéties faites par d'anciens personnages.

Le monde a été plein de sibylles et de Nostradamus. L'*Alcoran* compte deux cent vingt-quatre mille prophètes. L'évêque Épiphane, dans ses notes sur le canon prétendu des apôtres, compte soixante et treize prophètes juifs et dix prophétesses. Le métier de prophète chez les Juifs n'était ni une dignité, ni un grade, ni une profession dans l'État; on n'était point reçu prophète comme on est reçu docteur à Oxford ou à Cambridge : prophétisait qui voulait; il suffisait d'avoir, ou de croire avoir, ou de feindre d'avoir la volonté et l'esprit de Dieu. On annonçait l'avenir en dansant, en jouant du psaltérion; Saül, tout réprouvé qu'il était, s'avisa d'être prophète. Chaque parti dans les guerres civiles avait ses prophètes, comme nous avons nos écrivains de Grub-street[2]. Les deux partis se traitaient réciproquement de fous, de visionnaires, de menteurs, de fripons, et en cela seul ils disaient la vérité. *Scitote Israel stultum prophetam, insanum virum spiritualem*[3], dit Osée, selon la *Vulgate.*

Les prophètes de Jérusalem sont des extravagants, des hommes sans foi, dit Sophoniah, prophète de Jérusalem[4]. Ils sont tous comme notre

---

1. Voltaire lui-même. (Éd.)
2. Grub-street est la rue où l'on imprime la plupart des mauvais pamphlets qu'on fait journellement à Londres.
3. Osée, chap. IX, v. 7. — 4. Soph., chap. III, 4.

apothicaire Moore qui met dans nos gazettes : *Prenez de mes pilules, gardez-vous des contrefaites.*

Le prophète Michée prédisant des malheurs aux rois de Samarie et de Juda, le prophète Sédékias lui applique un énorme soufflet, en lui disant : *Comment l'esprit de Dieu est-il passé par moi pour aller à toi*[1] ?

Jérémie, qui prophétisait en faveur de Nabuchodonosor, tyran des Juifs, s'était mis des cordes au cou[2], et un bât ou un joug sur le dos, car c'était un type; et il devait envoyer ce type aux petits roitelets voisins, pour les inviter à se soumettre à Nabuchodonosor. Le prophète Hananias, qui regardait Jérémie comme un traître, lui arrache ses cordes[3], les rompt, et jette son bât à terre.

Ici c'est Osée à qui Dieu ordonne de prendre une p..... et d'avoir des fils de p.....[4] *Vade, sume tibi uxorem fornicationum, et fac tibi filios fornicationum,* dit la *Vulgate.* Osée obéit ponctuellement; il prend Gomer, fille d'Ébalaïm; il en a trois enfants : ainsi cette prophétie et ce putanisme durèrent au moins trois années. Cela ne suffit pas au dieu des Juifs; il veut qu'Osée[5] couche avec une femme qui ait fait déjà son mari cocu. Il n'en coûte au prophète que quinze drachmes et un boisseau et demi d'orge; c'est assez bon marché pour un adultère[6]. Il en avait coûté encore moins au patriarche Juda pour son inceste avec sa bru Thamar.

Là, c'est Ézéchiel[7] qui, après avoir reçu de Dieu l'ordre de dormir trois cent nonante jours sur le côté gauche, et quarante sur le côté droit, d'avaler un livre de parchemin, de manger un *sir révérend*[8] sur son pain, introduit Dieu lui-même, le créateur du monde, parlant ainsi à la jeune Oolla : « Tu es devenue grande, tes tétons ont paru, ton petit poil a commencé à croître; je t'ai couverte, mais tu t'es bâti un mauvais lieu; tu as ouvert tes cuisses à tous les passants.... Ta sœur Ooliba s'est prostituée avec plus d'emportement[9]; elle a recherché ceux qui ont le membre d'un âne, et qui déchargent comme des chevaux. »

Notre ami le général Withers, à qui on lisait un jour ces prophéties, demanda dans quel b..... on avait fait l'Écriture sainte.

On lit rarement les prophéties; il est difficile de soutenir la lecture de ces longs et énormes galimatias. Les gens du monde qui ont lu *Gulliver* et l'*Atlantis*, ne connaissent ni *Osée* ni *Ézéchiel.*

1. *II Paralip.,* xviii, 23. — 2. Jérémie, xxvii, 2. (Éd.)
3. *Id.,* xxviii, 10. (Éd.) — 4. Osée, chap. i. — 5. *Ibid.,* chap. iii.
6. Remarquez que le prophète se sert du mot propre *fodi eam* : je la f... O abomination ! Et on met ces livres infâmes entre les mains des jeunes garçons et des jeunes filles, et des séducteurs entraînent ces jeunes victimes dans des couvents !
7. Ezéch., chap. iv.
8. Un *sir reverend,* en anglais, est un étron. Quoi ! Dieu aurait ordonné de sa bouche à un prophète de manger de la merde pendant trois cent quatre-vingt-dix jours, couché sur le côté gauche ! Quel fou de Bedlam, couché dans son ordure, pourrait imaginer ces dégoûtantes horreurs ? et on les débite chez un peuple qui a calculé la gravitation et l'aberration de la lumière des étoiles fixes !
9. Ezéch., chap. xxiii.

Quand on fait voir à des personnes sensées ces passages exécrables, noyés dans le fatras des prophéties, elles ne reviennent point de leur étonnement. Elles ne peuvent concevoir qu'un Isaïe[1] marche tout nu au milieu de Jérusalem, qu'un Ézéchiel[2] coupe sa barbe en trois portions, qu'un Jonas[3] soit trois jours dans le ventre d'une baleine, etc. Si elles lisaient ces extravagances et ces impuretés dans un des livres qu'on appelle profanes, elles jetteraient le livre avec horreur. C'est la *Bible* : elles demeurent confondues; elles hésitent, elles condamnent ces abominations, et n'osent d'abord condamner le livre qui les contient. Ce n'est qu'avec le temps qu'elles osent faire usage de leur sens commun; elles finissent enfin par détester ce que des fripons et des imbéciles leur ont fait adorer.

Quand ces livres sans raison et sans pudeur ont-ils été écrits? Personne n'en sait rien. L'opinion la plus vraisemblable est que la plupart des livres attribués à Salomon, à Daniel et à d'autres, ont été faits dans Alexandrie; mais qu'importe, encore une fois, le temps et le lieu? Ne suffit-il pas de voir avec évidence que ce sont des monuments de la folie la plus outrée et de la plus infâme débauche?

Comment donc les Juifs ont-ils pu les vénérer? C'est qu'ils étaient des Juifs. Il faut encore considérer que tous ces monuments d'extravagance ne se conservaient guère que chez les prêtres et les scribes. On sait combien les livres étaient rares dans tous les pays où l'imprimerie, inventée par les Chinois, ne parvint que si tard. Nous serons encore plus étonnés quand nous verrons les Pères de l'Église adopter ces rêveries dégoûtantes, ou les alléguer en preuve de leur secte.

Venons enfin de l'*Ancien Testament* au *Nouveau*. Venons à Jésus, et à l'établissement du christianisme; et pour y arriver, passons par-dessus les assassinats de tant de rois, et par-dessus les enfants jetés au milieu des flammes dans la vallée de Tophet, ou écrasés dans des torrents sous des pierres. Glissons sur cette suite affreuse et non interrompue d'horreurs sacrilèges. Misérables Juifs! c'est donc chez vous que naquit un homme de la lie du peuple qui portait le nom très-commun de Jésus! Voyons quel était ce Jésus.

CHAP. X. — *De la personne de Jésus.*

Jésus naquit dans un temps où le fanatisme dominait encore, mais où il y avait un peu plus de décence. Le long commerce des Juifs avec les Grecs et les Romains avait donné aux principaux de la nation des mœurs un peu moins déraisonnables et moins grossières. Mais la populace, toujours incorrigible, conservait son esprit de démence. Quelques Juifs opprimés sous les rois de Syrie, et sous les Romains, avaient imaginé alors que Dieu leur enverrait quelque jour un libérateur, un messie. Cette attente devait naturellement être remplie par Hérode. Il était leur roi, il était l'allié des Romains, il avait rebâti leur temple, dont l'architecture surpassait de beaucoup celle du temple de Salomon,

---

1. Isaïe, XX, 2. (ÉD.) — 2. Ézéchiel, v, 2. (ÉD.) — 3. Jonas, II, 1. (ÉD.)

puisqu'il avait comblé un précipice sur lequel cet édifice était établi. Le peuple ne gémissait plus sous une domination étrangère; il ne payait d'impôts qu'à son monarque; le culte juif florissait, les lois antiques étaient respectées; Jérusalem, il faut l'avouer, était au temps de sa plus grande splendeur.

L'oisiveté et la superstition firent naître plusieurs factions ou sociétés religieuses, saducéens, pharisiens, esséniens, judaïtes, thérapeutes, joannistes ou disciples de Jean; à peu près comme les papistes ont des molinistes, des jansénistes, des jacobins, et des cordeliers. Mais personne alors ne parlait de l'attente du messie. Ni Flavius Josèphe, ni Philon, qui sont entrés dans de si grands détails sur l'histoire juive, ne disent qu'on se flattait alors qu'il viendrait un christ, un oint, un libérateur, un rédempteur, dont ils avaient moins besoin que jamais; et s'il y en avait un, c'était Hérode. En effet, il y eut un parti, une secte, qu'on appela les hérodiens, et qui reconnut Hérode pour l'envoyé de Dieu[1].

De tout temps ce peuple avait donné le nom d'oint, de messie, de christ, à quiconque leur avait fait un peu de bien: tantôt à leurs pontifes, tantôt aux princes étrangers. Le Juif qui compila les rêveries d'Isaïe lui fait dire[2], par une lâche flatterie bien digne d'un Juif esclave: « Ainsi a dit l'Éternel à Cyrus, son oint, son messie, duquel j'ai pris la main droite, afin que je terrasse les nations devant lui. » Le quatrième livre des *Rois*[3] appelle le scélérat Jéhu oint, messie. Un prophète annonce à Hazaël[4], roi de Damas, qu'il est messie et oint du Très-Haut. Ézéchiel dit au roi de Tyr[5]: « Tu es un chérubin, un oint, un messie, le sceau de la ressemblance de Dieu. » Si ce roi de Tyr avait su qu'on lui donnait ces titres en Judée, il ne tenait qu'à lui de se faire une espèce de dieu; il y avait un droit assez apparent, supposé qu'Ézéchiel eût été inspiré. Les évangélistes n'en ont pas tant dit de Jésus.

Quoi qu'il en soit, il est certain que nul Juif n'espérait, ne désirait, n'annonçait un oint, un messie du temps d'Hérode le Grand, sous lequel on dit que naquit Jésus. Lorsque après la mort d'Hérode le Grand la Judée fut gouvernée en province romaine, et qu'un autre Hérode fut établi par les Romains tétrarque du petit canton barbare de Galilée, plusieurs fanatiques s'ingérèrent de prêcher le bas peuple, surtout dans cette Galilée, où les Juifs étaient plus grossiers qu'ailleurs. C'est ainsi que Fox, un misérable paysan, établit de nos jours la secte des

---

1. Cette secte des hérodiens ne dura pas longtemps. Le titre d'envoyé de Dieu était un nom qu'ils donnaient indifféremment à quiconque leur avait fait du bien, soit à Hérode l'Arabe, soit à Judas Machabée, soit aux rois persans, soit aux babyloniens. Les Juifs de Rome célébrèrent la fête d'Hérode jusqu'au temps de l'empereur Néron. Perse le dit expressément (sat. v, v. 180.)

« Herodis venere dies, unctaque fenestra
« Disposita pinguem nebulam vomuere lucernæ;
«........ Tumet alba fidelia vino. »

2. Isaïe, XLV, 1. (ÉD.) — 3. C'est dans *II Paralip.*, XXII, 7. (ÉD.)
4. *IV Rois*, VIII, 13. (ÉD.) — 5. XXVIII, 12, 14, 16. (ÉD.)

quakers parmi les paysans d'une de nos provinces. Le premier qui fonda en France une Église calviniste fut un cardeur de laine, nommé Jean Leclerc. C'est ainsi que Muncer, Jean de Leyde et d'autres, fondèrent l'anabaptisme dans le bas peuple de quelques cantons d'Allemagne.

J'ai vu en France les convulsionnaires instituer une petite secte parmi la canaille d'un faubourg de Paris. Tous les sectaires commencent ainsi dans toute la terre. Ce sont pour la plupart des gueux qui crient contre le gouvernement, et qui finissent ou par être chefs de parti, ou par être pendus. Jésus fut pendu à Jérusalem sans avoir été oint. Jean le baptiseur y avait déjà été condamné au supplice. Tous deux laissèrent quelques disciples dans la lie du peuple. Ceux de Jean s'établirent vers l'Arabie, où ils sont encore [1]. Ceux de Jésus furent d'abord très-obscurs; mais quand ils se furent associés à quelques Grecs, ils commencèrent à être connus.

Les Juifs ayant, sous Tibère, poussé plus loin que jamais leurs friponneries ordinaires, ayant surtout séduit et volé Fulvia, femme de Saturninus, furent chassés de Rome, et ils n'y furent rétablis qu'en donnant beaucoup d'argent. On les punit encore sévèrement sous Caligula et sous Claude.

Leurs désastres enhardirent le peu de Galiléens qui composaient la secte nouvelle à se séparer de la communion juive. Ils trouvèrent enfin quelques gens un peu lettrés qui se mirent à leur tête, et qui écrivirent en leur faveur contre les Juifs. Ce fut ce qui produisit cette énorme quantité d'*Évangiles*, mot grec qui signifie *bonne nouvelle*. Chacun donnait une *Vie de Jésus*; aucunes n'étaient d'accord, mais toutes se ressemblaient par la quantité de prodiges incroyables qu'ils attribuaient à l'envi à leur fondateur.

La synagogue, de son côté, voyant qu'une secte nouvelle, née dans son sein, débitait une *Vie de Jésus* très-injurieuse au sanhédrin et à la nation, rechercha quel était cet homme auquel elle n'avait point fait d'attention jusqu'alors. Il nous reste encore un mauvais ouvrage de ce temps-là, intitulé *Sepher Toldos Jeschut*. Il paraît qu'il est fait plusieurs années après le supplice de Jésus, dans le temps que l'on compilait les *Évangiles*. Ce petit livre est rempli de prodiges, comme tous les livres juifs et chrétiens; mais, tout extravagant qu'il est, on est forcé de convenir qu'il y a des choses beaucoup plus vraisemblables que dans nos *Évangiles*.

Il est dit, dans le *Toldos Jeschut*, que Jésus était fils d'une nommée Mirja, mariée dans Bethléem à un pauvre homme nommé Jocanam. Il y avait dans le voisinage un soldat dont le nom était Joseph Panther, homme d'une riche taille et d'une assez grande beauté; il devint amoureux de Mirja ou Maria (car les Hébreux, n'exprimant point les voyelles, prenaient souvent un A pour un I).

Mirja devint grosse de la façon de Panther; Jocanam, confus et dé-

1. Ces chrétiens de saint Jean sont principalement établis à Mosul et vers Bassora.

sespéré, quitta Bethléem et alla se cacher dans la Babylonie, où il y avait encore beaucoup de Juifs. La conduite de Mirja la déshonora; son fils Sésu ou Jeschut fut déclaré bâtard par les juges de la ville. Quand il fut parvenu à l'âge d'aller à l'école publique, il se plaça parmi les enfants légitimes; on le fit sortir de ce rang; de là son animosité contre les prêtres, qu'il manifesta quand il eut atteint l'âge mûr; il leur prodigua les injures les plus atroces, les appelant *races de vipère*, *sépulcres blanchis*[2]. Enfin, ayant pris querelle avec le Juif Judas, sur quelque matière d'intérêt, comme sur des points de religion, Judas le dénonça au sanhédrin[3]; il fut arrêté, se mit à pleurer, demanda pardon, mais en vain; on le fouetta, on le lapida, et ensuite on le pendit.

Telle est la substance de cette histoire. On y ajouta depuis des fables insipides, des miracles impertinents, qui firent grand tort au fond; mais le livre était connu dans le second siècle; Celse le cita, Origène le réfuta; il nous est parvenu fort défiguré.

Ce fond que je viens de citer est certainement plus croyable, plus naturel, plus conforme à ce qui se passe tous les jours dans le monde, qu'aucun des cinquante *Évangiles* des christicoles. Il est plus vraisemblable que Joseph Panther avait fait un enfant à Mirja, qu'il ne l'est qu'un ange soit venu par les airs faire un compliment de la part de Dieu à la femme d'un charpentier, comme Jupiter envoya Mercure auprès d'Alcmène.

Tout ce qu'on nous conte de ce Jésus est digne de l'*Ancien Testament* et de Bedlam. On fait venir je ne sais quel *agion pneuma*, un saint souffle, un Saint-Esprit dont on n'avait jamais entendu parler et dont on a fait depuis la tierce partie de Dieu, Dieu lui-même, Dieu le créateur du monde; il engrosse Marie, ce qui a donné lieu au jésuite Sanchez d'examiner, dans sa *Somme théologique*, si Dieu eut beaucoup de plaisir avec Maria, s'il répandit de la semence, et si Maria répandit aussi de sa semence.

Jésus devient donc un fils de Dieu et d'une Juive, non encore Dieu lui-même, mais une créature supérieure. Il a fait des miracles. Le premier qu'il opère, c'est de se faire emporter par le diable[4] sur le haut d'une montagne de Judée, d'où l'on découvre tous les royaumes de la terre. Ses vêtements paraissent tout blancs[5]; quel miracle! il change l'eau en vin[6] dans un repas où tous les convives étaient déjà ivres[7].

1. Matthieu, XII, 34. (ÉD.) — 2. Marc, XXIII, 27. (ÉD.) — 3. Matth., XXIII. (ÉD.) 4. Matth., IV, 8; Luc, IV, 5. (ÉD.) — 5. Matth., XVII, 2; M. IX, 2. (ÉD.) 6. Jean, II, 9. (ÉD.)
7. Il est difficile de dire quel est le plus ridicule de tous ces prétendus prodiges. Bien des gens tiennent pour le vin de la noce de Cana. Que Dieu dise à sa mère juive (Jean, II, 4) : *Femme, qu'y-a-t-il entre toi et moi?* c'est déjà une étrange chose ; mais que Dieu boive et mange avec des ivrognes, et qu'il change six cruches d'eau en six cruches de vin pour ces ivrognes qui n'avaient déjà que trop bu, quel blasphème aussi exécrable qu'impertinent! L'hébreu se sert d'un mot qui répond au mot *grisée*; la *Vulgate*, au chap. II, v. 10, dit *inebriati*, enivrés.

Saint Chrysostome, bouche d'or, assure que ce fut le meilleur vin qu'on eût jamais bu ; et plusieurs Pères de l'Église ont prétendu que ce vin signifiait le

Il fait sécher un figuier[1] qui ne lui a pas donné de figues à son déjeuner à la fin de février; et l'auteur de ce conte a l'honnêteté du moins de remarquer que ce n'était pas le temps des figues.

Il va souper chez des filles[2], et puis chez les douaniers; et cependant on prétend, dans son histoire, qu'il regarde ces douaniers, ces publicains, comme des gens abominables[3]. Il entre dans le temple[4], c'est-à-dire dans cette grande enceinte où demeuraient les prêtres, dans cette cour où de petits marchands étaient autorisés par la loi à vendre des poules, des pigeons, des agneaux, à ceux qui venaient sacrifier. Il prend un grand fouet, en donne sur les épaules de tous les marchands, les chasse à coups de lanières, eux, leurs poules, leurs pigeons, leurs moutons et leurs bœufs même, jette tout leur argent par terre et on le laisse faire! Et si l'on en croit le livre attribué à Jean, on se contente de lui demander un miracle[5] pour prouver qu'il a droit de faire un pareil tapage dans un lieu si respectable.

C'était déjà un fort grand miracle que trente ou quarante marchands se laissassent fesser par un seul homme, et perdissent leur argent sans rien dire. Il n'y a rien dans *Don Quichotte* qui approche de cette extravagance. Mais au lieu de faire le miracle qu'on lui demande, il se contente de dire : *Détruisez ce temple et je le rebâtirai en trois jours.* Les Juifs repartent, selon Jean : *On a mis quarante-six ans à bâtir ce temple, comment en trois jours le rebâtiras-tu ?*

Il était bien faux qu'Hérode eût employé quarante-six ans à bâtir le temple de Jérusalem. Les Juifs ne pouvaient pas répondre une pareille fausseté. Et, pour le dire en passant, cela fait bien voir que les *Évangiles* ont été écrits par des gens qui n'étaient au fait de rien.

Tous ces miracles semblent faits par nos charlatans de Smithfields. Notre Toland et notre Woolston les ont traités comme ils le méritent. Le plus beau de tous, à mon gré, est celui par lequel Jésus envoie le diable dans le corps de deux mille cochons[6], dans un pays où il n'y avait point de cochons.

Après cette belle équipée on fait prêcher Jésus dans les villages. Quels discours lui fait-on tenir ? Il compare le royaume des cieux à un grain de moutarde, à un morceau de levain mêlé dans trois mesures de farine, à un filet avec lequel on pêche de bon et de mauvais poisson, à un roi qui a tué ses volailles pour les noces de son fils, et qui envoie ses domestiques prier les voisins à la noce. Les voisins tuent les gens qui viennent les prier à dîner; le roi tue ceux qui ont tué ses gens et brûle leurs villes; il envoie prendre les gueux qu'on rencontre sur le grand chemin pour venir dîner avec lui. Il aperçoit un pauvre convive qui n'avait point de robe, et au lieu de lui en donner une, il le fait jeter dans un cachot. Voilà ce que c'est que le royaume des cieux selon Matthieu.

sang de Jésus-Christ dans l'eucharistie. O folie de la superstition, dans quel abîme d'extravagances nous avez-vous plongés!

1. Matth., XI, 19 ; M., XI, 13. (ED.) — 2. Jean, XII, 2. (ED.)
3. Matth., XVIII, 77. (ED.) — 4. Jean, II, 15, 18. (ED.)
5. Jean, II, 19, 20. (ED.) — 6. Matth., VIII ; Marc, V ; Luc, VIII. (ED.)

Dans les autres sermons, le royaume des cieux est toujours comparé à un usurier qui veut absolument avoir cent pour cent de bénéfice. On m'avouera que notre archevêque Tillotson prêche dans un autre goût.

Par où finit l'histoire de Jésus, par l'aventure qui est arrivée chez nous et dans le reste du monde à bien des gens qui ont voulu ameuter la populace, sans être assez habiles, ou pour armer cette populace, ou pour se faire de puissants protecteurs; ils finissent la plupart par être pendus. Jésus le fut en effet pour avoir appelé ses supérieurs races de vipères[1] et sépulcres blanchis[2]. Il fut exécuté publiquement, mais il ressuscita en secret. Ensuite il monta au ciel[3] en présence de quatre-vingts de ses disciples[4], sans qu'aucune autre personne de la Judée le vît monter dans les nuées, ce qui était pourtant fort aisé à voir et qui aurait fait dans le monde une assez grande nouvelle.

Notre symbole, que les papistes appellent le *Credo*, symbole attribué aux apôtres, et évidemment fabriqué plus de quatre cents ans après ces apôtres, nous apprend que Jésus, avant que de monter au ciel, était allé faire un tour aux enfers. Vous remarquerez qu'il n'en est pas dit un seul mot dans les *Évangiles*, et cependant c'est un des principaux articles de la foi des christicoles; on n'est point chrétien si on ne croit pas que Jésus est allé aux enfers.

Qui donc a imaginé le premier ce voyage? Ce fut Athanase, environ trois cent cinquante ans après; c'est dans son traité contre Apollinaire, sur l'incarnation du Seigneur, qu'il dit que l'âme de Jésus descendit en enfer, tandis que son corps était dans le sépulcre. Ces paroles sont dignes d'attention, et font voir avec quelle sagacité et quelle sagesse Athanase raisonnait. Voici ses propres paroles :

« Il fallait qu'après sa mort ses parties essentiellement diverses eussent diverses fonctions; que son corps reposât dans le sépulcre pour détruire la corruption, et que son âme allât aux enfers pour vaincre la mort. »

L'Africain Augustin est du sentiment d'Athanase dans une lettre qu'il écrivit à Évode : *Quis ergo nisi infidelis negaverit fuisse apud inferos Christum?* Jérôme, son contemporain, fut à peu près du même avis; et ce fut du temps d'Augustin et de Jérôme que l'on composa ce symbole, ce *Credo*, qui passe chez les ignorants pour le symbole des apôtres[5].

---

1. Matth., XII, 34. (ÉD.) — 2. Marc, XXIII, 27. (ÉD.) — 3. *Actes*, I, 9, 10. (ÉD.)
4. Monter au ciel en ligne perpendiculaire, pourquoi pas en ligne horizontale? Monter est contre les règles de la gravitation. Il pouvait raser l'horizon, et aller dans Mercure, ou Vénus, ou Mars, ou Jupiter, ou Saturne, ou quelque étoile, ou la lune, si l'un de ces astres se couchait alors. Quelle sottise que ces mots *aller au ciel, descendre du ciel!* comme si nous étions le centre de tous les globes, comme si notre terre n'était pas l'une des planètes qui roulent dans l'étendue autour de tant de soleils, et qui entrent dans la composition de cet univers, que nous nommons le ciel si mal à propos.
5. Vous voyez évidemment, lecteur, qu'on n'eût pas imaginé d'abord tant de fictions révoltantes. Quelques adhérents du juif Jésus se contentent, dans les commencements, de dire que c'était un homme de bien injustement crucifié, comme depuis nous avons, nous et les autres chrétiens assassiné tant d'hommes

Ainsi s'établissent les opinions, les croyances, les sectes. Mais comment ces détestables fadaises ont-elles pu s'accréditer ? comment ont-elles renversé les autres fadaises des Grecs et des Romains, et enfin l'empire même? comment ont-elles causé tant de maux, tant de guerres civiles, allumé tant de bûchers, et fait couler tant de sang ? C'est de quoi nous rendrons un compte exact.

Chap. XI. — *Quelle idée il faut se former de Jésus et de ses disciples.*

Jésus est évidemment un paysan grossier de la Judée, plus éveillé, sans doute, que la plupart des habitants de son canton. Il voulut, sans savoir, à ce qu'il paraît, ni lire, ni écrire, former une petite secte pour l'opposer à celles des récabites, des judaïtes, des thérapeutes, des esséniens, des pharisiens, des saducéens, des hérodiens ; car tout était secte chez les malheureux Juifs, depuis leur établissement dans Alexandrie. Je l'ai déjà comparé à notre Fox, qui était comme lui un ignorant de la lie du peuple, prêchant quelquefois comme lui une bonne morale, et prêchant surtout l'égalité qui flatte tant la canaille. Fox établit comme lui une société qui s'écarta peu de temps après de ses principes, supposé qu'il en eût. La même chose était arrivée à la secte de Jésus. Tous deux parlèrent ouvertement contre les prêtres de leur temps; mais les lois étant plus humaines en Angleterre qu'en Judée, tout ce que les prêtres purent obtenir des juges, c'est qu'on mit Fox au pilori ; mais les prêtres juifs forcèrent le président Pilate à faire fouetter Jésus, et à le faire pendre à une potence en forme de croix, comme un coquin d'esclave. Cela est barbare ; chaque nation a ses mœurs. De savoir si on lui cloua les pieds et les mains, c'est ce dont il faut peu s'embarrasser. Il est, ce me semble, assez difficile de trouver sur-le-champ un clou assez long pour percer deux pieds l'un sur l'autre, comme on le prétend ; mais les Juifs étaient bien capables de cette abominable atrocité.

Les disciples demeurèrent aussi attachés à leur patriarche pendu que les quakers l'ont été à leur patriarche pilorié. Les voilà qui s'avisent, au bout de quelque temps, de répandre le bruit que leur maître est ressuscité en secret. Cette imagination fut d'autant mieux reçue chez les confrères, que c'était précisément le temps de la grande querelle élevée entre les sectes juives, pour savoir si la résurrection était possible ou non. Le platonisme, qui était fort en vogue dans Alexandrie,

vertueux. Puis on s'enhardit ; on ose écrire que Dieu l'a ressuscité. Bientôt après on fait sa légende. L'un suppose qu'il est allé au ciel et aux enfers : l'autre dit qu'il viendra juger les vivants et les morts dans la vallée de Josaphat; enfin on en fait un Dieu. On fait trois dieux. On pousse le sophisme jusqu'à dire que ces trois dieux n'en font qu'un. De ces trois dieux on en mange un, et on en boit un; on le rend en urine et en matière fécale. On persécute, on brûle, on roue ceux qui nient ces horreurs ; et tout cela, pour que tel et tel jouissent en Angleterre de dix mille pièces d'or de rente, et qu'ils en aient bien davantage dans d'autres pays.

et que plusieurs Juifs étudièrent, secourut bientôt la secte naissante; et de là tous les mystères, tous les dogmes absurdes dont elle fut farcie. C'est ce que nous allons développer.

CHAP. XII. — *De l'établissement de la secte chrétienne, et particulièrement de Paul.*

Quand les premiers Galiléens se répandirent parmi la populace des Grecs et des Romains, ils trouvèrent cette populace infectée de toutes les traditions absurdes qui peuvent entrer dans des cervelles ignorantes qui aiment les fables; des dieux déguisés en taureaux, en chevaux, en cygnes, en serpents, pour séduire des femmes et des filles. Les magistrats, les principaux citoyens, n'admettaient pas ces extravagances; mais la populace s'en nourrissait, et c'était la canaille juive qui parlait à la canaille païenne. Il me semble voir chez nous les disciples de Fox disputer contre les disciples de Brown[1]. Il n'était pas difficile à des énergumènes juifs de faire croire leurs rêveries à des imbéciles qui croyaient des rêveries non moins impertinentes. L'attrait de la nouveauté attirait des esprits faibles, lassés de leurs anciennes sottises, et qui couraient à de nouvelles erreurs, comme la populace de la foire de Barthélemi[2], dégoûtée d'une ancienne farce qu'elle a trop souvent entendue, demande une farce nouvelle.

Si l'on en croit les propres livres des christicoles, Pierre, fils de Jone, demeurait à Joppé, chez Simon le corroyeur, dans un galetas où il ressuscita la couturière Dorcas.

Voyez le chapitre de Lucien, intitulé *Philopatris*, dans lequel il parle de ce *Galiléen*[3] *au front chauve et au grand nez, qui fut enlevé au troisième ciel*. Voyez comme il traite une assemblée de chrétiens où il se trouva. Nos presbytériens d'Écosse, et les gueux de Saint-Médard de Paris, sont précisément la même chose. Des hommes déguenillés, presque nus, au regard farouche, à la démarche d'énergumènes, poussant des soupirs, faisant des contorsions, jurant par le fils *qui est sorti du père*, prédisaient mille malheurs à l'empire, blasphémaient contre l'empereur. Tels étaient ces premiers chrétiens.

Celui qui avait donné le plus de vogue à la secte, était ce Paul au grand nez et au front chauve, dont Lucien se moque. Il suffit, ce me semble, des écrits de ce Paul, pour voir combien Lucien avait rai-

1. Évêque de Cork. (ÉD.)
2. Bartholomew-fair, où il y a encore des charlatans et des astrologues.
3. Il est fort douteux que Lucien ait vu Paul, et même qu'il soit l'auteur du chapitre intitulé *Philopatris*. Cependant il se pourrait bien faire que Paul, qui vivait du temps de Néron, eût encore vécu jusque sous Trajan, temps auquel Lucien commença, dit-on, à écrire.
On demande comment ce Paul put réussir à former une secte avec son détestable galimatias, pour lequel le cardinal Bembo avait un si profond mépris. Nous répondons que, sans ce galimatias même, il n'aurait jamais réussi auprès des énergumènes qu'il gouvernait. Pense-t-on que notre Fox, qui a fondé chez nous la secte des primitifs appelés quakers, ait eu plus de bon sens que ce Paul? Il y a longtemps qu'on a dit que ce sont les fous qui fondent les sectes, et que les prudents les gouvernent.

son. Quel galimatias quand il écrit à la société des chrétiens qui se formait à Rome dans la fange juive ! « La circoncision vous est profitable[1] si vous observez la loi ; mais si vous êtes prévaricateurs de la loi, votre circoncision devient prépuce, etc.... Détruisons-nous donc la loi par la foi[2] ? à Dieu ne plaise ! mais nous établissons la foi.... Si Abraham[3] a été justifié par ses œuvres, il a de quoi se glorifier, mais non devant Dieu. » Ce Paul, en s'exprimant ainsi, parlait évidemment en juif, et non en chrétien ; mais il parlait encore plus en énergumène insensé qui ne peut pas mettre deux idées cohérentes à côté l'une de l'autre.

Quel discours aux Corinthiens[4] ! *Nos pères ont été baptisés en Moïse dans la nuée et dans la mer.* Le cardinal Bembo n'avait-il pas raison d'appeler ces épîtres *epistolaccie*, et de conseiller de ne les point lire ?

Que penser d'un homme qui dit aux Thessaloniciens[5] : *Je ne permets point aux femmes de parler dans l'église ;* et qui dans la même épître[6] annonce qu'elles doivent parler et prophétiser avec un voile ?

Sa querelle avec les autres apôtres est-elle d'un homme sage et modéré ? Tout ne décèle-t-il pas en lui un homme de parti ? Il s'est fait chrétien, il enseigne le christianisme, et il va sacrifier sept jours de suite dans le temple de Jérusalem par le conseil de Jacques, afin de ne point passer pour chrétien. Il écrit aux Galates[7] : « Je vous dis, moi Paul, que si vous vous faites circoncire, Jésus-Christ ne vous servira de rien. » Et ensuite il circoncit son disciple Timothée, que les Juifs prétendent être fils d'un Grec et d'une prostituée. Il est intrus parmi les apôtres, et il se vante aux Corinthiens, Ire épître, chap. IX[8], d'être aussi apôtre que les autres : « Ne suis-je pas apôtre ? n'ai-je pas vu notre Seigneur Jésus-Christ ? n'êtes-vous pas mon ouvrage ? Quand je ne serais pas apôtre à l'égard des autres, je le suis au moins à votre égard. N'avons-nous pas le droit d'être nourris à vos dépens ? n'avons-nous pas le pouvoir de mener avec nous une femme qui soit notre sœur (ou si l'on veut, une sœur qui soit notre femme), comme font les autres apôtres et les frères de Notre Seigneur ? Qui est-ce qui va jamais à la guerre à ses dépens ? etc. »

Que de choses dans ce passage ! le droit de vivre aux dépens de ceux qu'il a subjugués, le droit de leur faire payer les dépenses de sa femme ou de sa sœur, enfin la preuve que Jésus avait des frères, et la présomption que Marie ou Mirja était accouchée plus d'une fois.

Je voudrais bien savoir de qui il parle encore dans la seconde lettre aux Corinthiens, chap. XI[9] : « Ce sont de faux apôtres.... mais ce qu'ils osent[10], je l'ose aussi. Sont-ils Hébreux ? je le suis aussi. Sont-ils de la race d'Abraham ? j'en suis aussi. Sont-ils ministres de Jésus-Christ ? quand ils devraient m'accuser d'impudence, je le suis encore plus

---

1. *Aux Rom.*, II, 25. (ÉD.) — 2. *Id.*, III, 31. (ÉD.) — 3. *Id.*, IV, 2. (ÉD.)
4. *I Cor.*, X, 2. (ÉD.)
5. Ce n'est pas dans l'épître aux Thessaloniciens, mais dans la première aux Corinthiens, XIV, 34. (ÉD.)
6. *Id.*, XI, 5. (ÉD.) — 7. V, 2. (ÉD.) — 8. Versets 1-7. (ÉD.)
9. Verset 13. (ÉD.) — 10. 21-25. (ÉD.)

qu'eux. J'ai plus travaillé qu'eux; j'ai été plus repris de justice, plus souvent enfermé dans les cachots qu'eux. J'ai reçu trente-neuf coups de fouet cinq fois; des coups de bâton trois fois; j'ai été lapidé une fois; j'ai été un jour et une nuit au fond de la mer. »

Voilà donc ce Paul qui a été vingt-quatre heures au fond de la mer sans être noyé : c'est le tiers de l'aventure de Jonas. Mais n'est-il pas clair qu'il manifeste ici sa basse jalousie contre Pierre et les autres apôtres, et qu'il veut l'emporter sur eux pour avoir été plus repris de justice et plus fouetté qu'eux?

La fureur de la domination ne paraît-elle pas dans toute son insolence, quand il dit aux mêmes Corinthiens : « Je viens à vous pour la troisième fois; je jugerai tout par deux ou trois témoins; je ne pardonnerai à aucun de ceux qui ont péché, ni aux autres ? » II° épître, chap. XIII [1].

A quels imbéciles et quels cœurs abrutis de la vile populace écrivait-il ainsi en maître tyrannique? à ceux auxquels il osait dire qu'il avait été ravi au troisième ciel. Lâche et impudent imposteur ! où est ce troisième ciel dans lequel tu as voyagé? est-ce dans Vénus ou dans Mars ? Nous rions de Mahomet quand ses commentateurs prétendent qu'il alla visiter sept cieux tout de suite dans une nuit. Mais Mahomet au moins ne parle pas dans son *Alcoran* d'une telle extravagance qu'on lui impute; et Paul ose dire qu'il a fait près de la moitié de ce voyage !

Quel était donc ce Paul qui fait encore tant de bruit, et qui est cité tous les jours à tort et à travers ? Il dit qu'il était citoyen romain [2]; j'ose affirmer qu'il ment impudemment. Aucun Juif ne fut citoyen romain que sous les Décius et les Philippe. S'il était de Tarsis [3], Tarsis ne fut colonie romaine, cité romaine, que plus de cent ans après Paul. S'il était de Giscale, comme le dit Jérôme, ce village était en Galilée; et jamais les Galiléens n'eurent assurément l'honneur d'être citoyens romains.

Il fut élevé aux pieds de Gamaliel [3], c'est-à-dire qu'il fut domestique de Gamaliel. En effet, on remarque qu'il gardait les manteaux [4] de ceux qui lapidèrent Étienne, ce qui est l'emploi d'un valet, et d'un valet de bourreau. Les Juifs prétendirent qu'il voulait épouser la fille de Gamaliel. On voit quelque trace de cette aventure dans l'ancien livre qui contient l'histoire de Thècle. Il n'est pas étonnant que la fille de Gamaliel n'ait pas voulu d'un petit valet chauve, dont les sourcils se joignaient sur un nez difforme, et qui avait les jambes crochues : c'est ainsi que les *Actes de Thècle* le dépeignent. Dédaigné par Gamaliel et par sa fille, comme il méritait de l'être, il se joignit à la secte naissante de Céphas , de Jacques, de Matthieu , de Barnabé, pour mettre le trouble chez les Juifs.

Pour peu qu'on ait une étincelle de raison, on jugera que cette cause de l'apostasie de ce malheureux Juif est plus naturelle que celle

---

1. 1-2. (Ed.) — 2. *Actes*, XVI, 37. (Ed.) — 3. *Actes*, XXII, 3. (Ed.)
4. VII, 5. (Ed.)

qu'on lui attribue. Comment se persuadera-t-on qu'une lumière céleste l'ait fait tomber de cheval en plein midi, qu'une voix céleste se soit fait entendre à lui, que Dieu lui ait dit[1] : « Saul, Saul, pourquoi me persécutes-tu ? » Ne rougit-on pas d'une telle sottise ?

Si Dieu avait voulu empêcher que les disciples de Jésus ne fussent persécutés, n'aurait-il point parlé aux princes de la nation plutôt qu'à un valet de Gamaliel ? en ont-ils moins été châtiés depuis que Saul tomba de cheval ? Saul Paul ne fut-il pas châtié lui-même ? à quoi bon ce ridicule miracle ? Je prends le ciel et la terre à témoin (s'il est permis de se servir de ces mots impropres, le ciel et la terre) qu'il n'y a jamais eu de légende plus folle, plus fanatique, plus dégoûtante, plus digne d'horreur et de mépris[2].

CHAP. XIII. — Des Évangiles.

Dès que les sociétés de demi-juifs demi-chrétiens se urent insensiblement établies dans le bas peuple à Jérusalem, à Antioche, à Éphèse, à Corinthe, dans Alexandrie, quelque temps après Vespasien, chacun de ces petits troupeaux voulut faire son *Évangile*. On en compta cinquante-quatre, et il y en eut beaucoup davantage. Tous se contredisent, comme on le sait, et cela ne pouvait être autrement, puisque tous étaient forgés dans des lieux différents. Tous conviennent seulement que leur Jésus était fils de Maria ou Mirja, et qu'il fut pendu : et tous lui attribuent d'ailleurs autant de prodiges qu'il y en a dans les *Métamorphoses* d'Ovide.

Luc lui dresse une généalogie absolument différente de celle que Matthieu lui forge; et aucun d'eux ne songe à faire la généalogie de Marie, de laquelle seule on le fait naître. L'enthousiaste Pascal s'écrie : « Cela ne s'est pas fait de concert. » Non, sans doute, chacun a écrit les extravagances à sa fantaisie pour sa petite société. De là vient qu'un évangéliste prétend que le petit Jésus fut élevé en Égypte; un autre dit qu'il fut toujours élevé à Bethléem; celui-ci le fait aller une fois à Jérusalem, celui-là trois fois. L'un fait arriver trois mages que nous nommons les trois rois, conduits par une étoile nouvelle, et fait égorger tous les petits enfants du pays par le premier Hérode, qui était alors près de sa fin[3]. L'autre passe sous silence et l'étoile, et les mages, et le massacre des innocents

1. *Actes*, IX, 4. (Bv.)
2. Ce qu'il faut, ce me semble, remarquer avec soin dans ce juif Paul, c'est qu'il ne dit jamais que Jésus soit Dieu. Tous les honneurs possibles, il les lui donne, mais le mot de *Dieu* n'est jamais pour lui. Il a été prédestiné dans l'*Épître aux Romains*, chap. I. Il veut qu'on ait la paix avec Dieu, par Jésus, chap. V. Il compte sur la grâce de Dieu par un seul homme qui est Jésus. Il n'y a qu'un seul verset dans tous les écrits de Paul où le mot de *Dieu* pourrait tomber sur Jésus; c'est dans cette *Épître aux Romains*, chap. IX. Mais Érasme et Grotius ont prouvé que cet endroit est falsifié et mal interprété. En effet il serait trop étrange que Paul, reconnaissant Jésus pour Dieu, ne lui eût donné ce nom qu'une seule fois. C'eût été alors un blasphème.

Pour le mot de *Trinité*, il ne se trouve jamais dans *Paul*, qui cependant est regardé comme le fondateur du christianisme.

3. Le massacre des innocents est assurément le comble de l'ineptie, aussi bien

On a été obligé enfin, pour expliquer cette foule de contradictions, de faire une concordance; et cette concordance est encore moins concordante que ce qu'on a voulu concorder. Presque tous ces *Évangiles*, que les chrétiens ne communiquaient qu'à leurs petits troupeaux, ont été visiblement forgés après la prise de Jérusalem : on en a une preuve bien sensible dans celui qui est attribué à Matthieu. Ce livre[1] met dans la bouche de Jésus ces paroles aux Juifs : « Vous rendrez compte de tout le sang répandu depuis le juste Abel jusqu'à Zacharie, fils de Barachie, que vous avez tué entre le temple et l'autel. »

Un faussaire se découvre toujours par quelque endroit. Il y eut, pendant le siége de Jérusalem, un Zacharie, fils d'un Barachie[2], assassiné entre le temple et l'autel par la faction des zélés. Par là l'imposture est facilement découverte; mais pour la découvrir alors, il eût fallu lire toute la *Bible*. Les Grecs et les Romains ne la lisaient guère : ces fadaises et les *Évangiles* leur étaient entièrement inconnus; on pouvait mentir impunément.

Une preuve évidente que l'*Évangile* attribué à Matthieu n'a été écrit que très-longtemps après lui, par quelque malheureux demi-juif demi-chrétien helléniste, c'est ce passage fameux : « S'il n'écoute pas l'Église[3], qu'il soit à vos yeux comme un païen et un publicain. » Il n'y avait point d'Église du temps de Jésus et de Matthieu. Ce mot *église* est grec. L'assemblée du peuple d'Athènes s'appelait *ecclesia*. Cette expression ne fut adoptée par les chrétiens que dans la suite des temps, quand il y eut quelque forme de gouvernement. Il est donc clair qu'un faussaire prit le nom de Matthieu pour écrire cet *Évangile* en très-mauvais grec. J'avoue qu'il serait assez comique que Matthieu, qui avait été publicain, comparât les païens aux publicains. Mais quel que soit l'auteur de cette comparaison ridicule, ce ne peut être qu'un écervelé de la boue du peuple qui regarde un chevalier romain, chargé de recouvrer les impôts établis par le gouvernement, comme un homme abominable. Cette idée seule est destructive de toute administration, et non-seulement indigne d'un homme inspiré de Dieu, mais indigne du laquais d'un honnête citoyen.

Il y a deux *Évangiles de l'enfance* : le premier nous raconte qu'un jeune gueux donna une tape sur le derrière au petit Jésus son camarade, et que le petit Jésus le fit mourir sur-le-champ, καὶ παραχρῆμα πεσὼν ἀπέθανεν. Une autre fois il faisait des petits oiseaux de terre glaise, et ils s'envolaient. La manière dont il apprenait son alphabet était encore tout à fait divine. Ces contes ne sont pas plus ridicules que ceux de l'enlèvement de Jésus par le diable, de la transfiguration

que le conte des trois mages conduits par une étoile. Comment Hérode, qui se mourait alors, pouvait-il craindre que le fils d'un charpentier, qui venait de naître dans un village, le détrônât? Hérode tenait son royaume des Romains. Il aurait donc fallu que cet enfant eût fait la guerre à l'empire. Une telle crainte peut-elle tomber dans la tête d'un homme qui n'est pas absolument fou? Est-il possible qu'on ait proposé à la crédulité humaine de pareilles bêtises, qui sont si au-dessous de *Robert le diable* et de *Jean de Paris*? L'homme est donc une espèce bien méprisable, puisqu'elle est ainsi gouvernée.

1. Matthieu, XXIII, 35. (ÉD.) — 2. *Ibid.* (ÉD.) — 3. Matth., XVIII, 17. (ÉD.)

sur le Thabor, de l'eau changée en vin, des diables envoyés dans un troupeau de cochons. Aussi cet *Évangile de l'enfance* fut longtemps en vénération.

Le second livre de l'enfance n'est pas moins curieux. Marie, emmenant son fils en Égypte, rencontre des filles désolées de ce que leur frère avait été changé en mulet : Marie et le petit ne manquèrent pas de rendre à ce mulet sa forme d'homme, et l'on ne sait si ce malheureux gagna au marché. Chemin faisant, la famille errante rencontre deux voleurs, l'un nommé Dumachus, et l'autre Titus [1]. Dumachus voulait absolument voler la sainte Vierge, et lui faire pis. Titus prit le parti de Marie, et donna quarante drachmes à Dumachus, pour l'engager à laisser passer la famille sans lui faire de mal. Jésus déclara à la sainte Vierge que Dumachus serait le mauvais larron, et Titus le bon larron; qu'ils seraient un jour pendus avec lui, que Titus irait en paradis, et Dumachus à tous les diables.

L'*Évangile selon saint Jacques*, frère aîné de Jésus, ou *selon Pierre Barjone*, Évangile reconnu et vanté par Tertullien et par Origène, fut encore en plus grande recommandation. On l'appelait *protevangelion*, premier Évangile. C'est peut-être le premier qui ait parlé de la nouvelle étoile, de l'arrivée des mages, et des petits enfants que le premier Hérode fit égorger.

Il y a encore une espèce d'*Évangile* ou d'*Actes de Jean*, dans lequel on fait danser Jésus avec ses apôtres la veille de sa mort; et la chose est d'autant plus vraisemblable, que les thérapeutes étaient en effet dans l'usage de danser en rond, ce qui doit plaire beaucoup au Père céleste [2].

Pourquoi le chrétien le plus scrupuleux rit-il aujourd'hui sans remords de tous ces *Évangiles*, de tous ces *Actes*, qui ne sont plus dans

1. Voilà de plaisants noms pour des Égyptiens.
2. Il n'est point dit dans saint Matthieu que Jésus-Christ dansa avec ses apôtres, mais il est dit dans saint Matthieu, chap. xxvi, v. 30 : « Ils chantèrent un hymne, et allèrent au mont Olivet. »

Il est vrai que dans cet hymne on trouve ce couplet : « Je veux chanter, dansez tous de joie. » Ce qui fait voir qu'en effet on mêla la danse au chant, comme dans toutes les cérémonies religieuses de ce temps-là. Saint Augustin rapporte cette chanson dans sa lettre à Cérétius.

Il est fort indifférent de savoir si en effet cette chanson rapportée par Augustin fut chantée ou non; la voici :

Je veux délier, et je veux être délié.
Je veux sauver, et je veux être sauvé.
Je veux engendrer, et je veux être engendré.
Je veux chanter, dansez tous de joie.
Je veux pleurer, frappez-vous tous de douleur.
Je veux orner, et je veux être orné.
Je suis la lampe pour vous qui me voyez.
Je suis la porte pour vous qui y frappez.
Vous qui voyez ce que je fais, ne dites point ce que je fais.
J'ai joué tout cela dans ce discours, et je n'ai point du tout été joué.

Voilà une étrange chanson; elle est peu digne de l'Être suprême. Ce petit cantique n'est autre chose que ce qu'on appelle du persiflage en France, et du *nonsense* chez nous. Il n'est point du tout prouvé que Jésus ait chanté après avoir fait la pâque; mais il est prouvé, par tous les *Évangiles*, qu'il fit la pâque

le canon, et n'ose-t-il rire de ceux qui sont adoptés par l'Église? Ce sont à peu près les mêmes contes; mais le fanatique adore sous un nom ce qui lui paraît le comble du ridicule sous un autre.

Enfin, on choisit quatre *Évangiles*; et la grande raison, au rapport de saint Irénée, c'est qu'il n'y a que quatre vents cardinaux; c'est que Dieu est assis sur les chérubins, et que les chérubins ont quatre formes. Saint Jérôme ou Hiéronyme, dans sa préface sur l'*Évangile de Marc*, ajoute aux quatre vents et aux quatre animaux, les quatre anneaux qui servaient aux bâtons sur lesquels on portait le coffre appelé l'arche.

Théophile d'Antioche prouve que le Lazare ayant été mort pendant quatre jours, on ne pouvait conséquemment admettre que quatre *Évangiles*. Saint Cyprien prouve la même chose par les quatre fleuves qui arrosaient le Paradis terrestre. Il faudrait être bien impie pour ne pas se rendre à de telles raisons.

Mais avant qu'on eût donné quelque préférence à ces quatre *Évangiles*, les Pères des deux premiers siècles ne citaient presque jamais que les *Évangiles* nommés aujourd'hui apocryphes. C'est une preuve incontestable que nos quatre *Évangiles* ne sont pas de ceux à qui on les attribue.

Je veux qu'ils en soient; je veux, par exemple, que Luc ait écrit celui qui est sous son nom. Je dirais à Luc: « Comment oses-tu avancer que Jésus naquit sous le gouvernement de Cyrinus ou Quirinus, tandis qu'il est avéré que Quirinus ne fut gouverneur de Syrie que plus de dix ans après? Comment as-tu le front de dire qu'Auguste avait ordonné le *dénombrement de toute la terre*, et que Marie alla à Bethléem pour se faire dénombrer? Le dénombrement de toute la terre! Quelle expression! Tu as ouï dire qu'Auguste avait un livre de raison qui contenait le détail des forces de l'empire et de ses finances; mais un dénombrement de tous les sujets de l'empire! c'est à quoi il ne pensa jamais; encore moins un dénombrement de la terre entière; aucun écrivain romain ou grec ou barbare n'a jamais dit cette extravagance. Te voilà donc convaincu par toi-même du plus énorme mensonge; et il faudra qu'on adore ton livre! »

Mais qui a fabriqué ces quatre *Évangiles*? n'est-il pas très-probable que ce sont des chrétiens hellénistes, puisque l'*Ancien Testament* n'y est presque jamais cité que suivant la version des *Septante*, version inconnue en Judée? Les apôtres ne savaient pas plus le grec que Jésus ne l'avait su. Comment auraient-ils cité les *Septante*? Il n'y a que le miracle de la Pentecôte qui ait pu enseigner le grec à des Juifs ignorants.

Quelle foule de contrariétés et d'impostures est restée dans ces quatre *Évangiles*! n'y en eût-il qu'une seule, elle suffirait pour démontrer

---

à la juive, et non pas à la chrétienne, et nous dirons ici en passant ce que milord Bolingbroke insinue ailleurs, qu'on ne trouve dans la vie de Jésus-Christ aucune action, aucun dogme, aucun rite, aucun discours qui ait le moindre rapport au christianisme d'aujourd'hui, et encore moins au christianisme de Rome qu'à tous les autres.

que c'est un ouvrage de ténèbres. N'y eût-il que le conte qu'on trouve dans *Luc*, que Jésus naquit sous le gouvernement de Cyrinus, lorsque Auguste fit faire le dénombrement de tout l'empire, cette seule fausseté ne suffirait-elle pas pour faire jeter le livre avec mépris? 1° Il n'y eut jamais de tel dénombrement, et aucun auteur n'en parle. 2° Cyrinus ne fut gouverneur de Syrie que dix ans après l'époque de la naissance de ce Jésus. Autant de mots, autant d'erreurs dans les *Évangiles*. Et c'est ainsi qu'on réussit avec le peuple.

CHAP. XIV. — *Comment les premiers chrétiens se conduisirent avec les Romains, et comment ils forgèrent des vers attribués aux sibylles, etc.*

Des gens de bon sens demandent comment ce tissu de fables qu outragent si platement la raison, et de blasphèmes qui imputent tant d'horreurs à la Divinité, put trouver quelque créance. Ils devraient en effet être bien étonnés si les premiers sectaires chrétiens avaient persuadé la cour des empereurs et le sénat de Rome; mais une canaille abjecte s'adressait à une populace non moins méprisable. Cela est si vrai que l'empereur Julien dit dans son discours aux christicoles : « C'était d'abord assez pour vous de séduire quelques servantes, quelques gueux comme Corneille et Serge. Qu'on me regarde comme le plus effronté des imposteurs, si parmi ceux qui embrassèrent votre secte sous Tibère et sous Claude, il y a un seul homme de naissance ou de mérite [1]. »

Les premiers raisonneurs chrétiens disaient donc dans les carrefours et dans les auberges, aux païens qui se mêlaient de raisonner : « Ne soyez point effarouchés de nos mystères : vous recourez aux expiations pour vous purger de vos crimes : nous avons une expiation bien plus salutaire. Vos oracles ne valent pas les nôtres; et pour vous convaincre que notre secte est la seule bonne, c'est que vos propres oracles ont prédit tout ce que nous vous enseignons, et tout ce qu'a fait Notre Seigneur Jésus-Christ. N'avez-vous pas entendu parler des sibylles? — Oui, répondent les disputeurs païens aux disputeurs galiléens; toutes les sibylles ont été inspirées par Jupiter même; leurs

[1]. Il est étrange que l'empereur Julien ait appelé Sergius un homme de néant, un gueux. Il faut qu'il eût lu avec peu d'attention les *Évangiles*, ou qu'il manquât de mémoire dans ce moment, ce qui est assez commun à ceux qui, étant chargés des plus grandes affaires, veulent encore prendre sur eux le fardeau de la controverse. Il se trompe, et les *Actes des Apôtres*, qu'il réfute, se trompent évidemment aussi. Sergius n'était ni un homme de néant, comme le dit Julien, ni proconsul, ni gouverneur de Chypre, comme le disent les *Actes* (XIII, 7).

Il n'y avait qu'un proconsul en Syrie, dont l'île de Chypre dépendait, et c'était ce proconsul de Syrie qui nommait le propréteur de Chypre. Mais ce propréteur était toujours un homme considérable.

Peut-être l'empereur Julien veut-il parler d'un autre Sergius, que les *Actes des Apôtres* auront maladroitement transformé en proconsul ou en propréteur. Ces *Actes* sont une rapsodie informe, remplie de contradictions, comme tout ce que les Juifs et les Galiléens ont écrit.

Ils disent que Paul et Barnabé trouvèrent à Paphos un Juif magicien, nommé

prédictions sont toutes véritables. — Eh bien, repartent les galiléens, nous vous montrerons des vers de sibylles qui annoncent clairement Jésus-Christ, et alors il faudra bien vous rendre. »

Aussitôt les voilà qui se mettent à forger les plus mauvais vers grecs qu'on ait jamais composés, des vers semblables à ceux de notre Grub-street, de Blackmore, et de Gibson. Ils les attribuent aux sibylles; et pendant plus de quatre cents ans ils ne cessent de fonder le christianisme sur cette preuve, qui était également à la portée des trompeurs et des trompés. Ce premier pas étant fait, on vit ces faussaires puérils mettre sur le compte des sibylles jusqu'à des vers acrostiches qui commençaient par toutes les lettres qui composent le nom de Jésus-Christ.

Lactance nous a conservé une grande partie de ces rapsodies, comme des pièces authentiques. A ces fables ils ajoutaient des miracles qu'ils faisaient même quelquefois en public. Il est vrai qu'ils ne ressuscitaient point de morts comme Élisée; ils n'arrêtaient pas le soleil comme Josué; ils ne passaient point la mer à pied sec comme Moïse; ils ne se faisaient pas transporter par le diable comme Jésus sur le haut d'une petite montagne de Galilée, d'où l'on découvrait toute la terre; mais ils guérissaient la fièvre quand elle était sur son déclin, et même la gale, lorsque le galeux avait été baigné, saigné, purgé, frotté. Ils chassaient surtout les démons; c'était le principal objet de la mission des apôtres. Il est dit dans plus d'un *Évangile*[1] que Jésus les envoya exprès pour les chasser.

C'était une ancienne prérogative du peuple de Dieu. Il y avait, comme on sait, des exorcistes à Jérusalem qui guérissaient les possédés en leur mettant sous le nez un peu de la racine nommée *barath*, et en marmottant quelques paroles tirées de la *Clavicule* de Salomon. Jésus lui-même avoue que les Juifs avaient ce pouvoir. Rien n'était plus aisé au diable que d'entrer dans le corps d'un gueux, moyennant un ou deux schellings. Un Juif ou un Galiléen un peu à son aise pouvait chasser dix diables par jour pour une guinée. Les diables n'osaient jamais s'emparer d'un gouverneur de province, d'un sénateur, pas même d'un centurion : il n'y eut jamais que ceux qui ne possédaient rien du tout qui fussent possédés.

Bar-Jésu, qui voulait empêcher le propréteur Sergius de se faire chrétien; c'est au chap. XIII. Ensuite ils disent que ce Bar-Jésu s'appelait Elymas, et que Paul et Barnabé le rendirent aveugle pour quelques jours, et que ce miracle détermina le propréteur à se faire chrétien. On sent assez la valeur d'un pareil conte. On n'a qu'à lire le discours que tient Paul à ce Sergius, pour voir que Sergius n'aurait pu y rien comprendre.

Ce chapitre finit par dire que Paul et Barnabé furent chassés de l'île de Chypre. Comment ce Sergius, qui était le maître, les aurait-il laissé chasser s'il avait embrassé leur religion? Mais comment aussi ce Sergius, ayant la principale dignité dans l'île, et par conséquent n'étant point un imbécile, se serait-il fait chrétien tout d'un coup?

Tous ces *Contes du Tonneau* ne sont-ils pas d'une absurdité palpable. Remarquons surtout que Jésus, dans les *Actes des Apôtres*, et dans tous les discours de Paul, n'est jamais regardé que comme un homme, et qu'il n'y a pas un seul texte authentique où il soit question de sa prétendue divinité.

[1] Matthieu, x, 1; Marc, III, 15; Luc, IX, 1. (Éd.)

Si le diable dut se saisir de quelqu'un, c'était de Pilate; cependant il n'osa jamais en approcher. On a longtemps exorcisé la canaille en Angleterre, et encore plus ailleurs; mais quoique la secte chrétienne soit précisément établie pour cet usage, il est aboli presque partout, excepté dans les Etats de l'obédience du pape, et dans quelques pays grossiers d'Allemagne, malheureusement soumis à des évêques et à des moines.

Ce qu'ont enfin pu faire de mieux tous les gouvernements, a été d'abolir tous les premiers usages du christianisme : baptême des filles adultes toutes nues, dans des cuves, par des hommes; baptême abominable des morts; exorcisme, possessions du diable, inspirations; agapes qui produisaient tant d'impuretés; tout cela est détruit, et cependant la secte demeure.

Les chrétiens s'accréditèrent ainsi dans le petit peuple pendant tout un siècle. On les laissa faire; on les regarda comme une secte de Juifs, et les Juifs étaient tolérés. On ne persécutait ni pharisiens, ni saducéens, ni thérapeutes, ni esséniens, ni judaïtes; à plus forte raison laissait-on ramper dans l'obscurité ces chrétiens qu'on ignorait. Ils étaient si peu de chose, que ni Flavius Josèphe, ni Philon, ni Plutarque, ne daignent en parler; et si Tacite en veut bien dire un mot, c'est en les confondant avec les Juifs, et en leur marquant le plus profond mépris. Ils eurent donc la plus grande facilité d'étendre leur secte. On les rechercha un peu sous Domitien; quelques-uns furent punis sous Trajan, et ce fut alors qu'ils commencèrent à mêler mille faux actes de martyres à quelques-uns qui n'étaient que trop véritables.

Chap. XV. — *Comment les chrétiens se conduisirent avec les Juifs. Leur explication ridicule des prophètes.*

Les chrétiens ne purent jamais prévaloir auprès des Juifs comme auprès de la populace des gentils. Tandis qu'ils continuèrent à vivre selon la loi mosaïque, comme avait fait Jésus toute sa vie, à s'abstenir des viandes prétendues impures, et qu'ils ne proscrivirent point la circoncision; ils ne furent regardés que comme une société particulière de Juifs, telle que celle des saducéens, des esséniens, des thérapeutes. Ils disaient qu'on avait eu tort de pendre Jésus, que c'était un saint homme envoyé de Dieu, et qu'il était ressuscité.

Ces discours, à la vérité, étaient punis dans Jérusalem; il en coûta même la vie à Étienne, à ce qu'ils disent; mais ailleurs cette scission ne produisit que des altercations entre les Juifs rigides et les demi-chrétiens. On disputait; les chrétiens crurent trouver dans les Écritures quelques passages qu'on pouvait tordre en faveur de leur cause. Ils prétendirent que les prophètes juifs avaient prédit Jésus-Christ; ils citaient Isaïe, qui disait au roi Achaz [1] :

« Une fille, ou une jeune femme (*Alma*) [2] sera grosse, et accouchera

---

[1]. VII, 14-26. (Ed.)
[2]. Par quelle impudente mauvaise foi les christicoles ont-ils soutenu qu'Alma

d'un fils qui s'appellera Emmanuel; il mangera du beurre et du miel, afin qu'il sache rejeter le mal et choisir le bien. La terre que vous détestez sera délivrée de ses deux rois, et le Seigneur sifflera aux mouches qui sont à l'extrémité des fleuves d'Égypte, et aux abeilles du pays d'Assur. Et il prendra un rasoir de louage, et il rasera la tête, le poil du pénil, et la barbe du roi d'Assur. »

« Et le Seigneur lui dit : Prenez un grand livre, et écrivez en lettres visibles : *Maher-salal-has-bas, prenez vite les dépouilles.* Et j'allai coucher avec la prophétesse, et elle fut grosse, et elle mit au monde un fils, et le Seigneur me dit : Appelez-le *Maher-salal-has-bas, prenez vite les dépouilles.* »

Vous voyez bien, disaient les chrétiens, que tout cela signifie évidemment l'avénement de Jésus-Christ. La fille qui fait un enfant, c'est la vierge Marie; *Emmanuel* et *prenez vite les dépouilles*, c'est Notre-Seigneur Jésus. Pour le rasoir de louage avec lequel on rase le poil du pénil du roi d'Assur, c'est une autre affaire. Toutes ces explications ressemblent parfaitement à celle de milord Pierre dans le *Conte du Tonneau* de notre cher doyen Swift.

Les Juifs répondaient : « Nous ne voyons pas si clairement que vous, que *prenez vite les dépouilles* et *Emmanuel* signifient Jésus, que la jeune femme d'Isaïe soit une vierge, et qu'*Alma*, qui exprime également fille ou jeune femme, signifie Maria ; » et ils riaient au nez des chrétiens.

Quand les chrétiens disaient: « Jésus est prédit par le patriarche Juda; car le patriarche Juda *devait lier* [2] *son ânon à la vigne, et laver son manteau dans le sang de la vigne*; et Jésus est entré dans Jérusalem sur un âne; donc Juda est la figure de Jésus: » alors les Juifs riaient encore plus fort de Jésus et de son âne.

S'ils prétendaient que Jésus était le Silo qui devait venir quand le sceptre ne serait plus dans Juda, les Juifs les confondaient, en disant que depuis la captivité en Babylone, le sceptre ou la verge n'était dans les jambes n'avait jamais été dans Juda, et que, du temps même de Saül, la verge n'était pas dans Juda. Ainsi les chrétiens, loin de convertir les Juifs, en furent méprisés, détestés, et le sont encore. Ils furent regardés comme des bâtards qui voulaient dépouiller le fils de la maison, en prétextant de faux titres. Ils renoncèrent donc à l'espérance d'attirer les Juifs à eux, et s'adressèrent uniquement aux gentils.

CHAP. XVI. — *Des fausses citations et des fausses prédictions dans les Évangiles.*

Pour encourager les premiers catéchumènes, il était bon de citer d'anciennes prophéties et d'en faire de nouvelles. On cita donc dans

signifiait toujours vierge? Il y a dans l'*Ancien Testament* vingt passages où *Alma* est pris pour femme, et même pour concubine, comme dans le *Cantique des cantiques*, chap. VI; Joël, chap. I. Jusqu'à l'abbé Trithème, il n'y a eu aucun docteur de l'Église qui ait su l'hébreu, excepté Origène, Jérôme et Éphrem, qui étaient du pays.

1. VIII, 1-2. (Éd.) — 2. *Genèse*, XLIX, 11 (Éd.)

les *Évangiles* les anciennes prophéties à tort et à travers. Matthieu, ou celui qui prit son nom, dit[1] : « Joseph habita dans une ville qui s'appelle Nazareth, pour accomplir ce qui a été prédit par les prophètes : Il s'appellera Nazaréen. » Aucun prophète n'avait dit ces paroles ; Matthieu parlait donc au hasard. Luc ose dire, au chap. XXI[2] : « Il y aura des signes dans la lune et dans les étoiles ; des bruits de la mer et des flots ; les hommes séchant de crainte attendront ce qui doit arriver à l'univers entier. Les vertus des cieux seront ébranlées ; et alors ils verront le fils de l'homme venant dans une nuée avec grande puissance et grande majesté. En vérité, je vous dis que la génération présente ne passera point que tout cela ne s'accomplisse. »

La génération passa : et si rien de tout cela n'arriva, ce n'est pas ma faute. Paul en dit à peu près autant dans son épître à ceux de Thessalonique[3] : « Nous qui vivons et qui vous parlons, nous serons emportés dans les nuées pour aller au-devant du Seigneur au milieu de l'air. »

Que chacun s'interroge ici : qu'il voie si l'on peut pousser plus loin l'imposture et la bêtise du fanatisme. Quand on vit qu'on avait mis en avant des mensonges si grossiers, les Pères de l'Église ne manquèrent pas de dire que Luc et Paul avaient entendu, par ces prédictions, la ruine de Jérusalem. Mais quel rapport, je vous prie, de la prise de Jérusalem avec Jésus venant dans les nuées avec grande puissance et grande majesté[4] ?

Il y a dans l'*Évangile* attribué à Jean un passage qui fait bien voir que ce livre ne fut pas composé par un Juif. Jésus dit : « [5] Je vous fais un commandement nouveau, c'est que vous vous aimiez mutuellement. » Ce commandement, loin d'être nouveau, se trouve expressément, et d'une manière bien plus forte, dans le *Lévitique*[6] : « Tu aimeras ton prochain comme toi-même. »

Enfin, quiconque se donnera la peine de lire avec attention, ne trouvera, dans tous les passages où l'on allègue l'*Ancien Testament*, qu'un manifeste abus de paroles, et le sceau du mensonge presque à chaque page.

CHAP. XVII. — *De la fin du monde, et de la Jérusalem nouvelle.*

Non-seulement on a introduit Jésus sur la scène prédisant la fin du monde pour le temps même où il vivait ; mais ce fanatisme fut celui de tous ceux qu'on nomme apôtres et disciples. Pierre Barjone, dans la première épître qu'on lui attribue, dit[7] que « l'Évangile a été prêché aux morts, et que la fin du monde approche. »

Dans la seconde épître[8] : « Nous attendons de nouveaux cieux et une nouvelle terre. »

1. Matth., II, 23. — 2. 25-32. (Éd.) — 3. IV, 17. (Éd.)
4. On fut si longtemps infatué de cette attente de la fin du monde, qu'aux sixième, septième et huitième siècles, beaucoup de chartes, de donations aux moines commencent ainsi : « Christ régnant, la fin du monde approchant, moi, pour le remède de mon âme, etc. »
5. Jean, XIII, 34. — 6. *Lévitique*, XIX, 18. — 7. Chap. IV, 6, 7.
8. Chap. III, 13.

La première épître attribuée à Jean dit formellement[1] : « Il y a dès à présent plusieurs antechrists; ce qui nous fait connaître que voici la dernière heure. »

L'épître qu'on met sur le compte de ce Thadée surnommé Jude, annonce la même folie.[2] « Voilà le Seigneur qui va venir avec des millions de saints pour juger les hommes. »

Cette ridicule idée subsista de siècle en siècle. Si le monde ne finit pas sous Constantin, il devait finir sous Théodose; si la fin n'arrivait pas sous Théodose, elle devait arriver sous Attila. Et jusqu'au douzième siècle cette opinion enrichit tous les couvents; car pour raisonner conséquemment selon les moines, dès qu'il n'y aura plus ni hommes ni terres, il faut bien que toutes les terres appartiennent à ces moines.

Enfin, c'est sous cette démence qu'on fonda cette autre démence d'une nouvelle ville de Jérusalem qui devait descendre du ciel. L'*Apocalypse*[3] annonça cette prochaine aventure : tous les christicoles le crurent. On fit de nouveaux vers sibyllins dans lesquels cette Jérusalem était prédite; elle parut même cette ville nouvelle où les christicoles devaient loger pendant mille ans après l'embrasement du monde. Elle descendit du ciel pendant quarante nuits consécutives. Tertullien la vit de ses yeux. Un temps viendra où tous les honnêtes gens diront : « Est-il possible qu'on ait perdu son temps à réfuter ce *Conte du Tonneau!* »

Voilà donc pour quelles opinions la moitié de la terre a été ravagée! voilà ce qui a valu des principautés, des royaumes à des prêtres imposteurs, et ce qui précipita encore tous les jours des imbéciles dans les cachots des cloîtres chez les papistes! C'est avec ces toiles d'araignée qu'on a tissu les liens qui nous serrent; on a trouvé le secret de les changer en chaînes de fer. Grand Dieu! c'est pour ces sottises que l'Europe a nagé dans le sang, et que notre roi, Charles Ier, est mort sur un échafaud! O destinée! quand des demi-Juifs écrivaient leurs plates impertinences dans leurs greniers, prévoyaient-ils qu'ils prépareraient un trône pour l'abominable Alexandre VI, et pour ce brave scélérat de Cromwell?

CHAP. XVIII. — *Des allégories.*

Ceux qu'on appelle Pères de l'Église s'avisèrent d'un tour assez singulier pour confirmer leurs catéchumènes dans leur nouvelle créance. Il se trouva avec le temps des disciples qui raisonnèrent un peu : on prit le parti de leur dire que tout l'*Ancien Testament* n'est qu'une figure du *Nouveau*. Le petit morceau de drap rouge que mettait la paillarde Rahab à sa fenêtre pour avertir les espions de Josué, signifie le sang de Jésus répandu pour nos péchés. Sara et sa servante Agar, Lia la chassieuse et la belle Rachel, sont la synagogue et l'Église. Moïse levant les mains quand il donne la bataille aux Amalécites, c'est évidemment la croix, car on a la figure d'une croix quand on étend les

1. II 18 (Éd.) — 2. Jude, XV, 14, 16. — 3. XXI, 2. (Éd.)

bras à droite et à gauche. Joseph vendu par ses frères, c'est Jésus-Christ; la manne, c'est l'eucharistie; les quatre vents sont les quatre *Évangiles*; les baisers que donne la Sulamite, sur la bouche, etc., dans le Cantique des cantiques, sont visiblement le mariage de Jésus-Christ avec son Église. La mariée n'avait pas encore de dot, elle n'était pas encore bien établie.

On ne savait ce qu'on devait croire; aucun dogme précis n'était encore constaté. Jésus n'avait jamais rien écrit. C'était un étrange législateur qu'un homme de la main duquel on n'avait pas une ligne. Il fallut donc écrire pour lui; on s'abandonna donc à ces *bonnes nouvelles*, à ces Évangiles, à ces actes dont nous avons déjà parlé; et on tourna tout l'*Ancien Testament* en allégories du nouveau. Il n'est pas étonnant que des catéchumènes fascinés par ceux qui voulaient former un parti, se laissassent séduire par ces images qui plaisent toujours au peuple. Cette méthode contribua plus que toute autre chose à la propagation du christianisme, qui s'étendait secrètement d'un bout de l'empire à l'autre, sans qu'alors les magistrats daignassent presque y prendre garde.

Plaisante et folle imagination, de faire de toute l'histoire d'une troupe de gueux, la figure et la prophétie de tout ce qui devait arriver au monde entier dans la suite des siècles!

Chap. XIX. — *Des falsifications, et des livres supposés.*

Pour mieux séduire les catéchumènes des premiers siècles, on ne manqua point de supposer que la secte avait été respectée par les Romains et par les empereurs eux-mêmes. Ce n'était pas assez de forger mille écrits qu'on attribuait à Jésus; on fit encore écrire Pilate. Justin, Tertullien, citent ces actes; on les inséra dans l'*Évangile de Nicodème*. Voici quelques passages de la première lettre de Pilate à Tibère; ils sont curieux.

« Il est arrivé depuis peu, et je l'ai vérifié, que les Juifs par leur envie se sont attiré une cruelle condamnation: leur Dieu leur ayant promis de leur envoyer son saint du haut du ciel, qui serait leur roi à bien juste titre, et ayant promis qu'il serait fils d'une vierge, le Dieu des Hébreux l'a envoyé en effet, moi étant président en Judée. Les principaux des Juifs me l'ont dénoncé comme un magicien; je l'ai cru; je l'ai bien fait fouetter; je le leur ai abandonné: ils l'ont crucifié: ils ont mis des gardes auprès de sa fosse; il est ressuscité le troisième jour. »

Cette lettre très-ancienne est fort importante, en ce qu'elle fait voir qu'en ces premiers temps les chrétiens n'osaient encore imaginer que Jésus fût Dieu; ils l'appelaient seulement envoyé de Dieu. S'il avait été Dieu alors, Pilate qu'ils font parler n'eût pas manqué de le dire.

Dans la seconde lettre, il dit que, s'il n'avait pas craint une sédition, peut-être ce *noble Juif* vivrait encore, *Fortasse vir ille nobilis viveret*. On forgea encore une relation de Pilate plus circonstanciée.

Eusèbe de Césarée, au livre VII de son *Histoire ecclésiastique*, assure que l'hémorroïsse guérie par Jésus-Christ était citoyenne de Césarée : il a vu sa statue aux pieds de celle de Jésus-Christ. Il y a autour de la base des herbes qui guérissent toutes sortes de maladies. On a conservé une requête de cette hémorroïsse dont le nom était, comme on sait, Véronique; elle y rend compte à Hérode du miracle que Jésus-Christ a opéré sur elle. Elle demande à Hérode la permission d'ériger une statue à Jésus; mais ce n'est pas dans Césarée, c'est dans la ville de Paniade; et cela est triste pour Eusèbe.

On fit courir un prétendu édit de Tibère pour mettre Jésus au rang des dieux. On supposa des lettres de Paul à Sénèque, et de Sénèque à Paul. Empereurs, philosophes, apôtres, tout fut mis à contribution; c'est une suite non interrompue de fraudes : les unes sont seulement fanatiques, les autres sont politiques. Un mensonge fanatique, par exemple, est d'avoir écrit, sous le nom de Jean, l'*Apocalypse* qui n'est qu'absurde; un mensonge politique est le livre des constitutions attribué aux apôtres. On veut, au chapitre XXV du livre II, que les évêques recueillent les dîmes et les prémices. On y appelle les évêques *rois*, au chap. XXVI : *Qui episcopus est, hic vester rex et dynastes*.

Il faut, chap. XXVIII, quand on fait le repas des agapes[1], envoyer les meilleurs plats à l'évêque, s'il n'est pas à table. Il faut donne double portion au prêtre et au diacre. Les portions des évêques ont bien augmenté, et surtout celle de l'évêque de Rome.

Au chap. XXXIV, on met les évêques bien au-dessus des empereurs et des rois, précepte dont l'Église s'est écartée le moins qu'elle a pu : *Quanto animus præstat corpore, tantum sacerdotium regno*. C'est là l'origine cachée de cette terrible puissance que les évêques de Rome ont usurpée pendant tant de siècles. Tous ces livres supposés, tous ces mensonges qu'on a osé nommer pieux, n'étaient qu'entre les mains des fidèles. C'était un péché énorme de les communiquer aux Romains, qui n'en eurent presque aucune connaissance pendant deux cents ans; ainsi le troupeau grossissait tous les jours.

---

1. On accuse plusieurs sociétés chrétiennes d'avoir fait de ces agapes des scènes de la plus infâme dissolution, accompagnées de mystères. Et ce qu'il faut observer, c'est que les chrétiens s'en accusaient les uns les autres. Épiphane est convaincu que les gnostiques, qui étaient parmi eux la seule société savante, étaient aussi la plus impudique. Voici ce qu'il dit d'eux au livre Ier contre les hérésies :

« Après qu'ils se sont prostitués les uns aux autres, ils montrent au jour ce qui est sorti d'eux. Une femme en met dans ses mains. Un homme remplit aussi sa main de l'éjaculation d'un garçon; et ils disent à Dieu : « Nous te présentons cette offrande qui est le corps de Christ. » Ensuite hommes et femmes avalent ce sperme, et s'écrient : « C'est la pâque. » Puis on prend du sang d'une femme qui a ses ordinaires, on l'avale, et on dit : « C'est le sang de Christ. »

Si un Père de l'Église a reproché ces horreurs à des chrétiens, nous ne devons pas regarder comme des calomniateurs insensés, des adorateurs de Zeus, de Jupiter, qui leur ont fait les mêmes imputations. Il se peut qu'ils se soient trompés. Il se peut aussi que des chrétiens aient été coupables de ces abominations, et qu'ils se soient corrigés dans la suite, comme la cour romaine substitue depuis longtemps la décence aux horribles débauches dont elle fut souillée pendant près de cinq cents ans.

CHAP. XX. — *Des principales impostures des premiers chrétiens.*

Une des plus anciennes impostures de ces novateurs énergumènes, fut le *Testament des douze patriarches*, que nous avons encore tout entier en grec de la traduction de Jean surnommé saint Chrysostome. Cet ancien livre, qui est du premier siècle de notre ère, est visiblement d'un chrétien, puisqu'on y fait dire à Lévi, à l'article 8 de son Testament : « Le troisième aura un nom nouveau, parce qu'il sera un roi de Juda, et qu'il sera peut-être d'un nouveau sacerdoce pour toutes les nations, etc. ; » ce qui désigne leur Jésus-Christ, qui n'a jamais pu être désigné que par de telles impostures. On fait encore prédire clairement ce Jésus dans tout l'article 18, après avoir fait dire à Lévi, dans l'article 17, que les prêtres des Juifs font le péché de la chair avec des bêtes [1].

On supposa le testament de Moïse, d'Énoch, et de Joseph, leur ascension ou assomption dans le ciel, celle de Moïse, d'Abraham, d'Elda, de Moda, d'Élie, de Sophonie, de Zacharie, d'Habacuc.

On forgea, dans le même temps, le fameux livre d'Énoch, qui est le seul fondement de tout le mystère du christianisme, puisque c'est dans ce seul livre qu'on trouve l'histoire des anges [2] révoltés qui ont péché en paradis, et qui sont devenus diables en enfer. Il est démontré que les écrits attribués aux apôtres ne furent composés qu'après cette fable d'Énoch, écrite en grec par quelque chrétien d'Alexandrie : Jude, dans son épître, cite cet Énoch plus d'une fois; il rapporte ses propres paroles; il est assez dépourvu de sens pour assurer [3] qu'Énoch, *septième homme après Adam, a écrit des prophéties.*

Voilà donc ici deux impostures grossières avérées, celle du chrétien qui suppose des livres d'Énoch, et celle du chrétien qui suppose l'épître de Jude, dans laquelle les paroles d'Énoch sont rapportées; il n'y eut jamais un mensonge plus grossier.

Il est très-inutile de rechercher quel fut le principal auteur de ces mensonges accrédités insensiblement; mais il y a quelque apparence que ce fut un nommé Hégésippe, dont les fables eurent beaucoup de cours, et qui est cité par Tertullien, et ensuite copié par Eusèbe. C'est cet Hégésippe qui rapporte que Jude était de la race de David, que ses petits-fils vivaient sous l'empereur Domitien. Cet empereur, si on le croit, fut très-effrayé d'apprendre qu'il y avait des descendants de ce grand roi David, lesquels avaient un droit incontestable au trône de Jérusalem, et par conséquent au trône de l'univers entier. Il fit venir

---

1. C'est une chose étonnante qu'on soit toujours parlé de la bestialité chez les Juifs. Nous n'avons, dans les auteurs romains, qu'un vers de Virgile (*Buc.*, III, 8) :

Novimus et qui te....

et des passages d'Apulée où il soit question de cette infamie.
2. La fable du péché des anges vient des Indes, dont tout nous est venu ; elle fut connue des Juifs d'Alexandrie, et des chrétiens, qui l'adoptèrent fort tard. C'est la première pierre de l'édifice du christianisme.
3. Verset 14. (ÉD.)

devant lui ces illustres princes; mais, ayant vu ce qu'ils étaient, des gueux de l'ostière, il les renvoya sans leur faire de mal.

Pour Jude, leur grand-père, qu'on met au rang des apôtres, on l'appelle tantôt Thadée, et tantôt Lebbée, comme nos coupeurs de bourse, qui ont toujours deux ou trois noms de guerre.

La prétendue lettre de Jésus-Christ à un prétendu roitelet de la ville d'Édesse, qui n'avait point alors de roitelet, le voyage de ce même Thadée auprès de ce roitelet, furent quatre cents ans en vogue chez les premiers chrétiens.

Quiconque écrivait un Évangile, ou quiconque se mêlait d'enseigner son petit troupeau naissant, imputait à Jésus des discours et des actions dont nos quatre *Évangiles* ne parlent pas. C'est ainsi que dans les *Actes des Apôtres*, au chapitre xx (verset 35), Paul cite ces paroles de Jésus : Μακάριόν ἐστι διδόναι μᾶλλον ἢ λαμβάνειν. Il vaut mieux donner que de recevoir. Ces paroles ne se trouvent ni dans Matthieu, ni dans Marc, ni dans Luc, ni dans Jean.

Les voyages de Pierre, l'Apocalypse de Pierre, les Actes de Pierre, les Actes de Paul, de Thècle, les Lettres de Paul à Sénèque et de Sénèque à Paul, les Actes de Pilate, les Lettres de Pilate, sont assez connus des savants; et ce n'est pas la peine de fouiller dans ces archives du mensonge et de l'ineptie.

On a poussé le ridicule jusqu'à écrire l'histoire de Claudia Procula, femme de Pilate.

Un malheureux nommé Abdias, qui passa incontestablement pour avoir vécu avec Jésus-Christ, et pour avoir été un des plus fameux disciples des apôtres, est celui qui nous a fourni l'histoire du combat de Pierre avec Simon, le prétendu magicien, si célèbre chez les premiers chrétiens. C'est sur cette seule imposture que s'est établie la croyance que Pierre est venu à Rome; c'est à cette fable que les papes doivent toute leur grandeur, si honteuse pour le genre humain; et cela seul rendrait cette grandeur précaire bien ridicule, si une foule de crimes ne l'avait rendus odieuse.

Voici donc ce que raconte cet Abdias, qui se prétend témoin oculaire. Simon Pierre Barjone étant venu à Rome sous Néron, Simon le magicien y vint aussi. Un jeune homme, proche parent de Néron, mourut; il fallait bien ressusciter un parent de l'empereur; les deux Simon s'offrirent pour cette affaire. Simon le magicien y mit la condition qu'on ferait mourir celui des deux qui ne pourrait pas réussir. Simon Pierre l'accepta, et l'autre Simon commença ses opérations; le mort branla la tête; tout le peuple jeta des cris de joie. Simon Pierre demanda qu'on fît silence, et dit : « Messieurs, si le défunt est en vie, qu'il ait la bonté de se lever, de marcher, et de causer avec nous; » le mort s'en donna bien de garde; alors Pierre lui dit de loin : « Mon fils, levez-vous, Notre Seigneur Jésus-Christ vous guérit. » Le jeune homme se leva, parla, et marcha; et Simon Barjone le rendit à sa mère. Simon, son adversaire, alla se plaindre à Néron, et lui dit que Pierre n'était qu'un misérable charlatan et un ignorant. Pierre comparut devant l'empereur, et lui dit à l'oreille : « Croyez-moi, j'en sais plus que lui, et, pour vous le prouver, faites-moi donner secrètement deux pains d'orge ; vous verrez que je devinerai ses pensées, et qu'il ne devinera pas les miennes. » On apporte à Pierre ces deux pains, il les cache dans sa manche. Aussitôt Simon fit paraître deux gros chiens, qui étaient ses anges tutélaires : ils voulurent dévorer Pierre, mais le madré leur jeta ses deux pains ; les chiens les mangèrent, et ne firent nul mal à l'apôtre. « Eh bien, dit Pierre vous voyez que je connaissais ses pensées, et qu'il ne connaissait pas les miennes. »

Le magicien demanda sa revanche ; il promit qu'il volerait dans les airs comme Dédale; on lui assigna un jour; il vola en effet; mais saint Pierre pria Dieu avec tant de larmes, que Simon tomba et se cassa le cou. Néron, indigné d'avoir perdu un si bon machiniste par les prières de Simon Pierre, ne manqua pas de faire crucifier ce Juif la tête en bas.

Qui croirait que cette histoire est contée non-seulement par Abdias, mais par deux autres chrétiens contemporains ; Hégésippe, dont nous avons déjà parlé, et Marcel ? mais ce Marcel ajoute de belles particularités de sa façon. Il ressemble aux écrivains d'évangiles, qui se contredisent les uns les autres. Ce Marcel met Paul de la partie ; il ajoute seulement que Simon le magicien, pour convaincre l'empereur de son savoir-faire, dit à ce prince : « Faites-moi le plaisir de me couper la tête, et je vous promets de ressusciter le troisième jour. » L'empereur essaya la chose; on coupa la tête au magicien, qui reparut le troisième jour devant Néron avec la plus belle tête du monde sur ses épaules.

Que le lecteur maintenant fasse une réflexion avec moi ; je suppose que les trois imbéciles Abdias, Hégésippe et Marcel, qui racontent ces pauvretés, eussent été moins maladroits, qu'ils eussent inventé des contes plus vraisemblables sur les deux Simon, ne seraient-ils pas regardés aujourd'hui comme des Pères de l'Église irréfragables ? Tous nos docteurs ne les citeraient-ils pas tous les jours comme d'irréprochables témoins ? ne prouverait-on pas à Oxford et en Sorbonne la vérité de leurs écrits par leur conformité avec les *Actes des apôtres*, et la vérité des *Actes des apôtres* par ces mêmes écrits d'Abdias, d'Hégésippe, et de Marcel ? Leurs histoires sont assurément aussi authentiques que les *Actes des apôtres* et les *Évangiles ;* elles sont parvenues jusqu'à nous de siècle en siècle par la même voie, et il n'y a pas plus de raison de rejeter les unes que les autres.

Je passe sous silence le reste de cette histoire, les beaux faits d'André, de Jacques le majeur, de Jean, de Jacques le mineur, de Matthieu, et de Thomas. Lira qui voudra ces inepties. Le même fanatisme, la même imbécillité, les ont toutes dictées; mais un ridicule trop long est trop insipide [1].

---

[1] Milord Bolingbroke a bien raison. C'est ce mortel ennui qu'on éprouve à la lecture de tous ces livres qui les sauve de l'examen auquel ils ne pourraient résister. Où sont les magistrats, les guerriers, les négociants, les cultivateurs, les gens de lettres même, qui aient jamais seulement entendu parler des Gestes du bienheureux apôtre André; de la Lettre de saint Ignace le martyr à la vierge

Chap. XXI. — *Des dogmes et de la métaphysique des chrétiens des premiers siècles. — De Justin.*

Justin, qui vivait sous les Antonins, est un des premiers qui aient eu quelque teinture de ce qu'on appelait philosophie ; il fut aussi un des premiers qui donnèrent du crédit aux oracles des Sibylles, à la Jérusalem nouvelle, et au séjour que Jésus-Christ devait faire sur la terre pendant mille ans Il prétendit que toute la science des Grecs venait des Juifs. Il certifie, dans sa seconde apologie pour les chrétiens, que les dieux n'étaient que des diables qui venaient, en forme d'incubes et de succubes, coucher avec les hommes et avec les femmes, et que Socrate ne fut condamné à la ciguë que pour avoir prêché aux Athéniens cette vérité.

On ne voit pas que personne avant lui ait parlé du mystère de la Trinité, comme on en parle aujourd'hui. Si l'on n'a pas falsifié son ouvrage, il dit nettement, dans son exposition de la foi, « qu'au commencement il n'y eut qu'un Dieu en trois personnes, qui sont le Père, le Fils et le Saint-Esprit; que le Père n'est pas engendré, et que le Saint-Esprit procède[1]. » Mais pour expliquer cette trinité d'une manière différente de Platon, il compare la trinité à Adam. Adam, dit-il, ne fut point engendré; Adam s'identifie avec ses descendants; ainsi le Père s'identifie avec le Fils et le Saint-Esprit. Ensuite ce Justin écrivit contre Aristote, et on peut assurer que si Aristote ne s'entendait pas, Justin ne l'entendait pas davantage.

Il assure, dans l'article 43 de ses réponses aux orthodoxes, que les hommes et les femmes ressusciteront avec les parties de la génération, attendu que ces parties les feront continuellement souvenir que sans elles ils n'auraient jamais connu Jésus-Christ, puisqu'ils ne seraient pas nés. Tous les Pères, sans exception, ont raisonné à peu près comme Justin ; et pour mener le vulgaire, il ne faut pas de meilleurs raisonnements. Locke et Newton n'auraient point fait de religion.

Au reste ce Justin, et tous les Pères qui le suivirent, croyaient,

Marie, et de la Réponse de la Vierge? Connaîtrait-on même un seul des livres des Juifs et des premiers chrétiens, si des hommes gagés pour les faire valoir n'en rebattaient pas continuellement nos oreilles, s'ils ne s'étaient pas fait un patrimoine de notre crédulité? Y a-t-il rien au monde de plus ridicule et de plus grossier que la fable du voyage de Simon Barjone à Rome? C'est cependant sur cette impertinence qu'est fondé le trône du pape : c'est ce qui a plongé tous les évêques de sa communion dans sa dépendance ; c'est ce qui fait qu'ils s'intitulent évêques par la permission du saint-siège, quoiqu'ils soient égaux à lui par les lois de leur Eglise. C'est enfin ce qui a donné aux papes les domaines des empereurs en Italie. C'est ce qui a dépouillé trente seigneurs italiens pour enrichir cette idole.

1. Il est très-vraisemblable que ces paroles ont été en effet ajoutées au texte de Justin; car comment se pourrait-il que Justin, qui vivait si longtemps avant Lactance, eût parlé ainsi de la Trinité, et que Lactance n'eût jamais parlé que du Père et du Fils?

Au reste, il est clair que les chrétiens n'ont jamais mis en avant ce dogme de la Trinité qu'à l'aide des platoniciens de leur secte. La Trinité est un dogme de Platon, et n'est certainement pas un dogme de Jésus, qui n'en avait jamais entendu parler dans son village.

comme Platon, à la préexistence des âmes ; et en admettant que l'âme est spirituelle, une espèce de vent, de souffle, d'air invisible, ils la faisaient en effet un composé de matière subtile. « L'âme est manifestement composée, dit Tatien dans son *Discours aux Grecs*; car comment pourrait-elle se faire connaître sans corps? » Arnobe parle encore bien plus positivement de la corporalité des âmes. « Qui ne voit, dit-il, que ce qui est immortel et simple ne peut souffrir aucune douleur? L'âme n'est autre chose que le ferment de la vie, l'électuaire d'une chose dissoluble » : *Fermentum vitæ, rei dissociabilis glutinum*.

Chap. XXII. — *De Tertullien*.

L'Africain Tertullien parut après Justin. Le métaphysicien Malebranche, homme célèbre dans son pays, lui donne sans détour l'épithète de fou; et les écrits de cet Africain justifient Malebranche. Le seul ouvrage de Tertullien qu'on lise aujourd'hui est son *Apologie pour la religion chrétienne*. Abbadie, Houteville[1], le regardent comme un chef-d'œuvre, sans qu'ils en citent aucun passage. Ce chef-d'œuvre consiste à injurier les Romains au lieu de les adoucir ; à leur imputer des crimes et à produire avec pétulance des assertions dont il n'apporte pas la plus légère preuve.

Il reproche aux Romains (chap. IX) que les peuples de Carthage immolaient encore quelquefois en secret des enfants à Saturne, malgré les défenses expresses des empereurs sous peine de la vie[2]. C'était une occasion de louer la sagesse romaine et non pas de l'insulter. Il leur reproche les combats des gladiateurs qu'on faisait combattre contre des animaux farouches, en avouant qu'on n'exposait ainsi que des criminels condamnés à la mort. C'était un moyen qu'on leur donnait de sauver leur vie par leur courage. Il fallait encore en louer les Romains; c'était les combats des gladiateurs volontaires qu'il eût dû condamner, et c'est de quoi il ne parle pas.

Il s'emporte (chap. XXIII) jusqu'à dire : « Amenez-moi votre vierge céleste qui promet des pluies, et votre Esculape qui conserve la vie à ceux qui la doivent perdre quelque temps après : s'ils ne confessent pas qu'ils sont des diables (n'osant mentir devant un chrétien), versez le sang de ce chrétien téméraire; qu'y a-t-il de plus manifeste? qu'y a-t-il de plus prouvé ? »

---

1. Abbadie et Houteville n'étaient-ils pas aussi fous que Tertullien?
2. Peut-on rien voir de plus ridicule que ce reproche de Tertullien aux Romains, de ce que les Carthaginois ont éludé la sagesse et la bonté de leurs lois, en immolant des enfants secrètement?

Mais ce qu'il y a de plus horrible, c'est qu'il prétend, dans ce même chapitre IX, que plusieurs dames romaines avalaient le sperme de leurs amants. Quel rapport cette étrange impudicité pouvait-elle avoir avec la religion? Tertullien était réellement fou; son livre du *Manteau* en est un assez bon témoignage. Il dit qu'il a quitté la robe pour le manteau, parce que les serpents changent leur peau, et les paons leurs plumes. C'est avec de pareilles raisons qu'il prouve son christianisme. Le fanatisme ne veut pas de meilleurs raisonnements.

A cela tout lecteur sage répond : « Qu'y a-t-il de plus extravagant et de plus fanatique que ce discours? Comment des statues auraient-elles avoué au premier chrétien venu qu'elles étaient des diables? en quel temps, en quel lieu, a-t-on vu un pareil prodige? Il fallait que Tertullien fût bien sûr que les Romains ne liraient pas sa ridicule apologie, et qu'on ne lui donnerait pas des statues d'Esculape à exorciser, pour qu'il osât avancer de telles absurdités. »

Son chapitre trente-deuxième, qu'on n'a jamais remarqué, est très-remarquable. « *Nous prions Dieu*, dit-il, pour les empereurs et pour l'empire; mais c'est que nous savons que la dissolution générale qui menace l'univers et la consommation des siècles en sera retardée. »

Misérable! tu n'aurais donc pas prié pour tes maîtres, si tu avais su que le monde dût subsister encore.

Que Tertullien veut-il dire dans son latin barbare? entend-il le règne de mille ans? entend-il la fin du monde annoncée par Luc et par Paul, et qui n'était point arrivée? entend-il qu'un chrétien peut, par sa prière, empêcher Dieu de mettre fin à l'univers, quand Dieu a résolu de briser son ouvrage? N'est-ce pas là l'idée d'un énergumène, quelque sens qu'on puisse lui donner?

Une observation beaucoup plus importante, c'est qu'à la fin du second siècle, il y avait déjà des chrétiens très-riches. Il n'est pas étonnant qu'en deux cents années, leurs missionnaires ardents et infatigables eussent attiré enfin à leur parti des gens d'honnêtes familles. Exclus des dignités, parce qu'ils ne voulaient pas assister aux cérémonies instituées pour la prospérité de l'empire, ils exerçaient le négoce comme les presbytériens et autres non-conformistes ont fait en France et font chez nous; ils s'enrichissaient. Leurs agapes étaient de grands festins; on leur reprochait déjà le luxe et la bonne chère. Tertullien en convient (chap. XXXIX) : « Oui, dit-il; mais dans les mystères d'Athènes et d'Égypte, ne fait-on pas bonne chère aussi? Quelque dépense que nous fassions, elle est utile et pieuse, puisque les pauvres en profitent. » *Quantiscumque sumptibus constet, lucrum est pietatis, siquidem inopes refrigerio isto juvamus.*

Enfin le fougueux Tertullien se plaint de ce qu'on ne persécute pas les philosophes, et de ce qu'on réprime les chrétiens (chap. XLVI). « Y a-t-il quelqu'un, dit-il, qui force un philosophe à sacrifier, à jurer par vos dieux? » *Quis enim philosophum sacrificare aut dejerare*, etc. Cette différence prouve évidemment que les philosophes n'étaient pas dangereux et que les chrétiens l'étaient. Les philosophes se moquaient, avec tous les magistrats, des superstitions populaires; mais ils ne faisaient pas un parti, une faction dans l'empire; et les chrétiens commençaient à composer une faction si dangereuse, qu'à la fin elle contribua à la destruction de l'empire romain. On voit, par ce seul trait, qu'ils auraient été les plus cruels persécuteurs s'ils avaient été les maîtres; leur secte insociable, intolérante, n'attendait que le moment d'être en pleine liberté pour ravir la liberté au reste du genre humain.

Déià Rutilius, préfet de Rome [1], disait de cette faction demi-juive et demi-chrétienne.

> *Atque utinam nunquam Judæa subacta fuisset*
> *Pompeii bellis, imperioque Titi!*
> *Latius excisæ pestis contagia serpunt;*
> *Victoresque suos natio victa premit* [2].

Plût aux dieux que Titus, plût aux dieux que Pompée,
N'eussent jamais dompté cette infâme Judée!
Ses poisons parmi nous en sont plus répandus :
Les vainqueurs opprimés vont céder aux vaincus.

On voit par ces vers que les chrétiens osaient étaler le dogme affreux de l'intolérance; ils criaient partout qu'il fallait détruire l'ancienne religion de l'empire, et on entrevoyait qu'il n'y avait plus de milieu entre la nécessité de les exterminer, ou d'être bientôt exterminé par eux. Cependant telle fut l'indulgence du sénat, qu'il y eut très-peu de condamnations à mort, comme l'avoue Origène dans sa réponse à Celse, au livre III.

Nous ne ferons pas ici une analyse des autres écrits de Tertullien : nous n'examinerons point son livre qu'il intitule le *Scorpion*, parce que les gnostiques piquent, à ce qu'il prétend, comme des scorpions; ni son livre sur les manteaux, dont Malebranche s'est assez moqué. Mais ne passons pas sous silence son ouvrage sur l'âme : non-seulement il cherche à prouver qu'elle est matérielle, comme l'ont pensé tous les Pères des trois premiers siècles; non-seulement il s'appuie de l'autorité du grand poëte Lucrèce,

> *Tangere enim ac tangi, nisi corpus, nulla potest res.*
> Lib. I, v. 305.

mais il assure que l'âme est figurée et colorée. Voilà les champions de l'Église : voilà ses Pères. Au reste, n'oublions pas qu'il était prêtre et marié : ces deux états n'étaient pas encore des sacrements, et les évêques de Rome ne défendirent le mariage aux prêtres que quand ils

[1]. Milord Bolingbroke se trompe ici. Rutilius vivait plus d'un siècle après Justin; mais cela même prouve combien tous les honnêtes Romains étaient indignés des progrès de la superstition. Elle fit des progrès prodigieux au troisième siècle; elle devint un État dans l'État; et ce fut une très-grande politique dans Constance Chlore et dans son fils, de se mettre à la tête d'une faction devenue si riche et si puissante. Il n'en était pas de même du temps de Tertullien. Son *Apologétique*, faite par un homme si obscur, en Afrique, ne fut pas plus connue des empereurs, que les fatras de nos presbytériens n'ont été connus de la reine Anne. Aucun Romain n'a parlé de ce Tertullien. Tout ce que les chrétiens d'aujourd'hui débitent avec tant de faste, était alors très-ignoré. Cette faction a prévalu; à la bonne heure : il faut bien qu'il y en ait une qui l'emporte sur les autres dans un pays. Mais que du moins elle ne soit point tyrannique; ou si elle veut toujours ravir nos biens et se baigner dans notre sang, qu'on mette un frein à son avarice et à sa cruauté.

[2]. Ces vers se trouvent dans le premier livre du poëme de Claudius Rutilius Numatianus, intitulé *Itinerarium*, ou *De reditu*. L'auteur était Gaulois, et florissait au commencement du cinquième siècle. Il ne reste de son ouvrage que le premier livre et soixante-huit vers du second. J. J. Le Franc de Pompignan l'a traduit en français. (*Note de M. Beuchot.*)

furent assez puissants et assez ambitieux pour avoir, dans une partie de l'Europe, une milice qui, étant sans famille et sans patrie, fût plus soumise à ses ordres.

CHAP. XXIII. — *De Clément d'Alexandrie.*

Clément, prêtre d'Alexandrie, appelle toujours les chrétiens *gnostiques*. Était-il d'une de ces sectes qui divisèrent les chrétiens et qui les diviseront toujours ? ou bien les chrétiens prenaient-ils alors le titre de *gnostiques?* Quoi qu'il en soit, la seule chose qui puisse instruire et plaire dans ses ouvrages, c'est cette profusion de vers d'Homère, et même d'Orphée, de Musée, d'Hésiode, de Sophocle, d'Euripide et de Ménandre, qu'il cite à la vérité mal à propos, mais qu'on relit toujours avec plaisir. C'est le seul des Pères des trois premiers siècles qui ait écrit dans ce goût; il étale, dans son *Exhortation aux nations* et dans ses *Stromates*, une grande connaissance des anciens livres grecs, et des rites asiatiques et égyptiens; il ne raisonne guère et c'est tant mieux pour le lecteur.

Son plus grand défaut est de prendre toujours des fables inventées par des poëtes et par des romanciers pour le fond de la religion des gentils, défaut commun aux autres Pères, et à tous les écrivains polémiques. Plus on impute de sottises à ses adversaires, plus on croit en être exempt; ou plutôt on fait compensation de ridicule. On dit : « Si vous trouvez mauvais que notre Jésus soit fils de Dieu, vous avez votre Bacchus, votre Hercule, votre Persée, qui sont fils de Dieu : si notre Jésus a été transporté par le diable sur une montagne, vos géants ont jeté des montagnes à la tête de Jupiter.

« Si vous ne voulez pas croire que notre Jésus ait changé l'eau en vin dans une noce de village, nous ne croirons pas que les filles d'Anius aient changé tout ce qu'elles touchaient en blé, en vin, et en huile. » Le parallèle est très-long et très-exact des deux côtés.

Le plus singulier miracle de toute l'antiquité païenne, que rapporte Clément d'Alexandrie dans son *Exhortation*, c'est celui de Bacchus aux enfers. Bacchus ne savait pas le chemin; un nommé Prosymnus, que Pausanias et Hygin appellent autrement, s'offrit à le lui enseigner, à condition qu'à son retour Bacchus (qui était fort joli) le payerait en faveurs, et qu'il souffrirait de lui ce que Jupiter fit à Ganymède, et Apollon à Hyacinthe. Bacchus accepta le marché; il alla aux enfers; mais à son retour il trouva Prosymnus mort; il ne voulut pas manquer à sa promesse; et, rencontrant un figuier auprès du tombeau de Prosymnus, il tailla une branche bien proprement en priape, il se l'enfonça, au nom de son bienfaiteur, dans la partie destinée à remplir sa promesse, et n'eut rien à se reprocher.

De pareilles extravagances, communes à presque toutes les anciennes religions, prouvent invinciblement que quiconque s'est écarté de la vraie religion, de la vraie philosophie, qui est l'adoration d'un Dieu sans aucun mélange; quiconque, en un mot, s'est pu livrer aux superstitions, n'a pu dire que des choses insensées.

Mais en bonne foi, ces fables milésiennes étaient-elles la religion romaine? Le sénat a-t-il jamais élevé un temple à Bacchus se sodomisant lui-même? à Mercure voleur? Ganymède a-t-il eu des temples? Adrien, à la vérité, fit ériger un temple à son ami Antinoüs, comme Alexandre à Ephestion; mais les honorait-on en qualité de gitons? Y a-t-il une médaille, un monument dont l'inscription fût à Antinoüs pédéraste? Les Pères de l'Église s'égayaient aux dépens de ceux qu'ils appelaient gentils : mais que les gentils avaient de représailles à faire! et qu'un prétendu Joseph mis dans la grande confrérie par un ange; et qu'un Dieu charpentier dont les aïeules étaient des adultères, des incestueuses, des prostituées; et qu'un Paul voyageant au troisième ciel; et qu'un mari [1] et sa femme frappés de mort pour n'avoir pas donné tout leur bien à Simon Barjone, fournissaient aux gentils de terribles armes! Les anges de Sodome ne valent-ils pas bien Bacchus et Prosymnus, ou la fable d'Apollon et d'Hyacinthe?

Le bon sens est le même dans ce Clément que dans tous ses confrères [2]. Dieu, selon lui, a fait le monde en six jours, et s'est reposé le septième, parce qu'il y a sept étoiles errantes; parce que la petite ourse est composée de sept étoiles, ainsi que les pléiades; parce qu'il y a sept principaux anges; parce que la lune change de face tous les sept jours; parce que le septième jour est critique dans les maladies. C'est là ce qu'ils appellent la vraie philosophie, τὴν ἀληθῆ φιλοσοφίαν γνωστικήν. Voilà, encore une fois, les gens qui se préfèrent à Platon et à Cicéron; et il nous faudra référer aujourd'hui tous ces obscurs pédants, que l'indulgence des Romains laissait débiter leurs rêveries fanatiques dans Alexandrie, où les dogmes du christianisme se formèrent principalement!

CHAP. XXIV. — *D'Irénée.*

Irénée, à la vérité, n'a ni science, ni philosophie, ni éloquence; il se borne presque toujours à répéter ce que disaient Justin, Tertullien, et les autres; il croit avec eux que l'âme est une figure légère et aérienne; il est persuadé du règne de mille ans dans une nouvelle Jérusalem descendue du ciel en terre. On voit dans son cinquième livre, chap. xxxiii, quelle énorme quantité de farine produira chaque grain de blé, et combien de futailles il faudra pour chaque grappe de raisin dans cette belle ville [3]; il attend l'antechrist au bout de ces mille années, et explique merveilleusement le chiffre 666, qui est la marque de la bête. Nous avouons qu'en tout cela il ne diffère point des autres Pères de l'Église.

Mais une chose assez importante, et qu'on n'a peut-être pas assez relevée, c'est qu'il assure que Jésus est mort à cinquante ans passés, et non pas à trente et un, ou à trente-trois, comme on peut l'inférer des *Évangiles*.

---

1. Ananias. Cf. *Actes des apôtres*, chap. v. (Éd.) — 2. *Stromat.*, VI.
3. Chaque cep produisait dix mille grappes; chaque grappe, dix mille raisins; chaque raisin dix mille amphores.

Irénée[1] atteste les *Évangiles* pour garants de cette opinion; il prend à témoin tous les vieillards qui ont vécu avec Jean, et avec les autres apôtres; il déclare positivement qu'il n'y a que ceux qui sont venus trop tard pour connaître les apôtres, qui puissent être d'une opinion contraire. Il ajoute même, contre sa coutume, à ces preuves de fait un raisonnement assez concluant.

L'*Évangile de Jean* fait dire à Jésus[2] : « Votre père Abraham a été exalté pour voir mes jours; il les a vus, et il s'en est bien réjoui; » et les Juifs lui répondirent[3] : « Es-tu fou ? tu n'as pas encore cinquante ans, et tu te vantes d'avoir vu notre père Abraham ? »

Irénée conclut de là que Jésus était près de sa cinquantième, quand les Juifs lui parlaient ainsi. En effet, si ce Jésus avait été alors âgé de trente années au plus, on ne lui aurait pas parlé de cinquante années. Enfin puisque Irénée appelle en témoignage tous les *Évangiles* et tous les vieillards qui avaient ces écrits entre les mains, les *Évangiles* de ce temps-là n'étaient donc pas ceux que nous avons aujourd'hui. Ils ont été altérés comme tant d'autres livres. Mais puisqu'on les changea, on devait donc les rendre un peu plus raisonnables.

CHAP. XXV. — *D'Origène, et de la Trinité.*

Clément d'Alexandrie avait été le premier savant parmi les chrétiens. Origène fut le premier raisonneur. Mais quelle philosophie que celle de son temps ! Il fut au rang des enfants célèbres, et enseigna de très-bonne heure dans cette grande ville d'Alexandrie où les chrétiens tenaient une école publique : les chrétiens n'en avaient point à Rome. Et en effet, parmi ceux qui prenaient le titre d'évêques de Rome, on ne compte pas un seul homme illustre; ce qui est très-remarquable. Cette Église, qui devint ensuite si puissante et si fière, tint tout des Égyptiens et des Grecs.

Il y avait sans doute une grande dose de folie dans la philosophie d'Origène, puisqu'il s'avisa de se couper les testicules. Épiphane a écrit qu'un préfet d'Alexandrie lui avait donné l'alternative, de servir de Ganymède à un Éthiopien, ou de sacrifier aux dieux, et qu'il avait sacrifié pour n'être point sodomisé par un vilain Éthiopien[4].

Si c'est là ce qui le détermina à se faire eunuque, ou si ce fut une autre raison, c'est ce que je laisse à examiner aux savants qui entreprendront l'histoire des eunuques; je me borne ici à l'histoire des sottises de l'esprit humain.

Il fut le premier qui donna de la vogue au *nonsense*, au galimatias de la trinité qu'on avait oublié depuis Justin. On commençait dès lors chez les chrétiens à oser regarder le fils de Marie comme Dieu, comme une émanation du Père, comme le premier Éon, comme identifié en quelque sorte avec le Père; mais on n'avait pas fait encore un Dieu du Saint-Esprit. On ne s'était pas avisé de falsifier je ne sais quelle épître

---

1. Irénée, liv. II, chap. XXII, édition de Paris. — 2. VIII, 56, (ÉD.) 3. VIII, 57. (ED.) — 4. Épiphan., *Hæres.*, 64, chap. II.

attribuée à Jean, dans laquelle on inséra ces paroles ridicules [1] : « Il y en a trois qui donnent témoignage dans le ciel : le Père, le Verbe, et l'Esprit saint. » Serait-ce ainsi qu'on devrait parler de trois substances ou personnes divines, composant ensemble le Dieu créateur du monde? dirait-on qu'ils donnent témoignage ? D'autres exemplaires portent ces paroles plus ridicules encore : « Il y en a trois qui rendent témoignage en terre, l'esprit, l'eau, et le sang, et ces trois ne sont qu'un [2]. » On ajoute encore dans d'autres copies : *et ces trois sont un en Jésus.* Aucun de ces passages, tous différents les uns des autres, ne se trouve dans les anciens manuscrits, aucun des Pères des trois premiers siècles ne les cite; et d'ailleurs quel fruit en pourraient recueillir ceux qui admettent ces falsifications? comment pourront-ils entendre que l'esprit, l'eau, et le sang, font la trinité et ne sont qu'un ? est-ce parce qu'il est dit [3] que Jésus sua sang et eau, et qu'il rendit l'esprit? Quel rapport de ces trois choses à un Dieu en trois hypostases?

La trinité de Platon était d'une autre espèce; on ne la connaît guère; la voici telle qu'on peut la découvrir dans son *Timée*. Le Démiourgos éternel est la première cause de tout ce qui existe; son idée archétype est la seconde; l'âme universelle, qui est son ouvrage, est la troisième. Il y a quelque sens dans cette opinion de Platon. Dieu conçoit l'idée du monde, Dieu le fait, Dieu l'anime; mais jamais Platon n'a été assez fou pour dire que cela composait trois personnes en Dieu. Origène était platonicien ; il prit ce qu'il put de Platon, il fit une trinité à sa mode. Ce système resta si obscur dans les premiers siècles, que Lactance, du temps de l'empereur Constantin, parlant au nom de tous les chrétiens, expliquant la créance de l'Église, et s'adressant à l'empereur même, ne dit pas un mot de la trinité; au contraire, voici comme il parle, au chapitre XXIX du liv. IV de ses *Institutions* : « Peut-être quelqu'un me demandera comment nous adorons un seul Dieu, quand nous assurons qu'il y en a deux, le Père et le Fils; mais nous

---

1. Ire épître de saint Jean, v, 7. (ÉD.)
2. On se tourmente beaucoup pour savoir si ces paroles sont de Jean, ou si elles n'en sont pas. Ceux des christicoles qui les rejettent attestent l'ancien manuscrit du Vatican, où elles ne se trouvent point : ceux qui les admettent se prévalent de manuscrits plus nouveaux. Mais sans entrer dans cette discussion inutile, ou ces lignes sont de Jean, ou elles n'en sont pas. Si elles en sont, il fallait enfermer Jean dans le Bedlam de ces temps-là, s'il y en avait un; s'il n'en est pas l'auteur, elles sont d'un faussaire bien sot et bien impudent.

Il faut avouer que rien n'était plus commun chez les premiers christicoles que ces suppositions hardies. On ne pouvait en découvrir la fausseté, tant ces œuvres de mensonge étaient rares, tant la faction naissante les dérobait avec soin à ceux qui n'étaient pas initiés à leurs mystères!

Nous avons déjà remarqué que le crime le plus horrible aux yeux de cette secte était de montrer aux gentils ce qu'elle appelait les saints livres. Quelle abominable contradiction chez ces malheureux! Ils disaient: « Nous devons prêcher le christianisme dans toute la terre; » et ils ne montraient à personne les écrits dans lesquels ce christianisme est contenu. Que diriez-vous d'une douzaine de gueux qui viendraient dans la salle de Westminster réclamer le bien d'un homme mort dans le pays de Galles, et qui ne voudraient pas montrer son testament?

3. Luc, XXII, 44. (ÉD.)

ne les distinguons point, parce que le père ne peut pas être sans son fils, et le fils sans son père. »

Le Saint-Esprit fut entièrement oublié par Lactance, et quelques années après on n'en fit qu'une commémoration fort légère, et par manière d'acquit, au concile de Nicée; car après avoir fait la déclaration aussi solennelle qu'inintelligible de ce dogme son ouvrage, que le Fils est consubstantiel au Père, le concile se contente de dire simplement : *Nous croyons aussi au Saint-Esprit* [1].

On peut dire qu'Origène jeta les premiers fondements de cette métaphysique chimérique qui n'a été qu'une source de discorde, et qui était absolument inutile à la morale. Il est évident qu'on pouvait être aussi honnête homme, aussi sage, aussi modéré, avec une hypostase qu'avec trois, et que ces inventions théologiques n'ont rien de commun avec nos devoirs.

Origène attribue un corps délié à Dieu, aussi bien qu'aux anges et à toutes les âmes; et il dit que Dieu le père et Dieu le fils sont deux substances différentes; que le Père est plus grand que le Fils, le Fils plus grand que le Saint-Esprit, et le Saint-Esprit plus grand que les anges. Il dit que le Père est bon par lui-même, mais que le Fils n'est pas bon par lui-même; que le Fils n'est pas la vérité par rapport à son Père, mais l'image de la vérité par rapport à nous; qu'il ne faut pas adorer le Fils, mais le Père; que c'est au Père seul qu'on doit adresser ses prières; que le Fils apporta du ciel la chair dont il se revêtit dans le sein de Marie, et qu'en montant au ciel il laissa son corps dans le soleil.

Il avoue que la vierge Marie, en accouchant du fils de Dieu, se délivra d'un arrière-faix comme une autre; ce qui l'obligea de se purifier dans le temple juif; car on sait bien que rien n'est si impur qu'un arrière-faix. Le dur et pétulant Jérôme lui a reproché aigrement, environ cent cinquante années après sa mort, beaucoup d'opinions semblables qui valent bien les opinions de Jérôme; car dès que les premiers chrétiens se mêlèrent d'avoir des dogmes, ils se dirent de grosses injures, et annoncèrent de loin les guerres civiles qui devaient désoler le monde pour des arguments.

N'oublions pas qu'Origène se signala plus que tout autre en tournant tous les faits de l'Écriture en allégories; et il faut avouer que ces allégories sont fort plaisantes. La graisse des sacrifices est l'âme de Jésus-Christ : la queue des animaux sacrifiés est la persévérance dans les bonnes œuvres. S'il est dit dans l'*Exode* (ch. XXXIII) que Dieu met

---

1. Quelle malheureuse équivoque que ce Saint-Esprit, cet *agion pneuma* dont ces christicoles ont fait un troisième Dieu ! ce mot ne signifiait que souffle. Vous trouverez dans l'*Évangile* attribué à Jean, chap. XX, v. 22 : « Quand il dit ces choses, il souffla sur eux, et leur dit : Recevez le Saint-Esprit. »

Remarquez que c'était une ancienne cérémonie des magiciens, de souffler dans la bouche de ceux qu'ils voulaient ensorceler. Voilà donc l'origine du troisième dieu de ces énergumènes; y a-t-il rien au fond de plus blasphématoire et de plus impie? et les musulmans n'ont-ils pas raison de les regarder comme d'infâmes idolâtres?

Moïse dans la fente d'un rocher, afin que Moïse voie les fesses de Dieu, mais non pas son visage; cette fente du rocher est Jésus-Christ, au travers duquel on voit Dieu le père par derrière[1].

En voilà, je pense, assez pour faire connaître les Pères, et pour faire voir sur quels fondements on a bâti l'édifice le plus monstrueux qui ait jamais déshonoré la raison. Cette raison a dit à tous les hommes : La religion doit être claire, simple, universelle, à la portée de tous les esprits, parce qu'elle est faite pour tous les cœurs; sa morale ne doit point être étouffée sous le dogme, rien d'absurde ne doit la défigurer. En vain la raison a tenu ce langage; le fanatisme a crié plus haut qu'elle. Et quels maux n'a pas produits ce fanatisme?

CHAP. XXVII. — *Des martyrs.*

Pourquoi les Romains ne persécutèrent-ils jamais pour leur religion aucun de ces malheureux juifs abhorrés, ne les obligèrent-ils jamais de renoncer à leurs superstitions, leur laissèrent-ils leurs rites et leurs lois, et leur permirent-ils des synagogues dans Rome, les comptèrent-ils même parmi les citoyens à qui on faisait des largesses de blé? Et d'où vient que ces mêmes Romains, si indulgents, si libéraux envers ces malheureux juifs, furent-ils, vers le troisième siècle, plus sévères envers les adorateurs d'un Juif? N'est-ce point parce que les Juifs, occupés de vendre des chiffons et des philtres, n'avaient pas la rage d'exterminer la religion de l'empire, et que les chrétiens intolérants étaient possédés de cette rage?

On punit en effet au troisième siècle quelques-uns des plus fanatiques; mais en si petit nombre, qu'aucun historien romain n'a daigné en parler. Les Juifs révoltés sous Vespasien, sous Trajan, sous Adrien, furent toujours cruellement châtiés comme ils le méritaient : on leur

---

1. C'était une très-ancienne croyance superstitieuse chez presque tous les peuples, qu'on ne pouvait voir les dieux tels qu'ils sont, sans mourir. C'est pourquoi Sémélé fut consumée pour avoir voulu coucher avec Jupiter tel qu'il était. Une des plus fortes contradictions innombrables dont tous les livres juifs fourmillent, se trouve dans ce verset de l'*Exode* (xxxiii, 23) : « Tu ne pourras voir que mon derrière. » Le livre des *Nombres*, chap. xii (verset 8), dit expressément que Dieu se faisait voir à Moïse comme un ami à un ami; qu'il voyait Dieu face à face, et qu'ils se parlaient bouche à bouche.

Nos pauvres théologiens se tirent d'affaire en disant qu'il faut entendre un passage dans le sens propre, et l'autre dans un sens figuré. Ne faudrait-il pas leur donner des vessies de cochons par le nez, dans le sens figuré et dans le sens propre?

2. Il n'y a rien certainement à répondre à cette assertion de milord Bolingbroke. Il est démontré que les anciens Romains ne persécutèrent personne pour ses dogmes. Cette exécrable horreur n'a jamais été commise que par les chrétiens, et surtout par les Romains modernes. Aujourd'hui même encore, il y a dix mille juifs à Rome, qui sont très-protégés, quoiqu'on sache bien qu'ils regardent Jésus comme un imposteur. Mais si un chrétien s'avise de crier dans l'église de Saint-Pierre, ou dans la place Navone, que trois font trois, et que le pape n'est pas infaillible, il sera brûlé infailliblement.

Je mets en fait que les chrétiens ne furent jamais persécutés que comme des factieux destructeurs des lois de l'empire; et ce qui démontre qu'ils voulaient commettre ce crime, c'est qu'ils l'ont commis.

défendit même d'aller dans leur petite ville de Jérusalem, dont on abolit jusqu'au nom, parce qu'elle avait été toujours le centre de la révolte; mais il leur fut permis de circoncire leurs enfants sous les murs du Capitole, et dans toutes les provinces de l'empire.

Les prêtres d'Isis furent punis à Rome sous Tibère. Leur temple fut démoli, parce que ce temple était un marché de prostitution, et un repaire de brigands: mais on permit aux prêtres et prêtresses d'Isis d'exercer leur métier partout ailleurs. Leurs troupes allaient impunément en procession de ville en ville; ils faisaient des miracles, guérissaient les maladies, disaient la bonne aventure, dansaient la danse d'Isis avec des castagnettes. C'est ce qu'on peut voir amplement dans Apulée. Nous observerons ici que ces mêmes processions se sont perpétuées jusqu'à nos jours. Il y a encore en Italie quelques restes de ces anciens vagabonds, qu'on appelle *Zingari*, et chez nous *Gipsies*, qui est l'abrégé d'Égyptiens, et qu'on a, je crois, nommés Bohèmes en France. La seule différence entre eux et les juifs, c'est que les juifs, ayant toujours exercé le commerce comme les Banians, se sont maintenus ainsi que les Banians, et que les troupes d'Isis, étant en très-petit nombre, sont presque anéanties.

Les magistrats romains, qui donnaient tant de liberté aux isiaques et aux juifs, en usaient de même avec toutes les autres sectes du monde. Chaque dieu était bienvenu à Rome :

Dignus Roma locus, quo deus omnis eat.
Ovide, *Fast.*, lib. IV, v. 270.

Tous les dieux de la terre étaient devenus citoyens de Rome. Aucune secte n'était assez folle pour vouloir subjuguer les autres; ainsi toutes vivaient en paix.

La secte chrétienne fut la seule qui, sur la fin du second siècle de notre ère, osât dire qu'elle voulait donner l'exclusion à tous les rites de l'empire, et qu'elle devait non-seulement dominer, mais écraser toutes les religions; les christicoles ne cessaient de dire que leur Dieu était un Dieu jaloux : belle définition de l'Être des êtres, que de lui imputer le plus lâche des vices!

Les enthousiastes, qui prêchaient dans leurs assemblées, formaient un peuple de fanatiques. Il était impossible que parmi tant de têtes échauffées, il ne se trouvât des insensés qui insultassent les prêtres des dieux, qui troublassent l'ordre public, qui commissent des indécences punissables. C'est ce que nous avons vu arriver chez tous les sectaires de l'Europe, qui tous, comme nous le prouverons, ont eu infiniment plus de martyrs égorgés par nos mains, que les chrétiens n'en ont jamais eu sous les empereurs.

Les magistrats romains, excités par les plaintes du peuple, purent s'emporter quelquefois à des cruautés indignes; ils purent envoyer des femmes à la mort, quoique assurément cette barbarie ne soit point prouvée. Mais qui osera reprendre les Romains d'avoir été trop sévères, quand on voit le chrétien Marcel, centurion, jeter sa ceinture militaire et son bâton de commandant au milieu des aigles romaines, en criant d'une voix séditieuse : « Je ne veux servir que Jésus-Christ, 1 roi éternel; je renonce aux empereurs ? » Dans quelle armée aurait-on laissé impunie une insolence si pernicieuse? je ne l'aurais pas soufferte assurément dans le temps que j'étais secrétaire d'État de la guerre; et le duc de Marlborough ne l'eût pas soufferte plus que moi.

S'il est vrai que Polyeucte en Arménie, le jour où l'on rendait grâces aux dieux dans le temple pour une victoire signalée, ait choisi ce moment pour renverser les statues, pour jeter l'encens par terre, n'est-ce pas en tout pays le crime d'un insensé?

Quand le diacre Laurent refuse au préfet de Rome de contribuer aux charges publiques; quand, ayant promis de donner quelque argent du trésor des chrétiens, qui était considérable, il n'amène que des gueux au lieu d'argent, n'est-ce pas visiblement insulter l'empereur, n'est-ce pas être criminel de lèse-majesté ? Il est fort douteux qu'on ait fait faire un gril de six pieds pour cuire Laurent, mais il est certain qu'il méritait punition.

L'ampoulé Grégoire de Nysse fait l'éloge de saint Théodore, qui s'avisa de brûler dans Amazée le temple de Cybèle, comme on dit qu'Érostrate avait brûlé le temple de Diane. On a osé faire un saint de cet incendiaire, qui certainement méritait le plus grand supplice. On nous fait adorer ce que nous punissons par le dernier supplice.

Tous les martyres d'ailleurs, que tant d'écrivains ont copiés de siècle en siècle, ressemblent tellement à la *Légende dorée*, qu'en vérité il n'y a pas un seul de ces contes qui ne fasse pitié. Un de ces premiers contes est celui de Perpétue et de Félicité. Perpétue vit une échelle d'or qui allait jusqu'au ciel. (Jacob n'en avait vu qu'une de bois; cela marque la supériorité de la loi nouvelle.) Perpétue monte à l'échelle : elle voit dans un jardin un grand berger blanc qui trayait ses brebis, et qui lui donne une cuillerée de lait caillé. Après trois ou quatre visions pareilles, on expose Perpétue et Félicité à un ours et à une vache.

Un bénédictin français, nommé Ruinart, croyant répondre à notre savant compatriote Dodwell, a recueilli de prétendus actes de martyrs, qu'il appelle les *Actes sincères*. Ruinart commence par le martyre de Jacques, frère aîné de Jésus, rapporté dans l'*Histoire ecclésiastique* d'Eusèbe, trois cent trente années après l'événement.

Ne cessons jamais d'observer que Dieu avait des frères hommes. Ce frère aîné, dit-on, était un Juif très-dévot; il ne cessait de prier ni de sacrifier dans le temple juif, même après la descente du Saint-Esprit; il n'était donc pas chrétien. Les Juifs l'appelaient *Obia le juste* : on le pria de monter sur la plate-forme du temple pour déclarer que Jésus était un imposteur : ces Juifs étaient donc bien sots de s'adresser au frère de Jésus. Il ne manqua pas de déclarer sur la plate-forme que son cadet était le sauveur du monde, et il fut lapidé.

Que dirons-nous de la conversation d'Ignace avec l'empereur Trajan, qui lui dit : *Qui es-tu, esprit impur?* et de la bienheureuse Symphorose, qui fut dénoncée à l'empereur Adrien par ses dieux lares ? et de Polycarpe, à qui les flammes d'un bûcher n'osèrent toucher, mais qui ne put résister au tranchant du glaive? et du soulier de la martyre sainte Épipode, qui guérit un gentilhomme de la fièvre?

Et de saint Cassien, maître d'école, qui fut fessé par ses écoliers? et de sainte Potamienne, qui, n'ayant pas voulu coucher avec le gouverneur d'Alexandrie, fut plongée trois heures entières dans de la poix-résine bouillante, et en sortit avec la peau la plus blanche et la plus fine?

Et de Pionius, qui resta sain et sauf au milieu des flammes, et qui en mourut je ne sais comment?

Et du comédien Genest, qui devint chrétien en jouant une farce¹ devant l'empereur Dioclétien, et qui fut condamné par cet empereur dans le temps qu'il favorisait le plus les chrétiens? Et d'une légion thébaine, laquelle fut envoyée d'Orient en Occident, pour aller réprimer la sédition des Bagaudes, qui était déjà réprimée, et qui fut martyrisée tout entière dans un temps où l'on ne martyrisait personne, et dans un lieu où il n'est pas possible de mettre quatre cents hommes en bataille; et qui enfin fut transmise au public par écrit, deux cents ans après cette belle aventure.

Ce serait un ennui insupportable de rapporter tous ces prétendus martyres. Cependant je ne peux m'empêcher de jeter encore un coup d'œil sur quelques martyrs des plus célèbres.

Nilus, témoin oculaire à la vérité, mais qui est inconnu (et c'est grand dommage), assure que son ami saint Théodote, cabaretier de son métier, faisait tous les miracles qu'il voulait. C'était à lui de changer l'eau en vin; mais il aimait mieux guérir les malades en les touchant du bout du doigt. Le cabaretier Théodote rencontra un curé de la ville d'Ancyre dans un pré; ils trouvèrent ce pré tout à fait propre à y bâtir une chapelle dans un temps de persécution : « Je le veux bien, dit le prêtre, mais il me faut des reliques. — Qu'à cela ne tienne, dit le saint, vous en aurez bientôt; et voilà ma bague que je vous donne en gage. » Il était bien sûr de son fait, comme vous l'allez voir.

On condamna bientôt sept vierges chrétiennes d'Ancyre, de soixante et dix ans chacune, à *être livrées aux brutales passions des jeunes gens de la ville.* La *Légende* ne manque pas de remarquer que ces demoiselles étaient très-ridées; et ce qui est fort étonnant, c'est que ces jeunes gens ne leur firent pas la moindre avance, à l'exception d'un seul qui, ayant en sa personne *de quoi négliger ce point-là*, voulut tenter l'aventure, et s'en dégoûta bientôt. Le gouverneur, extrêmement irrité que ces sept vieilles n'eussent pas subi le supplice qu'il leur destinait, les fit prêtresses de Diane; ce que ces vierges chrétiennes acceptèrent sans difficulté. Elles furent nommées pour aller laver la statue de Diane dans le lac voisin; elles étaient toutes nues, car c'était sans doute l'usage que la chaste Diane ne fût jamais servie que par des

1. Il contrefaisait le malade, disent les *Actes sincères.* « Je suis bien lourd, disait Genest. — Veux-tu qu'on te fasse raboter? — Non, je veux qu'on me donne l'extrême-onction des chrétiens. » Aussitôt deux acteurs l'oignirent, et il fut converti sur-le-champ. Vous remarquerez que, du temps de Dioclétien, l'extrême-onction était absolument inconnue dans l'Église latine.

filles nues, quoiqu'on n'approchât jamais d'elle qu'avec un grand voile. Deux chœurs de ménades et de bacchantes, armées de thyrses, précédaient le char, selon la remarque judicieuse de l'auteur, qui prend ici Diane pour Bacchus; mais comme il a été témoin oculaire, il n'y a rien à lui dire.

Saint Théodote tremblait que ces sept vierges ne succombassent à quelques tentations : il était en prières, lorsque sa femme vint lui apprendre qu'on venait de jeter les sept vieilles dans le lac; il remercia Dieu d'avoir ainsi sauvé leur pudicité. Le gouverneur fit faire une garde exacte autour du lac, pour empêcher les chrétiens, qui avaient coutume de marcher sur les eaux, de venir enlever leurs corps. Le saint cabaretier était au désespoir : il allait d'église en église, car tout était plein de belles églises pendant ces affreuses persécutions; mais les païens rusés avaient bouché toutes les portes. Le cabaretier prit alors le parti de dormir : l'une des vieilles lui apparut dans son premier sommeil; c'était, ne vous déplaise, sainte Thécuse, qui lui dit en propres mots : « Mon cher Théodote, souffrirez-vous que nos corps soient mangés par des poissons? »

Théodote s'éveille; il résolut de repêcher les saintes du fond du lac au péril de sa vie. Il fait tant qu'au bout de trois jours, ayant donné aux poissons le temps de les manger, il court au lac par une nuit noire avec deux braves chrétiens.

Un cavalier céleste se met à leur tête, portant un grand flambeau devant eux pour empêcher les gardes de les découvrir : le cavalier prend sa lance, fond sur les gardes, les met en fuite; c'était, comme chacun sait, saint Soziandre, ancien ami de Théodote, lequel avait été martyrisé depuis peu. Ce n'est pas tout; un orage violent mêlé de foudres et d'éclairs, et accompagné d'une pluie prodigieuse, avait mis le lac à sec. Les sept vieilles sont repêchées et proprement enterrées.

Vous croyez bien que l'attentat de Théodote fut bientôt découvert; le cavalier céleste ne put l'empêcher d'être fouetté et appliqué à la question. Quand Théodote eut été bien étrillé, il cria aux chrétiens et aux idolâtres : « Voyez, mes amis, de quelles grâces Notre Seigneur Jésus comble ses serviteurs! il les fait fouetter jusqu'à ce qu'ils n'aient plus de peau, et leur donne la force de supporter tout cela. » Enfin il fut pendu.

Son ami Fronton le curé fit bien voir alors que le saint était cabaretier : car en ayant reçu précédemment quelques bouteilles d'excellent vin, il enivra les gardes, et emporta le pendu, lequel lui dit : « Monsieur le curé, je vous avais promis des reliques, je vous ai tenu parole. »

Cette histoire admirable est une des plus avérées. Qui pourrait en douter après le témoignage du jésuite Bollandus et du bénédictin Ruinart?

Ces contes de vieilles me dégoûtent; je n'en parlerai pas davantage. J'avoue qu'il y eut en effet quelques chrétiens suppliciés en divers temps, comme des séditieux qui avaient l'insolence d'être intolérants et d'insulter le gouvernement. Ils eurent la couronne du martyre, et la méritaient bien. Ce que je plains, c'est de pauvres femmes imbéciles, séduites par ces non-conformistes. Ils étaient bien coupables d'abuser de la facilité de ces faibles créatures et d'en faire des énergumènes; mais les juges qui en firent mourir quelques-unes étaient des barbares.

Dieu merci, il y eut peu de ces exécutions. Les païens furent bien loin d'exercer sur ces énergumènes les cruautés que nous avons depuis si longtemps déployées les uns contre les autres. Il semble que surtout les papistes aient forgé tant de martyres imaginaires dans les premiers siècles pour justifier les massacres dont leur Église s'est souillée.

Une preuve bien forte qu'il n'y eut jamais de grandes persécutions contre les premiers chrétiens, c'est qu'Alexandrie, qui était le centre, le chef-lieu de la secte, eut toujours publiquement une école du christianisme ouverte, comme le lycée, le portique, et l'académie d'Athènes. Il y eut une suite de professeurs chrétiens. Pantène succéda publiquement à un Marc, qu'on a pris mal à propos pour Marc l'apôtre. Après Pantène vient Clément d'Alexandrie, dont la chaire fut ensuite occupée par Origène, qui laissa une foule de disciples. Tant qu'ils se bornèrent à ergoter, ils furent paisibles; mais lorsqu'ils s'élevèrent contre les lois et la police publique, ils furent punis. On les réprima surtout sous l'empire de Décius: Origène même fut mis en prison. Cyprien, évêque de Carthage, ne dissimule pas que les chrétiens s'étaient attiré cette persécution. « Chacun d'eux, dit-il dans son livre *Des tombés*, court après les biens et les honneurs avec une fureur insatiable. Les évêques sont sans religion, les femmes sans pudeur; la friponnerie règne; on jure, on se parjure, les animosités divisent les chrétiens; les évêques abandonnent les chaires pour courir aux foires, et pour s'enrichir par le négoce; enfin nous nous plaisons à nous seuls, et nous déplaisons à tout le monde. »

Il n'est pas étonnant que ces chrétiens eussent de violentes querelles avec les partisans de la religion de l'empire, que l'intérêt entrât dans ces querelles, qu'elles causassent souvent des troubles violents, et qu'enfin ils s'attirassent une persécution. Le fameux jurisconsulte Ulpien avait regardé la secte comme une faction très-dangereuse, et qui pouvait un jour servir à la ruine de l'État; en quoi il ne se trompa point.

CHAP. XXVII. — *Des miracles.*

Après les merveilles orientales de l'*Ancien Testament;* après que, dans le *Nouveau*, Dieu, emporté sur une montagne par le diable[1], en est descendu pour changer des cruches d'eau en cruches de vin[2]; qu'il a séché un figuier[3], parce que ce figuier n'avait pas de figues sur la fin de l'hiver; qu'il a envoyé des diables[4] dans le corps de deux mille cochons; après, dis-je, qu'on a vu toutes ces belles choses, il n'est pas étonnant qu'elles aient été imitées.

1. Matthieu, IV, 8; Luc, IV, 9. (ÉD.) — 2. Jean, II, 9. (ÉD.)
3. Matthieu, XXI, 19; Marc, XI, 13. (ÉD.) — 4. Matthieu, VIII, 32; Marc, V, 13; Jean, II, 9. (ÉD.)

Pierre Simon Barjone a très-bien fait de ressusciter la couturière Dorcas; c'est bien le moins qu'on puisse faire pour une fille qui raccommodait *gratis* les tuniques des fidèles. Mais je ne passe point à Simon Pierre Barjone d'avoir fait mourir de mort subite Ananie et sa femme Saphire[1], deux bonnes créatures, qu'on suppose avoir été assez sottes pour donner tous leurs biens aux apôtres. Leur crime était d'avoir retenu de quoi subvenir à leurs besoins pressants.

O Pierre! ô apôtres désintéressés! quoi! déjà vous persuadez à vos dirigés de vous donner leur bien! De quel droit ravissez-vous ainsi toute la fortune d'une famille? Voilà donc le premier exemple de la rapine de votre secte, et de la rapine la plus punissable? Venez à Londres faire le même manége, et vous verrez si les héritiers de Saphire et d'Ananie ne vous feront pas rendre gorge, et si le grand juré vous laissera impunis. Mais ils ont donné leur argent de bon gré! Mais vous les avez séduits pour les dépouiller de leur bon gré! Ils ont retenu quelque chose pour eux! Lâches ravisseurs, vous osez leur faire un crime d'avoir gardé de quoi ne pas mourir de faim! Ils ont menti, dites-vous? Étaient-ils obligés de vous dire leur secret? Si un escroc vient me dire : « Avez-vous de l'argent? » je ferai très-bien de lui répondre : « Je n'en ai point. » Voilà, en un mot, le plus abominable miracle qu'on puisse trouver dans la légende des miracles. Aucun de tous ceux qu'on a faits depuis n'en approche; et si la chose était vraie, ce serait la plus exécrable des choses vraies.

Il est doux d'avoir le don des langues; il serait plus doux d'avoir le sens commun. Les Pères de l'Église eurent du moins le don de la langue; car ils parlèrent beaucoup : mais il n'y eut parmi eux qu'Origène et Jérôme qui sussent l'hébreu. Augustin, Ambroise, Jean Chrysostome, n'en savaient pas un mot.

Nous avons déjà vu les beaux miracles des martyrs, qui se laissaient toujours couper la tête pour dernier prodige. Origène, à la vérité, dans son premier livre contre Celse, dit que les chrétiens ont des visions, mais il n'ose prétendre qu'ils ressuscitent des morts.

Le christianisme opéra toujours de grandes choses dans les premiers siècles. Saint Jean, par exemple, enterré dans Éphèse, remuait continuellement dans sa fosse; ce miracle utile dura jusqu'au temps de l'évêque d'Hippone, Augustin[2]. Les prédictions, les exorcismes ne manquaient jamais; Lucien même en rend témoignage. Voici comme il rend gloire à la vérité dans le chapitre de la mort du chrétien Peregrinus, qui eut la vanité de se brûler : « Dès qu'un joueur de gobelets habile se fait chrétien, il est sûr de faire fortune aux dépens des sots fanatiques auxquels il a affaire. »

Les chrétiens faisaient tous les jours des miracles, dont aucun Romain n'entendit jamais parler. Ceux de Grégoire le thaumaturge, ou le merveilleux, sont en effet dignes de ce surnom. Premièrement, un beau vieillard descend du ciel pour lui dicter le catéchisme qu'il doit enseigner. Chemin faisant il écrit une lettre au diable; la lettre par-

1. *Actes*, chap. v. (ÉD.) — 2. Augustin, t. III, p. 189.

vient à son adresse; et le diable ne manque pas de faire ce que Grégoire lui ordonne.

Deux frères se disputent un étang; Grégoire sèche l'étang, et le fait disparaître pour apaiser la noise. Il rencontre un charbonnier[1] et le fait évêque. C'est apparemment depuis ce temps-là que la foi du charbonnier est passée en proverbe. Mais ce miracle n'est pas grand; j'ai vu quelques évêques[2] dans mes voyages qui n'en savaient pas plus que le charbonnier de Grégoire. Un miracle plus rare, c'est qu'un jour les païens couraient après Grégoire et son diacre pour leur faire un mauvais parti; les voilà qui se changent tous les deux en arbres. Ce thaumaturge était un vrai Protée. Mais quel nom donnera-t-on à ceux qui ont écrit ces inepties? et comment se peut-il que Fleury les ait copiées dans son *Histoire ecclésiastique*? Est-il possible qu'un homme qui avait quelque sens, et qui raisonnait tolérablement sur d'autres sujets, ait rapporté sérieusement que Dieu rendit folle une vieille pour empêcher qu'on ne découvrît Félix de Nole pendant la persécution[3]?

On me répondra que Fleury s'est borné à transcrire, et moi je répondrai qu'il ne fallait pas transcrire des bêtises injurieuses à la Divinité; qu'il a été coupable s'il les a copiées sans les croire, et qu'il a été un imbécile s'il les a crues.

CHAP. XXVIII. — *Des chrétiens depuis Dioclétien jusqu'à Constantin.*

Les chrétiens furent bien plus souvent tolérés et même protégés qu'ils n'essuyèrent de persécutions. Le règne de Dioclétien fut, pendant dix-huit années entières, un règne de paix et de faveurs signalées pour eux. Les deux principaux officiers du palais, Gorgonius et Dorothée, étaient chrétiens. On n'exigeait plus qu'ils sacrifiassent aux dieux de l'empire pour entrer dans les emplois publics. Enfin Prisca, femme de Dioclétien, était chrétienne; aussi jouissaient-ils des plus grands avantages. Ils bâtissaient des temples superbes, après avoir tous dit, dans les premiers siècles, qu'il ne fallait ni temples ni autels à Dieu; et, passant de la simplicité d'une église pauvre et cachée à la magnificence d'une église opulente et pleine d'ostentation, ils étalaient des vases d'or et des ornements éblouissants; quelques-uns de leurs temples s'élevaient sur les ruines d'anciens périptères païens abandonnés. Leur temple, à Nicomédie, dominait sur le palais impérial; et,

---

1. Alexandre, évêque de Comane. (ÉD.)
2. Biord, petit-fils d'un maçon, évêque d'Annecy. (ÉD.)
3. Voy., sur tous ces miracles, les VI⁰ et VII⁰ livres de Fleury. Voy. plutôt le *Recueil des miracles opérés à Saint-Médard, à Paris*, présenté au roi de France Louis XV, par un nommé Carré de Montgeron, conseiller au parlement de Paris. Les convulsionnaires avaient fait ou vu plus de mille miracles. Fatio et Daudé ne prétendirent-ils pas ressusciter un mort chez nous en 1707? La cour de Rome ne canonise-t-elle pas encore tous les jours, pour de l'argent, des saints qui ont fait des miracles dont elle se moque? Et combien de miracles faisaient nos moines, avant que, sous un Henri VIII, on eût étalé dans la place publique tous les instruments de leurs abominables impostures!

comme le remarque Eusèbe, tant de prospérité avait produit l'insolence, l'usure, la mollesse, et la dépravation des mœurs. On ne voyait, dit Eusèbe, qu'envie, médisance, discorde, et sédition.

Ce fut cet esprit de sédition qui lassa la patience du césar Galère-Maximien. Les chrétiens l'irritèrent précisément dans le temps que Dioclétien venait de publier des édits fulminants contre les manichéens. Un des édits de cet empereur commence ainsi : « Nous avons appris depuis peu que des manichéens, sortis de la Perse notre ancienne ennemie, inondent notre monde. »

Ces manichéens n'avaient encore causé aucun trouble : ils étaient nombreux dans Alexandrie et dans l'Afrique; mais ils ne disputaient que contre les chrétiens; et il n'y a jamais eu le moindre monument d'une querelle entre la religion des anciens Romains et la secte de Manès. Les différentes sectes des chrétiens, au contraire, gnostiques, marcionites, valentiniens, ébionites, galiléens, opposées les unes aux autres, et toutes ennemies de la religion dominante, répandaient la confusion dans l'empire.

N'est-il pas bien vraisemblable que les chrétiens eurent assez de crédit au palais, pour obtenir un édit de l'empereur contre le manichéisme? Cette secte, qui était un mélange de l'ancienne religion des mages et du christianisme, était très-dangereuse, surtout en Orient, pour l'Église naissante. L'idée de réunir ce que l'Orient avait de plus sacré avec la secte des chrétiens, faisait déjà beaucoup d'impression. La théologie obscure et sublime des mages, mêlée avec la théologie non moins obscure des chrétiens platoniciens, était bien propre à séduire des esprits romanesques qui se payaient de paroles. Enfin, puisqu'au bout d'un siècle le fameux pasteur d'Hippone, Augustin, fut manichéen, il est bien sûr que cette secte avait des charmes pour les imaginations allumées. Manès avait été crucifié en Perse, si l'on en croit Chondemir; et les chrétiens, amoureux de leur crucifié, n'en voulaient pas un second.

Je sais que nous n'avons aucune preuve que les chrétiens obtinrent l'édit contre le manichéisme; mais enfin il y en eut un sanglant; et il n'y en avait point contre les chrétiens. Quelle fut donc ensuite la cause de la disgrâce des chrétiens, les deux dernières années du règne d'un empereur assez philosophe pour abdiquer l'empire, pour vivre en solitaire, et pour ne s'en repentir jamais?

Les chrétiens étaient attachés à Constance le Pâle, père du célèbre Constantin, qu'il eut d'une servante de sa maison nommée Hélène[1].

Constance les protégea toujours ouvertement. On ne sait si le césar Galérius fut jaloux de la préférence que les chrétiens donnaient sur lui à Constance le Pâle, ou s'il eut quelque autre sujet de se plaindre d'eux; mais il trouva fort mauvais qu'ils bâtissent une église qui of-

---

1. Cette Hélène, dont on a fait une sainte, était *stabularia* (préposée à l'écurie) chez Constance Chlore, comme l'avouent Eusèbe, Ambroise, Nicéphore, Jérôme. La *Chronique d'Alexandrie* appelle Constantin bâtard; Zosime le certifie; et certainement on n'aurait point fait cet affront à la famille d'un empereur si puissant, s'il y avait eu le moindre doute sur sa naissance.

fusquait son palais. Il sollicita longtemps Dioclétien de faire abattre cette église et de prohiber l'exercice de la religion chrétienne. Dioclétien résista; il assembla enfin un conseil composé des principaux officiers de l'empire. Je me souviens d'avoir lu dans l'*Histoire ecclésiastique* de Fleury, que « cet empereur avait la malice de ne point consulter quand il voulait faire du bien, et de consulter quand il s'agissait de faire du mal. » Ce que Fleury appelle malice, je l'avoue, me paraît le plus grand éloge d'un souverain. Y a-t-il rien de plus beau que de faire le bien par soi-même? un grand cœur alors ne consulte personne; mais dans les actions de rigueur, un homme juste et sage ne fait rien sans conseil.

L'église de Nicomédie fut enfin démolie en 303; mais Dioclétien se contenta de décerner que les chrétiens ne seraient plus élevés aux dignités de l'empire; c'était retirer ses grâces, mais ce n'était point persécuter. Il arriva qu'un chrétien eut l'insolence d'arracher publiquement l'édit de l'empereur, de le déchirer et de le fouler aux pieds. Ce crime fut puni comme il méritait de l'être, par la mort du coupable. Alors Prisca, femme de l'empereur, n'osa plus protéger des séditieux; elle quitta même la religion chrétienne, quand elle vit qu'elle ne conduisait qu'au fanatisme et à la révolte. Galérius fut alors en pleine liberté d'exercer sa vengeance.

Il y avait en ce temps beaucoup de chrétiens dans l'Arménie et dans la Syrie; il s'y fit des soulèvements; les chrétiens même furent accusés d'avoir mis le feu au palais de Galérius. Il était bien naturel de croire que des gens qui avaient déchiré publiquement les édits, et qui avaient brûlé des temples comme ils l'avaient fait souvent, avaient aussi brûlé le palais; cependant il est très-faux qu'il y eût une persécution générale contre eux. Il faut bien qu'on n'eût sévi que légalement contre les réfractaires, puisque Dioclétien ordonna qu'on enterrât les suppliciés, ce qu'il n'aurait point fait, si on avait persécuté sans forme de procès. On ne trouve aucun édit qui condamne à la mort uniquement pour faire profession du christianisme. Cela eût été aussi insensé et aussi horrible que la Saint-Barthélemy, que les massacres d'Irlande, et que la croisade contre les Albigeois; car alors un cinquième ou un sixième de l'empire était chrétien. Une telle persécution eût forcé cette sixième partie de l'empire de courir aux armes, et le désespoir qui l'eût armée l'aurait rendue terrible.

Des déclamateurs, comme Eusèbe de Césarée et ceux qui l'ont suivi, disent en général qu'il y eut une quantité incroyable de chrétiens immolés. Mais d'où vient que l'historien Zosime n'en dit pas un seul mot? Pourquoi Zonare, chrétien, ne nomme-t-il aucun de ces fameux martyrs? D'où vient que l'exagération ecclésiastique ne nous a pas conservé les noms de cinquante chrétiens livrés à la mort?

Si on examinait avec des yeux critiques ces prétendus massacres que la *Légende* impute vaguement à Dioclétien, il y aurait prodigieusement à rabattre, ou plutôt le profond mépris pour ces impostures, et on cesserait de regarder Dioclétien comme un persécuteur.

C'est en effet sous ce prince qu'on place la ridicule aventure du cabaretier Théodote, la prétendue légion thébaine immolée, le petit Romain né bègue, qui parle avec une volubilité incroyable, sitôt que le médecin de l'empereur, devenu bourreau, lui a coupé la langue, et vingt autres aventures pareilles que les vieilles radoteuses de Cornouailles auraient honte aujourd'hui de débiter à leurs petits enfants [1].

CHAP. XXIX. — *De Constantin.*

Quel est l'homme qui, ayant reçu une éducation tolérable, puisse ignorer ce que c'était que Constantin ? Il se fait reconnaître empereur au fond de l'Angleterre par une petite armée d'étrangers : avait-il plus de droit à l'empire que Maxence, élu par le sénat ou par les armées romaines ?

Quelque temps après, il vient en Gaule et ramasse des soldats chrétiens attachés à son père; il passe les Alpes, grossissant toujours son armée; il attaque son rival, qui tombe dans le Tibre au milieu de la bataille. On ne manque pas de dire qu'il y a eu du miracle dans sa victoire, et qu'on a vu dans les nuées un étendard et une croix céleste où chacun pouvait lire en lettres grecques : *Tu vaincras par ce signe.* Car les Gaulois, les Bretons, les Allobroges, les Insubriens, qu'il traînait à sa suite, entendaient tous le grec parfaitement, et Dieu aimait mieux leur parler grec que latin.

Cependant, malgré ce beau miracle qu'il fit lui-même divulguer, il ne se fit point encore chrétien; il se contenta, en bon politique, de donner liberté de conscience à tout le monde; et il fit une profession si ouverte du paganisme, qu'il prit le titre de grand pontife : ainsi il est démontré qu'il ménageait les deux religions; en quoi il se conduisait très-prudemment dans les premières années de sa tyrannie. Je me sers ici du mot de tyrannie sans aucun scrupule; car je ne me suis pas accoutumé à reconnaître pour souverain un homme qui n'a d'autres droits que la force; et je me sens trop humain pour ne pas appeler tyran un barbare qui a fait assassiner son beau-père Maximien-Hercule à Marseille, sur le prétexte le moins spécieux, et l'empereur Licinius, son beau-frère, à Thessalonique, par la plus lâche perfidie.

J'appelle tyran sans doute celui qui fait égorger son fils Crispus, étouffer sa femme Fausta, et qui, souillé de meurtres et de parricides,

---

[1]. Si, dans le quatrième siècle de notre ridicule computation, il y eut quelques chrétiens punis pour les crimes et pour les abominations qu'on leur imputait, faut-il s'en étonner? N'avons-nous pas vu que des évêques leur reprochaient les choses les plus monstrueuses? Le savant Hume nous a fait remarquer la plus horrible abomination, que milord Bolingbroke avait oubliée, et qui est rapportée par saint Epiphane. Vous la trouverez dans l'édition de Paris, 1564, page 184. Il y est question d'une société de chrétiens qui immolent un enfant païen à l'enfant Jésus, en le faisant périr à coups d'aiguilles. J'avoue que je ne suis point étonné de ce raffinement d'horreur, après les incroyables excès où se portèrent les papistes contre les protestants dans les massacres d'Irlande. La superstition est capable de tout. (*Note de Decroix.*)

étalant le faste le plus révoltant, se livrait à tous les plaisirs dans la plus infâme mollesse.

Que de lâches flatteurs ecclésiastiques lui prodiguent des éloges, même en avouant ses crimes; qu'ils voient, s'ils veulent, en lui un grand homme, un saint, parce qu'il s'est fait plonger trois fois dans une cuve d'eau; un homme de ma nation et de mon caractère, et qui a servi une souveraine vertueuse, ne s'avilira jamais jusqu'à prononcer le nom de Constantin sans horreur.

Zosime rapporte, et cela est bien vraisemblable, que Constantin, aussi faible que cruel, mêlant la superstition aux crimes, comme tant d'autres princes, crut trouver dans le christianisme l'expiation de ses forfaits. A la bonne heure que les évêques intéressés lui aient fait croire que le Dieu des chrétiens lui pardonnait tout, et lui saurait un gré infini de leur avoir donné de l'argent et des honneurs; pour moi, je n'aurais point trouvé de Dieu qui eût reçu en grâce un cœur si fourbe et si inhumain; il n'appartient qu'à des prêtres de canoniser l'assassin d'Urie chez les Juifs, et le meurtrier de sa femme et de son fils chez les chrétiens.

Le caractère de Constantin, son faste et ses cruautés, sont assez bien exprimés dans ces deux vers qu'un de ses malheureux courtisans, nommé Ablavius, afficha à la porte du palais :

Saturni aurea sæcla quis requirat?
Sunt hæc gemmea, sed Neroniana[1]*!*

Qui peut regretter le siècle d'or de Saturne?
Celui-ci est de pierreries, mais il est de Néron.

Mais qu'aurait dû dire cet Ablavius du zèle charitable des chrétiens, qui, dès qu'ils furent mis par Constantin en pleine liberté, assassinèrent Candidien, fils de l'empereur Galérius, un fils de l'empereur Maximien, âgé de huit ans, sa fille âgée de sept, et noyèrent leur mère dans l'Oronte? Ils poursuivirent longtemps la vieille impératrice Valérie, veuve de Galérius, qui fuyait leur vengeance. Ils l'atteignirent à Thessalonique, la massacrèrent, et jetèrent son corps dans la mer. C'est ainsi qu'ils signalèrent leur douceur évangélique; et ils se plaignent d'avoir eu des martyrs !

CHAP. XXX. — *Des querelles chrétiennes avant Constantin et sous son règne.*

Avant, pendant, et après Constantin, la secte chrétienne fut toujours divisée en plusieurs sectes, en plusieurs factions, et en plusieurs schismes. Il était impossible que des gens qui n'avaient aucun système suivi, qui n'avaient pas même ce petit *Credo*[2] si faussement imputé

---

1. Ces deux vers, qui ont été conservés par Sidoine Apollinaire (livre V, épître VIII), sont tout ce qui existe d'Ablavius. (*Note de M. Beuchot*).
2. Ce *Credo*, ce symbole appelé le symbole des apôtres, n'est pas plus des apôtres que de l'évêque de Londres. Il fut composé au cinquième siècle par le

depuis aux apôtres, différant entre eux de nation, de langage, et de mœurs, fussent réunis dans la même créance.

Saturnin, Basilide, Carpocrate, Euphrate, Valentin, Cerdon, Marcion, Hermogène, Hermas, Justin, Tertullien, Origène, eurent tous des opinions contraires; et tandis que les magistrats romains tâchaient quelquefois de réprimer les chrétiens, on les voyait tous, acharnés les uns contre les autres, s'excommunier, s'anathématiser réciproquement, et se combattre du fond de leurs cachots : c'était bien là le plus sensible et le plus déplorable effet du fanatisme.

La fureur de dominer ouvrit une autre source de discorde : on se disputa ce qu'on appelait une dignité d'évêque, avec le même emportement et les mêmes fraudes qui signalèrent depuis les schismes de quarante antipapes. On était aussi jaloux de commander à une petite populace obscure, que les Urbain, les Jean, l'ont été de donner des ordres à des rois.

Novat disputa la première place chrétienne dans Carthage à Cyprien qui fut élu. Novatien disputa l'évêché de Rome à Corneille; chacun d'eux reçut l'imposition des mains par les évêques de son parti. Ils osaient déjà troubler Rome; et les compilateurs théologiques osent s'étonner aujourd'hui que Décius ait fait punir quelques-uns de ces perturbateurs ! Cependant Décius, sous lequel Cyprien fut supplicié, ne punit ni Novatien, ni Corneille; on laissa ces rivaux obscurs se déclarer la guerre, comme on laisse des chiens se battre dans une basse-cour, pourvu qu'ils ne mordent pas leurs maîtres.

Du temps de Constantin il y eut un pareil schisme à Carthage ; deux antipapes africains, ou antiévêques, Cécilien et Majorin, se disputèrent la chaire, qui commençait à devenir un objet d'ambition. Il y avait des femmes dans chaque parti. Donat succéda à Majorin, et forma le premier des schismes sanglants qui devaient souiller le christianisme. Eusèbe rapporte qu'on se battait avec des massues, parce que Jésus, dit-on, avait ordonné à Pierre de remettre son épée[1] dans le fourreau. Dans la suite on fut moins scrupuleux; les donatistes et les cyprianistes se battirent avec le fer. Il s'ouvrait dans le même temps une scène de trois cents ans de carnage pour la querelle d'Alexandre et d'Arius, d'Athanase et d'Eusèbe, pour savoir si Jésus était précisément de la même substance que Dieu , ou d'une substance semblable à Dieu.

---

prêtre Rufin. Toute la religion chrétienne a été faite de pièces et de morceaux : c'est là qu'il est dit que Jésus, après sa mort, descendit aux enfers. Nous eûmes une grande dispute, du temps d'Édouard VI, pour savoir s'il y était descendu en corps et en âme ; nous décidâmes que l'âme seule de Jésus avait été prêcher en enfer, tandis que son corps était dans son sépulcre : comme si en effet on avait mis dans un sépulcre le corps d'un supplicié, comme si l'usage n'avait pas été de jeter ces corps à la voirie. Je voudrais bien savoir ce que son âme serait allée faire en enfer. Nous étions bien sots du temps d'Édouard VI.

1. Jean, xviii, 11. (Éd.)

CHAP. XXXI. — *Arianisme et athanasianisme.*

Qu'un Juif nommé Jésus ait été semblable à Dieu, ou consubstantiel à Dieu, cela est également absurde et impie.

Qu'il y ait trois personnes dans une substance, cela est également absurde.

Qu'il y ait trois dieux dans un dieu, cela est également absurde.

Rien de tout cela n'était un système chrétien, puisque rien de toute cette doctrine ne se trouve dans aucun *Évangile*, seul fondement reconnu du christianisme. Ce ne fut que quand on voulut platoniser qu'on se perdit dans ces idées chimériques. Plus le christianisme s'étendit, plus ses docteurs se fatiguèrent à le rendre incompréhensible. Les subtilités sauvèrent ce que le fond avait de bas et de grossier.

Mais à quoi servent toutes ces imaginations métaphysiques? qu'importe à la société humaine, aux mœurs, aux devoirs, qu'il y ait en Dieu une personne ou trois ou quatre mille? en sera-t-on plus homme de bien pour prononcer des mots qu'on n'entend pas? la religion, qui est la soumission à la Providence, et l'amour de la vertu, a-t-elle donc besoin de devenir ridicule pour être embrassée?

Il y avait longtemps qu'on disputait sur la nature du *Logos*, du Verbe inconnu, quand Alexandre, pape d'Alexandrie, souleva contre lui l'esprit de plusieurs papes, en prêchant que la Trinité était une monade. Au reste, ce nom de pape était donné indistinctement alors aux évêques et aux prêtres. Alexandre était évêque : le prêtre Arius se mit à la tête des mécontents : il se forma deux partis violents; et la question ayant bientôt changé d'objet, comme il arrive souvent, Arius soutint que Jésus avait été créé, et Alexandre qu'il avait été engendré.

Cette dispute creuse ressemblait assez à celle qui a divisé depuis Constantinople, pour savoir si la lumière que les moines voyaient à leur nombril était celle du Thabor, et si la lumière du Thabor et de leur nombril était créée ou éternelle.

Il ne fut plus question de trois hypostases entre les disputants. Le Père et le Fils occupèrent les esprits, et le Saint-Esprit fut négligé.

Alexandre fit excommunier Arius par son parti. Eusèbe, évêque de Nicomédie, protecteur d'Arius, assembla un petit concile où l'on déclara erronée la doctrine qui est aujourd'hui l'orthodoxe; la querelle devint violente; l'évêque Alexandre, et le diacre Athanase, qui se signalait déjà par son inflexibilité et par ses intrigues, remuèrent toute l'Église. L'empereur Constantin était despotique et dur; mais il avait du bon sens; il sentit tout le ridicule de la dispute.

On connaît assez cette fameuse lettre qu'il fit porter par Osius aux chefs des deux factions. « Ces questions, dit-il, ne viennent que de votre oisiveté curieuse; vous êtes divisés pour un sujet bien mince. Cette conduite est basse et puérile, indigne d'hommes sensés. » La lettre les exhortait à la paix; mais il ne connaissait pas encore les théologiens.

Le vieil Osius conseilla à l'empereur d'assembler un concile nombreux. Constantin, qui aimait l'éclat et le faste, convoqua l'assemblée à Nicée. Il y parut comme en triomphe avec la robe impériale, la couronne en tête, et couvert de pierreries. Osius y présida comme le plus ancien des évêques. Les écrivains de la secte papiste ont prétendu depuis que cet Osius n'avait présidé qu'au nom du pape de Rome Silvestre. Cet insigne mensonge, qui doit être placé à côté de la donation de Constantin, est assez confondu par les noms des députés de Silvestre, Titus et Vincent, chargés de sa procuration. Les papes romains à la vérité étaient regardés comme les évêques de la ville impériale, et comme les métropolitains des villes suburbicaires dans la province de Rome; mais ils étaient bien loin d'avoir aucune autorité sur les évêques de l'Orient et de l'Afrique.

Le concile, à la plus grande pluralité des voix, dressa un formulaire dans lequel le nom de trinité n'est pas seulement prononcé. « Nous croyons en un seul Dieu et en un seul Seigneur Jésus-Christ, fils unique de Dieu, engendré du père, et non fait consubstantiel au père. » Après ces mots inexplicables, on met, par surérogation : « Nous croyons aussi au Saint-Esprit, » sans dire ce que c'est que ce Saint-Esprit, s'il est engendré, s'il est fait, s'il est créé, s'il procède, s'il est consubstantiel. Ensuite on ajoute : « Anathème à ceux qui disent qu'il y a eu un temps où le Fils n'était pas. »

Mais ce qu'il y eut de plus plaisant au concile de Nicée, ce fut la décision sur quelques livres canoniques. Les Pères étaient fort embarrassés sur le choix des *Évangiles* et des autres écrits. On prit le parti de les entasser tous sur un autel, et de prier le Saint-Esprit de jeter à terre tous ceux qui n'étaient pas légitimes. Le Saint-Esprit ne manqua pas d'exaucer sur-le-champ la requête des Pères[1]. Une centaine de volumes tombèrent d'eux-mêmes sous l'autel; c'est un moyen infaillible de connaître la vérité; et c'est ce qui est rapporté dans l'*Appendix* des actes de ce concile; c'est un des faits de l'histoire ecclésiastique les mieux avérés.

Notre savant et sage Middleton a découvert une chronique d'Alexandrie, écrite par deux patriarches d'Égypte, dans laquelle il est dit que non-seulement dix-sept évêques, mais encore deux mille prêtres, protestèrent contre la décision du concile.

Les évêques vainqueurs obtinrent de Constantin qu'il exilât Arius et trois ou quatre évêques vaincus; mais ensuite Athanase ayant été élu évêque d'Alexandrie, et ayant trop abusé du crédit de sa place, les évêques et Arius exilés furent rappelés, et Athanase exilé à son tour. De deux choses l'une, ou les deux partis avaient également tort, ou Constantin était très-injuste. Le fait est que les disputeurs de ce temps-là étaient des cabaleurs comme ceux de ce temps-ci, et que les princes du IVᵉ siècle ressemblaient à ceux du nôtre, qui n'entendent rien à la matière, ni eux, ni leurs ministres, et qui exilent à tort et à travers. Heureusement nous avons ôté à nos rois le pouvoir d'exiler;

1. Cela est rapporté dans l'*Appendix des actes du concile*, pièce qui a toujours été réputée authentique.

et si nous n'avons pu guérir dans nos prêtres la rage de cabaler, nous avons rendu cette rage inutile.

Il y eut un concile à Tyr, où Arius fut réhabilité, et Athanase condamné. Eusèbe de Nicomédie allait faire entrer pompeusement son ami Arius dans l'église de Constantinople; mais un saint catholique, nommé Macaire, pria Dieu avec tant de ferveur et de larmes de faire mourir Arius d'apoplexie, que Dieu, qui est bon, l'exauça. Ils disent que tous les boyaux d'Arius lui sortirent par le fondement; cela est difficile : ces gens-là n'étaient pas anatomistes. Mais saint Macaire ayant oublié de demander la paix de l'Église chrétienne, Dieu ne la donna jamais. Constantin, quelque temps après, mourut entre les bras d'un prêtre arien; apparemment que saint Macaire avait encore oublié de prier Dieu pour le salut de Constantin.

CHAP. XXXII. — *Des enfants de Constantin, et de Julien le philosophe, surnommé l'apostat par les chrétiens.*

Les enfants de Constantin furent aussi chrétiens, aussi ambitieux, et aussi cruels que leur père; ils étaient trois qui partagèrent l'empire, Constantin II, Constantius, et Constant. L'empereur Constantin Ier avait laissé un frère, nommé Jule, et deux neveux, auxquels il avait donné quelques terres. On commença par égorger le père, pour arrondir la part des nouveaux empereurs. Ils furent d'abord unis par le crime, et bientôt désunis. Constant fit assassiner Constantin, son frère aîné, et il fut ensuite tué lui-même.

Constantius, demeuré seul maître de l'empire, avait exterminé presque tout le reste de la famille impériale. Ce Jule, qu'il avait fait mourir, laissait deux enfants, l'un nommé Gallus, et l'autre le célèbre Julien. On tua Gallus, et on épargna Julien, parce qu'ayant du goût pour la retraite et pour l'étude, on jugea qu'il ne serait jamais dangereux.

S'il est quelque chose de vrai dans l'histoire, il est vrai que ces deux premiers empereurs chrétiens, Constantin, et Constantius son fils, furent des monstres de despotisme et de cruauté. Il se peut, comme nous l'avons déjà insinué, que, dans le fond de leur cœur, ils ne crussent aucun Dieu; et que, se moquant également des superstitions païennes et du fanatisme chrétien, ils se persuadassent malheureusement que la Divinité n'existe pas, parce que ni Jupiter le Crétois, ni Hercule le Thébain, ni Jésus le Juif, ne sont des dieux.

Il est possible aussi que des tyrans qui joignent presque toujours la lâcheté à la barbarie, aient été séduits et encouragés au crime, par la croyance où étaient alors tous les chrétiens sans exception, que trois immersions dans une cuve d'eau avant la mort effaçaient tous les forfaits, et tenaient lieu de toutes les vertus. Cette malheureuse croyance a été plus funeste au genre humain que les passions les plus noires.

Quoi qu'il en soit, Constantius se déclara orthodoxe, c'est-à-dire arien, car l'arianisme prévalait alors dans tout l'Orient contre la secte d'Athanase ; et les ariens, auparavant persécutés, étaient dans ce temps-là persécuteurs.

Athanase fut condamné dans un concile de Sardique, dans un autre tenu dans la ville d'Arles, dans un troisième tenu à Milan : il parcourait tout l'empire romain, tantôt suivi de ses partisans, tantôt exilé, tantôt rappelé. Le trouble était dans toutes les villes pour ce seul mot *consubstantiel*. C'était un fléau que jamais on n'avait connu jusque-là dans l'histoire du monde. L'ancienne religion de l'empire, qui subsistait encore avec quelque splendeur, tirait de toutes ces divisions un grand avantage contre le christianisme.

Cependant Julien, dont Constantius avait assassiné le frère et toute famille, fut obligé d'embrasser à l'extérieur le christianisme, comme notre reine Élisabeth fut quelque temps forcée de dissimuler sa religion sous le règne tyrannique de notre infâme Marie, et comme, en France, Charles IX força le grand Henri IV d'aller à la messe après la Saint-Barthélemy. Julien était stoïcien, de cette secte ensemble philosophique et religieuse qui produisit tant de grands hommes, et qui n'en eut jamais un méchant, secte plus divine qu'humaine, dans laquelle on voit la sévérité des brachmanes et de quelques moines, sans qu'elle en eût la superstition ; la secte enfin des Caton, des Marc-Aurèle, et des Épictète.

Ce fut une chose honteuse et déplorable que ce grand homme se vît réduit à cacher tous ses talents sous Constantius, comme le premier des Brutus sous Tarquin. Il feignit d'être chrétien et presque imbécile pour sauver sa vie. Il fut même forcé d'embrasser quelque temps la vie monastique. Enfin Constantius, qui n'avait point d'enfants, déclara Julien césar, mais il l'envoya dans les Gaules comme dans une espèce d'exil ; il y était presque sans troupes et sans argent, environné de surveillants, et presque sans autorité.

Différents peuples de la Germanie passaient souvent le Rhin et venaient ravager les Gaules, comme ils avaient fait avant César, et comme ils firent souvent depuis, jusqu'à ce qu'enfin ils les envahirent, et que la seule petite nation des Francs subjugua sans peine toutes ces provinces.

Julien forma des troupes, les disciplina, s'en fit aimer ; il les conduisit jusqu'à Strasbourg, passa le Rhin sur un pont de bateaux, et, à la tête d'une armée très-faible en nombre, mais animée de son courage, il défit une multitude prodigieuse de barbares, prit leur chef prisonnier, les poursuivit jusqu'à la forêt Hercynienne, se fit rendre tous les captifs romains et gaulois, toutes les dépouilles qu'avaient prises les barbares, et leur imposa des tributs.

A cette conduite de César il joignit les vertus de Titus et de Trajan, faisant venir de tous côtés du blé pour nourrir des peuples dans de campagnes dévastées, faisant défricher ces campagnes, rebâtissant les villes, encourageant la population, les arts et les talents par des privilèges, s'oubliant lui-même, et travaillant jour et nuit au bonheur des hommes.

Constantius, pour récompense, voulut lui ôter les Gaules, où il était trop aimé ; il lui demanda d'abord deux légions que lui-même avait formées. L'armée indignée s'y opposa; elle proclama Julien empereur malgré lui. La terre fut alors délivrée de Constantius, lorsqu'il allait marcher contre les Perses.

Julien le stoïcien, si sottement nommé l'apostat par des prêtres, fut reconnu unanimement empereur par tous les peuples de l'Orient et de l'Occident.

La force de la vérité est telle, que les historiens chrétiens sont obligés d'avouer qu'il vécut sur le trône comme il avait fait dans les Gaules. Jamais sa philosophie ne se démentit. Il commença par réformer dans le palais de Constantinople le luxe de Constantin et de Constantius. Les empereurs, à leur couronnement, recevaient de pesantes couronnes d'or de toutes les villes; il réduisit presque à rien ces présents onéreux. La frugale simplicité du philosophe n'ôta rien à la majesté et à la justice du souverain. Tous les abus et tous les brigandages de la cour furent réformés; mais il n'y eut que deux concussionnaires publics d'exécutés à mort.

Il renonça, il est vrai, à son baptême, mais il ne renonça jamais à la vertu. On lui reproche de la superstition; donc au moins, par ce reproche, on avoue qu'il avait de la religion. Pourquoi n'aurait-il pas choisi celle de l'empire romain? pourquoi aurait-il été coupable de se conformer à celle des Scipion et des César, plutôt qu'à celle des Grégoire de Nazianze et des Théodoret? Le paganisme et le christianisme partageaient l'empire. Il donna la préférence à la secte de ses pères, et il avait grande raison en politique, puisque, sous l'ancienne religion, Rome avait triomphé de la moitié de la terre, et que, sous la nouvelle, tout tombait en décadence.

Loin de persécuter les chrétiens, il voulut apaiser leurs indignes querelles. Je ne veux pour preuve que sa cinquante-deuxième lettre. « Sous mon prédécesseur plusieurs chrétiens ont été chassés, emprisonnés, persécutés; on a égorgé une grande multitude de ceux qu'on nomme hérétiques, à Samosate, en Paphlagonie, en Bithynie, en Galatie, en plusieurs autres provinces; on a pillé, on a ruiné des villes. Sous mon règne, au contraire, les bannis ont été rappelés, les biens confisqués ont été rendus. Cependant ils sont venus à ce point de fureur, qu'ils se plaignent de ce qu'il ne leur est plus permis d'être cruels, et de se tyranniser les uns les autres. »

Cette seule lettre ne suffirait-elle pas pour confondre les calomnies dont les prêtres chrétiens l'accablèrent?

Il y avait dans Alexandrie un évêque nommé George, le plus séditieux et le plus emporté des chrétiens; il se faisait suivre par des satellites; il battait les païens de ses mains; il démolissait leurs temples. Le peuple d'Alexandrie le tua. Voici comment Julien parle aux Alexandrins dans son épître dixième :

« Quoi! au lieu de me réserver la connaissance de vos outrages, vous vous êtes laissé emporter à la colère! vous vous êtes livrés aux mêmes excès que vous reprochez à vos ennemis! George méritait d'être traité ainsi, mais ce n'était pas à vous d'être ses exécuteurs. Vous avez des lois, il fallait demander justice, etc. »

Je ne prétends point répéter ici et réfuter tout ce qui est écrit dans l'*Histoire ecclésiastique*, que l'esprit de parti et de faction ont toujours dictée. Je passe à la mort de Julien, qui vécut trop peu pour la gloire et pour le bonheur de l'empire. Il fut tué au milieu de ses victoires contre les Perses, après avoir passé le Tigre et l'Euphrate, à l'âge de trente et un ans, et mourut comme il avait vécu, avec la résignation d'un stoïcien, remerciant l'Être des êtres, qui allait rejoindre son âme à l'âme universelle et divine.

On est saisi d'indignation quand on lit dans Grégoire de Nazianze et dans Théodoret, que Julien jeta tout son sang vers le ciel en disant : *Galiléen, tu as vaincu.* Quelle misère ! quelle absurdité ! Julien combattait-il contre Jésus ? et Jésus était-il le Dieu des Perses ?

On ne peut lire sans horreur les discours que le fougueux Grégoire de Nazianze prononça contre lui après sa mort. Il est vrai que, si Julien avait vécu, le christianisme courait risque d'être aboli. Certainement Julien était un plus grand homme que Mahomet, qui a détruit la secte chrétienne dans toute l'Asie et dans toute l'Afrique : mais tout cède à la destinée ; et un Arabe sans lettres a écrasé la secte d'un Juif sans lettres, ce qu'un grand empereur et un philosophe n'a pu faire. Mais c'est que Mahomet vécut assez, et Julien trop peu.

Les christicoles ont osé dire que Julien n'avait vécu que trente et un ans, en punition de son impiété ; et ils ne songent pas que leur prétendu Dieu n'a pas vécu davantage.

CHAP. XXXIII. — *Considérations sur Julien.*

Julien, stoïcien de pratique, et d'une vertu supérieure à celle de sa secte même, était platonicien de théorie : son esprit sublime avait embrassé la sublime idée de Platon, prise des anciens Chaldéens, que Dieu existant de toute éternité avait créé des êtres de toute éternité. Ce Dieu immuable, pur, immortel, ne put former que des êtres semblables à lui, des images de sa splendeur, auxquels il ordonna de créer les substances mortelles : ainsi Dieu fit les dieux, et les dieux firent les hommes.

Ce magnifique système n'était pas prouvé ; mais une telle imagination vaut sans doute mieux qu'un jardin dans lequel on a établi les sources du Nil et de l'Euphrate, qui sont à huit cents grandes lieues l'une de l'autre ; un arbre qui donne la connaissance du bien et du mal ; une femme tirée de la côte d'un homme ; un serpent qui parle, un chérubin qui garde la porte ; et toutes les dégoûtantes rêveries dont la grossièreté juive a farci cette fable empruntée des Phéniciens. Aussi faut-il voir, dans Cyrille, avec quelle éloquence Julien confondit ces absurdités. Cyrille eut assez d'orgueil pour rapporter les raisons de Julien, et pour croire lui répondre.

Julien daigne faire voir combien il répugne à la nature de Dieu d'avoir mis dans le jardin d'Éden des fruits qui donnaient la connaissance du bien et du mal, et d'avoir défendu d'en manger. Il fallait, au contraire, comme nous l'avons déjà remarqué, recommander à l'homme de se nourrir de ce fruit nécessaire. La distinction du bien et du mal, du juste et de l'injuste, était le lait dont Dieu devait nourrir des créatures sorties de ses mains. Il aurait mieux valu leur crever les deux yeux que leur boucher l'entendement.

Si le rédacteur de ce roman asiatique de la *Genèse* avait eu la moindre étincelle d'esprit, il aurait supposé deux arbres dans le paradis; les fruits de l'un nourrissaient l'âme, et faisaient connaître et aimer la justice; les fruits de l'autre enflammaient le cœur de passions funestes : l'homme négligea l'arbre de la science, et s'attacha à celui de la cupidité.

Voilà du moins une allégorie juste, une image sensible du fréquent abus que les hommes font de leur raison. Je m'étonne que Julien ne l'ait pas proposée; mais il dédaignait trop ce livre pour descendre à le corriger.

C'est avec très-grande raison que Julien méprise ce fameux *Décalogue* que les Juifs regardaient comme un code divin : c'était, en effet, une plaisante législation, en comparaison des lois romaines, de défendre le vol, l'adultère et l'homicide. Chez quel peuple barbare la nature n'a-t-elle pas dicté ces lois avec beaucoup plus d'étendue? Quelle pitié de faire descendre Dieu au milieu des éclairs et des tonnerres, sur une petite montagne pelée, pour enseigner qu'il ne faut pas être voleur ! encore peut-on dire que ce n'était pas à ce Dieu qui avait ordonné aux Juifs de voler les Égyptiens, et qui leur proposait l'usure avec les étrangers comme leur plus digne récompense, et qui avait récompensé le voleur Jacob, que ce n'était pas, dis-je, à ce Dieu de défendre le larcin.

C'est avec beaucoup de sagacité que ce digne empereur détruit les prétendues prophéties juives, sur lesquelles les christicoles appuyaient leurs rêveries, et la verge de Juda qui ne manquerait point entre les jambes, et la fille ou la femme qui fera un enfant, et surtout ces paroles attribuées à Moïse[1], lesquelles regardent Josué, et qu'on applique si mal à propos à Jésus : « Dieu vous suscitera un prophète semblable à moi. » Certainement un prophète semblable à Moïse ne veut pas dire Dieu et fils de Dieu. Rien n'est si palpable, rien n'est si fort à la portée des esprits les plus grossiers.

Mais Julien croyait, ou feignait de croire, par politique, aux divinations, aux augures, à l'efficacité des sacrifices : car enfin les peuples n'étaient pas philosophes; il fallait opter entre la démence des christicoles et celle des païens.

Je pense que si ce grand homme eût vécu, il eût, avec le temps, dégagé la religion des superstitions les plus grossières, et qu'il eût accoutumé les Romains à reconnaître un Dieu formateur des Dieux et des hommes, et à lui adresser tous ses hommages.

Mais Cyrille et Grégoire, et les autres prêtres chrétiens, profitèrent de la nécessité où il semblait être de professer publiquement la reli-

1. *Deut.*, XVIII, 18. (Éd.)

gion païenne, pour le décrier chez les fanatiques. Les ariens et les athanasiens se réunirent contre lui; et le plus grand homme qui peut-être ait jamais été, devint inutile au monde.

CHAP. XXXIV. — *Des chrétiens jusqu'à Théodose.*

Après la mort de Julien, les ariens et les athanasiens, dont il avait réprimé la fureur, recommencèrent à troubler tout l'empire. Les évêques des deux partis ne furent plus que des chefs de séditieux. Des moines fanatiques sortirent des déserts de la Thébaïde pour souffler le feu de la discorde, ne parlant que de miracles extravagants, tels qu'on les trouve dans l'histoire des *papas* du désert; insultant les empereurs, et montrant de loin ce que devaient être un jour des moines.

Il y eut un empereur sage qui, pour éteindre, s'il se pouvait, toutes ces querelles, donna une liberté entière de conscience, et la prit pour lui-même; ce fut Valentinien Ier. De son temps, toutes les sectes vécurent au moins quelques années dans une paix extérieure, se bornant à s'anathématiser sans s'égorger; païens, juifs, athanasiens, ariens, macédoniens, donatistes, cyprianistes, manichéens, apollinaristes, tous furent étonnés de leur tranquillité. Valentinien apprit à tous ceux qui sont nés pour gouverner, que si deux sectes déchirent un État, trente sectes tolérées laissent l'État en repos.

Théodose ne pensa pas ainsi, et fut sur le point de tout perdre; il fut le premier qui prit parti pour les athanasiens; et il fit renaître la discorde par son intolérance. Il persécuta les païens et les aliéna. Il se crut alors obligé de donner lâchement des provinces entières aux Goths, sur la rive droite du Danube; et, par cette malheureuse précaution, prise contre ses peuples, il prépara la chute de l'empire romain.

Les évêques, à l'imitation de l'empereur, s'abandonnèrent à la fureur de la persécution. Il y avait un tyran qui, ayant détrôné et assassiné un collègue de Théodose, nommé Gratien, s'était rendu maître de l'Angleterre, des Gaules et de l'Espagne. Je ne sais quel Priscillien en Espagne, ayant dogmatisé comme tant d'autres, et ayant dit que les âmes étaient des émanations de Dieu, quelques évêques espagnols, qui ne savaient pas plus que Priscillien d'où venaient les âmes, le déférèrent, lui et ses principaux sectateurs, au tyran Maxime. Ce monstre, pour faire sa cour aux évêques, dont il avait besoin pour se maintenir dans son usurpation, fit condamner à mort Priscillien et sept de ses partisans. Un évêque, nommé Itace, fut assez barbare pour leur faire donner la question en sa présence. Le peuple, toujours sot et toujours cruel quand on lâche la bride à sa superstition, assomma, dans Bordeaux, à coups de pierres, une femme de qualité qu'on disait être priscillianiste.

Ce jugement de Priscillien est plus avéré que celui de tous les martyrs, dont les chrétiens avaient fait tant de bruit sous les premiers empereurs. Les malheureux croyaient plaire à Dieu en se souillant des crimes dont ils s'étaient plaints. Les chrétiens, depuis ce temps, furent comme des chiens qu'on avait mis en curée; ils furent avides de carnage, non pas en défendant l'empire, qu'ils laissèrent envahir par vingt nations barbares, mais en persécutant tantôt les sectateurs de l'antique religion romaine, et tantôt leurs frères qui ne pensaient pas comme eux.

Y a-t-il rien de plus horrible et de plus lâche que l'action des prêtres de l'évêque Cyrille, que les chrétiens appellent saint Cyrille? Il y avait dans Alexandrie une fille célèbre par sa beauté et par son esprit; son nom était Hypatie. Élevée par le philosophe Théon, son père, elle occupait, en 415, la chaire qu'il avait eue, et fut applaudie pour sa science autant qu'honorée pour ses mœurs; mais elle était païenne. Les dogues tonsurés de Cyrille, suivis d'une troupe de fanatiques, l'assaillirent dans la rue lorsqu'elle revenait de dicter ses leçons, la traînèrent par les cheveux, la lapidèrent, et la brûlèrent, sans que Cyrille le saint leur fit la plus légère réprimande, et sans que Théodose le jeune et la dévote Pulchérie, sa sœur, qui le gouvernait et partageait l'empire avec lui, condamnassent cet excès d'inhumanité. Un tel mépris des lois en cette circonstance eût paru moins étonnant sous le règne de leur aïeul Théodose Ier, qui s'était souillé si lâchement du sang des peuples de Thessalonique[1].

CHAP. XXXV. — *Des sectes et des malheurs des chrétiens jusqu'à l'établissement du mahométisme.*

Les disputes, les anathèmes, les persécutions, ne cessèrent d'inonder l'Église chrétienne. Ce n'était pas assez d'avoir uni dans Jésus la nature divine avec la nature humaine : on s'avisa d'agiter la question si Marie était mère de Dieu. Ce titre de mère de Dieu parut un blasphème à Nestorius, évêque de Constantinople. Son sentiment était le plus probable; mais, comme il avait été persécuteur, il trouva des évêques qui le persécutèrent. On le chassa de son siége au concile d'Éphèse; mais aussi trente évêques de ce même concile déposèrent ce saint Cyrille, l'ennemi mortel de Nestorius; et tout l'Orient fut partagé.

Ce n'était pas assez; il fallut savoir précisément si ce Jésus avait eu deux natures, deux personnes, deux âmes, deux volontés; si, quand

---

[1]. Rien ne caractérise mieux les prêtres du christianisme que les louanges prodiguées par eux si longtemps à Théodose et à Constantin. Il est certain que ce Théodose, surnommé le Grand et quelquefois le Saint, était un des plus méchants hommes qui eussent gouverné l'empire romain; puisque, après avoir promis une amnistie entière pendant six mois aux citoyens de Thessalonique, ce Cantabre, aussi perfide que cruel, invita, en 395, ces citoyens à des jeux publics, dans lesquels il fit égorger hommes, femmes, enfants, sans qu'il en réchappât un seul. Peut-on n'être pas saisi de la plus violente indignation contre les panégyristes de ce barbare, qui s'extasient sur sa pénitence? Il fut vraiment, disent-ils, plusieurs mois sans entendre la messe. N'est-ce pas insulter à l'humanité entière que d'oser parler d'une telle satisfaction? Si les auteurs des massacres d'Irlande avaient passé six mois sans entendre la messe, auraient-ils bien expié leurs crimes? En est-on quitte pour ne point assister à une cérémonie aussi idolâtre que ridicule, lorsqu'on est souillé du sang de sa patrie?

Quant à Constantin, je suis de l'avis du consul Ablavius, qui déclara que Constantin était un Néron.

il faisait les fonctions animales de l'homme, la partie divine s'en mêlait ou ne s'en mêlait pas. Toutes ces questions ne méritaient d'être traitées que par Rabelais, ou par notre cher doyen Swift, ou par Punch[1]. Cela fit trois partis dans l'empire par le fanatisme d'un Eutychès, misérable moine ennemi de Nestorius, et combattu par d'autres moines. On voyait, dans toutes ces disputes, monastères opposés à monastères, dévotes à dévotes, eunuques à eunuques, conciles à conciles, et souvent empereurs à empereurs.

Pendant que les descendants des Camille, des Brutus, des Scipion, des Caton, mêlés aux Grecs et aux barbares, barbotaient ainsi dans la fange de la théologie, et que l'esprit de vertige était répandu sur la face de l'empire romain, des brigands du Nord, qui ne savaient que combattre, vinrent démembrer ce grand colosse devenu faible et ridicule.

Quand ils eurent vaincu, il fallut gouverner des peuples fanatiques; il fallut prendre leur religion, et mener ces bêtes de somme par les licous qu'elles s'étaient faits elles-mêmes.

Les évêques de chaque secte tâchèrent de séduire leurs vainqueurs; ainsi les princes ostrogoths, visigoths, et bourguignons, se firent ariens; les princes francs furent athanasiens[2].

L'empire romain d'Occident détruit fut partagé en provinces ruisselantes de sang, qui continuèrent à s'anathématiser avec une sainteté réciproque. Il y eut autant de confusion et une abjection aussi misérable dans la religion que dans l'empire.

Les méprisables empereurs de Constantinople affectèrent de prétendre toujours sur l'Italie, et sur les autres provinces qu'ils n'avaient plus, les droits qu'ils croyaient avoir. Mais au septième siècle il s'éleva une religion nouvelle qui ruina bientôt les sectes chrétiennes dans l'Asie, dans l'Afrique, et dans une grande partie de l'Europe.

Le mahométisme était sans doute plus sensé que le christianisme. On n'y adorait point un Juif en abhorrant les Juifs; on n'y appelait point une Juive mère de Dieu; on n'y tombait point dans le blasphème extravagant de dire que trois dieux font un dieu; enfin on n'y mangeait pas ce dieu qu'on adorait, et on n'allait pas rendre à la selle son créateur. Croire un seul Dieu tout-puissant était le seul dogme; et si on n'y avait pas ajouté que Mahomet est son prophète, c'eût été une religion aussi pure, aussi belle que celle des lettrés chinois. C'était le simple théisme, la religion naturelle, et par conséquent la seule véritable. Mais on peut dire que les musulmans étaient en quelque

---

[1]. Appelons les choses par leur nom. On a poussé le blasphème jusqu'à faire un article de foi que Dieu est venu chier et pisser sur la terre; que nous le mangeons après qu'il a été pendu; que nous le chions et que nous le pissons. Et on dispute gravement si c'était la nature divine ou la nature humaine qui chiait et qui pissait! grand Dieu!

[2]. Quel athanasien, quel bon catholique que ce Clovis, qui fit massacrer trois rois, ses voisins, pour voler leur argent comptant! Quels bons catholiques que ses fils, qui égorgèrent de leurs propres mains leurs neveux au berceau! *By God!* En lisant l'histoire des premiers rois chrétiens, on croit lire l'histoire des rois de Juda et d'Israël, ou celle des voleurs de grands chemins.

sorte excusables d'appeler Mahomet l'organe de Dieu, puisque en effet il avait enseigné aux Arabes qu'il n'y a qu'un Dieu.

Les musulmans, par les armes et par la parole, firent taire le christianisme jusqu'aux portes de Constantinople; et les chrétiens, resserrés dans quelques provinces d'Occident, continuèrent à disputer et à se déchirer.

CHAP. XXXVI. — *Discours sommaire des usurpations papales*[1].

Ce fut un état bien déplorable que celui où l'inondation des barbares réduisit l'Europe. Il n'y eut que le temps de Théodoric et de Charlemagne qui fut signalé par quelques bonnes lois; encore Charlemagne, moitié Franc, moitié Germain, exerça des barbaries dont aucun souverain n'oserait se souiller aujourd'hui. Il n'y a que de lâches écrivains de la secte romaine qui puissent louer ce prince d'avoir égorgé la moitié des Saxons pour convertir l'autre.

Les évêques de Rome, dans la décadence de la famille de Charlemagne, commencèrent à tenter de s'attribuer un pouvoir souverain, et de ressembler aux califes, qui réunissaient les droits du trône et de l'autel. Les divisions des princes et l'ignorance des peuples favorisèrent bientôt leur entreprise. L'évêque de Rome, Grégoire VII, fut celui qui étala ses desseins audacieux avec le plus d'insolence. Heureusement pour nous, Guillaume de Normandie, qui avait usurpé notre trône, ne distinguant plus la gloire de notre nation de la sienne propre, réprima l'insolence de Grégoire VII, et empêcha quelque temps que nous ne payassions le denier de saint Pierre, que nous avions donné d'abord comme une aumône, et que les évêques de Rome exigeaient comme un tribut.

Tous nos rois n'eurent pas la même fermeté; et lorsque les papes, si peu puissants par leur petit territoire, devinrent les maîtres de l'Europe par les croisades et par les moines; lorsqu'ils eurent déposé tant d'empereurs et de rois, et qu'ils eurent fait de la religion une arme terrible qui perçait tous les souverains, notre île vit le misérable roi Jean sans Terre se déclarer à genoux vassal du pape, faire serment de fidélité aux pieds du légat Pandolfe, s'obliger lui et ses successeurs à payer aux évêques de Rome un tribut annuel de mille marcs[2]; ce qui faisait presque le revenu de la couronne. Comme un de mes ancêtres eut le malheur de signer ce traité, le plus infâme des traités, je dois en parler avec plus d'horreur qu'un autre; c'est une amende honorable que je dois à la dignité de la nature humaine avilie.

---

1. Milord ne parle pas assez de la tyrannie des papes; Grégoire surtout, surnommé le Grand, brûla tous les auteurs latins qu'il put trouver. Il y a encore de lui une lettre à un évêque de Cagliari, dans laquelle il lui dit : « Je viens qu'on force tous les païens de la Sardaigne à se convertir. »

2. Le légat foula à ses pieds l'argent avant de l'emporter. Notre île était alors un pays d'obédience. Nous étions réellement serfs du pape. Quel infâme esclavage! grand Dieu! nous ne sommes pas assez vengés. Nous avons envoyé des vaisseaux de guerre à Gibraltar, et nous n'en avons pas envoyé au Tibre!

CHAP. XXXVII. — *De l'excès épouvantable des persécutions chrétiennes.*

Il ne faut pas douter que les nouveaux dogmes inventés chaque jour ne contribuassent beaucoup à fortifier les usurpations des papes. Le *hocus pocus*[1], ou la transsubstantiation, dont le nom seul est ridicule, s'établit peu à peu, après avoir été inconnu aux premiers siècles du christianisme. On peut se figurer quelle vénération s'attirait un prêtre, un moine, qui faisait un dieu avec quatre paroles, et non-seulement un dieu, mais autant de dieux qu'il voulait : avec quel respect voisin de l'adoration ne devait-on pas regarder celui qui s'était rendu le maître absolu de tous ces faiseurs de dieux ? Il était le souverain des prêtres, il était des rois; il était dieu lui-même; et à Rome encore, quand le pape officie, on dit : « Le *vénérable* porte le *vénérable*. »

Cependant, au milieu de cette fange dans laquelle l'espèce humaine était plongée en Europe, il s'éleva toujours des hommes qui protestèrent contre ces nouveautés; ils savaient que, dans les premiers siècles de l'Église, on n'avait jamais prétendu changer du pain en dieu dans le souper du Seigneur; que la cène faite par Jésus avait été un agneau cuit avec des laitues, que cela ne ressemblait nullement à la communion de la messe; que les premiers chrétiens avaient eu les images en horreur; que même encore sous Charlemagne, le fameux concile de Francfort les avait proscrites.

Plusieurs autres articles les révoltaient ; ils osaient même douter quelquefois que le pape, tout dieu qu'il était, pût de droit divin déposer un roi, pour avoir épousé sa commère ou sa parente au septième degré. Ils rejetaient donc secrètement quelques points de la créance chrétienne, et ils en admettaient d'autres non moins absurdes; semblables aux animaux, qu'on prétendit autrefois être formés du limon du Nil, et qui avaient la vie dans une partie de leur corps, tandis que l'autre n'était encore que de la boue.

Mais quand ils voulurent parler, comment furent-ils traités ? On avait, dans l'Orient, employé dix siècles de persécutions à exterminer les manichéens; et sous la régence d'une impératrice Théodora, dévote et barbare[2], on en avait fait périr plus de cent mille dans les supplices. Les Occidentaux, entendant confusément parler de ces boucheries,

---

1. Nous appelons *hocus pocus* un tour de gobelets, un tour de gibecière, un escamotage de charlatan. Ce sont deux mots latins abrégés, ou plutôt estropiés, d'après ces paroles de la messe latine, *hoc est corpus meum*.
2. Est-il possible que cette horrible proscription, cette Saint-Barthélemy anticipée soit si peu connue ! elle s'est perdue dans la foule. Cependant Fleury n'omet pas cette horreur dans son livre XLVIII°, sous l'année 850 ; il en parle comme d'un événement très-ordinaire. Bayle, à l'article PAULICIENS, aurait bien dû en faire quelque mention ; d'autant plus que les pauliciens échappés à ce massacre se joignirent aux musulmans, et les aidèrent à détruire ce détestable empire d'Orient, qui savait proscrire, et qui ne savait plus combattre. Mais ce qui met le comble à l'atrocité chrétienne, c'est que cette furie de Théodora fut déclarée sainte, et qu'on a longtemps célébré sa fête dans l'Église grecque.

s'accoutumèrent à nommer manichéens tous ceux qui combattaient quelques dogmes de l'Église papiste, et à les poursuivre avec la même barbarie. C'est ainsi qu'un Robert de France fit brûler à ses yeux le confesseur de sa femme et plusieurs prêtres.

Quand les Vaudois et les Albigeois parurent, on les appela manichéens, pour les rendre plus odieux.

Qui ne connaît les cruautés horribles exercées dans les provinces méridionales de France, contre ces malheureux dont le crime était de nier qu'on pût faire Dieu avec des paroles?

Lorsque ensuite les disciples de notre Wiclef, de Jean Hus, et enfin ceux de Luther et de Zuingle, voulurent secouer le joug papal, on sait que l'Europe presque entière fut bientôt partagée en deux espèces, l'une de bourreaux, et l'autre de suppliciés. Les réformés firent ensuite ce qu'avaient fait les chrétiens des quatrième et cinquième siècles; après avoir été persécutés, ils devinrent persécuteurs à leur tour. Si on voulait compter les guerres civiles que les disputes sur le christianisme ont excitées, on verrait qu'il y en a plus de cent. Notre Grande-Bretagne a été saccagée : les massacres d'Irlande sont comparables à ceux de la Saint-Barthélemy; et je ne sais s'il y eut plus d'abominations commises, plus de sang répandu en France qu'en Irlande. La femme de sir Henri Spotswood[1], sœur de ma bisaïeule, fut égorgée avec deux de ses filles. Ainsi, dans cet examen, j'ai toujours à venger le genre humain et moi-même.

Que dirai-je du tribunal de l'inquisition qui subsiste encore ? Les sacrifices de sang humain qu'on reproche aux anciennes nations ont été plus rares que ceux dont les Espagnols et les Portugais se sont souillés dans leurs actes de foi.

Est-il quelqu'un maintenant qui veuille comparer ce long amas de destruction et de carnage au martyre de sainte Potamienne, de sainte Barbe, de saint Pionius, et de saint Eustache? Nous avons nagé dans le sang comme des tigres acharnés, pendant des siècles, et nous osons flétrir les Trajan et les Antonin du nom de persécuteurs!

1. Milord Bolingbroke a bien raison de comparer les massacres d'Irlande à ceux de la Saint-Barthélemy en France; je crois même que le nombre des assassinats irlandais surpassa celui des assassinats français.

Il fut prouvé juridiquement par Henri Shampart, James Shaw, et autres, que les confesseurs des catholiques leur avaient dénoncé l'excommunication et la damnation éternelle, s'ils ne tuaient pas tous les protestants, avec les femmes et les enfants qu'ils pourraient mettre à mort; et que les mêmes confesseurs leur enjoignirent de ne pas épargner le bétail appartenant aux Anglais, afin de mieux ressembler au saint peuple juif, quand Dieu lui livra Jéricho.

On trouva dans la poche du lord Macguire, lorsqu'il fut pris, une bulle du pape Urbain VIII, du 25 mai 1643, laquelle promettait aux Irlandais la rémission de tous les crimes, et les relevait de tous leurs vœux, excepté de celui de chasteté.

Le chevalier Clarendon et le chevalier Temple disent que, depuis l'automne de 1641 jusqu'à l'été de 1643, il y eut cent cinquante mille protestants d'assassinés, et qu'on n'épargna ni les enfants, ni les femmes. Un Irlandais, nommé Brooke, zélé pour son pays, prétend qu'on n'en égorgea que quarante mille. Prenons un terme moyen, nous aurons quatre-vingt-quinze mille victimes en vingt et un mois.

Il m'est arrivé quelquefois de représenter à des prêtres l'énormité de toutes ces désolations dont nos aïeux ont été les victimes; ils me répondaient froidement que c'était un bon arbre qui avait produit de mauvais fruits : je leur disais que c'était un blasphème de prétendre qu'un arbre qui avait porté tant et de si horribles poisons, a été planté des mains de Dieu même. En vérité il n'y a point de prêtre qui ne doive baisser les yeux et rougir devant un honnête homme.

Chap. XXXVIII. — *Excès de l'Église romaine.*

Ce n'est que dans l'Église romaine incorporée avec la férocité des descendants des Huns, des Goths et des Vandales, qu'on voit cette série continue de scandales et de barbaries inconnues chez tous les prêtres des autres religions du monde.

Les prêtres ont partout abusé, parce qu'ils sont hommes. Il fut même, et il est encore chez les bramines des fripons et des scélérats, quoique cette ancienne secte soit sans contredit la plus honnête de toutes. L'Église romaine l'a emporté en crimes sur toutes les sectes du monde, parce qu'elle a eu des richesses et du pouvoir.

Elle l'a emporté en débauches obscènes, parce que, pour mieux gouverner les hommes, elle s'est interdit le mariage, qui est le plus grand frein à l'impudicité *vulgivague* et à la pédérastie.

Je m'en tiens à ce que j'ai vu de mes yeux et à ce qui s'est passé peu d'années avant ma naissance. Y eut-il jamais un brigand qui respectât moins la foi publique, le sang des hommes et l'honneur des femmes, que ce Bernard Van-Galen, évêque de Munster, qui se faisait soudoyer tantôt par les Hollandais contre ses voisins, tantôt par Louis XIV contre les Hollandais? Il s'enivra de vin et de sang toute sa vie. Il passait du lit de ses concubines aux champs de meurtre, comme une bête en rut et carnassière. Le sot peuple cependant se mettait à genoux devant lui et recevait humblement sa bénédiction.

J'ai vu un de ses bâtards, qui, malgré sa naissance, trouva le moyen d'être chanoine d'une collégiale; il était plus méchant que son père, et beaucoup plus dissolu : je sais qu'il assassina une de ses maîtresses.

Je demande s'il n'est pas probable que l'évêque, marié à une Allemande femme de bien, et son fils, né en légitime mariage et bien élevé, auraient mené l'un et l'autre une vie moins abominable. Je demande s'il y a quelque chose au monde plus capable de modérer nos fureurs que les regards d'une épouse et d'une mère respectée, si les devoirs d'un père de famille n'ont pas étouffé mille crimes dans leur germe.

Combien d'assassinats commis par des prêtres n'ai-je pas vus en Italie, il n'y a pas quarante ans? Je n'exagère point ; il y avait peu de jours où un prêtre corse n'allât, après avoir dit la messe, arquebuser son ennemi ou son rival derrière un buisson ; et quand l'assassiné respirait encore, le prêtre lui offrait de le confesser et de lui donner l'absolution. C'est ainsi que ceux que le pape Alexandre VI faisait égorger pour s'emparer de leur bien, lui demandaient *unam indulgentiam in articulo mortis*.

Je lisais hier ce qui est rapporté dans nos histoires d'un évêque de Liége, du temps de notre Henri V. Cet évêque n'est appelé que *Jean sans pitié*. Il avait un prêtre qui lui servait de bourreau; et après l'avoir employé à pendre, à rouer, à éventrer plus de deux mille personnes, il le fit pendre lui-même.

Que dirai-je de l'archevêque d'Upsal, nommé Troll, qui, de concert avec le roi de Danemark, Christian II, fit massacrer devant lui quatre-vingt-quatorze sénateurs et livra la ville de Stockholm au pillage, une bulle du pape à la main?

Il n'y a point d'État chrétien où les prêtres n'aient étalé des scènes à peu près semblables.

On me dira que je ne parle que des crimes ecclésiastiques et que je passe sous silence ceux des séculiers. C'est que les abominations des prêtres, et surtout des prêtres papistes, font un plus grand contraste avec ce qu'ils enseignent au peuple; c'est qu'ils joignent à la foule de leurs forfaits un crime non moins affreux, s'il est possible, celui de l'hypocrisie; c'est que plus leurs mœurs doivent être pures, plus ils sont coupables. Ils insultent au genre humain; ils persuadent à des imbéciles de s'enterrer vivants dans un monastère. Ils prêchent une vêture, ils administrent leurs huiles; et au sortir de là ils vont se plonger dans la volupté ou dans le carnage; c'est ainsi que l'Église fut gouvernée depuis les fureurs d'Athanase et d'Arius jusqu'à nos jours.

Qu'on me parle avec la même bonne foi que je m'explique; pense-t-on qu'il y ait eu un seul de ces monstres qui ait cru les dogmes impertinents qu'ils ont prêchés? Y a-t-il eu un seul pape qui, pour peu qu'il ait eu de sens commun; ait cru l'incarnation de Dieu, la mort de Dieu, la résurrection de Dieu, la Trinité de Dieu, la transsubstantiation de la farine en Dieu, et toutes ces odieuses chimères qui ont mis les chrétiens au-dessous des brutes? certes ils n'en ont rien cru, et parce qu'ils ont senti l'horrible absurdité du christianisme, ils se sont imaginé qu'il n'y a point de Dieu. C'est là l'origine de toutes les horreurs dont ils se sont souillés; prenons-y garde, c'est l'absurdité des dogmes chrétiens qui fait les athées.

CONCLUSION.

Je conclus que tout homme sensé, tout homme de bien, doit avoir la secte chrétienne en horreur. *Le grand nom de théiste, qu'on ne révère pas assez* [1], est le seul nom qu'on doive prendre. Le seul Évangile qu'on doive lire, c'est le grand livre de la nature, écrit de la main de Dieu et scellé de son cachet. La seule religion qu'on doive professer est celle *d'adorer Dieu et d'être honnête homme*. Il est aussi impossible que cette religion pure et éternelle produise du mal, qu'il était impossible que le fanatisme chrétien n'en fît pas.

1. *N. B.* Ces paroles sont prises des *Caractéristiques* du lord Shaftesbury.

On ne pourra jamais faire dire à la religion naturelle : *Je suis venue apporter¹, non pas la paix, mais le glaive.* Au lieu que c'est la première confession de foi qu'on met dans la bouche du Juif qu'on a nommé le Christ.

Les hommes sont bien aveugles et bien malheureux de préférer une secte absurde, sanguinaire, soutenue par des bourreaux et entourée de bûchers; une secte qui ne peut être approuvée que par ceux à qui elle donne du pouvoir et des richesses; une secte particulière qui n'est reçue que dans une partie du monde; à une religion simple et universelle qui, de l'aveu même des christicoles, était la religion du genre humain du temps de Seth, d'Énoch, de Noé. Si la religion de leurs premiers patriarches est vraie, certes la secte de Jésus est fausse. Les souverains se sont soumis à cette secte, croyant qu'ils en seraient plus chers à leurs peuples, en se chargeant eux-mêmes du joug que leurs peuples portaient. Ils n'ont pas vu qu'ils se faisaient les premiers esclaves des prêtres, et ils n'ont pu encore parvenir dans la moitié de l'Europe à se rendre indépendants.

Et quel roi, je vous prie, quel magistrat, quel père de famille, n'aimera pas mieux être le maître chez lui que d'être l'esclave d'un prêtre ?

Quoi ! le nombre innombrable des citoyens modestes, excommuniés, réduits à la mendicité, égorgés, jetés à la voirie, le nombre des princes détrônés et assassinés, n'a pas encore ouvert les yeux des hommes ! et si on les entr'ouvre, on n'a pas encore renversé cette idole funeste !

Que mettrons-nous à la place? dites-vous : quoi? un animal féroce a sucé le sang de mes proches : je vous dis de vous défaire de cette bête, et vous me demandez ce qu'on mettra à sa place ! vous me le demandez ! vous, cent fois plus odieux que les pontifes païens, qui se contentaient tranquillement de leurs cérémonies et de leurs sacrifices, qui ne prétendaient point enchaîner les esprits par des dogmes, qui ne disputèrent jamais aux magistrats leur puissance, qui n'introduisirent point la discorde chez les hommes. Vous avez le front de demander ce qu'il faut mettre à la place de vos fables ! Je vous réponds, Dieu, la vérité, la vertu, des lois, des peines et des récompenses. Prêchez la probité et non le dogme. Soyez les prêtres de Dieu et non d'un homme.

Après avoir pesé devant Dieu le christianisme dans les balances de la vérité, il faut le peser dans celles de la politique. Telle est la misérable condition humaine, que le vrai n'est pas toujours avantageux. Il y aurait du danger et peu de raison à vouloir faire tout d'un coup du christianisme ce qu'on a fait du papisme. Je tiens que, dans notre île, on doit laisser subsister la hiérarchie établie par un acte de parlement, en la soumettant toujours à la législation civile et en l'empêchant de nuire. Il serait sans doute à désirer que l'idole fût renversée, et qu'on offrît à Dieu des hommages plus purs; mais le peuple n'en est pas encore digne. Il suffit, pour le présent, que notre Église soit contenue

1. Matthieu, xv, 34. (Éd.)

dans ses bornes. Plus les laïques seront éclairés, moins les prêtres pourront faire de mal. Tâchons de les éclairer eux-mêmes, de les faire rougir de leurs erreurs, et de les amener peu à peu jusqu'à être citoyens[1].

TRADUCTION D'UNE LETTRE DE MILORD BOLINGBROKE
A MILORD CORNSBURY.

Ne soyez point étonné, milord, que Grotius et Pascal aient eu les travers que nous leur reprochons. La vanité, la passion de se distinguer, et surtout celle de dominer sur l'esprit des autres, ont corrompu bien des génies, et obscurci bien des lumières.

Vous avez vu chez nous d'excellents conseillers de loi soutenir les causes les plus mauvaises. Notre Whiston, bon géomètre et très-savant homme, s'est rendu très-ridicule par ses systèmes. Descartes était certainement un excellent géomètre pour son temps; cependant quelles sottises énormes n'a-t-il pas dites en physique et en métaphysique? A-t-on jamais vu un roman plus extravagant que celui de son Monde?

Le docteur Clarke passera toujours pour un métaphysien très-profond; mais cela n'empêche pas que la partie de son livre qui regarde la religion ne soit sifflée de tous les penseurs.

J'ai lu, il y a quelques mois, le manuscrit du *Commentaire de l'Apocalypse* de Newton, que m'a prêté son neveu Conduit. Je vous avoue que sur ce livre je le ferais mettre à Bedlam, si je ne savais d'ailleurs qu'il est, dans les choses de sa compétence, le plus grand homme qu'on ait jamais vu. J'en dirais bien autant d'Augustin, évêque d'Hippone, c'est-à-dire que je le jugerais digne de Bedlam sur quelques-unes de ses contradictions et de ses allégories; mais je ne prétends pas dire que je le regarderais comme un grand homme.

On est tout étonné de lire dans son sermon sur le septième psaume ces belles paroles : « Il est clair que le nombre de quatre a rapport au corps humain, à cause des quatre éléments; des quatre qualités dont il est composé, le froid, le chaud, le sec, et l'humide. Le nombre de quatre a rapport au vieil homme et au vieux *Testament*, et celui de trois a rapport au nouvel homme et au nouveau *Testament*. Tout se fait donc par quatre et par trois qui font sept; et quand le nombre de sept jours sera passé, le huitième sera le jour du jugement. »

---

1. Il n'est pas possible à l'esprit humain, quelque dépravé qu'il puisse être de répondre un mot raisonnable à tout ce qu'a dit milord Bolingbroke. Moi-même, avec un des plus grands mathématiciens de notre île, j'ai essayé d'imaginer ce que les christicoles pourraient alléguer de plausible, et je ne l'ai pu trouver. Ce livre est un foudre qui écrase la superstition. Tout ce que nos *Divines* (*divine*, en anglais, signifie *théologien*) ont à faire, c'est de ne prêcher jamais que la morale; et de rendre à jamais le papisme exécrable à toutes les nations. Par là, ils seront chers à la nôtre. Qu'ils fassent adorer un Dieu, et qu'ils fassent détester une secte abominable fondée sur l'imposture, la persécution, la rapine et le carnage; une secte l'ennemie des rois et des peuples, et surtout l'ennemie de notre constitution, de cette constitution la plus heureuse de l'univers. Il a été donné à milord Bolingbroke de détruire les démences théologiques, comme il a été donné à Newton d'anéantir les erreurs physiques. Puisse bientôt l'Europe entière s'éclairer à cette lumière. Amen. A Londres, le 18 mars 1757. MALLET.

Les raisons que donne Augustin pourquoi Dieu dit à l'homme, aux poissons, et aux oiseaux : « Croissez et multipliez, » et ne le dit point aux autres animaux, sont encore excellentes. Cela se trouve à la fin des *Confessions* d'Augustin, et je vous exhorte à les lire.

Pascal était assez éloquent, et était surtout un bon plaisant. Il est à croire qu'il serait devenu même un profond géomètre; ce qui ne s'accorde guère avec la raillerie et le comique qui règnent dans ses *Lettres provinciales*; mais sa mauvaise santé le rendit bientôt incapable de faire des études suivies. Il était extrêmement ignorant sur l'histoire des premiers siècles de l'Église, ainsi que sur presque toute autre histoire. Quelques jansénistes même m'avouèrent, lorsque j'étais à Paris, qu'il n'avait jamais lu l'*Ancien Testament* tout entier; et je crois qu'en effet peu d'hommes ont fait cette lecture, excepté ceux qui ont eu la manie de le commenter.

Pascal n'avait lu aucun des livres des jésuites dont il se moque dans ses lettres. C'étaient des manœuvres littéraires de Port-Royal qui lui fournissaient les passages qu'il tournait si bien en ridicule.

Ses *Pensées* sont d'un enthousiaste, et non d'un philosophe. Si le livre qu'il méditait eût été composé avec de pareils matériaux, il n'eût été qu'un édifice monstrueux bâti sur du sable mouvant. Mais il était lui-même incapable d'élever ce bâtiment, non-seulement à cause de son peu de science, mais parce que son cerveau se dérangea sur les dernières années de sa vie, qui fut courte. C'est une chose bien singulière, que Pascal et Abbadie, les deux défenseurs de la religion chrétienne, que l'on cite le plus, soient tous deux morts fous. Pascal, comme vous savez, croyait toujours voir un précipice à côté de sa chaise; et Abbadie courait les rues de Dublin avec tous les petits gueux de son quartier. C'est une des raisons qui ont engagé notre pauvre doyen Swift à faire une fondation pour les fous.

A l'égard de Grotius, il s'en faut beaucoup qu'il eût le génie de Pascal, mais il était savant; j'entends savant de cette pédanterie qui entasse beaucoup de faits, et qui possède quelques langues étrangères. Son *Traité de la vérité de la religion chrétienne* est superficiel, sec, aride, et aussi pauvre en raisonnement qu'en éloquence, supposant toujours ce qui est en question, et ne le prouvant jamais. Il pousse même quelquefois la faiblesse du raisonnement jusqu'au plus grand ridicule.

Connaissez-vous, milord, rien de plus impertinent que les preuves qu'il donne du jugement dernier au chapitre XXII de son premier Livre? Il prétend que l'embrasement de l'univers est annoncé dans *Hystaspe* et dans les *Sibylles*. Il fortifie ce beau témoignage des noms de deux grands philosophes, Ovide et Lucain. Enfin il pousse l'extravagance jusqu'à citer des astronomes, qu'il appelle astrologues, lesquels, dit-il, ont remarqué que le soleil s'approche insensiblement de la terre, ce qui est un acheminement à la destruction universelle [1].

---

1. Il n'est pas impossible qu'en vertu des perturbations que les planètes causent dans l'orbite de la terre, elle ne se rapproche continuellement du soleil.

Certainement ces astrologues avaient très-mal remarqué; et Grotius les citait bien mal à propos.

Il s'avise de dire, au chapitre XIV du premier Livre, qu'une des grandes preuves de la vérité et de l'antiquité de la religion des Juifs était la circoncision. C'est une opération, dit-il, si douloureuse, et qui les rendait si ridicules aux yeux des étrangers, qu'ils n'en auraient pas fait le symbole de leur religion, s'ils n'avaient pas su que Dieu l'avait expressément ordonnée.

Il est pourtant vrai que les Ismaélites et les autres Arabes, les Égyptiens, les Éthiopiens, avaient pratiqué la circoncision longtemps avant les Juifs, et qu'ils ne pouvaient se moquer d'une coutume que ces Juifs avaient prise d'eux.

Il s'imagine démontrer la vérité de la secte juive en faisant une longue énumération des peuples qui croyaient l'existence des âmes et leur immortalité. Il ne voit pas que c'est cela même qui démontre invinciblement la grossièreté stupide des Juifs, puisque, dans leur *Pentateuque*, non-seulement l'immortalité de l'âme est inconnue, mais le mot hébreu qui peut répondre au mot *âme* ne signifie jamais que la vie animale.

C'est avec le même discernement que Grotius, au chapitre XVI, livre premier, pour rendre l'histoire de Jonas vraisemblable, cite un mauvais poëte grec, Lycophron, selon lequel Hercule demeura trois jours dans le ventre d'une baleine. Mais Hercule fut bien plus habile que Jonas; car il trouva le secret de griller le foie du poisson, et de faire bonne chère dans sa prison. On ne nous dit pas où il trouva un gril et des charbons; mais c'est en cela que consiste le prodige; et il faut avouer que rien n'est plus divin que ces deux aventures du prophète Jonas et du prophète Hercule.

Je m'étonne que ce savant batave ne se soit pas servi de l'exemple de ce même Hercule qui passa le détroit de Calpé et d'Abyla dans sa tasse, pour nous prouver le passage de la mer Rouge à pied sec; car assurément il est aussi beau de naviguer dans un gobelet que de passer la mer sans vaisseau.

En un mot, je ne connais guère de livre plus méprisable que ce *Traité de la religion chrétienne* de Grotius. Il me paraît de la force de ses harangues au roi Louis XIII et à la reine Anne sa femme. Il dit à cette reine, lorsqu'elle fut grosse, qu'elle ressemblait à la Juive Anne qui eut des enfants dans sa vieillesse : que les dauphins, en faisant des gambades sur l'eau, annonçaient la fin des tempêtes; et que le petit Dauphin dont elle était grosse, en remuant dans son ventre, annonçait la fin des troubles du royaume.

A la naissance du Dauphin, il dit à Louis XIII : « La constellation du Dauphin est du présage le plus heureux chez les astrologues. Il a autour de lui l'Aigle, Pégase, la Flèche, le Verseur d'eau, et le Cygne.

---

qu'il n'existe pour la terre une équation séculaire. Cette question ne peut être encore décidée, et il s'en fallait beaucoup qu'on pût en savoir quelque chose du temps de Grotius. (*Éd. de Kehl.*)

L'Aigle désigne clairement que le Dauphin sera un aigle en affaires; Pégase montre qu'il aura une belle cavalerie; la Flèche signifie son infanterie : on voit par le Cygne qu'il sera célébré par les poëtes, les historiens, et les orateurs; et les neuf étoiles qui composent le signe du Dauphin marquent évidemment les neuf Muses qu'il cultivera. »

Ce Grotius fit une tragédie de *Joseph* qui est tout entière dans ce grand goût, et une autre tragédie de *Sophompanée*, dont le style est digne du sujet. Voilà quel était cet apôtre de la religion chrétienne; voilà les hommes qu'on nous donne pour des oracles.

Je crois d'ailleurs l'auteur aussi mauvais politique que mauvais raisonneur. Vous savez qu'il avait la chimère de vouloir réunir toutes les sectes des chrétiens. Il importe fort peu que dans le fond il ait été socinien, comme tant de gens le lui ont reproché; je ne me soucie point de savoir s'il a cru Jésus éternellement engendré, ou éternellement fait, ou fait dans le temps, ou engendré dans le temps, ou consubstantiel, ou non consubstantiel; ce sont des choses qu'il faut renvoyer avec milord Pierre à l'auteur du conte du *Tonneau*, et qu'un esprit de votre trempe n'examinera jamais sérieusement. Vous êtes né, milord, pour des choses plus utiles, pour servir votre patrie, et pour mépriser ces rêveries scolastiques, etc.

LETTRE DE MILORD CORNSBURY A MILORD BOLINGBROKE.

Personne n'a jamais mieux développé que vous, milord, l'établissement et les progrès de la secte chrétienne. Elle ressemble dans son origine à nos quakers. Le platonisme vint bientôt après mêler sa métaphysique chimérique et imposante au fanatisme des galiléens. Enfin le pontife de Rome imita le despotisme des califes. Je crois que, depuis notre révolution, l'Angleterre est le pays où le christianisme fait le moins de mal. La raison en est que ce torrent est divisé chez nous en dix ou douze ruisseaux, soit presbytériens, soit autres *dissenters*, sans quoi ils nous auraient peut-être submergés.

C'est un mal que nos évêques siégent en parlement comme barons; ce n'était pas là leur place. Rien n'est plus directement contraire à l'institut primitif. Mais quand je vois des évêques et des moines souverains en Allemagne, et un vieux godenot à Rome sur le trône des Trajan et des Antonin, je pardonne à nos sauvages ancêtres qui laissèrent nos évêques usurper des baronies.

Il est certain que notre église anglicane est moins superstitieuse et moins absurde que la romaine. J'entends que nos charlatans ne nous empoisonnent qu'avec cinq ou six drogues, au lieu que les *montebanks*[1] papistes empoisonnent avec une vingtaine.

Ce fut un grand trait de sagesse dans le feu czar Pierre Ier, d'abolir dans ses vastes États la dignité de patriarche. Mais il était le maître, les princes catholiques ne le sont pas de détruire l'idole du pape. L'empereur ne pourrait s'emparer de Rome et reprendre son patri-

1. Mot anglais qui signifie *saltimbanques*. (Éd.)

moine, sans exciter contre lui tous les souverains de l'Europe méridionale. Ces messieurs sont, comme le Dieu des chrétiens, fort jaloux.

La secte subsistera donc, et la mahométane aussi, pour faire contre-poids. Les dogmes de celle-ci sont bien moins extravagants. L'incarnation et la trinité sont d'une absurdité qui fait frémir.

De tous les rites de la communion papistique, la confession des filles à des hommes est d'une indécence et d'un danger qui ne nous frappe pas assez dans des climats où nous laissons tant de liberté au sexe. Cela serait abominable dans tout l'Orient. Comment oserait-on mettre une jeune fille tête à tête aux genoux d'un homme, dans des pays où elles sont gardées avec un soin si scrupuleux?

Vous savez quels désordres souvent funestes cette infâme coutume produit tous les jours en Italie et en Espagne. La France n'en est pas exempte. L'aventure du curé de Versailles[1] est encore toute fraîche. Ce drôle volait ses pénitents dans la poche, et débauchait ses pénitentes : on s'est contenté de le chasser; et le duc d'Orléans lui fit une pension. Il méritait la corde.

C'est une plaisante chose que les sacrements de l'Église romaine. On en rit à Paris comme à Londres; mais, tout en riant, on s'y soumet. Les Égyptiens riaient sans doute de voir des singes et des chats sur l'autel; mais ils se prosternaient. Les hommes en général ne méritent pas d'être autrement gouvernés. Cicéron écrivit contre les augures; et les augures subsistèrent; ils burent le meilleur vin du temps d'Horace;

Pontificum potiore cœnis. (Lib. II, od. xiv.)

Ils le boiront toujours. Ils seront dans le fond du cœur de votre avis; mais ils soutiendront une religion qui leur procure tant d'honneurs et d'argent en public, et tant de plaisirs en secret. Vous éclairerez le petit nombre, mais le plus grand nombre sera pour eux. Il en est aujourd'hui dans Rome, dans Londres, dans Paris, dans toutes les grandes villes, en fait de religion, comme dans Alexandrie du temps de l'empereur Adrien. Vous connaissez sa lettre à Servianus, écrite d'Alexandrie :

« Tous n'ont qu'un Dieu. Chrétiens, Juifs, et tous les autres, l'adorent avec la même ardeur; c'est l'argent. »

Voilà le Dieu du pape et de l'archevêque de Kenterbury.

1. Fantin. (Éd.)

LETTRE SUR LES PANÉGYRIQUES.

PAR IRÉNÉE ALETHÈS,

PROFESSEUR EN DROIT DANS LE CANTON D'URI.

(1767.)

Vous avez raison, monsieur, de vous défier des panégyriques; ils sont presque tous composés par des sujets qui flattent un maître, ou, ce qui est pis encore, par des petits qui présentent à un grand un encens prodigué avec bassesse et reçu avec dédain.

Je suis toujours étonné que le consul Pline, digne ami de Trajan, ait eu la patience de le louer pendant trois heures, et Trajan celle de l'entendre. On dit, pour excuser l'un et l'autre, que Pline supprima, pour la commodité des auditeurs, une grande partie de son énorme discours; mais s'il en épargna la moitié à l'audience, il était encore trop long d'un quart.

Une seule chose me réconcilie avec ce panégyrique; c'est qu'étant prononcé devant le sénat et devant les principaux chevaliers romains, en l'honneur d'un prince qui regardait leurs suffrages comme sa plus noble récompense, ce discours était devenu une espèce de traité entre la république et l'empereur. Pline, en louant Trajan d'avoir été laborieux, équitable, humain, bienfaisant, l'engageait à l'être toujours; et Trajan justifia Pline le reste de sa vie.

Eusèbe de Césarée voulut, deux siècles après, faire dans une église, en faveur de Constantin, ce que Pline avait fait en faveur de Trajan dans le Capitole. Je ne sais si le héros d'Eusèbe est comparable en rien à celui de Pline; mais je sais que l'éloquence de l'évêque est un peu différente de celle du consul.

Dieu, dit-il, a donné des qualités à la matière; d'abord il l'a embellie par le nombre de deux, ensuite il l'a perfectionnée par le nombre de trois, en lui donnant la longueur, la largeur, et la profondeur; puis ayant doublé le nombre de deux, il s'en est formé les quatre éléments. Ce nombre de quatre a produit celui de dix; trois fois dix ont fait un mois, etc...; la lune ainsi parée de trois fois dix unités, qui font trente, reparaît toujours avec un éclat nouveau; il est donc évident que notre grand empereur Constantin est le digne favori de Dieu, puisqu'il a régné trente années. »

C'est ainsi que raisonne l'évêque, auteur de la *Préparation évangélique*, dans un discours pour le moins aussi long que celui de Pline le jeune.

En général nous ne louons aujourd'hui les grands en face que très-rarement, et encore ce n'est que dans des épîtres dédicatoires qui ne sont lues de personne, pas même de ceux à qui elles sont adressées.

La méthode des oraisons funèbres eut un grand cours dans le beau siècle de Louis XIV. Il s'éleva un homme éloquent[1] né pour ce genre d'écrire, qui fit non-seulement supporter ses déclamations, mais qui les fit admirer. Il avait l'art de peindre avec la parole. Il savait tirer de grandes beautés d'un sujet aride. Il imitait ce Simonide qui célébrait les dieux quand il avait à louer des personnages médiocres.

Il est vrai qu'on voit trop souvent une étrange contraste entre les couleurs vraies de l'histoire et le vernis brillant des oraisons funèbres. Lisez l'éloge de Michel Le Tellier, chancelier de France, dans Bossuet; c'est un sage, c'est un juste; voyez ses actions dans les *Lettres de Mme de Sévigné*; c'est un courtisan intrigant et dur, qui trahit la cour dans le temps de la Fronde, et ensuite ses amis pour la cour; qui traita Fouquet, dans sa prison, avec la cruauté d'un geôlier, qui le jugea avec barbarie, et qui mendia des voix pour le condamner à la mort. Il n'ouvrait jamais dans le conseil que des avis tyranniques. Le comte de Grammont, en le voyant sortir du cabinet du roi, le comparait à une fouine qui sort d'une basse-cour en se léchant le museau teint du sang des animaux qu'elle a égorgés.

Ce contraste a d'abord jeté quelque ridicule sur les oraisons funèbres; ensuite la multiplicité de ces déclamations a fait naître le dégoût. On les a regardées comme de vaines cérémonies, comme la partie la plus ennuyeuse d'une pompe funéraire, comme un fatigant hommage qu'on rend à la place et non au mérite.

Qui n'a rien fait doit être oublié. L'épouse de Louis XIV n'était que la fille d'un roi puissant, et la femme d'un grand homme. Son oraison funèbre est l'une des plus médiocres que Bossuet ait composées. Celles de Condé[1] et de Turenne[2] ont immortalisé leurs auteurs. Mais qu'avait fait Anne de Gonzague, comtesse palatine du Rhin, que Bossuet voulut aussi rendre immortelle? Retirée dans Paris, elle eut des amants et des amis. Femme d'esprit, elle étala des sentiments hardis tant qu'elle jouit de la santé et de la beauté; vieille et infirme, elle fut dévote. Il importe peut-être assez peu aux nations qu'Anne de Gonzague se soit convertie pour avoir vu un aveugle, une poule, et un chien, en songe[4], et qu'elle soit morte entre les mains d'un directeur.

Louis XIV, longtemps vainqueur et pacificateur, plus grand dans les

1. Bossuet. (Éd.) — 2. Par Bossuet. (Éd.) — 3. Par Fléchier. (Éd.)
4. *N. B.* « Ce fut par cette vision qu'elle comprit, dit Bossuet, qu'il manque un sens aux *incrédules*. Trois mois entiers furent employés à repasser avec larmes ses ans écoulés dans les illusions, et à préparer sa confession. Dans l'approche du jour désiré, où elle espérait de la faire, elle tomba dans une syncope qui ne lui laissait ni couleur, ni pouls, ni respiration. Revenue d'une si étrange défaillance, elle se vit replongée dans un plus grand mal; et, après les approches de la mort, elle ressentit toutes les horreurs de l'enfer. Digne effet des sacrements de l'Église! etc. » Édition de 1749, p. 315 et 316.

« Elle vit aussi une poule qui arrachait un de ses poussins de la gueule d'un chien, et elle entendit cette poule qui disait : « Non, je ne le rendrai jamais. » Voy. page 319 de la même édition.

C'est donc là ce que rapporte cet illustre Bossuet, qui s'élevait dans le même temps, avec un acharnement si impitoyable, contre les visions de l'élégant et sensible archevêque de Cambrai. Ô Démosthène et Sophocle! ô Cicéron et Virgile! qu'eussiez-vous dit si, dans votre temps, des hommes, d'ailleurs éloquents, avaient débité sérieusement de pareilles pauvretés?

revers que modeste dans la prospérité, protecteur des rois malheureux, bienfaiteur des arts, législateur, méritait sans doute, malgré ses grandes fautes, que sa mémoire fût consacrée; mais il ne fut pas si heureusement loué après sa mort que de son vivant, soit que les malheurs de la fin de son règne eussent glacé les orateurs et indisposé le public, soit que son *Panégyrique*, prononcé en 1674 publiquement par Pellisson à l'Académie, fût en effet plus éloquent que toutes les oraisons composées après sa mort; soit plutôt que les beaux jours de son règne, l'éclat de sa gloire, se répandit sur l'ouvrage de Pellisson même. Mais ce qui fut honorable à Louis XIV, c'est que, de son vivant, on prononça douze éloges de ce monarque dans douze villes d'Italie. Ils lui furent envoyés par le marquis Zampieri, dans une reliure d'or. Cet hommage singulier et unanime rendu par des étrangers, sans crainte et sans espérance, était le prix de l'encouragement que Louis XIV avait donné dans l'Europe aux beaux-arts, dont il était alors l'unique protecteur.

Un académicien français[1] fit, en 1748, le *Panégyrique de Louis XIV*. Cette pièce a cela de singulier que l'on n'y voit aucune adulation, pas une seule phrase qui sente le déclamateur ou le faiseur de dédicace. L'auteur ne loue que par les faits. Le roi de France venait de finir une guerre dans laquelle il avait gagné deux batailles en personne, et de conclure une paix dans laquelle il ne voulut jamais stipuler pour lui le moindre avantage. Cette conduite, supérieure à la politique ordinaire, n'eût pas été célébrée par Machiavel; mais elle le fut par un citoyen philosophe. Ce citoyen étant sujet du monarque auquel il rendait justice, craignit que sa qualité de sujet ne le fit passer pour flatteur; il ne se nomma pas : l'ouvrage fut traduit en latin, en espagnol, en italien, en anglais. On ignora longtemps en quelle langue il avait d'abord été écrit; l'auteur fut inconnu, et probablement le prince ignore encore quel fut l'homme obscur qui fit cet éloge désintéressé.

Vous voulez, monsieur, prononcer dans votre académie le panégyrique de l'impératrice de Russie; vous le pouvez avec d'autant plus de bienséance et de dignité que, n'étant point son sujet, vous lui rendrez librement les mêmes honneurs que le marquis Zampieri rendit à Louis XIV.

Elle se signale précisément comme ce monarque, par la protection qu'elle donne aux arts, par les bienfaits qu'elle a répandus hors de son empire, et surtout par les nobles secours dont elle a honoré l'innocence des Calas et des Sirven, dans des pays qui n'étaient pas connus de ses anciens prédécesseurs.

Je remplis mon devoir, monsieur, en vous fournissant quelques couleurs que vos pinceaux mettront en œuvre; et si c'est une indiscrétion, je commets une faute dont l'impératrice seule pourra me savoir mauvais gré, et dont l'Europe m'applaudira. Vous verrez que, si Pierre le Grand fut le vrai fondateur de son empire, s'il fit des soldats et des

---

1. Voltaire lui-même. (ÉD.)

matelots, si l'on peut dire qu'il créa des hommes, on pourra dire que Catherine II a formé leurs âmes.

Elle a introduit dans sa cour les beaux-arts et le goût, ces marques certaines de la splendeur d'un empire; elle en assure la durée sur le fondement des lois. Elle est la seule de tous les monarques du monde qui ait rassemblé des députés de toutes les villes d'Europe et d'Asie pour former avec elle un corps de jurisprudence universelle et uniforme. Justinien ne confia qu'à quelques jurisconsultes le soin de rédiger un code; elle confie ce grand intérêt de la nation à la nation même, jugeant avec autant d'équité que de grandeur qu'on ne doit donner aux hommes que les lois qu'ils approuvent, et prévoyant qu'ils chériront à jamais un établissement qui sera leur ouvrage.

C'est dans ce code qu'elle rappelle les hommes à la compassion, à l'humanité que la nature inspire et que la tyrannie étouffe; c'est là qu'elle abolit ces supplices si cruels, si recherchés, si disproportionnés aux délits; c'est là qu'elle rend les peines des coupables utiles à la société; c'est là qu'elle interdit l'affreux usage de la question, invention odieuse à toutes les âmes honnêtes, contraire à la raison humaine et à la miséricorde recommandée par Dieu même; barbarie inconnue aux Grecs, exercée par les Romains contre les seuls esclaves, en horreur aux braves Anglais, proscrite dans d'autres États, mitigée enfin quelquefois chez ces nations qui sont esclaves de leurs anciens préjugés, et qui reviennent toujours les dernières à la nature et à la vérité en tout genre.

Souveraine absolue, elle gémit sur l'esclavage et elle l'abhorre. Ses lumières lui font aisément discerner combien ces lois de servitude, apportées autrefois du Nord dans une si grande partie de la terre, avilissent la nature humaine; dans quelle misère une nation croupit quand l'agriculture n'est que le partage des esclaves; à quel point les hommes ont été barbares, quand le gouvernement des Huns, des Goths, des Vandales, des Francs, des Bourguignons, a dégradé le genre humain.

Elle a senti que le grand nombre, qui ne travaille jamais pour lui-même, et qui se croit né pour servir le plus petit nombre, ne peut se tirer de cet abîme si on ne lui tend une main favorable. Mille talents périssent étouffés, nul art ne peut être exercé; une immense multitude est inutile à elle-même et à ses maîtres. Les premiers de l'État, mal servis par des esclaves ineptes, sont eux-mêmes les esclaves de l'ignorance commune. Ils ne jouissent d'aucune consolation de la vie, ils sont sans secours au milieu de l'opulence. Tels étaient autrefois les rois francs et tous ces vassaux grossiers de leur couronne, lorsqu'ils étaient obligés de faire venir un médecin, un astronome arabe, un musicien d'Italie, une horloge de Perse, et que les courtiers juifs fournissaient la grossière magnificence de leurs cours plénières.

L'âme de Catherine a conçu le dessein d'être la libératrice du genre humain dans l'espace de plus de onze cent mille de nos grandes lieues carrées. Elle n'entreprend point tout ce grand ouvrage par la force, mais par la seule raison; elle invite les grands seigneurs de son empire à devenir plus grands en commandant à des hommes libres; elle en donne l'exemple, elle affranchit les serfs de ses domaines; elle arrache plus de cinq cent mille esclaves à l'Église sans la faire murmurer et en la dédommageant; elle la rend respectable en la sauvant du reproche que la terre entière lui faisait d'asservir les hommes qu'elle devait instruire et soulager.

« Les sujets de l'Église, dit-elle dans une de ses lettres, souffrant des vexations souvent tyranniques auxquelles les fréquents changements des maîtres contribuaient beaucoup, se révoltèrent vers la fin du règne de l'impératrice Élisabeth, et ils étaient à mon avénement plus de cent mille en armes. C'est ce qui fit qu'en 1762 j'exécutai le projet de changer entièrement l'administration des biens du clergé, et de fixer ses revenus. Arsène, évêque de Rostou, s'y opposa, poussé par quelques-uns de ses confrères, qui ne trouvèrent pas à propos de se nommer. Il envoya deux mémoires où il voulait établir le principe absurde des deux puissances. Il avait déjà fait cette tentative du temps de l'impératrice Élisabeth; on s'était contenté de lui imposer silence : mais son insolence et sa folie redoublant, il fut jugé par le métropolitain de Novogorod et par le synode entier, condamné comme fanatique, coupable d'une entreprise contraire à la foi orthodoxe autant qu'au pouvoir souverain, déchu de sa dignité et de la prêtrise, et livré au bras séculier. Je lui fis grâce, et je me contentai de le réduire à la condition de moine. »

Telles sont, monsieur, ses propres paroles. Il en résulte qu'elle sait soutenir l'Église et la contenir; qu'elle respecte l'humanité autant que la religion; qu'elle protége le laboureur autant que le prêtre; que tous les ordres de l'État doivent la bénir.

J'aurai encore l'indiscrétion de transcrire ici un passage d'une de ses lettres.

« La tolérance est établie chez nous; elle fait la loi de l'État, et il est défendu de persécuter. Nous avons, il est vrai, des fanatiques qui, faute de persécution, se brûlent eux-mêmes; mais si ceux des autres pays en faisaient autant, il n'y aurait pas grand mal; le monde n'en serait que plus tranquille, et Calas n'aurait pas été roué. »

Ne croyez pas qu'elle écrive ainsi par un enthousiasme passager, et vain qu'on désavoue ensuite dans la pratique, ni même par le désir louable d'obtenir dans l'Europe les suffrages des hommes qui pensent et qui enseignent à penser. Elle pos ces principes pour base de son gouvernement. Elle a écrit de sa main, dans le conseil de législation, ces paroles, qu'il faut graver aux portes de toutes les villes : « Dans un grand empire, qui étend sa domination sur autant de peuples divers qu'il y a de différentes croyances parmi les hommes, la faute la plus nuisible serait l'intolérance. » Remarquez qu'elle n'hésite pas de mettre l'intolérance au rang des fautes, j'ai presque dit des délits. Ainsi une impératrice despotique détruit dans le fond du Nord la persécution, tandis que dans le Midi....

Jugez après cela, monsieur, s'il se trouvera un honnête homme dans l'Europe qui ne sera pas prêt à signer le panégyrique que vous méditez. Non-seulement cette princesse est tolérante, mais elle veut que ses voisins le soient. Voilà la première fois qu'on a déployé le pouvoir suprême pour établir la liberté de conscience. C'est la plus grande époque que je connaisse dans l'histoire moderne.

C'est à peu près ainsi que les Syracusains défendirent aux Carthaginois d'immoler des hommes.

Plût à Dieu qu'au lieu des barbares qui fondirent autrefois des plaines de la Scythie et des montagnes de l'Immaüs et du Caucase vers les Alpes et les Pyrénées pour tout ravager, on vît descendre des armées pour renverser le tribunal de l'inquisition; tribunal plus horrible que les sacrifices de sang humain tant reprochés à nos pères !

Enfin ce génie supérieur veut faire entendre à ses voisins ce que l'on commence à comprendre en Europe, que des opinions métaphysiques inintelligibles, qui sont les filles de l'absurdité, sont les mères de la discorde; et que l'Église, au lieu de dire : « Je viens apporter le glaive et non la paix¹, » doit dire hautement : « J'apporte la paix et non le glaive. » Aussi l'impératrice ne veut-elle tirer l'épée que contre ceux qui veulent opprimer les dissidents.

J'ignore quelles suites aura la querelle qui divise la Pologne; mais je n'ignore pas que tous les esprits doivent être un jour unis dans l'amour de cette liberté précieuse qui enseigne aux hommes à regarder Dieu comme leur père commun, et à le servir en paix, sans inquiéter, sans avilir, sans haïr ceux qui l'adorent avec des cérémonies différentes des nôtres.

Je sais encore que le roi de Pologne est un prince philosophe digne d'être l'ami de l'impératrice de Russie; un prince fait pour rendre les Polonais heureux, si jamais ils consentent à l'être. Je ne me mêle point de politique; ma seule étude est celle du bonheur du genre humain, etc., etc.

HOMÉLIES

PRONONCÉES A LONDRES EN 1765, DANS UNE ASSEMBLÉE PARTICULIÈRE².

PREMIÈRE HOMÉLIE. — Sur l'athéisme.

Mes frères, puissent mes paroles passer de mon cœur dans le vôtre ! Puissé-je écarter les vaines déclamations, et n'être point un comédien en chaire qui cherche à faire applaudir sa voix, ses gestes, et sa fausse éloquence ! Je n'ai pas l'insolence de vous instruire ; j'exa-

1. Matthieu, x, 34. (ÉD.)
2. Ces quatre homélies, qu'on donne comme prononcées en 1765, ne parurent que deux ans après. Les *Mémoires secrets* en parlent comme d'une nouveauté, sous la date du 10 mai 1767. L'édition originale, petit in-8° de 78 pages, porte le millésime M DCC LXVII. Une cinquième homélie fut publiée en 1769. On la trouvera à sa date. (*Note de M. Beuchot*.)

mine avec vous la vérité. Ce n'est ni l'espérance des richesses et des honneurs, ni l'attrait de la considération, ni la passion effrénée de dominer sur les esprits qui anime ma faible voix. Choisi par vous pour m'éclairer avec vous et non pour parler en maître, voyons ensemble, dans la sincérité de nos cœurs, ce que la raison, de concert avec l'intérêt du genre humain, nous ordonne de croire et de pratiquer. Nous devons commencer par l'existence d'un Dieu. Ce sujet a été traité chez toutes les nations; il est épuisé; c'est par cette raison-là même que je vous en parle; car vous préviendrez tout ce que je vous dirai; nous nous affermirons ensemble dans la connaissance de notre premier devoir; nous sommes ici des enfants assemblés pour nous entretenir de notre père.

C'est une belle démarche de l'esprit humain, un élancement divin de notre raison, si j'ose ainsi parler, que cet ancien argument : *J'existe; donc quelque chose existe de toute éternité.* C'est embrasser tous les temps du premier pas et du premier coup d'œil. Rien n'est plus grand; mais rien n'est plus simple. Cette vérité est aussi démontrée que les propositions les plus claires de l'arithmétique et de la géométrie; elle peut étonner un moment un esprit inattentif; mais elle le subjugue invinciblement le moment d'après : enfin, elle n'a été niée par personne; car à l'instant qu'on réfléchit, on voit évidemment que si rien n'existait de toute éternité, tout serait produit par le néant; notre existence n'aurait nulle cause : ce qui est une contradiction absurde.

Nous sommes intelligents; donc il y a une intelligence éternelle. L'univers ne nous atteste-t-il pas qu'il est l'ouvrage de cette intelligence ? Si une simple maison bâtie sur la terre, ou un vaisseau qui fait sur les mers le tour de notre petit globe, prouve invinciblement l'existence d'un ouvrier, le cours des astres et toute la nature démontrent l'existence de leur auteur.

« Non, me répond un partisan de Straton ou de Zénon, le mouvement est essentiel à la matière; toutes les combinaisons sont possibles avec le mouvement; donc, dans un mouvement éternel, il fallait absolument que la combinaison de l'univers actuel eût sa place. Jetez mille dés pendant l'éternité, il faudra que la chance de mille surfaces semblables arrive; » et on assigne même ce qu'on doit parier pour et contre.

Ce sophisme a souvent étonné des esprits sages, et confondu les superficiels; mais voyons s'il n'est pas une illusion trompeuse.

Premièrement, il n'y a nulle preuve que le mouvement soit essentiel à la matière; au contraire, tous les sages conviennent qu'elle est indifférente au mouvement et au repos, et un seul atome ne remuant pas de sa place détruit l'opinion de ce mouvement essentiel.

Secondement, quand même il serait nécessaire que la matière fût en motion, comme il est nécessaire qu'elle soit figurée, cela ne prouverait rien contre l'intelligence qui dirige son mouvement, et qui modèle ses diverses figures.

Troisièmement, l'exemple de mille dés qui amènent une chance est bien plus étranger à la question qu'on ne croit. Il ne s'agit pas de savoir si le mouvement rangera différemment des cubes; il est sans doute très-possible que mille dés amènent mille *six* ou mille *as*, quoique cela soit très-difficile. Ce n'est là qu'un arrangement de matière sans aucun dessein, sans organisation, sans utilité; mais que le mouvement seul produise des êtres pourvus d'organes, dont le jeu est incompréhensible; que ces organes soient toujours proportionnés les uns aux autres; que des efforts innombrables produisent des effets innombrables dans une régularité qui ne dément jamais; que tous les êtres vivants produisent leurs semblables; que le sentiment de la vue, qui, au fond, n'a rien de commun avec les yeux, s'exerce toujours quand les yeux reçoivent les rayons qui partent des objets; que le sentiment de l'ouïe, qui est totalement étranger à l'oreille, nous fasse à tous entendre les mêmes sons quand l'oreille est frappée des vibrations de l'air; c'est là le véritable nœud de la question; c'est là ce que nulle combinaison ne peut opérer sans un artisan. Il n'y a nul rapport des mouvements de la matière au sentiment, encore moins à la pensée. Une éternité de tous les mouvements possibles ne donnera jamais, ni une sensation, ni une idée; et, qu'on me le pardonne, il faut avoir perdu le sens ou la bonne foi, pour dire que le mouvement de la matière fait des êtres sentants et pensants.

Aussi Spinosa, qui raisonnait méthodiquement, avouait-il qu'il y a dans le monde une intelligence universelle.

Cette intelligence, dit-il avec plusieurs philosophes, existe nécessairement avec la matière; elle en est l'âme; l'une ne peut être sans l'autre. L'intelligence universelle brille dans les astres, nage dans les éléments, pense dans les hommes, végète dans les plantes.

Mens agitat molem, et magno se corpore miscet.
Virg., Æn., VI, 727.

Ils sont donc forcés de reconnaître une intelligence suprême; mais ils la font aveugle et purement mécanique; ils ne la reconnaissent point comme un principe libre, indépendant, et puissant.

Il n'y a selon eux qu'une seule substance, et une substance n'en peut produire une autre. Cette substance est l'universalité des choses, qui est à la fois pensante, sentante, étendue, figurée.

Mais raisonnons de bonne foi : n'apercevons-nous pas un choix dans tout ce qui existe? pourquoi y a-t-il un certain nombre d'espèces? ne pourrait-il pas évidemment en exister moins? ne pourrait-il pas en exister davantage? Pourquoi, dit le judicieux Clarke, les planètes tournent-elles en un sens plutôt qu'en un autre? J'avoue que, parmi d'autres arguments plus forts, celui-ci me frappe vivement : il y a un choix; donc il y a un maître qui agit par sa volonté.

Cet argument est encore combattu par nos adversaires; vous les entendez dire tous les jours : « Ce que vous voyez est nécessaire, puisqu'il existe. — Eh bien, leur répondrai-je, tout ce qu'on pourra déduire de votre supposition, c'est que, pour former le monde, il était nécessaire que l'intelligence suprême fît un choix; ce choix est fait; nous sentons, nous pensons en vertu des rapports que Dieu a mis entre nos perceptions et nos organes. Examinez, d'un côté, des nerfs et des fibres, de l'autre, des pensées sublimes, et avouez qu'un Être suprême peut seul allier des choses si dissemblables. »

Quel est cet Être? existe-t-il dans l'immensité? l'espace est-il un de ses attributs? est-il dans un lieu, ou en tous lieux, ou hors d'un lieu? Puisse-t-il me préserver à jamais d'entrer dans ces subtilités métaphysiques! J'abuserais trop de ma faible raison, si je cherchais à comprendre pleinement l'Être qui, par sa nature et par la mienne, doit m'être incompréhensible. Je ressemblerais à un insensé, qui, sachant qu'une maison a été bâtie par un architecte, croirait que cette seule notion suffît pour connaître à fond sa personne.

Bornons donc notre insatiable et inutile curiosité; attachons-nous à notre véritable intérêt. L'artisan suprême qui a fait le monde et nous est-il notre maître? est-il bienfaisant? lui devons-nous de la reconnaissance?

Il est notre maître sans doute : nous sentons à tous moments un pouvoir aussi invisible qu'irrésistible. Il est notre bienfaiteur, puisque nous vivons. Notre vie est un bienfait, puisque nous aimons tous la vie, quelque misérable qu'elle puisse devenir. Le soutien de cette vie nous a été donné par cet Être suprême et incompréhensible, puisque nul de nous ne peut former la moindre des plantes, dont nous tirons la nourriture qu'il nous donne, et puisque même nul de nous ne sait comment ces végétaux se forment.

L'ingrat peut dire qu'il fallait absolument que Dieu nous fournît des aliments, s'il voulait que nous existassions un certain temps. Il dira : « Nous sommes des machines qui se succèdent les unes aux autres, et dont la plupart tombent brisées et fracassées dès les premiers pas de leur carrière. Tous les éléments conspirent à nous détruire, et nous allons par les souffrances à la mort. » Tout cela n'est que trop vrai; mais aussi il faut convenir que s'il n'y avait qu'un seul homme qui eût reçu de la nature un corps sain et robuste, un sens droit, un cœur honnête, cet homme aurait de grandes grâces à rendre à son auteur. Or, certainement, il y a beaucoup d'hommes à qui la nature a fait ces dons : ceux-là du moins doivent regarder Dieu comme bienfaisant.

A l'égard de ceux que le concours des lois éternelles, établies par l'Être des êtres, a rendus misérables, que pouvons-nous faire, sinon les secourir? que pouvons-nous dire, sinon que nous ne savons pas pourquoi ils sont misérables?

Le mal inonde la terre. Qu'en inférerons-nous par nos faibles raisonnements? Qu'il n'y a point de Dieu? Mais il nous a été démontré qu'il existe. Dirons-nous que ce Dieu est méchant? Mais cette idée est absurde, horrible, contradictoire. Soupçonnerons-nous que Dieu est impuissant, et que celui qui a si bien organisé tous les astres n'a pu bien organiser tous les hommes? cette supposition n'est pas moins intolérable. Dirons-nous qu'il y a un mauvais principe qui altère les ouvrages d'un principe bienfaisant, ou qui en produit d'exécrables? Mai pourquoi ce mauvais principe ne dérange-t-il pas le cours du reste de la nature? pourquoi s'acharnerait-il à tourmenter quelques faibles animaux sur un globe si chétif, pendant qu'il respecterait les autres ouvrages de son ennemi? Comment n'attaquerait-il pas Dieu dans ces millions de mondes qui roulent régulièrement dans l'espace? Comment deux dieux ennemis l'un de l'autre seraient-ils chacun également l'Être nécessaire? Comment subsisteraient-ils ensemble?

Prendrons-nous le parti de l'optimisme? ce n'est au fond que celui d'une fatalité désespérante. Le lord Shaftesbury, l'un des plus hardis philosophes d'Angleterre, accrédita le premier ce triste système. « Les lois, dit-il, du pouvoir central et de la végétation ne seront point changées pour l'amour d'un chétif et faible animal, qui, tout protégé qu'il est par ces mêmes lois, sera bientôt réduit par elles en poussière. »

L'illustre lord Bolingbroke est allé beaucoup plus loin; et le célèbre Pope a osé redire que le bien général est composé de tous les maux particuliers.

Le seul exposé de ce paradoxe en démontre la fausseté. Il serait aussi raisonnable de dire que la vie est le résultat d'un nombre infini de morts, que le plaisir est formé de toutes les douleurs, et que la vertu est la somme de tous les crimes.

Le mal physique et le mal moral sont l'effet de la constitution de ce monde, sans doute; et cela ne peut être autrement. Quand on dit que *tout est bien,* cela ne veut dire autre chose sinon que tout est arrangé suivant des lois physiques : mais assurément tout n'est pas bien pour la foule innombrable des êtres qui souffrent, et de ceux qui font souffrir les autres. Tous les moralistes l'avouent dans leurs discours; tous les hommes le crient dans les maux dont ils sont les victimes.

Quel exécrable soulagement prétendez-vous donner à des malheureux persécutés et calomniés, expirant dans les tourments, en leur disant : *Tout est bien; vous n'avez rien à espérer de mieux?* Ce serait un discours à tenir à ces êtres qu'on suppose éternellement coupables, et qu'on dit nécessairement condamnés avant le temps à des supplices éternels.

Le stoïcien [1] qu'on prétend avoir dit dans un violent accès de goutte : *Non, la goutte n'est point un mal,* avait un orgueil moins absurde que ces prétendus philosophes, qui, dans la pauvreté, dans la persécution, dans le mépris, dans toutes les horreurs de la vie la plus misérable, ont encore la vanité de crier : *Tout est bien.* Qu'ils aient de la résignation, à la bonne heure, puisqu'ils feignent de ne vouloir pas de compassion; mais qu'en souffrant, et en voyant presque toute la terre souffrir ils disent : *Tout est bien, sans aucune espérance de mieux,* c'est un délire déplorable.

Supposerons-nous enfin qu'un être suprême nécessairement bon abandonne la terre à quelque être subalterne qui la ravage, à un geôlier qui nous met à la torture? Mais c'est faire de Dieu un tyran

1. Posidonius. (*Éd.*)

lâche, qui, n'osant commettre le mal par lui-même, le fait continuellement commettre par ses esclaves.

Quel parti nous reste-t-il donc à prendre? n'est-ce pas celui que tous les sages de l'antiquité embrassèrent dans les Indes, dans la Chaldée, dans l'Égypte, dans la Grèce, dans Rome? celui de croire que Dieu nous fera passer de cette malheureuse vie à une meilleure, qui sera le développement de notre nature? Car enfin il est clair que nous avons éprouvé déjà différentes sortes d'existences. Nous étions avant qu'un nouvel assemblage d'organes nous contînt dans la matrice; notre être pendant neuf mois fut très-différent de ce qu'il était auparavant; l'enfance ne ressemble point à l'embryon; l'âge mûr n'eut rien de l'enfance : la mort peut nous donner une manière différente d'exister.

« Ce n'est là qu'une espérance, me crient des infortunés qui sentent et qui raisonnent; vous nous renvoyez à la boîte de Pandore; le mal est réel, et l'espérance peut n'être qu'une illusion : le malheur et le crime assiégent la vie que nous avons, et vous nous parlez d'une vie que nous n'avons pas, que nous n'aurons peut-être pas, et dont nous n'avons aucune idée. Il n'est aucun rapport de ce que nous sommes aujourd'hui avec ce que nous étions dans le sein de nos mères : quel rapport pourrions-nous avoir dans le sépulcre avec notre existence présente?

« Les Juifs, que vous dites avoir été conduits par Dieu même, ne connurent jamais cette autre vie. Vous dites que Dieu leur donna des lois, et dans ces lois il ne se trouve pas un seul mot qui annonce les peines et les récompenses après la mort. Cessez donc de présenter une consolation chimérique à des calamités trop véritables. »

Mes frères, ne répondons point encore en chrétiens à ces objections douloureuses; il n'est pas encore temps. Commençons à les réfuter avec les sages, avant de les confondre par le secours de ceux qui sont au-dessus des sages mêmes.

Nous ignorons ce qui pense en nous, et par conséquent nous ne pouvons savoir si cet être inconnu ne survivra pas à notre corps. Il se peut physiquement qu'il y ait en nous une monade indestructible, une flamme cachée, une particule du feu divin, qui subsiste éternellement sous des apparences diverses. Je ne dirai pas que cela soit démontré; mais, sans vouloir tromper les hommes, on peut dire que nous avons autant de raison de croire que de nier l'immortalité de l'être qui pense. Si les Juifs ne l'ont point connue autrefois, ils l'admettent aujourd'hui. Toutes les nations policées sont d'accord sur ce point. Cette opinion si ancienne et si générale est la seule peut-être qui puisse justifier la Providence. Il faut reconnaître un Dieu rémunérateur et vengeur, ou n'en point reconnaître du tout. Il ne paraît pas qu'il y ait de milieu : ou il n'y a point de Dieu, ou Dieu est juste. Nous avons une idée de la justice, nous, dont l'intelligence est si bornée; comment cette justice ne serait-elle pas dans l'intelligence suprême? Nous sentons combien il serait absurde de dire que Dieu est ignorant, qu'il est faible, qu'il est menteur : oserons-nous dire qu'il est cruel? Il vaudrait mieux s'en tenir à la nécessité fatale des choses, il vaudrait mieux n'admettre qu'un destin invincible, que d'admettre un Dieu qui aurait fait une seule créature pour la rendre malheureuse.

On me dit que la justice de Dieu n'est pas la nôtre. J'aimerais autant qu'on me dît que l'égalité de deux fois deux et quatre n'est pas la même pour Dieu et pour moi. Ce qui est vrai l'est à mes yeux comme aux siens. Toutes les propositions mathématiques sont démontrées pour l'être infini. Il n'y a pas en cela deux différentes sortes de vrai. La seule différence est probablement que l'intelligence suprême comprend toutes les vérités à la fois, et que nous nous traînons à pas lents vers quelques-unes. S'il n'y a pas deux sortes de vérité dans la même proposition, pourquoi y aurait-il deux sortes de justice dans la même action? Nous ne pouvons comprendre la justice de Dieu que par l'idée que nous avons de la justice. C'est en qualité d'êtres pensants que nous connaissons le juste et l'injuste. Dieu infiniment pensant doit être infiniment juste.

Voyons du moins, mes frères, combien cette croyance est utile, combien nous sommes intéressés à la graver dans tous les cœurs.

Nulle société ne peut subsister sans récompense et sans châtiment. Cette vérité est si sensible et si reconnue, que les anciens Juifs admettaient au moins des peines temporelles. « Si vous prévariquez, dit leur loi¹, le Seigneur vous enverra la faim et la pauvreté, de la poussière au lieu de pluie...... des démangeaisons incurables au fondement......, des ulcères malins dans les genoux...... et dans les jambes...... Vous épouserez une femme afin qu'un autre couche avec elle, etc. »

Ces malédictions pouvaient contenir un peuple grossier dans le devoir; mais il pouvait arriver aussi qu'un homme coupable des plus grands crimes n'eût point d'ulcères dans les jambes, et ne languît point dans la pauvreté et dans la famine. Salomon devint idolâtre; et il n'est point dit qu'il fut puni par aucun de ces fléaux. On sait assez que la terre est couverte de scélérats heureux et d'innocents opprimés. Il fallait donc nécessairement recourir à la théologie des nations plus nombreuses et plus policées, qui longtemps auparavant avaient posé pour fondement de leur religion des peines et des récompenses dans le développement de la nature humaine, qui est probablement une vie nouvelle.

Il semble que cette doctrine soit un cri de la nature, que tous les anciens peuples avaient écouté, et qui ne fut étouffé qu'un temps chez les Juifs, pour retentir dans toute sa force.

Il y a, chez tous les peuples qui font usage de leur raison, des opinions universelles qui paraissent empreintes par le maître de nos cœurs. Telle est la persuasion de l'existence d'un Dieu et de sa justice miséricordieuse; tels sont les premiers principes de morale, communs aux Chinois, aux Indiens, et aux Romains, et qui n'ont jamais varié, tandis que notre globe a été bouleversé mille fois.

---

1. *Deut.*, xxviii, 20-30. (ÉD.)

Ces principes sont nécessaires à la conservation de l'espèce humaine. Otez aux hommes l'opinion d'un Dieu vengeur et rémunérateur, Sylla et Marius se baignent alors avec délices dans le sang de leurs concitoyens; Auguste, Antoine et Lépide, surpassent les fureurs de Sylla; Néron ordonne de sang-froid le meurtre de sa mère. Il est certain que la doctrine d'un Dieu vengeur était éteinte alors chez les Romains; l'athéisme dominait : et il ne serait pas difficile de prouver par l'histoire que l'athéisme peut causer quelquefois autant de mal que les superstitions les plus barbares.

Pensez-vous en effet qu'Alexandre VI reconnût un Dieu, quand, pour agrandir le fils de son inceste, il employait tour à tour la trahison, la force ouverte, le stylet, la corde, le poison; et qu'insultant encore à la superstitieuse faiblesse de ceux qu'il assassinait, il leur donnait une absolution et des indulgences au milieu des convulsions de la mort? Certes, il insultait la Divinité, dont il se moquait, en même temps qu'il exerçait sur les hommes ces épouvantables barbaries. Avouons tous, quand nous lisons l'histoire de ce monstre et de son abominable fils, que nous souhaitons qu'ils soient châtiés. L'idée d'un Dieu vengeur est donc nécessaire.

Il se peut, et il arrive trop souvent que la persuasion de la justice divine n'est pas un frein à l'emportement d'une passion. On est alors dans l'ivresse; les remords ne viennent que quand la raison a repris ses droits; mais enfin ils tourmentent le coupable. L'athée peut sentir, au lieu de remords, cette horreur secrète et sombre qui accompagne les grands crimes. La situation de son âme est importune et cruelle; un homme souillé de sang n'est plus sensible aux douceurs de la société; son âme, devenue atroce, est incapable de toutes les consolations de la vie; il rugit en furieux, mais il ne se repent pas. Il ne craint point qu'on lui demande compte des proies qu'il a déchirées; il sera toujours méchant, il s'endurcira dans ses férocités. L'homme, au contraire, qui croit en Dieu rentrera en lui-même. Le premier est un monstre pour toute sa vie, le second n'aura été barbare qu'un moment. Pourquoi? c'est que l'un a un frein, l'autre n'a rien qui l'arrête.

Nous ne lisons point que l'archevêque Troll, qui fit égorger sous ses yeux tous les magistrats de Stockholm, ait jamais daigné seulement feindre d'expier son crime par la moindre pénitence. L'athée fourbe, ingrat, calomniateur, brigand, sanguinaire, raisonne et agit conséquemment, s'il est sûr de l'impunité de la part des hommes. Car, s'il n'y a point de Dieu, ce monstre est son Dieu à lui-même; il s'immole tout ce qu'il désire, ou tout ce qui lui fait obstacle. Les prières les plus tendres, les meilleurs raisonnements, ne peuvent pas plus sur lui que sur un loup affamé de carnage.

Lorsque le pape Sixte IV faisait assassiner les deux Médicis dans l'église de la Réparade, au moment où l'on élevait aux yeux du peuple le Dieu que ce peuple adorait, Sixte IV, tranquille dans son palais, n'avait rien à craindre, soit que la conjuration réussît, soit qu'elle échouât; il était sûr que les Florentins n'oseraient se venger, qu'il les excommunierait en pleine liberté, et qu'ils lui demanderaient pardon à genoux d'avoir osé se plaindre.

Il est très-vraisemblable que l'athéisme a été la philosophie de tous les hommes puissants qui ont passé leur vie dans ce cercle de crimes que les imbéciles appellent *politique, coup d'État, art de gouverner*.

On ne me persuadera jamais qu'un cardinal[1], ministre célèbre, crût agir en la présence de Dieu, lorsqu'il faisait condamner à mort un des grands de l'État par douze meurtriers en robe, esclaves à ses gages, dans sa propre maison de campagne, et pendant qu'il se plongeait dans la dissolution avec ses courtisans, à côté de l'appartement où ses valets, décorés du nom de *juges*, menaçaient de la torture un maréchal de France dont il savourait déjà la mort.

Quelques-uns de vous, mes frères, m'ont demandé si un prince juif[2] avait une véritable notion de la Divinité, quand, à l'article de la mort, au lieu de demander pardon à Dieu de ses adultères, de ses homicides, de ses cruautés sans nombre, il persiste dans la soif du sang, et dans la fureur atroce des vengeances; quand d'une bouche prête à se fermer pour jamais, il recommande à son successeur de faire assassiner le vieillard Semeï son ministre[3], et son général Joab?

J'avoue avec vous que cette action, dont saint Ambroise voulut en vain faire l'apologie, est la plus horrible peut-être qu'on puisse lire dans les annales des nations. Le moment de la mort est pour tous les hommes le moment du repentir et de la clémence : vouloir se venger un moment et ne l'oser; charger un autre par ses dernières paroles d'être un infâme meurtrier, c'est le comble de la lâcheté et de la fureur réunies.

Je n'examinerai point ici si cette histoire révoltante est vraie, ni en quel temps elle fut écrite. Je ne discuterai point avec vous s'il faut regarder les chroniques des Juifs du même œil dont on lit les commandements de leur loi; si on a eu tort, dans des temps d'ignorance et de superstition, de confondre ce qui était sacré chez les Juifs avec leurs livres profanes. Les lois de Numa furent sacrées chez les Romains, et leurs historiens ne le furent pas. Mais si un Juif a été barbare jusqu'à son dernier moment, que nous importe? sommes-nous Juifs? quel rapport les absurdités et les horreurs de ce petit peuple ont-elles avec nous? On a consacré des crimes chez presque tous les peuples du monde : que devons-nous faire? les détester, et adorer le Dieu qui les condamne.

Il est reconnu que les Juifs crurent Dieu corporel. Est-ce une raison pour que nous ayons cette idée de l'Être suprême?

S'il est avéré qu'ils crurent Dieu corporel, il n'est pas moins clair qu'ils reconnaissaient un Dieu formateur de l'univers.

Longtemps avant qu'ils vinssent dans la Palestine, les Phéniciens avaient leur Dieu unique *Jaho*, nom qui fut sacré chez eux, et qui le fut ensuite chez les Égyptiens et chez les Hébreux. Ils donnaient à l'Être suprême un nom plus commun, *El*. Ce nom était originaire-

---

[1] Richelieu. (Éd.) — [2] David. (Éd.) — [3] *III Rois*, II, 5, 8. (Éd.)

ment chaldéen. C'est de là que la ville appelée par nous *Babylone* fut nommée Babel, *la porte de Dieu*. C'est de là que le peuple hébreu, quand il vint, dans la suite des temps, s'établir en Palestine, prit le nom d'Israël, qui signifie *voyant Dieu*, comme nous l'apprend Philon, dans son *Traité des récompenses et des peines*, et comme nous le dit l'historien Josèphe dans sa réponse à Apion.

Les Égyptiens reconnurent un Dieu suprême malgré toutes leurs superstitions; ils le nommaient *Knef*, et ils le représentaient sous la forme d'un globe.

L'ancien *Zerdust*, que nous nommons *Zoroastre*, n'enseignait qu'un seul Dieu, auquel le mauvais principe était subordonné. Les Indiens, qui se vantent d'être la plus antique société de l'univers, ont encore leurs anciens livres, qu'ils prétendent avoir été écrits il y a quatre mille huit cent soixante et six ans. L'ange *Brama* ou *Habrama*, disent-ils, l'envoyé de Dieu, le ministre de l'Être suprême, dicta ce livre dans la langue du *Hanscrit*. Ce livre saint se nomme *Shastabad*, et il est beaucoup plus ancien que le *Veidam* même, qui est depuis si longtemps le livre sacré sur les bords du Gange.

Ces deux volumes, qui sont la loi de toutes les sectes des brames, l'*Ezour-Veidam*, qui est le commencement du *Veidam*, ne parlent jamais que d'un Dieu unique.

Le ciel a voulu qu'un de nos compatriotes, qui a résidé trente années à Bengale, et qui sait parfaitement la langue des anciens brames, nous ait donné un extrait de ce *Shastabad*, écrit mille années avant le *Veidam*. Il est divisé en cinq chapitres. Le premier traite de Dieu et de ses attributs, et il commence ainsi : « Dieu est un, il a formé tout ce qui est ; il est semblable à une sphère parfaite sans fin ni commencement. Il gouverne tout par une sagesse générale. Tu ne chercheras point son essence et sa nature ; cette entreprise serait vaine et criminelle. Qu'il te suffise d'admirer jour et nuit ses ouvrages, sa sagesse, sa puissance, sa bonté. Sois heureux en l'adorant. »

Le second chapitre traite de la création des intelligences célestes ;
Le troisième, de la chute de ces dieux secondaires ;
Le quatrième, de leur punition ;
Le cinquième, de la clémence de Dieu.

Les Chinois, dont les histoires et les rites attestent une antiquité si reculée, mais moins ancienne que celle des Indiens, ont toujours adoré le *Tien*, le *Chang-ti*, la *Vertu céleste*. Tous leurs livres de morale, tous les édits des empereurs, recommandent de se rendre agréable au *Tien*, au *Chang-ti*, et de mériter ses bienfaits.

Confucius n'a point établi de religion chez les Chinois, comme les ignorants le prétendent. Longtemps avant lui les empereurs allaient au temple quatre fois par année présenter au *Chang-ti* les fruits de la terre.

Ainsi vous voyez que tous les peuples policés, Indiens, Chinois, Égyptiens, Persans, Chaldéens, Phéniciens, reconnurent un Dieu suprême. Je ne nierai pas que, chez ces nations si antiques, il n'y ait eu des athées ; je sais qu'il y en a beaucoup à la Chine ; nous en voyons en Turquie, il y en a dans notre patrie et chez toutes les nations de l'Europe. Mais pourquoi leur erreur ébranlerait-elle notre croyance? les sentiments erronés de tous les philosophes sur la lumière nous empêcheront-ils de croire fermement aux découvertes de Newton sur cet élément incompréhensible? la mauvaise physique des Grecs et leurs ridicules sophismes détruiront-ils dans nous la science intuitive que nous donne la physique expérimentale?

Il y a eu des athées chez tous les peuples connus; mais je doute beaucoup que cet athéisme ait été une persuasion pleine, une conviction lumineuse, dans laquelle l'esprit se repose sans aucun doute, comme dans une démonstration géométrique. N'était-ce pas plutôt une demi-persuasion fortifiée par la rage d'une passion violente, et par l'orgueil, qui tiennent lieu d'une conviction entière? Les Phalaris, les Busiris (et il y en a dans toutes les conditions), se moquaient avec raison des fables de Cerbère et des Euménides: ils voyaient bien qu'il était ridicule d'imaginer que Thésée fût éternellement assis sur une escabelle, et qu'un vautour déchirât toujours le foie renaissant de Prométhée. Ces extravagances, qui déshonoraient la Divinité, l'anéantissaient à leurs yeux. Ils disaient confusément dans leur cœur: « On ne nous a jamais dit que des inepties sur la Divinité; cette divinité n'est donc qu'une chimère. » Ils foulaient aux pieds une vérité consolante et terrible, parce qu'elle était entourée de mensonges.

O malheureux théologiens de l'école, que cet exemple vous apprenne à ne pas annoncer Dieu ridiculement! C'est vous qui, par vos platitudes, répandez l'athéisme que vous combattez ; c'est vous qui faites les athées de cour, auxquels il suffit d'un argument spécieux pour justifier toutes leurs horreurs. Mais si le torrent des affaires et celui de leurs passions funestes leur avaient laissé le temps de rentrer en eux-mêmes, ils auraient dit: « Les mensonges des prêtres d'Isis et des prêtres de Cybèle ne doivent m'irriter que contre eux, et non pas contre la Divinité qu'ils outragent. Si le Phlégéthon et le Cocyte n'existent point, cela n'empêche pas que Dieu existe. Je veux mépriser les fables, et adorer la vérité. Si on m'a peint Dieu comme un tyran ridicule, je ne le croirai pas moins sage et moins juste. Je ne dirai pas avec Orphée que les ombres des hommes vertueux se promènent dans les champs Élysées ; je n'admettrai point la métempsycose des pharisiens, encore moins l'anéantissement de l'âme avec les saducéens. Je reconnaîtrai une providence éternelle, sans oser deviner quels seront les moyens et les effets de sa miséricorde et de sa justice. Je n'abuserai point de la raison que Dieu m'a donnée ; je croirai qu'il y a du vice et de la vertu, comme il y a de la santé et de la maladie ; et enfin, puisqu'un pouvoir invisible, dont je sens continuellement l'influence, m'a fait un être pensant et agissant, je conclurai que mes pensées et mes actions doivent être dignes de ce pouvoir qui m'a fait naître. »

Ne nous dissimulons point ici qu'il y a eu des athées vertueux. La secte d'Épicure a produit de très-honnêtes gens: Épicure était lui-même un homme de bien, je l'avoue. L'instinct de la vertu, qui consiste dans un tempérament doux et éloigné de toute violence, peut très-bien subsister avec une philosophie erronée. Les épicuriens et les plus fameux athées de nos jours, occupés des agréments de la société, de l'étude, et du soin de posséder leur âme en paix, ont fortifié cet instinct qui les porte à ne jamais nuire, en renonçant au tumulte des affaires qui bouleversent l'âme, et à l'ambition qui la pervertit. Il y a des lois dans la société qui sont plus rigoureusement observées que celles de l'État et de la religion. Quiconque a payé les services de ses amis par une noire ingratitude, quiconque a calomnié un honnête homme, quiconque aura mis dans sa conduite une indécence révoltante, ou qui sera connu par une avarice sordide et impitoyable, ne sera point puni par les lois, mais il le sera par la société des honnêtes gens, qui porteront contre lui un arrêt irrévocable de bannissement; il ne sera jamais reçu parmi eux. Ainsi donc un athée de mœurs douces et agréables, retenu d'ailleurs par le frein que la société des hommes impose, peut très-bien mener une vie innocente, heureuse, honorée. On en a vu des exemples de siècle en siècle, depuis le célèbre Atticus, également ami de César et de Cicéron, jusqu'au fameux magistrat des Barreaux, qui, ayant fait attendre trop longtemps un plaideur dont il rapportait le procès, lui paya de son argent la somme dont il s'agissait.

On me citera encore, si l'on veut, le sophiste géométrique Spinosa, dont la modération, le désintéressement, et la générosité, ont été dignes d'Épictète. On me dira que le célèbre athée La Métrie était un homme doux et aimable dans la société, honoré, pendant sa vie et après sa mort, des bontés d'un grand roi[1], qui, sans faire attention à ses sentiments philosophiques, a récompensé en lui les vertus. Mais mettez ces doux et tranquilles athées dans de grandes places; jetez-les dans les factions; qu'ils aient à combattre un César Borgia, ou un Cromwell, ou même un cardinal de Retz; pensez-vous qu'alors ils ne deviendront pas aussi méchants que leurs adversaires? Voyez dans quelle alternative vous les jetez; ils seront des imbéciles s'ils ne sont pas pervers. Leurs ennemis les attaquent par des crimes; il faut bien qu'ils se défendent avec les mêmes armes, ou qu'ils périssent. Certainement leurs principes ne s'opposeront point aux assassinats, aux empoisonnements qui leur paraîtront nécessaires.

Il est donc démontré que l'athéisme peut tout au plus laisser subsister les vertus sociales dans la tranquille apathie de la vie privée, mais qu'il doit porter à tous les crimes dans les orages de la vie publique.

Une société particulière d'athées, qui ne se disputent rien, et qui perdent doucement leurs jours dans les amusements de la volupté, peut durer quelque temps sans trouble; mais si le monde était gouverné par des athées, il vaudrait autant être sous l'empire immédiat de ces êtres infernaux qu'on nous peint acharnés contre leurs victimes. En un mot, des athées qui ont en main le pouvoir seraient aussi funestes au genre humain que des superstitieux. Entre ces deux monstres la raison nous tend les bras: et ce sera l'objet de mon second discours.

1. Frédéric. (ÉD.)

SECONDE HOMÉLIE. — *Sur la superstition.*

Mes frères, vous savez assez que toutes les nations bien connues ont établi un culte public. Si les hommes s'assemblèrent de tout temps pour traiter de leurs intérêts, pour se communiquer leurs besoins, il était bien naturel qu'ils commençassent ces assemblées par les témoignages de respect et d'amour qu'ils doivent à l'auteur de la vie. On a comparé ces hommages à ceux que des enfants présentent à un père, et des sujets à un souverain. Ce sont des images trop faibles du culte de Dieu : les relations d'homme à homme n'ont aucune proportion avec la relation de la créature à l'Être suprême : l'infini les sépare. Ce serait même un blasphème que de rendre hommage à Dieu sous l'image d'un monarque. Un souverain de la terre entière, s'il en pouvait exister un, si tous les hommes étaient assez malheureux pour être subjugués par un homme, ne serait au fond qu'un ver de terre, commandant à d'autres vers de terre, et serait encore infiniment moins devant la Divinité. Et puis, dans les républiques, qui sont incontestablement antérieures à toute monarchie, comment aurait-on pu concevoir Dieu sous l'image d'un roi? S'il fallait se faire de Dieu une image sensible, celle d'un père, toute défectueuse qu'elle est, paraîtrait peut-être la plus convenable à notre faiblesse.

Mais les emblèmes de la Divinité furent une des premières sources de la superstition. Dès que nous eûmes fait Dieu à notre image, le culte divin fut perverti. Ayant osé représenter Dieu sous la figure d'un homme, notre misérable imagination, qui ne s'arrête jamais, lui attribua tous les vices des hommes. Nous ne le regardâmes que comme un maître puissant et nous le chargeâmes de tous les abus de la puissance; nous le célébrâmes comme fier, jaloux, colère, vindicatif, bienfaiteur capricieux, destructeur impitoyable, dépouillant les uns pour enrichir les autres, sans autre raison que sa volonté. Nous n'avons d'idée que de proche en proche; nous ne concevons presque rien que par similitude : ainsi, quand la terre fut couverte de tyrans, on fit Dieu le premier des tyrans. Ce fut bien pis quand la Divinité fut annoncée par des emblèmes tirés des animaux et des plantes. Dieu devint bœuf, serpent, crocodile, singe, chat et agneau, broutant, sifflant, bêlant, dévorant et dévoré.

La superstition a été si horrible chez presque toutes les nations, que s'il n'en existait pas encore des monuments, il ne serait pas possible de croire ce qu'on nous en raconte. L'histoire du monde est celle du fanatisme.

Mais parmi les superstitions monstrueuses qui ont couvert la terre, y en a-t-il eu d'innocentes? ne pourrons-nous point distinguer entre des poisons dont on a su faire des remèdes et des poisons qui ont conservé leur nature meurtrière? Cet examen mérite, si je ne me trompe, toute l'attention des esprits raisonnables.

Un homme fait du bien aux hommes ses frères, celui-là détruit des animaux carnassiers; celui-ci invente des arts par la force de son génie. On les voit par conséquent plus favorisés de Dieu que le vulgaire;

on imagine qu'ils sont enfants de Dieu, on en fait des demi-dieux après leur mort, des dieux secondaires. On les propose non-seulement pour modèle au reste des hommes, mais pour objet de leur culte. Celui qui adore Hercule et Persée s'excite à les imiter. Des autels deviennent le prix du génie et du courage. Je ne vois là qu'une erreur dont il résulte du bien. Les hommes ne sont trompés alors que pour leur avantage. Si les anciens Romains n'avaient mis au rang des dieux secondaires que des Scipion, des Titus, des Trajan, des Marc-Aurèle, qu'aurions-nous à leur reprocher?

Il y a l'infini entre Dieu et un homme; d'accord : mais si, dans le système des anciens, on a regardé l'âme humaine comme une portion finie de l'intelligence infinie, qui se replonge dans le grand tout sans l'augmenter; si on suppose que Dieu habita dans l'âme de Marc-Aurèle, si cette âme fut supérieure aux autres par la vertu pendant sa vie, pourquoi ne pas supposer qu'elle est encore supérieure quand elle est dégagée de son corps mortel?

Nos frères les catholiques romains (car tous les hommes sont nos frères) ont peuplé le ciel de demi-dieux qu'ils appellent *saints*. S'ils avaient toujours fait d'heureux choix, avouons, sans détour, que leur erreur eût été un service rendu à la nature humaine. Nous leur prodiguons les injures et le mépris, quand ils fêtent un Ignace, chevalier de la Vierge, un Dominique, persécuteur, un François, fanatique en démence, qui marche tout nu, qui parle aux bêtes, qui catéchise un loup, qui se fait une femme de neige. Nous ne pardonnons pas à Jérôme, traducteur savant, mais fautif, de livres juifs, d'avoir, dans son *Histoire des Pères du désert*, exigé nos respects pour un saint Pacôme qui allait faire ses visites monté sur un crocodile. Nous sommes surtout saisis d'indignation en voyant qu'à Rome on a canonisé Grégoire VII, « l'incendiaire de l'Europe. »

Mais il n'en est pas ainsi du culte qu'on rend, en France, au roi Louis IX, qui fut juste et courageux. Et si c'est trop que de l'invoquer, ce n'est pas trop de le révérer; c'est seulement dire aux autres princes : « Imitez ses vertus. »

Je vais plus loin ; je suppose qu'on ait placé dans une basilique la statue du roi Henri IV, qui conquit son royaume avec la valeur d'Alexandre et la clémence de Titus, qui fut bon et compatissant, qui sut choisir les meilleurs ministres, et fut son premier ministre lui-même ; je suppose que, malgré ses faiblesses, on lui paye des hommages au-dessus des respects qu'on rend à la mémoire des grands hommes, quel mal pourra-t-il en résulter? Il vaudrait certainement mieux fléchir le genou devant lui que devant cette multitude de saints inconnus, dont les noms même sont devenus un sujet d'opprobre et de ridicule. Ce serait une superstition, j'en conviens, mais une superstition qui ne pourrait nuire, un enthousiasme patriotique et non un fanatisme pernicieux. Si l'homme est né pour l'erreur, souhaitons-lui des erreurs vertueuses.

La superstition qu'il faut bannir de la terre est celle qui, faisant de Dieu un tyran, invite les hommes à être tyrans. Celui qui dit le premier qu'on doit avoir les réprouvés en horreur, mit le poignard à la main de tous ceux qui osèrent se croire fidèles; celui qui le premier défendit toute communication avec ceux qui n'étaient pas de son avis, sonna le tocsin des guerres civiles dans toute la terre.

Je crois ce qui paraît impossible à ma raison; c'est-à-dire je crois ce que je ne crois pas ; donc je dois haïr ceux qui se vantent de croire une absurdité contraire à la mienne. Telle est la logique des superstitieux, ou plutôt telle est leur exécrable démence. Adorer l'Être suprême, l'aimer, le servir, être utile aux hommes, ce n'est rien ; c'est même, selon quelques-uns, une fausse vertu qu'ils appellent un *péché splendide*. Ainsi, depuis qu'on se fit un devoir sacré de disputer sur ce qu'on ne peut entendre; depuis qu'on plaça la vertu dans la prononciation de quelques paroles inexplicables que chacun voulut expliquer, les pays chrétiens furent un théâtre de discorde et de carnage.

Vous me direz qu'on doit imputer cette peste universelle à la rage de l'ambition plutôt qu'à celle du fanatisme. Je vous répondrai qu'on en est redevable à l'une et à l'autre. La soif de la domination s'est abreuvée du sang des imbéciles. Je n'aspire point à guérir les hommes puissants de cette passion furieuse d'asservir les esprits; c'est une maladie incurable. Tout homme voudrait que les autres s'empressassent à le servir; et pour être servi mieux, il leur fera croire, s'il peut, que leur devoir et leur bonheur consistent à être ses esclaves. Allez trouver un homme qui jouit de quinze à seize millions de revenu et qui a dans l'Europe quatre ou cinq cent mille sujets dispersés, lesquels ne lui coûtent rien, sans compter ses gardes et sa milice; remontrez-lui que le Christ, dont il se dit le vicaire et l'imitateur, a vécu dans la pauvreté et dans l'humilité; il vous répond que les temps sont changés; et, pour vous le prouver, il vous condamne à périr dans les flammes. Vous n'avez corrigé ni cet homme, ni un cardinal de Lorraine, possesseur de sept évêchés à la fois. Que fait-on alors? on s'adresse aux peuples, on leur parle, et, tout abrutis qu'ils sont, ils écoutent, ils ouvrent à demi les yeux; ils secouent une partie du joug le plus avilissant qu'on ait jamais porté; ils se défont de quelques erreurs, ils reprennent un peu de leur liberté, cet apanage ou plutôt cette essence de l'homme, dont on les avait dépouillés. Si on ne peut guérir les puissants de l'ambition, on peut donc guérir les peuples de la superstition ; on peut donc, en parlant, en écrivant, rendre les hommes plus éclairés et meilleurs.

Il est bien aisé de leur faire voir ce qu'ils ont souffert pendant quinze cents années. Peu de personnes lisent; mais toutes peuvent entendre. Écoutez donc, mes chers frères, et voyez les calamités qui accablèrent les générations passées.

À peine les chrétiens, respirant en liberté sous Constantin, avaient trempé leurs mains dans le sang de la vertueuse Valérie, fille, femme et mère de césars, et dans le sang du jeune Candidien son fils, l'espérance de l'empire; à peine avaient-ils[1] égorgé le fils de l'empereur

[1]. En 313.

Maximin, âgé de huit ans, et sa fille, âgée de sept ; à peine ces hommes qu'on nous peint si patients pendant deux siècles, avaient ainsi signalé leurs fureurs au commencement du quatrième, que la controverse fit naître des discordes civiles, qui, se succédant les unes aux autres sans aucun moment de relâche, agitent encore l'Europe. Quels sont les sujets de ces querelles sanguinaires? Des subtilités, mes frères, dont on ne trouve pas le moindre mot dans l'Évangile. On veut savoir si le Fils est engendré ou fait; s'il est engendré dans le temps ou avant le temps; s'il est consubstantiel ou semblable au Père ; si la *monade de Dieu*, comme dit Athanase, est trine en trois hypostases ; si le Saint-Esprit est engendré ou procédant, ou s'il procède du Père seul, ou du Père et du Fils; si Jésus eut deux volontés ou une, une ou deux natures, une ou deux personnes.

Enfin, depuis la *consubstantialité* jusqu'à la *transsubstantiation*, termes aussi difficiles à prononcer qu'à comprendre, tout a été sujet de dispute, et toute dispute a fait couler des torrents de sang.

Vous savez combien en fit verser notre superstitieuse Marie, fille du tyran Henri VIII, et digne épouse du tyran espagnol Philippe II. Le trône de Charles Ier fut changé en échafaud, et ce roi périt par le dernier supplice, après que plus de deux cent mille hommes eurent été égorgés pour une liturgie.

Vous connaissez les guerres civiles de France. Une troupe de théologiens fanatiques, appelée *la Sorbonne*, déclare le roi Henri III déchu du trône, et soudain un apprenti théologien l'assassine[1]. Elle déclare le grand Henri IV, notre allié, incapable de régner, et vingt meurtriers se succèdent les uns aux autres, jusqu'à ce qu'enfin, sur la seule nouvelle que ce héros va protéger ses anciens alliés contre les adhérents du pape, un moine feuillant[2], un maître d'école, plonge le couteau dans le cœur du plus vaillant des rois et du meilleur des hommes, au milieu de sa capitale, aux yeux de son peuple et dans les bras de ses amis; et, par une contradiction inconcevable, sa mémoire est à jamais adorée, et la troupe de Sorbonne, qui le proscrivit, qui l'excommunia, qui excommunia ses sujets fidèles, et qui n'a droit d'excommunier personne, subsiste encore à la honte de la France.

Ce ne sont pas les peuples, mes frères, ce ne sont pas les cultivateurs, les artisans ignorants et paisibles, qui ont élevé ces querelles ridicules et funestes, sources de tant d'horreurs et de tant de parricides. Il n'en est malheureusement aucune dont les théologiens n'aient été les auteurs. Des hommes nourris de vos travaux, dans une heureuse oisiveté, enrichis de vos sueurs et de votre misère, combattirent à qui aurait le plus de partisans et le plus d'esclaves; ils vous inspirèrent un fanatisme destructeur, pour être vos maîtres : ils vous rendirent superstitieux, non pas pour que vous craignissiez Dieu davantage, mais afin que vous les craignissiez.

L'Évangile n'a pas dit à Jacques et à Pierre, à Barthélemy : « Nagez dans l'opulence; pavanez-vous dans les honneurs; marchez entourés

---

1. Jacques Clément. — 2. Ravaillac. (ÉD.)

de gardes. » Il ne leur a pas dit non plus : « Troublez le monde par vos questions incompréhensibles. » Jésus, mes frères, n'agita aucune de ces questions. Voudrions-nous être plus théologiens que celui que vous reconnaissez pour votre unique maître ? Quoi ! il vous a dit : « Tout consiste à aimer Dieu et son prochain, » et vous rechercheriez autre chose !

Y a-t-il quelqu'un parmi vous ? que dis-je ! y a-t-il quelqu'un sur la terre qui puisse penser que Dieu le jugera sur des points de théologie, et non pas sur ses actions ?

Qu'est-ce qu'une opinion théologique ? C'est une idée qui peut être vraie ou fausse, sans que la morale y soit intéressée. Il est bien évident que vous devez être vertueux, soit que le Saint-Esprit procède du Père par spiration, ou qu'il procède du Père et du Fils. Il n'est pas moins évident que vous ne comprendrez jamais aucune proposition de cette espèce. Vous n'aurez jamais la plus légère notion comment Jésus avait deux natures et deux volontés dans une personne. S'il avait voulu que vous en fussiez informés, il vous l'aurait dit. Je choisis ces exemples entre cent autres, et je passe sous silence d'autres disputes, pour ne pas réveiller des plaies qui saignent encore.

Dieu vous a donné l'entendement ; il ne peut vouloir que vous le pervertissiez. Comment une proposition dont vous ne pouvez jamais avoir l'idée, pourrait-elle vous être nécessaire ? Que Dieu, qui donne tout, ait donné à un homme plus de lumières, plus de talents qu'à un autre, cela se voit tous les jours. Qu'il ait choisi un homme pour s'unir de plus près à lui qu'aux autres hommes ; qu'il en ait fait le modèle de la raison et de la vertu, cela ne révolte point notre bon sens. Personne ne doit nier qu'il soit possible à Dieu de verser ses plus beaux dons sur un de ses ouvrages. On peut donc croire en Jésus, qui a enseigné la vertu et qui l'a pratiquée ; mais craignons qu'en voulant aller trop au delà, nous ne renversions tout l'édifice.

Le superstitieux verse du poison sur les aliments les plus salutaires ; il est son propre ennemi et celui des hommes. Il se croira l'objet des vengeances éternelles, s'il a mangé de la viande un certain jour ; il pense qu'une longue robe grise, avec un capuce pointu et une grande barbe, est beaucoup plus agréable à Dieu qu'un visage rasé et une tête qui porte ses cheveux ; il s'imagine que son salut est attaché à des formules latines qu'il n'entend point : il a élevé sa fille dans ces principes ; elle s'enterre dans un cachot dès qu'elle est nubile ; elle trahit la postérité pour plaire à Dieu ; plus coupable envers le genre humain que l'Indienne qui se précipite dans le bûcher de son mari après lui avoir donné des enfants.

Anachorètes des parties méridionales de l'Europe, condamnés par vous-mêmes à une vie aussi abjecte qu'affreuse, ne vous comparez pas aux pénitents des bords du Gange ; vos austérités n'approchent pas de leurs supplices volontaires ; mais ne pensez pas que Dieu approuve dans vous ce que vous avouez qu'il condamne dans eux.

Le superstitieux est son propre bourreau : il est encore celui de quiconque ne pense pas comme lui. La délation la plus infâme, il l'appelle *correction fraternelle;* il accuse la naïve innocence qui n'est pas sur ses gardes, et qui, dans la simplicité de son cœur, n'a pas mis le sceau sur ses lèvres. Il la dénonce à ces tyrans des âmes, qui rient en même temps de l'accusé et de l'accusateur.

Enfin, le superstitieux devient fanatique, et c'est alors que son zèle est capable de tous les crimes au nom du Seigneur.

Nous ne sommes plus, il est vrai, dans ces temps abominables où les parents et les amis s'égorgeaient, où cent batailles rangées couvraient la terre de cadavres pour quelques arguments de l'école; mais des cendres de ce vaste incendie, il renaît tous les jours quelques étincelles : les princes ne marchent plus aux combats à la voix d'un prêtre ou d'un moine; mais les citoyens se persécutent encore dans le sein des villes, et la vie privée est souvent empoisonnée de la peste de la superstition. Que diriez-vous d'une famille qui serait toujours prête à se battre pour deviner de quelle manière il faut saluer son père? Eh! mes enfants, il s'agit de l'aimer : vous le saluerez comme vous pourrez. N'êtes-vous frères que pour être divisés, et faudra-t-il que ce qui doit vous unir soit toujours ce qui vous sépare?

Je ne connais pas une seule guerre civile entre les Turcs pour la religion. Que dis-je! une guerre civile? L'histoire n'a remarqué aucune sédition, aucun trouble parmi eux, excité par la controverse. Est-ce parce qu'ayant moins de dogmes, ils ont moins de prétextes de disputes? Est-ce parce qu'ils sont nés moins inquiets et plus sages que nous? Ils ne s'informent pas de quelle secte vous êtes, pourvu que vous payiez exactement un tribut léger. Chrétiens latins, chrétiens grecs, jacobites, monothélites, cophtes, protestants, réformés, tout est bienvenu chez eux, tandis qu'il n'y a pas trois nations chez les chrétiens qui exercent cette humanité.

Enfin, mes frères, Jésus ne fut point superstitieux; il ne fut point intolérant; il communiquait avec les Samaritains; il n'a pas proféré une seule parole contre le culte des Romains, dont sa patrie était environnée. Imitons son indulgence, et méritons qu'on en ait pour nous.

Ne nous effrayons pas de cet argument barbare si souvent répété. Le voici, je crois, dans toute sa force.

« Vous croyez qu'un homme de bien peut trouver grâce devant l'Être des êtres, devant le Dieu de justice et de miséricorde, dans quelque temps, dans quelque lieu, dans quelque religion qu'il ait consumé sa courte vie; et nous au contraire, nous affirmons qu'on ne peut plaire à Dieu qu'en étant né parmi nous, ou ayant été enseigné par nous : il nous est démontré que nous sommes les seuls dans le monde qui ayons raison. Nous savons que Dieu étant venu sur la terre, et étant mort du dernier supplice pour tous les hommes, il ne veut pourtant avoir pitié que de notre petite assemblée, et que même, dans cette assemblée, il n'y a que fort peu de personnes qui pourront échapper à des peines éternelles. Prenez donc le parti le plus sûr; entrez dans notre petite assemblée, et tâchez d'être élu chez nous. »

Remercions nos frères qui nous tiennent ce langage; félicitons-les d'être certains que tout l'univers est damné, hors un petit nombre d'entre eux, et croyons que notre secte vaut mieux que la leur, par cela seul qu'elle est plus raisonnable et plus compatissante. Quiconque me dit : *Pense comme moi, ou Dieu te damnera*, me dira bientôt : *Pense comme moi, ou je t'assassinerai*. Prions Dieu qu'il adoucisse ces cœurs atroces, et qu'il inspire à tous ses enfants des sentiments de frères. Nous voilà dans notre île, où la secte épiscopale domine depuis Douvres jusqu'à la petite rivière de Tweed. De là jusqu'à la dernière des Orcades, le presbytérianisme est en crédit, et, sous ces deux religions régnantes, il y en a dix ou douze autres particulières. Allez en Italie, vous trouverez le despotisme papiste sur le trône. Ce n'est plus la même chose en France; elle est traitée à Rome de demi-hérétique. Passez en Suisse, en Allemagne, vous couchez aujourd'hui dans une ville calviniste, demain dans une papiste, après-demain dans une luthérienne. Allez jusqu'en Russie, vous ne voyez plus rien de tout cela. C'est une secte toute différente. La cour y est éclairée, à la vérité, par une impératrice philosophe. L'auguste Catherine a mis la raison sur le trône, comme elle y a placé la magnificence et la générosité; mais le peuple de ses provinces déteste encore également et luthériens, et calvinistes, et papistes. Il ne voudrait ni manger avec aucun d'eux, ni boire dans le même verre. Or, je vous demande, mes frères, ce qui arriverait si, dans une assemblée de tous ces sectaires, chacun se croyait autorisé par l'esprit divin à faire triompher son opinion? Ne voyez-vous pas les épées tirées, les potences dressées, les bûchers allumés d'un bout de l'Europe à l'autre? Quel est donc celui qui a raison dans ce chaos de disputes? le tolérant, le bienfaisant. Ne dites pas qu'en prêchant la tolérance, nous prêchons l'indifférence. Non, mes frères, celui qui adore Dieu et qui fait du bien aux hommes n'est point indifférent. Ce nom convient bien davantage au superstitieux qui pense que Dieu lui saura gré d'avoir proféré des formules inintelligibles, tandis qu'il est en effet très-indifférent sur le sort de son frère qu'il laisse périr sans secours, ou qu'il abandonne dans la disgrâce, ou qu'il flatte dans la prospérité, ou qu'il persécute s'il est d'une autre secte, s'il est sans appui et sans protection. Plus le superstitieux se concentre dans des pratiques et dans des croyances absurdes, plus il a d'indifférence pour les vrais devoirs de l'humanité. Souvenons-nous à jamais d'un de nos charitables compatriotes. Il fondait un hôpital pour les vieillards, dans sa province; on lui demandait si c'était pour des papistes, des luthériens, des presbytériens, des quakers, des sociniens, des anabaptistes, des méthodistes, des mennonites. Il répondit : « Pour des hommes. »

O mon Dieu! écarte de nous l'erreur de l'athéisme, qui nie ton existence; et délivre-nous de la superstition, qui outrage ton existence, et qui rend la nôtre affreuse.

TROISIÈME HOMÉLIE. — *Sur l'interprétation de l'Ancien Testament.*

Mes frères, les livres gouvernent le monde, ou du moins toutes les nations qui ont l'usage de l'écriture ; les autres ne méritent pas qu'on les compte. Le *Zenda-Vesta*, attribué au premier Zoroastre, fut la loi des Persans. Le *Veidam* et le *Shastabad* sont encore celle des brames. Les Égyptiens furent régis par les livres de Thaut, qu'on appela le *Premier Mercure*. L'*Alcoran* ou le *Koran* gouverne aujourd'hui l'Afrique, l'Égypte, l'Arabie, les Indes, une partie de la Tartarie, la Perse entière, la Scythie dans la Chersonèse, l'Asie-Mineure, la Syrie, la Thrace, la Thessalie, et toute la Grèce jusqu'au détroit qui sépare Naples de l'Épire. Le *Pentateuque* gouverne les Juifs ; et, par une singulière providence, il est aujourd'hui notre règle. Notre devoir est de lire ensemble cet ouvrage divin, qui est le fondement de notre foi.

« Au commencement Dieu créa les cieux et la terre. Et la terre était sans forme et vide ; les ténèbres étaient sur la face de l'abîme, et l'esprit de Dieu se mouvait sur le dessus des eaux. Et Dieu dit : « Que la « lumière soit, » et la lumière fut. Et Dieu vit que la lumière était bonne, et Dieu sépara la lumière d'avec les ténèbres. Et Dieu nomma la lumière *jour*, et les ténèbres *nuit*. Ainsi fut le soir, ainsi fut le matin : ce fut le premier jour. Puis Dieu dit : « Qu'il y ait une étendue entre « les eaux, et qu'elle sépare les eaux d'avec les eaux. » Dieu fit donc l'étendue, et sépara les eaux qui sont au-dessous de l'étendue, d'avec celles qui sont au-dessus de l'étendue ; et il fut ainsi. Et Dieu nomma l'étendue *cieux*. Ainsi fut le soir, ainsi fut le matin : ce fut le second jour. Puis Dieu dit : « Que les eaux qui sont au-dessous des cieux soient « rassemblées en un lieu, et que le sec paraisse ; » et il fut ainsi, etc. »

Nous savons, mes frères, que Dieu, en parlant ainsi aux Juifs, daigna se proportionner à leur intelligence encore grossière. Personne n'ignore que notre terre n'est qu'un point en comparaison de l'espace que nous nommons improprement le *ciel*, dans lequel brille cette prodigieuse quantité de soleils, autour desquels roulent des planètes très-supérieures à la nôtre. On sait que la lumière n'a pas été faite avant le jour, et que notre lumière vient du soleil. On sait que l'étendue solide entre les eaux supérieures et les inférieures, étendue qui, à la lettre, signifie *firmament*, est une erreur de l'ancienne physique adoptée par les Grecs. Mais, puisque Dieu parlait aux Juifs, il daignait s'abaisser à parler leur langage. Personne ne l'aurait certainement entendu dans le désert d'Horeb, s'il avait dit : « J'ai mis le soleil au centre de votre monde ; le petit globe de la terre roule avec les autres planètes autour de ce grand astre, par qui toutes les planètes sont illuminées ; et la lune tourne en un mois autour de la terre. Ces autres astres que vous voyez sont autant de soleils qui président à d'autres mondes, etc. »

Si l'éternel géomètre s'était exprimé ainsi, il aurait parlé dignement, il est vrai, en maître qui connaît son ouvrage ; mais nul Juif n'aurait compris un mot à ces sublimes vérités. Ce peuple était d'un col roide, et dur d'entendement. Il fallut donner des aliments grossiers à un peuple grossier, qui ne pouvait être nourri que par de tels aliments. Il semble que ce premier chapitre de la *Genèse* fut une allégorie proposée par l'Esprit saint pour être expliquée un jour par ceux que Dieu daignerait remplir de ses lumières. C'est du moins l'idée qu'en eurent les principaux Juifs, puisqu'il fut défendu de lire ce livre avant vingt-cinq ans, afin que l'esprit des jeunes gens, disposé par les maîtres, pût lire l'ouvrage avec plus d'intelligence et de respect.

Les docteurs prétendaient donc qu'à la lettre le Nil, l'Euphrate, le Tigre, et l'Araxe, n'avaient pas en effet leurs sources dans le paradis terrestre; mais que ces quatre fleuves qui l'arrosaient signifiaient évidemment quatre vertus nécessaires à l'homme. Il était visible, selon eux, que la femme formée de la côte de l'homme était l'allégorie la plus frappante de la concorde inaltérable qui doit régner dans le mariage: et que les âmes des époux doivent être unies comme leurs corps. C'est le symbole de la paix et de la fidélité qui doivent régner dans leur société.

Le serpent qui séduisit Ève, et qui était *le plus rusé de tous les animaux de la terre*, est, si nous en croyons Philon lui-même et plusieurs Pères, une expression figurée qui peint sensiblement nos désirs corrompus. L'usage de la parole, que l'Écriture lui prête, est la voix de nos passions qui parle à nos cœurs. Dieu emploie l'allégorie du serpent, qui était très-commune dans tout l'Orient. Il passait pour subtil, parce qu'il se dérobe avec vitesse à ceux qui le poursuivent, et qu'il s'élance avec adresse sur ceux qui l'attaquent. Son changement de peau était le symbole de l'immortalité. Les Égyptiens portaient un serpent d'argent dans leurs processions. Les Phéniciens, voisins des déserts des Hébreux, avaient depuis longtemps la fable allégorique d'un serpent qui avait fait la guerre à l'homme et à Dieu. Enfin, le serpent qui tenta Ève a été reconnu pour le diable, qui veut toujours nous tenter et nous perdre.

Il est vrai que la doctrine du diable tombé du ciel, et devenu l'ennemi du genre humain, ne fut connue des Juifs que dans la suite des siècles; mais le divin auteur, qui savait bien que cette doctrine serait un jour répandue, daignait en jeter la semence dans les premiers chapitres de *la Genèse*.

Nous ne connaissons, à la vérité, l'histoire de la chute des mauvais anges que par ce peu de mots de l'*Épître* de saint Jude[2] : « Des étoiles errantes, à qui l'obscurité des ténèbres est réservée éternellement, desquelles Énoch, septième homme après Adam, a prophétisé. » On a cru que ces étoiles errantes étaient les anges transformés en démons malfaisants, et on supplée aux prophéties d'Énoch, septième homme après Adam, lesquelles nous n'avons plus. Mais dans quelque labyrinthe que se perdent les savants pour expliquer ces choses incompréhensibles, il en résulte toujours que nous devons entendre dans un sens édifiant tout ce qui peut être entendu à la lettre.

Les anciens brachmanes avaient, comme nous l'avons dit, cette

1. *Genèse*, III, 1. (Éd.) — 2. Verset 14. (Éd.)

théologie plusieurs siècles avant que la nation juive existât. Les anciens Persans avaient donné des noms au diable longtemps avant les Juifs. Et vous savez que, dans le *Pentateuque*, on ne trouve le nom d'aucun bon ou mauvais ange. On ne connut ni Gabriel, ni Raphaël, ni Satan, ni Asmodée, dans les livres juifs, que très-longtemps après, et lorsque ce petit peuple eut appris ces noms dans son esclavage à Babylone. Tout cela prouve au moins que la doctrine des êtres célestes et des êtres infernaux a été commune à de grandes nations. Vous la retrouverez dans le livre de Job, précieux monument de l'antiquité. Job est un personnage arabe; c'est en arabe que cette allégorie fut écrite. Il reste encore dans la traduction hébraïque des phrases entières arabes. Voilà donc les Indiens, les Persans, les Arabes, et les Juifs, qui, les uns après les autres, admettent à peu près la même théologie. Elle est donc digne d'une grande attention.

Mais ce qui en est bien plus digne, c'est la morale qui doit résulter de toute cette théologie antique. Les hommes, qui ne sont point nés pour être meurtriers, puisque Dieu ne les a point armés comme les lions et les tigres; qui ne sont point nés pour l'imposture, puisqu'ils aiment tous nécessairement la vérité; qui ne sont point nés pour être des brigands ravisseurs, puisque Dieu leur a donné également à tous les fruits de la terre et les toisons des brebis, mais qui cependant sont devenus ravisseurs, parjures et homicides, sont réellement des anges transformés en démons.

Cherchons toujours, mes frères, dans la sainte Écriture, ce qui nous enseigne la morale et non la physique.

Que l'ingénieux Calmet emploie sa profonde sagacité et sa pénétrante dialectique à trouver la place du paradis terrestre; contentons-nous de mériter, si nous pouvons, le paradis céleste, par la justice, par la tolérance, par la bienfaisance.

« Et quant à l'arbre de la science du bien et du mal, tu n'en mangeras point; car le jour que tu en mangeras, tu mourras de mort[1]. »

Les interprètes avouent qu'on n'a jamais connu aucun arbre qui donnât de la science. Adam ne mourut point de mort le jour qu'il en mangea; il vécut encore neuf cent trente années, dit la sainte Écriture. Hélas! que sont neuf siècles entre deux éternités? ce n'est pas même une minute dans le temps, et nos jours passent comme l'ombre. Mais cette allégorie ne nous dit-elle pas clairement que la science mal entendue est capable de nous perdre? L'arbre de la science porte sans doute des fruits bien amers, puisque tant de savants théologiens ont été persécuteurs ou persécutés, et que plusieurs sont morts d'une mort épouvantable. Ah! mes frères, l'Esprit saint a voulu nous faire voir combien une fausse science est dangereuse, combien elle enfle le cœur, et à quel point un docteur est souvent absurde.

C'est de ce passage que saint Augustin conclut l'imputation faite à tous les hommes de la désobéissance du premier. C'est lui qui développa la doctrine du péché originel, soit que la souillure de ce péché

---

1. *Gen.*, II, 17.

ait corrompu nos corps, soit que les âmes qui entrent dans nos corps en soient abreuvées; mystère en tout point incompréhensible, mais qui nous avertit du moins de ne point vivre dans le crime, si nous sommes nés dans le crime.

« Et l'Éternel mit une marque sur Caïn, afin que quiconque le trouverait ne le tuât point[1]. » C'est ici surtout, mes frères, que les Pères sont opposés les uns aux autres. La famille d'Adam n'était pas encore nombreuse; l'Écriture ne lui donne d'autres enfants qu'Abel et Caïn, dans le temps que ce premier fut assassiné par son frère. Comment Dieu est-il obligé de donner une sauvegarde à Caïn contre tous ceux qui pourront le punir? Remarquons seulement que Dieu pardonne à Caïn un fratricide, après lui avoir donné sans doute des remords. Profitons de cette leçon; ne condamnons pas nos frères aux plus épouvantables supplices pour des causes légères. Quand Dieu daigne avoir de l'indulgence pour un meurtre abominable, imitons le Dieu de miséricorde. On nous objecte que Dieu, en pardonnant à un cruel meurtrier, damne à jamais tous les hommes pour la transgression d'Adam, qui n'était coupable que d'avoir mangé d'un fruit défendu. Il semble à notre faible raison que Dieu soit injuste en flétrissant éternellement tous les enfants de ce coupable, non pas pour expier un fratricide, mais pour une désobéissance qui semble excusable. C'est, dit-on, une contradiction intolérable qu'on ne peut admettre dans l'être infiniment bon; mais cette contradiction n'est qu'apparente. Dieu, en nous livrant, nous, nos pères, et nos enfants, aux flammes pour la désobéissance d'Adam, nous envoie, quatre mille ans après, Jésus-Christ pour nous délivrer, et il conserve la vie à Caïn pour peupler la terre; ainsi il est partout le Dieu de justice et de miséricorde. Saint Augustin appelle la faute d'Adam une faute heureuse; mais celle de Caïn fut plus heureuse encore, puisque Dieu prit soin de lui mettre lui-même un signe qui était une marque de sa protection.

Tu feras le comble de l'arche d'une coudée de hauteur, etc.[2] Nous voici parvenus au plus grand des miracles, devant lequel il faut que la raison s'humilie, et que le cœur se brise. Nous savons assez avec quelle audace dédaigneuse les incrédules s'élèvent contre le prodige d'un déluge universel.

C'est en vain qu'ils objectent que, dans les années pluvieuses, il ne tombe pas trente pouces d'eau sur la terre pendant une année; que même, pendant cette année, il y a autant de terrains qui n'ont point reçu la pluie qu'il y en a d'inondés; que la loi de la gravitation empêche l'Océan de franchir ses bornes; que s'il couvrait la terre, il laisserait son lit à sec; qu'en couvrant la terre il ne pourrait surpasser le sommet des montagnes de quinze coudées; que les animaux qui entraient dans l'arche ne pouvaient venir d'Amérique ni des terres australes; que sept paires d'animaux purs, et deux paires d'animaux impurs pour chaque espèce, n'auraient pu être contenues seulement dans vingt arches; que ces vingt arches n'auraient pu contenir tout le

---

1. Gen., IV, 15. — 2. Gen., VI, 16, etc.

fourrage qu'il leur fallait, non-seulement pendant dix mois, mais pendant l'année suivante, année pendant laquelle la terre trop abreuvée ne pouvait rien produire; que les animaux voraces qui se nourrissent de chair, auraient péri faute de nourriture; que huit personnes qui étaient dans l'arche n'auraient pu suffire à distribuer aux animaux leur pâture journalière. Enfin ils ne tarissent point sur les difficultés; mais on lève toutes ces difficultés en leur faisant voir que ce grand événement est un miracle; et dès lors toute dispute est finie.

« Or çà, bâtissons une ville et une tour de laquelle le sommet soit jusqu'aux cieux, et acquérons-nous de la réputation, de peur que nous ne soyons dispersés par toute la terre[1]. »

Les incrédules prétendent qu'on peut avoir de la réputation et être dispersé. Ils demandent si les hommes ont pu jamais être assez insensés pour vouloir bâtir une tour qui s'élevât jusqu'au ciel. Ils disent que cette tour ne s'élève que dans l'air, et que si par l'air on entend le ciel, elle sera nécessairement dans le ciel, ne fût-elle haute que de vingt pieds; que si tous les hommes alors parlaient la même langue, ce qu'ils pouvaient faire de plus sage était de se réunir dans la même ville, et de prévenir la corruption de leur langage. Ils étaient apparemment tous dans leur patrie, puisqu'ils étaient tous d'accord pour y bâtir. Les chasser de leur patrie est tyrannique; leur faire parler de nouvelles langues tout d'un coup est absurde. Par conséquent, disent-ils, on ne peut regarder l'histoire de la tour de Babel que comme un conte oriental.

Je réponds à ce blasphème que ce miracle, étant écrit par un auteur qui a rapporté tant d'autres miracles, doit être cru comme les autres. Les œuvres de Dieu ne doivent ressembler en rien aux œuvres des hommes. Les siècles des patriarches et des prophètes ne doivent tenir en rien des siècles des hommes ordinaires. Dieu, qui ne descend plus sur la terre, y descendait alors souvent pour voir lui-même ses ouvrages. C'est la tradition de toutes les grandes nations anciennes. Les Grecs, qui n'eurent aucune connaissance des livres juifs que longtemps après la traduction faite dans Alexandrie par les Juifs hellénistes; les Grecs avaient cru, avant Homère et Hésiode, que le grand Zeus et tous les autres dieux descendaient de l'air pour visiter la terre. Quel fruit pouvons-nous tirer de cette idée généralement établie? que nous sommes toujours en présence de Dieu, et que nous ne devons nous livrer à aucune action, à aucune pensée, qui ne soit conforme à sa justice. En un mot, la tour de Babel n'est pas plus extraordinaire que tout le reste. Le livre est également authentique dans toutes ses parties : on ne peut nier un fait sans nier tous les autres : il faut soumettre sa raison orgueilleuse, soit qu'on lise cette histoire comme véridique, soit qu'on la regarde comme un emblème.

« Et en ce jour le Seigneur traita alliance avec Abraham, en disant :
« J'ai donné à ta postérité ce pays depuis le fleuve d'Égypte jusqu'à
« l'Euphrate[2]. »

1, Gen., XI, 4. — 2. Id., XV, 18.

Les incrédules triomphent de voir que les Juifs n'ont jamais possédé qu'une partie de ce que Dieu leur a promis. Ils trouvent même injuste que le Seigneur leur ait donné cette portion. Ils disent que les Juifs n'y avaient pas le moindre droit; qu'un voyage fait autrefois par un Chaldéen, dans un pays barbare, ne pouvait être un prétexte légitime d'envahir ce petit pays; qu'un homme qui se dirait aujourd'hui descendant de saint Patrick, serait mal reçu à venir saccager l'Irlande, en disant qu'il en a reçu l'ordre de Dieu. Mais considérons toujours combien les temps sont changés; respectons les livres juifs, en nous gardant d'imiter jamais ce peuple. Dieu ne commande plus ce qu'il commandait autrefois.

On demande quel est cet Abraham, et pourquoi on fait remonter le peuple juif à un Chaldéen fils d'un potier idolâtre, qui n'avait aucun rapport avec les gens du pays de Canaan, et qui ne pouvait entendre leur idiome? Ce Chaldéen va jusqu'à Memphis avec sa femme courbée sous le poids des ans, et cependant belle encore. Pourquoi de Memphis ce couple se transporte-t-il dans le désert de Gérare? Comment y a-t-il un roi dans cet horrible désert? Comment le roi d'Égypte et le roi de Gérare sont-ils tous deux amoureux de la vieille épouse d'Abraham? ce ne sont là que des difficultés historiques; l'essentiel est d'obéir à Dieu. La sainte Écriture nous représente toujours Abraham comme soumis sans réserve aux volontés du Très-Haut: songeons à l'imiter plutôt qu'à disputer.

Or sur le soir deux anges vinrent à Sodome, etc. [1]. C'est ici une pierre de scandale pour les examinateurs qui n'écoutent que leur raison. Deux anges, c'est-à-dire deux créatures spirituelles, deux ministres célestes de Dieu, qui ont un corps terrestre, qui inspirent des désirs infâmes à toute une ville, et même aux vieillards; un père de famille qui veut prostituer ses deux filles pour sauver l'honneur de ces deux anges; une ville changée en un lac par le feu; une femme métamorphosée en une statue de sel; deux filles qui trompent et qui enivrent leur père pour commettre un inceste avec lui, de peur, disent-elles, que sa race ne périsse; tandis qu'elles ont tous les habitants de la ville de Tsoar parmi lesquels elles peuvent choisir! tous ces événements rassemblés forment une image révoltante; mais si nous sommes raisonnables, nous conviendrons avec saint Clément d'Alexandrie, et avec tous les Pères qui l'ont suivi, que tout est ici allégorique.

Souvenons-nous que c'était la manière d'écrire de tout l'Orient. Les paraboles furent si longtemps en usage, que l'auteur de toute vérité, quand il vint sur la terre, ne parla aux Juifs qu'en paraboles.

Les paraboles composent toute la théologie profane de l'antiquité. Saturne qui dévore ses enfants est visiblement le temps qui détruit ses propres ouvrages. Minerve est la sagesse; elle est formée dans la tête du maître des dieux. Les flèches de l'enfant Cupidon et son bandeau ne sont que des figures trop sensibles. La chute de Phaéton est u

---

1. *Gen.*, XIX tout entier.

emblème admirable des ambitieux. Tout n'est pas allégorie dans la théologie païenne, tout ne l'est pas non plus dans l'histoire sacrée du peuple juif. Les Pères distinguent ce qui est purement historique, ou purement parabole, et ce qui est mêlé de l'un et de l'autre. Il est difficile, j'en conviens, de marcher dans ces chemins escarpés; mais pourvu que nous apprenions à nous conduire dans le chemin de la vertu, qu'importe celui de la science ?

Le crime que Dieu punit est horrible; que cela nous suffise. La femme de Loth est changée en statue de sel pour avoir regardé derrière elle. Modérons les emportements de notre curiosité : en un mot, que toutes les histoires de l'Écriture servent à nous rendre meilleurs, si elles ne nous rendent pas plus éclairés.

Il y a, ce me semble, mes frères, deux manières d'interpréter figurément et dans un sens mystique les saintes Écritures. La première, qui est incontestablement la meilleure, est celle de tirer de tous les faits des instructions pour la conduite de la vie. Si Jacob fait une cruelle injustice à son frère Ésaü, s'il trompe son beau-père Laban, conservons la paix dans nos familles, et agissons avec justice envers nos parents. Si le patriarche Ruben déshonore le lit de son père Jacob, ayons cet inceste en horreur. Si le patriarche Juda commet un inceste encore plus odieux avec Thamar sa belle-fille, n'en ayons que plus d'aversion pour ces iniquités. Quand David ravit la femme d'Uriah et qu'il assassine son mari ; quand Salomon assassine son frère ; quand presque tous les petits rois juifs sont des meurtriers barbares, adoucissons nos mœurs en lisant cette suite affreuse de crimes. Lisons enfin toute la *Bible* dans cet esprit : elle inquiète celui qui veut être savant, elle console celui qui ne veut être qu'homme de bien.

L'autre manière de développer le sens caché des Écritures est celle de regarder chaque événement comme un emblème historique et physique. C'est la méthode qu'ont employée saint Clément, le grand Origène, le respectable saint Augustin, et tant d'autres Pères. Selon eux, le morceau de drap rouge que la prostituée Rahab pend à sa fenêtre est le sang de Jésus-Christ. Moïse, étendant les bras, annonce le signe de la croix. Juda liant son ânon à la vigne, figure l'entrée de Jésus-Christ dans Jérusalem. Saint Augustin compare l'arche de Noé à Jésus. Saint Ambroise, dans son livre septième *de Arca*, dit que la petite porte de dégagement, pratiquée dans l'arche, signifie l'ouverture par laquelle l'homme jette la partie grossière des aliments. Quand même toutes ces explications seraient vraies, quel fruit en pourrions-nous retirer ? les hommes en seront-ils plus justes, quand ils sauront ce que signifie la petite porte de l'arche? Cette méthode d'expliquer l'Écriture sainte n'est qu'une subtilité de l'esprit, et elle peut nuire à la simplicité du cœur.

Écartons tous les sujets de dispute qui divisent les nations, et pénétrons-nous des sentiments qui les réunissent. La soumission à Dieu, la résignation, la justice, la bonté, la compassion, la tolérance; voilà les grands principes. Puissent tous les théologiens de la terre vivre ensemble comme les commerçants, qui, sans examiner dans quel pays ils sont nés, dans quelles pratiques ils ont été nourris, suivent entre eux les règles inviolables de l'équité, de la fidélité, de la confiance réciproque ! ils sont par ces principes les liens de toutes les nations; mais ceux qui ne connaissent que leurs opinions, et qui condamnent toutes les autres; ceux qui croient que la lumière ne luit que pour eux, et que les autres hommes marchent dans les ténèbres; ceux qui se feraient un scrupule de communiquer avec les religions étrangères, ceux-là ne méritent-ils pas le titre d'ennemis du genre humain ?

Je ne dissimulerai point que les plus savants hommes assurent que le *Pentateuque* n'est point de Moïse. Newton, le grand Newton, qui seul a découvert le premier principe de la nature, qui seul a connu la lumière, cet étonnant génie, qui avait tant approfondi l'Histoire ancienne, attribue le *Pentateuque* à Samuel. D'autres savants respectables croient qu'il fut fait du temps d'Osias par le scribe Saphan; d'autres enfin prétendent qu'Esdras en fut l'auteur, au retour de la captivité. Tous s'accordent avec quelques Juifs modernes à ne point croire que cet ouvrage soit de Moïse. Cette grande objection n'est pas si terrible qu'elle le paraît. Nous révérons certainement le *Décalogue*, par quelque main qu'il ait été écrit. Nous sommes en dispute sur la date de plusieurs lois que les uns attribuent à Édouard II, les autres à Édouard II ; mais nous n'en adoptons pas moins ces lois, parce que nous les trouvons justes et utiles. Si même, dans le préambule, il y a des faits qu'on révoque en doute, si nos compatriotes rejettent ces faits, ils ne rejettent point la loi qui subsiste.

Distinguons toujours l'histoire du dogme, et le dogme de la morale; de cette morale éternelle que tous les législateurs ont enseignée, et que tous les peuples ont reçue.

Ô morale sainte ! ô mon Dieu qui en êtes le créateur ! je ne vous enfermerai point dans les limites d'une province; vous régnez sur tous les êtres pensants et sensibles. Vous êtes le Dieu de Jacob; mais vous êtes le Dieu de l'univers.

Je ne puis finir ce discours, mes chers frères, sans vous parler des prophètes. C'est un des grands objets sur lesquels nos ennemis pensent nous accabler : ils disent que, dans l'antiquité, tout peuple avait ses prophètes, ses devins, ses voyants; mais si les Égyptiens, par exemple, avaient anciennement de faux prophètes, s'ensuit-il que les Juifs ne pussent en avoir de véritables ? On prétend qu'ils n'avaient aucune mission, aucun grade, aucune autorisation légale : cela est vrai; mais ne pouvaient-ils pas être autorisés par Dieu même ? Ils s'anathématisaient les uns les autres; ils se traitaient réciproquement de fourbes et d'insensés; et le prophète Sédékia [1] ose même donner un soufflet au prophète Michée en présence du roi Josaphat : nous n'en disconvenons pas. Les *Paralipomènes* rapportent ce fait; mais un ministère est-il moins saint quand les ministres le déshonorent ? Et nos prêtres n'ont-ils pas fait cent fois pis que de donner des soufflets ?

Dieu ordonne à Ézéchiel [2] de manger un livre de parchemin; de

1. *III Rois*, XXII, 24. (ÉD.) — 2. Chap. III-VI. (ÉD.)

mettre des excréments humains sur son pain; de partager ensuite ses cheveux en trois parties, et d'en jeter une dans le feu; de se faire lier; de coucher trois cent quatre-vingt-dix jours sur le côté gauche, et quarante sur le côté droit. Dieu commande expressément au prophète Osée [1] de prendre une fille de fornication, et d'en avoir des enfants de fornication. Dieu veut ensuite qu'Osée couche avec une femme adultère, pour quinze drachmes et un boisseau et demi d'orge. Tous ces commandements de Dieu scandalisent les esprits qui se disent sages; mais ne seront-ils pas plus sages, s'ils voient que ce sont des allégories, des types, des paraboles, conformes aux mœurs des Israélites; qu'il ne faut ni demander compte à un peuple de ses usages, ni demander compte à Dieu des ordres qu'il a donnés en conséquence de ces usages reçus?

Dieu n'a pu ordonner sans doute à un prophète d'être débauché et adultère; mais il a voulu faire connaître qu'il réprouvait les crimes et les adultères de son peuple chéri. Si nous ne lisions pas la *Bible* dans cet esprit, hélas! nous serions révoltés et indignés à chaque page.

Édifions-nous de ce qui fait le scandale des autres; tirons une nourriture salutaire de ce qui leur sert de poison. Quand le sens propre et littéral d'un passage paraît conforme à notre raison, tenons-nous-en à ce sens naturel. Quand il paraît contraire à la vérité, aux bonnes mœurs, cherchons un sens caché dans lequel la vérité et les bonnes mœurs se concilient avec la sainte Écriture. C'est ainsi qu'en ont usé tous les Pères de l'Église; c'est ainsi que nous agissons tous les jours dans le commerce de la vie; nous interprétons toujours favorablement les discours de nos amis et de nos partisans; traiterons-nous avec plus de dureté les saints livres des Juifs, qui sont l'objet de notre foi? Enfin, lisons les livres juifs pour être chrétiens; et s'ils ne nous rendent pas plus savants, qu'ils servent au moins à nous rendre meilleurs.

HOMÉLIE IV. — *Sur l'interprétation du Nouveau Testament.*

Mes frères, il est dans le *Nouveau Testament*, comme dans l'*Ancien*, des profondeurs qu'on ne peut sonder, et des sublimités où la faible raison ne peut atteindre. Je ne prétends ici ni concilier les *Évangiles* qui semblent quelquefois se contredire, ni expliquer des mystères qui, de cela même qu'ils sont mystères, doivent être inexplicables. Que des hommes plus savants que moi examinent si la sainte Famille se transporta en Égypte après le massacre des enfants de Bethléem, selon saint Matthieu; ou si elle resta en Judée, selon saint Luc; qu'ils recherchent si le père de Joseph s'appelait Jacob, son grand-père Mathan, son bisaïeul Éléazar; ou bien si son bisaïeul était Lévi, son grand-père Mathat, et son père Héli; qu'ils disposent, selon leurs lumières, de cet arbre généalogique; c'est une étude que je respecte. J'ignore si elle éclairera mon esprit, mais je sais bien qu'elle ne peut parler à mon cœur. La science n'est pas la vertu. Paul, apôtre, dit

---

1. Chap. I et III. (Éd.)

lui-même, dans sa première *Épître à Timothée*[1], qu'il ne faut pas s'occuper des généalogies. Nous n'en serons pas plus gens de bien quand nous saurons précisément quels étaient les aïeux de Joseph, dans quelle année Jésus vint au monde, et si Jacques était son frère ou son cousin germain. Que nous servira d'avoir consulté tout ce qui nous reste des annales romaines, pour voir si en effet Auguste ordonna qu'on fît un dénombrement des peuples de toute la terre, quand Marie était enceinte de Jésus, quand Quirinus était gouverneur de la Syrie, et qu'Hérode régnait encore en Judée? Quirinus, que saint Luc appelle Cyrynus (disent les savants), ne fut gouverneur de Syrie que dix ans après : ce n'était pas du temps d'Hérode, c'était du temps d'Archélaüs, et jamais Auguste n'ordonna un dénombrement de l'empire romain.

On nous crie que l'*Épître aux Hébreux*, attribuée à Paul, n'est point de Paul; que ni l'*Apocalypse* ni l'*Évangile de Jean* ne sont de Jean; que le premier chapitre de cet Évangile est évidemment d'un Grec platonicien; qu'il est impossible que ce livre soit d'un Juif; que jamais un Juif n'aurait fait prononcer ces paroles à Jésus[2] : « Je vous fais un commandement nouveau; c'est que vous vous aimiez les uns les autres. » Certes, disent-ils, ce commandement n'était point nouveau. Il est énoncé expressément et en termes plus énergiques dans les lois du *Lévitique*[3] : « Tu aimeras ton Dieu plus que toute autre chose, et ton prochain comme toi-même. » Un homme tel que Jésus-Christ, disent-ils, un homme savant dans les Écritures, et qui confondait les docteurs à l'âge de douze ans[4]; un homme qui parle toujours de la loi, ne pouvait ignorer la loi; et son disciple bien-aimé ne peut lui avoir imputé une erreur si palpable.

Mes frères, ne nous troublons point, songeons que Jésus parlait un idiome peu intelligible aux Grecs, composé du syriaque et du phénicien; que nous n'avons l'*Évangile de saint Jean* qu'en grec; que cet évangile fut écrit plus de cinquante ans après la mort de Jésus; que les copistes peuvent aisément avoir altéré le texte; qu'il est plus probable que le texte portait : « Je vous fais un commandement qui n'est pas nouveau, » qu'il n'est probable qu'il portât en effet ces mots : « Je vous fais un commandement nouveau. » Enfin revenons à notre grand principe : le précepte est bon; c'est à nous à le suivre si nous pouvons, soit que Zoroastre l'ait annoncé le premier, soit que Moïse l'ait écrit, soit que Jésus l'ait renouvelé.

Irons-nous pénétrer dans les plus épaisses ténèbres de l'antiquité pour voir si les ténèbres qui couvrirent toute la terre à la mort de Jésus furent une éclipse de soleil dans la pleine lune; si un astronome nommé Phlégon, que nous n'avons plus, a parlé de ce phénomène, ou si quelque autre a jamais observé l'étoile des trois mages? Ces difficultés peuvent occuper un antiquaire; mais en consumant un temps précieux à débrouiller ce chaos, il ne l'aura pas employé en

1. Verset IV. (Éd.) — 2. Jean, XIII, 34. (Éd.) — 3. XIX, 18, 34. (Éd.)
4. Luc, II, 42, 46. (Éd.)

bonnes œuvres; il aura plus de doutes que de piété. Mes frères, celui qui partage son pain avec le pauvre vaut mieux que celui qui a comparé le texte hébreu avec le grec, et l'un et l'autre avec le samaritain.

Ce qui ne regarde que l'histoire fait naître mille disputes : ce qui concerne nos devoirs n'en souffre aucune. Vous ne comprendrez jamais comment le diable emporta Dieu dans le désert; comment il le tenta pendant quarante jours; comment il le transporta au haut d'une colline d'où l'on découvrait tous les royaumes de la terre. Le diable qui offre à Dieu tous ces royaumes, pourvu que Dieu l'adore, pourra révolter votre esprit; vous chercherez quel mystère est caché sous ces paroles et sous tant d'autres; votre entendement se fatiguera en vain; chaque parole vous plongera dans l'incertitude et dans les angoisses d'une curiosité inquiète, qui ne peut se satisfaire. Mais si vous vous bornez à la morale, cet orage se dissipe, vous reposez dans le sein de la vertu.

J'ose me flatter, mes frères, que si les plus grands ennemis de la religion chrétienne nous entendaient dans ce temple écarté où l'amour de la vertu nous rassemble; si les lords Herbert, Shaftesbury, Bolingbroke; si les Tindal, les Toland, les Collins, les Whiston, les Trenchard, les Gordon, les Swift, étaient témoins de notre douce et innocente simplicité, ils auraient pour nous moins de mépris et d'horreur. Ils ne cessent de nous reprocher un fanatisme absurde. Nous ne sommes point fanatiques en étant de la religion de Jésus; il adorait un Dieu, et nous l'adorons; il méprisait de vaines cérémonies, et nous les méprisons. Aucun Évangile n'a dit que sa mère fût mère de Dieu; aucun n'a dit qu'il fût consubstantiel à Dieu, ni qu'il eût deux natures et deux volontés dans une même personne, ni que le Saint-Esprit procédât du Père et du Fils. Vous ne trouverez dans aucun Évangile que les disciples de Jésus doivent s'arroger le titre de *saint Père*, de *milord*, de *monseigneur ;* que douze mille pièces d'or doivent être le revenu d'un prêtre qui demeure à Lambeth, tandis que tant de cultivateurs utiles ont à peine de quoi ensemencer les trois ou quatre acres de terre qu'ils labourent, et qu'ils arrosent de pleurs. L'Évangile n'a point dit aux évêques de Rome : « Forgez une donation de Constantin pour vous emparer de la ville des Scipions et des Césars, pour oser être suzerains du royaume de Naples : évêques allemands, profitez d'un temps d'anarchie pour envahir la moitié de l'Allemagne. » Jésus fut un pauvre qui prêcha des pauvres. Que dirions-nous des disciples de Penn et de Fox, ennemis du faste, ennemis des honneurs, amoureux de la paix, s'ils marchaient une mitre d'or en tête, entourés de soldats; s'ils ravissaient la substance des peuples; s'ils voulaient commander aux rois; si leurs satellites, suivis de bourreaux criaient à haute voix : « Nations imbéciles, croyez à Fox et à Penn, ou vous allez expirer dans les supplices? »

Vous savez mieux que moi quel funeste contraste tous les siècles ont vu entre l'humilité de Jésus et l'orgueil de ceux qui se sont parés de son nom; entre leur avarice et sa pauvreté; entre leurs débauches et sa chasteté; entre sa soumission et leur sanguinaire tyrannie.

De toutes ses paroles, mes frères, j'avoue que rien ne m'a plus fait d'impression que ce qu'il répondit à ceux qui eurent la brutalité de le frapper avant qu'on le conduisît au supplice : « Si j'ai mal dit [1], rendez témoignage du mal; et si j'ai bien dit, pourquoi me frappez-vous ? » Voilà ce qu'on a dû dire à tous les persécuteurs. Si j'ai une opinion différente de la vôtre sur des choses qu'il est impossible d'entendre; si je vois la miséricorde de Dieu là où vous ne voulez voir que sa puissance; si j'ai dit que tous les disciples de Jésus étaient égaux, quand vous avez cru les devoir fouler à vos pieds; si je n'ai adoré que Dieu seul, quand vous lui avez donné des associés; enfin, si j'ai mal dit en n'étant pas de votre avis, rendez témoignage du mal; et si j'ai bien dit, pourquoi m'accablez-vous d'injures et d'opprobres ? pourquoi me poursuivez-vous, me jetez-vous dans les fers, me livrez-vous aux tortures, aux flammes, m'insultez-vous encore après ma mort? Hélas! si j'avais mal dit, vous ne deviez que me plaindre et m'instruire. Vous êtes sûrs que vous êtes infaillibles; que votre opinion est divine; que les portes de l'enfer [2] ne pourront jamais prévaloir contre elle; que toute la terre embrassera un jour votre opinion; que le monde vous sera soumis; que vous régnerez du mont Atlas aux îles du Japon : en quoi mon opinion peut-elle donc vous nuire ? Vous ne me craignez pas, et vous me persécutez! vous me méprisez, et vous me faites périr!

Que répondre, mes frères, à ces modestes et puissants reproches? ce que répond le loup à l'agneau : « Tu as troublé l'eau que je bois. » C'est ainsi que les hommes se sont traités les uns les autres, l'Évangile et le fer à la main; prêchant le désintéressement, et accumulant des trésors; annonçant l'humilité, et marchant sur les têtes des princes prosternés, recommandant la miséricorde, et faisant couler le sang humain.

Si ces barbares trouvent dans l'Évangile quelque parabole dont le sens puisse être détourné en leur faveur par quelque interprétation frauduleuse, ils s'en saisissent comme d'une enclume sur laquelle ils forgent leurs armes meurtrières.

Est-il parlé de deux glaives suspendus à un plafond, ils s'arment de cent glaives pour frapper. S'il est dit qu'un roi a tué ses bêtes engraissées [3], a forcé des aveugles, des estropiés, de venir à son festin [4], et a jeté celui qui n'avait pas sa robe nuptiale dans les ténèbres extérieures [5]; est-ce une raison, mes frères, qui les mette en droit de vous enfermer dans des cachots comme ce convive, de vous disloquer les membres dans les tortures, de vous arracher les yeux pour vous rendre aveugles comme ceux qui ont été traînés à ce festin; de vous tuer, comme ce roi a tué ses bêtes engraissées? C'est pourtant sur de telles équivoques que l'on s'est fondé si souvent pour désoler une grande partie de la terre.

Ces terribles paroles [6] : « Je ne suis pas venu apporter la paix, mais

1. Jean, XVIII, 23. (ÉD.) — 2. Matthieu, XVI, 18. (ÉD.)
3. Matthieu, XXII, 4. (ÉD.) — 4. Luc, XIV, 23. (ÉD.)
5. Matth., XXII, 13. (ÉD.) — 6. Matth., X, 34. (ÉD.)

le glaive, » ont fait périr plus de chrétiens que la seule ambition n'en a jamais immolé.

Les Juifs dispersés et malheureux se consolent de leur abjection, quand ils nous voient toujours opposés les uns aux autres depuis les premiers jours du christianisme, toujours en guerre ou publique ou secrète, persécutés et persécuteurs, oppresseurs et opprimés; ils sont unis entre eux, et ils rient de nos querelles éternelles. Il semble que nous n'ayons été occupés que du soin de les venger.

Misérables que nous sommes ! nous insultons aux païens, et ils n'ont jamais connu nos querelles théologiques; ils n'ont jamais versé une goutte de sang pour expliquer un dogme; et nous en avons inondé la terre. Je vous dirai surtout, dans l'amertume de mon cœur : Jésus a été persécuté; quiconque pensera comme lui sera persécuté comme lui. Car enfin, qu'était Jésus aux yeux des hommes, qui ne pouvaient certainement soupçonner sa divinité? C'était un homme de bien qui, né dans la pauvreté, parlait aux pauvres contre la superstition des riches pharisiens et des prêtres insolents; c'était le Socrate de la Galilée. Vous savez qu'il dit à ces pharisiens [1] : « Malheur à vous, guides aveugles, qui coulez le moucheron, et qui avalez le chameau ! Malheur à vous, parce que vous nettoyez les dehors de la coupe et du plat, et que vous êtes au dedans pleins de rapines et d'impuretés [2] ! »

Il les appelle souvent [3] *sépulcres blanchis, races de vipères*. Ils étaient pourtant des hommes constitués en dignité. Ils se vengèrent par le dernier supplice. Arnaud de Brescia, Jean Hus, Jérôme de Prague, en dirent beaucoup moins des pontifes de leurs jours, et ils furent suppliciés de même. Ne choquez jamais la superstition dominante, si vous n'êtes assez puissants pour lui résister, ou assez habiles pour échapper à sa poursuite. La fable de Notre-Dame de Lorette est plus extravagante que toutes les métamorphoses d'Ovide, il est vrai; le miracle de San-Genaro à Naples est plus ridicule que celui d'Egnatia dont parle Horace, j'en conviens : mais dites hautement à Naples, à Lorette, ce que vous pensez de ces absurdités, il vous en coûtera la vie. Il n'en est pas ainsi chez quelques nations plus éclairées : le peuple y a ses erreurs, mais moins grossières; et le peuple le moins superstitieux est toujours le plus tolérant.

Rejetons donc toute superstition afin de devenir plus humains : mais en parlant contre le fanatisme, n'irritons point les fanatiques : ce sont des malades en délire qui veulent battre leurs médecins. Adoucissons leurs maux, ne les aigrissons jamais et faisons couler goutte à goutte dans leur âme ce baume divin de la tolérance, qu'ils rejetteraient avec horreur si on le leur présentait à pleine coupe.

1. Matth., XXIII, 24, 25. (ÉD.) — 2. Matth., XXIII,
3. Matth., XXIII, 27, 33. (ÉD.)

MÉMOIRE

PRÉSENTÉ AU MINISTÈRE DE FRANCE, ET QUI DOIT ÊTRE MIS A LA TÊTE DE LA NOUVELLE ÉDITION QU'ON PRÉPARE DU SIÈCLE DE LOUIS XIV [1].

(1767.)

L'auteur du *Siècle de Louis XIV* satisfit à son devoir en commençant cet ouvrage dès qu'il fut nommé historiographe de France [2]. Il l'entreprit avec d'autant plus de zèle, que la gloire de ce beau siècle dans les arts, commençant à peu près à l'établissement de l'Académie française, ne s'est pas démentie de nos jours, et que l'administration politique s'est perfectionnée. Ainsi, en étendant son histoire jusqu'à notre temps, il essayait d'élever un monument à l'honneur du siècle passé et du nôtre.

La multiplicité des grands objets l'obligea de les séparer, de traiter à part les événements de la guerre et ceux de la cour, l'administration intérieure, les affaires de l'Église, les progrès de l'esprit humain, et de finir par un catalogue raisonné de ceux qui se sont signalés dans les lettres.

C'est un édifice dont la vérité dut préparer tous les matériaux; l'infidélité des histoires de Louis XIV écrites dans les pays étrangers, composées sur des journaux et des gazettes, ou plutôt sur des rumeurs odieuses, exigeait qu'un citoyen à portée d'être instruit se chargeât de ce travail. L'auteur s'y était préparé depuis longtemps. Il avait consulté tous les mémoires manuscrits, et surtout ceux de M. le maréchal de Villars, dont le premier tome a été imprimé depuis.

Il ne tira pas moins de lumières de plusieurs anciens courtisans de Louis XIV. Il mettait par écrit tout ce qu'il leur entendait dire et confrontait leurs récits.

Éclairé par tant de secours, il osa le premier démentir tous les historiens du temps, et même tous les manifestes publiés en Europe, concernant l'origine de la grande révolution qui a mis la maison de France sur les trônes d'Espagne et des Deux-Siciles. Toutes les cours restaient encore persuadées que Louis XIV avait dicté dans Versailles le testament que Charles II, roi d'Espagne, signa dans Madrid.

---

1. L'édition du *Siècle de Louis XIV* à la tête de laquelle ce *Mémoire* devait être mis, est celle de 1768; mais elle ne le contient pas. Ce *Mémoire* fut imprimé séparément; je pays de Foix, et tout le Languedoc en furent inondés, à ce que dit Sabatier de Castres, dans son *Tableau philosophique de M. de Voltaire* (page 114). N'ayant pu m'en procurer un exemplaire, je reproduis ce que j'ai trouvé dans le *Journal encyclopédique* des 1er et 15 août 1767, avec des points à la fin de plusieurs alinéas; ce qui semble indiquer des lacunes.

C'est sans doute de ce *Mémoire* que Voltaire parle dans une lettre au lieutenant de police, du 8 juillet 1767, que je donnerai dans la *Correspondance*. La Beaumelle s'en plaignit au même magistrat, par une lettre du 13 juillet. (*Note de M. Beuchot.*)

2. Voltaire ne fut nommé historiographe de France qu'en 1745; et, longtemps avant, il s'était occupé de l'histoire de Louis XIV. (*Id.*)

L'auteur du *Siècle* n'avait alors pour garant du contraire que quelques mots de la main de M. le marquis de Torci, qu'il conserve encore : *La cour de Versailles n'y a eu aucune part.* Ces mots sont en marge avec d'autres réponses à plusieurs questions. Ce peu de paroles d'un ministre véridique et vertueux, combinées avec toutes les découvertes que l'auteur fit d'ailleurs, l'enhardirent à contredire l'Europe. On vit avec étonnement qu'en effet le dernier descendant de Charles-Quint avait légué, par sa seule volonté, tous ses États au petit-fils de son ennemi. Les critiques s'élevèrent de toutes parts; mais lorsque enfin les *Mémoires du marquis de Torci* furent publiés, les critiques se turent.

Il en fut de même sur l'*Homme au masque de fer*. Ce fait si peu vraisemblable et si vrai, ce fait unique fut révoqué en doute : tous les ambassadeurs s'en informèrent à une fille de M. de Torci, qui leur confirma la vérité. Il n'y a aujourd'hui qu'un seul homme qui sache quel était cet infortuné dont l'aventure nous épouvante encore ; et cet homme auguste est trop au-dessus des autres pour être cité [1].

Il n'est aucun événement singulier sur lequel l'auteur ne prit scrupuleusement les informations les plus amples. Il lut les ouvrages des écrivains dont il fait le catalogue ; il vit les chefs-d'œuvre des peintres, des sculpteurs dont il parle ; et surtout il les vit encore par les yeux des meilleurs connaisseurs, craignant d'en croire trop sa propre opinion.

Enfin tous les soins qu'on peut prendre pour rendre justice à son siècle, il les a épuisés ; et s'il est encore quelques méprises dans cet ouvrage, qui, bien que court, est d'un détail immense, elles seront corrigées dans la nouvelle édition qu'on prépare.

Il est d'une nécessité absolue de réitérer ici les plaintes qu'on a déjà portées au tribunal du public. Un de ces mauvais Français qui croient faire quelque fortune dans les pays étrangers en décriant leur patrie, s'avisa de falsifier cet ouvrage en 1752, et de le charger de notes infâmes contre la mémoire de Louis XIV, contre Sa Majesté aujourd'hui régnante, contre Mgr le duc d'Orléans, les maréchaux de Villars et de Villeroi, tous les ministres et tous ceux qui ont servi la patrie....

Ce fut lui qui, pour un peu d'argent, fit imprimer à Francfort ce tissu d'infamies, qui l'emporte sur tous les libelles que les presses de Hollande ont mis au jour contre nos rois et leurs ministres. C'est dans ce livre qu'il dit qu'un roi qui veut le bien est un être de raison, et que Louis XIV ne réalisa jamais cette chimère ; que les libéralités de Louis XIV sont tout ce qu'il y a de beau dans sa vie ; que la politesse de la cour de Louis XIV est un être de raison ; que Louis XIV avait peu de religion ; que le roi n'employait le maréchal de Villars que par faiblesse ; qu'il faut que les écrivains sévissent contre Chamillard et les autres ministres ; que le comte de Plelo n'avait rien de mieux à faire que de mourir, parce qu'il avait un million de dettes.

On n'ose répéter ici ce qu'il dit contre la famille royale et contre le duc d'Orléans, pages 347 et 348. Ce sont des calomnies si atroces et si

---

1. Louis XV. (Éd.)

absurdes, qu'on souillerait le papier en les copiant. On croira sans peine qu'un homme assez dépourvu de sens, assez dépouillé de pudeur pour vomir tant de calomnies, n'a pas assez de science pour ne pas tomber à chaque page dans les erreurs les plus grossières; mais c'est une chose curieuse que le ton de maître dont il les débite.

Il ne s'en est pas tenu là : il a répété les mêmes critiques et les mêmes absurdités dans les prétendus *Mémoires* qu'il a donnés *de Mme de Maintenon*.

Ce sont surtout les mêmes outrages à Louis XIV, à tous les princes, à toutes les dames de sa cour, et surtout à Mme la duchesse de Richelieu.

« Qui a loué Louis XIV? dit-il; les sages, les politiques, les bons chrétiens, les bons Français? non; un tas de moines sans esprit et sans âme, des évêques, des ministres qui ne connaissaient en France d'autre loi que le bon plaisir du maître. »

Il feint d'avoir écrit ces *Mémoires* pour honorer Mme de Maintenon, et ce n'est qu'un libelle contre elle et contre la maison de Noailles; il ramasse tous les vers infâmes qu'on a faits sur elle....

Se tromper en citant de mémoire est une fragilité pardonnable; mais citer le tome, la page de l'histoire écrite par Mademoiselle, et lui faire dire le contraire de ce qu'elle dit, c'est une étrange hardiesse, c'est sa méthode; en voici un exemple.

Il suppose que la princesse de Savoie, promise à Louis XIV, parla en ces termes à Mademoiselle : « Mon mari me déferait de tout ce qui aurait le malheur de me déplaire; on ne m'aimerait pas en vain ; on ne me déplairait pas impunément. — Eh! mon Dieu, répondit Mademoiselle épouvantée, que direz-vous, que ferez-vous donc quand vous régnerez ? » Il cite le tome IV, page 145 ; mais voici les propres paroles qu'on y trouve :

« La princesse Marguerite se récria : « Ce que je comprends le moins « du monde, est comment on peut être malheureuse comme l'est ma « sœur, quand on a un mari qui vous aime bien. Pour moi, si j'étais « à sa place, je voudrais que mon mari me défît de tous les gens qui « causeraient mon malheur, et je me ferais valoir d'une manière que « ma sœur ne fait pas. » Tout d'un coup elle se récria : « Que je suis « sotte de dire cela! vous avez tous deux ma vie entre vos mains. » Je « lui répondis : « Pour moi je n'ai rien ouï. » Le maréchal dit : « Pour « moi j'ai tout entendu; cela ne fera aucun effet que de me faire con- « naître que vous avez bien de l'esprit et du mérite, et avoir dans mon « cœur beaucoup d'estime pour vous, et ne jamais dire pourquoi. »

Il est donc bien avéré que Mademoiselle ne dit rien de ce que cet homme lui faire dire. Il fait toujours parler le roi et les princesses, et il les fait parler dans son style.

On ne prétend point du tout ici s'abaisser à faire la critique d'un pareil livre; mais on doit faire connaître le personnage, afin que les ministres et le public, sachant qui est cet homme auteur de tant de libelles, sachent aussi que ces libelles ne peuvent nuire.

On passe sous silence tous les contes ridicules et faits pour des femmes de chambre, dont ces rapsodies sont pleines. A la bonne heure qu'un homme sans éducation écrive des sottises; mais de quel front ose-t-il prétendre que le roi écrivit à M. d'Avaux, au sujet de l'évasion des protestants : *Mon royaume se purge;* et que M. d'Avaux lui répondit : *Il deviendra étique,* etc.? Nous avons les lettres de M. d'Avaux au roi, et ses réponses; il n'y a certainement pas un mot de ce que ce menteur avance.

Comment peut-il être assez ignorant de tous les usages et de toutes les choses dont il parle, pour dire qu'au temps de la révocation de l'édit de Nantes, « le roi étant à la promenade, en carrosse, avec Mme de Maintenon, Mlle d'Armagnac et M. Fagon, son premier médecin, la conversation tomba sur les vexations faites aux huguenots, etc.? » Assurément ni Louis XIV, ni Louis XV, n'ont été en carrosse à la promenade ni avec leur médecin, ni avec leur apothicaire. Fagon ne fut d'ailleurs premier médecin du roi qu'en 1693. A l'égard de la princesse d'Armagnac, dont il parle, elle était née en 1678, et, n'ayant alors que sept ans, elle ne pouvait aller familièrement en carrosse à une promenade avec le roi et Fagon en 1685.

C'est avec la même érudition de cour qu'il dit que le « P. Ferrier se fit donner la feuille des bénéfices qu'avait auparavant le premier valet de chambre; » que l'archevêque de Paris dressa l'acte de célébration du mariage du roi avec Mme de Maintenon, et qu'à sa mort on trouva sous la clef « quantité de vieilles culottes, dans l'une desquelles était cet acte. »

Il connaît l'histoire antique comme la moderne; pour justifier le mariage du roi avec Mme de Maintenon, il dit que Cléopâtre, déjà vieille, enchaîna Auguste.

Chaque page est une absurdité ou une imposture. Il réclame le témoignage de Burnet, évêque de Salisburi, et lui fait dire joliment que Guillaume III, roi d'Angleterre, n'aimait que les portes de derrière. Jamais Burnet n'a dit cette infamie; il n'y a pas un seul mot dans aucun de ses ouvrages qui puisse y avoir le moindre rapport.

S'il se bornait à dire au hasard des absurdités sur des choses indifférentes, on aurait pu l'abandonner au mépris dont les auteurs de pareilles indignités sont couverts; mais qu'il ose dire que Mgr le duc de Bourgogne, père du roi, trahit le royaume, dont il était héritier, et qu'il empêcha que Lille ne fût secourue, lorsque cette place était assiégée par le prince Eugène; c'est un crime que les bons Français doivent au moins réprimer, et une calomnie ridicule qu'un historiographe de France serait coupable de ne pas réfuter.

Et sur quoi fonde-t-il cette noire imposture? Voici ses paroles : « Le roi entra chez Mme de Maintenon, et, dans le premier mouvement de sa joie, lui dit : « Vos prières sont exaucées, madame; Vendôme tient « mes ennemis, Lille sera délivrée, et vous serez reine de France. » Ces paroles furent entendues et répétées : monseigneur les sut; il trembla pour la gloire de la famille royale, et, pour parer le coup qui la menaçait, il écrivit à Mgr le duc de Bourgogne, qui aimait son père autant qu'il craignait son aïeul, qu'à son retour il trouverait deux maîtres;

Mme la duchesse de Bourgogne conjura son époux de ne pas contribuer à lui donner pour souveraine une femme née tout au plus pour la servir. *Le prince, ébranlé par ces instances, empêcha que Lille ne fût secourue.* »

On demande où ce calomniateur du père du roi a trouvé ces paroles de Louis XIV : *Vous serez reine de France ?* Était-il dans la chambre ? quelqu'un les a-t-il jamais rapportées ? Ce mensonge n'est-il pas aussi méprisable que celui qu'il ajoute ensuite : « De là ces billets que les ennemis jetaient parmi nous : « Rassurez-vous, Français, elle ne sera « pas votre reine, nous ne lèverons pas le siége ? »

Comment une armée jette-t-elle des billets dans une ville assiégée ? — Peut-on joindre plus de sottises à plus d'horreurs ?

Après avoir tenté de jeter cet opprobre sur le père du roi, il vient à son grand-père ; il veut lui donner des ridicules ; il lui fait épouser Mlle Chouin ; il lui donne un fils de la Raizin, au lieu d'une fille : et, aussi instruit des affaires des citoyens que de celles de la famille royale, il avance que ce fils serait mort dans la misère, si le trésorier de l'extraordinaire des guerres, La Jonchère, ne lui avait pas donné sa sœur en mariage. Enfin, pour couronner cette impertinence, il confond ce trésorier avec un autre La Jonchère, sans emploi, sans talents et sans fortune, qui a donné, comme tant d'autres, un projet ridicule de finances en quatre petits volumes.

Il fallait bien qu'ayant ainsi calomnié tous les princes, il portât (M. L.) sa fureur sur Louis XIV. Rien n'égale l'atrocité avec laquelle il parle de la mort du marquis de Louvois ; il ose dire que ce ministre craignait que le roi ne l'empoisonnât. Ensuite voici comme il s'exprime : « Au sortir du conseil il rentre dans son appartement, et boit un verre d'eau avec précipitation ; le chagrin l'avait déjà consumé ; il se jette dans un fauteuil, dit quelques mots mal articulés, et expire. Le roi s'en réjouit, et dit que cette année l'avait délivré de trois hommes qu'il ne pouvait plus souffrir, Seignelai, La Feuillade et Louvois. »

Il est inutile de remarquer que MM. de Seignelai et de Louvois ne moururent point la même année. Une telle remarque serait convenable, s'il s'agissait d'une ignorance ; mais il est question du plus grand des crimes dont il ose soupçonner un roi honnête homme ; et ce n'est pas la seule fois qu'il a osé parler de poison dans ses abominables libelles. Il dit dans un endroit, que le grand-père de l'impératrice reine avait des empoisonneurs à gages ; et, dans un autre endroit, il s'exprime sur l'oncle de son propre roi d'une façon si criminelle, et en même temps si folle, que l'excès de sa démence prévalant sur celui de son crime, il n'en a été puni que par six mois de cachot.

Mais, à peine sorti de prison, comment répare-t-il des crimes qui, sous un ministère moins indulgent, l'auraient conduit au dernier supplice ? Il fait publier un libelle intitulé : *Lettre de M. L. B.*, à Londres, chez Jean Nourse, 1763. C'est là surtout qu'il aggrave ses calomnies contre le prédécesseur de son roi.

Ce n'est pas assez pour lui de soupçonner Louis XIV d'avoir empoisonné son ministre. L'auteur du *Siècle de Louis XIV* avait dit, dans un écrit à part : « Je défie qu'on me montre une monarchie dans laquelle les lois, la justice distributive, les droits de l'humanité aient été moins foulés aux pieds, et où l'on ait fait de plus grandes choses pour le bien public, que pendant les cinquante-cinq années que Louis XIV régna par lui-même. »

Cette assertion était vraie, elle était d'un citoyen et non d'un flatteur. L. B., l'ennemi de l'auteur du *Siècle de Louis XIV*, qui n'a jamais eu que de tels ennemis, L. B., dis-je, dans sa 13ᵉ lettre, p. 88, dit[1] : « Je ne puis lire ce passage sans indignation, quand je me rappelle toutes les injustices générales et particulières que commit le feu roi. Quoi ! Louis XIV était juste quand il oubliait (et il oubliait sans cesse) que l'autorité n'était confiée à un seul que pour la félicité de tous ? » Et après ces mots, c'est un détail affreux.

Ainsi donc Louis XIV oubliait sans cesse le bien public, lorsque en prenant les rênes de l'État il commença par remettre au peuple trois millions d'impôts, quand il établit le grand hôpital et ceux de tant d'autres villes. Il oubliait le bien public, en réparant tous les grands chemins, en contenant dans le devoir ses nombreuses troupes, auparavant aussi redoutables aux citoyens qu'aux ennemis ; en ouvrant au commerce cent routes nouvelles ; en formant la compagnie des Indes, à laquelle il fournit de l'argent du trésor royal ; en défendant toutes les côtes par une marine formidable qui alla venger en Afrique les insultes faites à nos négociants ! Il oublia sans cesse le bien public, lorsqu'il réforma toute la jurisprudence autant qu'il le put, et qu'il étendit ses soins jusque sur cette partie du genre humain qu'on achète chez les derniers Africains pour servir dans un nouveau monde ? Oublia-t-il sans cesse le bien public, en fondant dix-neuf chaires au collège royal, cinq académies ; en logeant dans son palais du Louvre tant d'artistes distingués ; en répandant des bienfaits sur les gens de lettres jusqu'aux extrémités de l'Europe, et en donnant plus lui seul aux savants, que tous les rois de l'Europe ensemble, comme le dit l'illustre auteur de l'*Abrégé chronologique*[2] ?

Enfin, était-ce oublier le bien public, que d'ériger l'Hôtel des Invalides pour plus de quatre mille guerriers, et Saint-Cyr pour l'éducation de trois cents filles nobles ? Il vaudrait autant dire que Louis XV a négligé le bien public en fondant l'École royale militaire, et en mettant aujourd'hui dans toutes ses troupes, par le génie actif d'un seul homme, cet ordre admirable que les peuples bénissent, que les officiers embrassent à présent avec ardeur, et que les étrangers viennent admirer.

Il y a toujours des esprits mal faits et des cœurs pervers, que toute espèce de gloire irrite, dont toute lumière blesse les yeux, et qui, par un orgueil secret, proportionné à leurs travers, haïssent la nature ; mais qu'il se soit trouvé un homme assez aveuglé par ce misérable orgueil, assez lâche, assez bas, assez intéressé pour calomnier, à prix

---

1. *Lettres de M. de La Beaumelle à M. de Voltaire*, 1763, in-12. (Éd.)
2. Le président Hénault. (Éd.)

d'argent, tous les noms les plus sacrés et toutes les actions les plus nobles, qu'il aurait louées pour un écu de plus; c'est ce qu'on n'avait point vu encore.

L'intérêt de la société demande qu'on effraye ces criminels insensés; car il peut s'en trouver quelqu'un parmi eux qui joigne un peu d'esprit à ses fureurs. Ses écrits peuvent durer. Bayle lui-même, dans son *Dictionnaire*, a fait revivre cent libelles de cette espèce. Les rois, les princes, les ministres, pourraient dire alors : « A quoi nous servira de faire du bien, si le prix en est la calomnie? »

L. B. pousse son atroce démence jusqu'à représenter par bravade ses confrères les protestants de France (qui le désavouent) comme une multitude redoutable au trône. « Il s'est formé, dit-il, un séminaire de prédicants, sous le nom de ministres du désert, qui ont leurs consistoires, leurs synodes, leur juridiction ecclésiastique. Il y a cinquante mille baptêmes et autant de mariages bénis illicitement en Guienne, des assemblées de vingt mille âmes en Poitou, autant en Dauphiné, en Vivarais, en Béarn, soixante temples en Saintonge, un synode national tenu à Nîmes, composé des députés de toutes les provinces. »

Ainsi, par des exagérations extravagantes, il se rend le délateur de ses anciens confrères, et en écrivant contre le trône, il les exposerait à passer pour les ennemis du trône; il ferait regarder la France, parmi les étrangers, comme nourrissant dans son sein les semences d'une guerre civile prochaine, si on ne savait que toutes ces accusations contre les protestants sont d'un fou également en horreur aux protestants et aux catholiques.

Acharné contre tous les princes de la maison de France, et contre le gouvernement, il prétend que Mgr le duc, père de Mgr le prince de Condé, fit assassiner M. Verger, commissaire des guerres, en 1720, et que sa mort a été récompensée de la croix de Saint-Louis. L'auteur du *Siècle de Louis XIV* avait démontré la fausseté de ce conte. Tout le monde sait aujourd'hui que Verger avait été assassiné par la troupe de Cartouche; les assassins l'avouèrent dans leur interrogatoire; le fait est public; n'importe; il faut que L. B. calomnie la maison de Condé, comme il a fait la maison d'Orléans et la famille royale....

Il paraît que l'on s'avilit à relever ce ramas d'inconcevables turpitudes; mais on supplie les ministres de Sa Majesté, qui ignorent ces excès, de considérer que ce même L. B., retiré à présent à Mazères en Guienne, outrage continuellement des particuliers qui ne peuvent se défendre.

Non content d'avoir imprimé et falsifié le *Siècle de Louis XIV*, et de l'avoir chargé de calomnies, il a écrit depuis dix ans à l'auteur, ou fait écrire quatre-vingt-quatorze lettres anonymes. Cela est rare et digne de toute sa conduite. On a envoyé la dernière au ministère; elle commence par ces mots : « J'ose risquer une 95ᵉ lettre anonyme, etc. »

On sait bien que les écrivains de lettres anonymes prennent assez de précautions pour n'être pas découverts; on méprise ces délits; mais les autres sont plus sérieux. Les impostures de ce ridicule Sq... sont constatées ici par des citations fidèles. Il continue à faire imprimer des libelles affreux, sous le nom même de l'auteur du *Siècle de Louis XIV*. Il était absolument indispensable de mettre un frein à ces horreurs....

LA DÉFENSE DE MON ONCLE.

(1767.)

AVERTISSEMENT ESSENTIEL OU INUTILE.

Lorsque je *mis la plume à la main* pour défendre *unguibus et rostro* la mémoire de mon cher oncle contre un libelle inconnu, intitulé *Supplément à la Philosophie de l'Histoire*, je crus d'abord n'avoir affaire qu'à un jeune abbé dissolu, qui, pour s'égayer, avait parlé dans sa diatribe des filles de joie de Babylone, de l'usage des garçons, de l'inceste, et de la bestialité. Mais, lorsque je travaillais en digne neveu, j'ai appris que le libelle anonyme est du sieur Larcher, ancien répétiteur de belles-lettres au collége Mazarin. Je lui demande très-humblement pardon de l'avoir pris pour un jeune homme ; et j'espère qu'il me pardonnera d'avoir rempli mon devoir en écoutant le cri du sang qui parlait à mon cœur, et la voix de la vérité, qui m'a ordonné de *mettre la plume à la main*.

Il est question ici de grands objets ; il ne s'agit pas moins que des mœurs et des lois, depuis Pékin jusqu'à Rome, et même des aventures de l'Océan et des montagnes. On trouvera aussi dans ce petit ouvrage une furieuse sortie contre l'évêque Warburton ; mais le lecteur judicieux pardonnera à la chaleur de mon zèle, quand il saura que cet évêque est un hérétique.

J'aurais pu relever toutes les fautes de M. Larcher, mais il aurait fallu faire un livre aussi gros que le sien. Je n'insisterai que sur son impiété. Il est bien douloureux pour des yeux chrétiens de lire dans son ouvrage, page 298, *que les écrivains sacrés ont pu se tromper comme les autres*. Il est vrai qu'il ajoute, pour déguiser le poison, *dans ce qui n'est pas du dogme*.

Mais, notre ami, il n'y a presque point de dogme dans les livres hébreux ; tout y est histoire, ou ordonnance légale, ou cantique, ou prophétie, ou morale. *La Genèse*, *l'Exode*, *Josué*, *les Juges*, *les Rois*, *Esdras*, *les Machabées*, sont historiques ; le *Lévitique* et le *Deutéronome* sont des lois. *Les Psaumes* sont des cantiques ; les livres d'Isaïe, Jérémie, etc., sont prophétiques ; la *Sagesse*, les *Proverbes*, l'*Ecclésiaste*, l'*Ecclésiastique*, sont de la morale. Nul dogme dans tout cela. On ne peut même appeler *dogme* les dix commandements ; ce sont des lois. *Dogme* est une *proposition* qu'il faut croire. Jésus-Christ est consubstantiel à Dieu, Marie est mère de Dieu, le Christ a deux natures et deux volontés dans une personne, l'eucharistie est le corps et le sang de Jésus-

Christ sous les apparences d'un pain qui n'existe plus; voilà des dogmes. Le *Credo*, qui fut fait du temps de Jérôme et d'Augustin, est une profession de dogmes. A peine y a-t-il trois de ces dogmes dans le *Nouveau Testament*. Dieu a voulu qu'ils fussent tirés par notre sainte Église du germe qui les contenait.

Vois donc quel est ton blasphème! Tu oses dire que les auteurs de livres sacrés ont pu se tromper dans tout ce qui n'est pas dogme.

Tu prétends donc que le Saint-Esprit, qui a dicté ces livres, a pu se tromper depuis le premier verset de *la Genèse* jusqu'au dernier des *Actes des Apôtres*; et, après une telle impiété, tu as l'insolence d'accuser d'impiété des citoyens dont tu n'as jamais approché, chez qui tu ne peux être reçu, et qui ignoreraient ton existence, si tu ne les avais pas outragés.

Que les gens de bien se réunissent pour imposer silence à ces malheureux qui, dès qu'il paraît un bon livre, crient à l'impie, comme les fous des Petites-Maisons, du fond de leurs loges, se plaisent à jeter leur ordure au nez des hommes les plus parés, par ce secret instinct de jalousie qui subsiste encore dans leur démence.

Et vous, *pusille grex*[1], qui lirez *la défense de mon Oncle*, daignez commencer par jeter des yeux attentifs sur la table des chapitres, et choisissez, pour vous amuser, le sujet qui sera le plus de votre goût.

EXORDE.

Un des premiers devoirs est d'aider son père, et le second est d'aider son oncle. Je suis neveu de feu M. l'abbé Bazing, à qui un éditeur ignorant a ôté impitoyablement un *g*, qui le distinguait des Bazin de Thuringe, à qui Childéric enleva la reine Bazine[2]. Mon oncle était un profond théologien, qui fut aumônier de l'ambassade que l'empereur Charles VI envoya à Constantinople après la paix de Belgrade. Mon oncle savait parfaitement le grec, l'arabe, et le cophte. Il voyagea en Égypte, et dans tout l'Orient, et enfin s'établit à Pétersbourg en qualité d'interprète chinois. Mon grand amour pour la vérité ne me permet pas de dissimuler que, malgré sa piété, il était quelquefois un peu railleur. Quand M. de Guignes fit descendre les Chinois des Égyptiens; quand il prétendit que l'empereur de la Chine *Yu* était visiblement le roi d'Égypte Ménès, en changeant *nès* en *u*, et *me* en *y* (quoique Ménès ne soit pas un nom égyptien, mais grec), mon oncle alors se permit une petite raillerie innocente, laquelle d'ailleurs ne devait point affaiblir l'esprit de charité entre deux interprètes chinois. Car, au fond, mon oncle estimait fort M. de Guignes.

L'abbé Bazin aimait passionnément la vérité et son prochain. Il avait écrit la *Philosophie de l'Histoire* dans un de ses voyages en Orient;

1. Luc, XII, 32. (Éd.)
2. Vous sentez bien, mon cher lecteur, que Bazin est un nom celtique, et que la femme de Bazin ne pouvait s'appeler que Bazina; c'est ainsi qu'on a écrit l'histoire.

son grand but était de juger par le sens commun de toutes les fables de l'antiquité, fables pour la plupart contradictoires. Tout ce qui n'est pas dans la nature lui paraissait absurde, excepté ce qui concerne la foi. Il respectait saint Matthieu autant qu'il se moquait de Ctésias, et quelquefois d'Hérodote; de plus, très-respectueux pour les dames, ami de la bienséance, et zélé pour les lois. Tel était M. l'abbé Ambroise Bazing, nommé, par l'erreur des typographes, Bazin.

CHAP. I. — *De la Providence.*

Un cruel vient de troubler sa cendre par un prétendu *Supplément à la Philosophie de l'Histoire*. Il a intitulé ainsi sa scandaleuse satire, croyant que ce titre seul de *Supplément aux Idées de mon Oncle* lui attirerait des lecteurs. Mais, dès la page 33 de sa préface, on découvre ses intentions perverses. Il accuse le pieux abbé Bazin d'avoir dit que la Providence envoie la famine et la peste sur la terre. Quoi! mécréant, tu oses le nier! Et de qui donc viennent les fléaux qui nous éprouvent, et les châtiments qui nous punissent? Dis-moi qui est le maître de la vie et de la mort? dis-moi donc qui donna le choix à David[1] de la peste, de la guerre, ou de la famine? Dieu ne fit-il pas périr soixante et dix mille Juifs en un quart d'heure, et ne mit-il pas ce frein à la fausse politique du fils de Jessé, qui prétendait connaître à fond la population de son pays? Ne punit-il pas d'une mort subite cinquante mille soixante et dix Bethsamites[2] qui avaient osé regarder l'arche? La révolte de Coré, Dathan, et Abiron, ne coûta-t-elle pas la vie à quatorze mille sept cents Israélites[3], sans compter deux cent cinquante engloutis dans la terre avec leurs chefs? L'ange exterminateur ne descendit-il pas à la voix de l'Éternel, armé du glaive de la mort, tantôt pour frapper les premiers-nés de toute l'Égypte, tantôt pour exterminer l'armée de Sennachérib?

Que dis-je? il ne tombe pas un cheveu de nos têtes sans l'ordre du maître des choses et des temps. La Providence fait tout; Providence tantôt terrible, et tantôt favorable, devant laquelle il faut également se prosterner dans la gloire ou dans l'opprobre, dans la jouissance délicieuse de la vie, et sur le bord du tombeau. Ainsi pensait mon oncle, ainsi pensent tous les sages. Malheur au mécréant qui contredit ces grandes vérités dans sa fatale préface!

CHAP. II. — *L'apologie des dames de Babylone.*

L'ennemi de mon oncle commence son étrange livre par dire : « Voilà les raisons qui m'ont fait mettre la plume à la main. »

Mettre la plume à la main! mon ami, quelle expression! Mon oncle, qui avait presque oublié sa langue dans ses longs voyages, parlait mieux français que toi.

---

1. *III Rois*, XXXIV, 13, 15. (ÉD.) — 2. *I Rois*, VI, 19. (ÉD.)
3. *Nombres*, XVI, 49. (ÉD.)

Je te laisse déraisonner et dire des injures à propos de Khamos, et de Ninive, et d'Assur. Trompe-toi tant que tu voudras sur la distance de Ninive à Babylone; cela ne fait rien aux dames, pour qui mon oncle avait un si profond respect, et que tu outrages si barbarement.

Tu veux absolument que, du temps d'Hérodote, toutes les dames de la ville immense de Babylone vinssent religieusement se prostituer dans le temple au premier venu, et même pour de l'argent. Et tu le crois, parce qu'Hérodote l'a dit!

Oh! que mon oncle était éloigné d'imputer aux dames une telle infamie! Vraiment il ferait beau voir nos princesses, nos duchesses, madame la chancelière, madame la première présidente, et toutes les dames de Paris, donner dans l'église Notre-Dame leurs faveurs pour un écu au premier batelier, au premier fiacre, qui se sentirait du goût pour cette auguste cérémonie!

Je sais que les mœurs asiatiques diffèrent des nôtres, et je le sais mieux que toi, puisque j'ai accompagné mon oncle en Asie: mais la différence en ce point est que les Orientaux ont toujours été plus sévères que nous. Les femmes, en Orient, ont toujours été renfermées, ou du moins elles ne sont jamais sorties de la maison qu'avec un voile. Plus les passions sont vives dans ces climats, plus on a gêné les femmes. C'est pour les garder qu'on a imaginé les eunuques. La jalousie inventa l'art de mutiler les hommes, pour s'assurer de la fidélité des femmes et de l'innocence des filles. Les eunuques étaient déjà très-communs dans le temps où les Juifs étaient en république. On voit que Samuel, voulant conserver son autorité et détourner les Juifs de prendre un roi, leur dit que ce roi aura des eunuques à son service.

Peut-on croire que dans Babylone, dans la ville la mieux policée de l'Orient, des hommes si jaloux de leurs femmes les aient envoyées toutes se prostituer dans un temple aux plus vils étrangers? que tous les époux et tous les pères aient étouffé ainsi l'honneur et la jalousie? que toutes les femmes et toutes les filles aient foulé aux pieds la pudeur si naturelle à leur sexe? Le faiseur de contes, Hérodote, a pu amuser les Grecs de cette extravagance; mais nul homme sensé n'a dû le croire.

Le détracteur de mon oncle et du beau sexe veut que la chose soit vraie; et sa grande raison, c'est que quelquefois les Gaulois ou Welshes ont immolé des hommes (et probablement des captifs) à leur vilain dieu Teutatès. Mais de ce que des barbares ont fait des sacrifices de sang humain; de ce que les Juifs immolèrent au Seigneur trente-deux pucelles[2], des trente-deux mille pucelles trouvées dans le camp des Madianites avec soixante et un mille ânes; et de ce qu'enfin, dans nos derniers temps, nous avons immolé tant de Juifs dans nos auto-da-fé, ou plutôt dans nos autos-de-fé, à Lisbonne, à Goa, à Madrid, s'ensuit-il que toutes les belles Babyloniennes couchassent avec pale-

1. *I Rois*, VIII, 15. (ÉD.) — 2. *Nombres*, XXI, 40. (ÉD.)

freniers étrangers dans la cathédrale de Babylone? La religion de Zoroastre ne permettait pas aux femmes de manger avec des étrangers; leur aurait-elle permis de coucher avec eux?

L'ennemi de mon oncle, qui me paraît avoir ses raisons pour que cette belle coutume s'établisse dans les grandes villes, appelle le prophète Baruch au secours d'Hérodote; et il cite le sixième chapitre de la prophétie de ce sublime Baruch; mais il ne sait peut-être pas que ce sixième chapitre est précisément celui de tout le livre qui est le plus évidemment supposé. C'est une lettre prétendue de Jérémie aux pauvres Juifs qu'on menait enchaînés à Babylone; saint Jérôme en parle avec le dernier mépris. Pour moi, je ne méprise rien de ce qui est inséré dans les livres juifs. Je sais tout le respect qu'on doit à cet admirable peuple, qui se convertira un jour, et qui sera le maître de toute la terre.

Voici ce qui est dit dans cette lettre supposée : « On voit dans Babylone des femmes qui ont des ceintures de cordelettes (ou de rubans) assises dans les rues, et brûlant des noyaux d'olives. Les passants les choisissent; et celle qui a eu la préférence se moque de sa compagne qui a été négligée, et dont on n'a pas délié la ceinture. »

Je veux bien avouer qu'une mode à peu près semblable, s'est établie à Madrid et dans le quartier du Palais-Royal à Paris. Elle est fort en vogue dans les rues de Londres, et les musicos d'Amsterdam ont eu une grande réputation.

L'histoire générale des b...... peut être fort curieuse. Les savants n'ont encore traité ce grand sujet que par parties détachées. Les b...... de Venise et de Rome commencent un peu à dégénérer, parce que tous les beaux-arts tombent en décadence. C'était sans doute la plus belle institution de l'esprit humain avant le voyage de Christophoro Colombo aux îles Antilles. La vérole, que la Providence avait reléguée dans ces îles, a inondé depuis toute la chrétienté; et ces beaux b...... consacrés à la déesse Astarté, ou Dercéto, ou Milita, ou Aphrodise, ou Vénus, ont perdu aujourd'hui toute leur splendeur. Je crois bien que l'ennemi de mon oncle les fréquente encore comme des restes des mœurs antiques; mais enfin ce n'est pas une raison pour qu'il affirme que la superbe Babylone n'était qu'un vaste b....., et que la loi du pays ordonnait aux femmes et aux filles des satrapes, voire même aux filles du roi, d'attendre les passants dans les rues. C'est bien pis que si on disait que les femmes et les filles des bourgmestres d'Amsterdam sont obligées, par la religion calviniste, de se donner, dans les musicos, aux matelots hollandais qui reviennent des Grandes-Indes.

Voilà comme les voyageurs prennent probablement tous les jours un abus de la loi pour la loi même, une grossière coutume du bas peuple pour un usage de la cour. J'ai entendu souvent mon oncle parler sur ce grand sujet avec une extrême édification. Il disait que, sur mille quintaux pesant de relations et d'anciennes histoires, on ne trierait pas dix onces de vérités.

Remarquez, s'il vous plaît, mon cher lecteur, la malice du paillard qui outrage si clandestinement la mémoire de mon oncle ; il ajoute au texte sacré de Baruch ; il le falsifie pous établir son b..... dans la cathédrale de Babylone même. Le texte sacré de l'apocryphe *Baruch*[1] porte, dans la *Vulgate : Mulieres autem circumdatæ funibus in viis sedent.* Notre ennemi sacrilége traduit : « Des femmes environnées de cordes sont assises dans les allées du temple. » Le mot *temple* n'est nulle part dans le texte.

Peut-on pousser la débauche au point de vouloir qu'on paillarde ainsi dans les églises ? Il faut que l'ennemi de mon oncle soit un bien vilain homme.

S'il avait voulu justifier la paillardise par de grands exemples, il aurait pu choisir ce fameux droit de prélibation, de marquette, de jambage, de cuissage, que quelques seigneurs de châteaux s'étaient arrogé dans la chrétienté, dans le commencement du beau gouvernement féodal. Des barons, des évêques, des abbés, devinrent législateurs, et ordonnèrent que, dans tous les mariages autour de leurs châteaux, la première nuit des noces serait pour eux. Il est bien difficile de savoir jusqu'où ils poussaient leur législation ; s'ils se contentaient de mettre une cuisse dans le lit de la mariée, comme quand on épousait une princesse par procureur ; ou s'ils y mettaient les deux cuisses. Mais, ce qui est avéré, c'est que ce droit de cuissage, qui était d'abord un droit de guerre, a été vendu enfin aux vassaux par les seigneurs, soit séculiers, soit réguliers, qui ont sagement compris qu'ils pourraient, avec l'argent de ce rachat, avoir des filles plus jolies.

Mais surtout remarquez, mon cher lecteur, que ces coutumes bizarres, établies sur une frontière par quelques brigands, n'ont rien de commun avec les lois des grandes nations ; que jamais le droit de cuissage n'a été approuvé par nos tribunaux ; et jamais les ennemis de mon oncle, tout acharnés qu'ils sont, ne trouveront une loi babylonienne qui ait ordonné à toutes les dames de la cour de coucher avec les passants.

Chap. III. — De l'Alcoran.

Notre infâme débauché cherche un subterfuge chez les Turcs pour justifier les dames de Babylone. Il prend la comédie d'*Arlequin Ulla*[2] pour une loi des Turcs. « Dans l'Orient, dit-il, si un mari répudie sa femme, il ne peut la reprendre que lorsqu'elle a épousé un autre homme qui passe la nuit avec elle, etc.[3] » Mon paillard ne sait pas plus son *Alcoran* que son *Baruch.* Qu'il lise le chapitre II du grand

1. VI, 42. (Éd.)
2. Opéra comique de Le Sage et d'Orneval, joué en 1716. (Éd.)
3. En supposant que la loi existe, elle prescrit seulement qu'un homme ne peut reprendre une femme avec laquelle il a fait divorce, que lorsqu'elle est veuve d'un autre homme, ou qu'elle a été répudiée par lui. Cette loi aurait pour but d'empêcher les époux de se séparer pour des causes très-légères. Un homme riche a pu quelquefois, pour éluder la loi, faire jouer cette comédie.

C'est ainsi qu'en Angleterre un homme qui veut se séparer de sa femme avec son consentement se fait surprendre avec une fille. Dirait-on que, par la loi d'Angleterre, un homme ne peut se séparer de sa femme qu'après avoir couché

livre arabe donné par l'ange Gabriel, et le quarante-cinquième paragraphe de la *Sonna*; c'est dans ce chapitre II, intitulé *la Vache*, que le prophète, qui a toujours grand soin des dames, donne des lois sur leur mariage et sur leur douaire : « Ce ne sera pas un crime, dit-il, de faire divorce avec vos femmes, pourvu que vous ne les ayez pas encore touchées, et que vous n'ayez pas assigné leur douaire..... et si vous vous séparez d'elles avant de les avoir touchées, et après avoir établi leur douaire, vous serez obligé de leur payer la moitié de leur douaire, etc., à moins que le nouveau mari ne veuille pas le recevoir. »

KISRON HECBALAT DOROMFET ERNAM RABOLA ISRON TAMON ERG BEMIN OULDEG EBORI CARAMOUVEN, etc. [1].

Il n'y a peut-être point de loi plus sage : on en abuse quelquefois chez les Turcs, comme on abuse de tout. Mais, en général, on peut dire que les lois des Arabes, adoptées par les Turcs, leurs vainqueurs, sont bien aussi sensées, pour le moins, que les coutumes de nos provinces, qui sont toujours en opposition les unes avec les autres.

Mon oncle faisait grand cas de la jurisprudence turque. Je m'aperçus bien, dans mon voyage à Constantinople, que nous connaissons très-peu ce peuple, dont nous sommes si voisins. Nos moines ignorants n'ont cessé de le calomnier. Ils appellent toujours sa religion *sensuelle*; il n'y en a point qui mortifie plus les sens. Une religion qui ordonne cinq prières par jour, l'abstinence du vin, le jeûne le plus rigoureux; qui défend tous les jeux de hasard; qui ordonne, sous peine de damnation, de donner deux et demi pour cent de son revenu aux pauvres, n'est certainement pas une religion voluptueuse, et ne flatte pas, comme on l'a tant dit, la cupidité et la mollesse. On s'imagine, chez nous, que chaque bacha a un sérail de sept cents femmes, de trois cents concubines, d'une centaine de jolis pages, et d'autant d'eunuques noirs. Ce sont des fables dignes de nous. Il faut jeter au feu tout ce qu'on a dit jusqu'ici sur les musulmans. Nous prétendons qu'ils sont autant de Sardanapales, parce qu'ils ne croient qu'un seul dieu. Un

---

avec une autre devant témoins? Ce serait imiter M. Larcher, et prendre l'abus ridicule d'une mauvaise loi pour la loi même. Mais cette loi, quoique mauvaise, ne prescrit, ni dans l'Orient, ni dans l'Angleterre, une action contraire aux mœurs. (*Ed. de Kehl.*)

1. Les passages du Coran, cités par Voltaire, sont la traduction fidèle de la partie des versets 237 et 238 du chapitre II, intitulé *la Vache*. Mais il plaisante quand il donne comme représentant le texte des mots qui n'ont aucun rapport avec le passage dont il s'agit. On en jugera par la citation suivante où l'on a figuré, autant que possible, la prononciation arabe :

Verset 237 : « La Djunahé aleï Koum in tallaktoumoun ennicaë : malam temessouhounné av tefridou lehounné. »

Verset 238 : « Oua in tallaktoumouhounné min cabli an temessouhounné oua cad faradtoum lehounné, fenidatan senisfu ma faradtoum. »

Traduction latine de Marraci : « Non erit piaculum super vos si repudietis uxores quandiu non tetigeritis eas per conjugium.... Quod si repudietis eas antequam tangatis eas : et jam sanxeritis eis sanctionem, etc. »

Tous les éléments de cette note m'ont été fournis par M. Pianelli, interprète du roi pour les langues orientales. (*Note de M. Beuchot.*)

savant Turc de mes amis, nommé Notmig [1], travaille à présent à l'histoire de son pays; on la traduit à mesure : le public sera bientôt détrompé de toutes les erreurs débitées jusqu'à présent sur les fidèles croyants.

Chap. IV. — *Des Romains.*

Que M. l'abbé Bazin était chaste! qu'il avait la pudeur en recommandation! Il dit, dans un endroit de son savant livre : « J'aimerais autant croire Dion Cassius, qui assure que les graves sénateurs de Rome proposèrent un décret par lequel César, âgé de cinquante-sept ans, aurait le droit de jouir de toutes les femmes qu'il voudrait. »

« Qu'y a-t-il donc de si extraordinaire dans un tel décret? » s'écrie notre effronté censeur : il trouve cela tout simple; il présentera bientôt une pareille requête au parlement : je voudrais bien savoir quel âge il a. Tudieu! quel homme! Ce Salomon, possesseur de sept cents femmes et trois cents concubines, n'approchait pas de lui.

Chap. V. — *De la sodomie.*

Mon oncle, toujours discret, toujours sage, toujours persuadé que jamais les lois n'ont pu violer les mœurs, s'exprime ainsi dans la *Philosophie de l'Histoire* : « Je ne croirai pas davantage Sextus Empiricus, qui prétend que, chez les Perses, la pédérastie était ordonnée. » Quelle pitié! Comment imaginer que les hommes eussent fait une loi qui, si elle avait été exécutée, aurait détruit la race des hommes!? La pédérastie, au contraire, était expressément défendue dans le livre du *Zend;* et c'est ce qu'on voit dans l'abrégé du *Zend,* le *Sadder,* où il est dit (porte 9) *qu'il n'y a point de plus grand péché.*

Qui croirait, mon cher lecteur, que l'ennemi de ma famille ne se contente pas de vouloir que toutes les femmes couchent avec le premier venu, mais qu'il veuille encore insinuer adroitement l'amour des garçons? « Les jésuites, dit-il, n'ont rien à démêler ici. » Hé! mon cher enfant, mon oncle n'a point parlé des jésuites. Je sais bien qu'il était à Paris lorsque le R. P. Marsy, et le R. P. Fréron, furent chassés du collège de Louis-le-Grand pour leurs fredaines; mais cela n'a rien de commun avec Sextus Empiricus; cet écrivain doutait de tout; mais personne ne doute de l'aventure de ces deux révérends pères.

« Pourquoi troubler mal à propos leurs mânes? » dis-tu dans l'apologie que tu fais du péché de Sodome. Il est vrai que frère Marsy est mort, mais frère Fréron vit encore. Il n'y a que ses ouvrages qui soient morts; et quand on dit de lui qu'il est *vere-mort* presque tous les jours, c'est par catachrèse, ou, si l'on veut, par une espèce de métonymie.

Tu te complais à citer la dissertation de feu M. Jean-Matthieu Gessner,

---

1. M. l'abbé Mignot, conseiller au grand conseil, neveu de M. de Voltaire. (*Éd. de Kehl.*)

qui a pour titre : *Socrates sanctus pæderasta*, Socrate le saint b..... [1].
En vérité cela est intolérable ; il pourra bien t'arriver pareille aventure qu'à feu M. Deschaufour ; l'abbé Desfontaines l'esquiva.

C'est une chose bien remarquable dans l'histoire de l'esprit humain, que tant d'écrivains folliculaires soient sujets à caution. J'en ai cherché souvent la raison ; il m'a paru que les folliculaires sont pour la plupart des crasseux chassés des colléges, qui n'ont jamais pu parvenir à être reçus dans la compagnie des dames : ces pauvres gens, pressés de leurs vilains besoins, se satisfont avec les petits garçons qui leur apportent de l'imprimerie la feuille à corriger, ou avec les petits décrotteurs du quartier ; c'est ce qui était arrivé à l'ex-jésuite Desfontaines, prédécesseur de l'ex-jésuite Fréron [2].

N'es-tu pas honteux, notre ami, de rappeler toutes ces ordures dans un *Supplément à la Philosophie de l'Histoire* ? Quoi ! tu veux faire l'histoire de la sodomie ? « Il aura, dit-il, occasion encore d'en « parler dans un autre ouvrage. » Il va chercher jusqu'à un Syrien, nommé Bardezane, qui a dit que chez les Welches tous les petits garçons faisaient cette infamie : *Para de Gallois oi neoi gamountai :* παρὰ δὲ Γάλλοις οἱ νέοι γαμοῦνται. Fi, vilain ! oses-tu bien mêler ces turpitudes à la sage bienséance dont mon oncle s'est tant piqué ? oses-tu outrager ainsi les dames, et manquer de respect à ce point à l'auguste impératrice de Russie, à qui j'ai dédié le livre instructif et sage de feu M. l'abbé Bazin ?

CHAP. VI. — *De l'inceste.*

Il ne suffit pas au cruel ennemi de mon oncle d'avoir nié la Providence, d'avoir pris le parti des ridicules fables d'Hérodote contre la droite raison, d'avoir falsifié *Baruch* et l'*Alcoran*, d'avoir fait l'apologie des b...... et de la sodomie ; il veut encore canoniser l'inceste. M. l'abbé Bazin a toujours été convaincu que l'inceste au premier degré, c'est-à-dire, entre le père et la fille, entre la mère et le fils, n'a jamais été permis chez les nations policées. L'autorité paternelle, le respect filial, en souffriraient trop. La nature, fortifiée par une éducation honnête, se révolterait avec horreur.

On pouvait épouser sa sœur chez les Juifs, j'en conviens. Lorsque Ammon, fils de David, viola sa sœur Thamar, fille de David, Thamar lui dit [3] en propres mots : « Ne me faites pas de sottises, car je ne pourrais supporter cet opprobre, et vous passerez pour un fou ; mais demandez-moi au roi mon père en mariage, et il ne vous refusera pas. »

---

1. Qui le croirait, mon cher lecteur ? cela est imprimé à la page 209 du livre de M. Tsotès, intitulé *Supplément à la Philosophie de l'Histoire.*

2.   Un ramoneur à face basanée,
    Le fer en main, les yeux ceints d'un bandeau,
    S'allait glissant dans une cheminée.
    Quand de Sodome un antique bedeau
    Vint endosser sa figure inclinée, etc.

3. *II Rois*, XIII, 12, 13. (ÉD.)

Cette coutume est un peu contradictoire avec *le Lévitique* : mais les contradictoires se concilient souvent. Les Athéniens épousaient leurs sœurs de père ; les Lacédémoniens leurs sœurs utérines ; les Égyptiens leurs sœurs de père et de mère. Cela n'était pas permis aux Romains ; ils ne pouvaient même se marier avec leurs nièces. L'empereur Claude fut le seul qui obtint cette grâce du sénat. Chez nous autres remués de barbares, on peut épouser sa nièce avec la permission du pape, moyennant la taxe ordinaire, qui va, je crois, à quarante mille petits écus, en comptant les menus frais. J'ai toujours entendu dire qu'il n'en avait coûté que quatre-vingt mille francs à M. de Montmartel. J'en connais qui ont couché avec leurs nièces à bien meilleur marché. Enfin, il est incontestable que le pape a, de droit divin, la puissance de dispenser de toutes les lois. Mon oncle croyait même que, dans un cas pressant, Sa Sainteté pouvait permettre à un frère d'épouser sa sœur, surtout s'il s'agissait évidemment de l'avantage de l'Église ; car mon oncle était très-grand serviteur du pape.

À l'égard de la dispense pour épouser son père ou sa mère, il croyait le cas très-embarrassant ; et il doutait, si j'ose le dire, que le droit divin du saint-père pût s'étendre jusque-là. Nous n'en avons, ce me semble, aucun exemple dans l'histoire moderne.

Ovide, à la vérité, dit dans ses belles *Métamorphoses*, lib. X, 331 :

> ....*Gentes tamen esse feruntur*
> *In quibus et nato genitrix et nata parenti*
> *Jungitur ; et pietas geminato crescit amore.*

Ovide avait sans doute en vue les Persans babyloniens, que les Romains, leurs ennemis, accusaient de cette infamie.

Le partisan des péchés de la chair, qui a écrit contre mon oncle, le défie de trouver un autre passage que celui de Catulle. Hé bien ! qu'en résulterait-il ? qu'on n'aurait trouvé qu'un accusateur contre les Perses, et que par conséquent on ne doit point les juger coupables. Mais c'est assez qu'un auteur ait donné crédit à une fausse rumeur, pour que vingt auteurs en soient les échos. Les Hongrois aujourd'hui font aux Turcs mille reproches qui ne sont pas mieux fondés.

Grotius lui-même, dans son assez mauvais livre sur la religion chrétienne, va jusqu'à citer la fable du pigeon de Mahomet. On tâche toujours de rendre ses ennemis odieux et ridicules.

Notre ennemi n'a pas lu sans doute un extrait du *Zend-Avesta*, de Zoroastre, communiqué dans Surate à Lordius, par un de ces mages qui subsistent encore. Les ignicoles ont toujours eu la permission d'avoir cinq femmes : mais il est dit expressément qu'il leur a toujours été défendu d'épouser leurs cousines. Voilà qui est positif. Tavernier, dans son livre IV, avoue que cette vérité lui a été confirmée par un autre mage.

Pourquoi donc notre incestueux adversaire trouve-t-il mauvais que M. l'abbé Bazin ait défendu les anciens Perses ? Pourquoi dit-il qu'il était d'usage de coucher avec sa mère ? Que gagne-t-il à cela ? Veut-il introduire cet usage dans nos familles ? Ah ! qu'il se contente des bonnes fortunes de Babylone.

CHAP. VII. — *De la bestialité et du bouc du sabbat.*

Il ne manquait plus au barbare ennemi de mon oncle que le péché de bestialité; il en est enfin convaincu. M. l'abbé Bazin avait étudié à fond l'histoire de la sorcellerie depuis Jannès et Mambrès, conseillers du roi, sorciers, à la cour de Pharaon, jusqu'au R. P. Girard, accusé juridiquement d'avoir endiablé la demoiselle Cadière en soufflant sur elle. Il savait parfaitement tous les différents degrés par lesquels le sabbat et l'adoration du bouc avaient passé. C'est bien dommage que ses manuscrits soient perdus. Il dit un mot de ses grands secrets dans sa *Philosophie de l'Histoire*. « Le bouc avec lequel les sorcières étaient supposées s'accoupler, vient de cet ancien commerce que les Juifs eurent avec les boucs dans le désert; ce qui leur est reproché dans le Lévitique. »

Remarquez, s'il vous plaît, la discrétion et la pudeur de mon oncle. Il ne dit pas que les sorcières s'accouplent avec un bouc; il dit qu'elles sont supposées s'accoupler.

Et là-dessus voilà mon homme qui s'échauffe comme un Calabrois pour sa chèvre, et qui vous parle à tort et à travers de fornication avec des animaux, et qui vous cite Pindare et Plutarque pour vous prouver que les dames de la dynastie de Mendès couchaient publiquement avec des boucs. Voyez comme il veut justifier les Juifs par les Mendésiennes. Jusqu'à quand outragera-t-il les dames? Ce n'est pas assez qu'il prostitue les princesses de Babylone aux muletiers, il donne des boucs pour amants aux princesses de Mendès. Je l'attends aux Parisiennes.

Il est très-vrai, et je l'avoue en soupirant, que *le Lévitique* fait ce reproche aux dames juives qui erraient dans le désert. Je dirai, pour leur justification, qu'elles ne pouvaient se laver dans un pays qui manque d'eau absolument, et où l'on est encore obligé d'en faire venir à dos de chameau. Elles ne pouvaient changer d'habits, ni de souliers, puisqu'elles conservèrent quarante ans leurs mêmes habits par un miracle spécial. Elles n'avaient point de chemise. Les boucs du pays purent très-bien les prendre pour des chèvres à leur odeur. Cette conformité put établir quelque galanterie entre les deux espèces : mon oncle prétendait que ce cas avait été très-rare dans le désert, comme il avait vérifié qu'il est assez rare en Calabre, malgré tout ce qu'on en dit. Mais enfin il lui paraissait évident que quelques dames juives étaient tombées dans ce péché. Ce que dit *le Lévitique* ne permet guère d'en douter. On ne leur aurait pas reproché des intrigues amoureuses dont elles n'auraient pas été coupables.

« Et qu'ils n'offrent plus aux velus avec lesquels ils ont forniqué. » (*Lévitique*, chap. XVII.)

« Les femmes ne forniqueront point avec les bêtes. » (Chap. XIX.)

« La femme qui aura servi de succube à une bête sera punie avec la bête, et leur sang retombera sur eux. » (Chap. XX.)

Cette expression remarquable, *leur sang retombera sur eux*, prouve évidemment que les bêtes passaient alors pour avoir de l'intelligence. Non-seulement le serpent et l'ânesse avaient parlé, mais Dieu, après le déluge, avait fait un pacte, une alliance avec les bêtes. C'est pourquoi de très-illustres commentateurs trouvent la punition des bêtes qui avaient subjugué des femmes très-analogue à tout ce qui est dit des bêtes dans la sainte Écriture. Elles étaient capables de bien et de mal.

Quant aux velus, on croit dans tout l'Orient que ce sont des singes. Mais il est sûr que les Orientaux se sont trompés en cela, car il n'y a point de singes dans l'Arabie déserte. Ils sont trop avisés pour venir dans un pays aride où il faut faire venir de loin le manger et le boire. Par les velus, il faut absolument entendre les boucs.

Il est constant que la cohabitation des sorcières avec un bouc, la coutume de le baiser au derrière, qui est passée en proverbe, la danse ronde qu'on exécute autour de lui, les petits coups de verveine dont on le frappe, et toutes les cérémonies de cette orgie, viennent des Juifs qui les tenaient des Égyptiens; car les Juifs n'ont jamais rien inventé.

Je possède un manuscrit juif qui a, je crois, plus de deux mille ans d'antiquité; il me paraît que l'original doit être du temps du premier ou du second Ptolémée : c'est un détail de toutes les cérémonies de l'adoration du bouc; et c'est probablement sur un exemplaire de cet ouvrage que ceux qui se sont adonnés à la magie ont composé ce qu'on appelle *le Grimoire*. Un grand d'Espagne m'en a offert cent louis d'or; je ne l'aurais pas donné pour deux cents. Jamais le bouc n'est appelé que le *velu* dans cet ouvrage. Il confondrait bien toutes les mauvaises critiques de l'ennemi de feu mon oncle.

Au reste, je suis bien aise d'apprendre à la dernière postérité qu'un savant d'une grande sagacité, ayant vu dans ce chapitre que M.*** est convaincu de *bestialité*, a mis en marge, lisez *bêtise*.

CHAP. VIII. — *D'Abraham et de Ninon l'Enclos.*

M. l'abbé Bazin était persuadé avec Onkelos, et avec tous les Juifs orientaux, qu'Abraham était âgé d'environ cent trente-cinq ans quand il quitta la Chaldée. Il importe fort peu de savoir précisément quel âge avait le père des croyants. Quand Dieu nous jugera tous dans la vallée de Josaphat, il est probable qu'il ne nous punira pas d'avoir été de mauvais chronologistes comme le détracteur de mon oncle. Il sera puni pour avoir été vain, insolent, grossier et calomniateur, et non pour avoir manqué d'esprit et avoir ennuyé les dames.

Il est bien vrai qu'il est dit dans *la Genèse*[1] qu'Abraham sortit d'Aran, en Mésopotamie, âgé de soixante et quinze ans, après la mort de son père Tharé, le potier : mais il est dit aussi dans *la Genèse*[2] qu Tharé son père, l'ayant engendré à soixante et dix ans, vécut jusqu'à deux cent cinq. Il faut donc expliquer l'un des deux passages par l'autre. Si Abraham sortit de la Chaldée après la mort de Tharé, âgé de deux cent cinq ans, et si Tharé l'avait eu à l'âge de soixante et dix, il est clair qu'Abraham avait juste cent trente-cinq ans lorsqu'il se mit

1. XII, 4. (ÉD.) — 2. XI, 26, 32. (ÉD.)

à voyager. Notre lourd adversaire propose un autre système pour esquiver la difficulté; il appelle Philon le Juif à son secours, et il croit donner le change à mon cher lecteur, en disant que la ville d'Aran est la même que Carrès. Je suis bien sûr du contraire, et je l'ai vérifié sur les lieux. Mais quel rapport, je vous prie, la ville de Carrès a-t-elle avec l'âge d'Abraham et de Sara ?

On demandait encore à mon oncle comment Abraham, venu de Mésopotamie, pouvait se faire entendre à Memphis? Mon oncle répondait qu'il n'en savait rien, qu'il ne s'en embarrassait guère; qu'il croyait tout ce qui se trouve dans la sainte Écriture, sans vouloir l'expliquer, et que c'était l'affaire de messieurs de Sorbonne, qui ne se sont jamais trompés.

Ce qui est bien plus important, c'est l'impiété avec laquelle notre mortel ennemi compare Sara, la femme du père des croyants, avec la fameuse Ninon l'Enclos. Il se demande comment il se peut faire que Sara, âgée de soixante et quinze ans, allant de Sichem à Memphis sur son âne pour chercher du blé, enchantât le cœur du roi de la superbe Égypte, et fit ensuite le même effet sur le petit roi de Gérare, dans l'Arabie déserte. Il répond à cette difficulté par l'exemple de Ninon. « On sait, dit-il, qu'à l'âge de quatre-vingts ans Ninon sut inspirer à l'abbé Gédoyn des sentiments qui ne sont faits que pour la jeunesse ou l'âge viril. » Avouez, mon cher lecteur, que voilà une plaisante manière d'expliquer l'Écriture sainte; il veut s'égayer, il croit que c'est là le bon ton. Il veut imiter mon oncle; mais quand certain animal à longues oreilles veut donner la patte comme le petit chien, vous savez comme on le renvoie.

Il se trompe sur l'histoire moderne comme sur l'ancienne. Personne n'est plus en état que moi de rendre compte des dernières années de Mlle de l'Enclos, qui ne ressemblait en rien à Sara. Je suis son légataire : je l'ai vue les dernières années de sa vie ; elle était sèche comme une momie. Il est vrai qu'on lui présenta l'abbé Gédoyn, qui sortait alors des jésuites, mais non pas pour les mêmes raisons que les Desfontaines et les Fréron en sont sortis. J'allais quelquefois chez elle avec cet abbé, qui n'avait d'autre maison que la nôtre. Il était fort éloigné de sentir des désirs pour une décrépite ridée qui n'avait sur les os qu'une peau jaune tirant sur le noir.

Ce n'était point l'abbé Gédoyn à qui on imputait cette folie; c'était à l'abbé de Châteauneuf, frère de celui qui avait été ambassadeur à Constantinople. Châteauneuf avait eu en effet la fantaisie de coucher avec elle vingt ans auparavant. Elle était encore assez belle à l'âge de près de soixante années. Elle lui donna, en riant, un rendez-vous pour un certain jour du mois. « Et pourquoi ce jour-là plutôt qu'un autre ? lui dit l'abbé de Châteauneuf. — C'est que j'aurai alors soixante ans juste, » lui dit-elle. Voilà la vérité de cette historiette qui a tant couru et que l'abbé de Châteauneuf, mon bon parrain, à qui je dois mon baptême, m'a racontée souvent dans mon enfance, *pour me former l'esprit et le cœur;* mais Mlle l'Enclos ne s'attendait pas d'être un jour comparée à Sara dans un libelle fait contre mon oncle.

Quoique Abraham ne m'ait point mis sur son testament, et que Ninon l'Enclos m'ait mis sur le sien, cependant je la quitte ici pour le père des croyants. Je suis obligé d'apprendre à l'abbé Fou...¹, détracteur de mon oncle, ce que pensent d'Abraham tous les Guèbres que j'ai vus dans mes voyages. Ils l'appellent Ebrahim et lui donnent le surnom de *Zer-ateukt*; c'est notre Zoroastre. Il est constant que ces Guèbres dispersés, et qui n'ont jamais été mêlés avec les autres nations, dominaient dans l'Asie avant l'établissement de la horde juive, et qu'Abraham était de Chaldée, puisque *le Pentateuque* le dit. M. l'abbé Bazin avait approfondi cette matière; il me disait souvent : « Mon neveu, on ne connaît pas assez les Guèbres, on ne connaît pas assez Ebrahim; croyez-moi, lisez avec attention le *Zend-Avesta* et le *Veidam*. »

CHAP. IX. — *De Thèbes, de Bossuet et de Rollin.*

Mon oncle, comme je l'ai déjà dit, aimait le merveilleux, la fiction en poésie; mais il les détestait dans l'histoire. Il ne pouvait souffrir qu'on mît des conteurs de fables à côté des Tacite, ni des Grégoire de Tours auprès des Rapin-Thoyras. Il fut séduit dans sa jeunesse par le style brillant du discours de Bossuet sur l'*Histoire universelle*. Mais quand il eut un peu étudié l'histoire et les hommes, il vit que la plupart des auteurs n'avaient voulu écrire que des mensonges agréables et étonner leurs lecteurs par d'incroyables aventures. Tout fut écrit comme les Amadis. Mon oncle riait quand il voyait Rollin copier Bossuet mot à mot, et Bossuet copier les anciens, qui ont dit que dix mille combattants sortaient par chacune des cent portes de Thèbes, et encore deux cents chariots armés en guerre par chaque porte : cela ferait un million de soldats dans une seule ville, sans compter les cochers et les guerriers qui étaient sur les chariots, ce qui ferait encore quarante mille hommes de plus, à deux personnes seulement par chariot.

Mon oncle remarquait très-justement qu'il eût fallu au moins cinq ou six millions d'habitants dans cette ville de Thèbes pour fournir ce nombre de guerriers. Il savait qu'il n'y a pas aujourd'hui plus de trois millions de têtes en Égypte; il savait que Diodore de Sicile n'en admettait pas davantage de son temps : ainsi il rabattait beaucoup de toutes les exagérations de l'antiquité.

Il doutait qu'il y eût eu un Sésostris qui partît d'Égypte pour aller conquérir le monde entier avec six cent mille hommes et vingt-sept mille chars de guerre. Cela lui paraissait digne de Picrochole dans Rabelais. La manière dont cette conquête du monde entier fut préparée lui paraissait encore plus ridicule. Le père de Sésostris avait destiné son fils à cette belle expédition sur la foi d'un songe; car les songes alors étaient des avis certains envoyés par le ciel, et le fondement de

---

1. Il s'agit ici de l'abbé Foucher, de l'académie des belles-lettres, précepteur du duc de La Trimouille. Cet abbé était janséniste; il crut que sa conscience l'obligeait à écrire contre M. de Voltaire; mais la grâce lui manqua. (*Éd. de Kehl.*)

toutes les entreprises. Le bonhomme, dont on ne dit pas même le nom, s'avisa de destiner tous les enfants qui étaient nés le même jour que son fils à l'aider dans la conquête de la terre; et, pour en faire autant de héros, il ne leur donnait à déjeuner qu'après les avoir fait courir cent quatre-vingts stades tout d'une haleine : c'est bien courir dans un pays fangeux, où l'on enfonce jusqu'à mi-jambe et où presque tous les messages se font par bateau sur les canaux.

Que fait l'impitoyable censeur de mon oncle? au lieu de sentir tout le ridicule de cette histoire, il s'avise d'évaluer le grand et le petit stade; et il croit prouver que les petits enfants destinés à vaincre toute la terre ne couraient que trois de nos grandes lieues et demie pour avoir à déjeuner.

Il s'agit bien vraiment de savoir au juste si Sésostris comptait par grand ou petit stade, lui qui n'avait jamais entendu parler de stade, qui est une mesure grecque. Voilà le ridicule de presque tous les commentateurs et des scoliastes; ils s'attachent à l'explication arbitraire d'un mot inutile et négligent le fond des choses. Il est question ici de détromper les hommes sur les fables dont on les a bercés depuis tant de siècles. Mon oncle pèse les probabilités dans la balance de la raison; il rappelle les lecteurs au bon sens, et on vient nous parler de grands et de petits stades!

J'avouerai encore que mon oncle levait les épaules quand il lisait dans Rollin que Xerxès avait fait donner trois cents coups de fouet à la mer; qu'il avait fait jeter dans l'Hellespont une paire de menottes pour l'enchaîner; qu'il avait écrit une lettre menaçante au mont Athos; et qu'enfin, lorsqu'il arriva au pas des Thermopyles, où deux hommes de front ne peuvent passer, il était suivi de cinq millions deux cent quatre-vingt-trois mille deux cent vingt personnes, comme le dit le véridique et exact Hérodote.

Mon oncle disait toujours : « Serrez, serrez, » en lisant ces contes de ma mère l'oie. Il disait : « Hérodote a bien fait d'amuser et de flatter des Grecs par ces romans, et Rollin a mal fait de ne les pas réduire à leur juste valeur, en écrivant pour des Français du XVIIIe siècle. »

CHAP. X. — *Des prêtres ou prophètes ou schoen d'Égypte.*

Oui, barbare, les prêtres d'Égypte s'appelaient *schoen*, et *la Genèse* ne leur donne pas d'autre nom; *la Vulgate* même rend ce nom par *sacerdos*. Mais qu'importent les noms? Si tu avais su profiter de la *Philosophie* de mon oncle, tu aurais recherché quelles étaient les fonctions de ces schoen, leurs sciences, leurs impostures; tu aurais tâché d'apprendre si un schoen était toujours, en Égypte, un homme constitué en dignité, comme parmi nous un évêque et même un archidiacre; ou si quelquefois on s'arrogeait le titre de schoen, comme on s'appelle parmi nous *monsieur l'abbé*, sans avoir d'abbaye; si un schoen, pour avoir été précepteur d'un grand seigneur, et pour être nourri dans

---

1. L'abbé Foucher. (ÉD.)

la maison, avait le droit d'attaquer impunément les vivants et les morts, et d'écrire sans esprit contre des Égyptiens qui passaient pour en avoir.

Je ne doute qu'il n'y ait eu des schoen fort savants, par exemple ceux qui firent assaut de prodiges avec Moïse, qui changèrent toutes les eaux de l'Égypte en sang, qui couvrirent tout le pays de grenouilles, qui firent naître jusqu'à des poux, mais qui ne purent les chasser; car il y a dans le texte hébreu : « Ils firent ainsi; mais pour chasser les poux, ils ne le purent. » La Vulgate[1] les traite plus durement : elle dit qu'ils ne purent même produire des poux.

Je ne sais si tu es schoen et si tu fais ces beaux prodiges, car on dit que tu es fort initié dans les mystères des schoen de Saint-Médard; mais je préférerai toujours un schoen doux, modeste, honnête, à un schoen qui dit des injures à son prochain; à un schoen qui cite souvent à faux, et qui raisonne comme il cite; à un schoen qui pousse l'horreur jusqu'à dire que M. l'abbé Bazin entendait mal le grec, parce que son typographe a oublié un sigma et a mis un ο pour un ε.

Ah! mon fils, quand on a calomnié ainsi les morts, il faut faire pénitence le reste de sa vie.

Chap. XI. — *Du temple de Tyr.*

Je passe sous silence une infinité de menues méprises du schoen enragé contre mon oncle; mais je vous demande, mon cher lecteur, la permission de vous faire remarquer comme il est malin. M. l'abbé Bazin avait dit que le temple d'Hercule, à Tyr, n'était pas des plus anciens. Les jeunes dames qui sortent de l'opéra-comique pour aller chanter à table les jolies chansons de M. Collé; les jeunes officiers, les conseillers même de grand'chambre, MM. les fermiers généraux, enfin tout ce qu'on appelle à Paris *la bonne compagnie*, se soucieront peut-être fort peu de savoir en quelle année le temple d'Hercule fut bâti. Mon oncle le savait. Son implacable persécuteur se contente de dire vaguement qu'il était aussi ancien que la ville : ce n'est pas là répondre; il faut dire en quel temps la ville fut bâtie. C'est un point trop intéressant dans la situation présente de l'Europe. Voici les propres paroles de l'abbé Bazin :

« Il est dit, dans les *Annales de la Chine*, que les premiers empereurs sacrifiaient dans un temple. Celui d'Hercule, à Tyr, ne paraît pas être des plus anciens. Hercule ne fut jamais, chez aucun peuple, qu'une divinité secondaire; cependant le temple de Tyr est très-antérieur à celui de Judée. Hiram en avait un magnifique lorsque Salomon, *aidé par Hiram*, bâtit le sien. Hérodote, qui voyagea chez les Tyriens, dit que, de son temps, les archives de Tyr ne donnaient à ce temple que deux mille trois cents ans d'antiquité.

Il est clair par là que le temple de Tyr n'était antérieur à celui de Salomon que d'environ douze cents années. Ce n'est pas là une antiquité bien reculée, comme tous les sages en conviendront. Hélas!

---

[1] *Exode*, VIII, 18. (Éd.)

presque toutes nos antiquités ne sont que d'hier; il n'y a que quatre mille six cents ans qu'on éleva un temple dans Tyr. Vous sentez, ami lecteur, combien quatre mille six cents ans sont peu de chose dans l'étendue des siècles, combien nous sommes peu de chose, et surtout combien un pédant orgueilleux est peu de chose.

Quant au divin Hercule, dieu de Tyr, qui dépucela cinquante demoiselles en une nuit, mon oncle ne l'appelle que *Dieu secondaire*. Ce n'est pas qu'il eût trouvé quelque autre dieu des gentils qui en eût fait davantage; mais il avait de très-bonnes raisons pour croire que tous les dieux de l'antiquité, ceux mêmes *majorum gentium*, n'étaient que des dieux de second ordre, auxquels présidait le Dieu réformateur, le maître de l'Univers, le *Deus optimus* des Romains, le *Knef* des Égyptiens, l'*Iaho* des Phéniciens, le *Mithra* des Babyloniens, le *Zeus* des Grecs, maître des dieux et des hommes; l'*Iesad* des anciens Persans. Mon oncle, adorateur de la Divinité, se complaisait à voir l'univers entier adorer un dieu unique, malgré les superstitions abominables dans lesquelles toutes les nations anciennes, excepté les lettrés chinois, se sont plongées.

CHAP. XII. — *Des Chinois.*

Quel est donc cet acharnement de notre adversaire contre les Chinois, et contre tous les gens sensés de l'Europe qui rendent justice aux Chinois? Le barbare n'hésite point à dire « que les petits philosophes ne donnent une si haute antiquité à la Chine que pour décréditer l'Écriture. »

Quoi! c'est pour décréditer l'Écriture sainte que l'archevêque Navarrète, Gonzales de Mendoza, Henningius, Louis de Guzman, Semedo, et tous les missionnaires, sans en excepter un seul, s'accordent à faire voir que les Chinois doivent être rassemblés en corps de peuple depuis plus de cinq mille années? Quoi! c'est pour insulter à la religion chrétienne, qu'en dernier lieu le P. Parennin a réfuté avec tant d'évidence la chimère d'une prétendue colonie envoyée d'Égypte à la Chine? Ne se lassera-t-on jamais, au bout de nos terres occidentales, de contester aux peuples de l'Orient leurs titres, leurs arts, et leurs usages? Mon oncle était fort irrité contre cette témérité absurde. Mais comment accorderons-nous le texte hébreu avec le samaritain? « Hé morbleu, comme vous pourrez, disait mon oncle : mais ne vous faites pas moquer des Chinois; laissez-les en paix comme ils vous y laissent. »

Écoute, cruel ennemi de feu mon cher oncle; tâche de répondre à l'argument qu'il poussa vigoureusement dans sa brochure en quatre volumes de l'*Essai sur les mœurs et l'esprit des nations*. Mon oncle était aussi savant que toi, mais il était mieux savant, comme dit Montaigne; ou, si tu veux, il était aussi ignorant que toi (car en vérité que savons-nous?); mais il raisonnait; il ne compilait pas. Or voici comme il raisonne puissamment dans le premier volume de cet *Essai sur les mœurs*, etc., où il se moque de beaucoup d'histoires.

« Qu'importe, après tout, que ces livres renferment ou non une chronologie toujours sûre? Je veux que nous ne sachions pas en quel temps précisément vécut Charlemagne : dès qu'il est certain qu'il a fait de vastes conquêtes avec de grandes armées, il est clair qu'il est né chez une nation nombreuse, formée en corps de peuple par une longue suite de siècles. Puis donc que l'empereur Hiao, qui vivait incontestablement plus de deux mille quatre cents ans avant notre ère, conquit tout le pays de la Corée, il est indubitable que son peuple était de l'antiquité la plus reculée. De plus, les Chinois inventèrent un cycle, un comput, qui commence deux mille six cents deux ans avant le nôtre. Est-ce à nous à leur contester une chronologie unanimement reçue chez eux; à nous qui avons soixante systèmes différents pour compter les temps anciens, et qui ainsi n'en avons pas un?

« Les hommes ne multiplient pas aussi aisément qu'on le pense : le tiers des enfants est mort au bout de dix ans. Les calculateurs de la propagation de l'espèce humaine ont remarqué qu'il faut des circonstances favorables et rares pour qu'une nation s'accroisse d'un vingtième au bout de cent années; et très-souvent il arrive que la peuplade diminue au lieu d'augmenter. De savants chronologistes ont supputé qu'une seule famille, après le déluge, toujours occupée à peupler, et ses enfants s'étant occupés de même, il se trouva en deux cent cinquante ans beaucoup plus d'habitants que n'en contient aujourd'hui l'univers. Il s'en faut beaucoup que le *Talmud* et les *Mille et une Nuits* contiennent rien de plus absurde. On ne fait point ainsi des enfants à coups de plume. Voyez nos colonies; voyez ces archipels immenses de l'Asie, dont il ne sort personne. Les Maldives, les Philippines, les Moluques, n'ont pas le nombre d'habitants nécessaire. Tout cela est encore une nouvelle preuve de la prodigieuse antiquité de la population de la Chine. »

Il n'y a rien à répondre, mon ami.

Voici encore comme mon oncle raisonnait. Abraham s'en va chercher du blé avec sa femme en Égypte, l'année qu'on dit être la 1917ᵉ avant notre ère, il y a tout juste trois mille six cent quatre-vingt-quatre ans; c'est quatre cent vingt-huit ans après le déluge universel. Il va trouver le pharaon, le roi d'Égypte; il trouve des rois partout, à Sodome, à Gomorrhe, à Gérare, à Salem : déjà même on avait bâti la tour de Babel environ trois cent quatorze ans avant le voyage d'Abraham en Égypte. Or, pour qu'il y ait tant de rois, et qu'on bâtisse de si belles tours, il est clair qu'il faut bien des siècles. L'abbé Bazin s'en tenait là, il laissait le lecteur tirer ses conclusions.

O l'homme discret que feu M. l'abbé Bazin! aussi avait-il vécu familièrement avec Jérôme Carré[1], Guillaume Vadé[2], feu M. Ralph[3], auteur de *Candide*, et plusieurs autres grands personnages du siècle. Dis-moi qui tu hantes, et je te dirai qui tu es.

[1, 2 et 3] Ce sont divers pseudonymes de Voltaire. (Éd.)

CHAP. XIII. — *De l'Inde, et du Veidam.*

L'abbé Bazin, avant de mourir, envoya à la Bibliothèque du roi le plus précieux manuscrit qui soit dans tout l'Orient. C'est un ancien commentaire d'un brame nommé Shumontou, sur le *Veidam*, qui est le livre sacré des anciens brachmanes. Ce manuscrit est incontestablement du temps où l'ancienne religion des gymnosophistes commençait à se corrompre; c'est, après nos livres sacrés, le monument le plus respectable de la croyance de l'unité de Dieu. Il est intitulé *Ézour-Veidam*, comme qui dirait *le vrai Veidam*, *le Veidam expliqué*, *le pur Veidam*. On ne peut pas douter qu'il n'ait été écrit avant l'expédition d'Alexandre dans les Indes, puisque, longtemps avant Alexandre, l'ancienne religion bramine ou abramine, l'ancien culte enseigné par Brama, avait été corrompu par des superstitions et par des fables. Ces superstitions même avaient pénétré jusqu'à la Chine du temps de Confutzée, qui vivait environ trois cents ans avant Alexandre. L'auteur de l'*Ézour-Veidam* combat toutes ces superstitions qui commençaient à naître de son temps. Or, pour qu'elles aient pu pénétrer de l'Inde à la Chine, il faut un assez grand nombre d'années : ainsi, quand nous supposerons que ce rare manuscrit a été écrit environ quatre cents ans avant la conquête d'une partie de l'Inde par Alexandre, nous ne nous éloignerons pas beaucoup de la vérité.

Shumontou combat toutes les espèces d'idolâtrie dont les Indiens commençaient alors à être infectés; et, ce qui est extrêmement important, c'est qu'il rapporte les propres paroles du *Veidam*, dont aucun homme en Europe, jusqu'à présent, n'avait connu un seul passage. Voici donc ces propres paroles du *Veidam* attribué à Brama, citées dans l'*Ézour-Veidam :*

« C'est l'Être suprême qui a tout créé, le sensible et l'insensible : il y a eu quatre âges différents; tout périt à la fin de chaque âge, tout est submergé, et le déluge est un passage d'un âge à l'autre, etc.

« Lorsque Dieu existait seul, et que nul autre être n'existait avec lui, il forma le dessein de créer le monde. Il créa d'abord le temps, ensuite l'eau et la terre; du mélange des cinq éléments, à savoir, la terre, l'eau, le feu, l'air, et la lumière, il en forma les différents corps, et leur donna la terre pour leur base. Il fit ce globe, que nous habitons, en forme ovale comme un œuf. Au milieu de la terre est la plus haute de toutes les montagnes, nommée Mérou (c'est l'Immaüs). Adimo (c'est le nom du premier homme) sortit des mains de Dieu. Procriti est le nom de son épouse. D'Adimo naquit Brama, qui fut le législateur des nations et le père des brames. »

Une preuve non moins forte que ce livre fut écrit longtemps avant Alexandre, c'est que les noms des fleuves et des montagnes de l'Inde sont les mêmes que dans le *hanscrit*, qui est la langue sacrée des brachmanes. On ne trouve pas dans l'*Ézour-Veidam* un seul des noms que les Grecs donnèrent aux pays qu'ils subjuguèrent. L'Inde s'appelle *Zomboudipo ;* le Gange, *Zanoubi ;* le mont Immaüs, *Mérou*, etc.

Notre ennemi, jaloux des services que l'abbé Bazin a rendus aux lettres, à la religion, et à la patrie, se ligue avec le plus impiacable ennemi de notre chère patrie, de nos lettres, et de notre religion, le docteur Warburton, devenu, je ne sais comment, évêque de Glocester, commentateur de Shakspeare, et auteur d'un fatras contre l'immortalité de l'âme, sous le nom de la *divine légation de Moïse* : il rapporte une objection de ce brave prêtre hérétique contre l'opinion de l'abbé Bazin, bon catholique, et contre l'évidence que l'*Ézour-Veidam* a été écrit avant Alexandre. Voici l'objection de l'évêque.

« Cela est aussi judicieux qu'il le serait d'observer que les annales des Sarrasins et des Turcs ont été écrites avant les conquêtes d'Alexandre, parce que nous n'y remarquons point les noms que les Grecs imposèrent aux rivières, aux villes, et aux contrées qu'ils conquirent dans l'Asie Mineure, et qu'on n'y lit que les noms anciens qu'elles avaient depuis les premiers temps. Il n'est jamais entré dans la tête de ce poëte que les Indiens et les Arabes pouvaient exactement avoir la même envie de rendre les noms primitifs aux lieux d'où les Grecs avaient été chassés. »

Warburton ne connaît pas plus les vraisemblances que les bienséances. Les Turcs et les Grecs modernes ignorent aujourd'hui les anciens noms du pays que les uns habitent en vainqueurs et les autres en esclaves. Si nous déterrions un ancien manuscrit grec, dans lequel Stamboul fût appelé Constantinople ; l'Atmeidam, Hippodrome ; Scutari, le faubourg de Chalcédoine ; le cap Janissari, promontoire de Sigée ; Cara Denguis, le Pont-Euxin, etc. ; nous conclurions que ce manuscrit est d'un temps qui a précédé Mahomet II, et nous jugerions ce manuscrit très-ancien, s'il ne contenait que les dogmes de la primitive Église.

Il est donc vraisemblable que le brachmane qui écrivait dans le Zomboudipo, c'est-à-dire dans l'Inde, écrivait avant Alexandre, qui donna un autre nom au Zomboudipo ; et cette probabilité devient une certitude, lorsque ce brachmane écrit dans les premiers temps de la corruption de sa religion, époque évidemment antérieure à l'expédition d'Alexandre.

Warburton, de qui l'abbé Bazin avait relevé quelques fautes avec sa circonspection ordinaire, s'en est vengé avec toute l'âcreté du pédantisme. Il s'est imaginé, selon l'ancien usage, que des injures étaient des raisons ; et il a poursuivi l'abbé Bazin avec toute la fureur que l'Angleterre entière lui reproche. On n'a qu'à s'informer dans Paris à un ancien membre du parlement de Londres qui vient d'y fixer son séjour, du caractère de cet évêque Warburton, commentateur de Shakspeare, et calomniateur de Moïse ; on saura ce qu'on doit penser de cet homme, et l'on apprendra comment les savants d'Angleterre, et surtout le célèbre évêque Lowth, ont réprimé son orgueil et confondu ses erreurs.

CHAP. XIV. — *Que les Juifs haïssaient toutes les nations.*

L'auteur du *Supplément à la Philosophie de l'Histoire* croit accabler l'abbé Bazin en répétant les injures atroces que lui dit Warburton au sujet des Juifs. Mon oncle était lié avec les plus savants Juifs de l'Asie. Ils lui avouèrent qu'il avait été ordonné à leurs ancêtres d'avoir toutes les nations en horreur ; et, en effet, parmi tous les historiens qui ont parlé d'eux, il n'en est aucun qui ne soit convenu de cette vérité ; et même, pour peu qu'on ouvre les livres de leurs lois, vous trouverez au chapitre IV (37-38) du *Deutéronome :* « Il vous a conduits avec sa grande puissance pour exterminer à votre entrée de très-grandes nations. »

Au chapitre VII : « Il consumera peu à peu les nations devant vous par parties ; vous ne pourrez les exterminer toutes ensemble, de peur que les bêtes de la terre ne se multiplient trop (v. 22). »

« Il vous livrera leurs rois entre vos mains. Vous détruirez jusqu'à leur nom : rien ne pourra vous résister (v. 24). »

On trouverait plus de cent passages qui indiquent cette horreur pour tous les peuples qu'ils connaissaient. Il ne leur était pas permis de manger avec des Égyptiens ; de même qu'il était défendu aux Égyptiens de manger avec eux. Un Juif était souillé, et le serait encore aujourd'hui, s'il avait tâté d'un mouton tué par un étranger, s'il s'était servi d'une marmite étrangère. Il est donc constant que leur loi les rendait nécessairement les ennemis du genre humain. *La Genèse*, il est vrai, fait descendre toutes les nations du même père. Les Persans, les Phéniciens, les Babyloniens, les Égyptiens, les Indiens, venaient de Noé, comme les Juifs : qu'est-ce que cela prouve, sinon que les Juifs haïssaient leurs frères ? Les Anglais sont aussi les frères des Français. Cette consanguinité empêche-t-elle que Warburton ne nous haïsse ? Il hait jusqu'à ses compatriotes, qui le lui rendent bien.

Il a beau dire que les Juifs ne haïssaient que l'idolâtrie des autres nations, il ne sait pas absolument ce qu'il dit. Les Persans n'étaient point idolâtres, et ils étaient l'objet de la haine juive. Les Persans adoraient un seul Dieu, et n'avaient point alors de simulacres. Les Juifs adoraient un seul Dieu, et avaient des simulacres, douze bœufs dans le temple, deux chérubins dans le saint des saints. Ils devaient regarder tous leurs voisins comme leurs ennemis, puisqu'on leur avait promis qu'ils domineraient d'une mer à l'autre, et depuis les bords du Nil jusqu'à ceux de l'Euphrate. Cette étendue de terrain leur aurait composé un empire immense. Leur loi, qui leur promettait cet empire, les rendait donc nécessairement ennemis de tous les peuples qui habitaient depuis l'Euphrate jusqu'à la Méditerranée. Leur extrême ignorance ne leur permettait pas de connaître d'autres nations ; et, en détestant tout ce qu'ils connaissaient, ils croyaient détester toute la terre.

Voilà l'exacte vérité. Warburton prétend que l'abbé Bazin ne s'est exprimé ainsi que parce qu'un Juif, qu'il appelle *grand babillard*, avait fait autrefois une banqueroute audit abbé Bazin. Il est vrai que le Juif Médina fit une banqueroute considérable à mon oncle; mais cela empêche-t-il que Josué n'ait fait pendre trente et un rois, selon les saintes Écritures? Je demande à Warburton si l'on aime les gens que l'on fait pendre. *Hang him*[1].

CHAP. XV. — De Warburton.

Contredites un homme qui se donne pour savant, et soyez sûr alors de vous attirer des volumes d'injures. Quand mon oncle apprit que Warburton, après avoir commenté Shakspeare, commentait Moïse, et qu'il avait déjà fait deux gros volumes pour démontrer que les Juifs, instruits par Dieu même, n'avaient aucune idée ni de l'immortalité de l'âme, ni d'un jugement après la mort, cette entreprise lui parut monstrueuse; ainsi qu'à toutes les consciences timorées de l'Angleterre. Il en écrivit son sentiment à M. S....[2] avec sa modération ordinaire. Voici ce que M. S.... lui répondit :

« Monsieur, c'est une entreprise merveilleusement scandaleuse dans un prêtre, *it is an undertaking wonderfully scandalous in a priest*, de s'attacher à détruire l'opinion la plus ancienne et la plus utile aux hommes. Il vaudrait bien mieux que ce Warburton commentât l'opéra des gueux, *The beggar's opera*, après avoir très-mal commenté Shakspeare, que d'entasser une érudition si mal digérée et si erronée pour détruire la religion. Car enfin notre sainte religion est fondée sur la juive. Si Dieu a laissé le peuple de l'Ancien Testament dans l'ignorance de l'immortalité de l'âme, et des peines et des récompenses après la mort, il a trompé son peuple chéri; la religion juive est donc fausse; la chrétienne, fondée sur la juive, ne s'appuie donc que sur un tronc pourri. Quel est le but de cet homme audacieux? je n'en sais encore rien. Il flatte le gouvernement: s'il obtient un évêché, il sera chrétien; s'il n'en obtient point, j'ignore ce qu'il sera. Il a déjà fait deux gros volumes sur la légation de Moïse, dans lesquels il ne dit pas un seul mot de son sujet. Cela ressemble au chapitre *des coches*, où Montaigne parle de tout, excepté de coches; c'est un chaos de citations dont on ne peut tirer aucune lumière. Il a senti le danger de son audace, et il a voulu l'envelopper dans les obscurités de son style. Il se montre enfin plus à découvert dans son troisième volume. C'est là qu'il entasse tous les passages favorables à son impiété, et qu'il écarte tous ceux qui appuient l'opinion commune. Il va chercher dans Job, qui n'était pas Hébreu, ce passage équivoque[3] : « Comme le nuage qui se dissipe et s'évanouit, ainsi est au tombeau l'homme qui ne reviendra plus. »

« Et ce vain discours d'une pauvre femme à David[4] : « Nous devons mourir; nous sommes comme l'eau répandue sur la terre, qu'on ne peut plus ramasser. »

---

1. Pendez-le. (ÉD.) — 2. Silhouette, contrôleur général sous Louis XV. (ÉD.)
3. Job, VII, 9. (ÉD.) — 4. *II, Rois*, XIV, 14. (ÉD.)

« Et ces versets du psaume LXXXVIII[1] : « Les morts ne peuvent se
« souvenir de toi. Qui pourra te rendre des actions de grâce dans la
« tombe? que me reviendra-t-il de mon sang, quand je descendrai
« dans la fosse? La poussière t'adressera-t-elle des vœux? déclarera-
« t-elle la vérité?

« Montreras-tu tes merveilles aux morts? Les morts se lèveront-ils?
« Auras-tu d'eux des prières? »

« Le livre de l'*Ecclésiaste*, dit-il page 170, est encore plus positif.
« Les vivants savent qu'ils mourront[2], mais les morts ne savent rien;
« point de récompense pour eux, leur mémoire périt à jamais. »

« Il met ainsi à contribution Ézéchiel, Jérémie, et tout ce qu'il
peut trouver de favorable à son système.

« Cet acharnement à répandre le dogme funeste de la mortalité de
l'âme a soulevé contre lui tout le clergé. Il a tremblé que son patron,
qui pense comme lui, ne fût pas assez puissant pour lui faire avoir un
évêché. Quel parti a-t-il pris alors? celui de dire des injures à tous les
philosophes.

Quis tulerit Gracchos de seditione querentes?
Juven., sát. II, v. 24.

« Il a élevé l'étendard du fanatisme d'une main, tandis que de l'autre
il déployait celui de l'irréligion. Par là il a ébloui la cour; et en enseignant réellement la mortalité de l'âme, et feignant ensuite de l'admettre, il aura probablement l'évêché qu'il désire. Chez vous, tout chemin
mène à Rome; et chez nous, tout chemin mène à l'évêché. »

Voilà ce que M. S.... écrivait en 1757; et tout ce qu'il a prédit est
arrivé. Warburton jouit d'un bon évêché; il insulte les philosophes.
En vain l'évêque Lowth a pulvérisé son livre, il n'en est que plus audacieux, il cherche même à persécuter; et, s'il pouvait, il ressemblerait au *Peachum in the beggar's opera*, qui se donne le plaisir de faire
pendre ses complices. La plupart des hypocrites ont le regard doux du
chat, et cachent leurs griffes; celui-ci découvre les siennes en levant
une tête hardie. Il a été ouvertement délateur, et il voudrait être persécuteur.

Les philosophes d'Angleterre lui reprochent l'excès de la mauvaise
foi et celui de l'orgueil. L'Église anglicane le regarde comme un homme
dangereux; les gens de lettres, comme un écrivain sans goût et sans
méthode, qui ne sait qu'entasser citations sur citations; les politiques,
comme un brouillon qui ferait revivre, s'il pouvait, la chambre étoilée :
mais il se moque de tout cela.

Warburton me répondra peut-être qu'il n'a fait que suivre le sentiment de mon oncle, et de plusieurs autres savants qui ont tous avoué

---

1. Je ne les ai pas trouvés dans le psaume LXXXVIII. Je n'ai même pu trouver les deux premières phrases de la citation dans aucun psaume. Les deux qui les suivent sont dans le psaume XXIX, verset 11 : *Quæ utilitas in sanguine meo*, etc. La fin est en partie dans le psaume LXXXVII, verset 11 et suiv. (Note de M. Beuchot.)

2. *Ecclésiaste*, IX, 5. (ÉD.)

qu'il n'est pas parlé expressément de l'immortalité de l'âme dans la loi judaïque. Cela est vrai ; il n'y a que des ignorants qui en doutent, et des gens de mauvaise foi qui affectent d'en douter ; mais le pieux Bazin disait que cette doctrine, sans laquelle il n'est point de religion, n'étant pas expliquée dans l'Ancien Testament, y doit être sous-entendue ; qu'elle y est virtuellement ; que si on ne l'y trouve pas *totidem verbis*, elle y est *totidem litteris*, et qu'enfin, si elle n'y est point du tout, ce n'est pas à un évêque à le dire.

Mais mon oncle a toujours soutenu que Dieu est bon ; qu'il a donné l'intelligence à ceux qu'il a favorisés ; qu'il a suppléé à notre ignorance. Mon oncle n'a point dit d'injures aux savants ; il n'a jamais cherché à persécuter personne : au contraire, il a écrit contre l'intolérance le livre le plus honnête, le plus circonspect, le plus chrétien, le plus rempli de piété, qu'on ait fait depuis Thomas-à-Kempis. Mon oncle, quoique un peu enclin à la raillerie, était pétri de douceur et d'indulgence. Il fit plusieurs pièces de théâtre dans sa jeunesse, tandis que l'évêque Warburton ne pouvait que commenter des comédies. Mon oncle, quand on sifflait ses pièces, sifflait comme les autres. Si Warburton a fait imprimer Guillaume Shakspeare avec des notes, l'abbé Bazin a fait imprimer Pierre Corneille aussi avec des notes. Si Warburton gouverne une église, l'abbé Bazin en a fait bâtir une qui n'approche pas à la vérité de la magnificence de M. Le Franc de Pompignan, mais enfin qui est assez propre. En un mot, je prendrai toujours le parti de mon oncle.

Chap. XVI. — *Conclusion des chapitres précédents.*

Tout le monde connaît cette réponse prudente d'un cocher à un batelier : « Si tu me dis que mon carrosse est un beltre, je te dirai que ton bateau est un maraud. » Le batelier qui a écrit contre mon oncle a trouvé en moi un cocher qui le mène grand train. Ce sont là de ces *Honnêtetés littéraires* dont on ne saurait fournir trop d'exemples pour former les jeunes gens à la politesse et au beau ton. Mais je préfère encore au beau discours de ce cocher l'apophthegme de Montaigne : « Ne regarde pas qui est le plus savant, mais qui est le mieux savant. » La science ne consiste pas à répéter au hasard ce que les autres ont dit ; à coudre à un passage hébreu qu'on n'entend point un passage grec qu'on entend mal ; à mettre dans un nouvel in-douze ce qu'on a trouvé dans un vieil in-folio ; à crier :

>Nous rédigeons au long, de point en point,
>Ce qu'on pensa ; mais nous ne pensons point[1].

Le vrai savant est celui qui n'a nourri son esprit que de bons livres, et qui a su mépriser les mauvais ; qui sait distinguer la vérité du mensonge, et le vraisemblable du chimérique ; qui juge d'une nation par ses mœurs plus que par ses lois, parce que les lois peuvent être

1. Vers de Voltaire. (Éd.)

bonnes, et les mœurs mauvaises. Il n'appuie point un fait incroyable de l'autorité d'un ancien auteur. Il peut, s'il veut, faire voir le peu de foi qu'on doit à cet auteur, par l'intérêt que cet écrivain a eu de mentir, et par le goût de son pays pour les fables; il peut montrer que l'auteur même est supposé. Mais, ce qui le détermine le plus, c'est quand le livre est plein d'extravagances; il les réprouve, il les regarde avec dédain, en quelque temps et par quelques mains qu'elles aient été écrites.

S'il voit dans Tite Live qu'un augure a coupé un caillou avec un rasoir, aux yeux d'un étranger nommé Lucumon, devenu roi de Rome, il dit : « Ou Tite-Live a écrit une sottise, ou Lucumon Tarquin et l'augure étaient deux fripons qui trompaient le peuple pour le mieux gouverner. » En un mot, le sot copie, le pédant cite, et le savant juge.

M. Toxotès, qui copie et qui cite, et qui est incapable de juger, qui ne sait que dire des injures de batelier à un homme qu'il n'a jamais vu, a donc eu affaire à un cocher qui lui donne les coups de fouet qu'il méritait; et le bout de son fouet a sanglé Warburton.

Tout mon chagrin, dans cette affaire, est que personne n'ayant lu la diatribe de M. Toxotès[1], très-peu de gens liront la réponse du neveu de l'abbé Bazin; cependant le sujet est intéressant : il ne s'agit pas moins que des dames et des petits garçons de Babylone, des boucs de Mendès, de Warburton, et de l'immortalité de l'âme. Mais tous ces objets sont épuisés. Nous avons tant de livres, que la mode de lire est passée. Je compte qu'il s'imprime vingt mille feuilles au moins par mois en Europe. Moi qui suis grand lecteur, je n'en lis pas la quarantième partie; que fera donc le reste du genre humain? Je voudrais, dans le fond de mon cœur, que le collége des cardinaux me remerciât d'avoir anathématisé un évêque anglican; que l'impératrice de Russie, le roi de Pologne, le roi de Prusse, l'hospodar de Valachie, et le grand vizir, me fissent des compliments sur ma pieuse tendresse pour l'abbé Bazin mon oncle, qui a été fort connu d'eux. Mais ils ne m'en diront pas un mot, ils ne sauront rien de ma querelle. J'ai beau protester, à la face de l'univers, que M. Toxotès ne sait ce qu'il dit, on me demande qui est M. Toxotès, et on ne m'écoute pas. Je remarque, dans l'amertume de mon cœur, que toutes les disputes littéraires ont une pareille destinée. Le monde est devenu bien tiède; une sottise ne peut plus être célèbre; elle est étouffée le lendemain par cent sottises qui cèdent la place à d'autres. Les jésuites sont heureux; on parlera d'eux longtemps, depuis la Rochelle jusqu'à Macao. *Vanitas vanitatum*[2].

---

1. *Toxotès* est un mot grec qui signifie *archer* : Τοξοτής.
2. *Ecclésiaste*, I, 2. (ÉD.)

CHAP. XVII. — *Sur la modestie de Warburton, et sur son système antimosaïque.*

La nature de l'homme est si faible, et on a tant d'affaires dans cette vie, que j'ai oublié, en parlant de ce cher Warburton, de remarquer combien cet évêque serait pernicieux à la religion chrétienne, et à toute religion, si mon oncle ne s'était pas opposé vigoureusement à sa hardiesse.

« Les anciens sages, dit Warburton [1], crurent légitime et utile au public de dire le contraire de ce qu'ils pensaient. »

« L'utilité, et non la vérité, était le but de la religion [2]. »

Il emploie un chapitre entier à fortifier ce système par tous les exemples qu'il peut accumuler.

Remarquez que, pour prouver que les Juifs étaient une nation instruite par Dieu même, il dit que la doctrine de l'immortalité de l'âme et d'un jugement après la mort est d'une nécessité absolue, et que les Juifs ne la connaissaient pas. « Tout le monde, dit-il (*all mankind*), et spécialement les nations les plus savantes et les plus sages de l'antiquité, sont convenues de ce principe [3]. »

Voyez, mon cher lecteur, quelle horreur et quelle erreur dans ce peu de paroles qui font le sujet de son livre. Si tout l'univers, et particulièrement les nations les plus sages, et les plus savantes, croyaient l'immortalité de l'âme, les Juifs, qui ne la croyaient pas, n'étaient donc qu'un peuple de brutes et d'insensés que Dieu ne conduisait pas. Voilà l'horreur dans un prêtre qui insulte les pauvres laïques. Hélas ! que n'eût-il point dit contre un laïque qui eût avancé les mêmes propositions ! Voici maintenant l'erreur.

C'est que, du temps que les Juifs étaient une petite horde de Bédouins, errante dans les déserts de l'Arabie Pétrée, on ne peut prouver que toutes les nations du monde crussent l'âme immortelle. L'abbé Bazin était persuadé, à la vérité, que cette opinion était reçue chez les Chaldéens, chez les Persans, chez les Égyptiens, c'est-à-dire chez les philosophes de ces nations; mais il certain que les Chinois n'en avaient aucune connaissance, et qu'il n'en est point parlé dans les *Cinq Kings*, qui sont antérieurs de plusieurs siècles au temps de l'habitation des Juifs dans les déserts d'Oreb et de Cadès-Barné.

Comment donc ce Warburton, en avançant des choses si dangereuses, et en se trompant si grossièrement, a-t-il pu attaquer les philosophes, et particulièrement l'abbé Bazin, dont il aurait dû rechercher le suffrage ?

N'attribuez cette inconséquence, mes frères, qu'à la vanité. C'est elle qui nous fait agir contre nos intérêts. La raison dit : « Nous hasardons une entreprise difficile, ayons des partisans. » L'amour-propre crie : « Écrasons tout pour régner. » On croit l'amour-propre, alors on finit par être écrasé soi-même.

J'ajouterai encore à ce petit appendix que l'abbé Bazin est le pre-

1. Tome II, page 89. — 2. Tome II, page 91. — 3. Tome I, page 87.

mier qui ait prouvé que les Egyptiens sont un peuple très-nouveau, quoiqu'ils soient beaucoup plus anciens que les Juifs. Nul savant n'a contredit la raison qu'il en apporte : c'est qu'un pays inondé quatre mois de l'année depuis qu'il est coupé par des canaux, devait être inondé au moins huit mois de l'année, avant que ces canaux eussent été faits. Or un pays toujours inondé est inhabitable. Il a fallu des travaux immenses, et par conséquent une multitude de siècles, pour former l'Egypte.

Par conséquent les Syriens, les Babyloniens, les Persans, les Indiens, les Chinois, les Japonais, etc., durent être formés en corps de peuples très-longtemps avant que l'Egypte pût devenir une habitation tolérable. On tirera de cette vérité les conclusions qu'on voudra, cela ne me regarde pas. Mais y a-t-il bien des gens qui se soucient de l'antiquité égyptienne ?

CHAP. XVIII. — *Des hommes de différentes couleurs.*

Mon devoir m'oblige de dire que l'abbé Bazin admirait la sagesse éternelle dans cette profusion de variétés dont elle a couvert notre petit globe. Il ne pensait pas que les huîtres d'Angleterre fussent engendrées des crocodiles du Nil, ni que les girofliers des îles Molusques tirassent leur origine des sapins des Pyrénées. Il respectait également les barbes des Orientaux, et les mentons dépourvus à jamais de poil follet, que Dieu a donnés aux Américains. Les yeux de perdrix des albinos; leurs cheveux, qui sont de la plus belle soie et du plus beau blond; la blancheur éclatante de leur peau, leurs longues oreilles, leur petite taille d'environ trois pieds et demi, le ravissaient en extase quand il les comparait aux nègres leurs voisins, qui ont de la laine sur la tête, et de la barbe au menton, que Dieu a refusée aux albinos. Il avait vu des hommes rouges, il en avait vu de couleur de cuivre, il avait manié le tablier qui pend aux Hottentots et aux Hottentotes depuis le nombril jusqu'à la moitié des cuisses. « O profusion de richesses ! s'écriait-il. O que la nature est féconde ! »

Je suis bien aise de révéler ici aux cinq ou six lecteurs qui voudront s'instruire dans cette diatribe, que l'abbé Bazin a été violemment attaqué dans un journal nommé *Économique*, que j'ai acheté jusqu'à présent, et que je n'achèterai plus. J'ai été sensiblement affligé que cet économe, après m'avoir donné une recette infaillible contre les punaises et contre la rage, et après m'avoir appris le secret d'éteindre en un moment le feu d'une cheminée, s'exprime sur l'abbé Bazin avec une cruauté que vous allez voir.

« [1] L'opinion de M. l'abbé Bazin, qui croit ou fait semblant de croire qu'il y a plusieurs espèces d'hommes, est aussi absurde que celle de quelques philosophes païens, qui ont imaginé des atomes blancs et des atomes noirs, dont la réunion fortuite a produit divers hommes et divers animaux. «

1. Page 209. Recueil de 1765.

M. l'abbé Bazin avait vu dans ses voyages une partie du *reticulum mucosum* d'un nègre, lequel était entièrement noir, c'est un fait connu de tous les anatomistes de l'Europe. Quiconque voudra faire disséquer un nègre (j'entends après sa mort), trouvera cette membrane muqueuse noire comme de l'encre de la tête aux pieds. Or si ce réseau est noir chez les nègres, et blanc chez nous, c'est donc une différence spécifique. Or une différence spécifique entre deux races forme assurément deux races différentes. Cela n'a nul rapport aux atomes blancs et rouges d'Anaxagore, qui vivait environ deux mille trois cents ans avant mon oncle.

Il vit non-seulement des nègres et des albinos qu'il examina très-soigneusement, mais il vit aussi quatre rouges qui vinrent en France en 1725. Le même économe lui a nié ces rouges. Il prétend que les habitants des îles Caraïbes ne sont rouges que lorsqu'ils sont peints. On voit bien que cet homme-là n'a pas voyagé en Amérique. Je ne dirai pas que mon oncle y ait été, car je suis sûr que non ; mais voici une lettre que je viens de recevoir d'un homme qui a résidé longtemps à la Guadeloupe, en qualité d'officier du roi :

« Il y a réellement à la Guadeloupe, dans un quartier de la grande terre nommée le *Pistolet*, dépendant de la paroisse de l'anse Bertrand, cinq ou six familles de Caraïbes dont la peau est de la couleur de notre cuivre rouge ; ils sont bien faits, et ont de longs cheveux. Je les ai vus deux fois. Ils se gouvernent par leurs propres lois, et ne sont point chrétiens. Tous les Caraïbes sont rougeâtres, etc. Signé RIEU, 20 *mai* 1767. »

Le jésuite Lafitau, qui avait vécu aussi chez les Caraïbes, convient que ces peuples sont rouges[1] ; mais il attribue, en homme judicieux, cette couleur à la passion qu'ont eue leurs mères de se peindre en rouge, comme il attribue la couleur des nègres au goût que les dames de Congo et d'Angola ont eu de se peindre en noir. Voici les paroles remarquables du jésuite :

« Ce goût général dans toute la nation, et la vue continuelle de semblables objets, ont dû faire impression sur les femmes enceintes, comme les baguettes de diverses couleurs sur les brebis de Jacob[2] ; et c'est ce qui doit avoir contribué en premier lieu à rendre les uns noirs par nature, et les autres rougeâtres, tels qu'ils le sont aujourd'hui. »

Ajoutez à cette belle raison que le jésuite Lafitau prétend que les Caraïbes descendent en droite ligne des peuples de Carie ; vous m'avouerez que c'est puissamment raisonner, comme dit l'abbé Grizel.

CHAP. XIX. — *Des montagnes et des coquilles.*

J'avouerai ingénument que mon oncle avait le malheur d'être d'un sentiment opposé à celui d'un grand naturaliste[3] qui prétendait que c'est la mer qui a fait les montagnes ; qu'après les avoir formées par

---

1. *Mœurs des sauvages*, p. 68, t. I. — 2. *Genèse*, XXX, 39. (ÉD.)
3. Buffon. (ÉD.)

son flux et son reflux, elle les a couvertes de ses flots, et qu'elle les a laissées toutes semées de ses poissons pétrifiés.

« Voici, mon cher neveu, me disait-il, quelles sont mes raisons : 1° Si la mer, par son flux, avait d'abord fait un petit monticule de quelques pieds de sable, depuis l'endroit où est aujourd'hui le cap de Bonne-Espérance jusqu'aux dernières branches du mont Immaüs ou *Mérou*, j'ai grand'peur que le reflux n'eût détruit ce que le flux aurait formé.

« 2° Le flux de l'Océan a certainement amoncelé dans une longue suite de siècles les sables qui forment les dunes de Dunkerque et de l'Angleterre, mais elle n'a pu en faire des rochers ; et ces dunes sont fort peu élevées.

« 3° Si, en six mille ans, elle a formé des monticules de sable hauts de quarante pieds, il lui aura fallu juste trente millions d'années pour former la plus haute montagne des Alpes, qui a vingt mille pieds de hauteur ; supposé encore qu'il ne se soit point trouvé d'obstacle à cet arrangement, et qu'il y ait toujours eu du sable à point nommé.

« 4° Comment le flux de la mer, qui s'élève tout au plus à huit pieds de haut sur nos côtes, aurait-il formé des montagnes hautes de vingt mille pieds? et comment les aurait-il couvertes pour laisser des poissons sur les cimes ?

« 5° Comment les marées et les courants auront-ils formé des enceintes presque circulaires de montagnes, telles que celles qui entourent le royaume de Cachemire, le grand-duché de Toscane, la Savoie, et le pays de Vaud?

« 6° Si la mer avait été pendant tant de siècles au-dessus des montagnes, il aurait donc fallu que tout le reste du globe eût été couvert d'un autre océan égal en hauteur, sans quoi les eaux seraient retombées par leur propre poids. Or un océan, qui pendant tant de siècles aurait couvert les montagnes des quatre parties du monde, aurait été égal à plus de quarante de nos océans d'aujourd'hui. Ainsi il faudrait nécessairement qu'il y eût trente-neuf océans au moins d'évanouis, depuis le temps ou ces messieurs prétendent qu'il y a des poissons de mer pétrifiés sur le sommet des Alpes et du mont Ararat.

« 7° Considérez, mon cher neveu, que, dans cette supposition les montagnes formées et couvertes par la mer, notre globe n'aurait été habité que par des poissons. C'est, je crois, l'opinion de Telliamed¹. Il est difficile de comprendre que des marsouins aient produit des hommes.

« 8° Il est évident que, si par impossible la mer eût si longtemps couvert les Pyrénées, les Alpes, le Caucase, il n'y aurait pas eu d'eau douce pour les bipèdes et les quadrupèdes. Le Rhin, le Rhône, la

---

1. C'est par plaisanterie que Voltaire suppose cette opinion à de Maillet, qui dit au contraire (tome I, p. 76 de l'édition de 1755 du *Telliamed*) : « A quelque élévation que ces eaux de la mer aient été portées au-dessus de nos terrains, elles ne renfermaient point alors de poissons, ni de coquillages ; il est constant du moins qu'il ne s'y en trouvait que peu. » (*Note de M. Beuchot.*)

Saône, le Danube, le Pô [1], l'Euphrate, le Tigre, dont j'ai vu les sources, ne doivent leurs eaux qu'aux neiges et aux pluies qui tombent sur les cimes de ces rochers. Ainsi vous voyez que la nature entière réclame contre cette opinion.

« 9° Ne perdez point de vue cette grande vérité [2] que la nature ne se dément jamais. Toutes les espèces restent toujours les mêmes. Animaux, végétaux, minéraux, métaux, tout est invariable dans cette prodigieuse variété. Tout conserve son essence. L'essence de la terre est d'avoir des montagnes, sans quoi elle serait sans rivières : donc il est impossible que les montagnes ne soient pas aussi anciennes que la terre. Autant vaudrait-il dire que nos corps ont été longtemps sans têtes. Je sais qu'on parle beaucoup de coquilles. J'en ai vu tout comme un autre. Les bords escarpés de plusieurs fleuves et de quelques lacs en sont tapissés ; mais je n'y ai jamais remarqué qu'elles fussent les dépouilles des monstres marins : elles ressemblent plutôt aux habits déchirés des moules, et d'autres petits crustacés de lacs et de rivières. Il y en a qui ne sont visiblement que du talc qui a pris des formes différentes dans la terre. Enfin nous avons mille productions terrestres qu'on prend pour des productions marines.

« Je ne nie pas que la mer ne se soit avancée trente et quarante lieues dans le continent, et que des atterrissements ne l'aient contrainte de reculer. Je sais qu'elle baignait autrefois Ravenne, Fréjus, Aigues-Mortes, Alexandrie, Rosette, et qu'elle en est à présent fort éloignée. Mais de ce qu'elle a inondé et quitté tour à tour quelques lieues de terre, il ne faut pas en conclure qu'elle ait été partout. Ces pétrifications dont on parle tant, ces prétendues médailles de son long règne, me sont fort suspectes. J'ai vu plus de mille cornes d'Ammon dans les champs, vers les Alpes. Je n'ai jamais pu concevoir qu'elles aient renfermé autrefois un poisson indien nommé *nautilus*, qui, par parenthèse, n'existe pas. Elles m'ont paru de simples fossiles tournés en volutes ; et je n'ai pas été plus tenté de croire qu'elles avaient été le logement d'un poisson des mers de Surate, que je n'ai pris les *conchæ Veneris* pour des chapelles de Vénus, et les pierres étoilées pour des étoiles. J'ai pensé avec plusieurs bons observateurs que la nature, inépuisable dans ses ouvrages, a pu très-bien former une grande quantité de fossiles, que nous prenons mal à propos pour des productions marines. Si la mer avait, dans la succession des siècles, formé des montagnes de couches de sable et de coquilles, on en trouverait des lits d'un bout de la terre à l'autre ; et c'est assurément ce qui n'est pas vrai : la chaîne des hautes montagnes de l'Amérique en est absolument dépourvue. Savez-vous ce qu'on répond à cette objection terrible? Qu'on en trouvera un jour. Attendons donc au moins qu'on en trouve.

« Je suis même tenté de croire que ce fameux falun de Touraine n'est autre chose qu'une espèce de minière ; car si c'était un amas de

1. Je ne sais si Voltaire a vu les sources du Pô ; mais il n'a certainement vu ni celles de l'Euphrate, ni celles du Tigre. (*Note de M. Beuchot.*)
2. De Newton. (Éd.)

vraies dépouilles de poissons que la mer eût déposées par couches successivement et doucement dans ce canton, pendant quarante ou cinquante mille siècles, pourquoi n'en aurait-elle pas laissé autant en Bretagne et en Normandie ? Certainement, si elle a submergé la Touraine si longtemps, elle a couvert, à plus forte raison, les pays qui sont au-delà. Pourquoi donc ces prétendues coquilles dans un seul canton d'une seule province ? Qu'on réponde à cette difficulté.

« J'ai trouvé des pétrifications en cent endroits; j'ai quelques écailles d'huîtres pétrifiées à cent lieues de la mer. Mais j'ai vu aussi sous vingt pieds de terre des monnaies romaines, des anneaux de chevaliers, à plus de neuf cents milles de Rome, et je n'ai point dit : « Ces anneaux, « ces espèces d'or et d'argent, ont été fabriqués ici. » Je n'ai point dit non plus : « Ces huîtres sont nées ici. » J'ai dit : « Des voyageurs « ont apporté ici des anneaux, de l'argent et des huîtres. »

« Quand je lus, il y a quarante ans, qu'on avait trouvé dans les Alpes des coquilles de Syrie, je dis, je l'avoue, d'un ton un peu goguenard, que ces coquilles avaient été apparemment apportées par des pèlerins qui revenaient de Jérusalem. M. de Buffon m'en reprit très-vertement dans sa *Théorie de la Terre*, page 281. Je n'ai pas voulu me brouiller avec lui pour des coquilles; mais je suis demeuré dans mon opinion, parce que l'impossibilité que la mer ait formé des montagnes m'est démontrée. On a beau me dire que le porphyre est fait de pointes d'oursin, je le croirai quand je verrai que le marbre blanc est fait de plumes d'autruche.

« Il y a plusieurs années qu'un Irlandais, jésuite secret, nommé Needham, qui disait avoir d'excellents microscopes, crut s'apercevoir qu'il avait fait naître des anguilles avec de l'infusion de blé ergoté dans des bouteilles. Aussitôt voilà des philosophes qui se persuadent que si un jésuite a fait des anguilles sans germe, on pourra faire de même des hommes. On n'a plus besoin de la main du grand Demiourgos; le maître de la nature n'est plus bon à rien. De la farine grossière produit des anguilles; une farine plus pure produira des singes, des hommes et des ânes. Les germes sont inutiles : tout naîtra de soi-même. On bâtit sur cette expérience prétendue un nouvel univers; comme nous[1] faisions un monde, il y a cent ans, avec la matière subtile, la globuleuse et la cannelée. Un mauvais plaisant, mais qui raisonnait bien, dit qu'il y avait là anguille sous roche, et que la fausseté se découvrirait bientôt. En effet, il fut constaté que les anguilles n'étaient autre chose que des parties de la farine corrompue qui fermentait; et le nouvel univers disparut.

« Il en avait été de même autrefois. Les vers se formaient par corruption dans la viande exposée à l'air. Les philosophes ne soupçonnaient pas que ces vers pouvaient venir des mouches, qui déposaient leurs œufs sur cette viande, et que ces œufs devenaient des vers ayant d'avoir des ailes. Les cuisiniers enfermèrent leurs viandes dans des treillis de toiles; alors plus de vers, plus de génération par corruption.

1. Descartes. (Éd.)

« J'ai combattu quelquefois de pareilles chimères, et surtout celle du jésuite Needham. Un des grands agréments de ce monde est que chacun puisse avoir son sentiment sans altérer l'union fraternelle. Je puis estimer la vaste érudition de M. de Guignes, sans lui sacrifier les Chinois, que je croirai toujours la première nation de la terre qui ait été civilisée après les Indiens. Je sais rendre justice aux vastes connaissances et au génie de M. de Buffon, en étant fortement persuadé que les montagnes sont de la date de notre globe, et de toutes les choses, et même en ne croyant point aux molécules organiques. Je puis avouer que le jésuite Needham, déguisé heureusement en laïque, a eu des microscopes; mais je n'ai point prétendu le blesser en doutant qu'il eût créé des anguilles avec de la farine.

« Je conserve l'esprit de charité avec tous les doctes, jusqu'à ce qu'ils me disent des injures, ou qu'ils me jouent quelque mauvais tour; car l'homme est fait de façon à être vilipendé et vexé. Si j'ai été un peu goguenard, et si j'ai par là déplu autrefois à un philosophe lapon [1] qui voulait qu'on perçât un trou jusqu'au centre de la terre, qu'on disséquât des cervelles de géants pour connaître l'essence de la pensée, qu'on exaltât son âme pour prédire l'avenir, et qu'on enduisît tous les malades de poix-résine; c'est que ce Lapon m'avait horriblement molesté; et cependant j'ai bien demandé pardon à Dieu de l'avoir tourné en ridicule, car il ne faut pas affliger son prochain; c'est manquer à la raison universelle.

« Au reste, j'ai toujours pris le parti des pauvres gens de lettres, quand ils ont été injustement persécutés : quand, par exemple, on a juridiquement accusé les auteurs d'un dictionnaire en vingt volumes in-folio [2] d'avoir composé ce dictionnaire pour faire enchérir le pain, j'ai beaucoup crié à l'injustice. »

Ce discours de mon bon oncle me fit verser des larmes de tendresse

CHAP. XX. — *Des tribulations de ces pauvres gens de lettres.*

Quand mon oncle m'eut ainsi attendri, je pris la liberté de lui dire : « Vous avez couru une carrière bien épineuse; je sens qu'il vaut mieux être receveur des finances, ou fermier général, ou évêque, qu'homme de lettres : car enfin, quand vous eûtes appris le premier aux Français que les Anglais et les Turcs donnaient la petite vérole à leurs enfants pour les en préserver, vous savez que tout le monde se moqua de vous. Les uns vous prirent pour un hérétique, les autres pour un musulman. Ce fut bien pis, lorsque vous vous mêlâtes d'expliquer les découvertes de Newton, dont les écoles welches n'avaient pas encore entendu parler; on vous fit passer pour un ennemi de la France. Vous hasardâtes de faire quelques tragédies. *Zaïre, Oreste, Sémiramis, Mahomet,* tombèrent à la première représentation. Vous souvenez-vous, mon cher oncle, comme votre *Adélaïde du Guesclin* fut sifflée d'un bout à l'autre? quel plaisir c'était ! Je me trouvai à la chute de *Tancrède ;* on

1. Maupertuis. (Éd.) — 2. 28 vol. in-folio (non compris le supplément). (Éd.)

disait, en pleurant et en sanglotant : « Ce pauvre homme n'a jamais « rien fait de si mauvais. »

« Vous fûtes assailli en divers temps d'environ sept cent cinquante brochures, dans lesquelles les uns disaient, pour prouver que *Mérope* et *Alzire* sont des tragédies détestables, que M. votre père, qui fut mon grand-père, était un paysan; et d'autres, qu'il était revêtu de la dignité de guichetier porte-clefs du parlement de Paris, charge importante dans l'État, mais de laquelle je n'ai jamais entendu parler, et qui n'aurait d'ailleurs que peu de rapport avec *Alzire* et *Mérope*, ni avec le reste de l'univers, que tout faiseur de brochure doit, comme vous l'avez dit, avoir toujours devant les yeux.

« On vous attribuait l'excellent livre intitulé *Les Hommes*[1] (je ne sais ce que c'est que ce livre, ni vous non plus), et plusieurs poëmes immortels, comme *La Chandelle d'Arras*[2], et *La Poule à ma Tante*[3], et le second tome de *Candide*, et *Le Compère Matthieu*[4]. Combien de lettres anonymes avez-vous reçues? combien de fois vous a-t-on écrit : « Donnez-moi de l'argent, ou je ferai contre vous une brochure ? » Ceux mêmes à qui vous avez fait l'aumône n'ont-ils pas quelquefois témoigné leur reconnaissance par quelque satire bien mordante?

« Ayant passé ainsi par toutes les épreuves, dites-moi, je vous prie, mon cher oncle, quels sont les ennemis les plus implacables, les plus bas, les plus lâches dans la littérature, et les plus capables de nuire. »

Le bon abbé Bazin me répondit en soupirant : « Mon neveu, après les théologiens, les chiens les plus acharnés à suivre leur proie sont les folliculaires; et, après les folliculaires, marchent les faiseurs de cabales au théâtre. Les critiques en histoire et en physique ne font pas grand bruit. Gardez-vous surtout, mon neveu, du métier de Sophocle et d'Euripide; à moins que vous ne fassiez vos tragédies en latin, comme Grotius, qui nous a laissé ces belles pièces entièrement ignorées d'*Adam chassé*, de *Jésus patient*, et de *Joseph* sous le nom de *Sofonfoné*, qu'il croit un mot égyptien.

— Hé! pourquoi, mon oncle, ne voulez-vous pas que je fasse des tragédies, si j'en ai le talent? Tout homme peut apprendre le latin et le grec, ou la géographie, ou l'anatomie; tout homme peut écrire l'histoire; mais il est très-rare, comme vous savez, de trouver un bon poëte. Ne serait-ce pas un vrai plaisir de faire de grands vers boursouflés, dans lesquels des *héros déplorables* rimeraient avec des *exemples mémorables*, et les *forfaits* et les *crimes* avec les *cœurs magnanimes*, et les *justes dieux* avec les *exploits glorieux*? Une fière actrice ferait ronfler ce galimatias, elle serait applaudie par cent jeunes courtauds de boutiques, et elle me dirait après la pièce : « Sans moi vous « auriez été sifflé; vous me devez votre gloire. » J'avoue qu'un pareil succès tourne la tête quand on a une noble ambition.

— O mon neveu! me répliqua l'abbé Bazin, je conviens que rien n'est

1. *Les hommes*, par l'abbé de Varenne. (Éd.)
2. Poëme en dix-huit chants, par l'abbé du Laurens. (Éd.)
3. *Caquet-bon-bec, la Poule à ma tante*, par de Junquières. (Éd.)
4. Par l'abbé du Laurens. (Éd.)

plus beau; mais souvenez-vous comment l'auteur de *Cinna*, qui avait appris à la nation à penser et à s'exprimer, fut traité par Claveret, par Chapelain, par Scudéri, gouverneur de Notre-Dame de la Garde, et par l'abbé d'Aubignac, prédicateur du roi.

« Songez que le prédicateur, auteur de la plus mauvaise tragédie de ce temps[1], et, qui pis est, d'une tragédie en prose, appelle Corneille *Mascarille* ; il n'est fait, selon le prédicateur, que pour vivre avec les portiers de comédie : « Corneille piaille toujours, ricane toujours, et ne dit jamais rien qui vaille. »

« Ce sont là les honneurs qu'on rendait à celui qui avait tiré la France de la barbarie ; il était réduit, pour vivre, à recevoir une pension du cardinal de Richelieu, qu'il nomme *son maître*. Il était forcé de rechercher la protection de Montauron, de lui dédier *Cinna*, de comparer dans son épître dédicatoire Montauron à Auguste; et Montauron avait la préférence.

« Jean Racine, égal à Virgile pour l'harmonie et la beauté du langage, supérieur à Euripide et à Sophocle; Racine, le poëte du cœur, et d'autant plus sublime, qu'il ne l'est que quand il faut l'être ; Racine, le seul poëte tragique de son temps dont le génie ait été conduit par le goût; Racine, le premier homme du siècle de Louis XIV dans les beaux-arts, et la gloire éternelle de la France, a-t-il essuyé moins de dégoût et d'opprobre? tous ses chefs-d'œuvre ne furent-ils pas parodiés à la farce dite *italienne* ?

« Visé, l'auteur du *Mercure galant*, ne se déchaîna-t-il pas toujours contre lui ? Subligni ne prétendit-il pas le tourner en ridicule ? Vingt cabales ne s'élevèrent-elles pas contre tous ses ouvrages ? N'eut-il pas toujours des ennemis, jusqu'à ce qu'enfin le jésuite La Chaise le rendit suspect de jansénisme auprès du roi, et le fit mourir de chagrin ! Mon neveu, la mode n'est plus d'accuser de jansénisme; mais si vous avez le malheur de travailler pour le théâtre, et de réussir, on vous accusera d'être athée. »

Ces paroles de mon bon oncle se gravèrent dans mon cœur. J'avais déjà commencé une tragédie; je l'ai jetée au feu; et je conseille à tous ceux qui ont la manie de travailler en ce genre d'en faire autant.

CHAP. XXI. — *Des sentiments théologiques de feu M. l'abbé Bazin. De la justice qu'il rendait à l'antiquité ; et des quatre diatribes composées par lui à cet effet.*

Pour mieux faire connaître la piété et l'équité de l'abbé Bazin, je suis bien aise de publier ici quatre diatribes de sa façon, composées seulement pour sa satisfaction particulière. La première est sur la cause et les effets. La seconde traite de Sanchoniathon, l'un des plus anciens écrivains qui aient *mis la plume à la main* pour écrire gravement des sottises. La troisième est sur l'Égypte, dont il faisait assez peu de cas

---

1. *Zénobie*. (Éd.)

(ce n'est pas de sa diatribe dont il falait peu de cas, c'est de l'Égypte). Dans la quatrième, il s'agit d'un ancien peuple à qui on coupa le nez, et qu'on envoya dans le désert. Cette dernière élucubration est très-curieuse et très-instructive.

PREMIÈRE DIATRIBE DE L'ABBÉ BAZIN. — *Sur la cause première*. — Un jour le jeune Madétès se promenait vers le port de Pirée ; il rencontra Platon, qu'il n'avait point encore vu. Platon, lui trouvant une physionomie heureuse, lia la conversation avec lui; il découvrit en lui un sens assez droit. Madétès avait été instruit dans les belles-lettres; mais il ne savait rien ni en physique, ni en géométrie, ni en astronomie. Cependant il avoua à Platon qu'il était épicurien.

« Mon fils, lui dit Platon, Épicure était un fort honnête homme; il vécut et il mourut en sage. Sa volupté, dont on a parlé si diversement, consistait à éviter les excès. Il recommanda l'amitié à ses disciples, et jamais principe n'a été mieux observé. Je voudrais faire autant de cas de sa philosophie que de ses mœurs. Connaissez-vous bien à fond la doctrine d'Épicure ? » Madétès lui répondit ingénument qu'il ne l'avait point étudiée. « Je sais seulement, dit-il, que les dieux ne se sont jamais mêlés de rien, et que le principe de toute chose est dans les atomes, qui se sont arrangés d'eux-mêmes, de façon qu'ils ont produit ce monde tel qu'il est.

PLATON. — Ainsi donc, mon fils, vous ne croyez pas que ce soit une intelligence qui ait présidé à cet univers dans lequel il y a tant d'êtres intelligents ? Voudriez-vous bien me dire quelle est votre raison d'adopter cette philosophie ?

MADÉTÈS. — Ma raison est que je l'ai toujours entendu dire à mes amis et à leurs maîtresses, avec qui je soupe ; je m'accommode fort de leurs atomes. Je vous avoue que je n'y entends rien ; mais cette doctrine m'a paru aussi bonne qu'une autre ; il faut bien avoir une opinion quand on commence à fréquenter la bonne compagnie. J'ai beaucoup d'envie de m'instruire ; mais il m'a paru jusqu'ici plus commode de penser sans rien savoir. »

Platon lui dit : « Si vous avez quelque désir de vous éclairer, je suis magicien et je vous ferai voir des choses fort extraordinaires ; ayez seulement la bonté de m'accompagner à ma maison de campagne, qui est à cinq cents pas d'ici, et peut-être ne vous repentirez-vous pas de votre complaisance. » Madétès le suivit avec transport. Dès qu'ils furent arrivés, Platon lui montra un squelette; le jeune homme recula d'horreur à ce spectacle nouveau pour lui. Platon lui parla en ces termes :

« Considérez bien cette forme hideuse qui semble être le rebut de la nature ; et jugez de mon art par tout ce que je vais opérer avec cet assemblage informe, qui vous a paru si abominable.

« Premièrement vous voyez cette espèce de boule qui semble couronner tout ce vilain assemblage. Je vais faire passer par la parole, dans le creux de cette boule, une substance moelleuse et douce, partagée en mille petites ramifications, que je ferai descendre imperceptiblement par cette espèce de long bâton à plusieurs nœuds que vous voyez attaché à cette boule et qui se termine en pointe dans un creux. J'adapterai au haut de ce bâton un tuyau par lequel je ferai entrer l'air, au moyen d'une soupape qui pourra jouer sans cesse; et bientôt après vous verrez cette fabrique se remuer d'elle-même.

« A l'égard de tous ces autres morceaux informes qui vous paraissent comme des restes d'un bois pourri, et qui semblent être sans utilité comme sans force et sans grâce, je n'aurai qu'à parler, et ils seront mis en mouvement par des espèces de cordes d'une structure inconcevable. Je placerai au milieu de ces cordes une infinité de canaux remplis d'une liqueur qui, en passant par des tamis, se changera en plusieurs liqueurs différentes et coulera dans toute la machine vingt fois par heure. Le tout sera recouvert d'une étoffe blanche, moelleuse et fine. Chaque partie de cette machine aura un mouvement particulier qui ne se démentira point. Je placerai entre ces demi-cerveaux, qui ne semblent bons à rien, un gros réservoir fait à peu près comme une pomme de pin : ce réservoir se contractera et se dilatera chaque moment avec une force étonnante. Il changera la couleur de la liqueur qui passera dans toute la machine. Je placerai non loin de lui un sac percé en deux endroits, qui ressemblera au tonneau des Danaïdes. Il se remplira et se videra sans cesse; mais il ne se remplira que de ce qui est nécessaire et ne se videra que du superflu. Cette machine sera un si étonnant laboratoire de chimie, un si profond ouvrage de mécanique et d'hydraulique, que ceux qui l'auront étudié ne pourront jamais le comprendre. De petits mouvements y produiront une force prodigieuse : il sera impossible à l'art humain d'imiter l'artifice qui dirigera cet automate. Mais ce qui vous surprendra davantage, c'est que cet automate s'étant approché d'une figure à peu près semblable, il s'en formera une troisième figure. Ces machines auront des idées; elles raisonneront, elles parleront comme vous; elles pourront mesurer le ciel et la terre. Mais je ne vous ferai point voir cette rareté, si vous ne me promettez que, quand vous l'aurez vue, vous avouerez que j'ai beaucoup d'esprit et de puissance.

MADÉTÈS. — Si la chose est ainsi, j'avouerai que vous en savez plus qu'Épicure et que tous les philosophes de la Grèce.

PLATON. — Hé bien ! tout ce que je vous ai promis est fait. Vous êtes cette machine, c'est ainsi que vous êtes formé, et je ne vous ai pas montré le millième partie des ressorts qui composent votre existence; tous ces ressorts sont exactement proportionnés les uns aux autres; tous s'aident réciproquement : les uns conservent la vie, les autres la donnent, et l'espèce se perpétue de siècle en siècle par un artifice qu'il n'est pas possible de découvrir. Les plus vils animaux sont formés avec un appareil non moins admirable, et les sphères célestes se meuvent dans l'espace avec une mécanique encore plus sublime : jugez après cela si un être intelligent n'a pas formé le monde, si vos atomes n'ont pas eu besoin de cette cause intelligente.

Madétès étonné demanda au magicien qui il était. Platon lui dit son nom; le jeune homme tomba à genoux, adora Dieu et aima Platon toute sa vie.

Ce qu'il y a de très-remarquable pour nous, c'est qu'il vécut avec les épicuriens comme auparavant. Ils ne furent point scandalisés qu'il eût changé d'avis. Il les aima, il en fut toujours aimé. Les gens de sectes différentes soupaient ensemble gaiement chez les Grecs et chez les Romains. C'était le bon temps.

SECONDE DIATRIBE DE L'ABBÉ BAZIN. — *De Sanchoniathon.* — Sanchoniathon ne peut être un auteur supposé. On ne suppose un ancien livre que dans le même esprit qu'on forge d'anciens titres pour fonder quelque prétention disputée. On employa autrefois des fraudes pieuses pour appuyer des vérités qui n'avaient pas besoin de ce malheureux secours. De zélés indiscrets forgèrent de très-mauvais vers grecs attribués aux sibylles, des lettres de Pilate et l'histoire du magicien Simon qui tomba du haut des airs aux yeux de Néron. C'est dans le même esprit qu'on imagina la donation de Constantin et les fausses décrétales. Mais ceux dont nous tenons les fragments de Sanchoniathon ne pouvaient avoir aucun intérêt à faire cette lourde friponnerie. Que pouvait gagner Philon de Byblos, qui traduisit en grec *Sanchoniathon*, à mettre cette histoire et cette cosmogonie sous le nom de ce Phénicien ? c'est à peu près comme si on disait qu'Hésiode est un auteur supposé.

Eusèbe de Césarée, qui rapporte plusieurs fragments de cette traduction faite par Philon de Byblos, ne s'avisa jamais de soupçonner que Sanchoniathon fût un auteur apocryphe. Il n'y a donc nulle raison de douter que sa *Cosmogonie* ne lui appartienne.

Ce Sanchoniathon vivait à peu près dans le temps où nous plaçons les dernières années de Moïse. Il n'avait probablement aucune connaissance de Moïse, puisqu'il n'en parle pas, quoiqu'il fût dans son voisinage. S'il en avait parlé, Eusèbe n'eût pas manqué de le citer comme un témoignage authentique des prodiges opérés par Moïse. Eusèbe aurait insisté d'autant plus sur ce témoignage, que ni Manéthon, ni Cheremon, auteurs égyptiens, ni Ératosthène, ni Hérodote, ni Diodore de Sicile, qui ont tant écrit sur l'Égypte, trop occupés d'autres objets, n'ont jamais dit un seul mot de ces fameux et terribles miracles qui durent laisser d'eux une mémoire durable, et effrayer les hommes de siècle en siècle. Ce silence de Sanchoniathon a même fait soupçonner très-justement à plusieurs docteurs qu'il vivait avant Moïse.

Ceux qui le font contemporain de Gédéon n'appuient leur sentiment que sur un abus des paroles de Sanchoniathon même. Il avoue qu'il a consulté le grand prêtre Jérombal. Or ce Jérombal, disent nos critiques, est vraisemblablement Gédéon. Mais pourquoi, s'il vous plaît, ce Jérombal était-il Gédéon ? Il n'est point dit que Gédéon fût prêtre. Si le Phénicien avait consulté le Juif, il aurait parlé de Moïse et des conquêtes de Josué. Il n'aurait pas admis une cosmogonie absolument contraire à *la Genèse :* il aurait parlé d'Adam; il n'aurait pas imaginé des générations entièrement différentes de celles que *la Genèse* a consacrées.

Cet ancien auteur phénicien avoue en propres mots qu'il a tiré une partie de son histoire des écrits de Thaut, qui florissait huit cents ans avant lui. Cet aveu, auquel on ne fait pas assez d'attention, est un des plus curieux témoignages que l'antiquité nous ait transmis. Il prouve qu'il y avait donc déjà huit cents ans qu'on avait des livres écrits avec le secours de l'alphabet; que les nations cultivées pouvaient par ce secours s'entendre les unes les autres et traduire réciproquement leurs ouvrages. Sanchoniathon entendait les livres de Thaut écrits en langue égyptienne. Le premier Zoroastra était beaucoup plus ancien, et ses livres étaient la catéchèse des Persans. Les Chaldéens, les Syriens, les Persans, les Phéniciens, les Égyptiens, les Indiens, devaient nécessairement avoir commerce ensemble; et l'écriture alphabétique devait faciliter ce commerce. Je ne parle pas des Chinois, qui étaient depuis longtemps un grand peuple et composaient un monde séparé.

Chacun de ces peuples avait déjà son histoire. Lorsque les Juifs entrèrent dans le pays voisin de la Phénicie, ils pénétrèrent jusqu'à la ville de Dabir, qui s'appelait autrefois la ville des lettres. « Alors Caleb dit : « Je donnerai ma fille Axa pour femme à celui qui prendra Eta, « et qui ruinera la ville des lettres. » Et Othoniel, fils de Cenès, frère puîné de Caleb, l'ayant prise, il lui donna pour femme sa fille Axa. »

Il paraît par ce passage que Caleb n'aimait pas les gens de lettres : mais, si on cultivait les sciences anciennement dans cette petite ville de Dabir, combien devaient-elles être en honneur dans la Phénicie, dans Sidon et dans Tyr, qui étaient appelés *le pays des livres, le pays des archives*, et qui enseignèrent leur alphabet aux Grecs!

Ce qui est fort étrange, c'est que Sanchoniathon, qui commence son histoire au même temps où commence *la Genèse*, et qui compte le même nombre de générations, ne fait pas cependant plus de mention du déluge que les Chinois. Comment la Phénicie, ce pays si renommé par ses expéditions maritimes, ignorait-elle ce grand événement?

Cependant l'antiquité le croyait; et la magnifique description qu'en fait Ovide est une preuve que cette idée était bien générale; car, de tous les récits qu'on trouve dans les *Métamorphoses* d'Ovide, il n'en est aucun qui soit de son invention. On prétend même que les Indiens avaient déjà parlé d'un déluge universel avant celui de Deucalion. Plusieurs brachmanes croyaient, dit-on, que la terre avait essuyé trois déluges.

Il n'en est rien dit dans *l'Ézour-Veidam*, ni dans *le Cormo-Veidam*, que j'ai lus avec une grande attention; mais plusieurs missionnaires, envoyés dans l'Inde, s'accordent à croire que les brames reconnaissent plusieurs déluges. Il est vrai que, chez les Grecs, on ne connaissait que les deux déluges particuliers d'Ogygès et de Deucalion. Le seul auteur grec connu qui ait parlé d'un déluge universel, est Apollodore, qui n'est antérieur à notre ère que d'environ cent quarante ans. Ni Homère, ni Hésiode, ni Hérodote, n'ont fait mention du déluge de Noé; et le nom de Noé ne se trouve chez aucun ancien auteur profane.

La mention de ce déluge universel, faite en détail et avec toutes ses circonstances, n'est que dans nos livres sacrés. Quoique Vossius et plusieurs autres savants aient prétendu que cette inondation n'a pu être universelle, il ne nous est pas permis d'en douter. Je ne rapporte la *Cosmogonie* de Sanchoniathon que comme un ouvrage profane. L'auteur de la *Genèse* était inspiré et Sanchoniathon ne l'était pas. L'ouvrage de ce Phénicien n'est qu'un monument précieux des anciennes erreurs des hommes.

C'est lui qui nous apprend qu'un des premiers cultes établis sur la terre fut celui des productions de la terre même; et qu'ainsi les oignons étaient consacrés en Égypte bien longtemps avant les siècles auxquels nous rapportons l'établissement de cette coutume. Voici les paroles de Sanchoniathon : « Ces anciens hommes consacrèrent des plantes que la terre avait produites; ils les crurent divines : eux et leur postérité, et leurs ancêtres, révérèrent les choses qui les faisaient vivre; ils leur offrirent leur boire et leur manger. Ces inventions et ce culte étaient conformes à leur faiblesse et à la pusillanimité de leur esprit. »

Ce passage si curieux prouve invinciblement que les Égyptiens adoraient leurs oignons longtemps avant Moïse; et il est étonnant qu'aucun livre hébraïque ne reproche ce culte aux Égyptiens. Mais voici ce qu'il faut considérer. Sanchoniathon ne parle point expressément d'un Dieu dans sa *Cosmogonie* : tout, chez lui, semble avoir son origine dans le chaos; et ce chaos est débrouillé par l'esprit vivifiant qui se mêle avec les principes de la nature. Il pousse la hardiesse de son système jusqu'à dire « que les animaux qui n'avaient point de sens engendrèrent des animaux intelligents. »

Il n'est pas étonnant, après cela, qu'il reproche aux Égyptiens d'avoir consacré des plantes. Pour moi, je crois que ce culte des plantes utiles à l'homme n'était pas d'abord si ridicule que Sanchoniathon se l'imagine. Thaut, qui gouvernait une partie de l'Égypte, et qui avait établi la théocratie huit cents ans avant l'écrivain phénicien, était à la fois prêtre et roi. Il était impossible qu'il adorât un oignon comme le maître du monde; et il était impossible qu'il présentât des offrandes d'oignons à un oignon; cela eût été trop absurde, trop contradictoire; mais il est très naturel qu'on remerciât les dieux du soin qu'ils prenaient de sustenter notre vie, qu'on leur consacrât longtemps les plantes les plus délicieuses de l'Égypte, et qu'on révérât dans ces plantes les bienfaits des dieux. C'est ce qu'on pratiquait de temps immémorial dans la Chine et dans les Indes.

J'ai déjà dit ailleurs qu'il y a une grande différence entre un oignon consacré et un oignon dieu. Les Égyptiens, après Thaut, consacrèrent des animaux; mais certainement ils ne croyaient pas que ces animaux eussent formé le ciel et la terre. Le serpent d'airain élevé par Moïse était consacré; mais on ne le regardait pas comme une divinité. Le térébinthe d'Abraham, le chêne de Mambré, étaient consacrés, et on fit des sacrifices dans la place même où avaient été ces arbres jusqu'au temps de Constantin; mais ils n'étaient point des dieux. Les chérubins de l'arche étaient sacrés, et n'étaient pas adorés.

Les prêtres égyptiens, au milieu de toutes leurs superstitions, reconnurent un maître souverain de la nature; ils l'appelaient *Knef* ou

Knuph; ils le représentaient par un globe. Les Grecs traduisirent le mot *Knef* par celui de Demiourgos, *artisan suprême*, *faiseur du monde*.

Ce que je crois très-vraisemblable et très-vrai, c'est que les premiers législateurs étaient des hommes d'un grand sens. Il faut deux choses pour instituer un gouvernement, un courage et un bon sens supérieurs à ceux des autres hommes. Ils imaginent rarement des choses absurdes et ridicules, qui les exposeraient au mépris et à l'insulte. Mais qu'est-il arrivé chez presque toutes les nations de la terre, et surtout chez les Égyptiens? Le sage commence par consacrer à Dieu le bœuf qui laboure la terre; le sot peuple adore à la fin le bœuf, et les fruits mêmes que la nature a produits. Quand cette superstition est enracinée dans l'esprit du vulgaire, il est bien difficile au sage de l'extirper.

Je ne doute pas même que quelque schoen d'Égypte n'ait persuadé aux femmes et aux filles des bateliers du Nil que les chats et les oignons étaient de vrais dieux. Quelques philosophes en auront douté, et sûrement ces philosophes auront été traités de petits esprits insolents, et de blasphémateurs: ils auront été anathématisés et persécutés. Le peuple égyptien regarda comme un athée le Persan Cambyse, adorateur d'un seul dieu, lorsqu'il fit mettre le bœuf Apis à la broche. Quand Mahomet s'éleva, dans la Mecque, contre le culte des étoiles, quand il dit qu'il ne fallait adorer qu'un Dieu unique dont les étoiles étaient l'ouvrage, il fut chassé comme un athée, et sa tête fut mise à prix: il avait raison avec nous, mais il avait tort avec les Mecquois.

Que conclurons-nous de cette petite excursion sur Sanchoniathon? qu'il y a longtemps qu'on se moque de nous; mais qu'en fouillant dans les débris de l'antiquité, on peut encore trouver sous ces ruines quelques monuments précieux, utiles à qui veut s'instruire des sottises de l'esprit humain.

TROISIÈME DIATRIBE DE L'ABBÉ BAZIN. — *Sur l'Égypte.* — J'ai vu les pyramides, et je n'en ai point été émerveillé. J'aime mieux les fours à poulets, dont l'invention est, dit-on, aussi ancienne que les pyramides. Une petite chose utile me plaît; une monstruosité qui n'est qu'étonnante n'a nul mérite à mes yeux. Je regarde ces monuments comme des jeux de grands enfants qui ont voulu faire quelque chose d'extraordinaire, sans imaginer d'en tirer le moindre avantage. Les établissements des Invalides, de Saint-Cyr, de l'École militaire, sont des monuments d'hommes.

Quand on m'a voulu faire admirer les restes de ce fameux labyrinthe, de ces palais, de ces temples, dont on parle avec tant d'emphase, j'ai levé les épaules de pitié; je n'ai vu que des piliers sans proportions, qui soutenaient de grandes pierres plates; nul goût d'architecture, nulle beauté; du vaste, il est vrai, mais du grossier. Et j'ai remarqué (je l'ai dit ailleurs) que les Égyptiens n'ont jamais eu rien de beau que de la main des Grecs. Alexandrie seule, bâtie par les Grecs, a fait la gloire véritable de l'Égypte.

A l'égard de leurs sciences, si, dans leur vaste bibliothèque, ils avaient eu quelques bons livres d'érudition, les Grecs et les Romains les auraient traduits. Non-seulement nous n'avons aucune traduction, aucun extrait de leurs livres de philosophie, de morale, de belles-lettres, mais rien ne nous apprend qu'on ait jamais daigné en faire.

Quelle idée peut-on se former de la science et de la sagacité d'un peuple qui ne connaissait pas même la source de son fleuve nourricier? Les Éthiopiens, qui subjuguèrent deux fois ce peuple mou, lâche, et superstitieux, auraient bien dû lui apprendre au moins que les sources du Nil étaient en Éthiopie. Il est plaisant que ce soit un jésuite portugais[1] qui ait découvert ces sources.

Ce qu'on a vanté du gouvernement égyptien me paraît absurde et abominable. Les terres, dit-on, étaient divisées en trois portions. La première appartenait aux prêtres, la seconde aux rois, et la troisième aux soldats. Si cela est, il est clair que le gouvernement avait été d'abord, et très-longtemps, théocratique, puisque les prêtres avaient pris pour eux la meilleure part. Mais comment les rois souffraient-ils cette distribution? apparemment ils ressemblaient aux rois fainéants: et comment les soldats ne détruisirent-ils pas cette administration ridicule? Je me flatte que les Persans, et après eux les Ptolémées, y mirent bon ordre; et je suis bien aise qu'après les Ptolémées, les Romains, qui réduisirent l'Égypte en province de l'empire, aient rogné la portion sacerdotale.

Tout le reste de cette petite nation, qui n'a jamais monté à plus de trois ou quatre millions d'hommes, n'était donc qu'une foule de sots esclaves. On loue beaucoup la loi par laquelle chacun était obligé d'exercer la profession de son père. C'était le vrai secret d'anéantir tous les talents. Il fallait que celui qui aurait été un bon médecin ou un sculpteur habile restât berger ou vigneron; que le poltron, le faible restât soldat; et qu'un sacristain, qui serait devenu un bon général d'armée, passât sa vie à balayer un temple.

La superstition de ce peuple est, sans contredit, ce qu'il y a jamais eu de plus méprisable. Je ne soupçonne point ses rois et ses prêtres d'avoir été assez imbéciles pour adorer sérieusement des crocodiles, des boucs, des singes, et des chats; mais ils laissèrent le peuple s'abrutir dans un culte qui le mettait fort au-dessous des animaux qu'il adorait. Les Ptolémées ne purent déraciner cette superstition abominable, ou ne s'en soucièrent pas. Les grands abandonnent le peuple à sa sottise, pourvu qu'il obéisse. Cléopatre ne s'inquiétait pas plus des superstitions de l'Égypte, qu'Hérode de celles de la Judée.

Diodore rapporte que, du temps de Ptolémée Aulètes, il vit le peuple massacrer un Romain qui avait tué un chat par mégarde. La mort de ce Romain fut bien vengée quand les Romains dominèrent. Il ne reste, Dieu merci, de ces malheureux prêtres d'Égypte, qu'une mémoire qui doit être à jamais odieuse. Apprenons à ne pas prodiguer notre estime.

1. Le P. Paez. (ÉD.)

QUATRIÈME DIATRIBE DE L'ABBÉ BAZIN. — *Sur un peuple à qui on a coupé le nez et laissé les oreilles.* — Il y a bien des sortes de fables; quelques-unes ne sont que l'histoire défigurée, comme tous les anciens récits de batailles, et les faits gigantesques dont il a plu à presque tous les historiens d'embellir leurs chroniques. D'autres fables sont des allégories ingénieuses. Ainsi Janus a un double visage qui représente l'année passée et l'année commençante. Saturne, qui dévore ses enfants, est le temps qui détruit tout ce qu'il a fait naître. Les muses, filles de la Mémoire, vous enseignent que sans mémoire on n'a point d'esprit, et que, pour combiner des idées, il faut commencer par retenir des idées. Minerve, formée dans le cerveau du maître des dieux, n'a pas besoin d'explication. Vénus, la déesse de la beauté, accompagnée des Grâces, et mère de l'Amour, la ceinture de la mère, le flèches et le bandeau du fils, tout cela parle assez de soi-même.

Des fables qui ne disent rien du tout, comme *Barbe bleue* et les contes d'Hérodote, sont le fruit d'une imagination grossière et déréglée qui veut amuser des enfants, et même malheureusement des hommes : l'*Histoire des deux voleurs* qui venaient toutes les nuits prendre l'argent du roi Rampsinitus, et de la fille du roi, qui épousa un des deux voleurs ; l'*Anneau de Gygès*, et cent autres facéties, sont indignes d'une attention sérieuse.

Mais il faut avouer qu'on trouve dans l'ancienne histoire des traits assez vraisemblables qui ont été négligés dans la foule, et dont on pourrait tirer quelques lumières. Diodore de Sicile, qui avait consulté les anciens historiens d'Égypte, nous rapporte que ce pays fut conquis par des Éthiopiens : je n'ai pas de peine à le croire ; car j'ai déjà remarqué que quiconque s'est présenté pour conquérir l'Égypte en est venu à bout en une campagne ; excepté nos extravagants croisés, qui y furent tous tués ou réduits en captivité, parce qu'ils avaient affaire, non aux Égyptiens, qui n'ont jamais su se battre, mais aux mamelucs, vainqueurs de l'Égypte, et meilleurs soldats que les croisés. Je n'ai donc nulle répugnance à croire qu'un roi d'Égypte, nommé par les Grecs Amasis, cruel et efféminé, fut vaincu, lui et ses ridicules prêtres, par un chef éthiopien nommé Actisan, qui avait apparemment de l'esprit et du courage.

Les Égyptiens étaient de grands voleurs ; tout le monde en convient. Il est fort naturel que le nombre des voleurs ait augmenté dans le temps de la guerre d'Actisan et d'Amasis. Diodore rapporte, d'après les historiens du pays, que le vainqueur voulut purger l'Égypte de ces brigands, et qu'il les envoya vers les déserts de Sinaï et d'Oreb, après leur avoir préalablement fait couper le bout du nez, afin qu'on les reconnût aisément, s'ils s'avisaient de venir encore voler en Égypte. Tout cela est très-probable.

Diodore remarque avec raison que le pays où on les envoya ne fournit aucune des commodités de la vie, et qu'il est très-difficile d'y trouver de l'eau et de la nourriture. Telle est en effet cette malheureuse contrée depuis le désert de Pharam jusqu'auprès d'Éber.

Les nez coupés purent se procurer, à force de soins, quelques eaux de citerne, ou se servir de quelques puits qui fournissaient de l'eau saumâtre et malsaine, laquelle donne communément une espèce de scorbut et de lèpre. Ils purent encore, ainsi que le dit Diodore, se faire des filets avec lesquels ils prirent des cailles. On remarque, en effet, que tous les ans des troupes innombrables de cailles passent au-dessus de la mer Rouge, et viennent dans ce désert. Jusque-là cette histoire n'a rien qui révolte l'esprit, rien qui ne soit vraisemblable.

Mais, si on veut en inférer que ces nez coupés sont les pères des Juifs, et que leurs enfants, accoutumés au brigandage, s'avancèrent peu à peu dans la Palestine, et en conquirent une partie, c'est ce qui n'est pas permis à des chrétiens. Je sais que c'est le sentiment du consul Maillet, du savant Fréret, de Boulanger, des Herbert, des Bolingbroke, des Toland. Mais quoique leur conjecture soit dans l'ordre commun des choses de ce monde, nos livres sacrés donnent une tout autre origine aux Juifs, et les font descendre des Chaldéens par Abraham, Tharé, Nachor, Sarug, Rehu, et Phaleg.

Il est bien vrai que l'*Exode* nous apprend que les Israélites, avant d'avoir habité ce désert, avaient emporté les robes et les ustensiles des Égyptiens, et qu'ils se nourrirent de cailles dans le désert; mais cette légère ressemblance avec le rapport de Diodore de Sicile, tiré des livres d'Égypte, ne nous mettra jamais en droit d'assurer que les Juifs descendent d'une horde de voleurs à qui on avait coupé le nez. Plusieurs auteurs ont en vain tâché d'appuyer cette profane conjecture sur le psaume LXXX, où il est dit « que la fête des trompettes a été instituée pour faire souvenir le peuple saint du temps où il sortit de l'Égypte, et où il entendit alors parler une langue qui lui était inconnue. »

Ces Juifs, dit-on, étaient donc des Égyptiens qui furent étonnés d'entendre parler au delà de la mer Rouge un langage qui n'était pas celui d'Égypte; et de là on conclut qu'il n'est pas hors de vraisemblance que les Juifs soient les descendants de ces brigands que le roi Actisan avait chassés.

Un tel soupçon n'est pas admissible. Premièrement parce que, s'il est dit dans l'*Exode*[1] que les Juifs enlevèrent les ustensiles des Égyptiens avant d'aller dans le désert, il n'est point dit qu'ils y aient été relégués pour avoir volé. Secondement, soit qu'ils fussent des voleurs ou non, soit qu'ils fussent Égyptiens ou Juifs, ils ne pouvaient guère entendre la langue des petites hordes d'Arabes bédouins qui erraient dans l'Arabie déserte au nord de la mer Rouge; et on ne peut tirer aucune induction du psaume LXXX, ni en faveur des Juifs, ni contre eux. Toutes les conjectures d'Hérodote, de Diodore de Sicile, de Manéthon, d'Ératosthène, sur les Juifs, doivent céder sans contredit aux vérités qui sont consacrées dans les livres saints. Si ces vérités, qui sont d'un ordre supérieur, ont de grandes difficultés, si elles atterrent nos esprits, c'est précisément parce qu'elles sont d'un ordre supérieur. Moins nous pouvons y atteindre, plus nous devons les respecter.

1. XII, 35, 36. (*Éd.*)

Quelques écrivains ont soupçonné que ces voleurs chassés sont les mêmes que les Juifs qui errèrent dans le désert, parce que le lieu où ils restèrent quelque temps s'appela depuis *Rhinocolure*, nez coupé, et qu'il n'est pas fort éloigné du mont Carmel, des déserts de Sur, d'Éthan, de Sin, d'Oreb, et de Cadès-Barné.

On croit encore que les Juifs étaient ces mêmes brigands, parce qu'ils n'avaient pas de religion fixe; ce qui convient très-bien, dit-on, à des voleurs; et on croit prouver qu'ils n'avaient pas de religion fixe, par plusieurs passages de l'Écriture même.

L'abbé Tilladet, dans sa dissertation sur les Juifs, prétend que la religion juive ne fut établie que très-longtemps après. Examinons ses raisons.

1° Selon l'*Exode*[1], Moïse épousa la fille d'un prêtre de Madian, nommé Jéthro; et il n'est point dit que les Madianites reconnussent le même dieu qui apparut ensuite à Moïse dans un buisson vers le mont Oreb.

2° Josué, qui fut le chef des fugitifs d'Égypte après Moïse, et sous lequel ils mirent à feu et à sang une partie du petit pays qui est entre le Jourdain et la mer, leur dit, chap. XXIV[2] : « Otez du milieu de vous les dieux que vos pères ont adorés dans la Mésopotamie et dans l'Égypte, et servez Adonaï.... Choisissez ce qu'il vous plaira d'adorer, ou les dieux qu'ont servis vos pères dans la Mésopotamie, ou les dieux des Amorrhéens dans la terre desquels vous habitez. »

3° Une autre preuve, ajoute-t-on, que leur religion n'était pas encore fixée, c'est qu'il est dit au livre des *Juges*, chap. 1er[3] : « Adonaï (le Seigneur) conduisit Juda, et se rendit maître des montagnes : mais il ne put se rendre maître des vallées. »

L'abbé de Tilladet et Boulanger inférent de là que ces brigands, dont les repaires étaient dans les creux des rochers dont la Palestine est pleine, reconnaissaient un dieu des rochers et un des vallées.

4° Ils ajoutent à ces prétendues preuves ce que Jephté dit aux chefs des Ammonites, chap. XI, v. 24 : « Ce que Chamos votre dieu possède ne vous est-il pas dû de droit? de même ce que notre dieu vainqueur a obtenu doit être en notre possession. »

M. Fréret infère de ces paroles que les Juifs reconnaissaient Chamos pour dieu aussi bien qu'Adonaï, et qu'ils pensaient que chaque nation avait sa divinité locale.

5° On fortifie encore cette opinion dangereuse par ce discours de Jérémie, au commencement du chap. XLIX[4] : « Pourquoi le dieu Melchom s'est-il emparé du pays de Gad? » et on en conclut que les Juifs avouaient la divinité du dieu Melchom.

Le même Jérémie dit au chap. VII[5], en faisant parler Dieu aux Juifs : « Je n'ai point ordonné à vos pères, au jour que je les tirai d'Égypte, de m'offrir des holocaustes et des victimes. »

6° Isaïe se plaint, au chap. LVII[6], que les Juifs adoraient plusieurs dieux. « Vous cherchez votre consolation dans vos dieux au milieu des

1. II, 21. (ÉD.) — 2. 14, 15. (ÉD.) — 3. 19. (ÉD.) — 4. 22. (ÉD.) — 5. 5. (ÉD.)

bocages; vous leur sacrifiez de petits enfants dans des torrents sous de grandes pierres. » Il n'est pas vraisemblable, dit-on, que les Juifs eussent immolé leurs enfants à des dieux dans des torrents sous de grandes pierres, s'ils avaient eu alors leur loi, qui leur défend de sacrifier aux dieux.

7° On cite encore en preuve le prophète Amos, qui assure, au chap. v¹, que jamais les Juifs n'ont sacrifié au Seigneur pendant quarante ans dans le désert. « Au contraire, dit Amos, vous y avez porté le tabernacle de votre dieu Moloch, les images de vos idoles, et l'étoile de votre dieu (Remphan). »

8° C'était, dit-on, une opinion si constante, que saint Étienne, le premier martyr, dit au chap. vii des *Actes des Apôtres*², que les Juifs, dans le désert, adoraient la milice du ciel, c'est-à-dire les étoiles, et qu'ils portèrent le tabernacle de Moloch et l'astre du dieu Remphan pour les adorer.

Des savants, tels que MM. Maillet et Dumarsais, ont conclu des recherches de l'abbé de Tilladet, que les Juifs ne commencèrent à former leur religion, telle qu'ils l'ont encore aujourd'hui, qu'au retour de la captivité de Babylone. Ils s'obstinent dans l'idée que ces Juifs, si longtemps esclaves, et si longtemps privés d'une religion bien nettement reconnue, ne pouvaient être que les descendants d'une troupe de voleurs sans mœurs et sans lois. Cette opinion paraît d'autant plus vraisemblable, que le temps auquel le roi d'Éthiopie et d'Égypte Actisan bannit dans le désert une troupe de brigands qu'il avait fait mutiler, se rapporte au temps auquel on place la fuite des Israélites conduits par Moïse; car Flavien Josèphe dit que Moïse fit la guerre aux Éthiopiens; et ce que Josèphe appelle guerre pouvait bien être réputé brigandage par les historiens d'Égypte.

Ce qui achève d'éblouir ces savants, c'est la conformité qu'ils trouvent entre les mœurs des Israélites et celles d'un peuple de voleurs; ne se souvenant pas assez que Dieu lui-même dirigeait ces Israélites, et qu'il punit par leurs mains les peuples de Canaan. Il paraît à ces critiques que les Hébreux n'avaient aucun droit sur ce pays de Canaan, et que, s'ils en avaient, ils n'auraient pas dû mettre à feu et à sang un pays qu'ils auraient cru leur héritage.

Ces audacieux critiques supposent donc que les Hébreux firent toujours leur premier métier de brigands. Ils pensent trouver des témoignages de l'origine de ce peuple dans sa haine constante pour l'Égypte, où l'on avait coupé le nez de ses pères, et dans la conformité de plusieurs pratiques égyptiennes qu'il retint, comme le sacrifice de la vache rousse, le bouc émissaire, les ablutions, les habillements des prêtres, la circoncision, l'abstinence du porc, les viandes pures et impures. Il n'est pas rare, disent-ils, qu'une nation haïsse un peuple voisin dont elle a imité les coutumes et les lois. La populace d'Angleterre et de France en est un exemple frappant.

Enfin ces doctes, trop confiants en leurs propres lumières, dont il

1. 25, 26. (ÉD.) — 2. 42, 43. (ÉD.)

faut toujours se défier, ont prétendu que l'origine qu'ils attribuent aux Hébreux est plus vraisemblable que celle dont les Hébreux se glorifient.

« Vous convenez avec nous, leur dit M. Toland, que vous avez volé les Égyptiens en vous enfuyant de l'Egypte, que vous leur avez pris des vases d'or et d'argent, et des habits. Toute la différence entre votre aveu et notre opinion, c'est que vous prétendez n'avoir commis ce larcin que par ordre de Dieu. Mais, à ne juger que par la raison, il n'y a point de voleur qui n'en puisse dire autant. Est-il bien ordinaire que Dieu fasse tant de miracles en faveur d'une troupe de fuyards qui avoue qu'elle a volé ses maîtres? dans quel pays de la terre laisserait-on une telle rapine impunie? Supposons que les Grecs de Constantinople prennent toutes les garde-robes des Turcs et toute leur vaisselle, pour aller dire la messe dans un désert; en bonne foi, croirez-vous que Dieu noiera tous les Turcs dans la Propontide pour favoriser ce vol, quoiqu'il soit fait à bonne intention? »

Ces détracteurs ne se contentent pas de ces assertions auxquelles il est si aisé de répondre; ils vont jusqu'à dire que *le Pentateuque* n'a pu être écrit que dans le temps où les Juifs commencèrent à fixer leur culte, qui avait été jusque-là fort incertain. Ce fut, disent-ils, au temps d'Esdras et de Néhémie. Ils apportent pour preuve le quatrième livre d'Esdras, longtemps reçu pour canonique; mais ils oublient que ce livre a été rejeté par le concile de Trente. Ils s'appuient du sentiment d'Aben-Esra, et d'une foule de théologiens tous hérétiques; ils s'appuient enfin de la décision de Newton lui-même. Mais que peuvent tous ces cris de l'hérésie et de l'infidélité contre un concile œcuménique?

De plus, ils se trompent en croyant que Newton attribue *le Pentateuque* à Esdras : Newton croit que Samuel en fut l'auteur, ou plutôt le rédacteur.

C'est encore un grand blasphème de dire avec quelques savants que Moïse, tel qu'on nous le dépeint, n'a jamais existé; que toute sa vie est fabuleuse depuis son berceau jusqu'à sa mort; que ce n'est qu'une imitation de l'ancienne fable arabe de Bacchus, transmise aux Grecs, et ensuite adoptée par les Hébreux. Bacchus, disent-ils, avait été sauvé des eaux; Bacchus avait passé la mer Rouge à pied sec; une colonne de feu conduisait son armée; il écrivit ses lois sur deux tables de pierre; des rayons sortaient de sa tête. Ces conformités leur font soupçonner que les Juifs attribuèrent cette ancienne tradition de Bacchus à leur Moïse. Les écrits des Grecs étaient connus dans toute l'Asie, et les écrits des Juifs étaient soigneusement cachés aux autres nations. Il est vraisemblable, selon ces téméraires, que la métamorphose d'Édith, femme de Loth, en statue de sel, est prise de la fable d'Eurydice, que Samson est la copie d'Hercule, et le sacrifice de la fille de Jephté imité de celui d'Iphigénie. Ils prétendent que le peuple grossier qui n'a jamais inventé aucun art doit avoir tout puisé chez les peuples inventeurs.

Il est aisé de ruiner tous ces systèmes en montrant seulement que les auteurs grecs, excepté Homère, sont postérieurs à Esdras, qui rassembla et restaura les livres canoniques.

Dès que ces livres sont restaurés du temps de Cyrus et d'Artaxerce, ils ont précédé Hérodote, le premier historien des Grecs. Non-seulement ils sont antérieurs à Hérodote, mais *le Pentateuque* est beaucoup plus ancien qu'Homère.

Si on demande pourquoi ces livres si anciens et si divins ont été inconnus aux nations jusqu'au temps où les premiers chrétiens répandirent la traduction faite en grec sous Ptolémée Philadelphe, je répondrai qu'il ne nous appartient pas d'interroger la Providence. Elle a voulu que ces anciens monuments, reconnus pour authentiques, annonçassent des merveilles, et que ces merveilles fussent ignorées de tous les peuples, jusqu'au temps où une nouvelle lumière vint se manifester. Le christianisme a rendu témoignage à la loi mosaïque au-dessus de laquelle il s'est élevé, et par laquelle il fut prédit. Soumettons-nous, prions, adorons, et ne disputons pas.

Épilogue. — Ce sont là les dernières lignes qu'écrivit mon oncle; il mourut avec cette résignation à l'Être suprême, persuadé que tous les savants peuvent se tromper, et reconnaissant que l'Église romaine est seule infaillible. L'Église grecque lui en sut très-mauvais gré, et lui en fit de vifs reproches à ses derniers moments. Mon oncle en fut affligé, et, pour mourir en paix, il dit à l'archevêque d'Astracan : « Allez, ne vous attristez pas. Ne voyez-vous pas que je vous crois infaillible aussi ? » C'est du moins ce qui m'a été raconté dans mon dernier voyage à Moscou; mais je doute toujours de ces anecdotes qu'on débite sur les vivants et sur les mourants.

CHAP. XXII. — *Défense d'un général d'armée attaqué par des cuistres.*

Après avoir vengé la mémoire d'un honnête prêtre, je cède au noble désir de venger celle de Bélisaire. Ce n'est pas que je croie Bélisaire exempt des faiblesses humaines. J'ai avoué avec candeur que l'abbé Bazin avait été trop guoguenard, et j'ai quelque pente à croire que Bélisaire fut très-ambitieux, grand pillard, et quelquefois cruel, courtisan tantôt adroit et tantôt maladroit, ce qui n'est point du tout rare.

Je ne veux rien dissimuler à mon cher lecteur. Il sait que l'évêque de Rome Silverius, fils de l'évêque de Rome Hormisdas, avait acheté sa papauté du roi des Goths Théodat. Il sait que Bélisaire, se croyant trahi par ce pape, le dépouilla de sa simarre épiscopale, le fit revêtir d'un habit de palefrenier, et l'envoya en prison à Patare en Lycie. Il sait que ce même Bélisaire vendit la papauté à un sous-diacre nommé Vigile pour quatre cents marcs d'or de douze onces à la livre, et qu'à la fin le sage Justinien fit mourir le bon pape Silvère dans l'île Palmeria. Ce ne sont là que de petites tracasseries de cour dont les panégyristes ne tiennent point de compte.

Justinien et Bélisaire avaient pour femmes les deux plus impudentes carognes qui fussent dans tout l'empire. La plus grande faute de Bélisaire, à mon sens, fut de ne savoir pas être cocu. Justinien son maître était bien plus habile que lui en cette partie. Il avait épousé une baladine des rues, une gueuse qui s'était prostituée en plein théâtre, et cela ne me donne pas grande opinion de la sagesse de cet empereur, malgré les lois qu'il fit compiler, ou plutôt abréger par son fripon Trébonien. Il était d'ailleurs poltron et vain, avare et prodigue, défiant et sanguinaire; mais il sut fermer les yeux sur la lubricité énorme de Théodora; et Bélisaire voulut faire assassiner l'amant d'Antonine. On accuse aussi Bélisaire de beaucoup de rapines.

Quoi qu'il en soit, il est certain que le vieux Bélisaire, qui n'était pas si aveugle que le vieux Justinien, lui donna, sur la fin de sa vie, de très-bons conseils dont l'empereur ne profita guère. Un Grec très-ingénieux, et qui avait conservé le véritable goût de l'éloquence dans la décadence de la littérature, nous a transmis ces conversations de Bélisaire avec Justinien. Dès qu'elles parurent, tout Constantinople en fut charmé. La quinzième conversation¹ surtout enchanta tous les esprits raisonnables.

Pour avoir une parfaite connaissance de cette anecdote, il faut savoir que Justinien était un vieux fou qui se mêlait de théologie. Il s'avisa de déclarer, par un édit, en 564, que le corps de Jésus-Christ avait été impassible et incorruptible, et qu'il n'avait jamais eu besoin de manger ni pendant sa vie, ni après sa résurrection.

Plusieurs évêques trouvèrent son édit fort scandaleux. Il leur annonça qu'ils seraient damnés dans l'autre monde, et persécutés dans celui-ci; et pour le prouver par les faits, il exila le patriarche de Constantinople, et plusieurs autres prélats, comme il avait exilé le pape Silvère.

C'est à ce sujet que Bélisaire fait à l'empereur de très-sages remontrances. Il lui dit qu'il ne faut pas damner si légèrement son prochain, encore moins le persécuter; que Dieu est le père des hommes; que ceux qui sont en quelque façon ses images sur la terre (si on ose le dire) doivent imiter sa clémence; et qu'il ne fallait pas faire mourir de faim le patriarche de Constantinople, sous prétexte que Jésus-Christ n'avait pas eu besoin de manger. Rien n'est plus tolérant, plus humain, plus divin peut-être que cet admirable discours de Bélisaire : je l'aime beaucoup mieux que sa dernière campagne en Italie, dans laquelle on lui reprocha de n'avoir fait que des sottises.

Les savants, il est vrai, pensent que ce discours n'est pas de lui, qu'il ne parlait pas si bien, et qu'un homme qui avait mis le pape Silvère dans un cul de basse-fosse, et vendu sa place quatre cents marcs d'or de douze onces à la livre, n'était pas homme à parler de clémence et de tolérance; ils soupçonnent que tout ce discours est de l'éloquent Grec Marmontelos, qui le publia. Cela peut être; mais considérez, mon

1. Le quinzième chapitre du *Bélisaire* de Marmontel fut principalement l'objet du courroux des théologiens. (*Note de M. Beuchot.*)

cher lecteur, que Bélisaire était vieux et malheureux : alors on change d'avis, on devient compatissant.

Il y avait alors quelques petits Grecs envieux, pédants, ignorants et qui faisaient des brochures pour gagner du pain. Un de ces animaux, nommé Cogéos[1], eut l'impudence d'écrire contre Bélisaire, parce qu'il croyait que ce vieux général était mal en cour.

Bélisaire, depuis sa disgrâce, était devenu dévot; c'est souvent la ressource des vieux courtisans disgraciés; et même encore aujourd'hui les grands vizirs prennent le parti de la dévotion, quand, au lieu de les étrangler avec un cordon de soie, on les relègue dans l'île de Mitylène. Les belles dames aussi se font dévotes, comme on sait, vers les cinquante ans, surtout si elles sont bien enlaidies; et plus elles sont laides, plus elles sont ferventes. La dévotion de Bélisaire était très-humaine; il croyait que Jésus-Christ était mort pour tous, et non pas pour plusieurs. Il disait à Justinien que Dieu voulait le bonheur de tous les hommes : et cela même tenait encore un peu du courtisan, car Justinien avait bien des péchés à se reprocher; et Bélisaire, dans la conversation, lui fit une peinture si touchante de la miséricorde divine, que la conscience du malin vieillard couronné en devait être rassurée.

Les ennemis secrets de Justinien et de Bélisaire suscitèrent donc quelques pédants qui écrivirent violemment contre la bonté de Dieu. Le folliculaire Cogéos, entre autres, s'écria dans sa brochure, page 63 : *Il n'y aura donc plus de reprouvés!* « Si fait, lui répondit-on, tu seras très-réprouvé : console-toi, l'ami ; sois réprouvé, toi et tes semblables; et sois sûr que tout Constantinople en rira. » Ah! cuistres de collége, que vous êtes loin de soupçonner ce qui se passe dans la bonne compagnie de Constantinople !

POST-SCRIPTUM. — *Défense d'un jardinier.* — Le même Cogéos attaqua non moins cruellement un pauvre jardinier d'une province de Cappadoce, et l'accusa, page 54, d'avoir écrit ces propres mots : « Notre religion, avec toute sa révélation, n'est et ne peut être que la religion naturelle perfectionnée. »

Voyez, mon cher lecteur, la malignité et la calomnie ! Ce bon jardinier était un des meilleurs chrétiens du canton, qui nourrissait les pauvres des légumes qu'il avait semés, et qui pendant l'hiver s'amusait à écrire pour édifier son prochain, qu'il aimait. Il n'avait jamais écrit ces paroles ridicules et presque impies, *avec toute sa révélation* (une telle expression est toujours méprisante), cet homme, *avec tout son latin*, ce critique, *avec tout son fatras*. Il n'y a pas un seul mot dans ce passage du jardinier qui ait le moindre rapport à cette imputation. Ses œuvres ont été recueillies; et dans la dernière édition d 1764, p. 252, ainsi que dans toutes les autres éditions, on trouve le passage que Cogéos ou Cogé a si lâchement falsifié. Le voici en français, tel qu'il a été fidèlement traduit du grec.

« Celui qui pense que Dieu a daigné mettre un rapport entre lui et

1. Cogur que Voltaire appella aussi Cogé, et *Coge pecus*. (Éd.)

les hommes; qu'il les a faits libres, capables du bien et du mal, et qu'il leur a donné à tous ce bon sens qui est l'instinct de l'homme et sur lequel est fondée la loi naturelle, celui-là sans doute a une religion, et une religion beaucoup meilleure que toutes les sectes qui sont hors de notre Église; car toutes ces sectes sont fausses, et la loi naturelle est vraie. Notre religion révélée n'est même et ne pouvait être que cette loi naturelle perfectionnée. Ainsi le théisme est le bon sens qui n'est pas encore instruit de la révélation, et les autres religions sont le bon sens perverti par la superstition. »

Ce morceau avait été honoré de l'approbation du patriarche de Constantinople et de plusieurs évêques; il n'y a rien de plus chrétien, de plus catholique, de plus sage.

Comment donc ce Cogé osa-t-il mêler son venin aux eaux pures de ce jardinier? pourquoi voulut-il perdre ce bonhomme, et faire condamner Bélisaire? N'est-ce pas assez d'être dans la dernière classe des derniers écrivains? faut-il encore être faussaire? Ne savais-tu pas, ô Cogé! quels châtiments étaient ordonnés pour les crimes de faux? Tes pareils sont d'ordinaire aussi mal instruits des lois que des principes de l'honneur. Que ne lisais-tu les *Instituts de Justinien*, au titre *De publicis judiciis*, et la loi *Cornelia*?

Ami Cogé, la falsification est comme la polygamie; *c'est un cas, un cas pendable*.

Écoute, misérable, vois combien je suis bon, je te pardonne.

Dernier avis au Lecteur.—Ami lecteur, je vous ai entretenu des plus grands objets qui puissent intéresser les doctes, de la formation du monde selon les Phéniciens, du déluge, des dames de Babylone, de l'Égypte, des Juifs, des montagnes de Ninon. Vous aimez mieux une bonne comédie, un bon opéra-comique; et moi aussi. Réjouissez-vous, et laissez ergoter les pédants. La vie est courte. Il n'y a rien de bon, dit Salomon [1], que de vivre avec son amie, et de se réjouir dans ses œuvres.

A WARBURTON

(1767.)

Tu exerces ton insolence et tes fureurs sur les étrangers comme sur tes compatriotes. Tu voulais que ton nom fût partout en horreur, tu as réussi; après avoir commenté Shakspeare, tu as commenté Moïse; tu as écrit une rapsodie en quatre gros volumes [2], pour montrer que Dieu n'a jamais enseigné l'immortalité de l'âme pendant près de quatre mille ans; et tandis qu'Homère l'annonce, tu veux qu'elle soit ignorée dans l'*Écriture sainte*. Ce dogme est celui de toutes les nations policées; et tu prétends que les Juifs ne le connaissaient pas.

1. *Ecclésiaste*, III, 12 (Éd.)
2. *Divine legation of Moses*, 1766, 5 vol. in-4°. (Éd.)

Ayant mis ainsi le vrai Dieu au-dessous des faux dieux, tu feins de soutenir une religion que tu as violemment combattue; tu crois expier ton scandale en attaquant les sages; tu penses te laver en les couvrant de ton ordure; tu crois écraser d'une main la religion chrétienne, et tous les littérateurs de l'antre : tel est ton caractère. Ce mélange d'orgueil, d'envie, et de témérité, n'est pas ordinaire. Il t'a effrayé toi-même; tu t'es enveloppé dans les nuages de l'antiquité, et dans l'obscurité de ton style; tu as couvert d'un masque ton affreux visage. Voyons si l'on peut faire tomber d'un seul coup ce masque ridicule.

Tous les sages s'accordent à penser que la législation des Juifs les rendait nécessairement les ennemis des nations.

Tu contredis cette opinion si générale, et si vraie, dans ton style de *Billingsgate* [1]. Voici tes paroles : « Je ne crois pas qu'il soit aisé d'entasser, même dans le plus sale égout de l'irréligion, tant de faussetés, d'absurdités et de malice.... Comment peut-il soutenir à visage découvert, et à la face du soleil, que la loi mosaïque ordonnait aux Juifs d'entreprendre de vastes conquêtes, ou qu'elle les y encourageait, puisqu'elle leur assignait un district très-borné ? »

Je passe sous silence les injures aussi grossières que lâches, dignes des portefaix de Londres et de toi, et je viens à ce que tu oses appeler des raisons : elles sont moins fortes que tes injures.

Voyons d'abord s'il est vrai qu'on ait promis aux Juifs un si petit district.

« En ce jour [2], le Seigneur fit un pacte avec Abraham, et lui dit : « Je donnerai à ta semence la terre depuis le fleuve d'Égypte jusqu'au « grand fleuve d'Euphrate. »

C'était promettre aux Juifs, par serment, l'isthme de Suez, une partie de l'Égypte, l'Arabie entière, tout ce qui fut depuis le royaume des Séleucides. Si c'est là un petit pays, il faut que les Juifs fussent difficiles : il est vrai qu'ils ne l'ont pas possédé, mais il ne leur a pas été moins promis.

Les Juifs, renfermés dans le Canaan, vécurent des siècles sans connaître ces vastes contrées, et ils n'eurent guère de notions de l'Euphrate et du Tigre que pour y être traînés en esclavage. Mais voici bien d'autres promesses; voyez Isaïe au chap. XLIX [3].

« Le Seigneur a dit : « J'étendrai mes mains sur toutes les nations : « j'élèverai mon signe sur les peuples; ils vous apporteront leurs fils « dans leurs bras, et leurs filles sur leurs épaules; les rois seront vos « nourriciers, et leurs filles vos nourrices; ils vous adoreront, le visage « en terre, et ils lécheront la poudre de vos pieds. »

N'est-ce pas leur promettre évidemment qu'ils seront les maîtres du monde, et que tous les rois seront leurs esclaves ? Eh bien ! Warburton, que dis-tu de ce petit district ?

Tu sais sur combien de passages les Juifs fondaient leur orgueil et leurs vaines espérances; mais ceux-ci suffisent pour démontrer que tu

---

1. *Billingsgate* signifie *langage des halles*. (Éd.) — 2. *Genèse*, xv, 9. (Éd.)
3. Verset 22. (Éd.)

n'as pas même entendu les livres saints contre lesquels tu as écrit. Vois si le sale égout de l'irréligion n'est pas celui dans lequel tu barbotes.

Venons maintenant à la haine invétérée que les Israélites avaient conçue contre toutes les nations. Dis-moi si on égorge les pères et les mères, les fils et les filles, les enfants à la mamelle, et les animaux même, sans haïr? Tu hais, tu calomnies; on te déteste dans ton pays, et tu détestes: mais si tu avais trempé dans le sang tes mains qui dégouttent de fiel et d'encre, oserais-tu dire que tu aurais assassiné sans colère et sans haine? Relis tous les passages où il est ordonné aux Juifs de ne pas laisser une âme en vie, et dis, si tu en as le front, qu'il ne leur était pas permis de haïr. Est-il possible qu'un cœur tel que le tien se trompe si grossièrement sur la haine? C'est un usurier qui ne sait pas compter.

Quoi! ordonner qu'on ne mange pas dans le plat dont un étranger s'est servi, de ne pas toucher ses habits, ce n'est pas ordonner l'aversion pour les étrangers?

On me dira qu'il y a beaucoup d'honnêtes gens qui, sans te montrer de colère, ne veulent pas dîner avec toi, par la seule raison que ton pédantisme les ennuie, et que ton insolence les révolte; mais sois sûr qu'ils te haïssent, toi et tous les pédants barbares qui te ressemblent.

Les Juifs, dis-tu, ne haïssent que l'idolâtrie, et non les idolâtres: plaisante distinction!

Un jour un tigre rassasié de carnage rencontra des brebis qui prirent la fuite; il courut après elles, et leur dit: « Mes enfants, vous vous imaginez que je ne vous aime point, vous avez tort; c'est votre bêlement que je hais; mais j'ai du goût pour vos personnes, et je vous chéris au point que je ne veux faire qu'une chair avec vous; je m'unis à vous par la chair et le sang. Je bois l'un, je mange l'autre pour vous incorporer à moi: jugez si l'on peut aimer plus intimement. »

Bonsoir, Warburton.

FRAGMENT
DES INSTRUCTIONS POUR LE PRINCE ROYAL DE***.

(1752[1].)

« Vous devez d'abord, mon cher cousin, vous affermir dans la persuasion qu'il existe un Dieu tout-puissant qui punit le crime, et qui récompense la vertu. Vous savez assez de physique pour voir que ces

[1]. Cette date a été mise par Voltaire; mais elle est supposée. Le *Fragment des instructions*, etc., fut publié, pour la première fois, à la fin de juillet 1767. (Ed.)

anciennes erreurs, qu'il faut que le grain pourrisse [1] et meure en terre pour germer, etc., détruiraient plutôt l'idée d'un Dieu formateur du monde qu'elles ne l'établiraient. Vous avez appris assez d'astronomie pour être sûr qu'il n'y a ni premier ni troisième ciel, ni région de feu auprès de la lune, ni firmament auquel les étoiles soient attachées, etc., mais un nombre innombrable de globes disposés dans l'espace par la main de l'éternel géomètre. On vous a montré assez d'anatomie pour que vous ayez admiré par quels incompréhensibles ressorts vous vivez. Vous n'êtes point ébranlé par les objections de quelques athées; vous pensez que Dieu a fait l'univers, comme vous croyez, si j'ose me servir de cette faible comparaison, que le palais que vous habitez a été élevé par le roi votre grand-père. Vous laissez les taupes, enterrées sous vos gazons, nier, si elles l'osent, l'existence du soleil.

Toute la nature vous a démontré l'existence du Dieu suprême; c'est à votre cœur à sentir l'existence du Dieu juste. Comment pourriez-vous être juste, si Dieu ne l'était pas? et comment pourrait-il l'être, s'il ne savait ni punir ni récompenser?

Je ne vous dirai pas quel sera le prix et quelle sera la peine. Je ne vous répéterai point : « Il y aura des pleurs [2] et des grincements de dents, » parce qu'il ne m'est pas démontré qu'après la mort nous ayons des yeux et des dents. Les Grecs et les Romains riaient de leurs furies, les chrétiens se moquent ouvertement de leurs diables, et Belzébuth n'a pas plus de crédit que Tisiphone. C'est une très-grande sottise de joindre à la religion des chimères qui la rendent ridicule. On risque d'anéantir toute religion dans les esprits faibles et pervers, quand on déshonore celle qu'on leur annonce par des absurdités. Il y a une ineptie cent fois plus horrible, c'est d'attribuer à l'Être suprême des injustices, des cruautés, que nous punirions du dernier supplice dans les hommes.

Servez Dieu par vous-même, et non sur la foi des autres. Ne le blasphémez jamais ni en libertin ni en fanatique. Adorez l'Être suprême en prince, et non en moine. Soyez résigné comme Épictète, et bienfaisant comme Marc-Aurèle.

II. Parmi la multitude des sectes qui partagent aujourd'hui le monde, il en est une qui domine dans cinq ou six provinces de l'Europe, et qui ose se dire universelle, parce qu'elle a envoyé des missionnaires en Amérique et en Asie. C'est comme si le roi de Danemark s'intitulait *seigneur du monde entier*, parce qu'il possède un établissement sur la côte de Coromandel, et deux petites îles dans l'Amérique.

Si cette Église s'en tenait à cette vanité de s'appeler universelle dans le coin du monde qu'elle occupe, ce ne serait qu'un ridicule; mais elle pousse la témérité, disons mieux, l'insolence, jusqu'à dévouer aux flammes éternelles quiconque n'est pas dans son sein.

Elle ne prie pour aucun des princes de la terre qui sont d'une secte

1. *I Cor*., XV, 36. (ÉD.) — 2. Matth., VIII, 12. (ÉD.)

différente. C'est elle qui, en forçant ces autres sociétés à l'imiter, a rompu tous les liens qui doivent unir les hommes.

Elle ose se dire *chrétienne, catholique*, et elle n'est assurément ni l'une ni l'autre. Qu'y a-t-il en effet de moins chrétien que d'être en tout opposé au Christ? Le Christ et ses disciples ont été pauvres; ils ont fui les honneurs; ils ont chéri l'abaissement et les souffrances. Reconnaît-on à ces traits des moines, des évêques qui regorgent de trésors, qui ont usurpé dans plusieurs pays les droits régaliens; un pontife qui règne dans la ville des Scipions et des Césars, et qui ne daigne jamais parler à un prince, si ce prince n'a pas auparavant baisé ses pieds? Ce contraste extravagant ne révolte pas assez les hommes.

On le souffre en riant dans la communion romaine, parce qu'il est établi dès longtemps; s'il était nouveau, il exciterait l'indignation et l'horreur. Les hommes, tout éclairés qu'ils sont aujourd'hui, sont les esclaves de seize siècles d'ignorance qui les ont précédés.

Conçoit-on rien de plus avilissant pour les souverains de la communion soi-disant catholique, que de reconnaître un maître étranger? car quoiqu'ils déguisent ce joug, ils le portent. L'auteur du *Siècle de Louis XIV*, que vous lisez avec fruit, a beau dire que le pape est une idole dont on baise les pieds et dont on lie les mains, ces souverains envoient à cette pagode une ambassade d'obédience; ils ont à Rome un cardinal protecteur de leur couronne; ils lui payent des tributs en annates, en premiers fruits. Mille causes ecclésiastiques dans leurs États sont jugées par des commissaires que ce prêtre étranger délègue.

Enfin plus d'un roi souffre chez lui l'infâme tribunal de l'inquisition érigé par des papes, et rempli par des moines : il est mitigé; mais il subsiste, à la honte du trône et de la nature humaine.

Vous ne pouvez, sans un rire de pitié, entendre parler de ces troupeaux de fainéants tondus, blancs, gris, noirs, chaussés, déchaux, en culottes ou sans culottes, pétris de crasse et d'arguments, dirigeant des dévotes imbéciles, mettant à contribution la populace, disant des messes pour faire retrouver les choses perdues, et faisant Dieu tous les matins pour quelques sous, tous étrangers, tous à charge à leur patrie, et tous sujets de Rome.

Il y a tel royaume qui nourrit cent mille de ces animaux paresseux et voraces, dont on aurait fait de bons matelots et de braves soldats.

Grâce au ciel et à la raison, les États sur lesquels vous devez régner un jour sont préservés de ces fléaux et de cet opprobre. Remarquez qu'ils n'ont fleuri que depuis que vos étables d'Augias ont été nettoyées de ces immondices.

Voyez surtout l'Angleterre, avilie autrefois jusqu'à être une province de Rome, province dépeuplée, pauvre, ignorante, et turbulente; maintenant elle partage l'Amérique avec l'Espagne, et elle en possède la partie réellement la meilleure; car si l'Espagne a les métaux, l'Angleterre a les moissons que ces métaux achètent. Elle a dans ce continent les seules terres qui produisent des hommes robustes et courageux; et, tandis que de misérables théologiens de la communion romaine disputent pour savoir si les Américains sont enfants de leur Adam, les Anglais s'occupent à fertiliser, à peupler et enrichir deux mille lieues de terrain, et à y faire un commerce de trente millions d'écus par année. Ils règnent sur la côte de Coromandel au bout de l'Asie; leurs flottes dominent sur les mers, et ne craindraient pas les flottes de l'Europe entière réunies.

Vous voyez clairement que, toutes choses d'ailleurs égales, un royaume protestant doit l'emporter sur un royaume catholique, puisqu'il possède en matelots, en soldats, en cultivateurs, en manufactures, ce que l'autre possède en prêtres, en moines, et en reliques; il doit avoir plus d'argent comptant, puisque son argent n'est point enterré dans des trésors de Notre-Dame-de-Lorette, et qu'il sert au commerce, au lieu de couvrir des os de morts qu'on appelle des *corps saints;* il doit avoir de plus riches moissons, puisqu'il a moins de jours d'oisiveté consacrés à de vaines cérémonies, au cabaret, et à la débauche. Enfin les soldats des pays protestants doivent être les meilleurs; car le Nord est plus fécond en hommes vigoureux, capables des longues fatigues, et patients dans les travaux, que les peuples du Midi, occupés de processions, énervés par le luxe, et affaiblis par un mal honteux qui a fait dégénérer l'espèce si sensiblement, que, dans mes voyages, j'ai vu deux cours brillantes où il n'y avait pas dix hommes capables de supporter les travaux militaires. Aussi a-t-on vu un seul prince du Nord[1], dont les États n'étaient pas comptés pour une puissance dans le siècle passé, résister à tous les efforts des maisons d'Autriche et de France.

III. Ne persécutez jamais personne pour ses sentiments sur la religion; cela est horrible devant Dieu et devant les hommes. Jésus-Christ, loin d'être oppresseur, a été opprimé. S'il y avait dans l'univers un être puissant et méchant, ennemi de Dieu, comme l'ont prétendu les manichéens, son partage serait de persécuter les hommes. Il y a trois religions établies de droit humain dans l'empire; je voudrais qu'il y en eût cinquante dans vos États, ils en seraient plus riches, et vous en seriez plus puissant. Rendez toute superstition ridicule et odieuse, vous n'aurez jamais rien à craindre de la religion. Elle n'a été terrible et sanguinaire, elle n'a renversé des trônes, que lorsque les fables ont été accréditées, et les erreurs réputées saintes. C'est l'insolente absurdité des deux glaives; c'est la prétendue donation de Constantin; c'est la ridicule opinion qu'un paysan juif de Galilée[2] avait joui vingt-cinq ans à Rome des honneurs du souverain pontificat; c'est la compilation des prétendues décrétales faites par un faussaire; c'est une suite non interrompue, pendant plusieurs siècles, de légendes mensongères, de miracles impertinents, de livres apocryphes, de prophéties attribuées à des sibylles; c'est enfin ce ramas odieux d'impostures qui rendit les peuples furieux, et qui fit trembler les rois. Voilà

---

1. Frédéric II, roi de Prusse. (Éd.) — 2. Saint Pierre. (Éd.)

les armes dont on se servit pour déposer le grand empereur Henri IV, pour le faire prosterner aux pieds de Grégoire VII, pour le faire mourir dans la pauvreté, et pour le priver de la sépulture; c'est de cette source que sortirent toutes les infortunes des deux Frédéric[1]; c'est ce qui a fait nager l'Europe dans le sang pendant des siècles. Quelle religion que celle qui ne s'est jamais soutenue, depuis Constantin, que par des troubles civils ou par des bourreaux! Ces temps ne sont plus; mais gardons qu'ils ne reviennent. Cet arbre de mort, tant élagué dans ses branches, n'est point encore coupé dans sa racine; et tant que la secte romaine aura des fortunes à distribuer, des mitres, des principautés, des tiares à donner, tout est à craindre pour la liberté et pour le repos du genre humain. La politique a établi une balance entre les puissances de l'Europe; il n'est pas moins nécessaire qu'elle en forme une entre les erreurs, afin que, balancées l'une par l'autre, elles laissent le monde en repos.

On a dit souvent que la morale qui vient de Dieu réunit tous les esprits, et que le dogme qui vient des hommes les divise. Ces dogmes insensés, ces monstres, enfants de l'école, se combattent tous dans l'école; mais ils doivent être également méprisés des hommes d'État; ils doivent tous être rendus impuissants par la sagesse de l'administration. Ce sont des poisons dont l'un sert de remède à l'autre; et l'antidote universel contre ces poisons de l'âme, c'est le mépris.

IV. Soutenez la justice, sans laquelle tout est anarchie et brigandage. Soumettez-vous-y le premier vous-même; mais que les juges ne soient que juges et non maîtres, qu'ils soient les premiers esclaves de la loi, et non les arbitres. Ne souffrez jamais qu'on exécute à mort un citoyen, fût-il le dernier mendiant de vos États, sans qu'on ait envoyé son procès, que vous ferez examiner par votre conseil. Ce misérable est un homme, et vous devez compte de son sang.

Que les lois chez vous soient simples, uniformes, aisées à entendre de tout le monde. Que ce qui est vrai et juste dans une de vos villes, ne soit pas faux et injuste dans une autre : cette contradiction anarchique est intolérable.

Si jamais vous avez besoin d'argent, par le malheur des temps, vendez vos bois, votre vaisselle d'argent, vos diamants, mais jamais des offices de judicature. Acheter le droit de décider de la vie et de la fortune des hommes, c'est le plus scandaleux marché qu'on ait jamais fait. On parle de simonie : y a-t-il une plus lâche simonie que de vendre la magistrature? car y a-t-il rien de plus saint que les lois?

Que vos lois ne soient ni trop relâchées, ni trop sévères. Point de confiscation de biens à votre profit: c'est une tentation trop dangereuse. Ces confiscations ne sont, après tout, qu'un vol fait aux enfants d'un coupable. Si vous n'arrachez pas la vie à ces enfants innocents, pourquoi leur arrachez-vous leur patrimoine? N'êtes-vous pas assez riche sans vous engraisser du sang de vos sujets? Les bons empereurs,

---

1. Frédéric Ier, dit Barberousse, et Frédéric II. (Éd.)

dont nous tenons notre législation, n'ont jamais admis ces lois barbares.

Les supplices sont malheureusement nécessaires ; il faut effrayer le crime : mais rendez les supplices utiles ; que ceux qui ont fait tort aux hommes servent les hommes. Deux souveraines[1] du plus vaste empire du monde ont donné successivement ce grand exemple. Des pays affreux défrichés par des mains criminelles n'en ont pas moins été fertiles. Les grands chemins, réparés par leurs travaux toujours renaissants, ont fait la sûreté et l'embellissement de l'empire.

Que l'usage affreux de la question ne revienne jamais dans vos provinces, excepté le cas où il s'agirait évidemment du salut de l'État.

La question, la torture, fut d'abord une invention des brigands qui, venant piller des maisons, faisaient souffrir des tourments aux maîtres et aux domestiques, jusqu'à ce qu'ils eussent découvert leur argent caché ; ensuite les Romains adoptèrent cet horrible usage contre les esclaves, qu'ils ne regardaient pas comme des hommes ; mais jamais les citoyens romains n'y furent exposés.

Vous savez d'ailleurs que, dans les pays où cette coutume horrible est abolie, on ne voit pas plus de crimes que dans les autres. On a tant dit que la question est un secret presque sûr pour sauver un coupable robuste, et pour condamner un innocent d'une constitution faible, que ce raisonnement a enfin persuadé des nations entières.

V. Les finances sont chez vous administrées avec une économie qui ne doit se déranger jamais. Conservez précieusement cette sage administration. La recette est aussi simple qu'elle puisse l'être. Les soldats qui ne servent à rien en temps de paix, sont distribués aux portes des villes : ils prêteraient un prompt secours au receveur des tributs, qui est d'ordinaire un homme d'âge, seul et désarmé. Vous n'êtes point obligé d'entretenir une armée de commis contre vos sujets. L'argent de l'État ne passe point par trente mains différentes, qui toutes en retiennent une partie. On ne voit point de fortunes immenses élevées par la rapine, à vos dépens et aux dépens de la noblesse et du peuple. Chaque receveur porte tous les mois l'argent de sa recette à la chambre de vos finances. Le peuple n'est point foulé et le prince n'est point volé. Vous n'avez point chez vous cette multitude de petites dignités bourgeoises et d'emplois subalternes sans fonction, qu'on voit sortir de sous terre dans certains États, où ils sont mis en vente par une administration obérée. Tous ces petits titres sont achetés chèrement par la vanité ; ils produisent aux acheteurs des rentes perpétuelles et l'affaiblissement perpétuel de l'État.

On ne voit point chez vous cette foule de bourgeois inutiles, intitulés *conseillers du prince*, qui vivent dans l'oisiveté, et qui n'ont autre chose à faire qu'à dépenser à leurs plaisirs les revenus de ces charges frivoles que leurs pères ont acquises.

Chaque citoyen vit chez vous ou du revenu de sa terre, ou du fruit

---

1. Élisabeth et Catherine II. (ÉD.)

de son industrie, ou des appointements qu'il reçoit du prince. Le gouvernement n'est point endetté. Je n'ai jamais entendu crier ici dans les rues, comme dans un pays où j'ai voyagé dans ma jeunesse : « Nouvel édit d'une constitution de rentes; nouvel emprunt; charges de conseiller du roi, mouleur de bois, mesureur de charbon. » Vous ne tomberez point dans cet avilissement aussi ruineux que ridicule. On interdirait un comte de l'empire qui se conduirait ainsi dans sa terre; on lui ôterait justement l'administration de son bien. Si les États dont je parle sont destinés un jour à être nos ennemis, puissent-ils se conduire selon des maximes si extravagantes !

VI. Faites travailler vos soldats à la perfection des chemins par lesquels ils doivent marcher, à l'aplanissement des montagnes qu'ils doivent gravir, aux ports où ils doivent s'embarquer, aux fortifications des villes qu'ils doivent défendre. Ces travaux utiles les occuperont pendant la paix, rendront leurs corps plus robustes et plus capables de soutenir les fatigues de la guerre. Une légère augmentation de paye suffira pour qu'ils courent au travail avec gaieté. Telle était la méthode des Romains; les légions firent elles-mêmes ces chemins qu'ils traversèrent pour aller conquérir l'Asie Mineure et la Syrie. Le soldat se courbe en remuant la terre, mais il se redresse en marchant à l'ennemi. Un mois d'exercice rétablit ce petit avantage extérieur, que six mois de travail ont pu défigurer. La force, l'adresse et le courage valent bien la grâce sous les armes. Les Anglais et les Russes sont moins parfaits à la parade que les Prussiens, et les égalent au jour de la bataille.

On demande s'il est convenable que les soldats soient mariés ? Je pense qu'il est bon qu'ils le soient; la désertion diminue, la population augmente. Je sais qu'un soldat marié sert moins volontiers loin des frontières, mais il en vaut mieux quand il combat dans le sein de sa patrie. Vous ne prétendez pas porter la guerre loin de votre État, votre situation ne vous le permet pas; votre intérêt est que vos soldats peuplent vos provinces, au lieu d'aller ruiner celles des autres.

Que le militaire, après avoir longtemps servi, ait chez lui des secours assurés; qu'il y jouisse au moins de sa demi-paye, comme en Angleterre. Un Hôtel des invalides, tel que Louis XIV en donna l'exemple dans sa capitale, pouvait convenir à un riche et vaste royaume. Je crois plus avantageux pour vos États que chaque soldat, à l'âge de cinquante ans au plus tard, rentre dans le sein de sa famille. Il peut encore labourer ou travailler d'un métier utile; il peut donner des enfants à la patrie. Un homme robuste peut, à l'âge de cinquante ans, être encore utile vingt années; sa demi-paye est un argent qui, bien que modique, rentre dans la circulation au profit de la culture. Pour peu que ce soldat réformé défriche un quart d'arpent, il est plus utile à l'État qu'il ne l'a été à la parade.

VII. Ne souffrez pas chez vous la mendicité. C'est une infamie qu'on

1. La France. (Éd.)

n'a pu encore détruire en Angleterre, en France, et dans une partie de l'Allemagne. Je crois qu'il y a en Europe plus de quatre cent mille malheureux, indignes du nom d'hommes, qui font un métier de l'oisiveté et de la gueuserie. Quand une fois ils ont embrassé cet abominable genre de vie, ils ne sont plus bons à rien; ils ne méritent pas même la terre où ils devraient être ensevelis. Je n'ai point vu cet opprobre de la nature humaine toléré en Hollande, en Suède, en Danemark; il ne l'est pas même en Pologne. La Russie n'a point de troupes de gueux établis sur les grands chemins pour rançonner les passants. Il faut punir sans pitié les mendiants qui osent se faire craindre, et secourir les pauvres avec la plus scrupuleuse attention. Les hôpitaux de Lyon et d'Amsterdam sont des modèles; ceux de Paris sont indignement administrés. Le gouvernement municipal de chaque ville doit seul avoir le soin de ses pauvres et de ses malades. C'est ainsi qu'on en use dans Lyon et dans Amsterdam. Tous ceux que la nature afflige y sont secourus; tous ceux à qui elle laisse la liberté des membres y sont forcés à un travail utile. Il faut surtout commencer à Lyon par l'administration de l'hôpital pour arriver aux honneurs municipaux de l'hôtel de ville : c'est là le grand secret. L'hôtel de ville de Paris n'a pas des institutions si sages, il s'en faut beaucoup; le corps de ville y est ruiné, il est sans pouvoir et sans crédit.

Les hôpitaux de Rome sont riches, mais ils ne semblent destinés que pour recevoir des pèlerins étrangers. C'est un charlatanisme qui attire des gueux d'Espagne, de Bavière, d'Autriche, et qui ne sert qu'à encourager le nombre prodigieux de mendiants d'Italie. Tout respire à Rome l'ostentation et la pauvreté, la superstition et l'arlequinade. . .

. . . .

N. B. Le reste manque.

LETTRE DE GÉROFLE A COGÉ.

(1767.)

Moi, Gérofle, je déclare que mon maître étant trop vieux et trop malade pour répondre à la lettre de maître Cogé, professeur au collége Mazarin, je mets *la plume à la main*[1] pour mon maître; étant persuadé qu'un bon domestique doit prendre la défense de son maître, comme le neveu de l'abbé Bazin a soutenu la cause de son oncle. J'entre en matière, car le patron n'aime pas le verbiage.

Si une noble émulation soutenue par le génie produit les bons livres, l'orgueil et l'envie produisent les critiques, on le sait assez. Mais de quel droit maître Cogé serait-il envieux et orgueilleux?

Quand l'immortel Fénelon donna son roman moral du *Télémaque*,

1. Expression de Larcher. (ÉD.)

Faydit et Gueudeville firent des brochures contre lui, et eurent même l'insolence de faire entrer la religion dans leurs rapsodies, dernière ressource des lâches et des imposteurs.

Quand un digne académicien a donné le roman moral de *Bélisaire*, traduit dans presque toutes les langues de l'Europe, il a trouvé son Faydit et son Gueudeville dans le régent de collège Cogé et dans Riballier.

Cogé et Riballier ont été les serpents qui, non-seulement ont cru ronger la lime, mais qui ont essayé de mordre l'auteur. Ils se sont imaginé que la nation est au xive siècle, parce qu'ils y sont. Ils ont cabalé dans la sacrée faculté de théologie de Paris pour engager icelle à écrire en latin contre un roman écrit en français. Mais la sacrée faculté ayant eu la modestie de soupçonner que son latin n'est pas celui de Cicéron, et que son français n'est pas celui de Vaugelas, il a semblé bon à ladite faculté de ne se hasarder dans aucune de ces deux langues. On lui a proposé de donner son thème en grec, attendu que Bélisaire parlait grec; mais elle a répondu que tout cela était du grec pour elle. Qu'est-il arrivé de tout ce fracas?

La *Sorbonne* en travail enfante une souris.

C'est ainsi que le vinaigrier Abraham Chaumeix, brave convulsionnaire, entreprit d'aigrir les esprits de tous les parlements du royaume contre l'*Encyclopédie*. Abraham avait été éconduit par les illustres et savants hommes qui dirigeaient ce célèbre recueil des connaissances humaines. Il imagina, pour avoir du pain, d'accuser les auteurs d'athéisme; et voici comme il s'y prit juridiquement. Les semences de l'athéisme sont jetées, dit-il, au premier volume dans les articles *Beurre, Brouette, Chapeau*: elles se développeront dans toute leur horreur aux articles *Falbala, Jésuite* et *Culotte*.

Cet ouvrage, en vingt volumes in-folio, devait immanquablement exciter une sédition dans les halles et au port Landri. L'ouvrage a paru; tout a été tranquille; Abraham Chaumeix, honteux d'avoir été faux prophète à Paris, est allé prophétiser à Moscou; et l'impératrice a daigné mander à mon maître qu'elle avait mis Abraham à la raison.

Si votre ami Cogé est prophète aussi, il est assurément prophète de Baal. L'esprit mensonger est au bout de sa plume. Il fait un libelle infâme contre *Bélisaire*; et dans ce libelle, non content de médire, comme un vilain, d'un vieux capitaine qui ne donne que de bons conseils à son empereur, il médit aussi de mon maître qui ne donne des conseils à personne.

C'est une étrange chose que la cuistrerie. Dès que ces drôles-là combattent un académicien sur un point d'histoire et de grammaire, ils mêlent, au plus vite, Dieu et le roi dans leurs querelles. Ils s'imaginent dans leur gaieté que Dieu et le roi s'armeront en leur faveur de tonnerres et de lettres de cachet. Eh! maroufles, ne prenez jamais le nom de Dieu et du roi en vain.

ESSAI HISTORIQUE ET CRITIQUE
SUR LES DISSENSIONS DES ÉGLISES DE POLOGNE,

PAR JOSEPH BOURDILLON, PROFESSEUR EN DROIT PUBLIC.

(1767.)

Avant de donner au public une idée juste des différends qui divisent aujourd'hui la Pologne; avant de déférer au tribunal du genre humain la cause des dissidents grecs, romains et protestants, il est nécessaire de faire voir premièrement ce que c'est que l'Église grecque.

Il faut avouer d'abord que les Églises grecque et syriaque furent instituées les premières, et que l'Orient enseigna l'Occident. Nous n'avons aucune preuve que Pierre ait été à Rome; et nous sommes sûrs qu'il resta longtemps en Syrie et qu'il alla jusqu'à Babylone. Paul était de Tarse en Cilicie. Ses ouvrages sont écrits en grec. Nous n'avons aucun Évangile qui ne soit grec. Tous les Pères des quatre premiers siècles jusqu'à Jérôme ont été Grecs, Syriens ou Africains. Presque tous les rites de la communion romaine attestent encore par leurs noms mêmes leur origine grecque; église, baptême, paraclet, liturgie, litanie, symbole, eucharistie, agape, épiphanie, évêque, prêtre, diacre, pape même, tout annonce que l'Église d'Occident est la fille de l'Église d'Orient, fille qui, dans sa puissance, a méconnu sa mère.

Aucun évêque de Rome ne fut compté ni parmi les Pères, ni même parmi les auteurs approuvés, pendant plus de six siècles entiers. Tandis qu'Athénagore, Ephrem, Justin, Tertullien, Clément d'Alexandrie, Origène, Cyprien, Irénée, Athanase, Eusèbe, Jérôme, Augustin, remplissaient le monde de leurs écrits, les évêques de Rome, en silence, se bornaient au soin d'établir leur troupeau, qui croissait de jour en jour.

Nous n'avons sous le nom d'un évêque de Rome que les *Recognitions* de Clément. Il est prouvé qu'elles ne sont pas de lui; et, si elles en étaient, elles ne feraient pas honneur à sa mémoire. Ce sont des conférences de Clément avec Pierre, Zachée, Barnabé et Simon le Magicien. Ils rencontrent vers Tripoli un vieillard, et Pierre devine que ce vieillard est de la race de César, qu'il épousa Mathilde, dont il eut trois enfants; que Clément est le cadet de ces enfants : ainsi Clément est reconnu pour être de la maison impériale. C'est apparemment cette connaissance qui a donné le titre au livre; encore cette rapsodie est-elle écrite en grec.

Mais aucun prêtre chrétien, soit grec, soit syriaque, ou africain, ou italien, n'eut certainement d'autre puissance que celle de parler toutes les langues du monde, de faire des miracles, de chasser les diables, puissance admirable que nous sommes bien loin de leur contester.

Qu'il nous soit permis de le dire, sans offenser personne : si l'ambition pouvait s'en tenir aux paroles expresses de l'Évangile, elle verrait évidemment que les apôtres n'ont reçu aucune domination temporelle de Jésus-Christ, qui lui-même n'en avait pas. Elle verrait que ses disciples étaient tous égaux, et que Jésus-Christ même a menacé de châtiment ceux qui voudraient s'élever au-dessus des autres [1].

Pour peu qu'on soit instruit, on sait que, dans le premier siècle, il n'y eut aucun siège épiscopal particulier. Les apôtres et leurs successeurs se cachaient tantôt dans un lieu, tantôt dans un autre; et certainement lorsqu'ils prêchaient de village en village, de cave en cave, de galetas en galetas, ils n'avaient ni trône épiscopal, ni juridiction, ni gardes; et quatre principaux barons ne portaient point à leur entrée les cordons d'un dais superbe, sous lequel on eût vu André et Luc portés pompeusement comme des souverains.

Dès le second siècle la place d'évêque fut lucrative par les aumônes des chrétiens, et conséquemment les évêques des grandes villes furent plus riches que les autres; étant plus riches, ils eurent plus de crédit et de pouvoir.

Si quelque évêque avait pu prétendre à la supériorité, c'eût été assurément l'évêque de Jérusalem, non pas comme le plus riche, mais comme celui qui, selon l'opinion vulgaire, avait succédé à saint Jacques, le propre frère de Jésus-Christ. Jérusalem était le berceau de la religion chrétienne. Son fondateur y était mort par un supplice cruel; il était reçu que Jacques son frère y avait été lapidé. Marie, mère de Dieu, y était morte. Joseph, son mari, était enterré dans le pays. Tous les mystères du christianisme s'y étaient opérés. Jérusalem était la ville sainte qui devait reparaître dans toute sa gloire pendant mille années. Que de titres pour assurer à l'évêque de Jérusalem une prééminence incontestable!

Mais lorsque le concile de Nicée régla la hiérarchie, qui avait eu tant de peine à s'établir, le gouvernement ecclésiastique se modela sur le politique. Les évêques appelèrent leurs districts spirituels du nom temporel de *diocèse*. Les évêques des grandes villes prirent le titre de *métropolitains*. Le nom de *patriarche* s'établit peu à peu; on donna ce titre aux évêques de Constantinople et de Rome, qui étaient deux villes impériales; à ceux d'Alexandrie et d'Antioche, qui étaient encore deux considérables métropoles; et enfin à celui de Jérusalem, qu'on n'osa pas dépouiller de cette dignité, quoique cette ville, nommée alors Élia, fût presque dépeuplée et située dans un terrain ingrat, dans lequel elle ne pouvait s'affranchir de la pauvreté, n'ayant jamais fleuri que par le grand concours des Juifs qui venaient autrefois y célébrer leurs grandes fêtes; mais, ne tirant alors quelque argent que des pèlerinages peu fréquents des chrétiens, le district de ce patriarche fut très-peu de chose. Les quatre autres, au contraire, furent très-étendus.

Il ne tomba dans la tête ni d'aucun évêque, ni d'aucun patriarche, de s'arroger une juridiction temporelle. On n'en trouve aucun exemple que dans la subversion de l'empire romain en Occident.

[1]. Matthieu, XX, 26, 27; Luc, XXII, 26. (Kd.)

Tout y changea lorsque Pépin d'Austrasie, premier domestique d'un prince franc, nommé Childéric, se lia avec le pape Zacharie, et ensuite avec le pape Étienne II, pour rendre son usurpation respectable aux peuples. Il se fit sacrer à Saint-Denys, en France, par ce même pape Étienne : en récompense, cet usurpateur lui donna dans la Romagne quelques domaines aux dépens des usurpateurs lombards.

Voilà le premier évêque devenu prince. On conviendra sans peine que cette grandeur n'est pas des temps apostoliques. Aussi fut-elle signalée par le meurtre et par le carnage, peu de temps après, sous le pape Étienne III. Le clergé romain, partagé en deux partis, inonda de sang la chaire de bois dans laquelle on prétend que saint Pierre avait prêché au peuple romain. Il est vrai qu'il n'est pas plus vraisemblable que, du temps de l'empereur Tibère, un Galiléen ait prêché en chaire dans le *forum romanum*, qu'il n'est vraisemblable qu'un Grec vint prêcher aujourd'hui dans le grand bazar de Stamboul. Mais enfin il y avait à Rome, du temps d'Étienne III, une chaire de bois, et elle fut entourée de cadavres sanglants.

Lorsque Charlemagne partit de la Germanie pour usurper la Lombardie; lorsqu'il eut privé ses neveux de l'héritage de leur père Pépin; lorsqu'il eut enfermé en prison ses enfants innocents, dont on n'entendit plus parler depuis; lorsque ses succès eurent couronné ce crime; lorsqu'il se fut fait reconnaître empereur dans Rome, il donna encore de nouvelles seigneuries au pape Léon III, qui lui mit dans l'église de Saint-Pierre une couronne d'or sur la tête, et un manteau de pourpre sur les épaules.

Cependant remarquons que ce pape Léon III, encore sujet des empereurs résidants à Constantinople, n'osa pas sacrer un Allemand; tant ce vieux respect pour l'empire romain prévalait encore. Ce n'était qu'une cérémonie de plus; mais elle était réputée sainte, et on n'osait la faire. La faiblesse se joignait à l'audace de l'esprit, qui souvent n'ose franchir la seconde barrière après avoir abattu la première.

Charlemagne fut toujours le maître dans Rome; mais, dans la décadence de sa maison, le peuple romain reprit un peu sa liberté, et la disputa toujours contre l'évêque, contre la maison de Toscanelle, contre les Gui de Spolette, contre les Béranger, et d'autres tyrans; jusqu'à ce qu'enfin l'imprudent Octavien Sporco, qui le premier changea son nom à son avènement au pontificat, appela Othon de Saxe en Italie. Ce Sporco est connu sous le nom de Jean XII. Il était fils de cette fameuse Marozie qui avait fait pape son bâtard Jean XI, né de son inceste avec le pape Sergius III.

Jean XII était patrice de Rome, ainsi qu'Albéric son père, dernier mari de Marozie. Ils tenaient cette dignité de l'empereur Constantin Porphyrogénète; preuve évidente que les Romains, au milieu de leur anarchie, reconnaissaient toujours les empereurs grecs pour les vrais successeurs des césars : mais, dans leurs troubles, ils avaient recours tantôt aux Allemands, tantôt aux Hongrois, et se donnaient tour à tour plusieurs maîtres pour n'en avoir aucun.

On sait comment le roi d'Allemagne Othon, appelé à Rome par ce

Jean XII, et ensuite trahi par lui, le fit déposer pour ses crimes. Le procès-verbal existe; il fait frémir.

Tous les papes ses successeurs eurent à combattre les prétentions des empereurs allemands sur Rome, les anciens droits des empereurs grecs, et jusqu'aux Sarrasins mêmes. Ils ne furent puissants que par l'intrigue et par l'opinion du vulgaire, opinion qu'ils surent établir, et dont ils surent toujours profiter.

Grégoire VII, qui, à la faveur de cette opinion, et surtout des *Fausses décrétales*, marcha sur les têtes des empereurs et des rois, ne put jamais être le maître dans Rome. Les papes ne purent enfin avoir la souveraineté de cette ville que lorsqu'ils se furent emparés du môle d'Adrien, appelé depuis Saint-Ange, qui avait toujours appartenu au peuple ou à ceux qui le représentaient.

La vraie puissance des papes et celle des évêques d'Occident ne s'établit en Allemagne que dans l'interrègne et l'anarchie, vers le temps de l'élection de Rodolphe de Habsbourg à l'empire : ce fut alors que les évêques allemands furent véritablement souverains.

Jamais rien de semblable ne s'est vu dans l'Église grecque. Elle fut toujours soumise aux empereurs jusqu'au dernier Constantin; et, dans le vaste empire de Russie, elle est entièrement dépendante du pouvoir suprême. On n'y connaît pas plus qu'en Angleterre la distinction des deux puissances; l'autel est subordonné au trône, et ces mots mêmes, *les deux puissances*, y sont un crime de lèse-majesté. Cette heureuse subordination est la seule digue qu'on ait pu opposer aux querelles théologiques, et aux torrents de sang que ces querelles ont fait répandre dans les Églises d'Occident, depuis l'assassinat de Priscillien jusqu'à nos jours.

Personne n'ignore comme, au XVIᵉ siècle, la moitié de l'Europe, lassée des crimes d'Alexandre VI, de l'ambition de Jules II, des extorsions de Léon X, de la vente des indulgences, de la taxe des péchés, des superstitions et des friponneries de tant de moines, secoua enfin le joug appesanti depuis longtemps. Les Grecs avaient enseigné l'Église d'Occident, les protestants la réformèrent.

Je ne prétends point parler ici des dogmes qui divisent les Grecs, les Romains, les évangéliques, les réformés, et d'autres communions. Je laisse ce soin à ceux qui sont éclairés d'une lumière divine. Il faut être sans doute pour bien savoir si le Saint-Esprit procède par spiration du Père et du Fils, ou du Fils seulement, lequel Fils étant engendré et n'étant point fait, ne peut pourtant engendrer. Il n'y a qu'une révélation qui puisse apprendre clairement aux saints comment on mange le Fils en corps et en âme dans un pain qui est anéanti, sans manger ni le Père ni le Saint-Esprit, ou comment le corps et l'âme de Jésus sont incorporés au pain, ou comment on mange Jésus par la foi. Ces questions sont si divines, qu'elles ne devraient point mettre la discorde entre ceux qui ne sont qu'hommes, et qui doivent se borner à vivre en frères, et à cultiver la raison et la justice, sans se persécuter pour des mystères qu'ils ne peuvent entendre.

Tout ce que j'oserais dire en respectant les évêques de toutes les communions, c'est que ceux qui iraient à pied, de leur maison à l'église, prêcher la charité et la concorde, ressembleraient peut-être plus aux apôtres, au moins à l'extérieur, que ceux qui diraient quelques mots dans une messe en musique en quatre parties, entourés de hallebardiers et de mousquetaires, et qui ne sortiraient de l'église qu'au son des tambours et des trompettes.

Je me garderai bien d'examiner si celui qui naquit dans une étable entre un bœuf et un âne, qui vécut et qui mourut dans l'indigence, se plaît plus à la pompe et aux richesses de ses ministres qu'à leur pauvreté et à leur simplicité. Nous ne sommes plus au temps des apôtres; mais nous sommes toujours au temps des citoyens : il s'agit de leurs droits, de la liberté naturelle, de l'exécution des lois solennelles, de la foi des serments, de l'intérêt du genre humain. Tout cela existait avant qu'il y eût des prélats, et existera encore si jamais (ce qu'à Dieu ne plaise) on a le malheur de se passer de prélatures. Les dignités peuvent s'abolir, les sectes peuvent s'éteindre ; le droit des gens est éternel.

Fait. — La religion chrétienne ne pénétra que très-tard chez les Sarmates. La nation était guerrière et pauvre ; le zèle des missionnaires la respecta. La Pologne, proprement dite, ne fut chrétienne qu'à la fin du x⁰ siècle. Boleslas, en l'an 1001 de notre ère vulgaire, fut le premier roi chrétien, et il signala son christianisme en faisant crever les yeux au roi de Bohême.

Le grand-duché de Lithuanie, vaste pays qui fait presque la moitié de la Pologne entière, ne fut chrétien que dans le xv⁰ siècle, après que Jagellon, grand-duc de Lithuanie, eut épousé la princesse Edvige au xiv⁰, en 1387, à condition qu'il serait de la religion de la princesse, et que la Lithuanie serait jointe à la Pologne.

On demandera de quelle religion étaient tous ces peuples avant qu'ils fussent chrétiens. Ils adoraient Dieu sous d'autres noms, d'autres emblèmes, d'autres rites; on les appelait *païens.* La grâce de Jésus-Christ, qui est venu pour tout le monde, leur avait été refusée, ainsi qu'à plus des trois quarts de la terre. Leur temps n'était pas venu; toutes leurs générations étaient livrées aux flammes éternelles; du moins c'est ainsi qu'on pense à Rome, ou ce qu'on feint d'y penser. Cette idée est grande : « Tu seras puni à jamais si tu ne penses pas sur le bord du Volga ou du Gange comme je pense sur le bord de l'Anio. » On ne peut porter ses vues plus haut et plus loin.

Il arriva un grand malheur à ces nouveaux chrétiens au xvi⁰ siècle. L'hérésie pénétra chez eux; et comme l'hérésie damne les hommes encore plus que le paganisme, le salut des Polonais était en grand danger. Ces hérétiques se disaient enfants de la primitive Église, et on les appelait *novateurs ;* ainsi on ne pouvait convenir des qualités.

Outre ces réformés d'Occident, il y avait beaucoup de Grecs d'Orient. Ces Grecs étaient répandus dans cinq provinces de la Lithuanie converties autrefois à la foi grecque, et annexées depuis à la Pologne. Ils n'étaient pas, à la vérité, aussi damnés que les évangéliques et les réformés; mais enfin ils l'étaient, puisqu'ils ne reconnaissaient pas l'évêque de Rome comme le maître du monde entier.

Il est à remarquer que ces provinces grecques, et la Pologne proprement dite, et la Lithuanie, et la Russie sa voisine, avaient été converties par des dames, ainsi que la Hongrie et l'Angleterre. Cette origine devait faire espérer de la tolérance, de l'indulgence, de la bonté, des mœurs douces et faciles. Il en arriva tout autrement.

Les évêques de Pologne sont puissants; ils n'aimaient pas à voir leur troupeau diminuer. Outre ces évêques, il y avait toujours à Varsovie un nonce du pape. Ce nonce tenait lieu de grand inquisiteur, et son tribunal était très-redoutable. Les Grecs, les évangéliques, les réformés, et les unitaires, qui survinrent, tout fut persécuté. *Contrains-les d'entrer*[1] fut employé dans toute sa rigueur. C'est une chose admirable que ce *contrains-les d'entrer*, qui n'est dans l'Évangile qu'une invitation pressante à souper, ait toujours servi de prétexte à l'Église romaine pour faire mourir les gens de faim.

Les évêques ne manquaient pas d'excommunier tout gentilhomme du rite grec ou de la communion protestante; et par un abus étrange, mais ancien, cette excommunication les privait, dans les diètes, de voix active et passive. L'excommunication peut bien priver un homme de la dignité de marguillier, et même du paradis; mais elle ne doit pas s'étendre sur les effets civils. Un prince de l'Empire, un électeur, qu'un évêque ou un chapitre excommunierait, n'en serait pas moins prince de l'empire. On peut juger, par cette seule oppression, combien les dissidents étaient vexés par les tribunaux ecclésiastiques; il suffit de dire qu'ils étaient jugés par leurs ennemis.

Sigismond-Auguste, le dernier des Jagellons, fit cesser ce dévot scandale. Sa probité lui persuada qu'il ne faut persécuter personne pour la religion. Il se souvint que Jésus-Christ avait enseigné et non opprimé. Il comprit que l'oppression ne pouvait faire naître que des guerres civiles entre les gentilshommes égaux : il fit plus, dans la diète solennelle de Vilna, le 16 juin 1563, « il anéantit toute différence qui pourrait jamais naître entre les citoyens pour cause de religion. » Voici les paroles essentielles de cette loi devenue fondamentale :

« A compter depuis ce jour, non-seulement les nobles et seigneurs avec leurs descendants qui appartiennent à la communion romaine, et dont les ancêtres ont obtenu aussi des lettres de noblesse dans le royaume de Pologne, mais encore en général tous ceux qui sont de l'ordre équestre et des nobles, soit lithuaniens, soit russes d'origine, *pourvu qu'ils fassent profession du christianisme*, quand même leurs ancêtres n'auraient pas acquis les droits de noblesse dans le royaume de Pologne, doivent jouir, dans toute l'étendue du royaume, de tous les priviléges, libertés, et droits de noblesse, à eux accordés, et en jouir à perpétuité en commun.

« On admettra aux dignités du sénat et de la couronne, à toutes les charges nobles, non-seulement ceux qui appartiennent à l'Église ro-

---

1. Luc, xiv, 23. (Éd.)

maine, mais aussi tous ceux qui sont de l'ordre équestre, pourvu qu'ils soient chrétiens.... nul ne sera exclu, pourvu qu'il soit chrétien. »

La diète de Grodno, en 1568, confirma solennellement ces statuts; elle ajouta, pour rendre la loi, s'il était possible, encore plus claire, ces mots essentiels, *de quelque communion ou confession que l'on soit.*

Enfin, dans la diète d'union, encore plus célèbre, tenue à Lublin, en 1569, diète qui acheva d'incorporer pour jamais le grand-duché de Lithuanie à la couronne, on renouvela, on confirma de nouveau cette loi humaine qui regardait tous les chrétiens comme des frères, et qui devait servir d'exemple aux autres nations.

Après la mort de Sigismond-Auguste, ce héros de la tolérance, la république entière, confédérée, en 1573, pour l'élection d'un nouveau roi, jura de ne reconnaître que celui qui ferait serment de maintenir cette paix des chrétiens. Henri de Valois, trop accusé d'avoir eu part aux massacres de la Saint-Barthélemy, ne balança pas à jurer « devant le Dieu tout-puissant de maintenir les droits des dissidents; » et ce serment de Henri de Valois servit de modèle à ses successeurs. Étienne ne lui succéda qu'à cette condition. Ce fut une loi fondamentale et sacrée. Tous les nobles furent égaux par la religion comme par la nature.

C'est ainsi qu'après l'union de l'Angleterre et de l'Écosse, les pairs d'Écosse presbytériens ont eu séance au parlement de Londres avec les pairs de la communion anglicane. Ainsi l'évêché d'Osnabruck en Allemagne appartient tantôt à un évangélique, tantôt à un catholique romain. Ainsi, dans plusieurs bourgs d'Allemagne, les évangéliques viennent chanter leurs psaumes dès que le curé catholique a dit sa messe; ainsi les chambres de Vetzlar et de Vienne ont des assesseurs luthériens; ainsi les réformés de France étaient ducs et pairs, et généraux des armées sous le grand Henri IV; et l'on peut croire que le Dieu de miséricorde et de paix n'écoutait pas avec colère les différents concerts que ses enfants lui adressaient d'un même cœur.

Tout change avec le temps. Un roi de Pologne, nommé aussi Sigismond, de la race de Gustave Vasa, voulut enfin détruire ce que le grand Sigismond, le dernier des Jagellons, avait établi. Il était à la fois roi de Pologne et de Suède; mais il fut déposé en Suède par les états assemblés en 1592; et malheureusement la religion catholique romaine lui attira cette disgrâce. Les états du royaume élurent son frère Charles, qui avait pour lui le cœur des soldats et la confession d'Augsbourg. Sigismond se vengea en Pologne du catholicisme, qui lui avait ôté la couronne de Suède.

Les jésuites qui le gouvernèrent, lui ayant fait perdre un royaume, le firent haïr dans l'autre. Il ne put à la vérité révoquer une loi devenue fondamentale, confirmée par tant de rois et de diètes; mais il l'éluda; il la rendit inutile. Plus de charges, plus de dignités données à ceux qui n'étaient pas de la communion de Rome. On ne leur ravit pas leurs biens, parce qu'on ne le pouvait pas; on les vexa par une persécution sourde et lente; et, si on les tolérait, on leur fit sentir bientôt qu'on ne les tolérerait plus dès qu'on pourrait les opprimer impunément.

Cependant la loi fut toujours plus forte que la haine. Tous les rois, à leur couronnement, firent le même serment que leurs prédécesseurs. Ladislas VI, fils de Sigismond le Suédois, n'osa s'en dispenser. Son frère Jean Casimir, quoiqu'il eût d'abord été jésuite, et ensuite cardinal, fut obligé de s'y soumettre : tant le respect extérieur pour les lois reçues a de force sur les hommes.

Michel Viesnovieski, l'illustre Jean Sobieski, vainqueur des Turcs, n'imaginèrent pas d'éluder cette loi à leur couronnement. L'électeur de Saxe, Auguste, ayant renoncé à la religion évangélique de ses pères pour acquérir le royaume de Pologne, jura avec plaisir cette grande loi de la tolérance, dont un roi qui abandonne sa religion pour un sceptre semble avoir toujours besoin, et qui assurait la liberté et les droits de ses anciens frères.

L'Europe sait combien son règne fut malheureux; il fut détrôné par les armes d'un roi luthérien[1], et rétabli par les victoires d'un czar de la communion grecque[2].

Les prêtres catholiques romains et leurs adhérents crurent se venger du roi de Suède Charles XII, en persécutant les Polonais évangéliques, dont il avait été le protecteur : ils en trouvèrent l'occasion l'année 1717, dans une diète toute composée de nonces de leur parti : ils eurent le crédit, non pas d'abolir la loi, elle était trop sacrée, mais de la limiter. On ne permit aux non-conformistes le libre exercice de leur religion que dans leurs églises précédemment bâties, et on alla même jusqu'à prononcer des peines pécuniaires, la prison, le bannissement, contre ceux qui prieraient Dieu ailleurs. Cette clause d'oppression ne passa qu'avec une extrême difficulté. Plusieurs évêques même, plus patriotes que prêtres, et plus touchés des droits de l'humanité que des avantages de leur parti, eurent la gloire de s'y opposer quelque temps.

Cette diète de 1717 ne songeait pas qu'en se vengeant du luthérien Charles XII son ennemi, elle insultait le grec Pierre le Grand son protecteur. Enfin la loi passa en partie; mais le roi Auguste la détruisit en la signant. Il donna un diplôme, le 3 février 1717, dans lequel il s'exprime ainsi :

« Quant à la religion des dissidents, afin qu'ils ne pensent point que la communion de la noblesse, leur égalité et leur paix, aient été lésées par les articles insérés dans le nouveau traité, nous déclarons que ces articles insérés dans le traité ne doivent déroger en aucune manière aux confédérations des années 1573, 1632, 1648, 1669, 1674, 1697, et à nos *pacta conventa*, en tant qu'elles sont utiles aux dissidents dans la religion. Nous conservons lesdits dissidents en fait de religion dans leurs libertés énoncées dans toutes les confédérations, selon leur teneur (laquelle doit être tenue pour insérée et imprimée ici); et nous voulons qu'ils soient conservés par tous les États, officiers,

1. Charles XII. (ÉD.) — 2. Pierre le Grand. (ÉD.)

et tribunaux. En foi de quoi nous avons ordonné de munir ces présentes signées de notre main, et scellées du sceau du royaume. Donné à Varsovie le 3 février 1717, et le 20 de notre règne. »

Après cette contradiction formelle d'une loi décernée et abolie en même temps, contradiction trop ordinaire aux hommes, le parti le plus fort l'emporta sur le plus faible; la violence se donna carrière. Il est vrai qu'on ne ralluma pas les bûchers qui mirent autrefois en cendres toute une province du temps des Albigeois; on ne détruisit point vingt-quatre villages inondés du sang de leurs habitants, comme à Mérindol et à Cabrières. Les roues et les gibets ne furent point d'abord dressés dans les places publiques contre les grecs et les protestants, comme ils le furent en France sous Henri II. On n'a point encore parlé en Pologne d'imiter les massacres de la Saint-Barthélemy, ni ceux d'Irlande, ni ceux des vallées du Piémont. Les torrents de sang n'ont point encore coulé d'un bout du royaume à l'autre pour la cause d'un Dieu de paix. Mais enfin on a commencé à ravir à des innocents la liberté et la vie. Quand les premiers coups sont une fois portés, on ne sait plus où l'on s'arrêtera. Les exemples des anciennes horreurs que le fanatisme a produites sont perdus pour la postérité; les esprits de sang-froid les détestent, et les esprits échauffés les renouvellent.

Bientôt on démolit des églises, des écoles, des hôpitaux de dissidents. On leur fit payer une taxe arbitraire pour leurs baptêmes et pour leurs communions, tandis que deux cent cinquante synagogues juives chantaient leurs psaumes hébraïques sans bourse délier.

Dès l'année 1718 un nonce, du nom de Pietroski, fut chassé de la chambre uniquement parce qu'il était dissident. Le capitaine Keler, accusé par l'avocat Vindeleuski d'avoir soutenu contre lui la religion protestante, eut la tête tranchée à Peiekou comme blasphémateur. Le bourgeois Hébers fut condamné à la corde sur la même accusation. Le gentilhomme Rosbiki fut obligé de sortir des terres de la république. Le gentilhomme Unrug avait écrit quelques remarques et quelques extraits d'auteurs évangéliques contre la religion romaine; on lui vola son portefeuille; et sur cet effet volé, sur des écrits qui n'étaient pas publics, sur l'énoncé de ses opinions permises par les lois, sur le secret de la conscience tracé de sa main, il fut condamné à perdre la tête. Il fallut qu'il dépensât tout son bien pour faire casser cette exécrable sentence.

Enfin, en 1724, l'exécution sanglante de Thorn renouvela les anciennes calamités qui avaient souillé le christianisme dans tant d'autres États. Quelques malheureux écoliers des jésuites, et quelques bourgeois protestants ayant pris querelle, le peuple s'attroupa; on força le collége des jésuites, mais sans effusion de sang; on emporta quelques images de leurs saints, et malheureusement une image de la Vierge, qui fut jetée dans la boue.

Il est certain que les écoliers des jésuites, ayant été les agresseurs, étaient les plus coupables. C'était une grande faute d'avoir pris les images des jésuites, et surtout celle de la sainte Vierge. Les protestants devaient être condamnés à la rendre ou à en fournir une autre, à démander pardon, à réparer le dommage à leurs frais, et aux peines modérées qu'un gouvernement équitable peut infliger. L'image de la vierge Marie est très-respectable; mais le sang des hommes l'est aussi. La profanation d'un portrait de la Vierge dans un catholique est une très-grande faute; elle est moindre dans un protestant, qui n'admet point le culte des images.

Les jésuites demandèrent vengeance au nom de Dieu et de sa mère; ils l'obtinrent malgré l'intervention de toutes les puissances voisines. La cour assessoriale, à laquelle le chancelier préside, jugea cette cause. Un jésuite y plaida contre la ville de Thorn; l'arrêt fut porté tel que les jésuites le désiraient. Le président Rosner, accusé de ne s'être pas assez opposé au tumulte, fut décapité malgré les priviléges de sa charge. Quelques assesseurs, et d'autres principaux bourgeois, périrent par le même supplice. Deux artisans furent brûlés, d'autres furent pendus. On n'aurait pas traité autrement des assassins. Les hommes n'ont pas encore appris à proportionner les peines aux fautes. Cette science cependant n'est pas moins nécessaire que celle de Copernic, qui découvrit dans Thorn le vrai système de l'univers, et qui prouva que notre terre, souvent si mal gouvernée et assiégée de tant de malheurs, roule autour du soleil dans son orbite immense.

La Pologne semblait donc destinée à subir le sort de tant d'autres États que les querelles de religion ont dévastés.

Un ministre évangélique, nommé Mokzulki, fut tué impunément en 1753, dans un grand chemin, par le curé de Birze; voilà déjà une hostilité de l'Église militante. Un dominicain de Popiel, en 1762, assomma à coups de bâton le prédicant Jaugel, à la porte d'un malade qu'il allait consoler.

Le curé de la paroisse de Cone, rencontrant un mort luthérien qu'on portait au cimetière, battit le ministre, renversa le cercueil, et fit jeter le corps à la voirie.

En 1765, plusieurs jésuites, avec d'autres moines, voulurent changer les grecs en romains à Msczislau en Lithuanie. Ils forçaient à coups de bâton les pères et les mères de mener les enfants dans les églises. Soixante et dix gentilshommes s'y opposèrent; les missionnaires se battirent contre eux. Les gentilshommes furent traités comme des sacriléges; ils furent condamnés à la mort, et ne sauvèrent leur vie qu'en allant à l'église des jésuites.

On priva alors en Lithuanie du droit de bourgeoisie, on raya du corps des métiers les bourgeois et les artisans qui n'allaient pas à la messe latine. Enfin on a exclu des diétines tous les gentilshommes dissidents, que les droits de la naissance et les lois du royaume y appellent.

Tant de rigueur, tant de persécutions, tant d'infractions des lois, ont enfin réveillé des gentilshommes que leurs ennemis croyaient avoir abattus. Ils s'assemblèrent, ils invoquèrent les lois de leur patrie, et les puissances garantes de ces lois.

Il faut savoir que leurs droits avaient été solennellement confirmés par la Suède, l'empire d'Allemagne, la Pologne entière, et particulièrement par l'électeur de Brandebourg dans le traité d'Oliva, en 1660. Ils l'avaient été plus expressément encore par la Russie en 1686, quand la Pologne céda l'ancienne Kiovie, la capitale de l'Ukraine, à l'empire russe. La religion grecque est nommée *la religion orthodoxe* dans les *instruments* signés par le grand Sobieski.

Ces nobles ont donc eu recours à ce qu'il y a de plus sacré sur la terre, les serments de leurs pères, ceux des princes garants, les lois de leur patrie, et les lois de toutes les nations.

Ils s'adressèrent à la fois à l'impératrice de Russie Catherine II, à la Suède, au Danemark, à la Prusse. Ils implorèrent leur intercession. C'était un bel exemple dans des gentilshommes accoutumés autrefois à traiter dans leurs diètes des affaires de l'État le sabre à la main, d'implorer le droit public contre la persécution. Cette démarche même irritait leurs ennemis.

Le roi Stanislas Poniatowski, fils de ce célèbre comte Poniatowski, si connu dans les guerres de Suède, élu du consentement unanime de ses compatriotes, ne démentit pas dans cette affaire délicate l'idée que l'Europe avait de sa prudence. Ennemi du trouble, zélé pour le bonheur et la gloire de son pays, tolérant par humanité et par principe, religieux sans superstition, citoyen sur le trône, homme éclairé et homme d'esprit, il proposa des tempéraments qui pouvaient mettre en sûreté tous les droits de la religion catholique romaine et ceux des autres communions. La plupart des évêques et de leurs partisans opposèrent le zèle de la maison de Dieu au zèle patriotique du monarque, qui attendit que le temps pût concilier ces deux zèles.

Cependant les gentilshommes dissidents se confédérèrent en plusieurs endroits du royaume. On vit, le 20 mars 1767, près de quatre cents gentilshommes demander justice par un mémoire signé d'eux, dans cette même ville de Thorn qui fumait encore du sang que les jésuites avaient fait répandre. D'autres confédérations se formaient déjà en plus grand nombre, et surtout dans la Lithuanie, où il se fit vingt-quatre confédérations. Toutes ensemble formèrent un corps respectable. La substance de leurs manifestes contenait « qu'ils étaient hommes, citoyens, nobles, membres de la législation et persécutés; que la religion n'a rien de commun avec l'État; qu'elle est de Dieu à l'homme, et non pas du citoyen au citoyen; que la funeste coutume de mêler Dieu aux affaires purement humaines a ensanglanté l'Europe depuis Constantin; qu'il doit en être dans les diètes et dans le sénat comme dans les batailles, où l'on ne demande point à un capitaine qui marche aux ennemis de quelle religion il est; qu'il suffit que le noble soit brave au combat et juste au conseil; qu'ils sont tous nés libres, et que la liberté de conscience est la première des libertés, sans laquelle celui qu'on appelle *libre* serait esclave; qu'on doit juger d'un homme non par ses dogmes, mais par sa conduite; non par ce qu'il pense, mais par ce qu'il fait; et qu'enfin l'Évangile, qui ordonne d'obéir aux puissances païennes, n'ordonne certainement pas de dépouiller les législateurs chrétiens de leurs droits, sous prétexte qu'ils sont autrement chrétiens qu'on ne l'est à Rome. » Ils fortifiaient toutes ces raisons par la sanction des lois, et par les garanties protectrices de ces lois sacrées.

On ne leur opposa qu'une seule raison, c'est qu'ils réclamaient l'égalité, et que bientôt ils affecteraient la supériorité; qu'ils étaient mécontents, et qu'ils troubleraient une république déjà trop orageuse. Ils répondaient : « Nous ne l'avons pas troublée pendant cent années : mécontents, nous sommes vos ennemis; contents, nous sommes vos défenseurs. »

Les puissances garantes de la paix d'Oliva prenaient hautement leur parti et écrivaient des lettres pressantes en leur faveur. Le roi de Prusse se déclarait pour eux. Sa recommandation était puissante, et devait avoir plus d'effet que celle de la Suède sur les esprits, puisqu'il donnait dans ses États des exemples de tolérance que la Suède ne donnait pas encore[1]. Il faisait bâtir une église aux catholiques romains de Berlin sans les craindre, sachant bien qu'un prince victorieux, philosophe et armé, n'a rien à redouter d'aucune religion. Le jeune roi de Danemark, né bienfaisant, et son sage ministre, parlaient hautement.

Mais de tous les potentats nul ne se signala avec autant de grandeur et d'efficace que l'impératrice de Russie. Elle prévit une guerre civile en Pologne, et elle envoya la paix avec une armée. Cette armée n'a paru que pour protéger les dissidents, en cas qu'on voulût les accabler par la force. On fut étonné de voir une armée russe vivre au milieu de la Pologne avec beaucoup plus de discipline que n'en eurent jamais les troupes polonaises. Il n'y a pas eu le plus léger désordre. Elle enrichissait le pays au lieu de le dévaster; elle n'était là que pour protéger la tolérance; il fallait que ces troupes étrangères donnassent l'exemple de la sagesse, et elles le donnèrent. On eût pris cette armée pour une diète assemblée en faveur de la liberté.

Les politiques ordinaires s'imaginèrent que l'impératrice ne voulait que profiter des troubles de la Pologne pour s'agrandir. On ne considérait pas que le vaste empire de Russie, qui contient onze cent cinquante mille lieues carrées, et qui est plus grand que ne fut jamais l'empire romain, n'a pas besoin de terrains nouveaux, mais d'hommes, de lois, d'arts et d'industrie.

Catherine II lui donnait déjà des hommes en établissant chez elle trente mille familles qui venaient cultiver les arts nécessaires. Elle lui donnait des lois en formant un code universel pour ses provinces qui touchent à la Suède et à la Chine. La première de ces lois était la tolérance.

On voyait avec admiration cet empire immense se peupler, s'enrichir, en ouvrant son sein à des citoyens nouveaux, tandis que de petits États se privaient de leurs sujets par l'aveuglement d'un faux zèle; tandis que, sans citer d'autres provinces, les seuls émigrants de Saltzbourg avaient laissé leur patrie déserte.

1. Elle les a donnés depuis. (Éd. de Kehl.) — Cp. La Liberté de conscience, par Jules Simon, troisième édition, p. 245 et suiv., et l'appendice contenant le projet présenté à la diète par le roi Oscar. (ÉD.)

Le système de la tolérance a fait des progrès rapides dans le Nord, depuis le Rhin jusqu'à la mer Glaciale, parce que la raison y a été écoutée, parce qu'il est permis de penser et de lire. On a connu dans cette vaste partie du monde que toutes les manières de servir Dieu peuvent s'accorder avec le service de l'État. C'était la maxime de l'empire romain dès le temps des Scipions jusqu'à celui des Trajan. Aucun potentat n'a plus suivi cette maxime que Catherine II. Non-seulement elle établit la tolérance chez elle, mais elle a recherché la gloire de la faire renaître chez ses voisins. Cette gloire est unique. Les fastes du monde entier n'ont point d'exemple d'une armée envoyée chez des peuples considérables pour leur dire : « Vivez justes et paisibles. »

Si l'impératrice avait voulu fortifier son empire des dépouilles de la Pologne, il ne tenait qu'à elle. Il suffisait de fomenter les troubles au lieu de les apaiser. Elle n'avait qu'à laisser opprimer les Grecs, les évangéliques et les réformés; ils seraient venus en foule dans ses États. C'est tout ce que la Pologne avait à craindre. Le climat ne diffère pas beaucoup; et les beaux-arts, l'esprit, les plaisirs, les spectacles, les fêtes, qui rendaient la cour de Catherine II la plus brillante de l'Europe, invitaient tous les étrangers. Elle formait un empire et un siècle nouveau, et l'on eût été chez elle de plus loin pour l'admirer.

¹ Tandis que l'impératrice de Russie faisait naître chez elle les lois et les plaisirs, la discorde, sous le masque de la religion, bouleversa la Pologne; les plus ardents catholiques, ayant le nonce du pape à leur tête, implorèrent l'Église des Turcs contre la grecque et la protestante. L'Église turque marcha sur la frontière avec l'étendard de Mahomet; mais Mahomet fut battu pendant quatre années de suite par saint Nicolas, patron des Russes, sur terre et sur mer. L'Europe vit avec étonnement des flottes pénétrer du fond de la mer Baltique auprès des Dardanelles, et brûler les flottes turques vers Smyrne. Il y eut sans doute plus de héros russes dans cette guerre qu'on n'en supposa dans celle de Troie. L'histoire l'emporta sur la fable. Ce fut un

1. Dans la première édition de l'*Essai*, au lieu des quatre alinéas qui le terminent aujourd'hui, on lisait les quatre que voici :

« Tandis qu'elle parcourait les frontières de ses États, et qu'elle passait d'Europe en Asie pour voir, par ses yeux, les besoins et les ressources de ses peuples, son armée, au milieu de la Pologne, fit naître longtemps des soupçons, des craintes, des animosités. Mais enfin, quand on fut bien convaincu que ces soldats n'étaient que des ministres de paix, ce prodige inouï ouvrit les yeux à plusieurs prélats. Ils rougirent de n'être pas plus pacifiques que des troupes russes.

« L'évêque de Cracovie et le nouveau primat, tous deux génies supérieurs, entrèrent par cela même dans des vues et salutaires. Ils sentirent qu'ils étaient Polonais avant d'être romains; qu'ils étaient sénateurs, princes, patriotes, autant qu'évêques. Mais il ne fallait pas moins qu'un roi philosophe, un primat, des évêques sages, une impératrice qui se déclarait l'apôtre de la tolérance, pour détourner les malheurs qui menaçaient la Pologne. La philosophie a jusqu'ici prévenu dans le Nord le carnage dont le fanatisme a souillé longtemps tant d'autres climats.

« Dans ces querelles de religion, dans cette grande dispute sur la liberté naturelle des hommes, quelques intérêts particuliers se sont jetés à la traverse, comme il arrive en tout pays, et surtout chez une nation libre; mais ils sont perdus dans l'objet principal; et comme ils n'ont pas retardé d'un seul moment

beau spectacle que ce peuple naissant, qui seul écrasait partout la grandeur ottomane, si longtemps victorieuse de l'Europe réunie, et qui faisait revivre les vertus des Miltiade, lorsque tant d'autres nations dégénéraient.

La faction polonaise opposée à son roi n'eut d'autre ressource que l'intrigue; et, comme la religion était mêlée dans ces troubles, on eut bientôt recours aux assassinats.

A quelques lieues de Varsovie est une Notre-Dame aussi en vogue dans le Nord que celle de Lorette en Italie. Ce fut dans la chapelle de cette statue que les conjurés s'engagèrent par serment de prendre le roi, mort ou vif, au nom de Jésus et de sa mère. Après ce serment, ils allèrent se cacher dans Varsovie chez des moines et n'en sortirent que pour accomplir leur promesse à la Vierge. Le carrosse du roi fut entouré[1], plusieurs domestiques tués aux portières, le roi blessé de coups de sabre et effleuré de coups de fusil. Il ne dut la vie qu'aux remords d'un des assassins. Ce crime, qu'on avait voulu rendre sacré, ne fut que lâche et inutile.

La suite de tant d'horreurs fut le démembrement de la Pologne, que Stanislas Leczinski avait prédit. L'impératrice-reine de Hongrie, Marie-Thérèse, l'impératrice Catherine II, Frédéric le Grand, roi de Prusse, firent valoir les droits qu'ils réclamaient sur trois provinces polonaises. Ils s'en emparèrent; on n'osa s'y opposer. Tel fut le débrouillement du chaos polonais.

---

la marche uniforme dirigée vers la tolérance, nous n'avons pas fatigué le lecteur de ces petits mouvements qui disparaissent dans le mouvement général.

« Il semble, par la disposition des esprits, que les trois communions plaignantes rentreront dans tous leurs droits, sans que la communion romaine perde les siens. Elle aura tout, hors le droit d'opprimer, dont elle ne doit pas être jalouse. Et si une grande partie du Nord a dû son christianisme à des femmes, c'est à une femme supérieure qu'on devra le véritable esprit du christianisme, qui consiste dans la tolérance et dans la paix. »

Il paraît, par la lettre de Voltaire à Catherine, du 29 janvier 1768, que l'impératrice ne fut pas contente des éloges donnés ici à l'évêque de Cracovie, qui y est appelé *génie supérieur*, expression qui est au-dessus de celle que Voltaire avait employée pour la czarine (*femme supérieure*). Cependant le texte de 1767 fut conservé, en 1768, dans le tome VII des *Nouveaux Mélanges*; en 1769, dans le tome IV de l'*Évangile du jour* (voy. ma note au bas de la *Lettre d'un avocat de Besançon*); en 1771, dans le tome XV de l'édition in-4° des *Œuvres de Voltaire*. Le texte actuel est de 1775 : il parut, pour la première fois, dans l'édition encadrée.

La variante que je donne était importante non-seulement pour donner l'explication de la lettre du 29 janvier 1768, mais encore pour expliquer l'anachronisme apparent d'un écrit que je classe en 1767, et dans lequel on parle d'un événement arrivé en 1771. (*Note de M. Beuchot.*)

1. 3 novembre 1771. (Ed.)

LETTRES
A S. A. MGR LE PRINCE DE*****[1]
SUR RABELAIS,
ET SUR D'AUTRES AUTEURS ACCUSÉS D'AVOIR MAL PARLÉ
DE LA RELIGION CHRÉTIENNE.

(1767.)

LETTRE PREMIÈRE. — *Sur François Rabelais.*

Monseigneur, puisque Votre Altesse veut connaître à fond Rabelais, je commence par vous dire que sa vie, imprimée au-devant de *Gargantua*, est aussi fausse et aussi absurde que l'*Histoire de Gargantua* même. On y trouve que le cardinal de Belley l'ayant mené à Rome, et ce cardinal ayant baisé le pied droit du pape et ensuite la bouche, Rabelais dit qu'il lui voulait baiser le derrière, et qu'il fallait que le saint-père commençât par le laver. Il y a des choses que le respect du lieu, de la bienséance et de la personne rend impossibles. Cette historiette ne peut avoir été imaginée que par des gens de la lie du peuple, dans un cabaret.

Sa prétendue requête au pape est du même genre : on suppose qu'il pria le pape de l'excommunier, afin qu'il ne fût pas brûlé; parce que, disait-il, son hôtesse ayant voulu faire brûler un fagot, et n'en pouvant venir à bout, avait dit que ce fagot était excommunié de la gueule du pape.

L'aventure qu'on lui suppose, à Lyon, est aussi fausse et aussi peu vraisemblable : on prétend que, n'ayant ni de quoi payer son auberge, ni de quoi faire le voyage de Paris, il fit écrire par le fils de l'hôtesse ces étiquettes sur des petits sachets : « Poison pour faire mourir le roi, poison pour faire mourir la reine, etc. » Il usa, dit-on, de ce stratagème pour être conduit et nourri jusqu'à Paris, sans qu'il lui en coûtât rien, et pour faire rire le roi. On ajoute que c'était en 1536, dans le temps même que le roi et toute la France pleuraient le dauphin François qu'on avait cru empoisonné, et lorsqu'on venait d'écarteler Montecuculli, soupçonné de cet empoisonnement. Les auteurs de cette plate historiette n'ont pas fait réflexion que, sur un indice aussi terrible, on aurait jeté Rabelais dans un cachot, qu'il aurait été chargé de fers, qu'il aurait subi probablement la question ordinaire et extraordinaire, et que, dans des circonstances aussi funestes, et dans une accusation aussi grave, une mauvaise plaisanterie n'aurait pas servi à

1. Brunswick-Lunebourg. (Éd.)

sa justification. Presque toutes les Vies des hommes célèbres ont été défigurées par des contes qui ne méritent pas plus de croyance.

Son livre, à la vérité, est un ramas des plus impertinentes et des plus grossières ordures qu'un moine ivre puisse vomir ; mais aussi il faut avouer que c'est une satire sanglante du pape, de l'Église, et de tous les événements de son temps. Il voulut se mettre à couvert sous le masque de la folie ; il le fait assez entendre lui-même dans son prologue : « Posé le cas, dit-il, qu'au sens literal vous trouvez matières assez joyeuses, et bien correspondantes au nom ; toutesfoys pas demourer là ne fault, comme au chant des syrènes ; ains à plus hault sens interpréter ce que par adventure cuidiez dit en guayeté de cueur. .... Veistes-vous oncques chien rencontrant quelque os médullaire ? C'est, comme dict Platon, *lib.* II *de Rep.*, la beste du monde plus philosophe. Si veu l'avez, vous avez peu noter de quelle dévotion il le guette, de quel soing il le garde, de quelle ferveur il le tient, de quelle prudence il l'entamme, de quelle affection il le brise, et de quelle diligence il le sugce. Qui l'induict à ce faire ? quel est l'espoir de son étude ? quel bien prétend-il ? rien plus qu'un peu de mouelle. »

Mais qu'arriva-t-il ? très-peu de lecteurs ressemblèrent au chien qui suce la moelle. On ne s'attacha qu'aux os, c'est-à-dire aux bouffonneries absurdes, aux obscénités affreuses dont le livre est plein. Si malheureusement pour Rabelais on avait trop pénétré le sens du livre, si on l'avait jugé sérieusement, il est à croire qu'il lui en aurait coûté la vie, comme à tous ceux qui, dans ce temps-là, écrivaient contre l'Église romaine.

Il est clair que Gargantua est François Ier, Louis XII est Grand-Gousier, quoiqu'il ne fût pas le père de François, et Henri II est Pantagruel. L'éducation de Gargantua et le chapitre des *torche-culs* sont une satire de l'éducation qu'on donnait alors aux princes : les couleurs blanc et bleu désignent évidemment la livrée des rois de France.

La guerre pour une charrette de fouaces est la guerre entre Charles-Quint et François Ier, qui commença pour une querelle très-légère entre la maison de Bouillon-la-Marck et celle de Chimai ; et cela est si vrai, que Rabelais appelle Marcknet le conducteur des fouaces par qui commença la noise.

Les moines de ce temps-là sont peints très-naïvement sous le nom de frère Jean des Entomeures. Il n'est pas possible de méconnaître Charles-Quint dans le portrait de Picrochole.

À l'égard de l'Église, il ne l'épargne pas. Dès le premier livre, au chap. XXXIX, voici comme il s'exprime : « Que Dieu est bon qui nous donne ce bon piot ! j'advoue Dieu, si j'eusse esté au temps de Jésus-Christ, j'eusse bien engardé que les Juifs ne l'eussent prins au jardin d'Olivet. Ensemble le diable me faille, si j'eusse failly de coupper les jarrets à messieurs les apostres qui fuirent tant laschement après qu'ils eurent bien souppé, et laissarent leur bon maistre au besoing. Je hay plus que poison ung homme qui fuit quand il fault jouer des cousteaulx. Hon, que je ne suis roy de France pour quatre-vingts ou cent ans! par Dieu, je vous mettroys en chien courtault les fuyards de Pavie. »

On ne peut se méprendre à la généalogie de Gargantua; c'est une parodie très-scandaleuse de la généalogie la plus respectable. « De seulz-là, dit-il, sont venus les géants, et par eulx Pantagruel, et le premier feut Chalbroth, qui engendra Sarabroth,

Qui engendra Faribroth,

Qui engendra Hurtaly, qui feut beau mangeur de souppe, et régna au temps du déluge;

Qui engendra Happe-Mousche, qui le premier inventa de fumer les langues de bœuf;

Qui engendra Fout-asnon,

Qui engendra Vit-de-Grain,

Qui engendra Grand-Gousier,

Qui engendra Gargantua,

Qui engendra le noble Pantagruel, mon maistre. »

On ne s'est jamais tant moqué de tous nos livres de théologie que dans le catalogue des livres que trouva Pantagruel dans la bibliothèque de Saint-Victor; c'est « Bigua (biga) salutis, Bragueta juris, Pantofla decretorum; » la Couille-barrine des preux, le Décret de l'Université de Paris sur la gorge des filles, l'Apparition de Gertrude à une nonnain en mal d'enfant, le Moutardier de pénitence : *Tartaretus de modo cacandi*; l'Invention Sainte-Croix par les clercs de finesse, le Couillage des promoteurs, la Cornemuse des prélats, la Profiterolle des indulgences : « Utrum chimæra in vacuo bombinans possit comedere secundas intentiones : quæstio debatuta per decem hebdomadas in concilio Constantiensi; » les Brimborions des célestins, la Ratouere des théologiens; *chaultcouillonis de magistro*, les Aises de vie monacale, la Patenostre du singe, les Grézillons de dévotion, le Vietdazouer des abbés, etc.

Lorsque Panurge demande conseil à frère Jean des Entomeures pour savoir s'il se mariera et s'il sera cocu, frère Jean récite ses litanies. Ce ne sont pas les litanies de la Vierge; ce sont les litanies du c. mignon, c. moignon, c. patté, c. laité, etc. Cette plate profanation n'eût pas été pardonnable à un laïque; mais dans un prêtre!

Après cela, Panurge va consulter le théologal Hippothadée, qui lui dit qu'il sera cocu, s'il plait à Dieu. Pantagruel va dans l'île des Lanternois; ces Lanternois sont les ergoteurs théologiques qui commencèrent, sous le règne de Henri II, ces horribles disputes dont naquirent tant de guerres civiles.

L'île de Tohu et Bohu, c'est-à-dire de la confusion, est l'Angleterre qui changea quatre fois de religion depuis Henri VIII.

On voit assez que l'île de Papefiguière désigne les hérétiques. On connaît les papimanes; ils donnent le nom de Dieu au pape. On demande à Panurge s'il est assez heureux pour avoir vu le saint-père; Panurge répond qu'il en a vu trois, et qu'il n'a guère profité. La loi de Moïse est comparée à celle de Cybèle, de Diane, de Numa; les décrétales sont appelées *décrotoires*. Panurge assure que, s'étant torché le cul avec un feuillet des décrétales appelées *clémentines*, il en eut des hémorroïdes longues d'un demi-pied.

On se moque des basses messes qu'on appelle *messes sèches*, et Panurge dit qu'il en voudrait une mouillée, pourvu que ce fût de bon vin. La confession y est tournée en ridicule. Pantagruel va consulter l'oracle de la Dive Bouteille pour savoir s'il faut communier sous les deux espèces, et boire de bon vin après avoir mangé le pain sacré. Epistémon s'écrie en chemin : *Vivat, fifat, pipat ; ô secret Apocalyptique !* Frère Jean des Entomeures demande une charretée de filles pour se réconforter en cas qu'on lui refuse la communion sous les deux espèces. On rencontre des gastrolâtres, c'est-à-dire des possédés. Gaster invente le moyen de n'être pas blessé par le canon : c'est une raillerie contre tous les miracles.

Avant de trouver l'île où est l'oracle de la Dive Bouteille, ils abordent à l'île Sonnante, où sont cagots, clergaux, monagaux, prestregaux, abbegaux, évesgaux, cardingaux, et enfin le papegaut qui est unique dans son espèce. Les cagots avaient conchié toute l'île Sonnante. Les capucingaux étaient les animaux les plus puants et les plus maniaques de toute l'île.

La fable de l'Ane et du Cheval, la défense faite aux ânes de baudouiner dans l'écurie, et la liberté que se donnent les ânes de baudouiner pendant le temps de la foire, sont des emblèmes assez intelligibles du célibat des prêtres, et des débauches qu'on leur imputait alors.

Les voyageurs *sont admis devant le papegaut*. Panurge veut jeter *une pierre à un évesgaut* qui ronflait à la grand'messe ; maître Editue, c'est-à-dire maître sacristain, l'en empêche en lui disant : « Homme de bien, frappe, féris, tue et meurtris tous roys, princes du monde en trahison, par venin ou aultrement, quand tu voudras ; déniche des cieulx les anges, de tout auras pardon du papegaut, à ces sacrés oiseaux ne touche. »

De l'île Sonnante on va au royaume de Quintessence ou Entéléchie ; or Entéléchie c'est l'Ame. Ce personnage inconnu, et dont on parle depuis qu'il y a des hommes, n'y est pas moins tourné en ridicule que le pape ; mais les doutes sur l'existence de l'âme sont beaucoup plus enveloppés que les railleries sur la cour de Rome.

Les ordres mendiants habitent l'île des frères Fredons. Ils paraissent d'abord en procession. L'un d'eux ne répond qu'en monosyllabes à toutes les questions que Panurge fait sur leurs g..... « Combien sont-elles ? *vingt*. Combien en voudriez-vous ? *cent*.

Le remuement des fesses, quel est-il ? *dru*.

Que disent-elles en culetant ? *mot*.

Vos instruments, quels sont-ils ? *grands*.

Quantes fois par jour ? *six*. Et de nuit ? *dix*. »

Enfin l'on arrive à l'oracle de la Dive Bouteille. La coutume alors, dans l'Eglise, était de présenter de l'eau aux communiants laïques, pour faire passer l'hostie ; et c'est encore l'usage en Allemagne. Les réformateurs voulaient absolument du vin pour figurer le sang de Jésus-

Christ. L'Eglise romaine soutenait que le sang était dans le pain aussi bien que les os et la chair. Cependant les prêtres catholiques buvaient du vin, et ne voulaient pas que les séculiers en bussent. Il y avait dans l'île de l'oracle de la *Dive Bouteille* une belle fontaine d'eau claire. Le grand pontife Bacbuc en donna à boire aux pèlerins en leur disant ces mots : « Jadis ung capitaine juif, docte et chevalereux, conduisant son peuple par les déserts en extresme famine, impétra des cieulx la manne, laquelle leur estoit de goust tel par imagination, que parravant réalement leur estoient les viandes. Ici de mesme, beuvant de ceste liqueur mirificque, sentirez goust de tel vin comme l'aurez imaginé. Or *imaginez* et *beuvez* : ce que nous feymes ; puis s'escria Panurge, disant : « Par-Dieu, c'est ici vin de Beaulne, meilleur que oncques jamais je beu, ou je me donne à nonante et seize diables. »

Le fameux doyen d'Irlande, Swift, a copié ce trait dans son *Conte du Tonneau*, ainsi que plusieurs autres. Milord Pierre donne à Martin et à Jean, ses frères, un morceau de pain sec pour leur dîner, et veut leur faire accroire que ce pain contient de bon bœuf, des perdrix, des chapons, avec d'excellent vin de Bourgogne.

Vous remarquerez que Rabelais dédia la partie de son livre qui contient cette sanglante satire de l'Église romaine au cardinal Odet de Châtillon, qui n'avait pas encore levé le masque, et ne s'était pas déclaré pour la religion protestante. Son livre fut imprimé avec privilége; et le privilége pour cette satire de la religion catholique fut accordé en faveur des ordures dont on faisait en ce temps-là beaucoup plus de cas que des papegaux et des cardingaux. Jamais ce livre n'a été défendu en France, parce que tout y est entassé sous un tas d'extravagances qui n'ont jamais laissé le loisir de démêler le véritable but de l'auteur.

On a peine à croire que le bouffon qui riait si hautement de l'*Ancien* et du *Nouveau Testament* était curé. Comment mourut-il? en disant : *Je vais chercher un grand peut-être.*

L'illustre M. Le Duchat a chargé de notes pédantesques cet étrange ouvrage, dont il s'est fait quarante éditions. Observez que Rabelais vécut et mourut chéri, fêté, honoré, et qu'on fit mourir dans les plus affreux supplices ceux qui prêchaient la morale la plus pure.

Lettre II. — *Sur les prédécesseurs de Rabelais en Allemagne et en Italie, et d'abord du livre intitulé* epistolæ obscurorum virorum.

Monseigneur, Votre Altesse me demande si, avant Rabelais, on avait écrit avec autant de licence. Nous répondons que probablement son modèle a été le *Recueil des Lettres des* gens obscurs, qui parut en Allemagne au commencement du seizième siècle. Ce Recueil est en latin; mais il est écrit avec autant de naïveté et de hardiesse que Rabelais. Voici une ancienne traduction d'un passage de la vingt-huitième lettre.

« Il y a concordance entre les sacrés cahiers et les fables poétiques, comme le pourrez noter du serpent Python, occis par Apollon, comme le dit le Psalmiste[1] : *Ce dragon qu'aves formé pour vous en gausser.* Saturne, vieux père des dieux, qui mange ses enfants, est en Ézéchiel, lequel dit[2] : *Vos pères mangeront leurs enfants.* Diane se pourmenant avec force vierges, est la bienheureuse vierge Marie, selon le Psalmiste, lequel dit[3] : *Vierges viendront après elle.* Calisto déflorée par Jupiter, et retournant au ciel, est en *Matthieu*, chap. xix[4] : *Je reviendrai dans la maison dont je suis sortie.* Aglaure transmuée en pierre se trouve en *Job*, chap. xli[5] : *Son cœur s'endurcira comme pierre.* Europe engrossée par Jupiter, est en Salomon[6] : *Écoute, fille, vois, et incline ton oreille, car le roi t'a concupiscée.* Ézéchiel a prophétisé d'Actéon qui vit la nudité de Diane[7] : *Tu étais nue; j'ai passé par là et je t'ai vue.* Les poëtes ont écrit que Bacchus est né deux fois, ce qui signifie le Christ, né *avant les siècles et dans le siècle*[8]. Sémélé, qui nourrit Bacchus, est le prototype de la bienheureuse Vierge; car il est dit en *Exode*[9] : *Prends cet enfant, nourris-le-moi, et tu auras salaire.* »

Ces impiétés sont encore moins voilées que celles de Rabelais.

C'est beaucoup que dans ce temps-là l'on commençât en Allemagne à se moquer de la magie. On trouve dans la lettre de maître Achatius Lampirius une raillerie assez forte sur la conjuration qu'on employait pour se faire aimer des filles. Le secret consistait à prendre un cheveu de la fille ; on le plaçait d'abord dans son haut-de-chausse; on faisait une confession générale ; et l'on faisait dire trois messes pendant lesquelles on mettait le cheveu autour de son cou; on allumait un cierge bénit au dernier Évangile, et on prononçait cette formule : « O cierge ! je te conjure par la vertu du Dieu tout-puissant, par les neuf chœurs des anges, par la vertu goedrienne, amène-moi icelle fille en chair et en os, afin que je la saboule à mon plaisir, etc. »

Le latin macaronique dans lequel ces lettres sont écrites, porte avec lui un ridicule qu'il est impossible de rendre en français; il y a surtout une lettre de Pierre de La Charité, messager de grammaire à Ortuin, dont on ne peut traduire en français les équivoques latines : il s'agit de savoir si le pape peut rendre physiquement légitime un enfant bâtard. Il y en a une autre de Jean de Schwinfordt, maître ès arts, où l'on soutient que Jésus-Christ a été moine, saint Pierre prieur du couvent, Judas Iscariote maître d'hôtel, et l'apôtre Philippe portier.

Jean Schluntzig raconte, dans la lettre qui est sous son nom, qu'il avait trouvé à Florence Jacques de Hochstraten (Grande rue), ci-devant inquisiteur. « Je lui fis la révérence, dit-il, en lui ôtant mon chapeau, et je lui dis : « Père, êtes-vous révérend, ou n'êtes-vous « pas révérend ? » Il me répondit : *Je suis celui qui suis.* » Je lui dis alors : Vous êtes maître Jacques Grande rue ; sacré chiar d'Élie, dis-je, « comment diable êtes-vous à pied ? c'est un scandale; *ce qui est ne doit* « *pas se promener avec ses pieds en fange et en merde.* » Il me répondit : « *Ils sont venus en chariots et sur chevaux, mais nous venons au* « *nom du Seigneur.* » Je lui dis : « Par le Seigneur il est grande pluie

---

1. 103, 26. (Éd.) — 2. V, 10. (Éd.) — 3. xliv, 14. (Éd.) — 4. Verset 44. (Éd.) 5. Verset 16. (Éd.) — 6. xliv, 10. (Éd.) — 7. xvi, 7, 8. (Éd.) 8. *Ecclésiastique*, xxiv, 14. (Éd.) — 9. ii, 9. (Éd.)

« et grand froid. » Il leva les mains au ciel en disant : « Rosée du ciel, « *tombez d'en haut, et que les nuées du ciel pleuvent le juste.* »

Il faut avouer que voilà précisément le style de Rabelais ; et je ne doute pas qu'il n'ait eu sous les yeux ces *Lettres des gens obscurs* lorsqu'il écrivit son *Gargantua* et son *Pantagruel*.

Le conte de la femme qui, ayant ouï dire que tous les bâtards étaient de grands hommes, alla vite sonner à la porte des cordeliers, pour se faire faire un bâtard, est absolument dans le goût de notre maître François.

Les mêmes obscénités et les mêmes scandales fourmillent dans ces deux singuliers livres.

Des anciennes facéties italiennes qui précédèrent Rabelais. — L'Italie, dès le XIV° siècle, avait produit plus d'un exemple de cette licence. Voyez seulement dans Bocace *la confession de Ser Ciappelletto* à l'article de la mort. Son confesseur l'interroge ; il lui demande s'il n'est jamais tombé dans le péché d'orgueil. « Ah ! mon père, dit le coquin, j'ai bien peur de m'être damné par un petit mouvement de complaisance en moi-même, en réfléchissant que j'ai gardé ma virginité toute ma vie. — Avez-vous été gourmand ? — Hélas ! oui, mon père ; car, outre les jours de jeûne ordonnés, j'ai toujours jeûné au pain et à l'eau trois fois par semaine ; mais j'ai mangé mon pain quelquefois avec tant d'appétit et de délice, que ma gourmandise a sans doute déplu à Dieu. — Et l'avarice, mon fils ? — Hélas ! mon père, je suis coupable du péché d'avarice, pour avoir fait quelquefois le commerce, afin de donner tout mon gain aux pauvres. — Vous êtes-vous mis quelquefois en colère ? — Oh tant ! quand je voyais le service divin si négligé, et les pécheurs ne pas observer les commandements de Dieu, comme je me mettais en colère ! »

Ensuite Ser Ciappelletto s'accuse d'avoir fait balayer sa chambre un jour de dimanche ; le confesseur le rassure et lui dit que Dieu lui pardonnera ; le pénitent fond en larmes, et lui dit que Dieu ne lui pardonnera jamais ; qu'il se souvient qu'à l'âge de deux ans il s'était dépité contre sa mère, que c'était un crime irrémissible. « Ma pauvre mère, dit-il, qui m'a porté neuf mois dans son ventre le jour et la nuit, et qui me portait dans ses bras quand j'étais petit : non, Dieu ne me pardonnera jamais d'avoir été un si méchant enfant. »

Enfin, cette confession étant devenue publique, on fait un saint de Ciappelletto, qui avait été le plus grand fripon de son temps.

Le chanoine Luigi Pulci est beaucoup plus licencieux dans son poëme du *Morgante*. Il commence ce poëme par oser tourner en ridicule les premiers versets de l'*Évangile de saint Jean*.

« In principio era il Verbo appresso a Dio,
« Ed era Iddio il Verbo, e'l Verbo lui ;
« Questo era nel principio, al parer mio, etc. »

J'ignore, après tout, si c'est par naïveté ou par impiété que le Pulci, ayant mis l'Évangile à la tête de son poëme, le finit par le *Salve*,

Regina; mais soit puérilité, soit audace, cette liberté ne serait pas soufferte aujourd'hui. On condamnerait plus encore la réponse de Morgante à Margutte; ce Margutte demande à Morgante s'il est chrétien ou musulman.

« E s'egli crede in Cristo o in Maometto.
« Rispose allor Margutte : Per dirtel' tosto,
« Io non credo più al nero che all' azurro;
« Ma nel cappone o lesso o voglia arrosto.
« . . . .
« Ma sopra tutto nel buon vino ho fede.
« . . . .
« Or queste son' tre virtù cardinali;
« La gola, il dado, e'l culo, come io t'ho detto. »

Une chose bien étrange, c'est que presque tous les écrivains italiens des xiv°, xv°, et xvi° siècles, ont très-peu respecté cette même religion dont leur patrie était le centre; plus ils voyaient de près les augustes cérémonies de ce culte et les premiers pontifes, plus ils s'abandonnaient à une licence que la cour de Rome semblait alors autoriser par son exemple. On pouvait leur appliquer ces vers du *Pastor fido* :

« Il lungo conversar genera noia,
« E la noia disprezzo, e odio al fine. »

Les libertés qu'ont prises Machiavel, l'Arioste, l'Arétin, l'archevêque de Bénévent La Casa, le cardinal Bembo, Pomponace, Cardan, et tant d'autres savants, sont assez connues. Les papes n'y faisaient nulle attention; et pourvu qu'on achetât des indulgences, et qu'on ne se mêlât point du gouvernement, il était permis de tout dire. Les Italiens alors ressemblaient aux anciens Romains qui se moquaient impunément de leurs dieux, mais qui ne troublèrent jamais le culte reçu[1]. Il n'y eut que Giordano Bruno qui, ayant bravé l'inquisiteur à Venise, et s'étant fait un ennemi irréconciliable d'un homme si puissant et si dangereux, fut recherché pour son livre *della Bestia trionfante*; on le fit périr par le supplice du feu, supplice inventé parmi les chrétiens contre les hérétiques. Ce livre très-rare est pis qu'hérétique; l'auteur n'admet que la loi des patriarches, la loi naturelle; il fut composé et imprimé à Londres chez le lord Philippe Sidney, l'un des plus grands hommes d'Angleterre, favori de la reine Élisabeth.

Parmi les incrédules on range communément tous les princes et les politiques d'Italie des xiv°, xv°, et xvi° siècles. On prétend que si le pape Sixte IV avait eu de la religion, il n'aurait pas trempé dans la conjuration des Pazzi, pour laquelle on pendit l'archevêque de Florence, en habits pontificaux, aux fenêtres de l'hôtel de ville. Les assassins des Médicis, qui exécutèrent leur parricide dans la cathédrale, au moment que le prêtre montrait l'Eucharistie au peuple, ne pouvaient,

1. Nous citons tous ces scandales en les détestant, et nous espérons faire passer dans l'esprit du lecteur judicieux les sentiments qui nous animent.

dit-on, croire à l'Eucharistie. Il paraît impossible qu'il y eût le moindre instinct de religion dans le cœur d'un Alexandre VI, qui faisait périr par le stylet, par la corde, ou par le poison, tous les petits princes dont il ravissait les États, et qui leur accordait des indulgences *in articulo mortis*, dans le temps qu'ils rendaient les derniers soupirs.

On ne tarit point sur ces affreux exemples. Hélas! monseigneur, que prouvent-ils? que le frein d'une religion pure, dégagée de toutes les superstitions qui la déshonorent, et qui peuvent la rendre incroyable, était absolument nécessaire à ces grands criminels. Si la religion avait été épurée, il y aurait eu moins d'incrédulité et moins de forfaits. Quiconque croit fermement un Dieu rémunérateur de la vertu et vengeur du crime, tremblera sur le point d'assassiner un homme innocent, et le poignard lui tombera des mains : mais les Italiens alors, ne connaissant le christianisme que par des légendes ridicules, par les sottises et les fourberies des moines, s'imaginaient qu'il n'est aucune religion, parce que leur religion ainsi déshonorée leur paraissait absurde. De ce que Savonarole avait été un faux prophète, ils concluaient qu'il n'y a point de Dieu; ce qui est un fort mauvais argument. L'abominable politique de ces temps affreux leur fit commettre mille crimes; leur philosophie non moins affreuse étouffa leurs remords; ils voulurent anéantir le Dieu qui pouvait les punir.

LETTRE III. — *Sur Vanini.*

Monseigneur, vous me demandez des Mémoires sur Vanini; je ne puis mieux faire que de vous renvoyer à la section troisième de l'article ATHÉISME du *Dictionnaire philosophique* : j'ajouterai aux sages réflexions que vous y trouverez, qu'on imprima une *Vie de Vanini*, à Londres, en 1717[1]. Elle est dédiée à milord *North and Grey*. C'est un Français réfugié, son chapelain, qui en est l'auteur. C'est assez de dire, pour faire connaître le personnage, qu'il s'appuie dans son histoire sur le témoignage du jésuite Garasse, le plus absurde et le plus insolent calomniateur, et en même temps le plus ridicule écrivain qui ait jamais été chez les jésuites. Voici les paroles de Garasse, citées par le chapelain, et qui se trouvent en effet dans la *Doctrine curieuse* de ce jésuite, page 144 :

« Pour Lucile Vanin, il était Napolitain, homme de néant, qui avait rôdé toute l'Italie en chercheur de repues franches, et une bonne partie de la France en qualité de pédant. Ce méchant belître, étant venu en Gascogne en 1617, faisait état d'y semer avantageusement son ivraie, et faire riche moisson d'impiétés, cuidant avoir trouvé des esprits susceptibles de ses propositions. Il se glissait dans les noblesses effrontément pour y piquer l'escabelle aussi franchement que s'il eût été domestique, et apprivoisé de tout temps à l'humeur du pays; mais il rencontra des esprits plus forts et résolus à la défense de la vérité, qu'il ne s'était imaginé. »

1. Par D. Durand. (ÉD.)

Que pouvez-vous penser, monseigneur, d'une Vie écrite sur de pareils mémoires? Ce qui vous surprendra davantage, c'est que lorsque ce malheureux Vanini fut condamné, on ne lui représenta aucun de ses livres, dans lesquels on a imaginé qu'était contenu le prétendu athéisme pour lequel il fut condamné. Tous les livres de ce pauvre Napolitain étaient des livres de théologie et de philosophie, imprimés avec privilége, et approuvés par des docteurs de la Faculté de Paris. Ses *Dialogues* même qu'on lui reproche aujourd'hui, et qu'on ne peut guère condamner que comme un ouvrage très-ennuyeux, furent honorés des plus grands éloges en français, en latin, et même en grec. On voit surtout parmi ces éloges ces vers d'un fameux docteur de Paris [1]:

Vaninus, vir mente potens, sophiæque magister
Maximus, Italiæ decus, et nova gloria gentis.

Ces deux vers furent imités depuis en français :

Honneur de l'Italie, émule de la Grèce,
Vanini fait connaître et chérir la sagesse.

Mais tous ces éloges ont été oubliés, et on se souvient seulement qu'il a été brûlé vif. Il faut avouer qu'on brûle quelquefois les gens un peu légèrement ; témoin Jean Hus, Jérôme de Prague, le conseiller Anne Dubourg, Servet, Antoine, Urbain Grandier, la maréchale d'Ancre, Morin, et Jean Calas ; témoin enfin cette foule innombrable d'infortunés que presque toutes les sectes chrétiennes ont fait périr tour à tour dans les flammes ; horreur inconnue aux Persans, aux Turcs, aux Tartares, aux Indiens, aux Chinois, à la république romaine, et à tous les peuples de l'antiquité ; horreur à peine abolie parmi nous, et qui fera rougir nos enfants d'être sortis d'aïeux si abominables.

LETTRE IV. — *Sur les auteurs anglais.*

Monseigneur, Votre Altesse demande qui sont ceux qui ont eu l'audace de s'élever, non-seulement contre l'Église romaine, mais contre l'Église chrétienne ; le nombre en est prodigieux, surtout en Angleterre. Un des premiers est le lord Herbert de Cherbury, mort en 1648, connu par ses Traités de la religion des laïques, et de celle des gentils.

Hobbes ne reconnut d'autre religion que celle à qui le gouvernement donnait sa sanction. Il ne voulait point deux maîtres. Le vrai pontife est le magistrat ; cette doctrine souleva tout le clergé. On cria au scandale, à la nouveauté. Pour du scandale, c'est-à-dire de ce qui fait tomber, il y en avait ; mais de la nouveauté, non : car en Angleterre, le roi était dès longtemps le chef de l'Église. L'impératrice de Russie en est le chef dans un pays plus vaste que l'empire romain. Le sénat, dans la république, était le chef de la religion, et tout empereur romain était souverain pontife.

1. Gr. Certain (Éd.).

Le lord Shaftesbury surpassa de bien loin Herbert et Hobbes pour l'audace et pour le style. Son mépris pour la religion chrétienne éclate trop ouvertement.

La Religion naturelle de Wollaston est écrite avec bien plus de ménagement; mais n'ayant pas les agréments de milord Shaftesbury, ce livre n'a été guère lu que des philosophes.

De Toland. — Toland a porté des coups beaucoup plus violents. C'était une âme fière et indépendante; né dans la pauvreté, il pouvait s'élever à la fortune, s'il avait été plus modéré. La persécution l'irrita; il écrivit contre la religion chrétienne par haine et par vengeance.

Dans son premier livre intitulé *La Religion chrétienne sans mystères*, il avait écrit lui-même un peu mystérieusement, et sa hardiesse était couverte d'un voile. On le condamna; on le poursuivit en Irlande : le voile fut bientôt déchiré. Ses *Origines judaïques*, son *Nazaréen*, son *Pantheisticon*, furent autant de combats qu'il livra ouvertement au christianisme. Ce qui est étrange, c'est qu'ayant été opprimé en Irlande pour le plus circonspect de ses ouvrages, il ne fut jamais troublé en Angleterre pour les livres les plus audacieux.

On l'accusa d'avoir fini son *Pantheisticon* par cette prière blasphématoire qui se trouve en effet dans quelques éditions : « Omnipotens « et sempiterne Bacche, qui hominun corda donis tuis recreas, con- « cede propitius ut qui hesternis poculis ægroti facti sunt, hodiernis cu- « rentur, per pocula poculorum. Amen! »

Mais comme cette profanation était une parodie d'une prière de l'Église romaine, les Anglais n'en furent point choqués. Au reste, il est démontré que cette prière profane n'est point de Toland; elle avait été faite deux cents ans auparavant en France par une société de buveurs : on la trouve dans le *Carême allégorisé*, imprimé en 1563. Ce fou de jésuite Garasse en parle dans sa *Doctrine curieuse*, livre II, page 201.

Toland mourut avec un grand courage en 1721[1]. Ses dernières paroles furent : *Je vais dormir*. Il y a encore quelques pièces de vers en l'honneur de sa mémoire; ils ne sont pas faits par des prêtres de l'Église anglicane.

De Locke. — C'est à tort qu'on a compté le grand philosophe Locke parmi les ennemis de la religion chrétienne. Il est vrai que son livre du *Christianisme raisonnable* s'écarte assez de la foi ordinaire; mais la religion des primitifs appelés *trembleurs*, qui fait une si grande figure en Pensylvanie, est encore plus éloignée du christianisme ordinaire; et cependant ils sont réputés chrétiens.

On lui a imputé de ne point croire l'immortalité de l'âme, parce qu'il était persuadé que Dieu, le maître absolu de tout, pouvait donner (s'il le voulait) le sentiment et la pensée à la matière. M. de Voltaire l'a bien vengé de ce reproche. Il a prouvé que Dieu peut conserver éternellement l'atome, la monade, qu'il aura daigné favoriser du don

---

[1]. Né le 30 novembre 1670, Toland est mort le 11 mai 1722. (Ed.)

de la pensée. C'était le sentiment du célèbre et saint prêtre Gassendi, pieux défenseur de ce que la doctrine d'Épicure peut avoir de bon. Voyez sa fameuse lettre à Descartes:

« D'où vous vient cette notion? Si elle procède du corps, il faut que vous ne soyez pas sans extension. Apprenez-nous comment il se peut faire que l'espèce ou l'idée du corps, qui est étendu, puisse être reçue dans vous, c'est-à-dire dans une substance non étendue... Il est vrai que vous connaissez que vous pensez, mais vous ignorez quelle espèce de substance vous êtes, vous qui pensez, quoique l'opération de la pensée vous soit connue. Le principal de votre essence vous est caché; et vous ne savez point quelle est la nature de cette substance, dont l'une des opérations est de penser, etc. »

Locke mourut en paix, disant à Mme Masham et à ses amis qui l'entouraient : *La vie est une pure vanité.*

De l'évêque Taylor, et de Tindal. — On a mis peut-être avec autant d'injustice Taylor, évêque de Connor, parmi les mécréants, à cause de son livre du *Guide des douteurs*.

Mais pour le docteur Tindal, auteur du *Christianisme aussi ancien que le monde*, il a été constamment le plus intrépide soutien de la religion naturelle, ainsi que de la maison royale de Hanovre. C'était un des plus savants hommes d'Angleterre dans l'histoire. Il fut honoré jusqu'à sa mort d'une pension de deux cents livres sterling. Comme il ne goûtait pas les livres de Pope, qu'il le trouvait absolument sans génie et sans imagination, et ne lui accordait que le talent de versifier et de mettre en œuvre l'esprit des autres, Pope fut son implacable ennemi. Tindal de plus était un whig ardent, et Pope un jacobite. Il n'est pas étonnant que Pope l'ait déchiré dans sa *Dunciade*, ouvrage imité de Dryden, et trop rempli de bassesses et d'images dégoûtantes.

De Collins. — Un des plus terribles ennemis de la religion chrétienne a été Antoine Collins, grand trésorier de la comté d'Essex, bon métaphysicien, et d'une grande érudition. Il est triste qu'il n'ait fait usage de sa profonde dialectique que contre le christianisme. Le docteur Clarke, célèbre socinien, auteur d'un très-bon livre où il démontre l'existence de Dieu, n'a jamais pu répondre aux livres de Collins d'une manière satisfaisante, et a été réduit aux injures.

Ses *Recherches philosophiques* sur la liberté de l'homme, sur les fondements de la religion chrétienne, sur les prophéties littérales, sur la liberté de penser, sont malheureusement demeurées des ouvrages victorieux.

De Woolston. — Le trop fameux Thomas Woolston, maître ès arts de Cambridge, se distingua vers l'an 1726, par ses discours contre les miracles de Jésus-Christ, et leva l'étendard si hautement, qu'il faisait vendre à Londres son ouvrage dans sa propre maison. On en fit trois éditions coup sur coup, de dix mille exemplaires chacune.

Personne n'avait encore porté si loin la témérité et le scandale. Il traite de contes puérils et extravagants les miracles et la résurrection de notre Sauveur. Il dit que quand Jésus-Christ changea l'eau en vin pour des convives qui étaient déjà ivres, c'est qu'apparemment il fit du punch. Dieu emporté par le diable sur le pinacle du temple et sur une montagne dont on voyait tous les royaumes de la terre, lui paraît un blasphème monstrueux. Le diable envoyé dans un troupeau de deux mille cochons, le figuier séché pour n'avoir pas porté de figues quand ce n'était pas le temps des figues; la transfiguration de Jésus, ses habits devenus tout blancs, sa conversation avec Moïse et Élie, enfin toute son histoire sacrée est travestie en roman ridicule. Woolston n'épargne pas les termes les plus injurieux et les plus méprisants. Il appelle souvent notre Seigneur Jésus-Christ *The fellow*, ce compagnon, ce garnement, *a wanderer*, un vagabond, *a mendicant friar*, un frère coupé-chou mendiant.

Il se sauve pourtant à la faveur du sens mystique, en disant que ces miracles sont de pieuses allégories. Tous les bons chrétiens n'en ont pas moins eu son livre en horreur.

Il y eut un jour une dévote qui, en le voyant passer dans la rue, lui cracha au visage. Il s'essuya tranquillement et lui dit: *C'est ainsi que les Juifs ont traité votre Dieu*. Il mourut en paix en disant: *'Tis a pass every man must come to*, « c'est un terme où tout homme doit arriver. » Vous trouverez dans le *Dictionnaire portatif* de l'abbé Ladvocat, et dans un *nouveau Dictionnaire portatif*[1], où les mêmes erreurs sont copiées, que Woolston est mort en prison en 1733. Rien n'est plus faux; plusieurs de mes amis l'ont vu dans sa maison; il est mort libre chez lui.

De Warburton. — On a regardé Warburton, évêque de Glocester, comme un des plus hardis infidèles qui aient jamais écrit, parce qu'après avoir commenté Shakspeare, dont les comédies, et même quelquefois les tragédies, fourmillent de quolibets licencieux, il a soutenu, dans sa *Légation de Moïse*, que Dieu n'a point enseigné à son peuple chéri l'immortalité de l'âme. Il se peut qu'on ait jugé cet évêque trop durement, et que l'orgueil et l'esprit satirique qu'on lui reprocha aient soulevé toute la nation. On a beaucoup écrit contre lui. Les deux premiers volumes de son ouvrage n'ont paru qu'un vain fatras d'érudition erronée, dans lesquels il ne traite pas même son sujet, et qui de plus sont contraires à son sujet, puisqu'ils ne tendent qu'à prouver que tous les législateurs ont établi pour principe de leurs religions l'immortalité de l'âme; en quoi même Warburton se trompe, car ni Sanchoniathon le Phénicien, ni le livre des *cinq Kings* chinois, ni Confucius, n'admettent ce principe.

Mais jamais Warburton, dans tous ses faux-fuyants, n'a pu répondre aux grands arguments personnels dont on l'a accablé. Vous prétendez que tous les sages ont posé pour fondement de la religion l'immortalité de l'âme, les peines, et les récompenses après la mort; or, Moïse n'en parle ni dans son *Décalogue*, ni dans aucune de ses lois; donc Moïse, de votre aveu, n'était pas un sage.

[1] Celui de Chaudon. (Éd.)

Ou il était instruit de ce grand dogme, ou il l'ignorait. S'il en était instruit, il est coupable de ne l'avoir pas enseigné; s'il l'ignorait, il était indigne d'être législateur.

Ou Dieu inspirait Moïse, ou ce n'était qu'un charlatan. Si Dieu inspirait Moïse, il ne pouvait lui cacher l'immortalité de l'âme; et s'il ne lui a pas appris ce que tous les Égyptiens savaient, Dieu l'a trompé et a trompé tout son peuple. Si Moïse n'était qu'un charlatan, vous détruisez toute la loi mosaïque, et par conséquent vous sapez par le fondement la religion chrétienne bâtie sur la mosaïque. Enfin, si Dieu a trompé Moïse, vous faites de l'Être infiniment parfait un séducteur et un fripon. De quelque côté que vous vous tourniez, vous blasphémez.

Vous croyez vous tirer d'affaire en disant que Dieu payait son peuple comptant, en le punissant temporellement de ses transgressions, et en le récompensant par les biens de la terre quand il était fidèle. Cette évasion est pitoyable; car combien de transgresseurs ont passé leurs jours dans les délices! témoin Salomon. Ne faut-il pas avoir perdu le bon sens ou la pudeur pour dire que chez les Juifs aucun scélérat n'échappait à la punition temporelle? N'est-il pas parlé cent fois du bonheur des méchants dans l'Écriture?

Nous savions avant vous que ni le *Décalogue* ni le *Lévitique* ne font mention de l'immortalité de l'âme, ni de sa spiritualité, ni des peines et des récompenses dans une autre vie; mais ce n'était pas à vous à le dire. Ce qui est pardonnable à un laïque ne l'est pas à un prêtre; et surtout vous ne devez pas le dire dans quatre volumes ennuyeux.

Voilà ce que l'on objecte à Warburton; il a répondu par des injures atroces; et il a cru enfin qu'il avait raison, parce que son évêché lui vaut deux mille cinq cents guinées de rentes. Toute l'Angleterre s'est déclarée contre lui malgré ses guinées. Il s'est rendu odieux par la virulence de son insolent caractère, beaucoup plus que par l'absurdité de son système.

De Bolingbroke. — Milord Bolingbroke a été plus audacieux que Warburton et de meilleure foi. Il ne cesse de dire, dans ses *OEuvres philosophiques*, que les athées sont beaucoup moins dangereux que les théologiens. Il raisonnait en ministre d'État qui savait combien de sang les querelles théologiques ont coûté à l'Angleterre; mais il devait s'en tenir à proscrire la théologie et non la religion chrétienne, dont tout homme d'État peut tirer de très-grands avantages pour le genre humain, en la resserrant dans ses bornes, si elle les a franchies. On a publié après la mort du lord Bolingbroke quelques-uns de ses ouvrages plus violents encore que son *Recueil philosophique*; il y déploie une éloquence funeste. Personne n'a jamais écrit rien de plus fort; on voit qu'il avait la religion chrétienne en horreur. Il est triste qu'un si sublime génie ait voulu couper par la racine un arbre qu'il pouvait rendre très-utile en élaguant les branches et en nettoyant sa mousse.

On peut épurer la religion. On commença ce grand ouvrage il y a près de deux cent cinquante années; mais les hommes ne s'éclairent que par degrés. Qui aurait prévu alors qu'on analyserait les rayons du soleil, qu'on électriserait avec le tonnerre et qu'on découvrirait la loi de gravitation universelle, loi qui préside à l'univers? Il est temps, selon Bolingbroke, qu'on bannisse la théologie, comme on a banni l'astrologie judiciaire, la sorcellerie, la possession du diable, la baguette divinatoire, la panacée universelle et les jésuites. La théologie n'a jamais servi qu'à renverser les lois et qu'à corrompre les cœurs; elle seule fait les athées; car le grand nombre des théologiens qui est assez sensé pour voir le ridicule de cette science chimérique, n'en sait pas assez pour lui substituer une saine philosophie. La théologie, disent-ils, est, selon la signification du mot, la science de Dieu. Or, les polissons qui ont profané cette science ont donné de Dieu des idées absurdes; et de là ils concluent que la Divinité est une chimère, parce que la théologie est chimérique. C'est précisément dire qu'il ne faut ni prendre du quinquina pour la fièvre, ni faire diète dans la pléthore, ni être saigné dans l'apoplexie, parce qu'il y a eu de mauvais médecins; c'est nier la connaissance du cours des astres, parce qu'il y a eu des astrologues; c'est nier les effets évidents de la chimie, parce que des chimistes charlatans ont prétendu faire de l'or. Les gens du monde, encore plus ignorants que ces petits théologiens, disent : « Voilà des bacheliers et des licenciés qui ne croient pas en Dieu, pourquoi y croirions-nous ? » Voilà quelle est la suite funeste de l'esprit théologique. Une fausse science fait les athées; une vraie science prosterne l'homme devant la Divinité; elle rend juste et sage celui que l'abus de la théologie a rendu inique et insensé.

De Thomas Chubb [1]. — Thomas Chubb est un philosophe formé par la nature. La subtilité de son génie, dont il abusa, lui fit embrasser non-seulement le parti des sociniens, qui ne regardent Jésus-Christ que comme un homme, mais enfin celui des théistes rigides, qui reconnaissent un Dieu et n'admettent aucun mystère. Ses égarements sont méthodiques : il voudrait réunir tous les hommes dans une religion qu'il croit épurée, parce qu'elle est simple. Le mot de christianisme est à chaque page dans ses divers ouvrages, mais la chose ne s'y trouve pas. Il ose penser que Jésus-Christ a été de la religion de Thomas Chubb; mais il n'est pas de la religion de Jésus-Christ. Un abus perpétuel des mots est le fondement de sa persuasion. Jésus-Christ a dit : « Aimez Dieu et votre prochain, voilà toute la loi, voilà tout l'homme. » Chubb s'en tient à ces paroles, il écarte tout le reste. Notre Sauveur lui paraît un philosophe comme Socrate, qui fut mis à mort comme lui pour avoir combattu les superstitions et les prêtres de son pays. D'ailleurs il a écrit avec retenue, il s'est toujours couvert d'un voile. Les obscurités dans lesquelles il s'enveloppe lui ont donné plus de réputation de lecteurs.

1. Né en 1679, mort en 1747. (Ép.)

LETTRE V. — *Sur Swift.*

Il est vrai, monseigneur, que je ne vous ai point parlé de Swift; il mérite un article à part; c'est le seul écrivain anglais de ce genre qui ait été plaisant. C'est une chose bien étrange que les deux hommes à qui on doit le plus reprocher d'avoir osé tourner la religion chrétienne en ridicule, aient été deux prêtres ayant charge d'âmes. Rabelais fut curé de Meudon, et Swift fut doyen de la cathédrale de Dublin; tous deux lancèrent plus de sarcasmes contre le christianisme que Molière n'en a prodigué contre la médecine; et tous deux vécurent et moururent paisibles, tandis que d'autres hommes ont été persécutés, poursuivis, mis à mort pour quelques paroles équivoques.

Quelquefois l'un se brise où l'autre s'est sauvé,
Et par où l'un périt un autre est conservé.
Cinna, acte II, scène I.

Le *Conte du Tonneau* du doyen Swift est une imitation des *trois Anneaux*. La fable de ces trois anneaux est fort ancienne; elle est du temps des croisades. C'est un vieillard qui laissa, en mourant, une bague à chacun de ses trois enfants; ils se battirent à qui aurait la plus belle; on reconnut enfin, après de longs débats, que les trois bagues étaient parfaitement semblables. Le bon vieillard est le théisme, les trois enfants sont la religion juive, la chrétienne et la musulmane.

L'auteur oublia les religions des mages et des brachmanes, et beaucoup d'autres; mais c'était un Arabe qui ne connaissait que ces trois sectes. Cette fable conduit à cette indifférence qu'on reprocha tant à l'empereur Frédéric II, et à son chancelier *De Vineis*, qu'on accuse d'avoir composé le livre *De tribus Impostoribus*, qui, comme vous savez, n'a jamais existé.

Le conte des *trois Anneaux* se trouve dans quelques anciens recueils : le docteur Swift lui a substitué trois justaucorps. L'introduction à cette raillerie impie est digne de l'ouvrage; c'est une estampe où sont représentées trois manières de parler en public : la première est le théâtre d'Arlequin et de Gilles; la seconde est un prédicateur dont la chaire est la moitié d'une futaille; la troisième est l'échelle du haut de laquelle un homme qu'on va pendre harangue le peuple.

Un prédicateur entre Gilles et un pendu ne fait pas une belle figure. Le corps du livre est une histoire allégorique des trois principales sectes qui divisent l'Europe méridionale, la romaine, la luthérienne et la calviniste; car il ne parle pas de l'Église grecque, qui possède six fois plus de terrain qu'aucune des trois autres, et il laisse là le mahométisme, bien plus étendu que l'Église grecque.

Les trois frères à qui leur vieux bonhomme de père a légué trois justaucorps tout unis et de la même couleur, sont Pierre, Martin et Jean, c'est-à-dire le pape, Luther et Calvin. L'auteur fait faire plus d'extravagances à ses trois héros que Cervantes n'en attribue à son don Quishotte et l'Arioste à son Roland ; mais milord Pierre est le plus maltraité des trois frères. Le livre est très-mal traduit en français ; il n'était pas possible de rendre le comique dont il est assaisonné. Ce comique tombe souvent sur des querelles entre l'Église anglicane et la presbytérienne, sur des usages, sur des aventures que l'on ignore en France, et sur des jeux de mots particuliers à la langue anglaise. Par exemple, le mot qui signifie *une bulle du pape* en français, signifie aussi en anglais *un bœuf* (*bull*). C'est une source d'équivoques et de plaisanteries entièrement perdues pour un lecteur français.

Swift était bien moins savant que Rabelais; mais son esprit est plus fin et plus délié ; c'est le Rabelais de la bonne compagnie. Les lords Oxford et Bolingbroke firent donner le meilleur bénéfice d'Irlande, après l'archevêché de Dublin, à celui qui avait couvert la religion chrétienne de ridicule ; et Abbadie, qui avait écrit en faveur de cette religion un livre auquel on prodiguait les éloges, n'eut qu'un malheureux petit bénéfice de village; mais il est à remarquer que tous deux sont morts fous.

LETTRE VI. — *Sur les Allemands.*

Monseigneur, votre Allemagne a eu aussi beaucoup de grands seigneurs et de philosophes accusés d'irréligion. Votre célèbre Corneille Agrippa, au XVIᵉ siècle, fut regardé, non-seulement comme un sorcier, mais comme un incrédule : cela est contradictoire ; car un sorcier croit en Dieu, puisqu'il ose mêler le nom de Dieu dans toutes ses conjurations. Un sorcier croit au diable, puisqu'il se donne au diable. Chargé de ces deux calomnies comme Apulée, Agrippa fut bien heureux de n'être qu'en prison et de ne mourir qu'à l'hôpital. Ce fut lui qui, le premier, débita que le fruit défendu dont avaient mangé Adam et Ève était la jouissance de l'amour, à laquelle ils s'étaient abandonnés avant d'avoir reçu de Dieu la bénédiction nuptiale. Ce fut encore lui qui, après avoir cultivé les sciences, écrivit le premier contre elles. Il décria le lait dont il avait été nourri, parce qu'il l'avait très-mal digéré. Il mourut dans l'hôpital de Grenoble en 1535.

Je ne connais votre fameux docteur Faustus que par la comédie dont il est le héros, et qu'on joue dans toutes vos provinces de l'empire. Votre docteur Faustus y est dans un commerce suivi avec le diable. Il lui écrit des lettres qui cheminent par l'air au moyen d'une ficelle ; il en reçoit des réponses. On voit des miracles à chaque acte, et le diable emporte Faustus à la fin de la pièce. On dit qu'il était né en Souabe, et qu'il vivait sous Maximilien Iᵉʳ. Je ne crois pas qu'il ait fait plus de fortune auprès de Maximilien qu'auprès du diable son autre maître.

Le célèbre Érasme fut également soupçonné d'irréligion par les catholiques et par les protestants, parce qu'il se moquait des excès où les uns et les autres tombèrent. Quand deux partis ont tort, celui qui se tient neutre, et qui par conséquent a raison, est vexé par l'un et par l'autre. La statue qu'on lui a dressée dans la place de Rotterdam, sa patrie, l'a vengé de Luther et de l'inquisition.

Mélanchthon[1], *terre noire*, fut à peu près dans le cas d'Érasme. On prétend qu'il changea quatorze fois de sentiment sur le péché originel et sur la prédestination. On l'appelait, dit-on, le Protée d'Allemagne. Il aurait voulu en être le Neptune qui retient la fougue des vents.

> *Jam cælum terramque meo sine numine, venti,*
> *Miscere, et tantas audetis tollere moles !*
> Virg., Æneid., I, 137.

Il était modéré et tolérant. Il passa pour indifférent. Étant devenu protestant, il conseilla à sa mère de rester catholique. De là on jugea qu'il n'était ni l'un ni l'autre.

J'omettrai, si vous le permettez, la foule de sectaires à qui l'on a reproché d'embrasser des factions plutôt que d'adhérer à des opinions, et de croire à l'ambition ou à la cupidité bien plutôt qu'à Luther et au pape. Je ne parlerai pas des philosophes, accusés de n'avoir eu d'autre évangile que la nature.

Je viens à votre illustre Leibnitz. Fontenelle, en faisant son éloge à Paris en pleine académie, s'exprime sur sa religion en ces termes : « On l'accuse de n'avoir été qu'un grand et rigide observateur du droit naturel : ses pasteurs lui en ont fait des réprimandes publiques et inutiles. »

Vous verrez bientôt, monseigneur, que Fontenelle, qui parlait ainsi, avait essuyé des imputations non moins graves.

Wolff, le disciple de Leibnitz, a été exposé à un plus grand danger. Il enseignait les mathématiques dans l'Université de Hall avec un succès prodigieux. Le professeur théologien Lange, qui gelait de froid dans la solitude de son école, tandis que Wolff avait cinq cents auditeurs, s'en vengea en dénonçant Wolff comme un athée. Le feu roi de Prusse Frédéric-Guillaume, qui s'entendait mieux à exercer ses troupes qu'aux disputes des savants, crut Lange trop aisément ; il donna le choix à Wolff de sortir de ses États dans vingt-quatre heures, ou d'être pendu. Le philosophe résolut sur-le-champ le problème en se retirant à Marbourg, où ses écoliers le suivirent, et où sa gloire et sa fortune augmentèrent. La ville de Hall perdit alors plus de quatre cent mille florins par an que Wolff lui valait par l'affluence de ses disciples : le revenu du roi en souffrit, et l'injustice faite au philosophe ne retomba que sur le monarque. Vous savez, monseigneur, avec quelle équité et quelle grandeur d'âme le successeur de ce prince[2] répara l'erreur dans laquelle on avait entraîné son père.

Il est dit à l'article *Wolff* dans un dictionnaire, que Charles-Frédéric, philosophe couronné, ami de Wolff, l'éleva à la dignité de vice-chancelier de l'Université de l'électeur de Bavière, et de baron de l'empire. Le roi dont il est parlé dans cet article, est en effet un philosophe, un savant, un très-grand génie, ainsi qu'un très-grand capitaine sur le trône ; mais il ne s'appelle point Charles ; il n'y a point dans ses États d'Université appartenante à l'électeur de Bavière ; l'em-

---

1. Mélanchton signifie en grec *terre noire*. (Éd.) — 2. Frédéric le Grand. (Éd.)

pereur seul fait des barons de l'empire. Ces petites fautes, qui sont trop fréquentes dans tous les dictionnaires, peuvent être aisément corrigées.

Depuis ce temps, la liberté de penser a fait des progrès étonnants dans tout le nord de l'Allemagne. Cette liberté même a été portée à un tel excès, qu'on a imprimé, en 1766, un *Abrégé de l'histoire ecclésiastique* de Fleury, avec une préface d'un style éloquent, qui commence par ces paroles :

« L'établissement de la religion chrétienne a eu, comme tous les empires, de faibles commencements. Un Juif de la lie du peuple, dont la naissance est douteuse, qui mêle aux absurdités des anciennes prophéties des préceptes de morale, auquel on attribue des miracles, est le héros de cette secte : douze fanatiques se répandent d'Orient en Italie, etc. »

Il est triste que l'auteur de ce morceau, d'ailleurs profond et sublime, se soit laissé emporter à une hardiesse si fatale à notre sainte religion. Rien n'est plus pernicieux. Cependant cette licence prodigieuse n'a presque point excité de rumeurs. Il est bien à souhaiter que ce livre soit peu répandu. On n'en a tiré, à ce que je présume, qu'un petit nombre d'exemplaires.

Le discours de l'empereur Julien contre le christianisme, traduit à Berlin, par le marquis d'Argens, chambellan du roi de Prusse, et dédié au prince Ferdinand de Brunsvick, serait un coup non moins funeste porté à notre religion, si l'auteur n'avait pas eu le soin de rassurer par des remarques savantes les esprits effarouchés. L'ouvrage est précédé d'une préface sage et instructive, dans laquelle il rend justice (il est vrai) aux grandes qualités et aux vertus de Julien, mais dans laquelle aussi il avoue les erreurs funestes de cet empereur. Je pense, monseigneur, que ce livre ne vous est pas inconnu, et que votre christianisme n'en a pas été ébranlé.

LETTRE VII. — *Sur les Français.*

Vous avez, je crois, très-bien deviné, monseigneur, qu'en France il y a plus d'hommes accusés d'impiété que de véritables impies ; de même qu'on y a vu beaucoup plus de soupçons d'empoisonnements que d'empoisonneurs.

L'inquiétude, la vivacité, la loquacité, la pétulance française supposa toujours plus de crimes qu'elle n'en commit. C'est pourquoi il meurt rarement un prince chez Mézerai sans qu'on lui ait donné le boucon. Le jésuite Garasse et le jésuite Hardouin trouvent partout des athées. Force moines, ou gens pires que moines, craignant la diminution de leur crédit, ont été des sentinelles criant toujours : « Qu vive? l'ennemi est aux portes. » Grâces soient rendues à Dieu de ce que nous ayons bien moins de gens niant Dieu qu'on ne l'a dit.

De Bonaventure Desperiers. — Un des premiers exemples en France de la persécution fondée sur des terreurs paniques, fut le vacarme étrange qui dura si longtemps au sujet du *Cymbalum mundi*, petit livret d'une cinquantaine de pages tout au plus. L'auteur, Bonaventure Desperiers, vivait au commencement du seizième siècle. Ce Desperiers était domestique de Marguerite de Valois, sœur de François Ier. Les lettres commençaient alors à renaître. Desperiers voulut faire en latin quelques dialogues dans le goût de Lucien ; il composa quatre dialogues très-insipides sur les prédictions, sur la pierre philosophale, sur un cheval qui parle, sur les chiens d'Actéon. Il n'y a pas assurément, dans tout ce fatras de plat écolier, un seul mot qui ait le moindre et le plus éloigné rapport aux choses que nous devons révérer.

On persuada à quelques docteurs qu'ils étaient désignés par les chiens et par les chevaux. Pour les chevaux, ils n'étaient pas accoutumés à cet honneur. Les docteurs aboyèrent; aussitôt l'ouvrage fut recherché, traduit en langue vulgaire, et imprimé; et chaque fainéant d'y trouver des allusions; et les docteurs de crier à l'hérétique, à l'impie, à l'athée. Le livret fut déféré aux magistrats, le libraire Morin mis en prison, et l'auteur en de grandes angoisses.

L'injustice de la persécution frappa si fortement le cerveau de Bonaventure qu'il se tua de son épée dans le palais de Marguerite. Toutes les langues des prédicateurs, toutes les plumes des théologiens, s'exercèrent sur cette mort funeste. Il s'est défait lui-même; donc il était coupable; donc il ne croyait point en Dieu; donc son petit livre, que personne n'avait pourtant la patience de lire, était le catéchisme des athées: chacun le dit, chacun le crut : *Credidi propter quod locutus sum*[1], « j'ai cru parce que j'ai parlé, » est la devise des hommes. On répète une sottise, et à force de la redire on en est persuadé.

Le livre devint d'une rareté extrême, nouvelle raison pour le croire infernal. Tous les auteurs d'anecdotes littéraires et de dictionnaires n'ont pas manqué d'affirmer que le *Cymbalum mundi* est le précurseur de Spinosa.

Nous avons encore un ouvrage d'un conseiller de Bourges, nommé Cathérinot, très-digne des armes de Bourges. Ce grand juge dit : « Nous avons deux livres impies que je n'ai jamais vus, l'un *De tribus Impostoribus*, l'autre le *Cymbalum mundi*. » Eh ! mon ami, si tu ne les as pas vus, pourquoi en parles-tu?

Le minime Mersenne, ce facteur de Descartes, le même qui donne douze apôtres à Vanini, dit de Bonaventure Desperiers : « C'est un monstre et un fripon, d'une impiété achevée. » Vous remarquerez qu'il n'avait pas lu son livre. Il n'en restait plus que deux exemplaires dans l'Europe quand Prosper Marchand le réimprima à Amsterdam, en 1711. Alors le voile fut tiré; on ne cria plus à l'impiété, à l'athéisme; on cria à l'ennui; et on n'en parla plus.

De Théophile. — Il en a été de même de Théophile, très-célèbre dans son temps; c'était un jeune homme de bonne compagnie, faisant très-facilement des vers médiocres, mais qui eurent de la réputation;

1. *Psalm.* CXV, 1. (Éd.)

très-instruit dans les belles-lettres; écrivant purement en latin; homme de table autant que de cabinet; bienvenu chez les jeunes seigneurs qui se piquaient d'esprit, et surtout chez cet illustre et malheureux duc de Montmorenci, qui, après avoir gagné des batailles, mourut sur un échafaud.

S'étant trouvé un jour avec deux jésuites, et la conversation étant tombée sur quelques points de la malheureuse philosophie de son temps, la dispute s'aigrit. Les jésuites substituèrent les injures aux raisons. Théophile était poëte et Gascon, *genus irritabile vatum*[1] *et Vasconum*. Il fit une petite pièce de vers où les jésuites n'étaient pas trop bien traités; en voici trois qui coururent toute la France :

    Cette grande et noire machine,
    Dont le souple et le vaste corps
    Étend ses bras jusqu'à la Chine.

Théophile même les rappelle dans une épître en vers, écrite de sa prison, au roi Louis XIII. Tous les jésuites se déchaînèrent contre lui. Les deux plus furieux, Garasse et Guérin, déshonorèrent la chaire et violèrent les lois en le nommant dans leurs sermons, en le traitant d'athée et d'homme abominable, en excitant contre lui toutes leurs dévotes.

Un jésuite plus dangereux, nommé Voisin, qui n'écrivait ni ne prêchait, mais qui avait un grand crédit auprès du cardinal de La Rochefoucauld, intenta un procès criminel à Théophile, et suborna contre lui un jeune débauché, nommé Sajeot, qui avait été son écolier, et qui passait pour avoir servi à ses plaisirs infâmes, ce que l'accusé lui reprocha à la confrontation. Enfin le jésuite Voisin obtint, par la faveur du jésuite Caussin, confesseur du roi, un décret de prise de corps contre Théophile sur l'accusation d'impiété et d'athéisme. Le malheureux prit la fuite, on lui fit son procès par contumace, il fut brûlé en effigie en 1621. Qui croirait que la rage des jésuites n'était pas encore assouvie? Voisin paya un lieutenant de la connétable, nommé Le Blanc, pour l'arrêter dans le lieu de sa retraite en Picardie. On l'enferma chargé de fers dans un cachot, aux acclamations de la populace à qui Le Blanc criait : « C'est un athée que nous allons brûler. » De là on le mena à Paris, à la Conciergerie, où il fut mis dans le cachot de Ravaillac. Il y resta une année entière, pendant laquelle les jésuites prolongèrent son procès pour chercher contre lui des preuves.

Pendant qu'il était dans les fers, Garasse publiait sa *Doctrine curieuse*, dans laquelle il dit que Pasquier, le cardinal Wolsey, Scaliger, Luther, Calvin, Bèze, le roi d'Angleterre, le landgrave de Hesse, et Théophile, sont des bélîtres d'athéistes et de carpocratiens. Ce Garasse écrivait dans son temps comme le misérable ex-jésuite Nonotte a écrit dans le sien : la différence est que l'insolence de Garasse était fondée sur le crédit qu'avaient alors les jésuites, et que la fureur de l'absurde Nonotte est le fruit de l'horreur et du mépris où les jésuites sont tom-

[1] Horace, II, épître II, 102. (Éd.)

bés dans l'Europe; c'est le serpent qui veut mordre encore quand il a
été coupé en tronçons. Théophile fut surtout interrogé sur le *Parnasse
satirique*, recueil d'impudicités dans le goût de Pétrone, de Martial,
de Catulle, d'Ausone, de l'archevêque de Bénévent La Casa, de l'évêque
d'Angoulême Octavien de Saint-Gelais, et de Melin de Saint-Gelais son
fils, de l'Arétin, de Chorier, de Marot, de Verville, des épigrammes
de Rousseau, et de cent autres sottises licencieuses. Cet ouvrage n'était
pas de Théophile. Le libraire avait rassemblé tout ce qu'il avait pu de
Maynard, de Colletet, de Frénicle, magistrat, et depuis de l'Académie
des sciences, et de quelques seigneurs de la cour. Il fut avéré que
Théophile n'avait point de part à cette édition, contre laquelle lui-
même avait présenté requête. Enfin les jésuites, quelque puissants
qu'ils fussent alors, ne purent avoir la consolation de le faire brûler,
et ils eurent même beaucoup de peine à obtenir qu'il fût banni de
Paris. Il y revint malgré eux, protégé par le duc de Montmorenci,
qui le logea dans son hôtel, où il mourut, en 1626, du chagrin auquel
une si cruelle persécution le fit enfin succomber.

De Des-Barreaux. — Le conseiller au parlement Des-Barreaux, qui
dans sa jeunesse avait été ami de Théophile, et qui ne l'avait pas abandonné dans sa disgrâce, passa constamment pour un athée. Et sur
quoi? sur un conte qu'on fait de lui, sur l'aventure de l'*omelette au
lard*. Un jeune homme à saillies libertines peut très-bien dans un cabaret manger gras un samedi, et pendant un orage mêlé de tonnerre
jeter le plat par la fenêtre, en disant : *Voilà bien du bruit pour une
omelette au lard*, sans pour cela mériter l'affreuse accusation d'a-
théisme. C'est sans doute une très-grande irrévérence; c'est insulter
l'Église dans laquelle il était né; c'est se moquer de l'institution des
jours maigres; mais ce n'est pas nier l'existence de Dieu.

Ce qui lui donna cette réputation, ce fut principalement l'indiscrète
témérité de Boileau, qui, dans sa *Satire des femmes*, laquelle n'est
pas sa meilleure, dit qu'il a vu plus d'un *Capanée*,

Du tonnerre dans l'air bravant les vains carreaux,
Et nous parlant de Dieu du ton de Des-Barreaux.

Jamais ce magistrat n'écrivit rien contre la Divinité. Il n'est pas permis de flétrir du nom d'*athée* un homme de mérite contre lequel on
n'a aucune preuve; cela est indigne. On a imputé à Des-Barreaux le
fameux sonnet qui finit ainsi :

Tonne, frappe, il est temps; rends-moi guerre pour guerre.
J'adore en périssant la raison qui t'aigrit;
Mais dessus quel endroit tombera ton tonnerre,
Qui ne soit tout couvert du sang de Jésus-Christ?

Ce sonnet ne vaut rien du tout. *Jésus-Christ* en vers n'est pas tolérable; *rends-moi guerre* n'est pas français; *guerre pour guerre* est très-
plat, et *dessus quel endroit* est détestable. Ces vers sont de l'abbé de
Lavau; et Des-Barreaux fut toujours très-fâché qu'on les lui attribuât.

C'est ce même abbé de Lavau qui fit cette abominable épigramme sur le mausolée élevé dans Saint-Eustache en l'honneur de Lulli :

> Laissez tomber, sans plus attendre,
> Sur ce buste honteux votre fatal rideau;
> Et ne montrez que le flambeau
> Qui devrait avoir mis l'original en cendre.

De La Mothe Le Vayer. — Le sage La Mothe Le Vayer, conseiller d'État, précepteur de Monsieur frère de Louis XIV, et qui le fut même de Louis XIV près d'une année, n'essuya pas moins de soupçons que le voluptueux Des-Barreaux. Il y avait encore peu de philosophie en France. Le *Traité de la vertu des païens* et les *Dialogues d'Orasius Tubero* lui firent des ennemis. Les jansénistes surtout, qui ne regardaient, après saint Augustin, les vertus des grands hommes de l'antiquité que comme des *péchés splendides*[1], se déchaînèrent contre lui. Le comble de l'insolence fanatique est de dire : « Nul n'aura de vertu que nous et nos amis; Socrate, Confucius, Marc-Aurèle, Épictète, ont été des scélérats, puisqu'ils n'étaient pas de notre communion. » On est revenu aujourd'hui de cette extravagance, mais alors elle dominait. On a rapporté dans un ouvrage curieux, qu'un jour un de ces énergumènes voyant passer La Mothe Le Vayer dans la galerie du Louvre, dit tout haut : « Voilà un homme sans religion. » Le Vayer, au lieu de le faire punir, se retourna vers cet homme, et lui dit : « Mon ami, j'ai tant de religion, que je ne suis pas de ta religion. »

De Saint-Évremond. — On a donné quelques ouvrages contre le christianisme sous le nom de Saint-Évremond, mais aucun n'est de lui. On crut après sa mort faire passer ces dangereux livres à l'abri de sa réputation, parce qu'en effet on trouve dans ses véritables ouvrages plusieurs traits qui annoncent un esprit dégagé des préjugés de l'enfance. D'ailleurs, sa vie épicurienne et sa mort toute philosophique servirent de prétexte à tous ceux qui voulaient accréditer de son nom leurs sentiments particuliers.

Nous avons surtout une *Analyse de la religion chrétienne* qui lui est attribuée. C'est un ouvrage qui tend à renverser toute la chronologie et presque tous les faits de la sainte Écriture. Nul n'a plus approfondi que l'auteur l'opinion où sont quelques théologiens, que l'astronome Phlégon avait parlé des ténèbres qui couvrirent toute la terre à la mort de notre Seigneur Jésus-Christ. J'avoue que l'auteur a pleinement raison contre ceux qui ont voulu s'appuyer du témoignage de cet astronome; mais il a grand tort de vouloir combattre tout le système chrétien, sous prétexte qu'il a été mal défendu.

Au reste, Saint-Évremond était incapable de ces recherches savantes. C'était un esprit agréable et assez juste; mais il avait peu de science, nul génie, et son goût était peu sûr : ses *Discours sur les Romains* lui

---

1. Saint Augustin. (Éd.)

firent une réputation dont il abusa pour faire les plus plates comédies et les plus mauvais vers dont on ait jamais fatigué les lecteurs, qui n'en sont plus fatigués aujourd'hui, puisqu'ils ne les lisent plus. On peut le mettre au rang des hommes aimables et pleins d'esprit qui ont fleuri dans le temps brillant de Louis XIV, mais non pas au rang des hommes supérieurs. Au reste, ceux qui l'ont appelé *athéiste* sont d'infâmes calomniateurs.

De Fontenelle. — Bernard de Fontenelle, depuis secrétaire de l'Académie des sciences, eut une secousse plus vive à soutenir. Il fit insérer, en 1686, dans la *République des lettres* de Bayle, une *Relation de l'île de Bornéo* fort ingénieuse; c'était une allégorie sur Rome et Genève; elles étaient désignées sous le nom de deux sœurs, Mero et Enegue. Mero était une magicienne tyrannique; elle exigeait que ses sujets vinssent lui déclarer leurs plus secrètes pensées, et, qu'ensuite ils lui apportassent tout leur argent. Il fallait, avant de venir baiser ses pieds, adorer des os de morts; et souvent, quand on voulait déjeuner, elle faisait disparaître le pain. Enfin, ses sortilèges et ses fureurs soulevèrent un grand parti contre elle; et sa sœur Enegue lui enleva la moitié de son royaume.

Bayle n'entendit pas d'abord la plaisanterie; mais l'abbé Terrasson l'ayant commentée, elle fit beaucoup de bruit. C'était dans le temps de la révocation de l'édit de Nantes. Fontenelle courait risque d'être enfermé à la Bastille. Il eut la bassesse de faire d'assez mauvais vers à l'honneur de cette révocation et à celui des jésuites; on les inséra dans un mauvais recueil intitulé *le Triomphe de la religion sous Louis le Grand*, imprimé à Paris, chez Langlois, en 1687.

Mais, ayant depuis rédigé en français, avec un grand succès, la savante *Histoire des oracles de Van Dale*, les jésuites le persécutèrent. Le Tellier, confesseur de Louis XIV, rappelant l'allégorie de Mero et d'Enegue, aurait voulu le traiter comme le jésuite Voisin avait traité Théophile. Il sollicita une lettre de cachet contre lui. Le célèbre garde des sceaux d'Argenson, alors lieutenant de police, sauva Fontenelle de la fureur de Le Tellier. S'il avait fallu choisir un athéiste entre Fontenelle et Le Tellier, c'était sur le calomniateur Le Tellier que devait tomber le soupçon.

Cette anecdote est plus importante que toutes les bagatelles littéraires dont l'abbé Trublet a fait un gros volume concernant Fontenelle. Elle apprend combien la philosophie est dangereuse quand un fanatique, ou un moine qui est l'un et l'autre, a malheureusement l'oreille du prince. C'est un danger, monseigneur, auquel on ne sera jamais exposé auprès de vous.

De l'abbé de Saint-Pierre. — L'*Allégorie du mahométisme*, par l'abbé de Saint-Pierre, fut beaucoup plus frappante que celle de Mero. Tous les ouvrages de cet abbé, dont plusieurs passent pour des rêveries, sont d'un homme de bien et d'un citoyen zélé; mais tous s'y ressentent d'un pur théisme. Cependant il ne fut point persécuté; c'est qu'il écrivait d'une manière à ne rendre personne jaloux : son style n'a aucun agrément; il était peu lu. Il ne prétendait à rien; ceux qui le lisaient se moquaient de lui et le traitaient de bonhomme. S'il eût écrit comme Fontenelle, il était perdu, surtout quand les jésuites régnaient encore.

De Bayle. — Cependant s'élevait alors, et depuis plusieurs années, l'immortel Bayle, le premier des dialecticiens et des philosophes sceptiques. Il avait déjà donné ses *Pensées sur la comète*, ses *Réponses aux questions d'un provincial* et enfin son *Dictionnaire* de raisonnement. Ses plus grands ennemis sont forcés d'avouer qu'il n'y a pas une seule ligne dans ses ouvrages qui soit un blasphème évident contre la religion chrétienne; mais ses plus grands défenseurs avouent que, dans les articles de controverse, il n'y a pas une seule page qui ne conduise le lecteur au doute et souvent à l'incrédulité. On ne pouvait le convaincre d'être impie; mais il faisait des impies, en mettant les objections contre nos dogmes dans un jour si lumineux, qu'il n'était pas possible à une foi médiocre de n'être pas ébranlée; et malheureusement la plus grande partie des lecteurs n'a qu'une foi très-médiocre.

Il est rapporté dans un de ces *dictionnaires historiques*[1], où la vérité est si souvent mêlée avec le mensonge, que le cardinal de Polignac, en passant par Rotterdam, demanda à Bayle s'il était anglican, ou luthérien, ou calviniste, et qu'il répondit : « Je suis protestant; car je proteste contre toutes les religions. » En premier lieu, le cardinal de Polignac ne passa jamais par Rotterdam, que lorsqu'il alla conclure la paix d'Utrecht, en 1713, après la mort de Bayle.

Secondement, ce savant prélat n'ignorait pas que Bayle, né calviniste au pays de Foix et n'ayant jamais été en Angleterre ni en Allemagne, n'était ni anglican ni luthérien.

Troisièmement, il était trop poli pour aller demander à un homme de quelle religion il était. Il est vrai que Bayle avait dit quelquefois ce qu'on lui fait dire : il ajoutait qu'il était comme Jupiter assemblenuages d'Homère. C'était d'ailleurs un homme de mœurs réglées et simples, un vrai philosophe dans toute l'étendue de ce mot. Il mourut subitement après avoir écrit ces mots : *Voilà ce que c'est que la vérité.* Il l'avait cherchée toute sa vie et n'avait trouvé partout que des erreurs.

Après lui, on a été beaucoup plus loin. Les Maillet, les Boulainvilliers, les Boulanger, les Meslier, le savant Fréret, le dialecticien Dumarsais, l'intempérant La Métrie, et bien d'autres, ont attaqué la religion chrétienne avec autant d'acharnement que les Porphyre, les Celse et les Julien.

J'ai souvent recherché ce qui pouvait déterminer tant d'écrivains modernes à déployer cette haine contre le christianisme. Quelques-uns m'ont répondu que les écrits des nouveaux apologistes de notre religion les avaient indignés; que si ces apologistes avaient écrit avec la modération que leur cause devait leur inspirer, on n'aurait pas pensé à s'élever contre eux; mais que leur bile donnait de la bile; que leur

[1] Par Chaudon. (ÉD.)

colère faisait naître la colère; que le mépris qu'ils affectaient pour les philosophes excitait le mépris; de sorte qu'enfin il est arrivé entre les défenseurs et les ennemis du christianisme, ce qu'on avait vu entre toutes les communions : on a écrit de part et d'autre avec emportement; on a mêlé les outrages aux arguments.

De Mlle Huber. — Mlle Huber était une femme de beaucoup d'esprit, et sœur de l'abbé Huber, très-connu de monseigneur votre père. Elle s'associa avec un grand métaphysicien pour écrire, vers l'an 1740, le livre intitulé : *La religion essentielle à l'homme*. Il faut convenir que malheureusement cette religion essentielle est le pur théisme, tel que les noachides le pratiquèrent avant que Dieu eût daigné se faire un peuple chéri dans les déserts de Sinaï et d'Horeb, et lui donner des lois particulières. Selon Mlle Huber et son ami, la religion essentielle à l'homme doit être de tous les temps, de tous les lieux et de tous les esprits. Tout ce qui est mystère est au-dessus de l'homme et n'est pas fait pour lui; la pratique des vertus ne peut avoir aucun rapport avec le dogme. La religion essentielle à l'homme est dans ce qu'on doit faire et non dans ce qu'on ne peut comprendre. L'intolérance est à la religion essentielle ce que la barbarie est à l'humanité, la cruauté à la douceur. Voilà le précis de tout le livre. L'auteur est très-abstrait : c'est une suite de lemmes et de théorèmes qui répandent quelquefois plus d'obscurité que de lumières. On a peine à suivre cette marche. Il est étonnant qu'une femme ait écrit en géomètre sur une matière si intéressante : peut-être a-t-elle voulu rebuter des lecteurs qui l'auraient persécutée, s'ils l'avaient entendue, et s'ils avaient eu du plaisir en la lisant. Comme elle était protestante, elle n'a guère été lue que par des protestants. Un prédicant, nommé Desroches, l'a réfutée, et même assez poliment pour un prédicant. Les ministres protestants, monseigneur, devraient, ce me semble, être plus modérés avec les théistes que les évêques catholiques et les cardinaux; car supposé un moment, ce qu'à Dieu ne plaise, que le théisme prévalût, qu'il n'y eût qu'un culte simple sous l'autorité des lois et des magistrats, que tout fût réduit à l'adoration de l'Être suprême rémunérateur et vengeur, les pasteurs protestants n'y perdront rien; ils resteront chargés de présider aux prières publiques faites à l'Être suprême, et seront toujours des maîtres de morale : on leur conservera leurs pensions, ou, s'ils les perdent, cette perte sera bien modique. Leurs antagonistes, au contraire, ont de riches prélatures; ils sont comtes, ducs, princes; ils ont des souverainetés; et quoique tant de grandeurs et de richesses conviennent mal peut-être aux successeurs des apôtres, ils ne souffriront jamais qu'on les en dépouille : les droits temporels même qu'ils ont acquis sont tellement liés aujourd'hui à la constitution des États catholiques, qu'on ne peut les en priver que par des secousses violentes.

Or, le théisme est une religion sans enthousiasme, qui par elle-même ne causera jamais de révolution. Elle est erronée, mais elle est paisible. Tout ce qui est à craindre, c'est que le théisme, si universellement répandu, ne dispose insensiblement tous les esprits à mépriser le joug des pontifes, et qu'à la première occasion la magistrature ne les réduise à la fonction de prier Dieu pour le peuple; mais tant qu'ils seront modérés, ils seront respectés : il n'y a jamais que l'abus du pouvoir qui puisse énerver le pouvoir. Remarquons en effet, monseigneur, que deux ou trois cents volumes de théisme n'ont jamais diminué d'un écu le revenu des pontifes catholiques romains, et que deux ou trois écrits de Luther et de Calvin leur ont enlevé environ cinquante millions de rente. Une querelle de théologie pouvait, il y a deux cents ans, bouleverser l'Europe; le théisme n'attroupa jamais quatre personnes. On peut même dire que cette religion, en trompant les esprits, les adoucit, et qu'elle apaise les querelles que la vérité mal entendue a fait naître. Quoi qu'il en soit, je me borne à rendre à Votre Altesse un compte fidèle. C'est à vous qu'il appartient de juger.

De Barbeyrac. — Barbeyrac est le seul commentateur dont on fasse plus de cas que de son auteur. Il traduisit et commenta le fatras de Puffendorf; mais il l'enrichit d'une préface qui fit seule débiter le livre. Il remonte, dans cette préface, aux sources de la morale; et il a la candeur hardie de faire voir que les Pères de l'Église n'ont pas toujours connu cette morale pure, qu'ils l'ont défigurée par d'étranges allégories; comme lorsqu'ils disent que le lambeau de drap rouge exposé à la fenêtre par la cabaretière Rahab est visiblement le sang de Jésus-Christ; que Moïse étendant les bras pendant la bataille contre les Amalécites est la croix sur laquelle Jésus expire; que les baisers de la Sunamite sont le mariage de Jésus-Christ avec son Église; que la grande porte de l'arche de Noé désigne le corps humain, la petite porte désigne l'anus, etc., etc.

Barbeyrac ne peut souffrir, en fait de morale, qu'Augustin devienne persécuteur après avoir prêché la tolérance. Il condamne hautement les injures grossières que Jérôme vomit contre ses adversaires, et surtout contre Rufin et contre Vigilantius. Il relève les contradictions qu'il remarque dans la morale des Pères ; il s'indigne qu'ils aient quelquefois inspiré la haine de la patrie, comme Tertullien, qui défend positivement aux chrétiens de porter les armes pour le salut de l'empire.

Barbeyrac eut de violents adversaires qui l'accusèrent de vouloir détruire la religion chrétienne, en rendant ridicules ceux qui l'avaient soutenue par des travaux infatigables. Il se défendit; mais il laisse paraître dans sa défense un si profond mépris pour les Pères de l'Église; il témoigne tant de dédain pour leur fausse éloquence et pour leur dialectique; il leur préfère si hautement Confucius, Socrate, Zaleucus, Cicéron, l'empereur Antonin, Épictète, qu'on voit bien que Barbeyrac est plutôt le zélé partisan de la justice éternelle et de la loi naturelle donnée de Dieu aux hommes, que l'adorateur des saints mystères du christianisme. S'il s'est trompé en pensant que Dieu est le père de tous les hommes, s'il a eu le malheur de ne pas voir que Dieu ne peut aimer que les chrétiens soumis de cœur et d'esprit, son erreur est du moins d'une belle âme; et puisqu'il aimait les hommes, ce n'est pas aux hommes à l'insulter : c'est à Dieu de le juger. Certainement il ne doit pas être mis au nombre des athéistes.

De Fréret. — L'illustre et profond Fréret était secrétaire perpétuel de l'Académie des belles-lettres de Paris. Il avait fait dans les langues orientales, et dans les ténèbres de l'antiquité, autant de progrès qu'on en peut faire. En rendant justice à son immense érudition et à sa probité, je ne prétends point excuser son hétérodoxie. Non-seulement il était persuadé avec saint Irénée que Jésus était âgé de plus de cinquante ans quand il souffrit le dernier supplice, mais il croyait avec le Targum que Jésus n'était point né du temps d'Hérode, et qu'il faut rapporter sa naissance au temps du petit roi Jannée, fils d'Hircan. Les Juifs sont les seuls qui aient eu cette opinion singulière; M. Fréret tâchait de l'appuyer, en prétendant que nos Évangiles n'ont été écrits que plus de quarante ans après l'année où nous plaçons la mort de Jésus; qu'ils n'ont été faits qu'en des langues étrangères, et dans des villes très-éloignées de Jérusalem, comme Alexandrie, Corinthe, Éphèse, Antioche, Ancyre, Thessalonique : toutes villes d'un grand commerce, remplies de thérapeutes, de disciples de Jean, de judaïques, de galiléens divisés en plusieurs sectes. De là vient, dit-il, qu'il y eut un très-grand nombre d'Évangiles tout différents les uns des autres, chaque société particulière et cachée voulant avoir le sien. Fréret prétend que les quatre qui sont restés canoniques ont été écrits les derniers. Il croit en rapporter des preuves incontestables : c'est que les premiers Pères de l'Église citent très-souvent des paroles qui ne se trouvent que dans l'Évangile des Égyptiens, ou dans celui des Nazaréens, ou dans celui de saint Jacques, et que Justin est le premier qui cite expressément les Évangiles reçus.

Si ce dangereux système était accrédité, il s'ensuivrait évidemment que les livres intitulés de Matthieu, de Jean, de Marc et de Luc, n'ont été écrits que vers le temps de l'enfance de Justin, environ cent ans après notre ère vulgaire. Cela seul renverserait de fond en comble notre religion. Les mahométans qui virent leur faux prophète débiter les feuilles de son *Koran*, et qui les virent après sa mort rédigées solennellement par le calife Abubeker, triompheraient de nous; ils nous diraient : « Nous n'avons qu'un Alcoran; et vous avez eu cinquante Évangiles; nous avons précieusement conservé l'original, et vous avez choisi au bout de quelques siècles quatre Évangiles dont vous n'avez jamais connu les dates. Vous avez fait votre religion pièce à pièce; la nôtre a été faite d'un seul trait, comme la création. Vous avez cent fois varié, et nous n'avons changé jamais. »

Grâces au ciel nous ne sommes pas réduits à ces termes funestes. Où en serions-nous, si ce que Fréret avance était vrai ? Nous avons assez de preuves de l'antiquité des quatre Évangiles : saint Irénée dit expressément qu'il n'en faut que quatre.

J'avoue que Fréret réduit en poudre les pitoyables raisonnements d'Abbadie. Cet Abbadie prétend que les premiers chrétiens mouraient pour les Évangiles, et qu'on ne meurt que pour la vérité. Mais cet Abbadie reconnaît que les premiers chrétiens avaient fabriqué de faux Évangiles. Donc, selon Abbadie même, les premiers chrétiens mouraient pour le mensonge. Abbadie devait considérer deux choses essentielles : premièrement, qu'il n'est écrit nulle part que les premiers martyrs aient été interrogés par les magistrats sur les Évangiles; secondement, qu'il y a des martyrs dans toutes les communions. Mais si Fréret terrasse Abbadie, il est renversé lui-même par les miracles que nos quatre saints Évangiles véritables ont opérés. Il nie les miracles, mais on lui oppose une nuée de témoins; il nie les témoins, et alors il ne faut que le plaindre.

Je conviens avec lui qu'on s'est servi souvent de fraudes pieuses ; je conviens qu'il est dit, dans l'*Appendix du premier concile de Nicée*, que, pour distinguer tous les livres canoniques des faux, on les mit pêle-mêle sur une grande table, qu'on pria le Saint-Esprit de faire tomber à bas tous les apocryphes; aussitôt ils tombèrent, et il ne resta que les véritables. J'avoue, enfin, que l'Église a été inondée de fausses légendes. Mais de ce qu'il y a eu des mensonges et de la mauvaise foi, s'ensuit-il qu'il n'y ait en ni vérité ni candeur? Certainement Fréret va trop loin; il renverse tout l'édifice, au lieu de le réparer; il conduit, comme tant d'autres, le lecteur à l'adoration d'un seul Dieu sans la médiation du Christ. Mais, du moins, son livre respire une modération qui lui ferait presque pardonner ses erreurs; il ne prêche que l'indulgence et la tolérance; il ne dit point d'injures cruelles aux chrétiens comme milord Bolingbroke; il ne se moque point d'eux comme le curé Rabelais et le curé Swift. C'est un philosophe d'autant plus dangereux qu'il est très-instruit, très-conséquent et très-modeste. Il faut espérer qu'il se trouvera des savants qui le réfuteront mieux qu'on n'a fait jusqu'à présent.

Son plus terrible argument est que si Dieu avait daigné se faire homme et Juif, et mourir en Palestine par un supplice infâme pour expier les crimes du genre humain, et pour bannir le péché de la terre, il ne devait plus y avoir ni péché ni crime : cependant, dit-il, les chrétiens ont été des monstres cent fois plus abominables que tous les sectateurs des autres religions ensemble. Il en apporte pour preuve évidente les massacres, les roues, les gibets et les bûchers des Cévennes, et près de cent mille hommes égorgés dans cette province sous nos yeux ; les massacres des vallées de Piémont ; les massacres de la Valteline du temps de Charles Borromée ; les massacres des anabaptistes massacreurs et massacrés en Allemagne ; les massacres des luthériens et des papistes depuis le Rhin jusqu'au fond du Nord ; les massacres d'Irlande, d'Angleterre et d'Écosse, du temps de Charles I", massacré lui-même ; les massacres ordonnés par Marie et par Henri VIII son père ; les massacres de la Saint-Barthélemy, en France, et quarante ans d'autres massacres depuis François II jusqu'à l'entrée de Henri IV dans Paris ; les massacres de l'inquisition, peut-être plus abominables encore, parce qu'ils se font juridiquement ; enfin, les massacres de douze millions d'habitants du Nouveau-Monde, exécutés le crucifix à la main, sans compter tous les massacres faits précédemment au nom de Jésus,

Christ depuis Constantin, et sans compter encore plus de vingt schismes et de vingt guerres de papes contre papes, et d'évêques contre évêques; les empoisonnements, les assassinats, les rapines des papes Jean XI, Jean XII, des Jean XVIII, des Grégoire VII, des Boniface VIII, des Alexandre VI, et de quelques autres papes qui passèrent le si loin en scélératesse les Néron et les Caligula. Enfin, il remarque que cette épouvantable chaîne, presque perpétuelle, de guerres de religion pendant quatorze cents années, n'a jamais subsisté que chez les chrétiens, et qu'aucun peuple, hors eux, n'a fait couler une goutte de sang pour des arguments de théologie.

On est forcé d'accorder à M. Fréret que tout cela est vrai. Mais en faisant le dénombrement des crimes qui ont éclaté, il oublie les vertus qui se sont cachées; il oublie surtout que les horreurs infernales dont il fait un si prodigieux étalage, sont l'abus de la religion chrétienne, et n'en sont pas l'esprit. Si Jésus-Christ n'a pas détruit le péché sur la terre, qu'est-ce que cela prouve? On en pourrait inférer tout au plus, avec les jansénistes, que Jésus-Christ n'est pas venu pour tous, mais, pour plusieurs : *pro nobis et pro multis*. Mais, sans comprendre les hauts mystères, contentons-nous de les adorer, et surtout n'accusons pas cet homme illustre, d'avoir été athéiste.

De Boulanger. — Nous aurions plus de peine à justifier le sieur Boulanger, directeur des ponts et chaussées. Son *Christianisme dévoilé* n'est pas écrit avec la méthode et la profondeur d'érudition et de critique qui caractérisent le savant Fréret. Boulanger est un philosophe audacieux, qui remonte aux sources sans daigner sonder les ruisseaux. Ce philosophe est aussi chagrin qu'intrépide. Les horreurs dont tant d'Églises chrétiennes se sont souillées depuis leur naissance; les lâches barbaries des magistrats qui ont immolé tant d'honnêtes citoyens aux prêtres; les princes qui, pour leur plaire, ont été d'infâmes persécuteurs; tant de folies dans les querelles ecclésiastiques, tant d'abominations dans ces querelles, les peuples égorgés ou ruinés; les trônes de tant de prêtres composés des dépouilles et cimentés du sang des hommes; ces guerres affreuses de religion dont le christianisme seul a inondé la terre; ce cahos énorme d'absurdités et de crimes remue l'imagination du sieur Boulanger avec une telle puissance, qu'il va, dans quelques endroits de son livre, jusqu'à douter de la Providence divine. Fatale erreur, que les bûchers de l'inquisition et nos guerres religieuses excuseraient peut-être, si elle pouvait être excusable; mais nul prétexte ne peut justifier l'athéisme. Quand tous les chrétiens se seraient égorgés les uns les autres; quand ils auraient dévoré les entrailles de leurs frères assassinés pour des arguments; quand il ne resterait qu'un seul chrétien sur la terre, il faudrait qu'en regardant le soleil, il reconnût et adorât l'Être éternel; il pourrait dire dans sa douleur : « Mes pères et mes frères ont été des monstres; mais Dieu est Dieu. »

De Montesquieu. — Le plus modéré et le plus fin des philosophes a été le président de Montesquieu. Il ne fut que plaisant dans ses *Lettres persanes*; il fut délié et profond dans son *Esprit des lois*. Cet ouvrage, rempli d'ailleurs de choses excellentes et de fautes, semble fondé sur la loi naturelle, et sur l'indifférence des religions : c'est là surtout ce qui lui fit tant de partisans et tant d'ennemis; mais les ennemis, cette fois, furent vaincus par les philosophes. Un cri longtemps retenu s'éleva de tous côtés. On vit enfin à découvrir les progrès du théisme qui jetait depuis longtemps de profondes racines. La Sorbonne voulut censurer l'*Esprit des lois*; mais elle sentit qu'elle serait censurée par le public; elle garda le silence. Il n'y eut que quelques misérables écrivains obscurs, comme un abbé Guyon et un jésuite, qui dirent des injures au président de Montesquieu; et ils en devinrent plus obscurs encore, malgré la célébrité de l'homme qu'ils attaquaient. Ils auraient rendu plus de service à notre religion, s'ils avaient combattu avec des raisons; mais ils ont été de mauvais avocats d'une bonne cause.

De La Métrie. — Depuis ce temps, ce fut un déluge d'écrits contre le christianisme. Le médecin La Métrie, le meilleur commentateur de Boerhaave, abandonna la médecine du corps pour se donner, disait-il, à la médecine de l'âme; mais son *Homme machine* fit voir aux théologiens qu'il ne donnait que du poison. Il était lecteur du roi de Prusse, et membre de son Académie de Berlin. Le monarque, content de ses mœurs et de ses services, ne daigna pas songer si La Métrie avait eu des opinions erronées en théologie : il ne pensa qu'au physicien, à l'académicien; et, en cette qualité, La Métrie eut l'honneur que ce héros philosophe daignât faire son éloge funéraire. Cet éloge fut lu à l'Académie par un secrétaire de ses commandements. Un roi gouverné par un jésuite eût pu proscrire La Métrie et sa mémoire; un roi qui n'était gouverné que par la raison sépara le philosophe de l'impie, et, laissant à Dieu le soin de punir l'impiété, protégea et loua le mérite.

Du curé Meslier. — Le curé Meslier est le plus singulier phénomène qu'on ait vu parmi tous ces météores funestes à la religion chrétienne. Il était curé du village d'Étrepigni en Champagne, près de Rocroi, et desservait aussi une petite paroisse annexe, nommée *But*. Son père était un ouvrier en serge, du village de Mazerni, dépendant du duché de Rethel-Mazarin. Cet homme, de mœurs irréprochables, et assidu à tous ses devoirs, donnait tous les ans aux pauvres de ses paroisses ce qui lui restait de son revenu. Il mourut en 1783, âgé de cinquante-cinq ans. On fut bien surpris de trouver chez lui trois gros manuscrits de trois cent soixante et six feuillets chacun, tous trois de sa main et signés de lui, intitulés *Mon Testament*. Il avait écrit sur un papier gris qui enveloppait un des trois exemplaires adressés à ses paroissiens, ces paroles remarquables :

« J'ai vu et reconnu les erreurs, les abus, les vanités, les folies, les méchancetés des hommes. Je les hais et déteste; je n'ai osé le dire pendant ma vie; mais je le dirai au moins en mourant; et c'est afin qu'on le sache que j'écris ce présent mémoire, afin qu'il puisse servir de témoignage à la vérité, à tous ceux qui le verront et qui le liront, si bon leur semble. »

Le corps de l'ouvrage est une réfutation naïve et grossière de tous nos dogmes, sans en excepter un seul. Le style est très-rebutant, tel qu'on devait l'attendre d'un curé de village. Il n'avait eu d'autre secours, pour composer cet étrange écrit contre la *Bible* et contre l'Église, que la *Bible* elle-même et quelques Pères. Des trois exemplaires, il y en eut un que le grand vicaire de Reims retint, un autre fut envoyé à M. le garde des sceaux Chauvelin, le troisième resta au greffe de la justice du lieu. Le comte de Caylus eut quelque temps entre les mains une de ces trois copies, et bientôt après il y en eut plus de cent dans Paris, que l'on vendait dix louis la pièce. Plusieurs curieux conservent encore ce triste et dangereux monument. Un prêtre, qui s'accuse en mourant d'avoir professé et enseigné la religion chrétienne, fit une impression plus forte sur les esprits que les *Pensées* de Pascal.

On devait plutôt, ce me semble, réfléchir sur le travers d'esprit de ce mélancolique prêtre, qui voulait délivrer ses paroissiens du joug d'une religion prêchée vingt ans par lui-même. Pourquoi adresser ce testament à des hommes agrestes qui ne savaient pas lire? et, s'ils avaient pu lire, pourquoi leur ôter un joug salutaire, une crainte nécessaire qui seule peut prévenir les crimes secrets? La croyance des peines et des récompenses après la mort est un frein dont le peuple a besoin. La religion bien épurée serait le premier lien de la société.

Ce curé voulait anéantir toute religion, et même la naturelle. Si son livre avait été bien fait, le caractère dont l'auteur était revêtu en aurait trop imposé aux lecteurs. On en a fait plusieurs petits abrégés, dont quelques-uns ont été imprimés: ils sont heureusement purgés du poison de l'athéisme.

Ce qui est encore plus surprenant, c'est que, dans le même temps, il y eut un curé de Bonne-Nouvelle auprès de Paris, qui osa, de son vivant, écrire contre la religion qu'il était chargé d'enseigner : il fut exilé sans bruit par le gouvernement. Son manuscrit est d'une rareté extrême.

Longtemps avant ce temps-là l'évêque du Mans, Lavardin, avait donné en mourant un exemple non moins singulier : il ne laissa pas, à la vérité, de testament contre la religion qui lui avait procuré un évêché; mais il déclara qu'il la détestait; il refusa les sacrements de l'Église, et jura qu'il n'avait jamais consacré le pain et le vin en disant la messe, ni eu aucune intention de baptiser les enfants et de donner les ordres, quand il avait baptisé des chrétiens et ordonné des diacres et des prêtres. Cet évêque se faisait un plaisir malin d'embarrasser tous ceux qui auraient reçu de lui les sacrements de l'Église : il riait en mourant des scrupules qu'ils auraient, et il jouissait de leurs inquiétudes : on décida qu'on ne rebaptiserait et qu'on ne réordonnerait personne; mais quelques prêtres scrupuleux se firent ordonner une seconde fois. Du moins l'évêque Lavardin ne laissa point après lui de monuments contre la religion chrétienne ; c'était un voluptueux qui riait de tout; au lieu que le curé Meslier était un homme sombre et un enthousiaste, d'une vertu rigide, il est vrai, mais plus dangereux par cette vertu même.

LETTRE VIII. — *Sur l'encyclopédie.*

Monseigneur, Votre Altesse demande quelques détails sur l'*Encyclopédie*; j'obéis à vos ordres. Cet immense projet fut conçu par MM. Diderot et d'Alembert, deux philosophes qui font honneur à la France : l'un a été distingué par les générosités de l'impératrice de Russie; et l'autre par le refus d'une fortune éclatante offerte par cette impératrice, mais que sa philosophie même ne lui a pas permis d'accepter. M. le chevalier de Jaucourt, d'une ancienne maison qu'il illustre par ses vastes connaissances comme par ses vertus, se joignit à ces deux savants, et se signala par un travail infatigable.

Ils furent aidés par M. le comte d'Hérouville, lieutenant général des armées du roi, profondément instruit dans tous les arts qui peuvent tenir à votre grand art de la guerre; par M. le comte de Tressan, aussi lieutenant général, dont les différents mérites sont universellement reconnus; par M. de Saint-Lambert, ancien officier, qui, en faisant des vers mieux que Chapelle, n'en a pas moins approfondi ce qui regarde les armes. Plusieurs autres officiers généraux ont donné d'excellents Mémoires de tactique.

D'habiles ingénieurs ont enrichi ce Dictionnaire de tout ce qui concerne l'attaque et la défense des places. Des présidents et des conseillers des parlements ont fourni plusieurs articles sur la jurisprudence. Enfin, il n'y a point de science, d'art, de profession, dont les plus grands maîtres n'aient à l'envi enrichi ce Dictionnaire. C'est le premier exemple, et le dernier peut-être sur la terre, qu'une foule d'hommes supérieurs se soient empressés sans aucun intérêt, sans aucune vue particulière, sans même celle de la gloire (puisque quelques-uns se sont cachés), à former ce dépôt immortel des connaissances de l'esprit humain.

Cet ouvrage fut entrepris sous les auspices et sous les yeux du comte d'Argenson, ministre d'État, capable de l'entendre et digne de le protéger. Le vestibule de ce prodigieux édifice est un discours préliminaire composé par M. d'Alembert. J'ose dire hardiment que ce discours, applaudi de toute l'Europe, parut supérieur à la *Méthode* de Descartes, et égal à tout ce que l'illustre chancelier Bacon avait écrit de mieux. S'il y a dans le cours de l'ouvrage des articles frivoles, et et d'autres qui sentent plutôt le déclamateur que le philosophe, ce défaut est bien réparé par la quantité prodigieuse d'articles profonds et utiles. Les éditeurs ne purent refuser quelques jeunes gens qui voulurent, dans cette collection, mettre leurs essais à côté des chefs-d'œuvre des maîtres. On laissa gâter ce grand ouvrage par politesse; c'est le salon d'Apollon où des peintres médiocres ont quelquefois mêlé leurs tableaux à ceux des Vanloo et des Lemoine. Mais Votre Altesse a bien dû s'apercevoir, en parcourant l'*Encyclopédie*, que cet ouvrage est précisément le contraire des autres collections; c'est-à-dire que le bon l'emporte de beaucoup sur le mauvais.

Vous sentez bien que, dans une ville telle que Paris, plus remplie de gens de lettres que ne le furent jamais Athènes et Rome, ceux qui ne furent pas admis à cette entreprise importante s'élevèrent contre elle. Les jésuites commencèrent; ils avaient voulu travailler aux articles de théologie, et ils avaient été refusés. Il n'en fallait pas plus pour accuser les encyclopédistes d'irréligion; c'est la marche ordinaire. Les jansénistes, voyant que leurs rivaux sonnaient l'alarme, ne restèrent pas tranquilles. Il fallait bien montrer plus de zèle que ceux auxquels ils avaient tant reproché une morale commode.

Si les jésuites crièrent à l'impiété, les jansénistes hurlèrent. Il se trouva un convulsionnaire ou convulsionniste, nommé Abraham Chaumeix, qui présenta à des magistrats une accusation en forme, intitulée: *Préjugés légitimes contre l'Encyclopédie*, dont le premier tome paraissait à peine; c'était un étrange assemblage que ces mots de *préjugé* qui signifie proprement illusion, et *légitime* qui ne convient qu'à ce qui est raisonnable. Il poussa ses préjugés très-illégitimes jusqu'à dire que, si le venin ne paraissait pas dans le premier volume, on l'apercevrait sans doute dans les suivants. Il rendait les encyclopédistes coupables, non pas de ce qu'ils avaient dit, mais de ce qu'ils diraient.

Comme il faut des témoins dans un procès criminel, il produisait saint Augustin et Cicéron; et ces témoins étaient d'autant plus irréprochables qu'on ne pouvait convaincre Abraham Chaumeix d'avoir eu avec eux le moindre commerce. Les cris de quelques énergumènes, joints à ceux de cet insensé, excitèrent une assez longue persécution; mais qu'est-il arrivé? la même chose qu'à la saine philosophie, à l'émétique, à la circulation du sang, à l'inoculation: tout cela fut proscrit pendant quelque temps, et a triomphé enfin de l'ignorance, de la bêtise et de l'envie; le *Dictionnaire encyclopédique*, malgré ses défauts, a subsisté; et Abraham Chaumeix est allé cacher sa honte à Moscou. On dit que l'impératrice l'a forcé à être sage; c'est un des prodiges de son règne.

LETTRE IX. — *Sur les Juifs.*

De tous ceux qui ont attaqué la religion chrétienne dans leurs écrits, les Juifs seraient peut-être les plus à craindre; et, si on ne leur opposait pas les miracles de notre Seigneur Jésus-Christ, il serait fort difficile à un savant médiocre de leur tenir tête. Ils se regardent comme les fils aînés de la maison, qui, en perdant leur héritage, ont conservé leurs titres. Ils ont employé une sagacité profonde à expliquer toutes les prophéties à leur avantage. Ils prétendent que la loi de Moïse leur a été donnée pour être éternelle, qu'il est impossible que Dieu ait changé, et qu'il se soit parjuré, que notre Sauveur lui-même en est convenu. Ils nous objectent que, selon Jésus-Christ, aucun point, aucun iota de la loi ne doit être transgressé[1]; que Jésus était venu

---

1. Matthieu, v, 18. (Éd.)

pour accomplir la loi, et non pour l'abolir¹; qu'il en a observé tous les commandements; qu'il a été circoncis; qu'il a gardé le sabbat, solennisé toutes les fêtes; qu'il est né Juif, qu'il a vécu Juif, qu'il est mort Juif; qu'il n'a jamais institué une religion nouvelle; que nous n'avons pas une seule ligne de lui; que c'est nous, et non pas lui, qui avons fait la religion chrétienne.

Il ne faut pas qu'un chrétien hasarde de disputer contre un Juif, à moins qu'il ne sache la langue hébraïque comme sa langue maternelle; ce qui seul peut le mettre en état d'entendre les prophéties, et de répondre aux rabbins. Voici comme s'exprime Joseph Scaliger dans ses *Excerpta* : « Les Juifs sont subtils; que Justin a écrit misérablement contre Tryphon! et Tertullien plus mal encore! Qui veut réfuter les Juifs doit connaître à fond le judaïsme. Quelle honte ! Les chrétiens écrivent contre les chrétiens, et n'osent écrire contre les Juifs! »

Le *Toldos Jeschut* est le plus ancien écrit juif qui nous ait été transmis contre notre religion. C'est une Vie de Jésus-Christ toute contraire à nos saints Évangiles; elle paraît être du premier siècle, et même écrite avant les Évangiles; car l'auteur ne parle pas d'eux, et probablement il aurait tâché de les réfuter s'il les avait connus. Il fait Jésus fils adultérin de Miriah ou Mariah, et d'un soldat nommé Joseph Panther; il raconte que lui et Judas voulurent chacun se faire chef de secte; que tous deux semblaient opérer des prodiges, par la vertu du nom de Jéhova, qu'ils avaient appris à prononcer comme il le faut pour faire les conjurations. C'est un amas de rêveries rabbiniques fort au-dessous des *Mille et une nuits*. Origène le réfuta, et c'était le seul qui le pouvait faire; car il fut presque le seul Père grec savant dans la langue hébraïque.

Les Juifs théologiens n'écrivirent guère plus raisonnablement jusqu'au XI° siècle : alors éclairés par les Arabes devenus la seule nation savante, ils mirent plus de jugement dans leurs ouvrages : ceux du rabbin Aben Hezra furent très-estimés : il fut chez les Juifs le fondateur de la raison, autant qu'on la peut admettre dans les disputes de ce genre. Spinosa s'est beaucoup servi de ses ouvrages.

Longtemps après Aben Hezra, vint Maimonides au treizième siècle : il eut encore plus de réputation. Depuis ce temps-là jusqu'au seizième, les Juifs eurent des livres intelligibles, et par conséquent dangereux : ils en imprimèrent quelques-uns dès la fin du quinzième siècle. Le nombre de leurs manuscrits était considérable. Les théologiens chrétiens craignirent la séduction; ils firent brûler les livres juifs sur lesquels ils purent mettre la main; mais ils ne purent ni trouver tous les livres, ni convertir jamais un seul homme de cette religion. On a vu, il est vrai, quelques Juifs feindre d'abjurer, tantôt par avarice, tantôt par terreur; mais aucun n'a jamais embrassé le christianisme de bonne foi; un Carthaginois aurait plutôt pris le parti de Rome, qu'un Juif ne se serait fait chrétien. Orobio parle de quelques rabbins espagnols et arabes qui ab-

1. Matthieu, v, 17. (ÉD.)

jurèrent, et devinrent évêques en Espagne; mais il se garde bien de dire qu'ils eussent renoncé de bonne foi à leur religion.

Les Juifs n'ont point écrit contre le mahométisme; ils ne l'ont pas à beaucoup près dans la même horreur que notre doctrine : la raison en est évidente; les musulmans ne font point un Dieu de Jésus-Christ.

Par une fatalité qu'on ne peut assez déplorer, plusieurs savants chrétiens ont quitté leur religion pour le judaïsme. Rittangel, professeur des langues orientales à Konigsberg dans le XVIIe siècle, embrassa la loi mosaïque. Antoine, ministre à Genève, fut brûlé pour avoir abjuré le christianisme en faveur du judaïsme, en 1632. Les Juifs le comptent parmi les martyrs qui leur font le plus d'honneur. Il fallait que sa malheureuse persuasion fût bien forte, puisqu'il aima mieux souffrir le plus affreux supplice que se rétracter.

On lit dans le *Nizzachon Vetus*, c'est-à-dire le Livre de l'ancienne victoire, un trait concernant la supériorité de la loi mosaïque sur la chrétienne et sur la persane, qui est bien dans le goût oriental. Un roi ordonne à un juif, à un galiléen, et à un mahométan, de quitter chacun sa religion, et leur laisse la liberté de choisir une des deux autres; mais s'ils ne changent pas, le bourreau est là qui va leur trancher la tête. Le chrétien dit : « Puisqu'il faut mourir ou changer, j'aime mieux être de la religion de Moïse que de celle de Mahomet; car les chrétiens sont plus anciens que les musulmans, et les juifs plus anciens que Jésus; je me fais donc juif. » Le mahométan dit : « Je ne puis me faire chien de chrétien, j'aime encore mieux me faire chien de juif, puisque ces juifs ont le droit de primauté. » « Sire, dit le juif, Votre Majesté voit bien que je ne puis embrasser ni la loi du chrétien ni celle du mahométan; puisque tous deux ont donné la préférence à la mienne. » Le roi fut touché de cette raison, renvoya son bourreau, et se fit juif. Tout ce qu'on peut inférer de cette historiette, c'est que les princes ne doivent pas avoir des bourreaux pour apôtres.

Cependant les juifs ont eu des docteurs rigides et scrupuleux, qui ont craint que leurs compatriotes ne se laissassent subjuguer par les chrétiens. Il y a eu entre autres un rabbin nommé Beccaï, dont voici les paroles : « Les sages défendent de prêter de l'argent à un chrétien, de peur que le créancier ne soit corrompu par le débiteur; mais un juif peut emprunter d'un chrétien, sans craindre d'être séduit par lui; car le débiteur évite toujours son créancier. »

Malgré ce beau conseil, les juifs ont toujours prêté à une grosse usure aux chrétiens, et n'en ont pas été plus convertis.

Après le fameux *Nizzachon Vetus*, nous avons la relation de la dispute du rabbin Zéchiel et du dominicain frère Paul, dit *Cyriaque*. C'est une conférence tenue entre ces deux savants hommes, en 1263, en présence de don Jacques, roi d'Aragon, et de la reine sa femme. Cette conférence est très mémorable. Les deux athlètes étaient savants dans l'hébreu et dans l'antiquité. Le *Talmud*, le *Targum*, les archives du sanhédrin, étaient sur la table. On expliquait en espagnol les endroits contestés. Zéchiel soutenait que Jésus avait été condamné sous le roi Alexandre Jannée, et non sous Hérode, le tétrarque, conformément à ce qui est rapporté dans le *Toldos Jeschut* et dans le *Talmud*. » Vos Évangiles, disait-il, n'ont été écrits que vers le commencement de votre II° siècle, et ne sont point authentiques comme notre *Talmud*. Nous n'avons pu crucifier celui dont vous nous parlez du temps d'Hérode le tétrarque; puisque nous n'avions pas alors le droit du glaive; nous ne pouvons l'avoir crucifié, puisque ce supplice n'était point en usage parmi nous. Notre *Talmud* porte que celui qui périt du temps de Jannée fut condamné à être lapidé. Nous ne pouvons pas plus croire vos Évangiles que les Lettres prétendues de Pilate que vous avez supposées. « Il était aisé de renverser cette vaine érudition rabbinique. La reine finit la dispute en demandant aux juifs pourquoi ils puaient.

Ce même Zéchiel eut encore plusieurs autres conférences dont un de ses disciples nous rend compte. Chaque parti s'attribua la victoire, quoiqu'elle ne pût être que du côté de la vérité.

Le *Rempart de la foi*, écrit par un Juif nommé Isaac, trouvé en Afrique, est bien supérieur à la relation de Zéchiel, qui est très-confuse, et remplie de puérilités. Isaac est méthodique et très-bon dialecticien : jamais l'erreur n'eut peut-être un plus grand appui. Il a rassemblé sous cent propositions toutes les difficultés que les incrédules ont prodiguées depuis.

C'est là qu'on voit les objections contre les deux généalogies de Jésus-Christ, qui sont différentes l'une de l'autre;

Contre les citations des passages des prophètes qui ne se trouvent point dans les livres juifs;

Contre la divinité de Jésus-Christ, qui n'est pas expressément annoncée dans les Évangiles, mais qui n'en est pas moins prouvée par les saints conciles;

Contre l'opinion que Jésus n'avait point de frères ni de sœurs;

Contre les différentes relations des évangélistes, que l'on a cependant conciliées;

Contre l'histoire du Lazare;

Contre les prétendues falsifications des anciens livres canoniques.

Enfin les incrédules les plus déterminés n'ont presque rien allégué qui ne soit dans ce *Rempart de la foi* du rabbin Isaac. On ne peut faire un crime aux Juifs d'avoir essayé de soutenir leur antique religion aux dépens de la nôtre : on ne peut que les plaindre; mais quels reproches ne doit-on pas faire à ceux qui ont profité des disputes des chrétiens et des juifs pour combattre l'une et l'autre religion! Plaignons ceux qui, effrayés de dix-sept siècles de contradictions, et lassés de tant de disputes, se sont jetés dans le théisme; et n'ont voulu admettre qu'un Dieu avec une morale pure. S'ils ont conservé la charité, ils ont abandonné la foi; ils ont cru être hommes, au lieu d'être chrétiens. Ils devaient être soumis, et ils n'ont aspiré qu'à être sages! Mais combien la folie de la croix est-elle supérieure à cette sagesse! comme dit l'apôtre Paul

D'Orobio. — Orobio était un rabbin si savant qu'il n'avait donné dans aucune des rêveries qu'on reproche à tant d'autres rabbins; profond sans être obscur, possédant les belles-lettres, homme d'un esprit agréable et d'une extrême politesse. Philippe Limborch, théologien du parti des arminiens dans Amsterdam, fit connaissance avec lui vers l'an 1685 : ils disputèrent longtemps ensemble, mais sans aucune aigreur, et comme deux amis qui veulent s'éclairer. Les conversations éclaircissent bien rarement les sujets qu'on traite; il est difficile de suivre toujours le même objet, et de ne pas s'égarer; une question en amène une autre. On est tout étonné, au bout d'un quart d'heure, de se trouver hors de sa route. Ils prirent le parti de mettre par écrit les objections et les réponses, qu'ils firent ensuite imprimer tous deux en 1687. C'est peut-être la première dispute entre deux théologiens dans laquelle on ne se soit pas dit des injures; au contraire, les deux adversaires se traitent l'un et l'autre avec respect.

Limborch réfute les sentiments du très-savant et très-illustre juif, qui réfute avec les mêmes formules les opinions du très-savant et très-illustre chrétien. Orobio même ne parle jamais de Jésus-Christ qu'avec la plus grande circonspection. Voici le précis de la dispute :

Orobio soutient d'abord que jamais il n'a été ordonné aux Juifs par leur loi de croire à un Messie.

Qu'il n'y a aucun passage dans l'*Ancien Testament* qui fasse dépendre le salut d'Israël de la foi au Messie.

Qu'on ne trouve nulle part qu'Israël ait été menacé de n'être plus le peuple choisi, s'il ne croyait pas au futur Messie.

Que dans aucun endroit il n'est dit que la loi judaïque soit l'ombre et la figure d'une autre loi; qu'au contraire, il est dit partout que la loi de Moïse doit être éternelle.

Que tout prophète[1] même qui ferait des miracles pour changer quelque chose à la loi mosaïque, devait être puni de mort.

Qu'à la vérité quelques prophètes ont prédit aux Juifs, dans leurs calamités, qu'ils auraient un jour un libérateur; mais que ce libérateur serait le soutien de la loi mosaïque, au lieu d'en être le destructeur.

Que les Juifs attendent toujours un Messie, lequel sera un roi puissant et juste.

Qu'une preuve de l'immutabilité éternelle de la religion mosaïque est que les Juifs, dispersés sur toute la terre, n'ont jamais cependant changé une seule virgule à leur loi; et que les Israélites de Rome, d'Angleterre, de Hollande, d'Allemagne, de Pologne, de Turquie, de Perse, ont constamment tenu la même doctrine depuis la prise de Jérusalem par Titus, sans que jamais il se soit élevé parmi eux la plus petite secte, qui se soit écartée d'une seule observance et d'une seule opinion de la nation israélite.

Qu'au contraire les chrétiens ont été divisés entre eux dès la naissance de leur religion.

1. *Deut.*, XIII, 5. (Éd.)

Qu'ils sont encore partagés en beaucoup plus de sectes qu'ils n'ont d'États, et qu'ils se sont poursuivis à feu et à sang les uns les autres pendant plus de douze siècles entiers. Que si l'apôtre Paul [1] trouva bon que les Juifs continuassent à observer tous les préceptes de leur loi, les chrétiens d'aujourd'hui ne devaient pas leur reprocher de faire ce que l'apôtre Paul leur a permis.

Que ce n'est pas par haine et par malice qu'Israël n'a point reconnu Jésus; que ce n'est point par des vues basses et charnelles que les Juifs sont attachés à leur loi ancienne; qu'au contraire ce n'est que dans l'espoir des biens célestes qu'ils lui sont fidèles, malgré les persécutions des Babyloniens, des Syriens, des Romains; malgré leur dispersion et leur opprobre; malgré la haine de tant de nations; et que l'on ne doit point appeler *charnel* un peuple entier qui est le martyr de Dieu depuis près de quarante siècles.

Que ce sont les chrétiens qui ont attendu des biens charnels, témoin presque tous les premiers Pères de l'Église, qui ont espéré de vivre mille ans dans une nouvelle Jérusalem, au milieu de l'abondance et de toutes les délices du corps.

Qu'il est impossible que les Juifs aient crucifié le vrai Messie, attendu que les prophètes disent expressément que le Messie viendra purger Israël de tout péché, qu'il ne laissera pas une seule souillure en Israël; que ce serait le plus horrible péché et la plus abominable souillure, ainsi que la contradiction la plus palpable, que Dieu envoyât son Messie pour être crucifié.

Que les préceptes du *Décalogue* étant parfaits, toute nouvelle mission était entièrement inutile.

Que la loi mosaïque n'a jamais eu aucun sens mystique.

Que ce serait tromper les hommes de leur dire des choses que l'on devrait entendre dans un sens différent de celui dans lequel elles ont été dites.

Que les apôtres chrétiens n'ont jamais égalé les miracles de Moïse.

Que les évangélistes et les apôtres n'étaient point des hommes simples, puisque Luc était médecin, que Paul avait étudié sous Gamaliel, dont les Juifs ont conservé les écrits.

Qu'il n'y avait point du tout de simplicité et d'idiotisme à se faire apporter tout l'argent de leurs néophytes; que Paul, loin d'être un homme simple, usa du plus grand artifice en venant sacrifier dans le temple, et en jurant devant Festus Agrippa [2] qu'il n'avait rien fait contre la circoncision et contre la loi du judaïsme.

Qu'enfin les contradictions qui se trouvent dans les Évangiles prouvent que ces livres n'ont pu être inspirés de Dieu.

Limborch répond à toutes ces assertions par les arguments les plus forts que l'on puisse employer. Il eut tant de confiance dans la bonté de sa cause, qu'il ne balança pas à faire imprimer cette célèbre dispute; mais comme il était du parti des arminiens, celui des gomaristes le persécuta : on lui reprocha d'avoir exposé les vérités de la religion

---

1. *Épître aux Romains*, chap. II. (ÉD.) — 2. *Actes*, XXV, 8. (ÉD.)

chrétienne à un combat dont ses ennemis pourraient triompher. Orobio ne fut point persécuté dans la synagogue.

D'Uriel Acosta. — Il arriva à Uriel Acosta, dans Amsterdam, à peu près la même chose qu'à Spinosa : il quitta dans Amsterdam le judaïsme pour la philosophie. Un Espagnol et un Anglais s'étant adressés à lui pour se faire juifs, il les détourna de ce dessein, et leur parla contre la religion des Hébreux : il fut condamné à recevoir trente-neuf coups de fouet à la colonne, et à se prosterner ensuite sur le seuil de la porte ; tous les assistants passèrent sur son corps.

Il fit imprimer cette aventure dans un petit livre que nous avons encore ; et c'est là qu'il professe n'être ni juif, ni chrétien, ni mahométan, mais adorateur d'un Dieu. Son petit livre est intitulé : *Exemplaire de la vie humaine*. Le même Limborch réfuta Uriel Acosta, comme il avait réfuté Orobio ; et le magistrat d'Amsterdam ne se mêla en aucune manière de ces querelles.

Lettre X. — *Sur Spinosa*.

Monseigneur, il me semble qu'on a souvent aussi mal jugé la personne de Spinosa que ses ouvrages. Voici ce qu'on dit de lui dans deux Dictionnaires historiques :

« Spinosa avait un tel désir de s'immortaliser, qu'il eût sacrifié volontiers à cette gloire la vie présente, eût-il fallu être mis en pièces par un peuple mutiné.... Les absurdités du spinosisme ont été parfaitement réfutées.... par Jean Bredembourg, bourgeois de Rotterdam. »

Autant de mots, autant de faussetés. Spinosa était précisément le contraire du portrait qu'on trace de lui. On doit détester son athéisme ; mais on ne doit pas mentir sur sa personne. Jamais homme ne fut plus éloigné en tout sens de la vaine gloire, il le faut avouer ; ne le calomnions pas en le condamnant. Le ministre Colerus, qui habita longtemps la propre chambre où Spinosa mourut, avoue, avec tous ses contemporains, que Spinosa vécut toujours dans une profonde retraite, cherchant à se dérober au monde, ennemi de toute superfluité, modeste dans la conversation, négligé dans ses habillements, travaillant de ses mains, ne mettant jamais son nom à aucun de ses ouvrages : ce n'est pas là le caractère d'un ambitieux de gloire.

A l'égard de Bredembourg, loin de le réfuter parfaitement bien, j'ose croire qu'il le réfuta parfaitement mal ; j'ai lu cet ouvrage, et j'en laisse le jugement à quiconque comme moi aura la patience de le lire. Bredembourg fut si loin de confondre nettement Spinosa, que lui-même, effrayé de la faiblesse de ses réponses, devint malgré lui le disciple de celui qu'il avait attaqué : grand exemple de la misère et de l'inconstance de l'esprit humain.

La vie de Spinosa est écrite assez en détail et assez connue pour que je n'en rapporte rien ici. Que Votre Altesse me permette seulement de faire avec elle une réflexion sur la manière dont ce juif, jeune encore, fut traité par la synagogue. Accusé par deux jeunes gens de son âge de ne pas croire à Moïse, on commença, pour le remettre dans le bon chamin, par l'assassiner d'un coup de couteau au sortir de la comédie; quelques-uns disent au sortir de la synagogue, ce qui est plus vraisemblable.

Après avoir manqué son corps, on ne voulut pas manquer son âme; il fut procédé à l'excommunication majeure, au grand anathème, au *chammata*. Spinosa prétendit que les juifs n'étaient pas en droit d'exercer cette espèce de juridiction dans Amsterdam. Le conseil de ville renvoya la décision de cette affaire au consistoire des pasteurs; ceux-ci conclurent que si la synagogue avait ce droit, le consistoire en jouirait à plus forte raison : le consistoire donna gain de cause à la synagogue.

Spinosa fut donc proscrit par les Juifs avec la grande cérémonie; le chantre juif entonna les paroles d'exécration; on sonna du cor, on renversa goutte à goutte des bougies noires dans une cuve pleine de sang; on dévoua Benoît Spinosa à Belzébuth, à Satan et à Astaroth, et toute la synagogue cria : *Amen!*

Il est étrange qu'on ait permis un tel acte de juridiction qui ressemble plutôt à un sabbat de sorciers qu'à un jugement intègre. On peut croire que, sans le coup de couteau et sans les bougies noires éteintes dans le sang, Spinosa n'eût jamais écrit contre Moïse et contre Dieu. La persécution irrite; elle enhardit quiconque se sent du génie; elle rend irréconciliable celui que l'indulgence aurait retenu.

Spinosa renonça au judaïsme, mais sans se faire jamais chrétien. Il ne publia son Traité des cérémonies superstitieuses, autrement *Tractatus theologico-politicus*, qu'en 1670, environ huit ans après son excommunication. On a prétendu trouver dans ce livre les semences de son athéisme, par la même raison qu'on trouve toujours la physionomie mauvaise à un homme qui a fait une méchante action. Ce livre est si loin de l'athéisme, qu'il y est souvent parlé de Jésus-Christ comme de l'envoyé de Dieu. Cet ouvrage est très-profond et le meilleur qu'il ait fait; j'en condamne sans doute les sentiments, mais je ne puis m'empêcher d'en estimer l'érudition. C'est lui, ce me sembla, qui a remarqué le premier que le mot hébreu *Ruhag*, que nous traduisons *âme*, signifiait chez les Juifs le vent, le souffle, dans son sens naturel; que tout ce qui est grand portait le nom de divin; « les cèdres de Dieu, les vents de Dieu, la mélancolie de Saül mauvais esprit de Dieu, les hommes vertueux enfants de Dieu. »

C'est lui qui le premier a développé le dangereux système d'Aben Hezra, que le *Pentateuque* n'a point été écrit par Moïse, ni le livre de Josué par Josué; ce n'est que d'après lui que Leclerc, plusieurs théologiens de Hollande, et le célèbre Newton, ont embrassé ce sentiment.

Newton diffère de lui seulement en ce qu'il attribue à Samuel les livres de Moïse, au lieu que Spinosa en fait Esdras auteur. On peut voir toutes les raisons que Spinosa donne de son système dans son VIII°, IX° et X° chapitre : on y trouve beaucoup d'exactitude dans la chronologie, une grande science de l'histoire, du langage et des mœurs de son ancienne patrie; plus de méthode et de raisonnement que dans tous les rabbins ensemble. Il me semble que peu d'écrivains avant lui avaient prouvé nettement que les Juifs reconnaissaient des prophètes chez les gentils : en un mot, il a fait un usage coupable de ses lumières ; mais il en avait de très-grandes.

Il faut chercher l'athéisme dans les anciens philosophes : on ne le trouve à découvert que dans les *OEuvres posthumes de Spinosa*. Son *Traité de l'athéisme* n'étant point sous ce titre, et étant écrit dans un latin obscur, et d'un style très-sec, M. le comte de Boulainvilliers l'a réduit en français sous le titre de *Réfutation de Spinosa*; nous n'avons que le poison; Boulainvilliers n'eut pas le temps apparemment de donner l'antidote.

Peu de gens ont remarqué que Spinosa, dans son funeste livre, parle toujours d'un Être infini et suprême : il annonce Dieu en voulant le détruire. Les arguments dont Bayle l'accable me paraîtraient sans réplique, si en effet Spinosa admettait un Dieu ; car ce Dieu n'étant que l'immensité des choses, ce Dieu étant à la fois la matière et la pensée, il est absurde, comme Bayle l'a très-bien prouvé, de supposer que Dieu soit à la fois agent et patient, cause et sujet, faisant le mal et le souffrant ; s'aimant, se haïssant lui-même ; se tuant, se mangeant ; « Un bon esprit, ajoute Bayle, aimerait mieux cultiver la terre avec les dents et les ongles, que de cultiver une hypothèse aussi choquante et aussi absurde ; car, selon Spinosa, ceux qui disent : « Les Al-« lemands ont tué dix mille Turcs, » parlent mal et faussement ; ils doivent dire : « Dieu modifié en dix mille Allemands a tué Dieu modifié en « dix mille Turcs. »

Bayle a très-grande raison, si Spinosa reconnaît un Dieu ; mais le fait est qu'il n'en reconnaît point du tout, et qu'il ne s'est servi de ce mot sacré que pour ne pas effaroucher les hommes.

Entêté de Descartes, il abuse de ce mot également célèbre et insensé de Descartes : *Donnez-moi du mouvement et de la matière, et je vais former un monde.*

Entêté encore de l'idée incompréhensible et antiphysique que tout est plein, il s'est imaginé qu'il ne peut exister qu'une seule substance, un seul pouvoir qui raisonne dans les hommes, sent et se souvient dans les animaux, étincelle dans le feu, coule dans les eaux, roule dans les vents, gronde dans le tonnerre, végète sur la terre, est étendu dans tout l'espace.

Selon lui, tout est nécessaire, tout est éternel ; la création est impossible ; point de dessein dans la structure de l'univers, dans la permanence des espèces et dans la succession des individus. Les oreilles ne sont plus faites pour entendre, les yeux pour voir, le cœur pour recevoir et chasser le sang, l'estomac pour digérer, la cervelle pour penser, les organes de la génération pour donner la vie ; et des desseins divins ne sont que les effets d'une nécessité aveugle.

Voilà au juste le système de Spinosa. Voilà, je crois, les côtés par lesquels il faut attaquer sa citadelle ; citadelle bâtie, si je ne me trompe, sur l'ignorance de la physique et sur l'abus le plus monstrueux de la métaphysique.

Il semble, et on doit s'en flatter, qu'il y ait aujourd'hui peu d'athéos. L'auteur de *la Henriade* a dit : « Un catéchiste annonce Dieu aux enfants, et Newton le démontre aux sages. » Plus on connaît la nature, plus on adore son auteur.

L'athéisme ne peut faire aucun bien à la morale, et peut lui faire beaucoup de mal. Il est presque aussi dangereux que le fanatisme. Vous êtes, Monseigneur, également éloigné de l'un et de l'autre, et c'est ce qui autorise la liberté que j'ai prise de mettre la vérité sous vos yeux sans aucun déguisement. J'ai répondu à toutes vos questions, depuis ce bouffon savant de Rabelais jusqu'au téméraire métaphysicien Spinosa.

J'aurais pu joindre à cette liste une foule de petits livres qui ne sont guère connus que des bibliothécaires ; mais j'ai craint qu'en multipliant le nombre des coupables, je ne parusse diminuer l'iniquité. J'espère que le peu que j'ai dit affermira Votre Altesse dans ses sentiments pour nos dogmes et pour nos Écritures, quand elle verra qu'elles n'ont été combattues que par des stoïciens entêtés, par des savants enflés de leur science, par des gens du monde qui ne connaissent que leur vaine raison, par des plaisants qui prennent des bons mots pour des arguments, par des théologiens enfin qui, au lieu de marcher dans les voies de Dieu, se sont égarés dans leurs propres voies.

Encore une fois, ce qui doit consoler une âme aussi noble que la vôtre, c'est que le théisme, qui perd aujourd'hui tant d'âmes, ne peut jamais nuire ni à la paix des États, ni à la douceur de la société. La controverse a fait couler partout le sang, et le théisme l'a étanché. C'est un mauvais remède, je l'avoue, mais il a guéri les plus cruelles blessures. Il est excellent pour cette vie, s'il est détestable pour l'autre. Il damne sûrement son homme, mais il le rend paisible.

Votre pays a été autrefois en feu pour des arguments, le théisme y a porté la concorde. Il est clair que si Poltrot, Jacques Clément, Jaurigni, Balthazar Gérard, Jean Chastel, Damiens, le jésuite Malagrida, etc., etc., etc., avaient été des théistes, il y aurait eu moins de princes assassinés.

A Dieu ne plaise que je veuille préférer le théisme à la sainte religion des Ravaillac, des Damiens, des Malagrida, qu'ils ont méconnue et outragée ! Je dis seulement qu'il est plus agréable de vivre avec des théistes qu'avec des Ravaillac et des Brinvilliers qui vont à confesse, et si Votre Altesse n'est pas de mon avis, j'ai tort.

LA PROPHÉTIE DE LA SORBONNE,

DE L'AN 1530, TIRÉE DES MANUSCRITS DE M. BALUZE,
TOME PREMIER, PAGE 117.

(1767 [1].)

> Au *prima mensis* tu boiras
> D'assez mauvais vin largement.
> En mauvais latin parleras
> Et en français pareillement,
> Pour et contre clabauderas
> Sur l'un et l'autre *Testament*.
> Vingt fois de parti changeras
> Pour quelques écus seulement [2].
> Henri-Quatre tu maudiras
> Quatre fois solennellement [3].
> La mémoire tu béniras
> Du bienheureux Jacques Clément [4].
> La bulle humblement recevras,
> L'ayant rejetée hautement [5].
> Les décrets que griffonneras
> Seront sifflés publiquement [6].
> Les jésuites remplaceras
> Et les passeras mêmement.
> A la fin comme eux tu seras
> Chassé très-vraisemblablement [7].

1. Quoique la *censure* contre Bélisaire eût été décidée suivant la conclusion théologique du 26 juin 1767, la Sorbonne, fort embarrassée de la rédaction de cette censure, ne la publia réellement que dans les premiers jours de décembre suivant, après l'avoir réduite à environ 140 pages. Cette facétie rimée fut composée quelques jours après le *prima mensis* de ce mois de décembre. (ÉD.)

2. On a encore, à Londres, les quittances des docteurs de Sorbonne, consultés le 2 juillet 1530, sur le divorce de Henri VIII, par Thomas Kronk, agent de ce tyran, qui délivra l'argent aux docteurs.

3. Il y eut quatre principaux libelles de la Sorbonne, appelés *décrets*, qui méritaient le dernier supplice. Le plus violent est du 7 mai 1590. On y déclare excommunié et damné le grand Henri IV, ainsi que tous ses sujets fidèles.

4. Le moine Jacques Clément, étudiant en Sorbonne, ne voulut entreprendre son saint parricide que lorsque soixante et onze docteurs eurent déclaré unanimement le trône vacant, et les sujets déliés du serment de fidélité, le 7 janvier 1589.

5. On sait que la Sorbonne appela de la bulle *Unigenitus* au futur concile en 1718, et la reçut ensuite comme règle de foi.

6. C'est ce qui vient d'arriver à la censure de *Bélisaire*, et ce qui désormais arrivera toujours.

7. *Amen!*

RÉPONSE CATÉGORIQUE
AU SIEUR COGÉ.
(1767.)

Mon maître, outre plusieurs lettres anonymes, a reçu deux lettres outrageantes et calomnieuses, signées *Cogé, licencié en théologie, et professeur de rhétorique au collége Mazarin*. Mon maître, âgé de soixante-quatorze ans, et achevant ses jours dans la plus profonde retraite, ne savait pas, il y a quelques mois, s'il y avait un tel homme au monde. Il peut être *licencié* ; et ses procédés sont assurément d'une grande licence. Il écrit des injures à mon maître; il dit que mon maître est l'auteur d'une *honnêteté théologique*[1]. Mon maître sait quelles malhonnêtetés théologiques on a faites à M. Marmontel, qui est son ami depuis vingt ans[2]; mais il n'a jamais fait d'*honnêteté théologique*. Il ne conçoit pas même comment ces deux mots peuvent se trouver ensemble. Quiconque dit que mon maître a fait une pareille honnêteté, est un malhonnête homme et en a menti. On est accoutumé à de pareilles impostures. Mon maître n'a pas même lu cet ouvrage, et n'en a jamais entendu parler. Il a lu *Bélisaire*, et l'a admiré avec toute l'Europe. Il a lu les plats libelles du sieur Cogé contre *Bélisaire*, et, ne sachant pas de qui ils étaient, il a écrit à M. Marmontel qu'ils ne pouvaient être que d'un maraud.

Si l'on a imprimé à Paris la lettre de mon maître, si l'on y a mis le nom de Cogé, on a eu tort; mais le sieur Cogé a eu cent fois plus de tort, d'oser insulter M. Marmontel, dont il n'est pas digne de lire les ouvrages. Un régent de collége qui fait des libelles mérite d'être renfermé dans une maison qui ne s'appelle pas un collége.

1. L'abbé Morellet croyait que l'*Honnêteté théologique* était de Voltaire. Mais Grimm (*Correspondance*, décembre 1768) dit que Damilaville, qui en est l'auteur, l'attribua à Voltaire qui paraît l'avoir rebouisé. (*Note de M. Beuchot.*)
2. C'est à la fin de 1745 que Voltaire avait personnellement connu Marmontel qui, depuis 1743, était en correspondance avec lui ; mais le billet le plus ancien de Voltaire qui soit conservé est de novembre ou décembre 1745. (*Id.*)

LE DINER
DU COMTE DE BOULAINVILLIERS.
(1767.)

PREMIER ENTRETIEN. — AVANT DÎNER.

L'ABBÉ COUET[1]. — Quoi! monsieur le comte, vous croyez la philosophie aussi utile au genre humain que la religion apostolique, catholique et romaine?

LE COMTE DE BOULAINVILLIERS. — La philosophie étend son empire sur tout l'univers, et votre Église ne domine que sur une partie de l'Europe; encore y a-t-elle bien des ennemis. Mais vous devez m'avouer que la philosophie est plus salutaire mille fois que votre religion, telle qu'elle est pratiquée depuis longtemps.

L'ABBÉ. — Vous m'étonnez. Qu'entendez-vous donc par philosophie?

LE COMTE. — J'entends l'amour éclairé de la sagesse, soutenu par l'amour de l'Être éternel, rémunérateur de la vertu et vengeur du crime.

L'ABBÉ. — Eh bien! n'est-ce pas là ce que notre religion annonce?

LE COMTE. — Si c'est là ce que vous annoncez, nous sommes d'accord : je suis bon catholique, et vous êtes bon philosophe; n'allons donc pas plus loin ni l'un ni l'autre. Ne déshonorons notre philosophie religieuse et sainte, ni par des sophismes et des absurdités qui outragent la raison, ni par la cupidité effrénée des honneurs et des richesses qui corrompent toutes les vertus. N'écoutons que les vérités et la modération de la philosophie; alors cette philosophie adoptera la religion pour sa fille.

L'ABBÉ. — Avec votre permission, ce discours sent un peu le fagot.

LE COMTE. — Tant que vous ne cesserez de nous conter des fagots, et de vous servir de fagots allumés au lieu de raisons, vous n'aurez pour partisans que des hypocrites et des imbéciles. L'opinion d'un seul sage l'emporte sans doute sur les prestiges des fripons, et sur l'avertissement de mille idiots. Vous m'avez demandé ce que j'entendais par philosophie; je vous demande à mon tour ce que vous entendez par religion.

L'ABBÉ. — Il me faudrait bien du temps pour vous expliquer tous nos dogmes.

LE COMTE. — C'est déjà une grande présomption contre vous. Il vous faut de gros livres; et à moi il ne faut que quatre mots : *Sers Dieu, sois juste.*

L'ABBÉ. — Jamais notre religion n'a dit le contraire.

---

1. Couet (Bernard), grand vicaire du cardinal de Noailles, chanoine de Notre-Dame, confesseur du chancelier Daguesseau, fut assassiné le 30 avril 1736. Voltaire lui avait adressé, en 1725, un quatrain. (ED.)

LE COMTE. — Je voudrais ne point trouver dans vos livres des idées contraires. Ces paroles cruelles : « Contrains-les d'entrer[1], » dont on abuse avec tant de barbarie; et celles-ci : « Je suis venu apporter le glaive et non la paix[2]; » et celles-là encore : « Que celui qui n'écoute pas l'Église soit regardé comme un païen, ou comme un receveur des deniers publics[3]; » et cent maximes pareilles, effrayent le sens commun et l'humanité.

Y a-t-il rien de plus dur et de plus odieux que cet autre discours[4] : « Je leur parle en paraboles, afin qu'en voyant ils ne voient point, et qu'en écoutant ils n'entendent point? » Est-ce ainsi que s'expliquent la sagesse et la bonté éternelles?

Le Dieu de tout l'univers, qui se fait homme pour éclairer et pour favoriser tous les hommes, a-t-il pu dire[5] : « Je n'ai été envoyé qu'au troupeau d'Israël, » c'est-à-dire à un petit pays de trente lieues tout au plus?

Est-il possible que ce Dieu, à qui l'on fait payer la capitation, ait dit que ses disciples ne devaient rien payer; que les rois[6] « ne reçoivent des impôts que des étrangers, et que les enfants en sont exempts? »

L'ABBÉ. — Ces discours qui scandalisent sont expliqués par des passages tout différents.

LE COMTE. — Juste ciel! qu'est-ce qu'un Dieu qui a besoin de commentaire et à qui l'on fait dire perpétuellement le pour et le contre? qu'est-ce qu'un législateur qui n'a rien écrit? qu'est-ce que quatre livres divins dont la date est inconnue et dont les auteurs, si peu avérés, se contredisent à chaque page?

L'ABBÉ. — Tout cela se concilie, vous dis-je. Mais vous m'avouerez du moins que vous êtes très-content du discours sur la montagne.

LE COMTE. — Oui; on prétend que Jésus a dit qu'on brûlera ceux qui appellent leur frère Raca[7], comme vos théologiens font tous les jours. Il dit qu'il est venu pour accomplir la loi de Moïse, que vous avez en horreur[8]. Il demande avec quoi on salera si le sel s'évanouit[9]. Il dit que bienheureux sont les pauvres d'esprit, parce que le royaume des cieux est à eux[10]. Je sais encore qu'on lui fait dire qu'il faut que le blé[11] pourrisse et meure en terre pour germer; que le royaume des cieux est un grain de moutarde[12]; que c'est de l'argent mis à usure[13]; qu'il ne faut pas donner à dîner à ses parents quand ils sont riches[14]. Peut-être ces expressions avaient-elles un sens respectable dans la langue où l'on dit qu'elles furent prononcées; j'adopte tout ce qui peut inspirer la vertu; mais ayez la bonté de me dire ce que vous pensez d'un autre passage que voici :

1. Luc, chap. XIV, v. 23. — 2. Matthieu, chap. X, v. 34.
3. Matthieu, chap. XVIII, v. 17. — 4. Idem, chap. XIII, v. 13.
5. Idem, chap. XV, v. 24. — 6. Idem, chap. XVII, v. 24, 25, 26.
7. Idem, chap. V, v. 22. — 8. Idem, ibid., v. 17. — 9. Idem, ibid., v. 13.
10. Idem, ibid., v. 3. — 11. Ire Épître de Paul aux Corinth., chap. XV, v. 36.
12. Luc, chap. XIII, v. 19. — 13. Matthieu, chap. XXV, v. 27.
14. Luc, chap. XIV, v. 12.

« C'est Dieu qui m'a formé; Dieu est partout et dans moi : oserai-je
le souiller par des actions criminelles et basses, par des paroles impures, par d'infâmes désirs?

« Puissé-je, à mes derniers moments, dire à Dieu : « O mon maître!
« ô mon père! tu as voulu que je souffrisse, j'ai souffert avec résigna-
« tion; tu as voulu que je fusse pauvre, j'ai embrassé la pauvreté; tu
« m'as mis dans la bassesse, et je n'ai point voulu la grandeur; tu
« veux que je meure, je t'adore en mourant, Je sors de ce magnifique
« spectacle en te rendant grâce de m'y avoir admis pour me faire con-
« templer l'ordre admirable avec lequel tu régis l'univers. »

L'ABBÉ. — Cela est admirable; dans quel Père de l'Église avez-vous
trouvé ce morceau divin? est-ce dans saint Cyprien, dans saint Grégoire de Nazianze, ou dans saint Cyrille?

LE COMTE. — Non; ce sont les paroles d'un esclave païen, nommé
Épictète; et l'empereur Marc-Aurèle n'a jamais pensé autrement que
cet esclave.

L'ABBÉ. — Je me souviens en effet d'avoir lu, dans ma jeunesse, des
préceptes de morale dans des auteurs païens, qui me firent une grande
impression : je vous avouerai même que les lois de Zaleucus, de Cha-
rondas, les conseils de Confucius, les commandements moraux de Zoroastre, les maximes de Pythagore, me parurent dictés par la sagesse
pour le bonheur du genre humain : il me semblait que Dieu avait daigné honorer ces grands hommes d'une lumière plus pure que celle des
hommes ordinaires, comme il donna plus d'harmonie à Virgile, plus
d'éloquence à Cicéron et plus de sagacité à Archimède, qu'à leurs contemporains. J'étais frappé de ces grandes leçons de vertu que l'antiquité nous a laissées. Mais enfin tous ces gens-là ne connaissaient pas
la théologie; ils ne savaient pas quelle est la différence entre un chérubin et un séraphin, entre la grâce efficace à laquelle on ne peut résister et la grâce suffisante qui ne suffit pas; ils ignoraient que Dieu
était mort, et qu'ayant été crucifié pour tous, il n'avait pourtant été
crucifié que pour quelques-uns. Ah! monsieur le comte, si les Scipion,
les Cicéron, les Caton, les Épictète, les Antonin, avaient su que « le
père a engendré le fils et qu'il ne l'a pas fait; que l'esprit n'a été ni engendré ni fait, mais qu'il procède par spiration tantôt du père et tantôt
du fils; que le fils a tout ce qui appartient au père, mais qu'il n'a pas
la paternité; » si, dis-je, les anciens, nos maîtres en tout, avaient pu
connaître cent vérités de cette clarté et de cette force; enfin, s'ils
avaient été théologiens, quels avantages n'auraient-ils pas procurés
aux hommes! La consubstantialité surtout, monsieur le comte, la
transsubstantiation, sont de si belles choses! Plût au ciel que Scipion,
Cicéron et Marc-Aurèle, eussent approfondi ces vérités! ils auraient
pu être grands vicaires de monseigneur l'archevêque ou syndics de la
Sorbonne.

LE COMTE. — Çà, dites-moi en conscience, entre nous et devant
Dieu, si vous pensez que les âmes de ces grands hommes soient à la
broche, éternellement rôties par les diables, en attendant qu'elles aient
trouvé leur corps qui sera éternellement rôti avec elles, et cela pour

n'avoir pu être syndics de Sorbonne et grands vicaires de monseigneur l'archevêque?

L'ABBÉ. — Vous m'embarrassez beaucoup ; car « hors de l'Église point de salut. »

Nul ne doit plaire au ciel que nous et nos amis.

« Quiconque n'écoute pas l'Église, qu'il soit comme un païen ou comme un fermier général[1]. » Scipion et Marc-Aurèle n'ont point écouté l'Église ; ils n'ont point reçu le concile de Trente ; leurs âmes spirituelles seront rôties à jamais ; et quand leurs corps dispersés dans les quatre éléments seront retrouvés, ils seront rôtis à jamais aussi avec leurs âmes. Rien n'est plus clair, comme rien n'est plus juste : cela est positif.

D'un autre côté, il est bien dur de brûler éternellement Socrate, Aristide, Pythagore, Épictète, les Antonins, tous ceux dont la vie a été pure et exemplaire, et d'accorder la béatitude éternelle à l'âme et au corps de François Ravaillac, qui mourut en bon chrétien, bien confessé et muni d'une grâce efficace ou suffisante. Je suis un peu embarrassé dans cette affaire, car enfin je suis juge de tous les hommes; leur bonheur ou leur malheur éternel dépend de moi, et j'aurais quelque répugnance à sauver Ravaillac et à damner Scipion.

Il y a une chose qui me console, c'est que nous autres théologiens nous pouvons tirer des enfers qui nous voulons; nous lisons dans les *Actes de sainte Thècle*, grande théologienne, disciple de saint Paul, laquelle se déguisa en homme pour le suivre, qu'elle délivra de l'enfer son amie Faconille, qui avait eu le malheur de mourir païenne[2].

Le grand saint Jean Damascène rapporte que le grand saint Macaire, le même qui obtint de Dieu la mort d'Arius par ses ardentes prières, interrogea un jour dans un cimetière le crâne d'un païen sur son salut : le crâne lui répondit que les prières des théologiens soulageaient infiniment les damnés[3].

Enfin nous savons de science certaine que le grand saint Grégoire, pape, tira de l'enfer l'âme de l'empereur Trajan[4] : ce sont là de beaux exemples de la miséricorde de Dieu.

LE COMTE. — Vous êtes un goguenard; tirez donc de l'enfer, par vos saintes prières, Henri IV, qui mourut sans sacrement comme un païen, et mettez-le dans le ciel avec Ravaillac le bien confessé ; mais mon embarras est de savoir comment ils vivront ensemble et quelle mine ils se feront.

LA COMTESSE DE BOULAINVILLIERS. — Le dîner se refroidit ; voilà M. Fréret qui arrive, mettons-nous à table. vous tirerez après de l'enfer qui vous voudrez.

1. Matthieu, chap. xviii, v. 17.
2. Voy. Damascène, *Orat. de iis qui in voce dormierunt*, p. 585.
3. *Apud Grab. Spicileg.*, tome I.
4. *Eucologe*, c. 96, *et alii lib. græc.*, Damascène, p. 588.

SECOND ENTRETIEN. — PENDANT LE DÎNER.

L'ABBÉ. — Ah! madame, vous mangez gras un vendredi sans avoir la permission expresse de monseigneur l'archevêque ou la mienne! ne savez-vous pas que c'est pécher contre l'Église? Il n'était pas permis chez les Juifs de manger du lièvre, parce qu'alors il ruminait et qu'il n'avait pas le pied fendu[1]; c'était un crime horrible de manger de l'ixion et du griffon[2].

LA COMTESSE. — Vous plaisantez toujours, monsieur l'abbé; dites-moi de grâce ce que c'est qu'un ixion.

L'ABBÉ. — Je n'en sais rien, madame; mais je sais que quiconque mange le vendredi une aile de poulet sans la permission de son évêque, au lieu de se gorger de saumon et d'esturgeon, pèche mortellement; que son âme sera brûlée en attendant son corps, et que, quand son corps la viendra retrouver, ils seront tous deux brûlés éternellement, sans pouvoir être consumés, comme je disais tout à l'heure.

LA COMTESSE. — Rien n'est assurément plus judicieux ni plus équitable; il y a plaisir à vivre dans une religion si sage. Voudriez-vous une aile de ce perdreau?

LE COMTE. — Prenez, croyez-moi; Jésus-Christ a dit : « Mangez ce qu'on vous présentera[3]. » Mangez, mangez; que la honte ne vous fasse dommage.

L'ABBÉ. — Ah! devant vos domestiques, un vendredi, qui est le lendemain du jeudi! Ils l'iraient dire par toute la ville.

LE COMTE. — Ainsi vous avez plus de respect pour mes laquais que pour Jésus-Christ?

L'ABBÉ. — Il est bien vrai que notre Sauveur n'a jamais connu les distinctions des jours gras et des jours maigres; mais nous avons changé toute sa doctrine pour le mieux; il nous a donné tout pouvoir sur la terre et dans le ciel. Savez-vous bien que, dans plus d'une province, il n'y a pas un siècle que l'on condamnait les gens qui mangeaient gras en carême à être pendus? et je vous en citerai des exemples.

LA COMTESSE. — Mon Dieu! que cela est édifiant! et qu'on voit bien que votre religion est divine!

L'ABBÉ. — Si divine, que, dans le pays même où l'on faisait pendre ceux qui avaient mangé d'une omelette au lard, on faisait brûler ceux qui avaient ôté le lard d'un poulet piqué, et que l'Église en use encore ainsi quelquefois; tant elle sait se proportionner aux différentes faiblesses des hommes! — A boire.

LE COMTE. — A propos, monsieur le grand-vicaire, votre Église permet-elle qu'on épouse les deux sœurs?

L'ABBÉ. — Toutes deux à la fois, non; mais l'une après l'autre, selon le besoin, les circonstances, l'argent donné en cour de Rome, et la protection : remarquez bien que tout change toujours, et que tout dé-

---

1. *Deutéronome*, chap. XIV, v. 7. — 2. *Ibid.*, v. 12 et 13.
3. Luc, chap. X, v. 8.

pend de notre sainte Église. La sainte Église juive, notre mère, que nous détestons et que nous citons toujours, trouve très-bon que le patriarche Jacob épouse les deux sœurs à la fois : elle défend dans le *Lévitique* de se marier à la veuve de son frère[1]; elle l'ordonne expressément dans le *Deutéronome*[2]; et la coutume de Jérusalem permettait qu'on épousât sa propre sœur, car vous savez que quand Ammon, fils du chaste roi David, viola sa sœur Thamar, cette sœur pudique et avisée lui dit ces paroles : « Mon frère, ne me faites pas de sottises, mais demandez-moi en mariage à notre père, et il ne vous refusera pas[3]. »

Mais, pour revenir à notre divine loi sur l'agrément d'épouser les deux sœurs ou la femme de son frère, la chose varie selon les temps, comme je vous l'ai dit. Notre pape Clément VII n'osa pas déclarer invalide le mariage du roi d'Angleterre, Henri VIII, avec la femme du prince Arthur son frère, de peur que Charles-Quint ne le fît mettre en prison une seconde fois, et ne le fît déclarer bâtard comme il l'était; mais tenez pour certain qu'en fait de mariage, comme dans tout le reste, le pape et monseigneur l'archevêque sont les maîtres de tout quand ils sont les plus forts. — A boire.

LA COMTESSE. — Eh bien ! monsieur Fréret, vous ne répondez rien à ces beaux discours, vous ne dites rien !

M. FRÉRET. — Je me tais, madame, parce que j'aurais trop à dire.

L'ABBÉ. — Et que pourriez-vous dire, monsieur, qui pût ébranler l'autorité, obscurcir la splendeur, infirmer la vérité de notre mère sainte Église catholique, apostolique et romaine ? — A boire.

M. FRÉRET. — Parbleu ! je dirais que vous êtes des juifs et des idolâtres, qui vous moquez de nous et qui emboursez notre argent.

L'ABBÉ. — Des juifs et des idolâtres ! comme vous y allez !

M. FRÉRET. — Oui, des juifs et des idolâtres, puisque vous m'y forcez. Votre Dieu n'est-il pas né Juif ? n'a-t-il pas été circoncis comme Juif[4] ? n'a-t-il pas accompli toutes les cérémonies juives ? ne lui faites-vous pas dire plusieurs fois qu'il faut obéir à la loi de Moïse[5] ? n'a-t-il pas sacrifié dans le temple ? votre baptême n'était-il pas une coutume juive prise chez les Orientaux ? n'appelez-vous pas encore du mot juif *pâques* la principale de vos fêtes ? ne chantez-vous pas depuis plus de dix-sept cents ans, dans une musique diabolique, des chansons juives que vous attribuez à un roitelet juif[6], brigand, adultère et homicide, homme selon le cœur de Dieu ? Ne prêtez-vous pas sur gages, à Rome, dans vos juiveries, que vous appelez *monts de piété* ? et ne vendez-vous pas impitoyablement les gages des pauvres quand ils n'ont pas payé au terme ?

LE COMTE. — Il a raison; il n'y a qu'une seule chose qui vous manque de la loi juive, c'est un bon jubilé, un vrai jubilé, par lequel les seigneurs rentreraient dans les terres qu'ils vous ont données comme des

---

1. *Lévitique*, chap. XVIII, v. 16. — 2. *Deut.*, chap. XXV, v. 5.
3. *II Rois*, chap. XIII, v. 12 et 13.
4. Luc, chap. II, v. 22 et 39. — 5. Matthieu, chap. V, v. 17 et 18.
6. David; voy. *II Rois*, chap. XI et XII. (ED.)

sots, dans le temps que vous leur persuadiez qu'Élie et l'antechrist allaient venir, que le monde allait finir, et qu'il fallait donner tout son bien à l'Église « pour le remède de son âme, et pour n'être point rangé parmi les boucs. » Ce jubilé vaudrait mieux que celui auquel vous ne nous donnez que des indulgences plénières; j'y gagnerais, pour ma part, plus de cent mille livres de rentes.

L'ABBÉ. — Je le veux bien, pourvu que sur ces cent mille livres vous me fassiez une grosse pension. Mais pourquoi M. Fréret nous appelle-t-il idolâtres?

M. FRÉRET. — Pourquoi, monsieur? demandez-le à saint Christophe, qui est la première chose que vous rencontrez dans votre cathédrale [1], et qui est en même temps le plus vilain monument de barbarie que vous ayez; demandez-le à sainte Claire, qu'on invoque pour le mal des yeux et à qui vous avez bâti des temples; à saint Genou, qui guérit de la goutte; à saint Janvier, dont le sang se liquéfie si solennellement à Naples quand on l'approche de sa tête; à saint Antoine, qui asperge d'eau bénite les chevaux dans Rome [2].

Oseriez-vous nier votre idolâtrie, vous qui adorez du culte de dulie dans mille églises le lait de la Vierge, le prépuce et le nombril de son fils, les épines dont vous dites qu'on lui fit une couronne, le bois pourri sur lequel vous prétendez que l'Être éternel est mort? vous enfin qui adorez d'un culte de latrie un morceau de pâte que vous enfermez dans une boîte, de peur des souris? Vos catholiques romains ont poussé leur catholique extravagance jusqu'à dire qu'ils changent ce morceau de pâte en Dieu par la vertu de quelques mots latins, et que toutes les miettes de cette pâte deviennent autant de dieux créateurs de l'univers. Un gueux qu'on aura fait prêtre, un moine sortant des bras d'une prostituée, vient, pour douze sous, revêtu d'un habit de comédien, me marmotter en une langue étrangère ce que vous appelez une messe, fendre l'air en quatre avec trois doigts, se courber, se redresser, tourner à droite et à gauche, par devant et par derrière, et faire autant de dieux qu'il lui plaît, les boire et les manger, et les rendre ensuite à son pot de chambre! et vous n'avouerez pas que c'est la plus monstrueuse et la plus ridicule idolâtrie qui ait jamais déshonoré la nature humaine? Ne faut-il pas être changé en bête pour imaginer qu'on change du pain blanc et du vin rouge en Dieu? Idolâtres nouveaux, ne vous comparez pas aux anciens qui adoraient le Zeus, le Démiourgos, le maître des dieux et des hommes, et qui rendaient hommage à des dieux secondaires; sachez que Cérès, Pomone et Flore, valent mieux que votre Ursule, et ses onze mille vierges, et que ce n'est pas aux prêtres de Marie-Magdeleine à se moquer des prêtres de Minerve.

LA COMTESSE. — Monsieur l'abbé, vous avez, dans M. Fréret un rude adversaire. Pourquoi avez-vous voulu qu'il parlât? c'est votre faute.

L'ABBÉ. — Oh! madame, je suis aguerri; je ne m'effraye pas pour si

1. Cette statue a disparu pendant la Révolution. (ÉD.)
2. *Voyage de Misson*, t. II, p. 294; c'est un fait public.

peu de chose; il y a longtemps que j'ai entendu faire tous ces raisonnements contre notre mère sainte Église.

LA COMTESSE. — Par ma foi, vous ressemblez à certaine duchesse qu'un mécontent appelait catin; elle lui répondit : « Il y a trente ans qu'on me le dit, et je voudrais qu'on me le dît trente ans encore. »

L'ABBÉ. — Madame, madame, un bon mot ne prouve rien.

LE COMTE. — Cela est vrai; mais un bon mot n'empêche pas qu'on ne puisse avoir raison.

L'ABBÉ. — Et quelle raison pourrait-on opposer à l'authenticité des prophéties, aux miracles de Moïse, aux miracles de Jésus, aux martyrs?

LE COMTE. — Ah! je ne vous conseille pas de parler de prophéties, depuis que les petits garçons et les petites filles savent ce que mangea le prophète Ézéchiel à son déjeuner[1], et qu'il ne serait pas honnête de nommer à dîner; depuis qu'ils savent les aventures d'Oolla et d'Ooliba[2], dont il est difficile de parler devant les dames; depuis qu'ils savent que le Dieu des Juifs ordonna au prophète Osée de prendre une catin[3], et de faire des fils de catin. Hélas! trouverez-vous autre chose dans ces misérables que du galimatias et des obscénités?

Que vos pauvres théologiens cessent désormais de disputer contre les Juifs sur le sens des passages de leurs prophètes, sur quelques lignes hébraïques d'un Amos, d'un Joël, d'un Habacuc, d'un Jérémiah; sur quelques mots concernant Éliah, transporté aux régions célestes orientales dans un chariot de feu, lequel Éliah, par parenthèse, n'a jamais existé.

Qu'ils rougissent surtout des prophéties insérées dans leurs *Évangiles*. Est-il possible qu'il y ait encore des hommes assez imbéciles et assez lâches pour n'être pas saisis d'indignation quand Jésus prédit dans Luc[4] : « Il y aura des signes dans la lune et dans les étoiles; des bruits de la mer et des flots; des hommes séchant de crainte attendront ce qui doit arriver à l'univers entier! Les vertus des cieux seront ébranlées, et alors ils verront le fils de l'homme venant dans une nuée avec grande puissance et grande majesté. En vérité je vous dis que la génération présente ne passera point que tout cela ne s'accomplisse. »

Il est impossible assurément de voir une prédiction plus marquée, plus circonstanciée et plus fausse. Il faudrait être fou pour oser dire qu'elle fut accomplie et que le fils de l'homme vint dans une nuée avec une grande puissance et une grande majesté. D'où vient que Paul, dans son Épître aux Thessaloniciens (Ire, ch. IV, v. 16), confirme cette prédiction ridicule par une autre encore plus impertinente? « Nous qui vivons et qui vous parlons, nous serons emportés dans les nuées pour aller au-devant du Seigneur au milieu de l'air, etc. »

Pour peu qu'on soit instruit, on sait que le dogme de la fin du monde et de l'établissement d'un monde nouveau était une chimère reçue alors chez presque tous les peuples. Vous trouvez cette opinion

---

1. Ézéchiel, chap. IV, v. 12. — 2. *Ibid.*, chap. XXIII, v. 4.
3. Osée, chap. I, v. 2; et chap. III, v. 1 et 2. — 4. Chap. XXI, v. 25, 26, 27, 32.

dans *Lucrèce*, au livre IV. Vous la trouvez dans le premier livre des *Métamorphoses* d'Ovide. Héraclite, longtemps auparavant, avait dit que ce monde-ci serait consumé par le feu. Les stoïciens avaient adopté cette rêverie. Les demi-juifs demi-chrétiens qui fabriquèrent les *Évangiles*, ne manquèrent pas d'adopter un dogme si reçu et de s'en prévaloir. Mais, comme le monde subsista encore longtemps, et que Jésus ne vint point dans les nuées avec une grande puissance et une grande majesté au premier siècle de l'Église, ils dirent que ce serait pour le second siècle; ils le promirent ensuite pour le troisième; et de siècle en siècle cette extravagance s'est renouvelée. Les théologiens ont fait comme un charlatan que j'ai vu au bout du Pont-Neuf sur le quai de l'École; il montrait au peuple, vers le soir, un coq et quelques bouteilles de baume : « Messieurs, disait-il, je vais couper la tête à mon coq, et je le ressusciterai le moment d'après en votre présence; mais il faut auparavant que vous achetiez mes bouteilles. » Il se trouvait toujours des gens assez simples pour en acheter. » Je vais donc couper la tête à mon coq, continuait le charlatan; mais comme il est tard et que cette opération est digne du grand jour, ce sera pour demain. » Deux membres de l'Académie des sciences eurent la curiosité et la constance de revenir pour voir comment le charlatan se tirerait d'affaire; la farce dura huit jours de suite; mais la farce de l'attente de la fin du monde, dans le christianisme, a duré huit siècles entiers. Après cela, monsieur, citez-nous les prophéties juives ou chrétiennes

M. FRÉRET. — Je ne vous conseille pas de parler des miracles de Moïse devant des gens qui ont de la barbe au menton. Si tous ces prodiges inconcevables avaient été opérés, les Égyptiens en auraient parlé dans leurs histoires. La mémoire de tant de faits prodigieux qui étonnent la nature se serait conservée chez toutes les nations. Les Grecs, qui ont été instruits de toutes les fables de l'Égypte et de la Syrie, auraient fait retentir le bruit de ces actions surnaturelles aux deux bouts du monde. Mais aucun historien, ni grec, ni syrien, ni égyptien, n'en a dit un seul mot. Flavius Josèphe, si bon patriote, si entêté de son judaïsme, ce Josèphe qui a recueilli tant de témoignages en faveur de l'antiquité de sa nation, n'en a pu trouver aucun qui attestât les dix plaies de l'Égypte, et le passage à pied sec au milieu de la mer, etc.

Vous savez que l'auteur du *Pentateuque* est encore incertain : quel homme sensé pourra jamais croire, sur la foi de je ne sais quel Juif, soit Esdras, soit un autre, de si épouvantables merveilles, inconnues à tout le reste de la terre? Quand même tous vos prophètes juifs auraient cité mille fois ces événements étranges, il serait impossible de les croire; mais il n'y a pas un seul de ces prophètes qui cite les paroles du *Pentateuque* sur cet amas de miracles, pas un seul qui entre dans le moindre détail de ces aventures; expliquez ce silence comme vous pourrez.

Songez qu'il faut des motifs bien graves pour opérer ainsi le renversement de la nature. Quel motif, quelle raison aurait pu avoir le Dieu des Juifs? Était-ce de favoriser son petit peuple? de lui donner une terre fertile? Que ne lui donnait-il l'Égypte, au lieu de faire des miracles, dont la plupart, dites-vous, furent égalés par les sorciers de Pharaon? Pourquoi faire égorger par l'ange exterminateur tous les aînés d'Égypte, et faire périr tous les animaux, afin que les Israélites, au nombre de six cent trente mille combattants, s'enfuissent comme de lâches voleurs? Pourquoi leur ouvrir le sein de la mer Rouge, afin qu'ils allassent mourir de faim dans le désert? Vous sentez l'énormité de ces absurdes bêtises, vous avez trop de sens pour les admettre, et pour croire sérieusement à la religion chrétienne fondée sur l'imposture juive. Vous sentez le ridicule de la réponse triviale qu'il ne faut pas interroger Dieu, qu'il ne faut pas sonder l'abîme de la Providence. Non, il ne faut pas demander à Dieu pourquoi il a créé des poux et des araignées, parce qu'étant sûrs que les poux et les araignées existent, nous ne pouvons savoir pourquoi ils existent; mais nous ne sommes pas si sûrs que Moïse ait changé sa verge en serpent et ait couvert l'Égypte de poux, quoique les poux fussent familiers à son peuple : nous n'interrogeons pas Dieu; nous interrogeons des fous qui osent faire parler Dieu, et lui prêter l'excès de leurs extravagances.

LA COMTESSE. — Ma foi, mon cher abbé, je ne vous conseille pas non plus de parler des miracles de Jésus. Le créateur de l'univers se serait-il fait Juif pour changer l'eau en vin[1] à des noces où tout le monde était déjà ivre? aurait-il été emporté par le diable[2] sur une montagne d'où l'on voit tous les royaumes de la terre? aurait-il envoyé le diable[3] dans le corps de deux mille cochons dans un pays où il n'y avait point de cochons? aurait-il séché un figuier[4] pour n'avoir pas porté des figues, « quand ce n'était pas le temps des figues? » Croyez-moi, ces miracles sont tout aussi ridicules que ceux de Moïse. Convenez hautement de ce que vous pensez au fond du cœur.

L'ABBÉ. — Madame, un peu de condescendance pour ma robe, s'il vous plaît; laissez-moi faire mon métier; je suis un peu battu peut-être sur les prophéties et sur les miracles; mais pour les martyrs il est certain qu'il y en a eu; et Pascal, le patriarche de Port-Royal des Champs, a dit : « Je crois volontiers les histoires dont les témoins se font égorger. »

M. FRÉRET. — Ah! monsieur, que de mauvaise foi et d'ignorance dans Pascal! on croirait, à l'entendre, qu'il a vu les interrogatoires des apôtres, et qu'il a été témoin de leur supplice. Mais où a-t-il vu qu'ils aient été suppliciés? Qui lui a dit que Simon Barjone, surnommé Pierre, a été crucifié à Rome, la tête en bas? qui lui a dit que ce Barjone, un misérable pêcheur de Galilée, ait jamais été à Rome, et y ait parlé latin? Hélas! s'il eût été condamné à Rome, si les chrétiens l'avaient su, la première église qu'ils auraient bâtie depuis à l'honneur des saints aurait été Saint-Pierre de Rome, et non pas Saint-Jean de Latran; les papes n'y eussent pas manqué; leur ambition y eût trouvé un beau prétexte. A quoi est-on réduit, quand, pour

---

1. Jean, chap. II, v. 9. — 2. Matthieu, chap. IV, v. 8.
3. Ibid., chap. VIII, v. 32. — 4. Marc, chap. XI, v. 13.

prouver que ce Pierre Barjone a demeuré à Rome, on est obligé de dire qu'une lettre qu'on lui attribue, datée de Babylone[1], était en effet écrite de Rome même ? sur quoi un auteur célèbre a très-bien dit que, moyennant une telle explication, une lettre datée de Pétersbourg devait avoir été écrite à Constantinople.

Vous n'ignorez pas quels sont les imposteurs qui ont parlé de ce voyage de Pierre. C'est un Abdias, qui le premier écrivit que Pierre était venu du lac de Génézareth droit à Rome chez l'empereur, pour faire assaut de miracles contre Simon le magicien ; c'est lui qui fait le conte d'un parent de l'empereur, ressuscité à moitié par Simon, et entièrement par l'autre Simon Barjone; c'est lui qui met aux prises les deux Simon, dont l'un vole dans les airs et se casse les deux jambes par les prières de l'autre ; c'est lui qui fait l'histoire fameuse des deux dogues envoyés par Simon pour manger Pierre. Tout cela est répété par un Marcel, par un Hégésippe. Voilà les fondements de la religion chrétienne. Vous n'y voyez qu'un tissu des plus plates impostures faites par la plus vile canaille, laquelle seule embrassa le christianisme pendant cent années.

C'est une suite non interrompue de faussaires. Ils forgent des lettres de Jésus-Christ, ils forgent des lettres de Pilate, des lettres de Sénèque, des constitutions apostoliques, des vers des sibylles en acrostiches, des évangiles au nombre de plus de quarante, des actes de Barnabé, des liturgies de Pierre, de Jacques, de Matthieu, et de Marc, etc., etc. Vous le savez, monsieur, vous les avez lues, sans doute, ces archives infâmes du mensonge, que vous appelez fraudes pieuses; et vous n'aurez pas l'honnêteté de convenir, au moins devant vos amis, que le trône du pape n'a été établi que sur d'abominables chimères, pour le malheur du genre humain ?

L'ABBÉ. — Mais comment la religion chrétienne aurait-elle pu s'élever si haut, si elle n'avait eu pour base que le fanatisme et le mensonge ?

LE COMTE. — Et comment le mahométisme s'est-il élevé encore plus haut? Du moins ses mensonges ont été plus nobles, et son fanatisme plus généreux. Du moins Mahomet a écrit et combattu; et Jésus n'a su ni écrire ni se défendre. Mahomet avait le courage d'Alexandre avec l'esprit de Numa; et votre Jésus a sué sang et eau[2] dès qu'il a été condamné par ses juges. Le mahométisme n'a jamais changé, et vous autres vous avez changé vingt fois toute votre religion. Il y a plus de différence entre ce qu'elle est aujourd'hui et ce qu'elle était dans vos premiers temps, qu'entre vos usages et ceux du roi Dagobert. Misérables chrétiens ! non, vous n'adorez pas votre Jésus, vous lui insultez en substituant vos nouvelles lois aux siennes. Vous vous moquez plus de lui avec vos mystères, vos *agnus*, vos reliques, vos indulgences, vos bénéfices simples, et votre papauté, que vous ne vous en moquez tous les ans, le cinq janvier, par vos noëls dissolus, dans lesquels vous couvrez de ridicule la vierge Marie, l'ange qui la salue, le pigeon

---

[1]. Ire de saint Pierre, chap. v, v. 13. — 2. Luc, XXII, 44. (ÉD.)

qui l'engrosse, le charpentier qui en est jaloux, et le poupon que les trois rois viennent complimenter entre un bœuf et un âne, digne compagnie d'une telle famille.

L'ABBÉ. — C'est pourtant ce ridicule que saint Augustin a trouvé divin; il disait : « Je le crois, parce que cela est absurde; je le crois, parce que cela est impossible. »

M. FRÉRET. — Eh! que nous importent les rêveries d'un Africain, tantôt manichéen, tantôt chrétien, tantôt débauché, tantôt dévot, tantôt tolérant, tantôt persécuteur? que nous fait son galimatias théologique? Voudriez-vous que je respectasse cet insensé rhéteur, quand il dit, dans son sermon XXII, que l'ange fit un enfant à Marie par l'oreille? *imprægnavit per aurem.*

LA COMTESSE. — En effet je vois l'absurde; mais je ne vois pas le divin. Je trouve très-simple que le christianisme se soit formé dans la populace, comme les sectes des anabaptistes et des quakers se sont établies, comme les prophètes du Vivarais et des Cévennes se sont formés, comme la faction des convulsionnaires prend déjà des forces[1]. L'enthousiasme commence, la fourberie achève. Il en est de la religion comme du jeu :

On commence par être dupe,
On finit par être fripon.

M. FRÉRET. — Il n'est que trop vrai, madame. Ce qui résulte de plus probable du chaos des histoires de Jésus, écrites contre lui par les Juifs, et en sa faveur par les chrétiens, c'est qu'il était un Juif de bonne foi, qui voulait se faire valoir auprès du peuple, comme les fondateurs des récabites, des esséniens, des saducéens, des pharisiens, des judaïtes, des hérodiens, des joanistes, des thérapeutes, et de tant d'autres petites factions élevées dans la Syrie, qui était la patrie du fanatisme. Il est probable qu'il mit quelques femmes dans son parti, ainsi que tous ceux qui voulurent être chefs de secte; qu'il lui échappa plusieurs discours indiscrets contre les magistrats, et qu'il fut puni cruellement du dernier supplice. Mais qu'il ait été condamné, ou sous le règne d'Hérode le Grand, comme le prétendent les talmudistes, ou sous Hérode le tétrarque, comme le disent quelques *Évangiles*, cela est fort indifférent. Il est avéré que ses disciples furent très-obscurs jusqu'à ce qu'ils eussent rencontré quelques platoniciens dans Alexandrie qui étayèrent les rêveries des galiléens par les rêveries de Platon. Les peuples d'alors étaient infatués de démons, de mauvais génies, d'obsessions, de possessions, de magie, comme le sont aujourd'hui les sauvages. Presque toutes les maladies étaient des possessions d'esprits malins. Les Juifs, de temps immémorial, s'étaient vantés de chasser les diables avec la racine barath, mise sous le nez des malades, et quelques paroles attribuées à Salomon. Le jeune Tobie chassait les diables avec la fumée d'un poisson sur le gril[2]. Voilà l'origine des miracles dont les galiléens se vantèrent.

[1]. La faction des convulsionnaires est postérieure de cinq ans à la mort de Boulainvilliers. (ID.) — 2. Tobie, VI, 8. (ÉD.)

Les gentils étaient assez fanatiques pour convenir que les galiléens pouvaient faire ces beaux prodiges : car les gentils croyaient en faire eux-mêmes. Ils croyaient à la magie comme les disciples de Jésus. Si quelques malades guérissaient par les forces de la nature, ils ne manquaient pas d'assurer qu'ils avaient été délivrés d'un mal de tête par la force des enchantements. Ils disaient aux chrétiens : « Vous avez de eaux secrets, et nous aussi; vous guérissez avec des paroles, et nous ussi; vous n'avez sur nous aucun avantage. »

Mais quand les galiléens, ayant gagné une nombreuse populace, commencèrent à prêcher contre la religion de l'État; quand, après avoir demandé la tolérance, ils osèrent être intolérants; quand ils voulurent élever leur nouveau fanatisme sur les ruines du fanatisme ancien, alors les prêtres et les magistrats romains les eurent en horreur; alors on réprima leur audace. Que firent-ils? ils supposèrent, comme nous l'avons vu, mille ouvrages en leur faveur; de dupes ils devinrent fripons, ils devinrent faussaires; ils se défendirent par les plus indignes fraudes, ne pouvant employer d'autres armes, jusqu'au temps où Constantin, devenu empereur avec leur argent, mit leur religion sur le trône. Alors les fripons furent sanguinaires. J'ose vous assurer que, depuis le concile de Nicée jusqu'à la sédition des Cévennes, il ne s'est pas écoulé une seule année où le christianisme n'ait versé le sang.

L'ABBÉ. — Ah! monsieur, c'est beaucoup dire.

M. FRÉRET. — Non; ce n'est pas assez dire. Relisez seulement l'*Histoire ecclésiastique* ; voyez les donatistes et leurs adversaires s'assommant à coups de bâton; les athanasiens et les ariens remplissant l'empire romain de carnage pour une diphthongue. Voyez ces barbares chrétiens se plaindre amèrement que le sage empereur Julien les empêche de s'égorger et de se détruire. Regardez cette suite épouvantable de massacres; tant de citoyens mourant dans les supplices, tant de princes assassinés, les bûchers allumés dans vos conciles, douze millions d'innocents, habitants d'un nouvel hémisphère, tués comme des bêtes fauves dans un parc, sous prétexte qu'ils ne voulaient pas être chrétiens; et, dans notre ancien hémisphère, les chrétiens immolés sans cesse les uns par les autres, vieillards, enfants, mères, femmes, filles, expirant en foule dans les croisades des Albigeois, dans les guerres des hussites, dans celles des luthériens, des calvinistes, des anabaptistes, à la Saint-Barthélemy, aux massacres d'Irlande, à ceux du Piémont, à ceux des Cévennes; tandis qu'un évêque de Rome, mollement couché sur un lit de repos, se fait baiser les pieds, et que cinquante châtrés lui font entendre leurs fredons pour le désennuyer. Dieu m'est témoin que ce portrait est fidèle, et vous n'oseriez me contredire.

L'ABBÉ. — J'avoue qu'il y a quelque chose de vrai; mais, comme disait l'évêque de Noyon[1], ce ne sont pas là des matières de table; ce sont des tables des matières. Les dîners seraient trop tristes si la con-

---

1. François de Clermont-Tonnerre, membre de l'Académie française. (ÉD.)

versation roulait longtemps sur les horreurs du genre humain. L'histoire de l'Église trouble la digestion.

LE COMTE. — Les faits l'ont troublée davantage.

L'ABBÉ. — Ce n'est pas la faute de la religion chrétienne, c'est celle des abus.

LE COMTE. — Cela serait bon s'il n'y avait eu que peu d'abus. Mais si les prêtres ont voulu vivre à nos dépens depuis que Paul, ou celui qui a pris son nom, a écrit : « Ne suis-je pas en droit [1] de me faire nourrir et vêtir par vous, moi, ma femme, ou ma sœur? » Si l'Église a voulu toujours envahir, si elle a employé toujours toutes les armes possibles pour nous ôter nos biens et nos vies, depuis la prétendue aventure d'Ananie et de Saphire, qui avaient, dit-on, apporté aux pieds de Simon Barjone le prix de leurs héritages, et qui avaient gardé quelques dragmes pour leur subsistance [2] ; s'il est évident que l'histoire de l'Église est une suite continuelle de querelles, d'impostures, de vexations, de fourberies, de rapines et de meurtres ; alors il est démontré que l'abus est dans la chose même, comme il est démontré qu'un loup a toujours été carnassier, et que ce n'est point par quelques abus passagers qu'il a sucé le sang de nos moutons.

L'ABBÉ. — Vous en pourriez dire autant de toutes les religions.

LE COMTE. — Point du tout ; je vous défie de me montrer une seule guerre excitée pour le dogme dans une seule secte de l'antiquité. Je vous défie de me montrer chez les Romains un seul homme persécuté pour ses opinions, depuis Romulus jusqu'au temps où les chrétiens vinrent tout bouleverser. Cette absurde barbarie n'était réservée qu'à nous. Vous sentez, en rougissant, la vérité qui vous presse, et vous n'avez rien à répondre.

L'ABBÉ. — Aussi je ne réponds rien. Je conviens que les disputes théologiques sont absurdes et funestes.

M. FRÉRET. — Convenez donc aussi qu'il faut couper par la racine un arbre qui a toujours porté des poisons.

L'ABBÉ. — C'est ce que je ne vous accorderai point ; car cet arbre a aussi quelquefois porté de bons fruits. Si une république a toujours été dans les dissensions, je ne veux pas pour cela qu'on détruise la république. On peut réformer ses lois.

LE COMTE. — Il n'en est pas d'un État comme d'une religion. Venise a réformé ses lois, et a été florissante ; mais quand on a voulu réformer le catholicisme, l'Europe a nagé dans le sang ; et en dernier lieu, quand le célèbre Locke, voulant ménager à la fois les impostures de cette religion et les droits de l'humanité, a écrit son livre du *Christianisme raisonnable*, il n'a pas eu quatre disciples ; preuve assez forte que le christianisme et la raison ne peuvent subsister ensemble. Il ne reste qu'un seul remède dans l'état où sont les choses, encore n'est-il qu'un palliatif ; c'est de rendre la religion absolument dépendante du souverain et des magistrats.

M. FRÉRET. — Oui, pourvu que le souverain et les magistrats soient

---

1. *I aux Corinthiens*, chap. IX, v. 4 et 5. — 2. *Actes des Apôtres*, chap. v.

éclairés, pourvu qu'ils sachent tolérer également toute religion, regarder tous les hommes comme leurs frères, n'avoir aucun égard à ce qu'ils pensent, et en avoir beaucoup à ce qu'ils font; les laisser libres dans leur commerce avec Dieu, et ne les enchaîner qu'aux lois dans tout ce qu'ils doivent aux hommes. Car il faudrait traiter comme des bêtes féroces des magistrats qui soutiendraient leur religion par des bourreaux.

L'ABBÉ. — Et si toutes les religions étant autorisées, elles se battent toutes les unes contre les autres? si le catholique, le protestant, le grec, le turc, le juif, se prennent par les oreilles en sortant de la messe, du prêche, de la mosquée, et de la synagogue?

M. FRÉRET. — Alors il faut qu'un régiment de dragons les dissipe.

LE COMTE. — J'aimerais mieux encore leur donner des leçons de modération que de leur envoyer des régiments; je voudrais commencer par instruire les hommes avant de les punir.

L'ABBÉ. — Instruire les hommes! que dites-vous, monsieur le comte? les en croyez-vous dignes?

LE COMTE. — J'entends; vous pensez toujours qu'il ne faut que les tromper: vous n'êtes qu'à moitié guéri; votre ancien mal vous reprend toujours.

LA COMTESSE. — A propos, j'ai oublié de vous demander votre avis sur une chose que je lus hier dans l'histoire de ces bons mahométans, qui m'a beaucoup frappée. Assan, fils d'Ali, étant au bain, un de ses esclaves lui jeta par mégarde une chaudière d'eau bouillante sur le corps. Les domestiques d'Assan voulurent empaler le coupable. Assan, au lieu de le faire empaler, lui fit donner vingt pièces d'or. « Il y a, dit-il, un degré de gloire dans le paradis pour ceux qui payent les services, un plus grand pour ceux qui pardonnent le mal, et un plus grand encore pour ceux qui récompensent le mal involontaire. » Comment trouvez-vous cette action et ce discours?

LE COMTE. — Je reconnais là mes bons musulmans du premier siècle.

L'ABBÉ. — Et moi, mes bons chrétiens.

M. FRÉRET. — Et moi; je suis fâché qu'Assan l'échaudé, fils d'Ali, ait donné vingt pièces d'or pour avoir de la gloire en paradis. Je n'aime point les belles actions intéressées. J'aurais voulu qu'Assan eût été assez vertueux et assez humain pour consoler le désespoir de l'esclave, sans songer à être placé dans le paradis au troisième degré.

LA COMTESSE. — Allons prendre du café. J'imagine que, si à tous les dîners de Paris, de Vienne, de Madrid, de Lisbonne, de Rome, et de Moscou, on avait des conversations aussi instructives, le monde n'en irait que mieux.

TROISIÈME ENTRETIEN. — APRÈS DÎNER.

L'ABBÉ. — Voilà d'excellent café, madame; c'est du Moka tout pur.

LA COMTESSE. — Oui, il vient du pays des musulmans; n'est-ce pas grand dommage?

L'ABBÉ. — Raillerie à part, madame, il faut une religion aux hommes.

LE COMTE. — Oui, sans doute; et Dieu leur en a donné une divine, éternelle, gravée dans tous les cœurs; c'est celle que, selon vous, pratiquaient Énoch, les noachides et Abraham; c'est celle que les lettrés chinois ont conservée depuis plus de quatre mille ans, l'adoration d'un Dieu, l'amour de la justice, et l'horreur du crime.

LA COMTESSE. — Est-il possible qu'on ait abandonné une religion si pure et si sainte pour les sectes abominables qui ont inondé la terre?

M. FRÉRET. — En fait de religion, madame, on a eu une conduite directement contraire à celle qu'on a eue en fait de vêtement, de logement, et de nourriture. Nous avons commencé par des cavernes, des huttes, des habits de peaux de bêtes, et du gland; nous avons ensuite du pain, des mets salutaires, des habits de laine et de soie filées, des maisons propres et commodes : mais, dans ce qui concerne la religion, nous sommes revenus au gland, aux peaux de bêtes, et aux cavernes.

L'ABBÉ. — Il serait bien difficile de vous en tirer. Vous voyez que la religion chrétienne, par exemple, est partout incorporée à l'État, et que, depuis le pape jusqu'au dernier capucin, chacun fonde son trône ou sa cuisine sur elle. Je vous ai déjà dit que les hommes ne sont pas assez raisonnables pour se contenter d'une religion pure et digne de Dieu.

LA COMTESSE. — Vous n'y pensez pas; vous avouez vous-même qu'ils s'en sont tenus à cette religion du temps de votre Énoch, de votre Noé, et de votre Abraham. Pourquoi ne serait-on pas aussi raisonnable aujourd'hui qu'on l'était alors?

L'ABBÉ. — Il faut bien que je le dise : c'est qu'alors il n'y avait ni chanoine à grosse prébende, ni abbé de Corbie avec un million, ni pape avec seize ou dix-huit millions. Il faudrait peut-être, pour rendre à la société humaine tous ces biens, des guerres aussi sanglantes qu'il en a fallu pour les lui arracher.

LE COMTE. — Quoique j'aie été militaire, je ne veux point faire la guerre aux prêtres et aux moines; je ne veux point établir la vérité par le meurtre, comme ils ont établi l'erreur; mais je voudrais, au moins que cette vérité éclairât un peu les hommes, qu'ils fussent plus doux et plus heureux, que les peuples cessassent d'être superstitieux, et que les chefs de l'Église tremblassent d'être persécuteurs.

L'ABBÉ. — Il est bien malaisé (puisqu'il faut enfin m'expliquer) d'ôter à des insensés des chaînes qu'ils révèrent. Vous vous feriez peut-être lapider par le peuple de Paris, si, dans un temps de pluie, vous empêchiez qu'on ne promenât la prétendue carcasse de sainte Geneviève par les rues pour avoir du beau temps.

M. FRÉRET. — Je ne crois point ce que vous dites : la raison a déjà fait tant de progrès, que depuis plus de dix ans on n'a fait promener cette prétendue carcasse et celle de Marcel dans Paris. Je pense qu'il est très-aisé de déraciner par degrés toutes les superstitions qui nous ont abrutis. On ne croit plus aux sorciers, on n'exorcise plus les diables; et quoiqu'il soit dit que votre Jésus ait envoyé ses apôtres précisément pour chasser les diables[1], aucun prêtre parmi nous n'est ni assez fou, ni assez sot pour se vanter de les chasser; les reliques de saint François sont devenues ridicules, et celles de saint Ignace, peut-être, seront un jour traînées dans la boue avec les jésuites eux-mêmes. On laisse, à la vérité, au pape le duché de Ferrare qu'il a usurpé, les domaines que César Borgia ravit par le fer et par le poison, et qui sont retournés à l'Église de Rome, pour laquelle il ne travaillait pas; on laisse Rome même aux papes, parce qu'on ne veut pas que l'empereur s'en empare; on lui veut bien payer encore des annates, quoique ce soit un ridicule honteux et une simonie évidente; on ne veut pas faire d'éclat pour un subside si modique. Les hommes, subjugués par la coutume, ne rompent pas tout d'un coup un mauvais marché fait depuis près de trois siècles. Mais que les papes aient l'insolence d'envoyer, comme autrefois, des légats *a latere* pour imposer des décimes sur les peuples, pour excommunier les rois, pour mettre leurs États en interdit, pour donner leurs couronnes à d'autres, vous verrez comme on recevra un légat *a latere* : je ne désespérerais pas que le parlement d'Aix ou de Paris ne le fît pendre.

LE COMTE. — Vous voyez combien de préjugés honteux nous avons secoués: Jetez les yeux à présent sur la partie la plus opulente de la Suisse, sur les sept Provinces-Unies, aussi puissantes que l'Espagne, sur la Grande-Bretagne, dont les forces maritimes tiendraient seules, avec avantage, contre les forces réunies de toutes les autres nations : regardez tout le nord de l'Allemagne, et la Scandinavie, ces pépinières intarissables de guerriers, tous ces peuples nous ont passés de bien loin dans les progrès de la raison. Le sang de chaque tête de l'hydre qu'ils ont abattue a fertilisé leurs campagnes; l'abolition des moines a peuplé et enrichi leurs États : on peut certainement faire en France ce qu'on a fait ailleurs; la France en sera plus opulente et plus peuplée.

L'ABBÉ. — Eh bien ! quand vous auriez secoué en France la vermine des moines, quand on ne verrait plus de ridicules reliques, quand nous ne payerions plus à l'évêque de Rome un tribut honteux; quand même on mépriserait assez la consubstantialité et la procession du Saint-Esprit par le Père et le Fils, et la transsubstantiation, pour n'en plus parler; quand ces mystères resteraient ensevelis dans la *Somme* de saint Thomas, et quand les contemptibles théologiens seraient réduits à se taire, vous resteriez encore chrétiens; vous voudriez en vain aller plus loin, c'est ce que vous n'obtiendrez jamais. Une religion de philosophes n'est pas faite pour les hommes.

M. FRÉRET.

Est quoddam prodire tenus, si non datur ultra.

Lib. I, ep. 1, vers 32.

Je vous dirai avec Horace : « Votre médecin ne vous donnera jamais la vue du lynx, mais souffrez qu'il vous ôte une taie de vos yeux. » Nous

[1]. Matthieu, chap. X, v. 1; Marc, chap. III, v. 15; Luc, chap. IX, v. 1.

gémissons sous le poids de cent livres de chaînes, permettez qu'on nous délivre des trois quarts. Le mot de *chrétien* a prévalu, il restera ; mais peu à peu on adorera Dieu sans mélange, sans lui donner ni une mère, ni un fils, ni un père putatif, sans lui dire qu'il est mort par un supplice infâme, sans croire qu'on fasse des dieux avec de la farine, enfin sans cet amas de superstitions qui mettent des peuples policés si au-dessous des sauvages. L'adoration pure de l'Être suprême commence à être aujourd'hui la religion de tous les honnêtes gens ; et bientôt elle descendra dans une partie saine du peuple même.

L'ABBÉ. — Ne craignez-vous point que l'incrédulité (dont je vois les immenses progrès) ne soit funeste au peuple en descendant jusqu'à lui, et ne le conduise au crime ? Les hommes sont assujettis à de cruelles passions et à d'horribles malheurs ; il leur faut un frein qui les retienne, et une erreur qui les console.

M. FRÉRET. — Le culte raisonnable d'un Dieu juste, qui punit et qui récompense, ferait sans doute le bonheur de la société ; mais quand cette connaissance salutaire d'un Dieu juste est défigurée par des mensonges absurdes et par des superstitions dangereuses, alors le remède se tourne en poison, et ce qui devrait effrayer le crime l'encourage. Un méchant qui ne raisonne qu'à demi (et il y en a beaucoup de cette espèce) ose nier souvent le Dieu dont on lui a fait une peinture révoltante.

Un autre méchant, qui a de grandes passions dans une âme faible, est souvent invité à l'iniquité par la sûreté du pardon que les prêtres lui offrent. « De quelque multitude énorme de crimes que vous soyez souillé, confessez-vous à moi, et tout vous sera pardonné par les mérites d'un homme qui fut pendu en Judée, il y a plusieurs siècles. Plongez-vous, après cela, dans de nouveaux crimes sept fois soixante et sept fois [1], et tout vous sera pardonné encore. » N'est-ce pas là véritablement induire en tentation ? n'est-ce pas aplanir toutes les voies de l'iniquité ? La Brinvilliers ne se confessait-elle pas à chaque empoisonnement qu'elle commettait ? Louis XI autrefois n'en usait-il pas de même ?

Les anciens avaient, comme nous, leur confession et leurs expiations ; mais on n'était pas expié pour un second crime. On ne pardonnait point deux parricides. Nous avons tout pris des Grecs et des Romains, et nous avons tout gâté.

Leur enfer était impertinent, je l'avoue ; mais nos diables sont plus sots que leurs furies. Ces furies n'étaient pas elles-mêmes damnées : on les regardait comme les exécutrices, et non comme les victimes des vengeances divines. Être à la fois bourreaux et patients, brûlants et brûlés, comme le sont nos diables, c'est une contradiction absurde, digne de nous, et d'autant plus absurde que la chute des anges, ce fondement du christianisme, ne se trouve ni dans la *Genèse*, ni dans l'*Évangile*. C'est une ancienne fable des brachmanes.

1. Allusion au verset 24, chapitre IV de la *Genèse* : on lit dans le texte grec *septante fois sept*. (ÉD.)

Enfin, monsieur, tout le monde rit aujourd'hui de votre enfer, parce qu'il est ridicule; mais personne ne rirait d'un Dieu rémunérateur et vengeur, dont on espérerait le prix de la vertu, dont on craindrait le châtiment du crime, en ignorant l'espèce des châtiments et des récompenses, mais en étant persuadé qu'il y en aura, parce que Dieu est juste.

LE COMTE. — Il me semble que M. Fréret a fait assez entendre comment la religion peut être un frein salutaire. Je veux essayer de vous prouver qu'une religion pure est infiniment plus consolante que la vôtre.

Il y a des douceurs, dites-vous, dans les illusions des âmes dévotes, je le crois; il y en a aussi aux Petites-Maisons. Mais quels tourments quand ces âmes viennent à s'éclairer ! dans quel doute et dans quel désespoir certaines religieuses passent leurs tristes jours ! vous en avez été témoin, vous me l'avez dit vous-même : les cloîtres sont le séjour du repentir; mais, chez les hommes surtout, un cloître est le repaire de la discorde et de l'envie. Les moines sont des forçats volontaires qui se battent en ramant ensemble; j'en excepte un très-petit nombre qui sont ou véritablement pénitents ou inutiles; mais, en vérité, Dieu a-t-il mis l'homme et la femme sur la terre pour qu'ils traînassent leur vie dans des cachots, séparés les uns des autres à jamais ? Est-ce là le but de la nature ? Tout le monde crie contre les moines; et moi je les plains. La plupart, au sortir de l'enfance, ont fait pour jamais le sacrifice de leur liberté; et sur cent il y en a quatre-vingts au moins qui sèchent dans l'amertume. Où sont donc ces grandes consolations que votre religion donne aux hommes? Un riche bénéficier est consolé, sans doute, mais c'est par son argent, et non par sa foi. S'il jouit de quelque bonheur, il ne le goûte qu'en violant les règles de son état. Il n'est heureux que comme homme du monde, et non pas comme homme d'Église. Un père de famille, sage, résigné à Dieu, attaché à sa patrie, environné d'enfants et d'amis, reçoit de Dieu des bénédictions mille fois plus sensibles.

De plus, tout ce que vous pourriez dire en faveur des mérites de vos moines, je le dirais à bien plus forte raison des derviches, des marabouts, des fakirs, des bonzes. Ils font des pénitences cent fois plus rigoureuses; ils se sont voués à des austérités plus effrayantes; et ces chaînes de fer sous lesquelles ils sont courbés, ces bras toujours étendus dans la même situation, ces macérations épouvantables, ne sont rien encore en comparaison des jeunes femmes de l'Inde qui se brûlent sur le bûcher de leurs maris, dans le fol espoir de renaître ensemble.

Ne vantez donc plus ni les peines ni les consolations que la religion chrétienne fait éprouver. Convenez hautement qu'elle n'approche en rien du culte raisonnable qu'une famille honnête rend à l'Être suprême sans superstition. Laissez là les cachots des couvents; laissez là vos mystères contradictoires et inutiles, l'objet de la risée universelle; prêchez Dieu et la morale, et je vous réponds qu'il y aura plus de vertu et plus de félicité sur la terre.

LA COMTESSE. — Je suis fort de cette opinion.

M. FRÉRET. — Et moi aussi, sans doute.

L'ABBÉ. — Eh bien! puisqu'il faut vous dire mon secret, j'en suis aussi.

Alors le président de Maisons, l'abbé de Saint-Pierre, M. Dufay, M. Dumarsais, arrivèrent; et M. l'abbé de Saint-Pierre lut, selon sa coutume, ses *Pensées du matin*, sur chacune desquelles on pourrait faire un bon ouvrage.

Pensées détachées de M. l'abbé de Saint-Pierre. — La plupart des princes, des ministres, des hommes constitués en dignité, n'ont pas le temps de lire; ils méprisent les livres, et ils sont gouvernés par un gros livre qui est le tombeau du sens commun.

S'ils avaient su lire, ils auraient épargné au monde tous les maux que la superstition et l'ignorance ont causés. Si Louis XIV avait su lire, il n'aurait pas révoqué l'édit de Nantes.

Les papes et leurs suppôts ont tellement cru que leur pouvoir n'est fondé que sur l'ignorance, qu'ils ont toujours défendu la lecture du seul livre qui annonce leur religion; ils ont dit : « Voilà votre loi, et nous vous défendons de la lire; vous n'en saurez que ce que nous daignerons vous apprendre. » Cette extravagante tyrannie n'est pas compréhensible; elle existe pourtant, et toute *Bible* en langue qu'on parle est défendue à Rome; elle n'est permise que dans une langue qu'on ne parle plus.

Toutes les usurpations papales ont pour prétexte un misérable jeu de mots, une équivoque des rues, une pointe qu'on fait dire à Dieu, et pour laquelle on donnerait le fouet à un écolier : « Tu es Pierre, et sur cette pierre, je fonderai mon assemblée[1]. »

Si on savait lire, on verrait en évidence que la religion n'a fait que du mal au gouvernement; elle en a fait encore beaucoup en France, par les persécutions contre les protestants; par les divisions sur je ne sais quelle bulle[2], plus méprisable qu'une chanson du Pont-Neuf; par le célibat ridicule des prêtres; par la fainéantise des moines; par les mauvais marchés faits avec l'évêque de Rome, etc.

L'Espagne et le Portugal, beaucoup plus abrutis que la France, éprouvent presque tous ces maux, et ont l'inquisition par-dessus, laquelle, supposé un enfer, serait ce que l'enfer aurait produit de plus exécrable.

En Allemagne, il y a des querelles interminables entre les trois sectes admises par le traité de Vestphalie : les habitants des pays immédiatement soumis aux prêtres allemands sont des brutes qui ont à peine à manger.

En Italie, cette religion qui a détruit l'empire romain n'a laissé que de la misère et de la musique, des eunuques, des arlequins et des prêtres. On accable de trésors une petite statue noire appelée *la Madone de Lorette*; et les terres ne sont pas cultivées.

La théologie est dans la religion ce que les poisons sont parmi les aliments.

Ayez des temples où Dieu soit adoré, ses bienfaits chantés, sa justice

---

1. Matthieu, chap. XVI, v. 18. (ÉD.) — 2. La bulle *Unigenitus*. (ÉD.)

annoncée, la vertu recommandée : tout le reste n'est qu'esprit de parti, faction, imposture, orgueil, avarice, et doit être proscrit à jamais.

Rien n'est plus utile au public qu'un curé qui tient registre des naissances, qui procure des assistances aux pauvres, console les malades, ensevelit les morts, met la paix dans les familles, et qui n'est qu'un maître de morale. Pour le mettre en état d'être utile, il faut qu'il soit au-dessus du besoin, et qu'il ne lui soit pas possible de déshonorer son ministère en plaidant contre son seigneur et contre ses paroissiens, comme font tant de curés de campagne; qu'ils soient gagés par la province, selon l'étendue de leur paroisse, et qu'ils n'aient d'autres soins que celui de remplir leurs devoirs.

Rien n'est plus inutile qu'un cardinal. Qu'est-ce qu'une dignité étrangère, conférée par un prêtre étranger? dignité sans fonction, et qui presque toujours vaut cent mille écus de rente, tandis qu'un curé de campagne n'a ni de quoi assister les pauvres, ni de quoi se secourir lui-même.

Le meilleur gouvernement est, sans contredit, celui qui n'admet que le nombre de prêtres nécessaire; car le superflu n'est qu'un fardeau dangereux. Le meilleur gouvernement est celui où les prêtres sont mariés; car ils en sont meilleurs citoyens; ils donnent des enfants à l'État, et les élèvent avec honnêteté : c'est celui où les prêtres n'osent prêcher que la morale; car s'ils prêchent la controverse, c'est sonner le tocsin de la discorde.

Les honnêtes gens lisent l'histoire des guerres de religion avec horreur; ils rient des disputes théologiques comme de la farce italienne. Ayons donc une religion qui ne fasse ni frémir ni rire.

Y a-t-il eu des théologiens de bonne foi? Oui, comme il y a eu des gens qui se sont crus sorciers.

M. Deslandes, de l'Académie des sciences de Berlin, qui vient de nous donner l'*Histoire de la philosophie*, dit, au tome III, page 299 : « La faculté de théologie me paraît le corps le plus méprisable du royaume; » il deviendrait un des plus respectables s'il se bornait à enseigner Dieu et la morale. Ce serait le seul moyen d'expier ses décisions criminelles contre Henri III et le grand Henri IV.

Les miracles que des gueux font au faubourg Saint-Médard peuvent aller loin, si M. le cardinal de Fleuri n'y met ordre. Il faut exhorter à la paix, et défendre sévèrement les miracles.

La bulle monstrueuse *Unigenitus* peut encore troubler le royaume. Toute bulle est un attentat à la dignité de la couronne et à la liberté de la nation.

La canaille créa la superstition; les honnêtes gens la détruisent.

On cherche à perfectionner les lois et les arts; peut-on oublier la religion?

Qui commencera à l'épurer? Ce sont les hommes qui pensent. Les autres suivront.

N'est-il pas honteux que les fanatiques aient du zèle, et que les sages n'en aient pas? Il faut être prudent, mais non pas timide.

AVIS A TOUS LES ORIENTAUX[1].

(1767.)

Toutes les nations de l'Asie et de l'Afrique doivent être averties du danger qui les menace depuis longtemps. Il y a dans le fond de l'Europe, et surtout dans la ville de Rome, une secte qui se nomme les *chrétiens catholiques* : cette secte envoie des espions dans tout l'univers, tantôt sur des vaisseaux marchands, tantôt sur des vaisseaux armés en guerre. Elle a subjugué une partie du vaste continent de l'Amérique, qui est la quatrième partie du monde. Elle-même avoue qu'elle y massacra dix fois douze cent mille habitants pour prévenir les révoltes contre son pouvoir despotique et contre sa religion. Il s'est écoulé environ cent trente révolutions du soleil depuis que cette secte, soi-disant catholique chrétienne, ayant trouvé le moyen de s'établir dans le Japon, autrement Nipon, elle voulut exterminer toutes les autres sectes, et causa une des plus furieuses guerres civiles qui aient jamais désolé un royaume. Le Japon nagea dans le sang, et, depuis cette affreuse époque, les habitants ont été obligés de fermer leur pays à tous les étrangers, de peur qu'il n'entre chez eux des chrétiens.

Les espions appelés *jésuites*, que le prêtre prince de Rome avait envoyés à la Chine, commençaient déjà à causer du trouble dans ce vaste empire, lorsque l'empereur Yong-Tching, d'heureuse mémoire, renvoya tous ces dangereux hôtes à Macao, et maintint, par leur bannissement, la paix dans son empire.

Ces mêmes jésuites se sont soumis, en Amérique, un pays de quatre cent soixante milles de circonférence : on dit qu'ils ont civilisé les habitants : ces peuples, en effet, sont civils au point d'être esclaves des bonzes et fakirs catholiques connus sous le nom de jésuites.

Ces mêmes catholiques ont fait plus d'une tentative pour subjuguer le royaume d'Abyssinie.

Le nom de *catholique* signifie universel; ce nom leur suffit pour persuader aux idiots qu'on doit, dans tout l'univers, croire à leurs dogmes et se soumettre à leur pouvoir; ces dogmes sont le comble de la démence, et ils disent que c'est précisément ce qui convient au genre humain. Non-seulement ils annoncent trois dieux qui n'en font qu'un, mais ils disent qu'un de ces trois dieux a été pendu. Ils prétendent le ressusciter tous les jours avec des paroles; ils le mettent dans un morceau de pain; ils le mangent, et le rendent avec les autres excréments. C'est à cette doctrine qu'ils veulent que tous les hommes se soumettent, et, quand ils sont les plus forts, ils font mourir dans les tourments tous ceux qui osent opposer leur raison à cet excès de folie.

Ces tyrans extravagants se vantent d'être descendus d'un ancien peuple qu'on appelle hébreu, juif ou israélite. Ils persécutent avec fé-

---

1. Cette espèce de manifeste n'a jamais été imprimé; il s'est trouvé dans les papiers de l'auteur, et l'on ignore s'il en avait fait quelque usage. (*Ed. de Kehl.*)

rocité ces Juifs dont ils se disent les enfants : ils en font des sacrifices à leurs trois dieux, et surtout à celui qu'ils changent en un morceau de pain; et pendant ces sacrifices de chair humaine, ils chantent les hymnes composés autrefois par ces mêmes Juifs qu'ils immolent. S'ils ont traité avec tant de barbarie toutes les nations étrangères, ils ont exercé mutuellement les mêmes fureurs contre toutes les petites sectes dans lesquelles leur religion est divisée. Il n'y a point de province en Europe que la religion chrétienne n'ait remplie de carnage. Cette barbare égorge chez elle ses propres enfants de la même main qui a porté la désolation aux extrémités du monde.

Il est donc nécessaire qu'on fasse passer ces excès dans toutes les langues, et qu'on les dénonce à toutes les nations.

FEMMES,

SOYEZ SOUMISES A VOS MARIS[1].

(1767.)

L'abbé de Châteauneuf me contait un jour que Mme la maréchale de Grancey était fort impérieuse; elle avait d'ailleurs de très-grandes qualités. Sa plus grande fierté consistait à se respecter soi-même, à ne rien faire dont elle pût rougir en secret; elle ne s'abaissa jamais à dire un mensonge : elle aimait mieux avouer une vérité dangereuse que d'user d'une dissimulation utile; elle disait que la dissimulation marque toujours de la timidité. Mille actions généreuses signalèrent sa vie; mais quand on l'en louait, elle se croyait méprisée; elle disait : « Vous pensez donc que ces actions m'ont coûté des efforts ? » Ses amants l'adoraient, ses amis la chérissaient, et son mari la respectait.

Elle passa quarante années dans cette dissipation et dans ce cercle d'amusements qui occupent sérieusement les femmes; n'ayant jamais rien lu que les lettres qu'on lui écrivait, n'ayant jamais mis dans sa tête que les nouvelles du jour, les ridicules de son prochain et les intérêts de son cœur. Enfin, quand elle se vit à cet âge où l'on dit que les belles femmes qui ont de l'esprit passent d'un trône à l'autre, elle voulut lire. Elle commença par les tragédies de Racine, et fut étonnée de sentir en les lisant encore plus de plaisir qu'elle n'en avait éprouvé à la représentation : le bon goût qui se déployait en elle lui faisait discerner que cet homme ne disait jamais que des choses vraies et intéressantes, qu'elles étaient toutes à leur place; qu'il était simple et

1. Quoique cette espèce de dialogue soit supposé entre l'abbé de Châteauneuf, mort en 1709, et la femme du premier maréchal de Grancey, morte dès 1694, il n'en contient pas moins une évidente allusion à la manière dont, selon Voltaire, Catherine II gouvernait la Russie; et c'est cette allusion, qu'on ne peut contester, qui donne à cet opuscule une date très-rapprochée de 1768. (ÉD.)

noble, sans déclamation, sans rien de forcé, sans courir après l'esprit; que ses intrigues, ainsi que ses pensées, étaient toutes fondées sur la nature : elle retrouvait dans cette lecture l'histoire de ses sentiments, et le tableau de sa vie.

On lui fit lire Montaigne : elle fut charmée d'un homme qui faisait conversation avec elle, et qui doutait de tout. On lui donna ensuite les grands hommes de Plutarque : elle demanda pourquoi il n'avait pas écrit l'histoire des grandes femmes.

L'abbé de Châteauneuf la rencontra un jour toute rouge de colère. « Qu'avez-vous donc, madame? lui dit-il. — J'ai ouvert par hasard, répondit-elle, un livre qui traînait dans mon cabinet, c'est, je crois, quelque recueil de lettres; j'y ai vu ces paroles[1] : *Femmes, soyez soumises à vos maris* : j'ai jeté le livre.

— Comment, madame! savez-vous bien que ce sont les Épîtres de saint Paul?

— Il ne m'importe de qui elles sont; l'auteur est très-impoli. Jamais M. le maréchal ne m'a écrit dans ce style; je suis persuadée que votre saint Paul était un homme très-difficile à vivre : était-il marié ?

— Oui, madame.

— Il fallait que sa femme fût une bien bonne créature : si j'avais été la femme d'un pareil homme, je lui aurais fait voir du pays. *Soyez soumises à vos maris!* Encore s'il s'était contenté de dire : *Soyez douces, complaisantes, attentives, économes,* je dirais : « Voilà un « homme qui sait vivre; » et pourquoi soumises, s'il vous plaît? Quand j'épousai M. de Grancey, nous nous promîmes d'être fidèles : je n'ai pas trop gardé ma parole, ni lui la sienne; mais ni lui ni moi ne promîmes d'obéir. Sommes-nous donc des esclaves? N'est-ce pas assez qu'un homme, après m'avoir épousée, ait le droit de me donner une maladie de neuf mois, qui quelquefois est mortelle? N'est-ce pas assez que je mette au jour, avec de très-grandes douleurs, un enfant qui pourra me plaider quand il sera majeur? Ne suffit-il pas que je sois sujette tous les mois à des incommodités très-désagréables pour une femme de qualité, et que, pour comble, la suppression d'une de ces douze maladies par an soit capable de me donner la mort, sans qu'on vienne me dire encore : *Obéissez!*

« Certainement la nature ne l'a pas dit; elle nous a fait des organes différents de ceux des hommes; mais en nous rendant nécessaires les uns aux autres, elle n'a pas prétendu que l'union formât un esclavage. Je me souviens bien que Molière a dit :

Du côté de la barbe est la toute-puissance.

Mais voilà une plaisante raison pour que j'aie un maître! Quoi! parce qu'un homme a le menton couvert d'un vilain poil rude; qu'il est obligé de tondre de fort près, et que mon menton est né rasé, il faudra que je lui obéisse très-humblement! Je sais bien qu'en général les hommes ont les muscles plus forts que les nôtres, et qu'ils peuvent

[1]. *Aux Éphés.*, v, 22; *aux Colossiens*, III, 18. (Cl.)

donner un coup de poing mieux appliqué : j'ai bien peur que ce ne soit là l'origine de leur supériorité.

« Ils prétendent avoir aussi la tête mieux organisée, et, en conséquence, ils se vantent d'être plus capables de gouverner; mais je leur montrerai des reines qui valent bien des rois. On me parlait ces jours passés d'une princesse allemande[1] qui se lève à cinq heures du matin pour travailler à rendre ses sujets heureux, qui dirige toutes les affaires, répond à toutes les lettres, encourage tous les arts, et qui répand autant de bienfaits qu'elle a de lumières. Son courage égale ses connaissances; aussi n'a-t-elle pas été élevée dans un couvent par des imbéciles qui nous apprennent ce qu'il faut ignorer, et qui nous laissent ignorer ce qu'il faut apprendre. Pour moi, si j'avais un État à gouverner, je me sens capable d'oser suivre ce modèle. »

L'abbé de Châteauneuf, qui était fort poli, n'eut garde de contredire Mme la maréchale.

« A propos, dit-elle, est-il vrai que Mahomet avait pour nous tant de mépris, qu'il prétendait que nous n'étions pas dignes d'entrer en paradis, et que nous ne serions admises qu'à l'entrée ? — En ce cas, dit l'abbé, les hommes se tiendront toujours à la porte; mais consolez-vous, il n'y a pas un mot de vrai dans tout ce qu'on dit ici de la religion mahométane. Nos moines ignorants et méchants nous ont bien trompés, comme le dit mon frère[2], qui a été douze ans ambassadeur à la Porte.

— Quoi ! il n'est pas vrai, monsieur, que Mahomet ait inventé la pluralité des femmes pour mieux s'attacher les hommes ? Il n'est pas vrai que nous soyons esclaves en Turquie, et qu'il nous soit défendu de prier Dieu dans une mosquée ? — Pas un mot de tout cela, madame; Mahomet, loin d'avoir imaginé la polygamie, l'a réprimée et restreinte. Le sage Salomon possédait sept cents épouses. Mahomet a réduit ce nombre à quatre seulement. Mesdames iront en paradis tout comme messieurs, et sans doute on y fera l'amour, mais d'une autre manière qu'on ne le fait ici; car vous sentez bien que nous ne connaissons l'amour dans ce monde que très-imparfaitement.

— Hélas ! vous avez raison, dit la maréchale : l'homme est bien peu de chose.

« Mais, dites-moi, votre Mahomet a-t-il ordonné que les femmes fussent soumises à leurs maris ?

— Non, madame, cela ne se trouve point dans l'*Alcoran*.

— Pourquoi donc sont-elles esclaves en Turquie ?

— Elles ne sont point esclaves, elles ont leurs biens, elles peuvent tester, elles peuvent demander un divorce dans l'occasion; elles vont à la mosquée à leurs heures, et à leurs rendez-vous à d'autres heures; on les voit dans les rues avec leurs voiles sur le nez, comme vous aviez votre masque il y a quelques années. Il est vrai qu'elles ne paraissent ni à l'Opéra ni à la Comédie; mais c'est parce qu'il n'y en a point.

1. Catherine II, née à Stettin le 2 mai 1729. (B.)
2. Le marquis de Châteauneuf, auprès duquel Voltaire fut envoyé en Hollande, en 1713 et 1714. (E.)

Doutez-vous que si jamais dans Constantinople, qui est la patrie d'Orphée, il y avait un Opéra, les dames turques ne remplissent les premières loges?

— *Femmes, soyez soumises à vos maris!* disait toujours la maréchale entre ses dents. Ce Paul était bien brutal.

— Il était un peu dur, repartit l'abbé, et il aimait fort à être le maître : il traita du haut en bas saint Pierre qui était un assez bon homme. D'ailleurs, il ne faut pas prendre au pied de la lettre tout ce qu'il dit. On lui reproche d'avoir eu beaucoup de penchant pour le jansénisme. — Je me doutais bien que c'était un hérétique, » dit la maréchale; et elle se remit à sa toilette.

PRÉFACE DE M. ABAUZIT[1].

(1767.)

Un jeune homme plein de mérite, et distingué par de très-beaux ouvrages, est l'auteur de la pièce suivante. C'est une réponse à une de ces épîtres qu'on nomme *Héroïdes*. Un auteur s'était diverti à écrire une lettre en vers au nom de l'abbé de Rancé, fondateur de la Trappe, homme autrefois voluptueux, mais alors se dévouant lui et ses moines à une horrible pénitence. Un moine devenu sage répond ici à l'abbé de Rancé.

Si jamais on a mis dans tout son jour le fanatisme orgueilleux des fondateurs d'ordre, et la malheureuse démence de ceux qui se sont faits leurs victimes, c'est assurément dans cette pièce. L'auteur nous a paru aussi religieux qu'ennemi de la superstition. Il fait voir que, pour servir Dieu, il ne faut pas s'ensevelir dans un cloître pour y être inutile à Dieu et aux hommes. Il écrit en adorateur de la Divinité et en zélateur de la patrie. En effet, tant d'hommes, tant de filles que l'État perd tous les ans, sans que la religion y gagne, doivent révolter un esprit droit et faire gémir un cœur sensible.

Cette épître se borne à déplorer le malheur de ces insensés que la séduction enterre dans ces prisons réputées saintes, dans ces tombeaux de vivants, où la folie du moment auquel on a prononcé ses vœux est punie par des regrets qui empoisonnent la vie entière.

Que n'aurait pas dit l'auteur s'il avait voulu joindre à la description des maux que se font ces énergumènes, le tableau des maux qu'ils ont

---

1. Barthe (N. T.), né à Marseille en 1734, mort en 1785, avait publié, en 1766, une *Lettre de l'abbé de Rancé à un ami*. La Harpe (J. F.), mort en 1803, fit paraître une *Réponse d'un solitaire de la Trappe à la lettre de l'abbé de Rancé*. Voltaire parle de cette dernière pièce dans sa lettre au roi de Prusse, du 5 avril 1767. Ce fut la même année que Voltaire composa cette *Préface*, sans doute pour une édition qu'il fit faire de la *Réponse* par La Harpe. Ce n'était pas la première fois que Voltaire prenait le nom de Firmin Abauzit, né à Uzès en 1679, mort le 20 mars 1767. Il l'avait fait auteur de l'article APOCALYPSE du *Dictionnaire philosophique*; voyez la lettre de Voltaire à Damilaville, du 12 octobre 1764. (*Note de M. Beuchot.*)

causés au monde? On prendrait, j'ose le dire, plusieurs d'entre eux pour des damnés qui se vengent sur le genre humain des tourments secrets qu'ils éprouvent. Il n'est presque aucune province de la chrétienté dans laquelle les moines n'aient contribué aux guerres civiles, ou ne les aient excitées; il n'est point d'États où l'on n'ait vu couler le sang des magistrats ou des rois, tantôt par les mains mêmes de ces misérables, tantôt par celles qu'ils ont armées au nom de Dieu. On s'est vu plus d'une fois obligé de chasser quelques-unes de ces hordes qui osent se dire sacrées. Trois royaumes qui viennent de vomir les jésuites de leur sein donnent un grand exemple au reste du monde: mais ces royaumes eux-mêmes ont bien peu profité de l'exemple qu'ils donnent. Ils chassent les jésuites, qui au moins enseignaient gratis la jeunesse tant bien que mal; et ils conservent un ramas d'hommes oisifs dont plusieurs sont connus par leur ignorance et leurs débauches; objets de l'indignation et du mépris, et qui, s'ils ne sont pas convaincus de toutes les infamies qu'on leur attribue, sont assez coupables envers le genre humain, puisqu'ils lui sont inutiles.

La moitié de l'Europe s'est délivrée de toute cette vermine, l'autre moitié s'en plaint et n'ose la secouer encore. On allègue pour justifier cette négligence qu'il y a des fakirs dans les Indes. C'est pour cela même que nous ne devrions point en avoir, puisque nous sommes plus éclairés aujourd'hui et mieux policés que les Indiens. Quoi! nous faudra-t-il consacrer des oignons et des chats, et adorer ce que nous mangeons, parce que des Égyptiens ont été assez maniaques pour en user ainsi?

Quoi qu'il en soit, nous invitons le très-petit nombre d'honnêtes gens qui ont du goût, à lire la réponse du moine à l'abbé de Rancé. Puissent de pareils écrits nous consoler quelquefois des vers insipides et barbares dont on farcit des journaux de toute espèce, et puisse le vulgaire même sentir le mérite et l'utilité de l'ouvrage que nous lui présentons!

LETTRE D'UN AVOCAT DE BESANÇON
AU NOMMÉ NONOTTE, EX-JÉSUITE[2].

(1768.)

Il est vrai, pauvre ex-jésuite Nonotte, que j'ai eu l'honneur d'instruire M. de Voltaire de ton extraction, aussi connue dans notre ville que ton érudition et ta modestie. Comment peux-tu te plaindre que j'aie révélé que ton cher père était crocheteur, quand ton style prouve

1. Le Portugal, en septembre 1759; la France, en 1764; l'Espagne, le 2 avril 1767. Les jésuites ne furent chassés de Naples qu'en novembre 1768. (ED.)
2. Cette lettre est une réponse à un pamphlet publié par Nonotte sous le titre de *Lettre d'un ami à un ami sur les Honnêtetés littéraires, ou Supplément aux erreurs de Voltaire*. (ED.)

si évidemment la profession de ton cher père? *Loquela tua manifestum te facit*[1]. Je n'ai point voulu t'outrager en disant que toute ma famille a vu ton père scier du bois à la porte des jésuites; c'est un métier très-honnête, et plus utile au public que le tien, surtout en hiver où il faut se chauffer. Tu me diras peut-être que l'on se chauffe aussi avec tes ouvrages; mais il y a bien de la différence : deux ou trois bonnes bûches font un meilleur feu que tous tes écrits.

Tu nous étales quelques quartiers de terre que tes parents ont possédés auprès de Besançon. Ah ! mon cher ami, où est l'humilité chrétienne? l'humilité, cette vertu si nécessaire aux douceurs de la société? l'humilité que Platon et Épictète appellent *tapeinè*, et qu'ils recommandent si souvent aux sages? Tu tiens toujours aux grandeurs du monde, en qualité de jésuite, mais en cela tu n'es pas chrétien. Songe que saint Pierre (qui, par parenthèse, n'alla jamais à Rome, où le roi d'Espagne envoie aujourd'hui les jésuites) était un pêcheur de Galilée, ce qui n'est pas une dignité fort au-dessus de celle dont tu rougis. Saint Matthieu fut commis aux portes, emploi maudit par Dieu même[2]. Les autres apôtres n'étaient guère plus illustres; ils ne se vantaient pas d'avoir des armoiries comme s'en vante Nonotte. Tu apprends à l'univers que tu loges au second étage, dans une belle maison nouvellement bâtie. Quel excès d'orgueil ! souviens-toi que les apôtres logeaient dans des galetas.

« Il y a trois sortes d'orgueil, messieurs, disait le docteur Swift dans un de ses sermons; l'orgueil de la naissance, celui des richesses, celui de l'esprit : je ne vous parlerai pas du dernier; il n'y a personne, parmi vous, qui ait à se reprocher un vice si condamnable. »

Je ne te le reprocherai pas non plus, mon pauvre Nonotte; mais je prierai Dieu qu'il te rende plus savant, plus honnête, et plus humble. Je suis fâché de te voir si ignorant et si impudent. Tu viens de faire imprimer, sous le nom d'Avignon, un nouveau libelle de ta façon, intitulé *Lettre d'un ami à un ami*. Quel titre romanesque ! Nonotte avoir un ami ! Peut-on écrire de pareilles chimères! c'est bien là un mensonge imprimé.

Dans ce libelle tu glisses sur toutes les bévues, les sottises, les impostures atroces dont tu as été convaincu : tu cours sur ces endroits comme les filles qui passent par les verges, et qui vont le plus vite qu'elles peuvent pour être moins fessées.

Mais je vois avec douleur que tu es incorrigible dans tes fautes : que veux-tu que je réponde quand on t'a fait voir combien de rois de France de la première dynastie ont eu plusieurs femmes à la fois? quand ton jésuite Daniel lui-même l'avoue? quand, l'ayant nié en ignorant, tu le nies encore en petit opiniâtre ?

Comment puis-je te défendre quand tu t'obstines à justifier l'insolente indiscrétion du centurion Marcel, qui commença par jeter son bâton de commandant et sa ceinture, en disant qu'il ne voulait pas servir l'empereur? Ne sens-tu pas, pauvre fou, que, dans une ville

---

[1] Matthieu, XXVI, 73. (ÉD.) — [2] *Id.*, XVIII, 17. (ÉD.)

comme la nôtre, où il y a toujours une grosse garnison, tu prêches la révolte, et que monsieur le commandant peut te faire passer par les baguettes?

Puis-je honnêtement prendre ton parti, quand tu reviens toujours à ta prétendue légion thébaine, martyrisée à Saint-Maurice? Ne suis-je pas forcé d'avouer que l'original de cette fable se trouve dans un livre faussement attribué à Eucher, évêque de Lyon, mort en 454; fable dans laquelle il est parlé de Sigismond de Bourgogne, mort en 523? Ce misérable conte, aussi bafoué aujourd'hui que tant d'autres contes, est toujours renouvelé par toi, afin que tu ne puisses pas te reprocher d'avoir dit un seul mot de vérité.

Par quel excès d'impertinence reviens-tu trois fois, incorrigible Nonotte, à la ville de Livron, que tu traitais de village? On avait daigné t'apprendre que cette ville, autrefois fortifiée, avait été assiégée par le marquis de Bellegarde, et défendue par Roes. Rien n'est plus vrai; et tu défends ta sotte critique en avouant que Roes fut tué à ce siége: vois quel est ton sens commun. Que t'importe, misérable écrivain, que Livron soit une ville ou un village?

Considère un peu, Nonotte, quelle est l'infamie de tes procédés: tu fais d'abord un gros libelle anonyme contre M. de Voltaire, que tu ne connais pas, qui ne t'a jamais offensé; tu le fais imprimer à Avignon clandestinement, chez le libraire Fez, contre les lois du royaume; tu offres ensuite de le vendre à M. de Voltaire lui-même pour mille écus; et quand ta lâche turpitude est découverte, tu oses dire, dans un autre libelle, que le libraire Fez est un coquin!

Que diras-tu si on te fait un procès criminel? quel sera alors le coquin du libraire Fez ou de toi? Ignores-tu que les libelles diffamatoires sont quelquefois punis par les galères? Il t'appartient bien, à toi ex-jésuite, de calomnier un officier de la chambre du roi, qui a la bonté de garder dans son château un jésuite, depuis que le bras de la justice s'est appesanti sur eux! il te sied bien de prononcer le nom du libraire Jore, à qui M. de Voltaire daigne faire une pension!

Si tu avais été repentant et sage, peut-être aurais-tu pu obtenir aussi une pension de lui; mais ce n'est pas là ce que tu mérites

---

ÉPITRE

ÉCRITE DE CONSTANTINOPLE AUX FRÈRES.

(1768.)

Nos frères, qui êtes répandus sur la terre, et non dispersés, qui habitez les îles de Niphon et celles des Cassitérides[1], qui êtes unis dans les mêmes sentiments sans vous les être communiqués, adorateurs d'un seul Dieu, pieux sans superstition, religieux sans cérémo-

1. Le Japon et l'Angleterre. (Éd.)

nies, zélés sans enthousiasme, recevez ce témoignage de notre union et de notre amitié; nous aimons tous les hommes; mais nous vous chérissons par-dessus les autres, et nous offrons avec vous nos purs hommages au Dieu de tous les globes, de tous les temps, et de tous les êtres.

Nos cruels ennemis, les brahmes, les fakirs, les lonzes, les talapoins, les derviches, les marabous, ne cessent d'élever contre nous leurs voix discordantes; divisés entre eux dans leurs fables, ils semblent réunis contre notre vérité simple et auguste. Ces aveugles qui se battent à tâtons sont tous armés contre nous qui marchons paisiblement à la lumière.

Ils ne savent pas quelles sont nos forces. Nous remplissons toute la terre; les temples ne pourraient nous contenir, et notre temple est l'univers. Nous étions avant qu'aucune de ces sectes eût pris naissance. Nous sommes encore tels que furent nos premiers pères sortis des mains de l'Éternel; nous lui offrons comme eux des vœux simples dans l'innocence et dans la paix. Notre religion réelle a vu naître et mourir mille cultes fantastiques, ceux de Zoroastre, d'Osiris, de Zamolxis, d'Orphée, de Numa, d'Odin, et de tant d'autres. Nous subsistons toujours les mêmes au milieu des sectaires de Fo, de Brahma, de Xaca, de Vistnou, de Mahomet. Ils nous appellent *impies*, et nous leur répondons en adorant Dieu avec piété.

Nous gémissons de voir que ceux qui croient que Mahomet a mis la moitié de la lune dans sa manche, soient toujours secrètement disposés à empaler ceux qui pensent que Mahomet n'y en mit que le quart.

Nous n'envions point les richesses des mosquées, que les imans tremblent toujours de perdre; au contraire, nous souhaitons qu'ils jouissent tous d'une vie douce et commode, qui leur inspire des mœurs faciles et indulgentes.

Le muphti n'a que huit mille sequins de revenu; nous voudrions qu'il en eût davantage pour soutenir sa dignité, pourvu qu'il n'en abuse pas.

Supposé que les États du grand lama soient bien gouvernés, que les arts et le commerce y fleurissent, que la tolérance y soit établie, nous pardonnons aux peuples du Thibet de croire que le grand lama a toujours raison, quand il dit que deux et deux font cinq. Nous leur pardonnons de le croire immortel, quand ils le voient enterrer; mais s'il était encore sur la terre un peuple ennemi de tous les peuples, qui pensât que Dieu, le père commun de tous les hommes, le tira par bonté du fertile pays de l'Inde pour le conduire dans les sables de Rohoba, et pour lui ordonner d'exterminer tous les habitants du pays voisin, nous déclarons cette nation de voleurs la nation la plus abominable du globe, et nous détestons ses superstitions sacriléges autant que nous plaignons les ignicoles chassés injustement de leur pays par Omar.

S'il était encore un petit peuple qui s'imaginât que Dieu n'a fait le soleil, la lune et les étoiles que pour lui; que les habitants des autres globes n'ont été occupés qu'à lui fournir de la lumière, du pain, du vin, et de la rosée, et qu'il a été créé pour mettre de l'argent à usure, nous pourrions permettre à cette troupe de fanatiques imbéciles de nous vendre quelquefois des cafetans et des dolimans; mais nous aurions pour lui le mépris qu'il mérite.

S'il était quelque autre peuple à qui on eût fait accroire que ce qui a été vrai est devenu faux; s'il pense que l'eau du Gange est absolument nécessaire pour être réuni à l'Être des êtres; s'il se prosterne devant des ossements de morts et devant quelques haillons; si ses fakirs ont établi un tribunal qui condamne à expirer dans les flammes ceux qui ont douté un moment de quelques opinions des fakirs; si un tel peuple existe, nous verserons sur lui des larmes. Nous apprenons avec consolation que déjà plusieurs nations ont adopté un culte plus raisonnable, qu'elles adressent leurs hommages au Dieu suprême, sans adorer la jument Borak qui porta Mahomet au troisième ciel; que ces peuples mangent hardiment du cochon et des anguilles, sans croire offenser le Créateur. Nous les exhortons à perfectionner de plus en plus la pureté de leur culte.

Nous savons que nos ennemis crient, depuis des siècles, qu'il faut tromper le peuple; mais nous croyons que le plus bas peuple est capable de connaître la vérité. Pourquoi les mêmes hommes à qui on ne peut faire accroire qu'un sequin en vaut deux, croiraient-ils que le dieu Sammonocodon a coupé toute une forêt en jouant au cerf-volant?

Serait-il si difficile d'accoutumer les bachas et les charbonniers, les sultans et les fendeurs de bois, qui sont tous également hommes, à se contenter de croire un Dieu infini, éternel, juste, miséricordieux, récompensant au delà du mérite, et punissant sévèrement le vice sans colère et sans tyrannie?

Quel est l'homme dont la raison puisse se soulever, quand on lui recommande l'adoration de l'Être suprême, l'amour du prochain et de la justice?

Quel encouragement aura-t-on de plus à la vertu, quand on s'égorgera pour savoir si la mère du dieu Fo accoucha par l'oreille ou par le nez? En sera-t-on meilleur père, meilleur fils, meilleur citoyen?

On distribue au peuple du Thibet les reliques de la chaise percée du dalaï-lama; on les enchâsse dans de l'ivoire; les saintes femmes les portent à leur cou : ne pourrait-on pas, à toute force, se rendre agréable à Dieu par une vie pure, sans être paré de ces beaux ornements, qui après tout sont étrangers à la morale?

Nous ne prétendons point offenser les lamas, les bonzes, les talapoins, les derviches, à Dieu ne plaise; mais nous pensons que si l'on en faisait des chaudronniers, des cardeurs de laine, des maçons, des charpentiers, ils seraient bien plus utiles au genre humain; car enfin nous avons un besoin continuel de bons ouvriers, et nous n'avons pas un besoin si marqué d'une multitude innombrable de lamas et de fakirs.

Priez Dieu pour eux et pour nous.

Donné à Constantinople le 1er de la lune de shéval, l'an de l'hégire 1215 [1].

[1]. Sheval est le nom du dixième mois de l'année mahométane. L'an 1215 de

LETTRE

DE L'ARCHEVÊQUE DE CANTORBÉRY A L'ARCHEVÊQUE DE PARIS [1]

(1768.)

J'ai reçu, milord, votre mandement contre le grand Bélisaire, général d'armée de Justinien, et contre M. Marmontel, de l'Académie française, avec vos armoiries placées en deux endroits, surmontées d'un grand chapeau, et accompagnées de deux pendants de quinze houppes chacun, le tout signé, CHRISTOPHE; *par monseigneur*, LA TOUCHE, avec parafe.

Nous ne donnons, nous autres, de mandements que sur nos fermiers; et je vous avoue, milord, que j'aurais désiré un peu plus d'humilité chrétienne dans votre affaire. Je ne vois pas d'ailleurs pourquoi vous affectez d'annoncer, dans votre titre, que vous condamnez *M. Marmontel, de l'Académie française*.

Si ceux qui ont rédigé votre mandement ont trouvé qu'un général d'armée de Justinien ne s'expliquait pas en théologien congru de votre communion, il me semble qu'il fallait vous contenter de le dire sans compromettre un corps respectable, composé de princes du sang, de cardinaux, de prélats comme vous, de ducs et pairs, de maréchaux de France, de magistrats, et des gens de lettres les plus illustres. Je pense que l'Académie française n'a rien à démêler avec vos disputes théologiques.

Permettez-moi encore de vous dire que, si nous donnions des mandements dans de pareilles occasions, nous les ferions nous-mêmes.

J'ai été fâché que votre mandataire ait condamné cette proposition de ce grand capitaine Bélisaire : « Dieu est terrible aux méchants, je le crois, mais je suis bon. »

Je vous assure, milord, que si notre roi, qui est le chef de notre Eglise, disait : *Je suis bon*, nous ne ferions point de mandements contre lui. *Je suis bon* veut dire, ce me semble, par tout pays, j'ai le cœur bon, j'aime le bien, j'aime la justice, je veux que mes sujets soient heureux. Je ne vois point du tout qu'on doive être damné pour avoir le cœur bon. Le roi de France (à ce que j'entends dire à tout le monde) est très-bon, et si bon qu'il vous a pardonné des désobéissances réitérées qui ont troublé la France, et que toute l'Europe n'a pas regardées comme une marque d'un esprit bien fait. Vous êtes, sans doute, assez bon pour vous en repentir.

Nous ne voyons pas que Bélisaire soit digne de l'enfer pour avoir dit qu'il était un bon homme. Vous prétendez que cette bonté est une hé-

---

l'hégire a commencé le 25 mai 1800. Voltaire n'ignorait pas la concordance des deux calendriers, puisqu'il la donne dans son *Histoire de Charles XII*. (*Note de M. Beuchot*.)

1. Christophe de Beaumont. (ÉD.)

résio, parce que saint Pierre, dans sa première Épître, chapitre v, vers. 5, a dit que *Dieu résiste aux superbes*. Mais celui qui a fait votre mandement n'a guère pensé à ce qu'il écrivait. Dieu résiste, je le veux; la résistance sied bien à Dieu; mais à qui résiste-t-il selon Pierre? lisez de grâce ce qui précède, et vous verrez qu'il résiste aux prêtres qui paissent mal leur troupeau, et surtout aux jeunes qui ne sont pas soumis aux vieillards. « Inspirez-vous, dit-il, l'humilité les uns aux autres, car Dieu résiste aux superbes. »

Or, je vous demande quel rapport il y a entre cette résistance de Dieu et la bonté de Bélisaire? il est utile de recommander l'humilité, mais il faut aussi recommander le sens commun.

On est bien étonné que votre mandataire ait critiqué cette expression humaine et naïve de Bélisaire : « Est-il besoin qu'il y ait tant de réprouvés? » Non-seulement vous ne voulez pas que Bélisaire soit bon, mais vous voulez aussi que la Dieu de miséricorde ne soit pas bon. Quel plaisir aurez-vous, s'il vous plaît, quand tout le monde sera damné? nous ne sommes point si impitoyables dans notre île. Notre prédécesseur, le grand Tillotson, reconnu pour le prédicateur de l'Europe le plus sensé et le moins déclamateur, a parlé comme Bélisaire dans presque tous ses sermons. Vous me permettrez ici de prendre son parti. Soyez damné si vous le voulez, milord, vous et votre mandataire; j'y consens de tout mon cœur : mais je vous avertis que je ne veux point l'être, et que je souhaiterais aussi que mes amis ne le fussent point; il faut avoir un peu de charité.

J'aurais bien d'autres choses à dire à votre mandataire, je lui recommanderais surtout d'être moins ennuyeux. L'ennui est toujours mortel pour les mandements; c'est un point essentiel auquel on ne prend pas assez garde dans votre pays.

Sur ce, mon cher confrère, je vous recommande à la *bonté* divine, quoique le mot de *bon* vous fasse tant de peine.

Votre *bon* confrère l'archevêque de Cantorbéry.

Post-scriptum. — Quand vous écrirez à l'évêque de Rome, faites-lui, je vous prie, mes compliments; j'ai toujours beaucoup de considération pour lui, en qualité de frère. On me mande qu'il a essuyé depuis peu quelques petits désagréments; qu'un cheval de Naples a donné un terrible coup de pied à sa mule; qu'une barque de Venise a serré de près la barque de saint Pierre; et qu'un fromage du Parmesan lui a donné une indigestion violente[1]; j'en suis fâché. On dit que c'est un *bon homme*, pardonnez-moi ce mot. J'ai fort connu son père dans mon voyage d'Italie; c'était un *bon* banquier; mais il paraît que le fils n'entend pas son compte.

1. Quoique Clément XIII fût Vénitien, le grand conseil de la république diminuait, à cette époque, le nombre des milices papales. (ÉD.)

SERMON

PRÊCHÉ A BALE, LE PREMIER JOUR DE L'AN 1768,
PAR JOSIAS ROSETTE.

(1768.)

Commençons l'année, messieurs, par rendre grâce à Dieu du plus grand événement qui ait signalé le siècle où nous vivons ; ce n'est pas une bataille gagnée par les meurtriers aux gages d'un roi qui demeure vers la Sprée, contre les meurtriers aux gages des souverains qui habitent les bords du Danube, ou contre ceux qui sortent des bords de la Garonne, de la Loire et du Rhône, pour aller en grand nombre porter la dévastation en Germanie, et pour revenir en très-petit nombre dans leurs foyers.

Je n'ai point à vous entretenir de ces fureurs qui ont usurpé le nom de gloire, et qui sont plus détestées par les sages qu'elles ne sont vantées par les insensés. S'il est une conquête dans l'auguste entreprise que nous célébrons, c'est une conquête sur le fanatisme ; c'est la victoire de l'esprit pacificateur sur l'esprit de persécution ; c'est le genre humain rétabli dans ses droits, des bords de la Vistule aux rivages de la mer Glaciale et aux montagnes du Caucase, dans une étendue de terre deux fois plus grande que le reste de l'Europe.

Deux têtes couronnées[1] se sont unies pour rendre aux hommes ce bien précieux que la nature leur a donné, la liberté de conscience. Il semble que, dans ce siècle, Dieu ait voulu qu'on expiât le crime de quatorze cents ans de persécutions chrétiennes, exercées presque sans interruption, pour noyer dans le sang humain la liberté naturelle. L'impératrice de Russie non-seulement établit la tolérance universelle dans ses vastes États, mais elle envoie une armée en Pologne, la première de cette espèce depuis que la terre existe, une armée de paix, qui ne sert qu'à protéger les droits des citoyens, et à faire trembler les persécuteurs. O roi sage et juste, qui avez présidé à cette conciliation fortunée ! ô primat éclairé, prince sans orgueil et prêtre sans superstition, soyez bénis et imités dans tous les siècles !

C'était beaucoup, mes frères, pour la consolation du genre humain, que les jésuites, ces grands prédicateurs de l'intolérance, eussent été chassés de la Chine et des Indes, du Portugal et de l'Espagne, de Naples et du Mexique, et surtout de la France qu'ils avaient si longtemps troublée ; mais enfin ce ne sont que des victimes sacrifiées à la haine publique. Elles ne l'ont point été à la raison universelle. Tant de princes chrétiens n'ont point dit : « Chassons les jésuites, afin que nos peuples soient délivrés du joug monacal, afin qu'on rende à l'État

---

1. Catherine II et Stanislas. (Éd.)

des biens immenses engloutis dans tant de monastères, et à la société tant d'esclaves inutiles ou dangereux. » Les jésuites sont exterminés, mais leurs rivaux subsistent. Il semble même que ce soit à leurs rivaux qu'on les immole. Les disciples de l'insensé Ignace, de ce chevalier errant de la Vierge, eux-mêmes chevaliers errants de l'évêque de Rome, disparaissent sur la terre; mais les disciples d'un fou beaucoup plus dangereux, d'un François d'Assise, couvrent une partie de l'Europe; les enfants du persécuteur Dominique triomphent. On n'a dit encore ni en France, ni en Espagne, ni en Portugal, ni à Naples : « Citoyens qui ne reconnaissez pas l'évêque de Rome pour le maître du monde, sujets qui n'êtes soumis qu'à votre roi, chrétiens qui ne croyez qu'à l'Évangile, vivez en paix; que vos mariages, confirmés par la loi, repeuplent nos provinces dévastées par tant de malheureuses guerres, occupez dans nos villes les charges municipales; hommes, jouissez des droits des hommes. » On a fait le premier pas dans quelques royaumes, et on tremble au second; la raison est plus timide que la vengeance.

C'était autrefois, mes frères, une opinion établie chez les Grecs, que la sagesse viendrait d'Orient, tandis que, sur les bords de l'Euphrate et de l'Indus, on disait qu'elle viendrait d'Occident. On l'a toujours attendue. Enfin, elle arrive du Nord; elle vient nous éclairer; elle tient le fanatisme enchaîné; elle s'appuie sur la tolérance, qui marche toujours auprès d'elle, suivie de la paix, consolatrice du genre humain.

Il faut que vous sachiez que l'impératrice du Nord a rassemblé dans la grande salle du Kremlin, à Moscou, six cent quarante députés de ses vastes États d'Europe et d'Asie, pour établir une nouvelle législation qui soit également avantageuse à toutes ses provinces. C'est là que le musulman opine à côté du grec, le païen auprès du papiste, et que l'anabaptiste confère avec l'évangélique et le réformé, tous en paix, tous unis par l'humanité, quoique la religion les sépare.

Enfin donc, grâces au ciel, il s'est trouvé un génie supérieur qui, au bout de près de dix-huit siècles, s'est souvenu que tous les hommes sont frères. Déjà un Anglais en France, un Berwick, évêque de Soissons, avait osé dire, dans son célèbre mandement de 1757, que les Turcs sont nos frères, ce que ni Bossuet ni Massillon n'avaient jamais eu le courage de dire. Déjà cent mille voix s'élevaient de tous côtés dans l'Europe en faveur de la tolérance universelle; mais aucun souverain ne s'était encore déclaré si ouvertement; aucun n'avait posé cette loi bienfaisante pour la base des lois de l'État; aucun n'avait dit à la tolérance, en présence des nations : « Asseyez-vous sur mon trône. »

Élevons nos voix pour célébrer ce grand exemple, mais élevons nos cœurs pour en profiter. Vous tous qui m'écoutez, souvenez-vous que vous êtes hommes avant d'être citoyens d'une certaine ville, membres d'une certaine société, professant une certaine religion. Le temps est venu d'agrandir la sphère de nos idées, et d'être citoyens du monde. Que de petites nations apprennent donc leur devoir des grandes.

Nous sommes tous de la même religion sans le savoir. Tous les peuples adorent un Dieu des extrémités du Japon aux rochers du mont Atlas : ce sont des enfants qui crient à leur père en différents langages. Cela est si vrai et si avéré, que les Chinois, en signant la paix avec les Russes, le 8 septembre 1689, la signèrent au nom du même Dieu. Le marbre qui sert de bornes aux deux empires montre encore aux voyageurs ces paroles gravées dans les deux langues : « Nous prions le Dieu seigneur de toutes choses, qui connaît les cœurs, de punir les traîtres qui rompraient cette paix sacrée. »

Malheur à un habitant de Lucerne ou de Fribourg qui dirait à un réformé de Berne ou de Genève : « Je ne vous connais pas ; j'invoque des saints, et vous n'invoquez que Dieu ; je crois au concile de Trente, et vous à l'*Évangile* : aucune correspondance ne peut subsister entre nous ; votre fils ne peut épouser ma fille ; vous ne pouvez posséder une maison dans notre cité : « Vous n'avez point écouté mon assemblée, « vous êtes pour moi comme un païen¹ et comme un receveur des « deniers de l'État ! »

Voilà pourtant les termes dans lesquels nous sommes, nous qui accusons sans cesse d'intolérance des nations plus hospitalières. Nous sommes treize républiques confédérées, et nous ne sommes pas compatriotes. La liberté nous a unis, et la religion nous divise. Qu'aurait-on dit dans l'antiquité, si un Grec de Thèbes ou de Corinthe avait été banni de la communion d'Athènes et de Sparte ? En quelque endroit de la Grèce qu'ils allassent, ils se trouvaient chez eux ; celui dont la cité était sous la protection d'Hercule allait sacrifier dans Athènes à Minerve : on les voyait associés aux mêmes mystères, comme aux mêmes jeux. Le droit le plus sacré, le plus beau lien qui ait jamais joint les hommes, l'hospitalité, rendait, au moins pour quelque temps, le Scythe concitoyen de l'Athénien. Jamais il n'y eut entre ces peuples aucune querelle de religion. La république romaine ne connut jamais cette fureur absurde. On ne vit pas, depuis Romulus, un seul citoyen romain inquiété pour sa manière de penser ; et tous les jours le stoïcien, l'académicien, l'épicurien, l'éclectique, goûtaient ensemble les douceurs de la société ; leurs disputes n'étaient qu'instructives. Ils pensaient, ils parlaient, ils écrivaient dans une sécurité parfaite.

On l'a dit cent fois à notre confusion ; nous n'avons qu'à rougir, nous qui, étant frères par nos traités, sommes encore si étrangers les uns aux autres par nos dogmes ; nous qui, après avoir eu la gloire de chasser nos tyrans, avons eu l'horreur et la honte de nous déchirer par des guerres civiles, pour des chimères scolastiques.

Je sais bien que nous ne voyons plus renaître ces jours déplorables où cinq cantons², enivrés du fanatisme qui empoisonnait alors l'Europe entière, s'armèrent contre le canton de Zurich, parce qu'ils étaient de la religion romaine, et Zurich de la religion réformée. S'ils versèrent le sang de leurs compatriotes après avoir récité cinq *Pater*

1. Matthieu, XVIII, 17. (Éd.)
2. Ceux de Lucerne, Zug, Schwitz, Uri et Underwald. (Éd.)

et cinq *Ave Maria* dans un latin qu'ils n'entendaient pas; s'ils firent, après la bataille de Cappel, écarteler par le bourreau de Lucerne le corps mort du célèbre pasteur Zuingle; s'ils furent, en priant Dieu, jeter ses membres dans les flammes, ces abominations ne se renouvellent plus. Mais il reste toujours entre le romain et le protestant un levain de haine, que la raison et l'humanité n'ont pu encore détruire.

Nous n'imitons pas, il est vrai, les persécutions excitées en Hongrie, à Saltzbourg, en France; mais nous avons vu depuis peu, dans une ville étroitement unie à la Suisse, un pasteur doux et charitable[1] forcé de renoncer à sa patrie pour avoir soutenu que l'Être créateur est bon, et qu'il est le Dieu de miséricorde encore plus que le Dieu des vengeances. Qu'un homme savant et modéré avance parmi nous que Jésus-Christ n'a jamais pris le nom de Dieu, qu'il n'a jamais dit qu'il eût deux natures et deux volontés, que ces dogmes n'ont été connus que longtemps après lui; n'entendez-vous pas aussitôt cent ignorants crier au blasphème et demander son châtiment? Nous voulons passer pour tolérants; que nous sommes encore loin, mes chers frères, de mériter ce beau titre!

A notre honte, ce sont les anabaptistes qui sont aujourd'hui les vrais tolérants, après avoir été au seizième siècle aussi barbares que les autres chrétiens. Ce sont ces primitifs appelés *quakers* qui sont tolérants, eux, qui, au nombre de plus de quatre-vingt mille dans la Pensylvanie, admettent parmi eux toutes les religions du monde, eux qui, seuls de tous les peuples transplantés en Amérique, n'ont jamais ni trompé ni égorgé les naturels du pays si indignement appelés *sauvages*. C'était le grand philosophe Locke qui était tolérant, lui qui, dans le code des lois qu'il donna à la Caroline, posa pour fondement de la législation, que sept pères de famille, fussent-ils Turcs ou Juifs, suffiraient pour établir une religion dont tous les adhérents pourraient parvenir aux charges de l'État.

Que dis-je? l'esprit de tolérance commence enfin à s'introduire chez les Français, qui ont passé longtemps pour aussi volages que cruels. Ils ont leur Saint-Barthélemy en horreur; ils rougissent de l'outrage fait au grand Henri IV par la révocation de l'édit de Nantes; on venge la cendre de Calas; on adoucit l'affreuse destinée de la famille Sirven. On ne l'eût pas fait sous le ministère du cardinal de Fleuri. On chasse les jésuites, les plus intolérants des hommes; on réprime doucement la brutale animosité des jansénistes. On impose silence à la Sorbonne sur l'article de la tolérance, lorsqu'en osant censurer les maximes humaines de *Bélisaire*, elle a le malheur de s'attirer l'indignation de toutes les nations de l'Europe. Enfin la haute prudence de Louis XV a plongé dans un oubli général cette scandaleuse bulle *Unigenitus*, et ces billets de confession plus scandaleux encore. Le gouvernement, devenu plus éclairé, apaise avec le temps toutes les querelles dangereuses qui étaient le fruit de cet exécrable intolérantisme.

Quand serons-nous donc véritablement tolérants à notre tour, nous

1. Petit-Pierre, pasteur à Neuchâtel. (K.)

qui demandons, qui crions sans cesse qu'on le soit ailleurs pour les protestants nos frères?

Disons aux nations, mais disons surtout à nous-mêmes : Jésus-Christ a daigné converser également avec la courtisane de Jérusalem[1], et avec la courtisane de Samarie[2]; il s'est fait parfumer les pieds par l'une, parce qu'elle l'avait beaucoup aimé; il s'est arrêté longtemps avec l'autre sur le bord d'un puits.

S'il a dit anathème aux receveurs des deniers publics[3], il a soupé chez eux[4], et il a appelé l'un d'eux à l'apostolat. S'il a séché un figuier pour n'avoir pas porté de fruit quand ce n'était pas le temps des figues[5], il a changé l'eau en vin[6] à des noces où les convives, déjà trop échauffés, semblaient le mettre en droit de ne pas exercer cette condescendance. S'il rebute d'abord sa mère avec des paroles dures[7], il fait incontinent le miracle qu'elle demande. S'il fait jeter en prison[8] le serviteur qui n'a pas fait profiter l'argent de son maître à cent pour cent chez les changeurs, il fait payer l'ouvrier de la vigne venu à la dernière heure[9], comme ceux qui ont travaillé dès la première. S'il dit en un endroit qu'il est venu apporter le glaive[10] et la dissension dans les familles, il dit dans un autre, avec tous les anciens législateurs, qu'il faut aimer son prochain[11]. Ainsi, tempérant toujours la sévérité par l'indulgence, il nous apprend à tout supporter. Si toutes les nations ont péché en Adam, ô mystère incompréhensible! Jésus, quatre mille ans après, a subi le dernier supplice en Palestine pour racheter toutes les nations; ô mystère plus incompréhensible encore! S'il a dit en un endroit qu'il n'était venu que pour les Juifs, pour les enfants de la maison, il dit ailleurs qu'il était venu pour les étrangers. Il appelle à lui toutes les nations[12], quoique l'Europe seule semble être aujourd'hui son partage. Il n'y a donc point d'étranger pour un véritable disciple de Jésus-Christ; il doit être concitoyen de tous les hommes.

Pourquoi nous resserrer dans le cercle étroit d'une petite société isolée, quand notre société doit être celle de l'univers? Quoi! le citoyen de Berne ne pourra être le citoyen de Lucerne! Quoi! un Français, parce qu'il est de la communion romaine, et qu'il ne communie qu'avec du pain azyme, ne pourra acheter chez nous un domaine, tandis que tout Suisse, de quelque secte qu'il puisse être, peut acheter en France la terre la plus seigneuriale!

Avouons que, malgré la révocation de l'édit de Nantes, malgré le funeste édit de 1724, que la haine languedocienne arracha au cardinal de Fleuri contre les pasteurs évangéliques, c'est pourtant en France, c'est dans la société française, dans les mœurs françaises, dans la politesse française qu'est la vraie liberté de la vie sociale; nous n'en avons que l'ombre.

Mes frères, il faut le dire, vous êtes chrétiens, et vous aimez votre

---

1. Luc, VII, 47. (ÉD.) — 2. Jean, IV, 7. (ÉD.) — 3. Matth., XVIII, 17. (ÉD.) — 4. *Ibid.*, IX, 10; Marc, II, 15; Luc, V, 29. — 5. Matth., XXI, 19; Marc, XI, 13. (ÉD.) — 6. Jean, II, 9 et 10. (ÉD.) — 7. *Id.*, 4. (ÉD.) — 8. Matth., XXV, 30. (ÉD.) — 9. *Id.*, XX, 14. (ÉD.) — 10. *Id.*, X, 34. (ÉD.) — 11. *Id.*, V, 43; XXII, 39; Marc, XII, 31. (ÉD.) — 12. Matthieu, XXVIII, 19. (ÉD.)

intérêt; mais entendez-vous votre intérêt et le christianisme? Ce christianisme vous ordonne l'hospitalité, et rien n'est moins hospitalier que vous.

Votre intérêt est que l'étranger s'établisse dans votre patrie : car assurément il n'y viendra pas chercher les honneurs et la fortune, comme vous les allez chercher ailleurs : un étranger ne pourrait acheter dans votre territoire un domaine, que pour partager avec vous ses revenus. Le bonheur inestimable de vivre sans maître, de ne jamais dépendre du caprice d'un seul homme, de n'être soumis qu'aux lois, attirerait dans vos cantons, comme en Hollande, cent riches étrangers dégoûtés des dangers des cours, plus funestes encore à l'innocence qu'à la fortune. Mais vous écartez ceux à qui vous devez tendre les bras; vous les rebutez par des usages que l'inimitié et la crainte établirent autrefois. Ce qui n'a été inventé que dans des temps de trouble et de terreur, doit être aboli dans les jours de paix et de sécurité.

Le protestant a craint autrefois que le catholique n'apportât la transsubstantiation, les reliques, les taxes romaines, et l'esclavage dans sa ville. Le catholique a craint que le protestant ne vînt attrister la sienne par sa manière d'expliquer l'*Évangile*, et par le pédantisme reproché aux consistoires. Pour avoir la paix, il fallut renoncer à l'humanité. Mais les temps sont changés; la controverse, les disputes de l'école, qui ont si longtemps allumé partout la discorde, sont aujourd'hui l'objet du mépris de tous les honnêtes gens de l'Europe.

S'il est encore des fanatiques, il n'est point de bourgeois, de cultivateur, d'artisan qui les écoute. La lumière se répand de proche en proche, et la religion ne fait presque plus de mal.

Qui est celui d'entre vous qui n'affermera pas son champ et sa vigne à un anabaptiste, à un quaker, à un socinien, à un mennonite, à un piétiste, à un morave, à un papiste, s'il est sûr qu'il fera un meilleur marché avec cet étranger qu'avec un homme de votre ville, fermement attaché au système de Zuingle? Les terres de Genève ne sont cultivées que par des papistes savoyards; ce sont des papistes lombards qui labourent les champs des cantons que nous possédons dans le Milanais; et plus d'un protestant fabrique des toiles dont la vente enfle le trésor de l'abbé de Saint-Gall.

Or, si la malheureuse division que les différentes sectes du christianisme ont mise entre les hommes n'empêche pas qu'ils ne travaillent les uns pour les autres dans le seul but de gagner quelque argent, pourquoi empêchera-t-elle qu'ils ne fraternisent ensemble pour jouir des charmes de la vie civile? N'est-il pas absurde que vous puissiez avoir un fermier catholique, et que vous ne puissiez pas avoir un concitoyen catholique?

Je ne vous propose pas de recevoir parmi vous des prêtres romains, des moines romains; ils se sont fait un devoir cruel d'être nos ennemis; ils ne vivent que de la guerre spirituelle qu'ils nous font, et ils nous en feraient bientôt une réelle; ce sont les janissaires du sultan de Rome.

Je vous propose d'augmenter vos richesses et votre liberté, en admettant parmi vous tout séculier à son aise, que l'amour de cette liberté appellerait dans vos contrées. J'ose assurer qu'il y a même en Italie plus d'un père de famille qui aimerait mieux vivre avec vous dans l'égalité, à l'ombre de vos lois, que d'être l'esclave d'un prêtre souverain. Non, il n'y a pas un seul séculier italien, il n'y a pas dans Rome un seul Romain (j'excepte toujours la populace) qui ne frémisse dans le fond de son cœur de ne pouvoir lire l'Évangile dans sa langue maternelle; de ne pouvoir acheter un seul livre sans la permission d'un jacobin : de se savoir à la fois compatriote des Scipions, et esclave d'un successeur de Simon Pierre. Soyez sûrs que ce contraste bizarre et odieux d'un filet de pêcheur et d'une triple couronne révolte tous les esprits. Soyez certains qu'il n'y a pas un seul seigneur romain qui, en voyant Jésus monté sur un âne, et le pape porté sur les épaules des hommes; en voyant d'un côté Jésus qui n'a pas seulement de quoi payer une demi-dragme pour le korban qu'il devait au temple des Juifs, et de l'autre la chambre de la daterie, occupée sans cesse à compter l'argent des nations, ne conçoive une indignation d'autant plus forte qu'il en faut dissimuler toutes les apparences. Il la cache à ses maîtres; il la manifeste dans le secret de l'amitié.

Je vais plus loin, mes frères; je soutiens que, dans toute la chrétienté, il n'y a pas aujourd'hui un seul homme un peu instruit qui soit véritablement papiste : non, le pape ne l'est pas lui-même; non, il n'est pas possible qu'un faible mortel se croie infaillible, et revêtu d'un pouvoir divin.

Je n'entre point ici dans l'examen des dogmes qui séparent la communion romaine et la nôtre : je prêche la charité, et non la controverse; j'annonce l'amour du genre humain, et non la haine; je parle de ce qui réunit tous les hommes, et non de ce qui les rend ennemis.

Aujourd'hui, malgré les cris de l'Église romaine, aucune puissance n'attente à la liberté de conscience établie chez ses voisins. Vous avez vu, dans la dernière guerre[1], six cent mille hommes en armes sans qu'un seul soldat ait été envoyé pour faire changer un seul homme de croyance. L'Espagne même, l'Espagne appelle dans ses provinces une foule d'artisans protestants pour ranimer sa vie, que la barbarie insensée de l'inquisition faisait languir dans la misère; un sage ministre[2] brave le monstre de l'inquisition pour l'intérêt de la patrie.

Ne craignez donc point que le joug papiste, imposé dans des temps d'ignorance, puisse jamais s'appesantir sur vous. Ne craignez pas qu'on vous remette au gland lorsque vous avez connu l'agriculture. La tyrannie peut bien empêcher la raison pendant quelques siècles de pénétrer chez les hommes; mais quand elle y est parvenue, nul pouvoir ne peut l'en bannir.

Êtres pensants, ne redoutez plus rien de la superstition. Vous voyez

1. Celle de 1757 à 1763, connue sous le nom de guerre de Sept ans. (ÉD.)
2. Aranda. (ÉD.)

tous les jours les conseils éclairés des princes catholiques mutiler eux-mêmes petit à petit ce colosse autrefois adoré. On le réduira enfin à la taille ordinaire. Tous les gouvernements sentiront que l'Église est dans l'État, et non l'État dans l'Église. Le sacerdoce, à la longue, mis à sa véritable place, fera gloire enfin, comme nous, d'obéir à la magistrature. En attendant, conservons les deux biens qui appartiennent essentiellement à l'homme, la liberté et l'humanité. Que les cantons catholiques s'éclairent, et que les cantons protestants ne résistent point, par préjugé, à leur raison éclairée; vivons en frères avec quiconque voudra être notre frère. Cultivons également notre esprit et nos campagnes. Souvenons-nous toujours que nous sommes une république, non pas en vertu de quelques arguments de théologie, non pas comme zuingliens ou comme œcolampadiens, mais en qualité d'hommes. Si la religion n'a servi qu'à nous diviser, que la nature humaine nous réunisse. C'est aux cantons protestants à donner l'exemple, puisqu'ils sont plus florissants que les autres, plus peuplés, plus instruits dans les arts et dans les sciences. N'emploierons-nous nos talents que pour les concentrer dans notre petite sphère? L'homme isolé est un sauvage, un être informe, qui n'a pas encore reçu la perfection de sa nature. Une cité isolée, inhospitalière, est parmi les sociétés ce que le sauvage est à l'égard des autres hommes. Enfin, en adorant le dieu qui a créé tous les mortels, qu'aucun mortel ne soit étranger parmi nous.

DÉCLARATION.

(1768.)

J'ai appris, dans ma retraite, qu'on avait inséré dans la *Gazette d'Utrecht*, du 11 mars 1768, des calomnies contre M. de La Harpe, jeune homme plein de mérite, déjà célèbre par la tragédie de *Warwick* et par plusieurs prix remportés à l'Académie française, avec l'approbation du public. C'est sans doute ce mérite-là même qui lui attire les imputations envoyées de Paris contre lui à l'auteur de la *Gazette d'Utrecht*.

On articule dans cette gazette des procédés avec moi, dans le séjour qu'il a fait à Ferney. La vérité m'oblige de déclarer que ces bruits sont sans aucun fondement, et que tout cet article est calomnieux d'un bout à l'autre; il est triste qu'on cherche à transformer les nouvelles publiques et d'autres écrits plus sérieux, en libelles diffamatoires. Chaque citoyen est intéressé à prévenir les suites d'un abus si funeste à la société.

Fait au château de Ferney, pays de Gex, en Bourgogne, ce 31 mars 1768.

VOLTAIRE.

RELATION
DU BANNISSEMENT DES JÉSUITES DE LA CHINE,

PAR L'AUTEUR DU COMPÈRE MATTHIEU.

(1768.)

La Chine, autrefois entièrement ignorée, longtemps ensuite défigurée à nos yeux, et enfin mieux connue de nous que plusieurs provinces d'Europe, est l'empire le plus peuplé, le plus florissant et le plus antique de l'univers : on sait que, par le dernier dénombrement fait sous l'empereur Kang-hi, dans les seules quinze provinces de la Chine proprement dite, on trouva soixante millions d'hommes capables d'aller à la guerre, en ne comptant ni les soldats vétérans, ni les vieillards au-dessus de soixante ans, ni les jeunes gens au-dessous de vingt, ni les mandarins, ni les lettrés, encore moins les femmes : à ce compte, il paraît difficile qu'il y ait moins de cent cinquante millions d'âmes, ou soi-disant telles, à la Chine.

Les revenus ordinaires de l'empereur sont deux cents millions d'onces d'argent fin, ce qui revient à douze cent cinquante millions de la monnaie de France, ou cent vingt-cinq millions de ducats d'or.

Les forces de l'État consistent, nous dit-on, dans une milice d'environ huit cent mille soldats. L'empereur a cinq cent soixante et dix mille chevaux, soit pour monter les gens de guerre, soit pour les voyages de la cour, soit pour les courriers publics.

On nous assure encore que cette vaste étendue de pays n'est point gouvernée despotiquement, mais par six tribunaux principaux qui servent de frein à tous les tribunaux inférieurs.

La religion y est simple, et c'est une preuve incontestable de son antiquité. Il y a plus de quatre mille ans que les empereurs de la Chine sont les premiers pontifes de l'empire; ils adorent un Dieu unique, ils lui offrent les prémices d'un champ qu'ils ont labouré de leurs mains. L'empereur Kang-hi écrivit et fit graver dans le frontispice de son temple ces propres mots : « Le Chang-ti est sans commencement et sans fin; il a tout produit; il gouverne tout; il est infiniment bon et infiniment juste. »

Yong-tching, fils et successeur de Kang-hi, fit publier dans tout l'empire un édit qui commence par ces mots : « Il y a entre le Tien et l'homme une correspondance sûre, infaillible, pour les récompenses et les châtiments[1]. »

Cette religion de l'empereur, de tous les colaos, de tous les lettrés, est d'autant plus belle qu'elle n'est souillée par aucune superstition.

Toute la sagesse du gouvernement n'a pu empêcher que les bonzes

---

1. Duhalde, t. III, p. 25, édition in-folio, 1735.

ne se soient introduits dans l'empire, de même que toute l'attention d'un maître d'hôtel ne peut empêcher que les rats ne se glissent dans les caves et dans les greniers.

L'esprit de tolérance, qui faisait le caractère de toutes les nations asiatiques, laissa les bonzes séduire le peuple; mais, en s'emparant de la canaille, on les empêcha de la gouverner. On les a traités comme on traite les charlatans : on les laisse débiter leur orviétan dans les places publiques; mais s'ils ameutent le peuple, ils sont pendus. Les bonzes ont donc été tolérés et réprimés.

L'empereur Kang-hi avait accueilli avec une bonté singulière les bonzes jésuites; ceux-ci, à la faveur de quelques sphères armillaires, des baromètres, des thermomètres, des lunettes, qu'ils avaient apportés d'Europe, obtinrent de Kang-hi la tolérance publique de la religion chrétienne.

On doit observer que cet empereur fut obligé de consulter les tribunaux, de les solliciter lui-même et de dresser de sa main la requête des bonzes jésuites, pour leur obtenir la permission d'exercer leur religion; ce qui prouve évidemment que l'empereur n'est point despotique, comme tant d'auteurs mal instruits l'ont prétendu, et que les lois sont plus fortes que lui.

Les querelles élevées entre les missionnaires rendirent bientôt la nouvelle secte odieuse. Les Chinois, qui sont gens sensés, furent étonnés et indignés que des bonzes d'Europe osassent établir dans leur empire des opinions dont eux-mêmes n'étaient pas d'accord; les tribunaux présentèrent à l'empereur des mémoires contre tous ces bonzes d'Europe et surtout contre les jésuites; ainsi que nous avons vu depuis peu les parlements de France requérir et ensuite ordonner l'abolition de cette société.

Ce procès n'était pas encore jugé à la Chine, lorsque l'empereur Kang-hi mourut le 20 décembre 1722. Un de ses fils, nommé Yong-tching, lui succéda; c'était un des meilleurs princes que Dieu ait jamais accordés aux hommes. Il avait toute la bonté de son père, avec plus de fermeté et plus de justesse dans l'esprit. Dès qu'il fut sur le trône, il reçut de toutes les villes de l'empire des requêtes contre les jésuites. On l'avertissait que ces bonzes, sous prétexte de religion, faisaient un commerce immense; qu'ils prêchaient une doctrine intolérante; qu'ils avaient été l'unique cause d'une guerre civile au Japon, dans laquelle il était péri plus de quatre cent mille âmes; qu'ils étaient les soldats et les espions d'un prêtre d'Occident, réputé souverain de tous les royaumes de la terre; que ce prêtre avait divisé le royaume de la Chine en évêchés; qu'il avait rendu des sentences à Rome contre les anciens rites de la nation, et qu'enfin, si l'on ne réprimait pas au plus tôt ces entreprises inouïes, une révolution était à craindre.

L'empereur Yong-tching, avant de se décider, voulut s'instruire par lui-même de l'étrange religion de ces bonzes; il sut qu'il y en avait un, nommé le frère Rigolet, qui avait converti quelques enfants des crocheteurs et des lavandières du palais; il ordonna qu'on le fît paraître devant lui.

Ce frère Rigolet n'était pas un homme de cour comme les frères Parennin et Verbiest. Il avait toute la simplicité et l'enthousiasme d'un persuadé. Il y a de ces gens-là dans toutes les sociétés religieuses; ils sont nécessaires à leur ordre. On demanda un jour à Oliva, général des jésuites, comme il se pouvait faire qu'il y eût tant de sots dans une société qui passait pour éclairée; il répondit : *Il nous faut des saints.* Ainsi donc saint Rigolet comparut devant l'empereur de la Chine.

Il était tout glorieux et ne doutait pas qu'il n'eût l'honneur de baptiser l'empereur dans deux jours au plus tard. Après qu'il eut fait les génuflexions ordinaires et frappé neuf fois la terre de son front, l'empereur lui fit apporter du thé et des biscuits, et lui dit : « Frère Rigolet, dites-moi en conscience ce que c'est que cette religion que vous prêchez aux lavandières et aux crocheteurs de mon palais.

FRÈRE RIGOLET. — Auguste souverain des quinze provinces anciennes de la Chine et des quarante-deux provinces tartares, ma religion est la seule véritable, comme me l'a dit mon préfet le frère Bouvet, qui le tenait de sa nourrice. Les Chinois, les Japonais, les Coréens, les Tartares, les Indiens, les Persans, les Turcs, les Arabes, les Africains et les Américains seront tous damnés. On ne peut plaire à Dieu que dans une partie de l'Europe, et ma secte s'appelle la religion catholique, ce qui veut dire universelle.

L'EMPEREUR. — Fort bien, frère Rigolet. Votre secte est confinée dans un petit coin de l'Europe, et vous l'appelez universelle! apparemment que vous espérez de l'étendre dans tout l'univers.

FRÈRE RIGOLET. — Sire, Votre Majesté a mis le doigt dessus; c'est comme nous l'entendons. Dès que nous sommes envoyés dans un pays, par le révérend frère général, au nom du pape qui est vice-dieu en terre, nous catéchisons les esprits qui ne sont point encore pervertis par l'usage dangereux de penser. Les enfants du bas peuple étant les plus dignes de notre doctrine, nous commençons par eux; ensuite nous allons aux femmes, bientôt elles nous donnent leurs maris, et dès que nous avons un nombre suffisant de prosélytes, nous devenons assez puissants pour forcer le souverain à gagner la vie éternelle en se faisant sujet du pape.

L'EMPEREUR. — On ne peut mieux, frère Rigolet, les souverains vous sont fort obligés. Montrez-moi un peu sur cette carte géographique où demeure votre pape.

FRÈRE RIGOLET. — Sacrée Majesté Impériale, il demeure au bout du monde, dans ce petit angle que vous voyez, et c'est de là qu'il damne ou qu'il sauve à son gré tous les rois de la terre : il est vice-dieu, vice-Chang-ti, vice-Tien; il doit gouverner la terre entière au nom de Dieu, et notre frère général doit gouverner sous lui.

L'EMPEREUR. — Mes compliments au vice-dieu et au frère général. Mais votre Dieu, quel est-il? dites-moi un peu de ses nouvelles.

FRÈRE RIGOLET. — Notre Dieu naquit dans une écurie, il y a quelque dix-sept cent vingt-trois ans, entre un bœuf et un âne; et trois rois, qui étaient apparemment de votre pays, conduits par une étoile nouvelle, vinrent au plus vite l'adorer dans sa mangeoire.

L'EMPEREUR. — Vraiment, frère Rigolet, si j'avais été là, je n'aurais pas manqué de faire le quatrième.

FRÈRE RIGOLET. — Je le crois bien, sire; mais, si vous êtes curieux de faire un petit voyage, il ne tiendra qu'à vous de voir sa mère. Elle demeure ici dans ce petit coin que vous voyez sur le bord de la mer Adriatique, dans la même maison où elle accoucha de Dieu¹. Cette maison, à la vérité, n'était pas d'abord dans cet endroit-là. Voici sur la carte le lieu qu'elle occupait dans un petit village juif; mais au bout de treize cents ans, les esprits célestes la transportèrent où vous la voyez. La mère de Dieu n'y est pas, à la vérité, en chair et en os, mais en bois. C'est une statue que quelques-uns de nos frères pensent avoir été faite par le Dieu son fils, qui était un très-bon charpentier.

L'EMPEREUR. — Un Dieu charpentier! un Dieu né d'une femme! tout ce que vous me dites est admirable.

FRÈRE RIGOLET. — Oh! sire, elle n'était point femme, elle était fille. Il est vrai qu'elle était mariée, et qu'elle avait eu deux autres enfants, nommés Jacques, comme le disent de vieux *Évangiles* ; mais elle n'en était pas moins pucelle.

L'EMPEREUR. — Quoi! elle était pucelle et elle avait des enfants!

FRÈRE RIGOLET. — Vraiment oui. C'est là le bon de l'affaire; ce fut Dieu qui fit un enfant à cette fille.

L'EMPEREUR. — Je ne vous entends point. Vous me disiez tout à l'heure qu'elle était mère de Dieu. Dieu coucha donc avec sa mère pour naître ensuite d'elle?

FRÈRE RIGOLET. — Vous y êtes, Sacrée Majesté; la grâce opère déjà. Vous y êtes, dis-je; Dieu se changea en pigeon pour faire un enfant à la femme d'un charpentier, et cet enfant fut Dieu lui-même.

L'EMPEREUR. — Mais voilà donc deux dieux de compte fait; un charpentier et un pigeon.

FRÈRE RIGOLET. — Sans doute, sire; mais il y en a encore un troisième qui est le père de ces deux-là, et que nous peignons toujours avec une barbe majestueuse; c'est ce dieu-là qui ordonna au pigeon de faire un enfant à la charpentière, dont naquit le dieu charpentier; mais au fond ces trois dieux n'en font qu'un. Le père a engendré le fils avant qu'il fût au monde, le fils a été ensuite engendré par le pigeon, et le pigeon procède du père et du fils. Or vous voyez bien que le pigeon qui procède, le charpentier qui est né du pigeon, et le père qui a engendré le fils du pigeon, ne peuvent être qu'un seul Dieu; et qu'un homme qui ne croirait pas cette histoire doit être brûlé dans ce monde-ci et dans l'autre.

L'EMPEREUR. — Cela est clair comme le jour. Un dieu né dans une étable, il y a dix-sept cent vingt-trois ans, entre un bœuf et un âne; un autre dieu dans un colombier; un troisième dieu de qui viennent les deux autres, et qui n'est pas plus ancien qu'eux, malgré sa barbe blanche; une mère pucelle; il n'est rien de plus simple et de plus

1. Notre-Dame de Lorette.

sage. Eh! dis-moi un peu, frère Rigolet, si ton Dieu est né, il est sans doute mort?

FRÈRE RIGOLET. — S'il est mort, Sacrée Majesté, je vous en réponds, et cela pour nous faire plaisir. Il déguisa si bien sa divinité qu'il se laissa fouetter et pendre malgré ses miracles; mais aussi il ressuscita deux jours après sans que personne le vit, et s'en retourna au ciel, après avoir solennellement promis « qu'il reviendrait incessamment dans une nuée, avec une grande puissance et une grande majesté, » comme le dit, dans son vingt et unième chapitre [1], Luc, le plus savant historien qui ait jamais été. Le malheur est qu'il ne revint point.

L'EMPEREUR. — Viens, frère Rigolet, que je t'embrasse; va, tu ne feras jamais de révolution dans mon empire. Ta religion est charmante; tu épanouiras la rate de tous mes sujets; mais il faut que tu me dises tout. Voilà ton dieu né, fessé, pendu, et enterré. Avant lui n'en avais-tu pas un autre?

FRÈRE RIGOLET. — Oui vraiment, il y en avait un dans le même petit pays, qui s'appelait le Seigneur, tout court. Celui-là ne se laissait pas pendre comme l'autre; c'était un Dieu à qui il ne fallait pas se jouer : il s'avisa de prendre sous sa protection une horde de voleurs et de meurtriers, en faveur de laquelle il égorgea, un beau matin, tous les bestiaux et tous les fils aînés des familles d'Égypte. Après quoi il ordonna expressément à son cher peuple de voler tout ce qu'ils trouveraient sous leurs mains [2], et de s'enfuir sans combattre, attendu qu'il était le Dieu des armées. Il leur ouvrit ensuite le fond de la mer, suspendit des eaux à droite et à gauche pour les faire passer à pied sec, faute de bateaux. Il les conduisit ensuite dans un désert où ils moururent tous; mais il eut grand soin de la seconde génération. C'est pour elle qu'il faisait tomber les murs des villes au son d'un cornet à bouquin, et par le ministère d'une cabaretière. C'est pour ces chers Juifs qu'il arrêtait le soleil et la lune en plein midi, afin de leur donner le temps d'égorger leurs ennemis plus à leur aise. Il aimait tant ce cher peuple qu'il le rendit esclave des autres peuples, qu'il l'est même encore aujourd'hui. Mais, voyez-vous, tout cela n'est qu'un type, une ombre, une figure, une prophétie, qui annonçait les aventures de notre Seigneur Jésus-Christ, Dieu juif, fils de Dieu le père, fils de Marie, fils de Dieu pigeon qui procède de lui, et de plus ayant un père putatif.

Admirez, Sacrée Majesté, la profondeur de notre divine religion. Notre Dieu pendu, étant juif, a été prédit par tous les prophètes juifs. Votre Sacrée Majesté doit savoir que chez ce peuple divin, il y avait des hommes divins qui connaissaient l'avenir mieux que vous ne savez ce qui se passe dans Pékin. Ces gens-là n'avaient qu'à jouer de la harpe, et aussitôt tous les futurs contingents se présentaient à leurs yeux. Un prophète, nommé Isaïe, coucha par l'ordre du Seigneur avec une femme; il en eut un fils, et ce fils était notre Seigneur Jésus-Christ; car il s'appelait Maher Salal-has-bas [3], *partagez vite les dépouilles*

---

1. Verset 27. (Éd.) — 2. *Exode*, III, 21-22. (Éd.) — 3. Isaïe, VIII, 3, 4, 12. (Éd.)

Un autre prophète, nommé Ézéchiel, se couchait sur le côté gauche trois cent quatre-vingt-dix jours[1], et quarante sur le côté droit, et cela signifiait Jésus-Christ. Si Votre Sacrée Majesté me permet de le dire, cet Ézéchiel mangeait de la merde sur son pain, comme il le dit dans son chapitre iv, et cela signifiait Jésus-Christ.

Un autre prophète, nommé Osée[2], couchait, par ordre de Dieu, avec une fille de joie, nommée Gomer, fille de Debelaïm; il en avait trois enfants; et cela signifiait non-seulement Jésus-Christ, mais encore ses deux frères aînés Jacques le Majeur et Jacques le Mineur, selon l'interprétation des plus savants Pères de notre sainte Église.

Un autre prophète, nommé Jonas, est avalé par un chien marin, et demeure trois jours et trois nuits dans son ventre[3]; c'est visiblement encore Jésus-Christ, qui fut enterré trois jours et trois nuits, en retranchant une nuit et deux jours pour faire le compte juste. Les deux sœurs Oolla[4] et Ooliba ouvrent leurs cuisses à tout venant, font bâtir un b......, et donnent la préférence à ceux qui ont le membre d'un âne ou d'un cheval, selon les propres expressions de la sainte Écriture; cela signifie l'Église de Jésus-Christ.

C'est ainsi que tout a été prédit dans les livres des Juifs. Votre Sacrée Majesté a été prédite. J'ai été prédit, moi qui vous parle; car il est écrit : *Je les appellerai des extrémités de l'Orient ;* et c'est frère Rigolet qui vient vous appeler pour vous donner à Jésus-Christ mon sauveur.

L'EMPEREUR. — Dans quel temps ces belles prédictions ont-elles été écrites?

FRÈRE RIGOLET. — Je ne le sais pas bien précisément; mais je sais que les prophéties prouvent les miracles de Jésus mon sauveur, et ces miracles de Jésus prouvent à leur tour les prophéties. C'est un argument auquel on n'a jamais répondu, et c'est ce qui établira sans doute notre secte dans toute la terre, si nous avons beaucoup de dévotes, de soldats, et d'argent comptant.

L'EMPEREUR. — Je le crois, et on m'en a déjà averti : on va loin avec de l'argent et des prophéties : mais tu ne m'as point encore parlé des miracles de ton dieu; tu m'as dit seulement qu'il fut fessé et pendu.

FRÈRE RIGOLET. — Eh ! sire, n'est-ce pas là déjà un très-grand miracle ? mais il en a fait bien d'autres. Premièrement le diable l'emporta sur le haut d'une petite montagne, d'où on découvrait tous les royaumes de la terre, et lui dit : « Je te donnerai tous ces royaumes, si tu veux m'adorer[5]; » mais Dieu se moqua du diable. Ensuite on pria notre Seigneur Jésus à une noce de village, et les garçons de la noce étant ivres[6] et manquant de vin, notre Seigneur Jésus-Christ changea l'eau en vin sur-le-champ, après avoir dit des injures à sa mère[7].

---

1. Ézéchiel, iv, 5. (Éd.) — 2. Osée, chap. i, v. 3; et chap. iii, v. 1 et 2.
3. Jonas, ii, 1. (Éd.)
4. Ézéchiel, chapitre xvi et xxii. — C'est dans le chap. xxiii (et non dans es xvi et xxii) qu'Ézéchiel parle d'Oolla et d'Ooliba. (Éd.)
5. Matthieu, iv, 9. (Éd.) — 6. *Inebriati....* en saint Jean, chap. ii, v. 10.
7. Jean, ii, 4. (Éd.)

Quelque temps après, s'étant trouvé dans Gadara, ou Gésara, au bord du petit lac de Génézareth, il rencontra des diables dans le corps de deux possédés[1]; il les chassa au plus vite, et les envoya dans un troupeau de deux mille cochons, qui allèrent en grognant se jeter dans le lac, et s'y noyer : et ce qui constate encore la grandeur et la vérité de ce miracle, c'est qu'il n'y avait point de cochons dans ce pays-là.

L'EMPEREUR. — Je suis fâché, frère Rigolet, que ton dieu ait fait un tel tour. Le maître des cochons ne dut pas trouver cela bon. Sais-tu bien que deux mille cochons gras valent de l'argent? Voilà un homme ruiné sans ressource. Je ne m'étonne plus qu'on ait pendu ton dieu. Le possesseur des cochons dut présenter requête contre lui, et je t'assure que si, dans mon pays, un pareil dieu venait faire un pareil miracle, il ne le porterait pas loin. Tu me donnes une grande envie de voir les livres qu'écrivit le Seigneur Jésus, et comment il s'y prit pour justifier des miracles d'une si étrange espèce.

FRÈRE RIGOLET. — Sacrée Majesté, il n'a jamais fait de livre; il ne savait ni lire ni écrire.

L'EMPEREUR. — Ah! ah! voici qui est digne de tout le reste. Un législateur qui n'a jamais écrit aucune loi!

FRÈRE RIGOLET. — Fi donc! sire, quand un dieu vient se faire pendre, il ne s'amuse pas à de pareilles bagatelles; il fait écrire ses secrétaires. Il y en eut une quarantaine qui prirent la peine, cent ans après, de mettre par écrit toutes ces vérités. Il est vrai qu'ils se contredisent tous; mais c'est en cela même que la vérité consiste; et dans ces quarante histoires nous en avons à la fin choisi quatre, qui sont précisément celles qui se contredisent le plus, afin que la vérité paraisse avec plus d'évidence.

Tous ses disciples firent encore plus de miracles que lui; nous en faisons encore tous les jours. Nous avons parmi nous le dieu saint François Xavier, qui ressuscita neuf morts de compte fait, dans l'Inde : personne à la vérité n'a vu ces résurrections; mais nous les avons célébrées d'un bout du monde à l'autre, et nous avons été crus. Croyez-moi, sire, faites-vous jésuite, et je vous suis caution que nous ferons imprimer la liste de vos miracles avant qu'il soit deux ans; nous ferons un saint de vous, on fêtera votre fête à Rome, et on vous appellera saint Yong-tching après votre mort.

L'EMPEREUR. — Je ne suis pas pressé, frère Rigolet; cela pourra venir avec le temps. Tout ce que je demande, c'est que je ne sois pas pendu comme ton dieu l'a été; car il me semble que c'est acheter la divinité un peu cher.

FRÈRE RIGOLET. — Ah! sire, c'est que vous n'avez pas encore la foi; mais quand vous aurez été baptisé, vous serez enchanté d'être pendu pour l'amour de Jésus-Christ notre sauveur. Quel plaisir vous auriez de le voir à la messe, de lui parler, de le manger!

L'EMPEREUR. — Comment, mort de ma vie! vous mangez votre dieu, vous autres?

1. Matthieu, VIII, 28; Marc, V; Luc, VIII, 27. (ÉD.)

FRÈRE RIGOLET. — Oui, sire, je le fais et je le mange; j'en ai préparé ce matin quatre douzaines; et je vais vous les chercher tout à l'heure, si Votre Sacrée Majesté l'ordonne.

L'EMPEREUR. — Tu me feras grand plaisir, mon ami. Va-t'en vite chercher tes dieux; je vais en attendant faire ordonner à mes cuisiniers de se tenir prêts pour les faire cuire; tu leur diras à quelle sauce il les faut mettre; je m'imagine qu'un plat de dieux est une chose excellente, et que je n'aurai jamais fait meilleure chère.

FRÈRE RIGOLET. — Sacrée Majesté, j'obéis à vos ordres suprêmes, et je reviens dans le moment. Dieu soit béni! voilà un empereur dont je vais faire un chrétien, sur ma parole. »

Pendant que frère Rigolet allait chercher son déjeuner, l'empereur resta avec son secrétaire d'État Ouang-Tsé; tous deux étaient saisis de la plus grande surprise et de la plus vive indignation.

« Les autres jésuites, dit l'empereur, comme Parennin, Verbiest, Péreira, Bouvet et les autres, ne m'avaient jamais avoué aucune de ces abominables extravagances. Je vois trop bien que ces missionnaires sont des fripons qui ont à leur suite des imbéciles. Les fripons ont réussi auprès de mon père en faisant devant lui des expériences de physique qui l'amusaient, et les imbéciles réussissent auprès de la populace; ils sont persuadés, et ils persuadent; cela peut devenir très-pernicieux. Je vois que les tribunaux ont eu grande raison de présenter des requêtes contre ces perturbateurs du repos public. Dites-moi, je vous prie, vous qui avez étudié l'histoire de l'Europe, comment il s'est pu faire qu'une religion si absurde, si blasphématoire, se soit introduite chez tant de petites nations?

LE SECRÉTAIRE D'ÉTAT. — Hélas! sire, tout comme la secte du dieu Fo s'est introduite dans votre empire, par des charlatans qui ont séduit la populace. Votre Majesté ne pourrait croire quels effets prodigieux ont faits les charlatans d'Europe dans leur pays. Ce misérable qui vient de vous parler vous a lui-même avoué que ses pareils, après avoir enseigné à la canaille des dogmes qui sont faits pour elle, la soulèvent ensuite contre le gouvernement; ils ont détruit un grand empire qu'on appelait l'empire romain, qui s'étendait d'Europe en Asie, et le sang a coulé pendant plus de quatorze siècles par les divisions de ces sycophantes, qui ont voulu se rendre les maîtres de l'esprit des hommes; ils firent d'abord accroire aux princes qu'ils ne pouvaient régner sans les prêtres, et bientôt ils s'élevèrent contre les princes. J'ai lu qu'ils détrônèrent un empereur nommé Débonnaire [1], un Henri IV, un Frédéric [2], plus de trente rois, et qu'ils en assassinèrent plus de vingt.

« Si la sagesse du gouvernement chinois a contenu jusqu'ici les bonzes qui déshonorent vos provinces, elle ne pourra jamais prévenir les maux que feraient les bonzes d'Europe. Ces gens-là ont un esprit cent fois plus ardent, un plus violent enthousiasme, et une fureur

---

[1]. Louis le Débonnaire, deuxième empereur d'Allemagne, et le premier du nom de Louis comme roi de France. (ED.)
[2]. Frédéric II, vingt-sixième empereur. (ED.)

plus raisonnée dans leur démence, que ne l'est le fanatisme de tous les bonzes du Japon, de Siam, et de tous ceux qu'on tolère à la Chine.

« Les sots prêchent parmi eux, et les fripons intriguent; ils subjuguent les hommes par les femmes, et les femmes par la confession. Maîtres des secrets de toutes les familles, dont ils rendent compte à leurs supérieurs, ils sont bientôt les maîtres d'un Etat, sans même paraître l'être encore, d'autant plus sûrs de parvenir à leurs fins qu'ils semblent n'en avoir aucune. Ils vont à la puissance par l'humilité, à la richesse par la pauvreté, et à la cruauté par la douceur.

« Vous vous souvenez, sire, de la fable des dragons qui se métamorphosaient en moutons pour dévorer plus sûrement les hommes : voilà leur caractère : il n'y a jamais eu sur la terre de monstres plus dangereux; et Dieu n'a jamais eu d'ennemis plus funestes.

L'EMPEREUR. — Taisez-vous; voici frère Rigolet qui arrive avec son déjeuner. Il est bon de s'en divertir un peu. »

Frère Rigolet arrivait en effet tenant à la main une grande boîte de fer-blanc, qui ressemblait à une boîte de tabac. « Voyons, lui dit l'empereur, ton dieu qui est dans ta boîte. » Frère Rigolet en tira aussitôt une douzaine de petits morceaux de pâte ronds et plats comme du papier. « Ma foi, notre ami, lui dit l'empereur, si nous n'avons que cela à notre déjeuner, nous ferons très-maigre chère : un dieu, à mon sens, devrait être un peu plus dodu; que veux-tu que je fasse de ces petits morceaux de colle ? — Sire, dit Rigolet, que Votre Majesté fasse seulement apporter une chopine de vin rouge; et vous verrez beau jeu. »

L'empereur lui demanda pourquoi il préférait le vin rouge au vin blanc, qui est meilleur à déjeuner. Rigolet lui répondit qu'il allait changer le vin en sang, et qu'il était bien plus aisé de faire du sang avec du vin rouge qu'avec du vin paillet. Sa Majesté trouva cette raison excellente, et ordonna qu'on fît venir une bouteille de vin rouge. En attendant il s'amusa à considérer les dieux que frère Rigolet avait apportés dans la poche de sa culotte. Il fut tout étonné de trouver sur ces morceaux de pâte la figure empreinte d'un patibulaire et d'un pauvre diable qui y était attaché. « Eh! sire, lui dit Rigolet, ne vous souvenez-vous pas que je vous ai dit que notre dieu avait été pendu? Nous gravons toujours sa potence sur ces petits pains que nous changeons en dieu. Nous mettons partout des potences, dans nos temples, dans nos maisons, dans nos carrefours, dans nos grands chemins; nous chantons[1] : *Bonjour, notre unique espérance.* Nous avalons Dieu avec sa potence. — C'est fort bien, dit l'empereur : tout ce que je vous souhaite, c'est de ne pas finir comme lui. »

Cependant on apporta la bouteille de vin rouge : frère Rigolet la posa sur une table avec sa boîte de fer-blanc; et tirant de sa poche un livre tout gras, il le plaça à sa main droite; puis se tournant vers l'empereur, il lui dit : « Sire, j'ai l'honneur d'être portier, lecteur, conjureur, acolyte, sous-diacre, diacre, et prêtre. Notre saint-père le grand Innocent III, dans son premier livre des *Mystères de la messe*,

---

1. *O crux, ave, spes unica.*

a décidé que notre dieu avait été *portier*, quand il chassa à coups de fouet de bons marchands qui avaient la permission de vendre des tourterelles à ceux qui venaient sacrifier dans le temple. Il fut *lecteur*, quand, selon saint Luc[1], il prit le livre dans la synagogue, quoiqu'il ne sût ni lire ni écrire; il fut *conjureur*, quand il envoya des diables[2] dans des cochons; il fut *acolyte*, parce que le prophète juif Jérémie avait dit: *Je suis la lumière du monde*[3], et que les acolytes portent des chandelles; il fut *sous-diacre*, quand il changea l'eau en vin[4], parce que les sous-diacres servent à table; il fut *diacre*, quand il nourrit quatre mille hommes[5], sans compter les femmes et les petits enfants, avec sept petits pains et quelques goujons, dans le pays de Magédan, connu de toute la terre, selon saint Matthieu; ou bien quand il nourrit cinq mille hommes avec cinq pains et deux goujons, près de Betzaïda, comme le dit saint Luc[7]; enfin, il fut *prêtre* selon l'ordre de Melchisédech[8], quand il dit à ses disciples[9] qu'il allait leur donner son corps à manger. Étant donc prêtre comme lui, je vais changer ces pains en dieux : chaque miette de ce pain sera un dieu en corps et en âme; vous croirez voir du pain, manger du pain, et vous mangerez Dieu.

« Enfin, quoique le sang de ce dieu soit dans le corps que j'aurai créé avec des paroles, je changerai votre vin rouge dans le sang de ce dieu même; pour surabondance de droit, je le boirai; il ne tiendra qu'à Votre Majesté d'en faire autant. Je n'ai qu'à vous jeter de l'eau au visage; je vous ferai ensuite portier, lecteur, conjureur, acolyte, sous-diacre, diacre et prêtre; vous ferez avec moi une chère divine. »

Aussitôt voilà frère Rigolet qui se met à prononcer des paroles en latin, avale deux douzaines d'hosties, boit chopine, et dit grâces très-dévotement.

« Mais, mon cher ami, lui dit l'empereur, tu as mangé et bu ton dieu : que deviendra-t-il quand tu auras besoin d'un pot de chambre?

— Sire, dit frère Rigolet, il deviendra ce qu'il pourra, c'est son affaire. Quelques-uns de nos docteurs disent qu'on le rend à la garde-robe, d'autres qu'il s'échappe par insensible transpiration; quelques-uns prétendent qu'il s'en retourne au ciel; pour moi j'ai fait mon devoir de prêtre, cela me suffit; et pourvu qu'après ce déjeuner on me donne un bon dîner avec quelque argent pour ma peine, je suis content.

— Or çà, dit l'empereur à frère Rigolet, ce n'est pas tout; je sais qu'il y a aussi dans mon empire d'autres missionnaires qui ne sont pas jésuites, et qu'on appelle dominicains, cordeliers, capucins; dis-moi en conscience s'ils mangent Dieu comme toi.

— Ils le mangent, sire, dit le bonhomme; mais c'est pour leur condamnation. Ce sont tous des coquins, et nos plus grands ennemis; ils veulent nous couper l'herbe sous le pied. Ils nous accusent sans cesse

---

1. Jean, II, 15. (Éd.) — 2. IV, 17. (Éd.) — 3. Matth., VIII, 32; *Id.*, V, 13, (Éd.) 4. C'est dans Saint Jean, chap. VIII, v. 12, et IX, 5, que se trouvent ces paroles. (Éd.)
5. Jean, II, 9. (Éd.) — 6. Matth., XV, 34-38. (Éd.) — 7. IX, 16. (Éd.)
8. Ps. CIX, 4. (Éd.) — 9. Matth., XXVI, 26. (Éd.)

auprès de notre saint-père le pape. Votre Majesté ferait fort bien de les chasser tous, et de ne conserver que les jésuites : ce serait un vrai moyen de gagner la vie éternelle, quand même vous ne seriez pas chrétien. »

L'empereur lui jura qu'il n'y manquerait pas. Il fit donner quelques écus à frère Rigolet, qui courut sur-le-champ annoncer cette bonne nouvelle à ses confrères.

Le lendemain l'empereur tint sa parole : il fit assembler tous les missionnaires, soit ceux qu'on appelle séculiers, soit ceux qu'on nomme très-irrégulièrement réguliers ou prêtres de la propagande, ou vicaires apostoliques, évêques *in partibus*, prêtres des missions étrangères, capucins, cordeliers, dominicains, hiéronymites, et jésuites. Il leur parla en ces termes en présence de trois cents colaos :

« La tolérance m'a toujours paru le premier lien des hommes, et le premier devoir des souverains. S'il était dans le monde une religion qui pût s'arroger un droit exclusif, ce serait assurément la nôtre. Vous avouez tous que nous rendions à l'Être suprême un culte pur et sans mélange avant qu'aucun des pays dont vous venez fût seulement connu de ses voisins, avant qu'aucune de vos contrées occidentales eût seulement l'usage de l'écriture. Vous n'existiez pas quand nous formions déjà un puissant empire. Notre antique religion, toujours inaltérable dans nos tribunaux, s'étant corrompue chez le peuple, nous avons souffert les bonzes de Fo, les talapoins de Siam, les lamas de Tartarie, les sectaires de Laokium ; et, regardant tous les hommes comme nos frères, nous ne les avons jamais punis de s'être égarés. L'erreur n'est point un crime. Dieu n'est point offensé qu'on l'adore d'une manière ridicule : un père ne chasse point ceux de ses enfants qui le saluent en faisant mal la révérence ; pourvu qu'il en soit aimé et respecté, il est satisfait. Les tribunaux de mon empire ne vous reprochent point vos absurdités ; ils vous plaignent d'être infatués du plus détestable ramas de fables que la folie humaine ait jamais accumulées ; ils plaignent encore plus le malheureux usage que vous faites du peu de raison qui vous reste pour justifier ces fables.

« Mais ce qu'ils ne vous pardonnent pas, c'est de venir du bout du monde pour nous ôter la paix. Vous êtes les instruments aveugles de l'ambition d'un petit lama italien, qui, après avoir détrôné quelques régules ses voisins, voudrait disposer des plus vastes empires de nos régions orientales.

« Nous ne savons que trop les maux horribles que vous avez causés au Japon. Douze religions y florissaient avec le commerce, sous les auspices d'un gouvernement sage et modéré ; une concorde fraternelle régnait entre ces douze sectes : vous parûtes, et la discorde bouleversa le Japon ; le sang coula de tous côtés ; vous en fîtes autant à Siam et aux Manilles ; je dois préserver mon empire d'un fléau si dangereux. Je suis tolérant, et je vous chasse tous, parce que vous êtes intolérants. Je vous chasse, parce qu'étant divisés entre vous, et vous détestant les uns les autres, vous êtes prêts d'infecter mon peuple du poison qui vous dévore. Je ne vous plongerai point dans les cachots, comme vous y faites languir en Europe ceux qui ne sont pas de votre opinion. Je suis encore plus éloigné de vous faire condamner au supplice, comme vous y envoyez en Europe ceux que vous nommez hérétiques. Nous ne soutenons point ici notre religion par des bourreaux; nous ne disputons point avec de tels arguments. Partez; portez ailleurs vos folies atroces, et puissiez-vous devenir sages! Les voitures qui vous doivent conduire à Macao sont prêtes. Je vous donne des habits et de l'argent; des soldats veilleront en route à votre sûreté. Je ne veux pas que le peuple vous insulte : allez, soyez dans votre Europe un témoignage de ma justice et de ma clémence. »

Ils partirent; le christianisme fut entièrement aboli à la Chine, ainsi qu'en Perse, en Tartarie, au Japon, dans l'Inde, dans la Turquie, dans toute l'Afrique : c'est grand dommage; mais voilà ce que c'est que d'être infaillibles.

ENTRETIENS CHINOIS.

(1768.)

Un Chinois nommé Xain, ayant voyagé en Europe dans sa jeunesse, retourna à la Chine à l'âge de trente ans, et, devenu mandarin, rencontra dans Pékin un ancien ami qui était entré dans l'ordre des jésuites ; ils eurent ensemble les conférences suivantes :

PREMIÈRE CONFÉRENCE.

LE MANDARIN. — Vous êtes donc bien mal édifié de nos bonzes ?

LE JÉSUITE. — Je vous avoue que je suis indigné de voir quel joug honteux ces séducteurs imposent sur votre populace superstitieuse. Quoi! vendre la béatitude pour des chiffons bénits! persuader aux hommes que des pagodes ont parlé! qu'elles ont fait des miracles! se mêler de prédire l'avenir! quelle charlatanerie insupportable!

LE MANDARIN. — Je suis bien aise que l'imposture et la superstition vous déplaisent.

LE JÉSUITE. — Il faut que vos bonzes soient de grands fripons.

LE MANDARIN. — Pardonnez; j'en disais autant en voyant en Europe certaines cérémonies, certains prodiges que les uns appellent des fraudes pieuses, les autres des scandales. Chaque pays a ses bonzes. Mais j'ai reconnu qu'il y en a autant de trompés que de trompeurs. Le grand nombre est de ceux que l'enthousiasme aveugle dans leur jeunesse, et qui ne recouvrent jamais la vue; il y en a d'autres qui ont conservé un œil et qui voient tout de travers. Ceux-là sont des charlatans imbéciles.

LE JÉSUITE. — Vous devez faire une grande différence entre nous et vos bonzes; ils bâtissent sur l'erreur, et nous sur la vérité; et si quelquefois nous l'avons embellie par des fables, n'est-il pas permis de tromper les hommes pour leur bien?

LE MANDARIN. — Je crois qu'il n'est permis de tromper en aucun cas, et qu'il n'en peut résulter que beaucoup de mal.

LE JÉSUITE. — Quoi ! ne jamais tromper ! Mais dans votre gouvernement, dans votre doctrine des lettrés, dans vos cérémonies et vos rites, n'entre-t-il rien qui fascine les yeux du peuple pour le rendre plus soumis et plus heureux ? Vos lettrés se passeraient-ils d'erreurs utiles ?

LE MANDARIN. — Depuis près de cinq mille ans que nous avons des annales fidèles de notre empire, nous n'avons pas un seul exemple parmi les lettrés des saintes fourberies dont vous parlez ; c'est de tout temps, il est vrai, le partage des bonzes et du peuple ; mais nous n'avons ni la même langue, ni la même écriture, ni la même religion que le peuple. Nous avons adoré dans tous les siècles un seul Dieu, créateur de l'univers, juge des hommes, rémunérateur de la vertu, et vengeur du crime dans cette vie et dans la vie à venir.

Ces dogmes purs nous ont paru dictés par la raison universelle. Notre empereur présente au Souverain de tous les êtres les premiers fruits de la terre ; nous l'accompagnons dans ces cérémonies simples et augustes : nous joignons nos prières aux siennes. Notre sacerdoce est la magistrature ; notre religion est la justice ; nos dogmes sont l'adoration, la reconnaissance, et le repentir : il n'y a rien là dont on puisse abuser ; point de métaphysique obscure qui divise les esprits, point de sujet de querelles ; nul prétexte d'opposer l'autel au trône ; nulle superstition qui indigne les sages ; aucun mystère qui entraîne les faibles dans l'incrédulité, et qui, en les irritant contre des choses incompréhensibles, leur puisse faire rejeter l'idée d'un Dieu que tout le monde doit comprendre.

LE JÉSUITE. — Comment donc, avec une doctrine que vous dites si pure, pouvez-vous souffrir parmi vous des bonzes qui ont une doctrine si ridicule ?

LE MANDARIN. — Eh ! comment aurions-nous pu déraciner une ivraie qui couvre le champ d'un vaste empire aussi peuplé que votre Europe ? Je voudrais qu'on pût ramener tous les hommes à notre culte simple et sublime ; ce ne peut être que l'ouvrage des temps et des sages. Les hommes seraient plus justes et plus heureux. Je suis certain, par une longue expérience, que les passions, qui font commettre de si grands crimes, s'autorisent presque toutes des erreurs que les hommes ont mêlées à la religion.

LE JÉSUITE. — Comment ! vous croyez que les passions raisonnent, et qu'elles ne commettent des crimes que parce qu'elles raisonnent mal ?

LE MANDARIN. — Cela n'arrive que trop souvent.

LE JÉSUITE. — Et quel rapport nos crimes ont-ils donc avec les erreurs superstitieuses ?

LE MANDARIN. — Vous le savez mieux que moi. Ou bien ces erreurs révoltent un esprit assez juste pour les sentir, et non assez sage pour chercher la vérité ailleurs ; ou bien ces erreurs entrent dans un esprit faible qui les reçoit avidement. Dans le premier cas, elles conduisent souvent à l'athéisme ; on dit : « Mon bonze m'a trompé ; donc il n'y a point de religion ; donc il n'y a point de Dieu, donc je dois être injuste si je puis l'être impunément. » Dans le second cas, ces erreurs entraînent au plus affreux fanatisme ; on dit : « Mon bonze m'a prêché que tous ceux qui n'ont point donné de robe neuve à la pagode sont les ennemis de Dieu ; qu'on peut, en sûreté de conscience, égorger tous ceux qui disent que cette pagode n'a qu'une tête, tandis que mon bonze jure qu'elle en a sept. Ainsi je peux assassiner, dans l'occasion, mes amis, mes parents, mon roi, pour faire mon salut. »

LE JÉSUITE. — Il semble que vous vouliez parler de nos moines sous le nom de bonzes. Vous auriez grand tort ; ne seriez-vous pas un peu malin ?

LE MANDARIN. — Je suis juste, je suis vrai, je suis humain. Je n'ai acception de personne ; je vous dis que les particuliers et les hommes publics commettent souvent sans remords les plus abominables injustices, parce que la religion qu'on leur prêche, et qu'on altère, leur semble absurde. Je vous dis qu'un raïa de l'Inde, qui ne connaît que sa presqu'île, se moque de ses théologiens qui lui crient que son dieu Vitsnou s'est métamorphosé neuf fois pour venir converser avec les hommes, et que, malgré le petit nombre de ses incarnations, il est fort supérieur au dieu Sammonocodom, qui s'est incarné chez les Siamois jusqu'à cinq cent cinquante fois. Notre raïa, qui entend à droite et à gauche cent rêveries de cette espèce, n'a pas de peine à sentir combien une telle religion est impertinente ; mais son esprit, séduit par son cœur pervers, en conclut témérairement qu'il n'y a aucune religion ; alors il s'abandonne à toutes les fureurs de son ambition aveugle ; il insulte ses voisins, il les dépouille ; les campagnes sont ravagées, les villes mises en cendres, les peuples égorgés. Les prédicateurs ne lui avaient jamais parlé contre le crime de la guerre ; au contraire, ils avaient fait en chaire le panégyrique des destructeurs nommés conquérants ; et ils avaient même arrosé ses drapeaux en cérémonie de l'eau lustrale du Gange. Le vol, le brigandage, tous les excès des plus monstrueuses débauches, toutes les barbaries des assassinats, sont commis alors sans scrupule ; la famine et la contagion achèvent de désoler cette terre abreuvée de sang. Et cependant les prédicateurs du voisinage prêchent tranquillement la controverse devant de bonnes vieilles femmes qui, au sortir du sermon, entoureraient leur prochain de fagots allumés, si leur prochain soutenait que Sammonocodom s'est incarné cinq cent quarante-neuf fois, et non pas cinq cent cinquante.

J'ose dire que si ce raïa avait été infiniment persuadé de l'existence d'un Dieu infini, présent partout, infiniment juste, et qui doit par conséquent venger l'innocence opprimée, et punir un scélérat né pour le malheur du genre humain ; si ces courtisans avaient les mêmes principes, si tous les ministres de la religion avaient fait tonner dans son oreille ces importantes vérités, au lieu de parler des métamorphoses de Vistnou, alors ce raïa aurait hésité à se rendre si coupable.

Il en est de même dans toutes les conditions ; j'en ai vu plus d'un triste exemple dans les pays étrangers et dans ma patrie.

LE JÉSUITE. — Ce que vous dites n'est que trop vrai, il faut en convenir, et j'en augure un bon succès pour l'objet de ma mission. Mais avant d'avoir l'honneur de vous en parler, dites-moi, je vous prie, si vous pensez qu'il soit possible d'obtenir des hommes qu'ils se bornent à un culte simple, raisonnable et pur envers l'Être suprême. Ne faut-il pas aux peuples quelque chose de plus? n'ont-ils pas besoin, je ne dis pas des fourberies de vos bonzes, mais de quelques illusions respectables? n'est-il pas avantageux pour eux qu'ils soient pieusement trompés, je ne dis pas par vos bonzes, mais par des gens sages? Une prédiction heureusement appliquée, un miracle adroitement opéré, n'ont-ils pas quelquefois produit beaucoup de bien?

LE MANDARIN. — Vous me paraissez faire tant de cas de la fourberie que peut-être je vous la pardonnerais, si elle pouvait en effet être utile au genre humain. Mais je crois fermement qu'il n'y a aucun cas où le mensonge puisse servir la vérité.

LE JÉSUITE. — Cela est bien dur. Cependant je vous jure que nous avons fait parler en Italie et en Espagne plus d'une image de la Vierge avec un très-grand succès; les apparitions des saints, les possessions du malin, ont fait chez nous bien des conversions. Ce n'est pas comme chez vos bonzes.

LE MANDARIN. — Chez vous, comme chez eux, la superstition n'a jamais fait que du mal. J'ai lu beaucoup de vos histoires: je vois qu'on a toujours commis les plus grands attentats dans l'espérance d'une expiation aisée. La plupart de vos Européens ont ressemblé à un certain roi¹ d'une petite province de votre Occident, qui portait, dit-on, je ne sais quelle petite pagode à son bonnet, et qui lui demandait toujours permission de faire assassiner ou empoisonner ceux qui lui déplaisaient. Votre premier empereur chrétien se souilla de parricides, comptant qu'il serait un jour purifié avec de l'eau. En vérité le genre humain est bien à plaindre; les passions portent les hommes aux crimes : s'il n'y a point d'expiation, ils tombent dans le désespoir et dans la fureur; s'il y en a, ils commettent le crime impunément.

LE JÉSUITE. — Eh bien! ne vaudrait-il pas mieux proposer des remèdes à ces malades frénétiques, que de les laisser sans secours?

LE MANDARIN. — Oui : et le meilleur remède est de réparer par une vie pure les injustices qu'on peut avoir commises. Adieu. Voici le temps où je dois soulager quelques-uns de mes frères qui souffrent. J'ai fait des fautes comme un autre; je ne veux pas les expier autrement; je vous conseille d'en faire de même.

SECONDE CONFÉRENCE.

LE JÉSUITE. — Je vous supplie avec humilité de me procurer une place de mandarin, comme plusieurs de nos Pères en ont eu, et d'y faire joindre la permission de nous bâtir une maison et une église, et de prêcher en chinois : vous savez que je parle la langue.

LE MANDARIN. — Mon crédit ne va pas jusque-là; les juifs, les ma-

1. Louis XI. (ÉD.)

sulmétans qui sont dans notre empire, et qui connaissent un seul Dieu comme nous, ont demandé la même permission, et nous n'avons pu la leur accorder : il faut suivre les lois.

LE JÉSUITE. — Point du tout; il vaut mieux obéir à Dieu qu'aux hommes [1].

LE MANDARIN. — Oui, si les hommes vous commandent des choses évidemment criminelles; par exemple, d'égorger votre père et votre mère, d'empoisonner vos amis; mais il me semble qu'il n'est pas injuste de refuser à un étranger la permission d'apporter le trouble dans nos États, et de balbutier dans notre langue, qu'il prononce toujours fort mal, des choses que ni lui ni nous ne pouvons entendre.

LE JÉSUITE. — J'avoue que je ne prononce pas tout à fait aussi bien que vous; je fais gloire quelquefois de ne pas entendre un mot de ce que j'annonce : pour le trouble et la discorde [2], c'est vraiment tout le contraire, c'est la paix que j'apporte.

LE MANDARIN. — Vous souvenez-vous de la fameuse requête présentée à nos neuf tribunaux suprêmes, au premier mois de l'année que vous appelez 1717? En voici les propres mots qui vous regardent, et que vous avez conservés vous-mêmes [3] : « Ils vinrent d'Europe à Manille sous la dynastie des Ming. Ceux de Manille faisaient leur commerce avec les Japonais. Ces Européans se servirent de leur religion pour gagner le cœur des Japonais; ils en séduisirent un grand nombre. Ils attaquèrent ensuite le royaume en dedans et en dehors, et il ne s'en fallut presque rien qu'ils ne s'en rendissent tout à fait les maîtres. Ils répandent dans nos provinces de grandes sommes d'argent; ils rassemblent, à certains jours, des gens de la lie du peuple mêlés avec les femmes : je ne sais pas quel est leur dessein, mais je sais qu'ils ont apporté leur religion à Manille, et que Manille a été envahie, et qu'ils ont voulu subjuguer le Japon, etc. »

LE JÉSUITE. — Ah! pour Manille et pour le Japon, passe; mais pour la Chine, vous savez que c'est tout autre chose; vous connaissez la grande vénération, le profond respect, le tendre attachement, la sincère reconnaissance que....

LE MANDARIN. — Mon Dieu, oui, nous connaissons tout cela; mais souvenez-vous, encore une fois, des paroles que le dernier empereur Yong-tching, d'éternelle mémoire, adressa à vos bonzes noirs; les voici [4] :

« Que diriez-vous si j'envoyais une troupe de bonzes et de lamas dans votre pays? comment les recevriez-vous? Si vous avez su tromper mon père, n'espérez pas me tromper de même. Vous voulez que tous les Chinois embrassent vos lois; votre culte n'en tolère pas d'autres, je le sais. En ce cas que deviendrons-nous ? les sujets de vos princes Les disciples que vous faites ne connaissent que vous; dans un temps de troubles, ils n'écouteraient d'autre voix que la vôtre. Je sais bien

1. *Actes*, v, 29. (ÉD.)
2. Allusion aux versets 34 et 35 du chap. x, Évangile de Matthieu. (ÉD.)
3. Recueil des lettres intitulées *Édifiantes*, p. 98 et suivantes.
4. Lettres intitulées *Édifiantes*, dix-septième recueil, p. 268.

qu'à présent il n'y a rien à craindre; mais quand les vaisseaux viendront par milliers, il pourrait y avoir du désordre, etc. »

LE JÉSUITE. — Il est vrai que nous avons transmis à notre Europe ce triste discours de l'empereur Yong-tching. Nous sommes d'ailleurs obligés d'avouer que c'était un prince très-sage et très-vertueux, qui a signalé son règne par des traits de bienfaisance au-dessus de tout ce que nos princes ont jamais fait de grand et de bon. Mais, après tout, les vertus des infidèles sont des crimes[1]; c'est une des maximes incontestables de notre petit pays. Mais qu'est-il arrivé à ce grand empereur? il est mort sans sacrements, il est damné à tout jamais. J'aime la paix, je vous l'apporte; mais plût au ciel, pour le bien de vos âmes, que tout votre empire fût bouleversé, que tout nageât dans le sang, et que vous expirassiez tous jusqu'au dernier, confessés par des jésuites ! Car enfin qu'est-ce qu'un royaume de sept cents lieues de long sur sept cents lieues de large réduit en cendres? c'est une bagatelle. C'est l'affaire de quelques jours, de quelques mois, de quelques années tout au plus; et il s'agit de la gloire éternelle que je vous souhaite.

LE MANDARIN. — Grand merci de votre bonne volonté. Mais, en vérité, vous devriez être content d'avoir fait massacrer plus de cent mille citoyens au Japon. Mettez des bornes à votre zèle. Je crois vos intentions bonnes; mais quand vous aurez armé dans notre empire les mains des enfants contre les pères, des disciples contre les maîtres et des peuples contre les rois, il sera certain que vous aurez commis un très-grand mal, et il n'est pas absolument démontré que vous et moi soyons éternellement récompensés pour avoir détruit la plus ancienne nation qui soit sur la terre.

LE JÉSUITE. — Que votre nation soit la plus ancienne ou non, ce n'est pas ce dont il s'agit. Nous savons que, depuis près de cinq mille ans, votre empire est sagement gouverné; mais vous avez trop de raison pour ne pas sentir qu'il faudrait, sans balancer, anéantir cet empire, s'il n'y avait que ce moyen de faire triompher la vérité. Çà, répondez-moi : je suppose qu'il n'y a d'autres ressources pour votre salut que de mettre le feu aux quatre coins de la Chine; n'êtes-vous pas obligé en conscience de tout brûler?

LE MANDARIN. — Non, je vous jure; je ne brûlerais pas une grange.

LE JÉSUITE. — Vous avez à la Chine d'étranges principes.

LE MANDARIN. — Je trouve les vôtres terriblement incendiaires. J'ai bien ouï dire qu'en votre année 1604[2] quelques gens charitables voulurent en effet consumer en un moment par le feu toute la famille

---

1. Cette doctrine est très-nouvelle dans le christianisme. Les premiers Pères ont soutenu précisément tout le contraire, mais les théologiens sont devenus barbares à mesure qu'ils sont devenus puissants. (Voy. La Mothe Le Vayer, *Traité de la vertu des païens*.)

2. Voltaire, vers le commencement du chap. CLXXIX de l'*Essai sur les mœurs*, cite avec raison l'année 1605 comme véritable date de la conspiration des poudres; seulement il parle du mois de février au lieu du mois de novembre, que je crois être celui dans lequel on découvrit les trente-six barils de poudre. (*Note de Clogenson*.)

royale et tous les mandarins d'une île nommée l'Angleterre, uniquement pour faire triompher une de vos sectes sur les ruines des autres sectes. Vous avez employé tantôt le fer, tantôt le feu à ces saintes intentions ; et c'est donc là cette paix que vos confrères viennent prêcher à des peuples qui vivent en paix ?

LE JÉSUITE. — Ce que je vous en dis n'est qu'une supposition théologique ; car je vous répète que j'apporte la paix, l'union, la bienfaisance et toutes les vertus : j'ajoute seulement que ma doctrine est si belle qu'il faudrait l'acheter aux dépens de la vie de tous les hommes.

LE MANDARIN. — C'est vendre cher ses coquilles. Mais comment votre doctrine est-elle si belle, puisque vous me disiez hier qu'il fallait tromper ?

LE JÉSUITE. — Rien ne s'accorde plus aisément. Nous annonçons des vérités ; ces vérités ne sont pas à la portée de tout le monde, et nous rencontrons des ennemis, des jansénistes, qui nous poursuivent jusqu'à la Chine. Que faire alors ? il faut bien soutenir une vérité utile par quelques mensonges qui le sont aussi ; on ne peut se passer de miracles : cela tranche toutes les difficultés. Je vous avoue entre nous que nous n'en faisons point, mais nous disons que nous en avons fait ; et si l'on nous croit, nous gagnons des âmes. Qu'importe la route, pourvu qu'on arrive au but ? Il est bien sûr que notre petit Portugais Xavier[1] ne pouvait être à la fois en même temps dans deux vaisseaux ; cependant nous l'avons dit ; et plus la chose est impossible et extravagante, plus elle a paru admirable. Nous lui avons fait aussi ressusciter quatre garçons et cinq filles : cela était important ; un homme qui ne ressuscite personne n'a guère que des succès médiocres. Laissez-nous au moins guérir de la colique quelques servantes de votre maison ; nous ne demandons que la permission d'un petit miracle : ne fait-on rien pour son ami ?

LE MANDARIN. — Je vous aime, je vous servirais volontiers, mais je ne peux mentir pour personne.

LE JÉSUITE. — Vous êtes bien dur, mais j'espère enfin vous convertir.

TROISIÈME CONFÉRENCE.

LE JÉSUITE. — Oui, je veux bien convenir d'abord que vos lois et votre morale sont divines. Chez nous on n'a que de la politesse pour son père et sa mère ; chez vous on les honore, et on leur obéit toujours. Nos lois se bornent à punir les crimes ; les vôtres décernent des récompenses aux vertus. Nos édits, pour l'ordinaire, ne parlent que d'impôts, et les vôtres sont souvent des traités de morale. Vous recommandez la justice, la fidélité, la charité, l'amour du bien public, l'amitié. Mais tout cela devient criminel et abominable si vous ne pensez pas comme nous ; et c'est ce que je m'engage à vous prouver.

LE MANDARIN. — Il vous sera difficile de remplir cet engagement.

---

1. François Xavier était espagnol comme Ignace, dont il fut un des six premiers disciples. (*Note de Clogenson.*)

LE JÉSUITE. — Rien n'est plus aisé. Toutes les vertus sont des v'ces quand on n'a pas la foi : or vous n'avez pas la foi ; donc, malgré vos vertus que j'honore, vous êtes tous des coquins, théologiquement parlant.

LE MANDARIN. — Honnêtement parlant, votre P. Lecomte, votre P. Ricci, et plusieurs autres, n'ont-ils pas dit, n'ont-ils pas imprimé en Europe que nous étions, il y a quatre mille ans, le peuple le plus juste de la terre, et que nous adorions le vrai Dieu dans le plus ancien temple de l'univers? Vous n'existiez pas alors ; nous n'avons jamais changé. Comment pouvons-nous avoir eu raison il y a quatre mille ans, et avoir tort à présent?

LE JÉSUITE. — Je vais vous le dire : notre doctrine est incontestablement la meilleure ; or les Chinois ne reconnaissent pas notre doctrine, donc ils ont évidemment tort.

LE MANDARIN. — On ne peut mieux raisonner; mais nous avons à Kanton des Anglais, des Hollandais, des Danois qui pensent tout différemment de vous; qui vous ont chassés de leur pays parce qu'ils trouvaient votre doctrine abominable, et qui disent que vous êtes des corrupteurs : vous-mêmes vous avez eu ici des disputes scandaleuses avec des gens de votre propre secte; vous vous anathématisiez les uns les autres : ne sentez-vous pas l'énorme ridicule d'une troupe d'Européans qui venaient nous enseigner un système dans lequel ils n'étaient pas d'accord entre eux? Ne voyez-vous pas que vous êtes les enfants perdus des puissances qui voudraient s'étendre dans tout l'univers? Quel fanatisme, quelle fureur vous fait passer les mers pour venir aux extrémités de l'Orient nous étourdir par vos disputes, et fatiguer nos tribunaux de vos querelles? Vous nous apportez votre pain et votre vin, et vous dites qu'il n'est permis qu'à vous de boire du vin; assurément cela n'est pas honnête et civil. Vous nous dites que nous serons damnés si nous ne mangeons de votre pain; et puis, quand quelques-uns de nous ont eu la politesse d'en manger, vous leur dites que ce n'est pas du pain, que ce sont des membres d'un corps humain et du sang, et qu'ils seront damnés s'ils croient avoir mangé du pain que vous leur avez offert. Les lettrés chinois ont-ils pu penser autre chose de vous, sinon que vous étiez des fous qui aviez rompu vos chaînes, et qui couriez par le monde comme des échappés? du moins les Européans d'Angleterre, de Hollande, de Danemark, et de Suède, ne nous disent pas que du pain n'est pas du pain, et que du vin n'est pas du vin; ne soyez pas surpris s'ils ont paru à la Chine et dans l'Inde plus raisonnables que vous. Cependant nous ne leur permettons pas de prêcher à Pékin, et vous voulez qu'on vous le permette!

LE JÉSUITE. — Ne parlons point de ce mystère. Il est vrai que, dans notre Europe, le réformé, le protestant, le moliniste, le janséniste, l'anabaptiste, le méthodiste, le morave, le mennonite, l'anglican, le quaker, le piétiste, le coccéien, le voétien, le socinien, l'unitaire rigide, le millénaire, veulent chacun tirer à eux la vérité, qu'ils la mettent en pièces, et qu'on a bien de la peine à en rassembler les morceaux. Mais enfin nous nous accordons sur le fond des choses.

LE MANDARIN. — Si vous preniez la peine d'examiner les opinions de chaque disputeur, vous verriez qu'ils ne sont de même avis sur aucun point. Vous savez combien nous fûmes scandalisés quand notre prince Olou-tsé, que vous avez séduit, nous dit que vous aviez deux lois, que ce qui avait été autrefois vrai et bon était devenu faux et mauvais. Tous nos tribunaux furent indignés; ils le seraient bien davantage s'ils apprenaient que, depuis dix-sept siècles, vous êtes occupés à expliquer, à retrancher et à ôter, à concilier, à rajuster, à forger : nous, au contraire, depuis cinquante siècles, nous n'avons pas varié un seul moment.

LE JÉSUITE. — C'est parce que vous n'avez jamais été éclairés. Vous n'avez jamais écouté que votre simple raison : elle vous a dit qu'il y a un Dieu, et qu'il faut être juste; il n'y a pas moyen de disputer sur cela : mais il fallait écouter quelque chose au-dessus de votre raison; il fallait lire tous les livres du peuple juif, que malheureusement vous ne connaissiez pas, et il fallait les croire; et ensuite il fallait ne les plus croire et lire tous nos livres grecs et latins. Alors vous auriez eu, comme nous, mille belles querelles toutes les années; chaque querelle aurait occasionné une décision admirable, un jugement nouveau : voilà ce qui vous a manqué, et c'est ce que je veux apprendre aux Chinois; mais toujours pour le bien de la paix.

LE MANDARIN. — Eh bien! quand les Chinois, pour le bien de la paix, sauront toutes les opinions qui déchirent votre petit coin de terre au bout de l'Occident, en seront-ils plus justes? honoreront-ils leurs parents davantage? seront-ils plus fidèles à l'empereur? l'empire sera-t-il mieux gouverné, les terres mieux cultivées?

LE JÉSUITE. — Non assurément; mais les Chinois seront sauvés comme moi; ils n'ont qu'à croire ce que je ne comprends pas.

LE MANDARIN. — Pourquoi voulez-vous qu'ils le comprennent?

LE JÉSUITE. — Ils ne le comprendront pas non plus.

LE MANDARIN. — Pourquoi voulez-vous donc le leur apprendre?

LE JÉSUITE. — C'est qu'il est nécessaire aujourd'hui à tous les hommes de le savoir.

LE MANDARIN. — S'il est nécessaire à tous les hommes de le savoir, pourquoi les Chinois l'ont-ils toujours ignoré? pourquoi l'avez-vous ignoré vous-mêmes si longtemps? pourquoi n'en a-t-on jamais rien su dans toute la Grande-Tartarie, dans l'Inde, et au Japon? Ce qui est nécessaire à tous les hommes ne leur est-il pas donné à tous? n'ont-ils pas tous les mêmes sens, le même instinct d'amour-propre, le même instinct de bienveillance, le même instinct qui les fait vivre en société? Comment se pourrait-il faire que l'Être suprême, qui nous a donné tout ce qui nous est convenable, nous eût refusé la seule chose essentielle? N'est-ce pas une impiété de le croire?

LE JÉSUITE. — C'est qu'il n'a fait ce présent qu'à ses favoris.

LE MANDARIN. — Vous êtes donc son favori?

LE JÉSUITE. — Je m'en flatte.

LE MANDARIN. — Pour moi, je suis simplement son adorateur. Je vous renvoie à tous les peuples et à toutes les sectes de votre Europe.

qui croient que vous êtes des réprouvés; et tant que vous vous persécuterez les uns les autres, il ne sera pas prudent de vous écouter.

LE JÉSUITE. — Ah! si jamais je retourne à Rome, que je me vengerai de tous ces impies qui empêchent nos progrès à la Chine!

LE MANDARIN. — Faites mieux, pardonnez-leur. Vivons doucement tous ensemble, tant que vous serez ici; secourons-nous mutuellement; adorons tous l'Être suprême du fond de notre cœur. Quoique vous ayez plus de barbe que nous, le nez plus long, les yeux moins fendus, les joues plus rouges, les pieds plus gros, les oreilles plus petites, et l'esprit plus inquiet, cependant nous sommes tous frères.

LE JÉSUITE. — Tous frères! et que deviendra mon titre de père?

LE MANDARIN. — Vous convenez tous qu'il faut aimer Dieu?

LE JÉSUITE. — Pas tout à fait, mais je le permets.

LE MANDARIN. — Qu'il faut être modéré, sobre, compatissant, équitable, bon maître, bon père de famille, bon citoyen?

LE JÉSUITE. — Oui.

LE MANDARIN. — Eh bien! ne vous tourmentez plus tant; je vous assure que vous êtes de ma religion.

LE JÉSUITE. — Ah! vous vous rendez à la fin. Je savais bien que je vous convertirais.

Quand le mandarin et le jésuite eurent été d'accord, le mandarin donna au moine cette profession de foi :

1° La religion consiste dans la soumission à Dieu et dans la pratique des vertus.

2° Cette vérité incontestable est reconnue de toutes les nations et de tous les temps : il n'y a de vrai que ce qui force tous les hommes à un consentement unanime; les vaines opinions qui se contredisent sont fausses.

3° Tout peuple qui se vante d'avoir une religion particulière pour lui seul offense la Divinité et le genre humain; il ose supposer que Dieu abandonne tous les autres peuples pour n'éclairer que lui.

4° Les superstitions particulières n'ont été inventées que par des hommes ambitieux qui ont voulu dominer sur les esprits, qui ont fourni un prétexte à la nation qu'ils ont séduite d'envahir les biens des autres nations.

5° Il est constaté par l'histoire que ces différentes sectes, qui se proscrivent réciproquement avec tant de fureur, ont été la source de mille guerres civiles; et il est évident que si les hommes se regardaient tous comme des frères, également soumis à leur père commun, il y aurait eu moins de sang versé sur la terre, moins de saccagements, moins de rapines, et moins de crimes de toute espèce.

6° Des lamas et des bonzes qui prétendent que la mère du dieu Fo accoucha de ce dieu par le côté droit, après avoir avalé un enfant, disent une sottise; s'ils ordonnent de la croire, ce sont des charlatans tyranniques; s'ils persécutent ceux qui ne la croient pas, ils sont des monstres.

7° Les brames, qui ont des opinions un peu moins absurdes, et non moins fausses, auraient également tort de commander de les croire; quand même elles pourraient avoir quelque lueur de vraisemblance; car l'Être suprême ne peut juger les hommes sur les opinions d'un brame, mais sur leurs vertus et sur leurs iniquités. Une opinion, quelle qu'elle soit, n'a nul rapport avec la manière dont on a vécu; il ne s'agit pas de faire croire telle ou telle métamorphose, tel ou tel prodige, mais d'être homme de bien. Quand vous êtes accusé devant un tribunal, on ne vous demande pas si vous croyez que le premier mandarin a encore son père et sa mère, s'il est marié, s'il est veuf, s'il est riche ou pauvre, grand ou petit; on vous interroge sur vos actions.

8° « Si tu n'es pas instruit de certains faits, si tu ne crois pas certaines obscurités, si tu ne sais par cœur certaines formules, si tu n'as pas mangé en certains temps certains aliments qu'on ne trouve point dans la moitié du globe, tu seras éternellement malheureux. » Voilà ce que les hommes ont pu inventer de plus absurde et de plus horrible. « Si tu es juste, tu seras récompensé; si tu es injuste, tu seras puni. » Voilà ce qui est raisonnable.

9° Certains brames, qui croient que les enfants morts avant d'avoir été baigné dans le Gange sont condamnés à des supplices éternels, sont les plus insensés de tous les hommes et les plus durs. Ceux qui font vœu de pauvreté pour s'enrichir ne sont pas les moins fourbes; ceux qui cabalent dans les familles et dans l'État ne sont pas les moins méchants.

10° Plus les hommes sont faibles, enthousiastes, fanatiques, plus le gouvernement doit être modéré et sage.

11° Si vous donnez à un charlatan le privilége exclusif de faire des almanachs, il fera un calendrier de superstition pour tous les jours de l'année; il intimidera les peuples et les magistrats par les conjonctions et les influences des astres. Si vous laissez vingt charlatans faire des almanachs, ils prédiront des événements différents; ils se décréditeront tous les uns les autres : un temps viendra où tout le peuple aura découvert la friponnerie de tous les astrologues.

12° Alors il n'y aura plus d'almanachs que ceux des véritables astronomes qui calculent juste les mouvements des globes, qui n'attribuent d'influence à aucun, et qui ne prédisent ni la bonne ni la mauvaise fortune. Le peuple insensiblement ne croira que ces sages; il adorera d'un culte plus pur le créateur et le guide de tous les globes, et notre petit globe en sera plus heureux.

13° Il est impossible que l'esprit de paix, l'amour du prochain, le bon ordre, en un mot, la vertu subsiste au milieu des disputes interminables; il n'y a jamais eu la moindre dispute entre les lettrés, qui se bornent à reconnaître un Dieu, à l'aimer, à le servir sans mélange de superstitions, et à servir leur prochain.

14° C'est là le premier devoir; le second est d'éclairer les superstitieux; le troisième est de les tolérer en les plaignant, si on ne peut les éclairer.

15° Il peut y avoir plusieurs cérémonies; mais il n'y a qu'une seule morale Ce qui vient de Dieu est universel et immuable ; ce qui vient des hommes est local, inconstant, périssable.

16° Un imbécile dit : « Je dois penser comme mon bonze ; car tout mon village est de son avis. » Sors de ton village, pauvre homme, et tu en verras cent mille autres qui ont chacun leur bonze, et qui pensent tous différemment.

17° Voyage d'un bout de la terre à l'autre, tu verras que partout deux et deux font quatre, que Dieu est adoré partout ; mais tu verras qu'ici on ne peut mourir sans huile, et que là, en mourant, il faut tenir à la main la queue d'une vache. Laisse là leur huile et leur queue, et sers le Maître de l'univers.

18° Voici un des grands maux que la superstition a fait naître. Un homme a violé sa sœur et tué son frère ; mais il fréquente une certaine pagode ; il récite certaines formules dans une langue étrangère ; il porte une certaine image sur sa poitrine ; mille vieilles s'écrient : « Le bon homme ! le saint homme ! »

Un juste avoue franchement qu'on peut adorer Dieu sans faire ce pèlerinage, sans réciter cette formule ; mille vieilles s'écrient : « Au monstre ! au scélérat ! »

19° Voici le comble de l'abomination ; voici ce qui fait sécher d'horreur et gémir d'être homme. Un chef des pagodes, assassin, empoisonneur public[1], a peuplé l'Inde de ses bâtards, et a vécu tranquille et respecté ; il a donné des lois aux princes. Un juste a dit : « Gardez-vous d'imiter ce chef des pagodes ; gardez-vous de croire les métamorphoses qu'il enseigne ; » et ce juste a été brûlé à petit feu sur la place publique.

20° O vous ! fanatiques actifs, qui depuis longtemps troublez la terre par vos querelles raisonnées ; et vous fanatiques passifs, qui, sans raisonner, avez été mordus de ces enragés, et qui êtes malades de la même rage, tâchez de guérir si vous pouvez ; essayez de cette recette que voici. Adorez Dieu sans vouloir le comprendre ; aimez-le sans vous plaindre des maux qui sont mêlés sur la terre avec les biens ; regardez comme vos frères le Japonais, le Siamois, l'Indien, l'Africain, le Persan, le Turc, le Russe, et même les habitants du petit pays de l'occident méridional de l'Europe, qui tient si peu de place sur la carte.

[1]. Alexandre VI. (Éd.)

CONSEILS RAISONNABLES
A M. BERGIER,
POUR LA DÉFENSE DU CHRISTIANISME
PAR UNE SOCIÉTÉ DE BACHELIERS EN THÉOLOGIE

(1768.)

I. Nous vous remercions, monsieur, d'avoir essayé de justifier la religion chrétienne des reproches que le savant M. Fréret lui fait dans son livre; et nous espérons que, dans une nouvelle édition, vous donnerez à votre réponse encore plus de force et de vérité. Nous commençons par vous supplier, pour l'honneur de la religion, de la France, et de la maison royale, de retrancher ces cruelles paroles qui vous sont échappées (page 102[1]) :

« C'est une fausseté d'attribuer uniquement au fanatisme l'assassinat de Henri IV. Il n'est plus douteux que la vraie cause du parricide n'ait été la jalousie furieuse d'une femme, et l'ambition de quelques gens de cour. »

Est-il possible, monsieur, que, pour défendre le christianisme, vous accusiez une aïeule du roi régnant du plus horrible des parricides; je ne dis pas sans la moindre preuve, je dis sans la moindre présomption? Est-ce à un défenseur de la religion chrétienne à être l'écho de l'abbé Lenglet, et à oser affirmer même ce que ce compilateur n'a fait que soupçonner?

Un théologien ne doit pas adopter des bruits populaires. Quoi! monsieur, une rumeur odieuse l'emportera sur les pièces authentiques du procès de Ravaillac! quoi! lorsque Ravaillac jure sur sa damnation à ses deux confesseurs qu'il n'a point de complices, lorsqu'il le répète dans la torture, lorsqu'il le jure encore sur l'échafaud, vous lui donnez pour complice une reine à qui l'histoire ne reproche aucune action violente[2]!

Est-il possible que vous vouliez insulter la maison royale pour disculper le fanatisme? mais n'est-ce pas ce même fanatisme qui arma le jeune Châtel? n'avoua-t-il pas qu'il n'assassina notre grand, notre adorable Henri IV que pour être moins rigoureusement damné? et cette idée ne lui avait-elle pas été inspirée par le fanatisme des jésuites?

---

1. De la deuxième partie. (ÉD.)
2. M. Bergier a répondu qu'il n'avait pas voulu parler de la reine, mais de la marquise de Verneuil : or il n'est pas beaucoup plus chrétien de charger gratuitement d'une imputation atroce la mémoire d'une femme, que celle d'une reine. L'imputation est au moins également absurde. La marquise de Verneuil était vindicative, mais elle était ambitieuse; quel intérêt avait-elle de se mettre, elle, sa famille, et son fils, à la merci de la reine qui la haïssait, et qui l'avait outragée? (Ed. de Kehl.)

Jacques Clément, qui se confessa et qui communia pour se préparer saintement à l'assassinat du roi Henri III; Baltazar Gérard, qui se munit des mêmes sacrements avant d'assassiner le prince d'Orange, étaient-ils autre chose que des fanatiques? Nous vous montrerions cent exemples effroyables de ce que peut l'enthousiasme religieux, si vous n'en étiez pas instruit mieux que nous.

II. Ayez encore la bonté de ne plus faire l'apologie du meurtre de Jean Hus, et de Jérôme de Prague[1]. Oui, monsieur, le concile de Constance les assassina avec des formes juridiques, malgré le sauf-conduit de l'empereur. Jamais le droit des gens ne fut plus solennellement violé; jamais on ne commit une action plus atroce avec plus de cérémonies. Vous dites[2] pour vos raisons: « La principale cause du supplice de Jean Hus fut les troubles que sa doctrine avait excités en Bohême.... » Non, monsieur, ce ne fut point le trouble excité en Bohême qui porta le concile à ce meurtre horrible. Il n'est pas dit un mot de ce trouble dans son libelle de proscription appelé Décret. Jean Hus et Jérôme de Prague ne furent juridiquement assassinés que parce qu'ils n'étaient pas jugés orthodoxes, et qu'ils ne voulurent pas se rétracter. Il n'y avait encore aucun vrai trouble en Bohême. Ce fut cet assassinat qui fut vengé par vingt ans de troubles et de guerres civiles. S'il y avait eu des troubles, c'était à l'empereur, et non au concile à en juger; à moins qu'étant prêtre vous ne prétendiez que les prêtres doivent être les seuls magistrats, comme on l'a prétendu à Rome.

Ce qu'il y eut de plus étrange, c'est que Jean Hus fut arrêté sur un simple ordre du pape, de ce même pape Jean XXIII, chargé des crimes les plus énormes, mis ensuite en prison lui-même, et déposé par le concile. Cet homme, convaincu d'assassinat, de simonie, et de sodomie, ne fut que déposé; et Jean et Jérôme, pour avoir dit qu'un mauvais pape n'est point pape, que les chrétiens doivent communier avec du vin, et que l'Église ne doit pas être trop riche, furent condamnés aux flammes.

Ne justifiez pas les crimes religieux; vous canoniseriez bientôt la Saint-Barthélemy et les massacres d'Irlande; ce ne sont pas là des preuves de la vérité du christianisme.

III. Vous dites[3]: « Il est faux que l'on doive à la religion catholique les horreurs de la Saint-Barthélemy. » Hélas! monsieur, est-ce à la religion des Chinois et des brames qu'on en est redevable ?

IV. Vous citez l'aveu d'un de vos ennemis[4] qui dit que les guerres de religion ont leur cause à la cour. Mais ne voyez-vous pas que cet auteur s'exprime aussi mal qu'il pense? ne savez-vous pas que, sous François Ier, Henri II, et François II, on avait brûlé plus de quatre cents citoyens, et entre autres le conseiller du parlement, Anne Dubourg, avant que le prince de Condé prît secrètement le parti des réformés? sentez combien l'auteur que vous citez se trompe.

Nous vous défions de nous montrer aucune secte parmi nous qui

---

1. Page 106. — 2. Page 107 de la deuxième partie. (Éd.)
3. Page 112. — 4. Page 110, J. J. Rousseau.

n'ait pas commencé par des théologiens et par la populace, à commencer par les querelles d'Athanase et d'Arius, jusqu'aux convulsionnaires. Quand les esprits sont échauffés, quand le gouvernement, en exerçant des rigueurs imprudentes, allume lui-même, par sa persécution, le feu qu'il croit éteindre, quand les martyrs ont fait de nouveaux prosélytes; alors quelque homme puissant se met à la tête du parti; alors l'ambition crie de tous côtés : « Religion! religion! Dieu! Dieu! » alors on s'égorge au nom de Dieu. Voilà, monsieur, l'histoire de toutes les sectes, excepté celle des primitifs appelés quakers.

Nous osons donc nous flatter que désormais, en réfutant M. Fréret, vous aurez plus d'attention à ne pas affaiblir notre cause par des allégations trop indignes de vous.

V. Nous pensons qu'il faut convenir que la religion chrétienne est la seule au monde dans laquelle on ait vu une suite presque continue, pendant quatorze cents années, de discordes, de persécutions, de guerres civiles, et d'assassinats, pour des arguments théologiques. Cette funeste vérité n'est que trop connue; plût à Dieu qu'on pût en douter! Il est donc, à notre avis, très-nécessaire que vous preniez une autre route. Il faut que votre science et votre esprit se consacrent à démêler par quelle voie une religion si divine a pu seule avoir ce privilége infernal.

VI. Nos adversaires prétendent que la cause de ces fléaux si longs et si sanglants est dans ces paroles de l'Évangile : « Je suis venu apporter le glaive et non la paix[1]. »

« Que celui qui n'écoute pas l'Église soit comme un gentil[2], ou comme un chevalier romain, un fermier de l'empire » (car publicain signifiait un chevalier romain, fermier des revenus de l'État).

Ils disent ensuite que Jésus, étant venu donner une loi, n'a jamais rien écrit; que les *Évangiles* sont obscurs et contradictoires; que chaque société chrétienne les expliqua différemment; que la plupart des docteurs ecclésiastiques furent des Grecs platoniciens, qui chargèrent notre religion de nouveaux mystères dont il n'y a pas un seul mot dans les *Évangiles*; que ces *Évangiles* n'ont point dit que Jésus fût consubstantiel à Dieu; que Jésus fût descendu aux enfers, qu'il eût deux natures et deux volontés; que Marie fût mère de Dieu; que les laïques ne dussent pas faire la pâque avec du vin; qu'il y eût un chef de l'Église qui dût être souverain de Rome; qu'on dût acheter de lui des dispenses et des indulgences; qu'on dût adorer les cadavres d'un culte de dulie, et cent autres nouveautés qui ont ensanglanté la terre pendant tant de siècles. Ce sont là les funestes assertions de nos ennemis; ce sont là les prestiges que vous deviez détruire.

VII. Il serait très-digne de vous de distinguer ce qui est nécessaire et divin, de ce qui est inutile et d'invention humaine.

Vous savez que la première nécessité est d'aimer Dieu et son prochain, comme tous les peuples éclairés l'ont reconnu de tous les temps. La justice, la charité, marchent avant tout. La Brinvilliers, la Voisin,

1. Matthieu, x, 34. (Éd.) — 2. *Id.*, XVIII, 17. (Éd.)

la Tofana, cette célèbre empoisonneuse de Naples, croyaient que Jésus-Christ avait deux natures et une personne, et que le Saint-Esprit procédait du Père et du Fils : Ravaillac, le jésuite Le Tellier, et Damiens, en étaient persuadés. Il faut donc, à ce qu'il nous semble, insister beaucoup sur ce premier, sur ce grand devoir d'aimer Dieu[1], de le craindre, et d'être juste[2].

VIII. A l'égard de la foi, comme les écrits de saint Paul sont les seuls dans lesquels le précepte de croire soit exposé avec étendue, ne pourriez-vous pas expliquer clairement ce que veut dire ce grand apôtre par ces paroles divines adressées aux Juifs de Rome et non aux Romains, car les Juifs n'étaient pas Romains :

« La circoncision est utile si vous observez la loi judaïque; mais si vous prévariquez contre cette loi, votre circoncision devient prépuce. Si donc le prépuce garde les justices de la loi, ce prépuce ne sera-t-il pas réputé circoncision? Ce qui est prépuce de sa nature, consommant la loi, te jugera toi qui prévariques contre la loi par la lettre et la circoncision (chap. II, v. 25, 26, 27); et ensuite détruisons-nous donc la loi? (c'est toujours la loi judaïque) à Dieu ne plaise! mais nous établissons la foi (chap. III, v. 31).... Si Abraham a été justifié par ses œuvres, il y a de quoi se glorifier, mais non devant Dieu. » (Chap. IV, v. 2.)

Il y a cent autres endroits pareils qui, mis par vous dans un grand jour, pourraient éclairer nos incrédules, dont le nombre prodigieux augmente si sensiblement.

IX. Après ces préliminaires, venons à présent, monsieur, à votre dispute avec feu M. Fréret[3], sur la manière dont il faut s'y prendre pour réfuter nos ennemis.

Nous aurions souhaité que vous eussiez donné moins de prise contre vos apologies, en regardant comme des auteurs irréfragables Tertullien et Eusèbe. Vous savez bien que le R. P. Malebranche traite de fou Tertullien, et qu'Eusèbe était un arien qui compilait tous les contes d'Hégésippe. Ne montrons jamais nos côtés faibles, quand nous en avons de si forts.

X. Nous sommes fâchés que vous avanciez[4] que « les auteurs des Évangiles n'ont point voulu inspirer d'admiration pour leur maître. » Il est évident qu'on veut inspirer de l'admiration pour celui dont on dit qu'il s'est transfiguré sur le Thabor, et que ses habits sont devenus tout blancs pendant la nuit; qu'Élie et Moïse sont venus converser avec lui; qu'il a confondu les docteurs dès son enfance; qu'il a fait des miracles, qu'il a ressuscité des morts, qu'il s'est ressuscité lui-même. Vous avez peut-être voulu dire que le style des *Évangiles* est très-simple; qu'il n'a rien d'admirable; nous en convenons : mais il faut convenir aussi qu'ils tendent, dans leur simplicité, à rendre admirable Jésus-Christ, comme ils le doivent.

---

1. Matthieu, XXII, 37, 39; Marc, XII, 30, 31; Luc, X, 27. (Éd.)
2. « Diliges Dominum Deum tuum, et proximum tuum sicut te ipsum. »
3. C'était sous le nom de Fréret qu'avait été publié l'*Examen critique*. (Éd.)
4. Page 23.

Il n'y a en cela nulle différence entre ce qui nous reste des cinquante Évangiles rejetés et les quatre Évangiles admis. Tous parlent avec cette même simplicité que nos adversaires appellent grossièreté : exceptons-en le premier chapitre de saint Jean, que les allogiens et d'autres ont cru n'être pas de lui. Il est tout à fait dans le style platonicien ; et nos adversaires ont toujours soupçonné qu'un Grec platonicien en était l'auteur.

XI. Vous prétendez, monsieur[1], que feu M. Fréret confond deux choses très-différentes, la vérité des *Évangiles* et leur authenticité. Comment n'avez-vous pas pris garde qu'il faut absolument que ces écrits soient authentiques pour être reconnus vrais? Il n'en est pas d'un livre divin qui doit contenir notre loi, comme d'un ouvrage profane : celui-ci peut être vrai sans avoir des témoignages publics et irréfragables qui déposent en sa faveur. L'*Histoire de Philippe de Commines* peut contenir quelques vérités sans le sceau de l'approbation des contemporains ; mais les actions d'un Dieu doivent être constatées par le témoignage le plus authentique. Tout homme peut dire : « Dieu m'a parlé, Dieu a fait tels et tels prodiges; » mais on ne doit le croire qu'après avoir entendu soi-même cette voix de Dieu, après avoir vu soi-même ces prodiges; et si on ne les a ni vus ni entendus, il faut des enquêtes qui nous tiennent lieu de nos yeux et de nos oreilles.

Plus ce qu'on nous annonce est surnaturel et divin, plus il nous faut de preuves. Je ne croirai point la foule des historiens qui ont dit que Vespasien guérit un aveugle et un paralytique, s'ils ne m'apportent des preuves authentiques et indubitables de ces deux miracles.

Je ne croirai point ceux d'Apollonius de Tyane, s'ils ne sont constatés par la signature de tous ceux qui les ont vus. Ce n'est pas assez; il faut que ces témoins aient tous été irréprochables, incapables d'être trompeurs et d'être trompés; et encore après toutes ces conditions essentielles, tous les gens sensés douteront de la vérité de ces faits; ils en douteront, parce que ces faits ne sont point dans l'ordre de la nature.

C'est donc à vous, monsieur, de nous prouver que les *Évangiles* ont toute l'authenticité que nous exigeons sur les miracles de Vespasien et d'Apollonius de Tyane. Le nom d'Évangile n'a été connu d'aucun auteur romain; ces livres étaient même en très-peu de mains parmi les chrétiens. C'était entre eux un mystère sacré qui n'était même jamais communiqué aux catéchumènes pendant les trois premiers siècles. Les *Évangiles* sont vrais, mais on vous soutiendra qu'ils n'étaient pas authentiques. Les miracles de l'abbé Pâris ont eu mille fois plus d'authenticité; ils ont été recueillis par un magistrat[2], signés d'un nombre prodigieux de témoins oculaires, présentés publiquement au roi par ce magistrat même. Jamais il n'y eut rien de plus authentique, et, cependant, jamais rien de plus faux, de plus ridicule, et de plus universellement méprisé.

1. Page 16 de la première partie. — 2. Carré de Montgeron. (Éd.)

Voyez, monsieur, à quoi vous nous exposez par vos raisonnements qu'on peut si aisément faire valoir contre nos saintes vérités.

XII. — Jésus, dites-vous! « nous a assuré lui-même de sa propre bouche qu'il était né d'une vierge par l'opération du Saint-Esprit. » Hélas! monsieur, où avez-vous pris cette étrange anecdote? Jamais Jésus n'a dit cela dans aucun de nos quatre *Évangiles*; jamais il n'a même rien dit qui en approche. Est-il possible que vous ayez préparé un tel triomphe à nos ennemis? est-il permis de citer à faux Jésus-Christ? avez-vous pu lui attribuer de votre *propre* main ce que sa propre bouche n'a point prononcé? avez-vous pu imaginer qu'on serait assez ignorant pour vous en croire sur votre *propre* méprise? et cela seul ne répand-il pas une dangereuse faiblesse sur votre *propre* livre?

XIII. Nous vous faisons, monsieur, des représentations sans suite, comme vous écrivez; mais elles tendent toutes au même but. Vous dites que c'est une témérité condamnable dans M. Fréret, d'avoir soutenu que le Symbole des apôtres n'avait point été fait par les apôtres. Rien cependant n'est plus vrai que cette assertion du savant Fréret. Ce symbole, qui est sans doute un résumé de la croyance des apôtres, fut rédigé en articles distincts vers la fin du IVe siècle. En effet, si les apôtres avaient composé cette formule pour servir de règle aux fidèles, les *Actes des apôtres* auraient-ils passé sous silence un fait si important? Avouons que le faussaire qui attribue à saint Augustin l'histoire du symbole des apôtres dans son *sermon* quarante, est bien répréhensible. Il fait parler ainsi saint Augustin : Pierre dit, « Je crois en Dieu père tout-puissant; » André dit, « Et en Jésus-Christ son fils; » Jacques ajouta, « Qui a été conçu du Saint-Esprit, etc. ; » dans le *sermon* cent quinze tout cet ordre est renversé. Malheureusement le premier auteur de ce conte est saint Ambroise dans son trente-huitième *sermon*. Tout ce que nous pouvons faire, c'est d'avouer que saint Ambroise et saint Augustin, étant hommes et sujets à l'erreur, se sont trompés sur la foi d'une tradition populaire.

XIV. Hélas! que les premiers chrétiens n'ont-ils pas supposé? Le *Testament des douze patriarches*, les *Constitutions apostoliques*, des vers des sibylles en acrostiches, des lettres de Pilate, des lettres de Paul à Sénèque, des lettres de Jésus-Christ à un prince d'Edesse, etc., etc.; ne le dissimulons point; à peine avaient-ils dans le IIe siècle un seul livre qui ne fût supposé. Tout ce qu'on a répondu avant vous, c'est que ce sont des fraudes pieuses; mais que direz-vous quand on vous soutiendra que toute fraude est impie, et que c'est un crime de soutenir la vérité par le mensonge?

XV. Que vous importe que le livre des *Pasteurs* soit d'Hermas? Quel que soit son auteur, le livre en est-il moins ridicule? relisez-en seulement les premières lignes, et vous verrez s'il y a rien de plus platement fou. « Celui qui m'avait nourri vendit un jour une certaine fille à Rome. Or, après plusieurs années, je la vis et je la reconnus;

---

1. Page 22.

et je commençais à l'aimer comme ma sœur. Quelque temps après, je la vis se baigner dans le Tibre, je lui tendis la main, je la fis sortir de l'eau; et l'ayant regardée, je disais dans mon cœur que je serais heureux si j'avais une telle femme si belle et si bien prise. »

Ne trouvez-vous pas, monsieur, qu'il est bien essentiel au christianisme que ces bêtises aient été écrites par un Hermas ou par un autre?

XVI. Cessez de vouloir justifier la fraude de ceux qui insérèrent dans l'histoire de Flavius Josèphe ce fameux passage touchant Jésus-Christ, passage reconnu pour faux par tous les vrais savants. Quand il n'y aurait dans ce passage si maladroit que ces seuls mots, *il était le Christ*, ne seraient-ils pas suffisants pour constater la fraude aux yeux de tout homme de bon sens? N'est-il pas absurde que Josèphe, si attaché à sa nation et à sa religion, ait reconnu Jésus pour *christ*? Eh! mon ami, si tu le crois *christ*, fais-toi donc chrétien; si tu le crois christ fils de Dieu, Dieu lui-même, comment n'en dis-tu que quatre mots?

Prenez-y garde, monsieur : quand on combat dans le siècle où nous sommes en faveur des fraudes pieuses des premiers siècles, il n'y a point d'homme de bon sens qui ne vous fasse perdre votre cause. Confessons, encore une fois, que toutes ces fraudes sont très-criminelles; mais ajoutons qu'elles ne font tort à la vérité que par l'embarras extrême et par la difficulté qu'on éprouve tous les jours en voulant distinguer le vrai du faux.

XVII. Laissez là, croyez-moi, le voyage de saint Pierre à Rome, et son pontificat de vingt-cinq ans. S'il était allé à Rome, les *Actes des apôtres* en auraient dit quelque chose, saint Paul n'aurait pas dit expressément : « Mon *Évangile* est pour le prépuce, et celui de Pierre pour les circoncis[1]. » Un voyage à Rome est bien mal prouvé, quand on est forcé de dire qu'une lettre écrite de Babylone a été écrite de Rome. Pourquoi saint Pierre, seul de tous les disciples de Jésus, aurait-il dissimulé le lieu d'où il écrivait? Cette fausse date est-elle encore une fraude pieuse? Quand vous datez vos lettres de Besançon, cela veut-il dire que vous êtes à Quimper-Corentin?

Il y a très-grande apparence que si on avait été bien persuadé, dans les premiers siècles, du séjour de saint Pierre à Rome, la première église qu'on y a bâtie n'aurait pas été dédiée à saint Jean. Les premiers qui ont parlé de ce voyage méritent-ils d'ailleurs tant de croyance? Ces premiers auteurs sont Marcel, Abdias, et Hégésippe. Franchement ce qu'ils rapportent du défi fait par Simon, le prétendu magicien, à Simon Pierre, le prétendu voyageur, l'histoire de leurs chiens et de leur querelle en présence de l'empereur Néron, ne donnent pas une idée bien avantageuse des écrivains de ce temps-là. Ne fouillons plus dans ces masures, leurs décombres nous feraient trop souvent tomber.

XVIII. Nous avons peur que vous n'ayez raisonné d'une manière dangereuse en vous prévalant du témoignage de l'empereur Julien.

---

1. *Épître aux Galates*, chap. II, 7.

Songez que nous n'avons point tout l'ouvrage de Julien ; nous n'en avons que des fragments rapportés par saint Cyrille son adversaire, qui ne lui répondit qu'après sa mort, ce qui n'est pas généreux. Pensez-vous en effet que Cyrille ne lui aura pas fait dire tout ce qui pouvait être le plus aisément réfuté? Et pensez-vous que Cyrille l'ait en effet combattu avec avantage ? Pesez bien les paroles qu'il rapporte de cet empereur; les voici : « Jésus n'a fait pendant sa vie aucune action remarquable, à moins qu'on ne regarde comme une grande merveille de guérir des boiteux et des aveugles, et d'exorciser les démons dans les villages de Bethsaïde et de Béthanie? »

Le sens de ces paroles n'est-il pas évident? « Jésus n'a rien fait de grand; vous prétendez qu'il a passé pour guérir des aveugles et des boiteux, et pour chasser des démons; mais tous nos demi-dieux ont eu la réputation de faire de bien plus grandes choses : il n'est aucun peuple qui n'ait ses prodiges, il n'est aucun temple qui n'atteste des guérisons miraculeuses. Vous n'avez en cela aucun avantage sur nous; au contraire, notre religion a cent fois plus de prodiges que la vôtre. Si vous avez fait de Jésus un Dieu, nous avons fait avant vous cent dieux de cent héros; nous possédons plus de dix mille attestations de guérisons opérées au temple d'Esculape, et dans les autres temples. Nous enchantions les serpents, nous chassions les mauvais génies, avant que vous existassiez. Pour nous prouver que votre Dieu l'emporte sur les nôtres et-est le Dieu véritable, il faudrait qu'il se fût fait connaître par toutes les nations : rien ne lui était plus aisé ; il n'avait qu'un mot à dire; il ne devait pas se cacher sous la forme d'un charpentier de village. Le Dieu de l'univers ne devait pas être un misérable Juif condamné au supplice des esclaves. Enfin de quoi vous avisez-vous, charlatans et fanatiques nouveaux, de vous préférer insolemment aux anciens charlatans et aux anciens fanatiques ? »

Voilà nettement le sens des paroles de Julien; voilà sûrement son opinion, voilà son argument dans toute sa force; il nous fait frémir; nous ne le rapportons qu'avec horreur; mais personne n'y a jamais répondu : vous ne deviez pas exposer la religion chrétienne à de si terribles rétorsions.

XIX. Vous avouez qu'il y a eu souvent de la fraude et des illusions dans les possessions et dans les exorcismes; et après cet aveu, vous voulez prouver que Jésus envoya le diable[1], du corps de deux possédés, dans le corps de deux mille cochons qui allèrent se noyer dans le lac de Génézareth. Ainsi un diable se trouva dans deux mille corps à la fois, ou, si vous voulez, deux diables dans deux mille corps, ou bien Dieu envoya deux mille diables.

Pour peu que vous eussiez eu de prudence, vous n'auriez pas parlé d'un tel miracle, vous n'auriez pas excité les risées de tous les gens de bon sens; vous auriez dit avec le grand Origène que ce sont des types, des paraboles; vous vous seriez souvenu qu'il n'y eut jamais de cochons chez les Juifs ni chez les Arabes leurs voisins. Vous auriez

1. Matthieu, VIII, 32; Marc, V, 13. (ÉD.)

fait réflexion que si, contre toute vraisemblance, quelque marchand eût conduit deux mille cochons dans ces contrées, Jésus aurait commis une très-méchante action de noyer ces deux mille porcs; qu'un tel troupeau est une richesse très-considérable. Le prix de deux mille porcs a toujours surpassé celui de dix mille moutons. Noyer ces bêtes ou les empoisonner, c'est la même chose. Que feriez-vous d'un homme qui aurait empoisonné dix mille moutons?

Des témoins oculaires, dites-vous, rapportent cette histoire. Ignorez-vous ce que répondent les incrédules? Ils ne regardent comme vrais témoins oculaires que des citoyens domiciliés, dignes de foi, qui, interrogés publiquement par le magistrat sur un fait extraordinaire, déposent unanimement qu'ils l'ont vu, qu'ils l'ont examiné; des témoins qui ne se contredisent jamais; des témoins dont la déposition est conservée dans les archives publiques, revêtue de toutes les formes. Sans ces conditions ils ne peuvent croire un fait ridicule en lui-même, et impossible dans les circonstances dont on l'accompagne. Ils rejettent avec indignation et avec dédain des témoins dont les livres n'ont été connus dans le monde que plus de cent années après l'événement, des livres dont aucun auteur comtemporain n'a jamais parlé; des livres qui se contredisent les uns les autres à chaque page; des livres qui attribuent à Jésus deux généalogies absolument différentes, et qui ne sont que la généalogie de Joseph qui n'est point son père; des livres pour lesquels, disent-ils, vous auriez le plus profond mépris, et que vous ne daigneriez pas réfuter, s'ils étaient écrits par des hommes d'une autre religion que la vôtre. Ils croient que vous pensez comme eux dans le fond de votre cœur, et que vous avez la lâcheté de soutenir ce qu'il vous est impossible de croire. Pardonnez-nous de vous rapporter leurs funestes discours. Nous n'en usons ainsi que pour vous convaincre qu'il fallait employer, pour soutenir la religion chrétienne, une méthode toute différente de celle dont on s'est servi jusqu'à présent. Il est évident qu'elle est très-mauvaise, puisqu'à mesure qu'on fait un nouveau livre dans ce goût, le nombre des incrédules augmente. L'ouvrage de l'abbé Houteville[1], qui ne chercha qu'à étaler de l'esprit et des mots nouveaux, a produit une foule de contradicteurs; et nous craignons que le vôtre n'en fasse naître davantage.

XX. Dieu nous préserve de penser que vous sacrifiez la vérité à un vil intérêt; que vous êtes du nombre de ces malheureux mercenaires qui combattent par des arguments, pour assurer et pour faire respecter les immenses fortunes de leurs maîtres; qui s'exténuent dans la triste recherche de tous les fatras théologiques, afin que de voluptueux ignorants, comblés d'or et d'honneurs, laissent tomber pour eux quelques miettes de leurs table! Nous sommes très-loin de vous prêter des vues si basses et si odieuses; nous vous regardons comme un homme abusé par la simplicité de sa candeur.

Vous alléguez[2], pour prouver la réalité des possessions, que saint

1. *La vérité de la religion chrétienne* (Éd.)
2. Page 126 de la première partie, (Éd.)

Paulin vit un possédé qui se tenait les pieds en haut à la voûte d'une église, et qui marchait la tête en bas sur cette voûte comme un antipode, sans que sa robe se retroussât; vous ajoutez que saint Paulin, surpris d'une marche si extraordinaire, crut mon homme possédé du diable, et envoya vite chercher des reliques de saint Félix de Nole, qui le guérirent sur-le-champ. Cette cure consistait apparemment à le faire tomber de la voûte la tête la première. Est-il possible, monsieur, que, dans un siècle tel que le nôtre, vous osiez rapporter de telles niaiseries qui auraient été sifflées au quinzième siècle!

Vous ajoutez[1] que Sulpice Sévère atteste qu'un homme à qui on avait donné des reliques de saint Martin, s'éleva tout d'un coup en l'air, les bras étendus, et y resta longtemps. Voilà sans doute un beau miracle, bien utile au genre humain, bien édifiant! comptez-vous cela, monsieur, parmi les preuves du christianisme?

Nous vous conseillons de laisser ces histoires avec celles de saint Paul l'ermite, à qui un corbeau apporta tous les jours, pendant quarante ans, la moitié d'un pain, et à qui il apporta un pain entier quand saint Antoine vint dîner avec lui; avec l'histoire de saint Pacôme, qui faisait ses visites monté sur un crocodile ; avec celle d'un autre saint Paul ermite, qui, trouvant un jour un jeune homme couché avec sa femme, lui dit : « Couchez avec ma femme tant que vous voudrez, et avec mes enfants aussi ; » après quoi il alla dans le désert.

XXI. Enfin, monsieur, vous regrettez que les possessions du diable, les sortilèges et la magie « ne soient plus de mode (ce sont vos expressions); » nous joignons nos regrets aux vôtres. Nous convenons en effet que l'*Ancien Testament* est fondé en partie sur la magie; témoin les miracles des sorciers de Pharaon, la pythonisse d'Endor, les enchantements des serpents, etc. Nous savons aussi que Jésus donna mission à ses disciples de chasser les diables; mais, croyez-moi, ce sont là de ces egoses dont il est convenable de ne jamais parler. Les papes ont très-sagement défendu la lecture de la *Bible*; elle est trop dangereuse pour ceux qui n'écoutent que leur raison : elle ne l'est pas pour vous qui êtes théologien, et qui savez immoler la raison à la théologie ; mais quel trouble ne jette-t-elle pas dans un nombre prodigieux d'âmes éclairées et timorées! Nous sommes témoins que votre livre leur imprime milles doutes. Si tous les laïques avaient le bonheur d'être ignorants, ils ne douteraient pas. Ah! monsieur, que le sens commun est fatal!

XXII. Vous auriez pu vous passer de dire que les apôtres et les disciples ne s'adressèrent pas seulement à la plus vile populace, mais qu'ils persuadèrent aussi quelques grands seigneurs. Premièrement, ce fait est évidemment faux. En second lieu, cela marque un peu trop d'envie de plaire aux grands seigneurs de l'Église d'aujourd'hui ; et vous savez trop bien que, du temps des apôtres, il n'y avait ni évêque intitulé monseigneur et doté de cent mille écus de rente, ni d'abbé

---

1. Page 196. (Éd.)

crossé, mitré, ni serviteur des serviteurs de Dieu, maître de Rome et de la cinquième partie de l'Italie.

XXIII. Vous parlez toujours de martyrs. Eh! monsieur, ne sentez-vous pas combien cette misérable preuve s'élève contre nous? Insensés et cruels que nous sommes! quels barbares ont jamais fait plus de martyrs que nos barbares ancêtres? Ah! monsieur, vous n'avez donc pas voyagé; vous n'avez pas vu à Constance la place où Jérôme de Prague dit à un des bourreaux du concile, qui voulait allumer son bûcher par derrière : « Allumez par devant; si j'avais craint les flammes, je ne serais pas venu ici. » Vous n'avez pas été à Londres, où, parmi tant de victimes que fit brûler l'infâme Marie, fille du tyran Henri VIII, une femme accouchant au pied du bûcher, on y jeta l'enfant avec la mère, par ordre d'un évêque.

Avez-vous jamais passé dans Paris par la Grève, où le conseiller-clerc, Anne Dubourg, neveu du chancelier, chanta des cantiques avant son supplice? Savez-vous qu'il fut exhorté à cette héroïque constance par une jeune femme de qualité nommée Mme de Lacaille, qui fut brûlée quelques jours après lui? Elle était chargée de fers dans un cachot voisin du sien, et ne recevait le jour que par une petite grille pratiquée en haut dans le mur qui séparait ces deux cachots. Cette femme entendait le conseiller qui disputait sa vie contre ses juges par les formes des lois : « Laissez là, lui cria-t-elle, ces indignes formes; craignez-vous de mourir pour votre Dieu? »

Voilà ce qu'un indigne historien tel que le jésuite Daniel n'a garde de rapporter, et ce que d'Aubigné et les contemporains nous certifient.

Faut-il vous montrer ici la foule de ceux qui furent exécutés à Lyon dans la place des Terreaux, depuis 1546? Faut-il vous faire voir Mlle de Cagnon, suivant, dans une charrette, cinq autres charrettes chargées d'infortunés condamnés aux flammes, parce qu'ils avaient le malheur de ne pas croire qu'un homme pût changer du pain en Dieu? Cette fille, malheureusement persuadée que la religion réformée est la véritable, avait toujours répandu des largesses parmi les pauvres de Lyon; ils entouraient, en pleurant, la charrette où elle était traînée, chargée de fers. « Hélas! lui criaient-ils, nous ne recevrons plus d'aumônes de vous. — Eh bien, dit-elle, vous en recevrez encore; » et elle leur jeta ses mules de velours que ses bourreaux lui avaient laissées.

Avez-vous vu la place de l'Estrapade, à Paris? elle fut couverte, sous François Ier, de corps réduits en cendres. Savez-vous comme on les faisait mourir? on les suspendait à de longues bascules qu'on élevait et qu'on baissait tour à tour sur un vaste bûcher, afin de leur faire sentir plus longtemps toutes les horreurs de la mort la plus douloureuse. On jetait ces corps sur les charbons ardents que, lorsqu'ils étaient presque entièrement rôtis, et que leurs membres retirés, leur peau sanglante et consumée, leurs yeux brûlés, leur visage défiguré, ne leur laissaient plus l'apparence de la figure humaine.

Le jésuite Daniel suppose, sur la foi d'un infâme écrivain de ce temps-là, que François Ier dit publiquement qu'il traiterait ainsi le dauphin son fils, s'il donnait dans les opinions des réformés; personne ne croira qu'un roi, qui ne passait pas pour un Néron, ait jamais prononcé de si abominables paroles. Mais la vérité est que, tandis qu'on faisait à Paris ces sacrifices de sauvages, qui surpassent tout ce que l'inquisition a jamais fait de plus horrible, François Ier plaisantait avec ses courtisans et couchait avec sa maîtresse.

Ce ne sont pas là, monsieur, des histoires de sainte Potamienne, de sainte Ursule et des onze mille vierges. C'est un récit fidèle de ce que l'histoire a de moins incertain.

Le nombre des martyrs réformés, soit vaudois, soit albigeois, soit évangéliques, est innombrable. Un de vos ancêtres, du moins un homme de votre nom, Pierre Bergier, fut brûlé à Lyon, en 1552, avec Réné Poyet, parent du chancelier Poyet. On jeta dans le même bûcher Jean Chambon, Louis Dimonet, Louis de Marsac, Étienne de Gravot, et cinq jeunes écoliers. Je vous ferais trembler si je vous faisais voir la liste des martyrs que les protestants ont conservée.

Pierre Bergier chantait un psaume de Marot en allant au supplice. Dites-nous de bonne foi si vous chanteriez un psaume latin en pareil cas? Dites-nous si le supplice de la potence, de la roue, ou du feu, est une preuve de la religion? c'est une preuve sans doute de la barbarie humaine; c'est une preuve que d'un côté il y a des bourreaux, et de l'autre des persuadés.

Les vallées de Piémont, auprès de Pignerol, étaient habitées par ces malheureux persuadés. On leur envoie, en 1655, des missionnaires et des assassins. Lisez la relation de Morland, alors ministre d'Angleterre à la cour de Turin; vous y verrez un Jean Brocher, auquel on coupa le membre viril, qu'on mit entre les dents de sa tête coupée, plantée sur une pique pour servir de signal.

Marthe Baral dont on tua les enfants sur son ventre; après quoi on lui coupa les mamelles qu'on fit cuire au cabaret de Macel, et dont on fit manger aux passants.

Pierre Simon et sa femme, âgés de quatre-vingts ans, liés et roulés ensemble, et précipités de rochers en rochers.

Anne Charbonnier, violée et ensuite empalée par la partie même dont on venait de jouir, portée sur le grand chemin pour servir de croix, selon l'usage de ce pays, où il faut des croix à tous les carrefours.

Le détail de ces horreurs vous fait dresser les cheveux; mais la multiplicité en est si grande qu'elle ennuie. On faisait périr ainsi des milliers d'imbéciles, en leur disant qu'il fallait entendre la messe en latin. Il était bien clair qu'étant déchirés en morceaux, ils ne pouvaient avoir le bonheur d'aller à la messe.

Ah! monsieur, si vous voulez rendre la religion chrétienne aimable, ne parlez jamais de martyrs; nous en avons fait cent fois, mille fois plus que tous les païens. Nous ne voulons point répéter ici ce qu'on a tant dit des massacres des Albigeois, des habitants de Mérindol, de la Saint-Barthélemy, de soixante ou quatre-vingt mille Irlandais protestants, égorgés, assommés, pendus, brûlés par les catholiques, de ces millions d'Indiens tués comme des lapins dans des garennes, aux ordres de quelques moines. Nous frémissons, nous gémissons; mais il faut le dire, parler de martyrs à des chrétiens, c'est parler de gibets et de roues à des bourreaux et à des recors.

XXIV. Que pourrions-nous vous représenter encore, monsieur, après ce tableau aussi vrai qu'épouvantable que vous nous avez forcés de vous tracer de nos mains tremblantes? Oui, à la honte de la nature, il y a encore des fanatiques assez barbares, des hommes assez dignes de l'enfer, pour dire qu'il faut faire périr dans les supplices tous ceux qui ne croient pas à la religion chrétienne que vous avez si mal défendue. C'est ainsi que pensent encore les inquisiteurs, tandis que les rois et leurs ministres, devenus plus humains, émoussent dans toute l'Europe le fer dont ces monstres sont armés. Un évêque en Espagne a proféré ces paroles devant des témoins respectables de qui nous les tenons : « Le ministre d'État qui a signé l'expulsion des jésuites mérite la mort. » Nous avons vu des gens qui ont toujours à la bouche ces mots cruels, *contrainte et châtiment*, et qui disent hautement que le christianisme ne peut se conserver que par la terreur et par le sang.

Je ne veux pas vous citer ici un autre évêque de la plus basse naissance [1], qui, séduit par un fanatique, s'est expliqué avec plus de fureur qu'on n'en a jamais reproché aux Dioclétien et aux Décius.

La terre entière s'est élevée contre les jésuites, parce qu'ils étaient persécuteurs; mais qu'il se trouve quelque prince assez peu éclairé, assez mal conseillé, assez faible pour donner sa confiance à un capucin, à un cordelier; vous verrez les cordeliers et les capucins aussi insolents, aussi intrigants, aussi persécuteurs, aussi ennemis de la puissance civile, que les jésuites l'ont été. Il faut que la magistrature soit partout occupée sans cesse à réprimer les attentats des moines. Il y a maintenant dans Paris un cordelier qui prêche avec la même impudence et la même fureur que le cordelier Feu-Ardent prêchait du temps de la Ligue.

Quel homme a jamais été plus persécuteur, chez ces mêmes cordeliers, que leur prédicateur Poisson? Il exerça sur eux un pouvoir si tyrannique, que le ministère fut obligé de le faire déposer de sa place de provincial et de l'exiler. Que n'eût-il point fait contre les laïques? Mais cet ardent persécuteur était-il un homme persuadé, un fanatique de religion? Non, c'était le plus hardi débauché qui fût dans tout l'ordre; il ruina le grand couvent de Paris en filles de joie. Le procès de la femme Dumoutier, qui redemanda quatre mille francs après la mort de ce moine, existe encore au greffe de la Tournelle criminelle. Percez la muraille du parvis avec Ezéchiel [2], vous verrez des serpents, des monstres et l'abomination dans la maison d'Israël.

XXV. Si vous avez malheureusement invité nos ennemis à s'irriter de tant de scandales, de tant de cruautés, d'une soif si intarissable de l'argent, des honneurs et du pouvoir, de cette lutte éternelle de l'Église contre l'État, de ces procès interminables dont les tribunaux retentissent, ne leur apprêtez point à rire en discutant des histoires qu'on ne doit jamais approfondir. Qu'importe, hélas! à notre

---

1. Biord. (ÉD.) — 2. Ezéchiel, chap. VIII, v. 7-10. (ÉD.)

salut que le démon Asmodée ait tordu le cou à sept maris de Sara, et qu'il soit aujourd'hui enchaîné chez les Turcs, dans la haute Égypte ou dans la basse?

Vous auriez pu vous abstenir de louer l'action de Judith, qui assassina Holoferne en couchant avec lui. Vous dites, pour la justifier[1], « que chez les anciens peuples, comme chez les sauvages, le droit de la guerre était féroce et inhumain. » Vous demandez « en quoi l'action de Judith est différente de celle de Mutius Scévola ? » Voici la différence, monsieur; Scévola n'a point couché avec Porsenna, et Tite Live n'est point mis par le concile de Trente au rang des livres canoniques.

Pourquoi vouloir examiner l'édit d'Assuérus, qui fit publier que dans dix mois on massacrerait tous les Juifs, parce qu'un d'eux n'avait pas salué Aman? Si ce roi a été insensé, s'il n'a pas prévu que les Juifs auraient pendant dix mois le temps de s'enfuir, quel rapport cela peut-il avoir à nos devoirs, à la piété, à la charité?

On vous arrêterait à chaque page, à chaque ligne : il n'y en a presque point qui ne prépare un funeste triomphe à nos ennemis.

Enfin, monsieur, nous sommes persuadés que, dans le siècle où nous vivons, la plus forte preuve qu'on puisse donner de la vérité de notre religion est l'exemple de la vertu. La charité vaut mieux que la dispute. Une bonne action est préférable à l'intelligence du dogme. Il n'y a pas huit cents ans que nous savons que le Saint-Esprit procède du Père et du Fils. Mais tout le monde sait depuis quatre mille ans qu'il faut être juste et bienfaisant. Nous en appelons de votre livre à vos mœurs mêmes, et nous vous conjurons de ne point déshonorer des mœurs si honnêtes par des arguments si faibles et si misérables, etc.

Signé : CHAMBON, DUMOULINS, DESJARDINS et VERZENOT.

PROFESSION DE FOI DES THÉISTES,

PAR LE COMTE DA... AU R. D. P.

TRADUITE DE L'ALLEMAND.

(1768.)

O vous qui avez su porter sur le trône la philosophie et la tolérance, qui avez foulé à vos pieds les préjugés, qui avez enseigné les arts de la paix comme ceux de la guerre ! joignez votre voix à la nôtre, et que la vérité puisse triompher comme vos armes.

Nous sommes plus d'un million d'hommes dans l'Europe qu'on peut appeler théistes; nous osons en attester le dieu unique que nous servons. Si l'on pouvait rassembler tous ceux qui, sans examen, se laissent

---

[1]. Page 145, seconde partie.

entraîner aux divers dogmes des sectes où ils sont nés, s'ils sondaient leur propre cœur, s'ils écoutaient leur simple raison, la terre serait couverte de nos semblables.

Il n'y a qu'un fourbe ou un homme absolument étranger au monde qui ose nous démentir quand nous disons que nous avons des frères à la tête de toutes les armées, siégeant dans tous les tribunaux, docteurs dans toutes les Églises, répandus dans toutes les professions, revêtus enfin de la puissance suprême.

Notre religion est sans doute divine, puisqu'elle a été gravée dans nos cœurs par Dieu même, par ce maître de la raison universelle, qui a dit au Chinois, à l'Indien, au Tartare et à nous : « Adore-moi et sois juste. »

Notre religion est aussi ancienne que le monde, puisque les premiers hommes n'en pouvaient avoir d'autre, soit que ces premiers hommes se soient appelés Adimo et Procriti dans une partie de l'Inde et Brama dans l'autre, ou Prométhée et Pandore chez les Grecs, ou Osiroth et Iseth chez les Égyptiens, ou qu'ils aient eu en Phénicie des noms que les Grecs ont traduits par celui d'Éon ; soit qu'enfin on veuille admettre les noms d'Adam et d'Ève donnés à ces premières créatures dans la suite des temps par le petit peuple juif. Toutes les nations s'accordent en ce point, qu'elles ont anciennement reconnu un seul Dieu, auquel elles ont rendu un culte simple et sans mélange, qui ne put être infecté d'abord de dogmes superstitieux.

Notre religion, ô grand homme ! est donc la seule qui soit universelle, comme elle est la plus antique et la seule divine. Nations égarées dans le labyrinthe de mille sectes différentes, le théisme est la base de vos édifices fantastiques ; c'est sur notre vérité que vous avez fondé vos absurdités. Enfants ingrats, nous sommes vos pères, et vous nous reconnaissez tous pour vos pères quand vous prononcez le nom de Dieu.

Nous adorons depuis le commencement des choses la Divinité unique, éternelle, rémunératrice de la vertu et vengeresse du crime ; jusque-là tous les hommes sont d'accord, tous répètent après nous cette confession de foi.

Le centre où tous les hommes se réunissent dans tous les temps et dans tous les lieux est donc la vérité, et les écarts de ce centre sont donc le mensonge.

Que Dieu est le père de tous les hommes. — Si Dieu a fait les hommes, tous lui sont également chers, comme tous sont égaux devant lui ; il est donc absurde et impie de dire que le père commun a choisi un petit nombre de ses enfants pour exterminer les autres en son nom.

Or les auteurs des livres juifs ont poussé leur extravagante fureur jusqu'à oser dire que, dans des temps très-récents par rapport aux siècles antérieurs, le Dieu de l'univers choisit un petit peuple barbare, esclave chez les Égyptiens, non pas pour le faire régner sur la fertile Égypte, non pas pour qu'il obtînt les terres de leurs injustes maîtres, mais pour qu'il allât à deux cent cinquante milles de Memphis, égorger, exterminer de petites peuplades voisines de Tyr, dont il ne pouvait entendre le langage, qui n'avaient rien de commun avec lui, et sur lesquelles il n'avait pas plus de droit que sur l'Allemagne. Ils ont écrit cette horreur; donc ils ont écrit des livres absurdes et impies.

Dans ces livres remplis à chaque page de fables contradictoires, dans ces livres écrits plus de sept cents ans après la date qu'on leur donne, dans ces livres plus méprisables que les contes arabes et persans, il est rapporté que le Dieu de l'univers descendit dans un buisson, pour dire à un pâtre âgé de quatre-vingts ans : « Otez vos souliers.... que chaque femme de votre horde demande à sa voisine, à son hôtesse des vases d'or et d'argent, des robes, et vous volerez les Égyptiens[1].

« Et je vous prendrai pour mon peuple, et je serai votre Dieu[2].

« Et j'endurcirai le cœur du pharaon, *du roi*[3].

« Si vous observez mon pacte, vous serez mon peuple particulier sur tous les autres peuples[4]. »

Josué parle ainsi expressément à la horde hébraïque : « S'il vous paraît mal de servir Adonaï, l'option vous est donnée; choisissez aujourd'hui ce qu'il vous plaira; voyez qui vous devez servir, ou les dieux que vos pères ont adorés dans la Mésopotamie, ou bien les dieux des Amorrhéens, chez qui vous habitez[5]. »

Il est bien évident par ces passages, et par tous ceux qui les précèdent, que les Hébreux reconnaissaient plusieurs dieux, que chaque peuplade avait le sien; que chaque dieu était un dieu local, un dieu particulier.

Il est même dit dans *Ézéchiel*, dans *Amos*, dans le *Discours de saint Étienne*, que les Hébreux n'adorèrent point le dieu Adonaï dans le désert, mais Remphan et Kium[6].

Le même Josué continue, et leur dit : « Adonaï est fort et jaloux. »

N'est-il donc pas prouvé par tous ces témoignages que les Hébreux reconnurent dans leur Adonaï une espèce de roi visible aux chefs du peuple, invisible au peuple, jaloux des rois voisins, et tantôt vainqueur, tantôt vaincu?

Qu'on remarque surtout ce passage des *Juges :* « Adonaï marcha avec Juda, et se rendit maître des montagnes; mais il ne put exterminer les habitants des vallées, parce qu'ils abondaient en chariots armés de faux[7]. »

Nous n'insisterons pas ici sur le prodigieux ridicule de dire qu'auprès de Jérusalem les peuples avaient, comme à Babylone, des chars de guerre dans un malheureux pays où il n'y avait que des ânes; nous nous bornons à démontrer que le dieu des Juifs était un dieu local, qui pouvait quelque chose sur les montagnes, et rien sur les vallées;

---

1. *Exode*, III, 5, 22. — 2. *Ibid.*, VI, 7. — 3. *Ibid.*, VII, 3. — 4. *Ibid.*, XIX, 5.
5. Josué, XXIV, 15.
6. Le discours de saint Étienne est dans les *Actes des Apôtres*, VII, 43 ; il y est question de Remphan. On ne parle que de Moloch dans Amos, v. 26, et dans Jérémie, XXXII, 35. On ne trouve rien dans Ézéchiel; ce n'est, au reste, qu'une faute de copiste. Voltaire, dans son *Pyrrhonisme de l'histoire*, chap. IV, dit Jérémie. (*Note de M. Beuchot.*)
7. *Juges*, I, 19.

idée prise de l'ancienne mythologie, laquelle admet des dieux pour les forêts, les monts, les vallées et les fleuves.

Et si on nous objecte que, dans le premier chapitre de la *Genèse*, Dieu a fait le ciel et la terre, nous répondons que ce chapitre n'est qu'une imitation de l'ancienne cosmogonie des Phéniciens, très-antérieurs à l'établissement des Juifs en Syrie; que ce premier chapitre même fut regardé par les Juifs comme un ouvrage dangereux, qu'il n'était permis de lire qu'à vingt-cinq ans. Il faut surtout bien remarquer que l'aventure d'Adam et d'Ève n'est rappelée dans aucun des livres hébreux, et que le nom d'Ève ne se trouve que dans *Tobie*, qui est regardé comme apocryphe par toutes les communions protestantes et par les savants catholiques.

Si l'on voulait encore une plus forte preuve que le dieu juif n'était qu'un dieu local, la voici : un brigand nommé Jephté, qui est à la tête des Juifs, dit aux députés des Ammonites : « Ce que possède Chamos votre dieu ne vous appartient-il pas de droit? laissez-nous donc posséder ce qu'Adonaï notre dieu a obtenu par ses victoires[1]. »

Voilà nettement deux dieux reconnus, deux dieux ennemis l'un de l'autre : c'est bien en vain que le trop simple Calmet veut, après des commentateurs de mauvaise foi, éluder une vérité si claire. Il en résulte qu'alors le petit peuple juif, ainsi que tant de grandes nations, avaient leurs dieux particuliers; c'est ainsi que Mars combattit pour les Troyens, et Minerve pour les Grecs; c'est ainsi que, parmi nous, saint Denis est le protecteur de la France, et que saint Georges l'a été de l'Angleterre. C'est ainsi que partout on a déshonoré la Divinité.

Des superstitions. — Que la terre entière s'élève contre nous, si elle l'ose; nous l'appelons à témoin de la pureté de notre sainte religion. Avons-nous jamais souillé notre culte par aucune des superstitions que les nations se reprochent les unes aux autres ? On voit les Perses, plus excusables que leurs voisins, vénérer dans le soleil l'image imparfaite de la Divinité qui anime la nature; les Sabéens adorent les étoiles; les Phéniciens sacrifient aux vents; la Grèce et Rome sont inondées de dieux et de fables; les Syriens adorent un poisson. Les Juifs, dans le désert, se prosternent devant un serpent d'airain; ils adorèrent réellement un coffre que nous appelons *arche*, imitant en cela plusieurs nations qui promenaient leurs petits marmousets sacrés dans des coffres; témoin les Égyptiens, les Syriens; témoin le coffre dont il est parlé dans l'*Âne d'or* d'Apulée[2]; témoin le coffre ou l'arche de Troie, qui fut pris par les Grecs, et qui tomba en partage à Euripide[3].

Les Juifs prétendaient que la verge d'Aaron et un boisseau de manne étaient conservés dans leur saint coffre; deux bœufs le traînaient dans une charrette; le peuple tombait devant lui la face contre terre, et n'osait le regarder. Adonaï fit un jour mourir de mort subite cinquante mille soixante et dix Juifs, pour avoir porté la vue sur son

---

1. *Juges*, XI, 24. — 2. Apul., liv. IX et XI. — 3. Pausanias, liv. VII.

coffre, et se contenta de donner des hémorroïdes aux Philistins qui avaient pris son coffre, et d'envoyer des rats dans leurs champs[1], jusqu'à ce que ces Philistins lui eussent présenté cinq figures de rats d'or, et cinq figures de trou du cul d'or, en lui rendant son coffre. O terre! ô nations! ô vérité sainte! est-il possible que l'esprit humain ait été assez abruti pour imaginer des superstitions si infâmes et des fables si ridicules?

Ces mêmes Juifs, qui prétendent avoir eu les figures en horreur par l'ordre de leur Dieu même, conservaient pourtant dans leur sanctuaire, dans leur saint des saints, deux chérubins qui avaient des faces d'homme et des mufles de bœuf avec des ailes.

A l'égard de leurs cérémonies, y a-t-il rien de plus dégoûtant, de plus révoltant, et en même temps de plus puéril? n'est-il pas bien agréable à l'Être des êtres de brûler sur une pierre des boyaux et des pieds d'animaux[2]? Qu'en peut-il résulter, qu'une puanteur insupportable? est-il bien divin de tordre le cou à un oiseau, de lui casser une aile, de tremper un doigt dans le sang, et d'en arroser sept fois l'assemblée[3]?

Où est le mérite de mettre du sang sur l'orteil de son pied droit, et au bout de son oreille droite, et sur le pouce de la main droite[4]?

Mais ce qui n'est pas si puéril, c'est ce qui est raconté dans une très-ancienne vie de Moïse écrite en hébreu, et traduite en latin. C'est l'origine de la querelle entre Aaron et Coré.

« Une pauvre veuve n'avait qu'une brebis; elle la tondit pour la première fois; aussitôt Aaron arrive et emporte la toison, en disant : « Les prémices de la laine appartiennent à Dieu. » La veuve en pleurs vient implorer la protection de Coré, qui, ne pouvant obtenir d'Aaron la restitution de la laine, en paye le prix à la veuve. Quelque temps après sa brebis fait un agneau. Aaron ne manque pas de s'en emparer. « Il est écrit, dit-il, que tout premier-né appartient à Dieu. » La bonne femme va se plaindre à Coré, et Coré ne peut obtenir justice pour elle. La veuve outrée tue sa brebis. Aaron revient sur-le-champ, prend le ventre, l'épaule et la tête, selon l'ordre de Dieu. La veuve, au désespoir, dit anathème à sa brebis. Aaron dans l'instant revient, l'emporte tout entière : « Tout ce qui est anathème, dit-il, appartient au « pontife[5]. » Voilà en peu de mots l'histoire de beaucoup de prêtres : nous entendons les prêtres de l'antiquité; car pour ceux d'aujourd'hui, nous avouons qu'il en est de sages et de charitables pour qui nous sommes pénétrés d'estime.

Ne nous appesantissons pas sur les superstitions odieuses de tant d'autres nations; toutes en ont été infectées, excepté les lettrés chinois, qui sont les plus anciens théistes de la terre. Regardez ces malheureux Égyptiens, que leurs pyramides, leur labyrinthe, leurs palais et leurs temples, ont rendus si célèbres; c'est au pied de ces monu-

---

1. Premier livre des *Rois* ou de Samuel, chap. v et vi.
2. *Lévit.*, chap. i, v. 7. — 3. *Ibid.*, chap. iv et v. — 4. *Ibid.*, chap. viii, 23.
5. Page 165.

ments presque éternels qu'ils adoraient des chats et des crocodiles. S'il est aujourd'hui une religion qui ait surpassé ces excès monstrueux, c'est ce que nous laissons à examiner à tout homme raisonnable.

Se mettre à la place de Dieu, qui a créé l'homme, créer Dieu à son tour, faire ce Dieu avec de la farine et quelques paroles, diviser ce Dieu en mille dieux, anéantir la farine avec laquelle on a fait ces mille dieux qui ne sont qu'un Dieu en chair et en os; créer son sang avec du vin, quoique le sang soit, à ce qu'on prétend, déjà dans le corps de Dieu; anéantir ce vin, manger ce Dieu et boire son sang, voilà ce que nous voyons dans quelques pays, où cependant les arts sont mieux cultivés que chez les Égyptiens.

Si on nous racontait un pareil excès de bêtise et d'aliénation d'esprit de la horde la plus stupide des Hottentots et des Cafres, nous dirions qu'on nous en impose ; nous renverrions une telle relation au pays des fables ; c'est cependant ce qui arrive journellement sous nos yeux dans les villes les plus policées de l'Europe, sous les yeux des princes qui le souffrent, et des sages qui se taisent. Que faisons-nous à l'aspect de ces sacrilèges? nous prions l'Être éternel pour ceux qui les commettent; si pourtant nos prières peuvent quelque chose auprès de son immensité, et entrent dans le plan de sa providence.

Des sacrifices de sang humain. — Avons-nous jamais été coupables de la folle et horrible superstition de la magie, qui a porté tant de peuples à présenter aux prétendus dieux de l'air et aux prétendus dieux infernaux, les membres sanglants de tant de jeunes gens et de tant de filles, comme des offrandes précieuses à ces monstres imaginaires? Aujourd'hui même encore les habitants des rives du Gange, de l'Indus et des côtes de Coromandel, mettent le comble de la sainteté à suivre en pompe de jeunes femmes riches et belles qui vont se brûler sur le bûcher de leurs maris, dans l'espérance d'être réunies avec eux dans une vie nouvelle. Il y a trois mille ans que dure cette épouvantable superstition, auprès de laquelle le silence ridicule de nos anachorètes, leur ennuyeuse psalmodie, leur mauvaise chère, leurs cilices, leurs petites macérations, ne peuvent pas même être comptés pour des pénitences. Les brames ayant, après des siècles d'un théisme pur et sans tache, substitué la superstition à l'adoration simple de l'Être suprême, corrompirent leurs voies et encouragèrent enfin ces sacrifices. Tant d'horreur ne pénétra point à la Chine, dont le sage gouvernement est exempt, depuis près de cinq mille ans, de toutes les démences superstitieuses. Mais elle se répandit dans le reste de notre hémisphère. Point de peuple qui n'ait immolé des hommes à Dieu, et point de peuple qui n'ait été séduit par l'illusion affreuse de la magie. Phéniciens, Syriens, Scythes, Persans, Égyptiens, Africains, Grecs, Romains, Celtes, Germains, tous ont voulu être magiciens, et tous ont été religieusement homicides.

Les Juifs furent toujours infatués de sortilèges; ils jetaient les sorts, ils enchantaient les serpents; ils prédisaient l'avenir par les songes, ils avaient des voyants qui faisaient retrouver les choses perdues; ils chassèrent les diables et guérirent les possédés avec la racine barath en prononçant le mot Jaho, quand ils eurent connu la doctrine des diables en Chaldée. Les pythonisses évoquèrent des ombres; et même l'auteur de l'*Exode*, quel qu'il soit, est si persuadé de l'existence de la magie, qu'il représente les sorciers attitrés de Pharaon opérant les mêmes prodiges que Moïse. Ils changèrent leurs bâtons en serpents comme Moïse, ils changèrent les eaux en sang comme lui, ils couvrirent, comme lui, la terre de grenouilles, etc. Ce ne fut que sur l'article des poux qu'ils furent vaincus; sur quoi on a très-bien dit que *les Juifs en savaient plus que les autres peuples en cette partie.*

Cette fureur de la magie, commune à toutes les nations, disposa les hommes à une cruauté religieuse et infernale, avec laquelle ils ne sont certainement pas nés, puisque de mille enfants vous n'en trouvez pas un seul qui aime à verser le sang humain.

Nous ne pouvons mieux faire que de transcrire ici un passage de l'auteur de la *Philosophie de l'histoire*[1], quoiqu'il ne soit pas de notre avis en tout.

« Si nous lisions l'histoire des Juifs écrite par un auteur d'une autre nation, nous aurions peine à croire qu'il y ait eu en effet un peuple fugitif d'Égypte, qui soit venu par ordre exprès de Dieu immoler sept ou huit petites nations qu'il ne connaissait pas, égorger sans miséricorde toutes les femmes, les vieillards et les enfants à la mamelle, et ne réserver que les petites filles: que ce peuple saint ait été puni de son Dieu quand il avait été assez criminel pour épargner un seul homme dévoué à l'anathème. Nous ne croirions pas qu'un peuple si abominable eût pu exister sur la terre; mais comme cette nation elle-même nous rapporte tous ces faits dans ses livres saints, il faut la croire.

« Je ne traite point ici la question si ces livres ont été inspirés. Notre sainte Église, qui a les Juifs en horreur, nous apprend que les livres juifs ont été dictés par le Dieu créateur et père de tous les hommes; je ne puis en former aucun doute, ni me permettre même le moindre raisonnement.

« Il est vrai que notre faible entendement ne peut concevoir dans Dieu une autre sagesse, une autre justice, une autre bonté que celle dont nous avons l'idée; mais enfin il a fait ce qu'il a voulu; ce n'est pas à nous de le juger; je m'en tiens toujours au simple historique.

« Les Juifs ont une loi par laquelle il leur est expressément ordonné de n'épargner aucune chose, aucun homme dévoué au Seigneur; *on ne pourra le racheter, il faut qu'il meure*, dit la loi du *Lévitique*, chapitre XXVII[2]. C'est en vertu de cette loi qu'on voit Jephté immoler sa propre fille, le prêtre Samuel couper en morceaux le roi Agag. Le *Pentateuque*[3] nous dit que, dans le petit pays de Madian, qui est environ de neuf lieues carrées, les Israélites ayant trouvé six cent soixante-quinze mille brebis, soixante et douze mille bœufs, soixante et un

---

1. Ou l'Introduction à l'*Essai sur les mœurs et l'esprit des nations*, p. 30 et suiv.
2. Verset 29. (Éd.) — 3. C'est dans les *Nombres*, XXXI, 32-40. (Éd.)

mille ânes et trente-deux mille filles vierges, Moïse commanda qu'on massacrât tous les hommes, toutes les femmes et tous les enfants, mais qu'on gardât les filles, dont trente-deux seulement furent immolées. Ce qu'il y a de remarquable dans ce dévouement, c'est que ce même Moïse était gendre du grand prêtre des Madianites, Jéthro, qui lui avait rendu les plus signalés services, et qui l'avait comblé de bienfaits.

« Le même livre nous dit que Josué[1], fils de Nun, ayant passé avec sa horde la rivière du Jourdain à pied sec, et ayant fait tomber au son des trompettes les murs de Jéricho dévoué à l'anathème, il fit périr tous les habitants dans les flammes, qu'il conserva seulement Rahab la paillarde et sa famille, qui avait caché les espions du saint peuple; que le même Josué dévoua à la mort douze mille habitants de la ville de Haï; qu'il immola au Seigneur[2] trente et un rois du pays, tous soumis à l'anathème, et qui furent pendus. Nous n'avons rien de comparable à ces assassinats religieux dans nos derniers temps, si ce n'est peut-être la Saint-Barthélemy et les massacres d'Irlande.

« Ce qu'il y a de triste, c'est que plusieurs personnes doutent que les Juifs aient trouvé six cent soixante et quinze mille brebis et trente-deux mille filles pucelles dans le village d'un désert au milieu des rochers, et que personne ne doute de la Saint-Barthélemy. Mais ne cessons de répéter combien les lumières de notre raison sont impuissantes pour nous éclairer sur les étranges événements de l'antiquité, et sur les raisons que Dieu, maître de la vie et de la mort, pouvait avoir de choisir le peuple juif pour exterminer le peuple cananéen. »

Nos chrétiens, il le faut avouer, n'ont que trop imité ces anathèmes barbares tant recommandés chez les Juifs : c'est de ce fanatisme que sortirent les croisades qui dépeuplèrent l'Europe pour aller immoler en Syrie des Arabes et des Turcs à Jésus-Christ ; c'est ce fanatisme qui enfanta les croisades contre nos frères innocents appelés *hérétiques* ; c'est ce fanatisme toujours teint de sang qui produisit la journée infernale de la Saint-Barthélemy ; et remarquez que c'est dans ce temps affreux de la Saint-Barthélemy que les hommes étaient le plus abandonnés à la magie. Un prêtre nommé Séchelle, brûlé pour avoir joint aux sortilèges les empoisonnements et les meurtres, avoua, dans son interrogatoire, que le nombre de ceux qui se croyaient magiciens passait dix-huit mille ; tant la démence de la magie est toujours compagne de la fureur religieuse, comme certaines maladies épidémiques en amènent d'autres, et comme la famine produit souvent la peste.

Maintenant, qu'on ouvre toutes les annales du monde, qu'on interroge tous les hommes, on ne trouvera pas un seul théiste coupable de ces crimes. Non, il n'y en a pas un qui ait jamais prétendu savoir l'avenir au nom du diable, ni qui ait été meurtrier au nom de Dieu.

On nous dira que les athées sont dans les mêmes termes; qu'ils n'ont jamais été ni des sorciers ridicules, ni des fanatiques barbares. Hélas! que faudra-t-il en conclure ? que les athées, tout audacieux, tout éga-

1. Josué, vi. (Éd.) — 2. viii, 25. (Éd.)

rés qu'ils sont, tout plongés dans une erreur monstrueuse, sont encore meilleurs que les Juifs, les païens et les chrétiens fanatiques.

Nous condamnons l'athéisme, nous détestons la superstition barbare, nous aimons Dieu et le genre humain : voilà nos dogmes.

Des persécutions chrétiennes. — On a tant prouvé que la secte des chrétiens est la seule qui ait jamais voulu forcer les hommes, le fer et la flamme dans les mains, à penser comme elle, que ce n'est plus la peine de le redire. On nous objecte enfin que les mahométans ont imité les chrétiens; cela n'est pas vrai. Mahomet et ses Arabes ne violentèrent que les Mecquois qui les avaient persécutés; ils n'imposèrent aux étrangers vaincus qu'un tribut annuel de douze drachmes par tête, tribut dont on pouvait se racheter en embrassant la religion musulmane.

Quand ces Arabes eurent conquis l'Espagne et la province narbonnaise, ils leur laissèrent leur religion et leurs lois. Ils laissent encore vivre en paix tous les chrétiens de leur vaste empire. Vous savez, grand prince, que le sultan des Turcs nomme lui-même le patriarche des chrétiens grecs, et plusieurs évêques. Vous savez que ces chrétiens portent leur Dieu en procession librement dans les rues de Constantinople, tandis que, chez les chrétiens, il est de vastes pays où l'on condamne à la potence ou à la roue tout pasteur calviniste qui prêche, et aux galères quiconque les écoute. O nations ! comparez et jugez.

Nous prions seulement les lecteurs attentifs de relire ce morceau d'un petit livre excellent [1] qui a paru depuis peu, intitulé : *Conseils raisonnables, etc.*

« Vous parlez toujours de martyrs. Eh ! monsieur, ne sentez-vous pas combien cette misérable preuve s'élève contre nous ? Insensés et cruels que nous sommes, quels barbares ont jamais fait plus de martyrs que nos barbares ancêtres ? Ah ! monsieur, vous n'avez donc pas voyagé ? vous n'avez pas vu à Constance la place où Jérôme de Prague dit à un des bourreaux du concile, qui voulait allumer son bûcher par derrière : *Allume par devant : si j'avais craint les flammes, je ne serais pas venu ici?* Vous n'avez pas été à Londres, où, parmi tant de victimes que fit brûler l'infâme Marie, fille du tyran Henri VIII, une femme accouchant au pied du bûcher, on y jeta l'enfant avec la mère par l'ordre d'un évêque?

« Avez-vous jamais passé dans Paris, par la Grève, où le conseiller-clerc Anne Dubourg, neveu du chancelier, chanta des cantiques avant son supplice? Savez-vous qu'il fut exhorté à cette héroïque constance par une jeune femme de qualité, nommée Mme de Lacaille, qui fut brûlée quelques jours après lui? Elle était chargée de fers dans un cachot voisin du sien, et ne recevait le jour que par une petite grille pratiquée en haut, dans le mur qui séparait ces deux cachots. Cette femme entendait le conseiller qui disputait sa vie contre ses juges par

---

1. On voit assez que cette épithète n'a été mise que pour mieux cacher que les deux ouvrages étaient de l'auteur. (*Éd. de Kehl.*)

les formes des lois. *Laissez là*, lui cria-t-elle, *ces indignes formes; craignez-vous de mourir pour votre Dieu?*

« Voilà ce qu'un indigne historien tel que le jésuite Daniel n'a garde de rapporter; et ce que d'Aubigné et les contemporains nous certifient.

« Faut-il vous montrer ici la foule de ceux qui furent exécutés à Lyon, dans la place des Terreaux, depuis 1546? Faut-il vous faire voir Mlle de Cagnon suivant, dans une charrette, cinq autres charrettes chargées d'infortunés condamnés aux flammes parce qu'ils avaient le malheur de ne pas croire qu'un homme pût changer du pain en Dieu? Cette fille, malheureusement persuadée que la religion réformée est la véritable, avait toujours répandu des largesses parmi les pauvres de Lyon. Ils entouraient, en pleurant, la charrette où elle était traînée chargée de fers. *Hélas!* lui criaient-ils, *nous ne recevrons plus d'aumônes de vous.* — *Eh bien!* dit-elle, *vous en recevrez encore;* et elle leur jeta ses mules de velours que ses bourreaux lui avaient laissées.

« Avez-vous vu la place de l'Estrapade à Paris? elle fut couverte, sous François Ier, de corps réduits en cendre. Savez-vous comme on les faisait mourir? On les suspendait à de longues bascules qu'on élevait et qu'on baissait tour à tour sur un vaste bûcher, afin de leur faire sentir plus longtemps toutes les horreurs de la mort la plus douloureuse. On ne jetait ces corps sur les charbons ardents que lorsqu'ils étaient presque entièrement rôtis, et que leurs membres retirés, leur peau sanglante et consumée, leurs yeux brûlés, leur visage défiguré, ne leur laissaient plus l'apparence de la figure humaine.

« Le jésuite Daniel suppose, sur la foi d'un infâme écrivain de ce temps-là, que François Ier dit publiquement qu'il traiterait ainsi le dauphin son fils s'il donnait dans les opinions des réformés. Personne ne croira qu'un roi, qui ne passait pas pour un Néron, ait jamais prononcé de si abominables paroles. Mais la vérité est que tandis qu'on faisait à Paris ces sacrifices de sauvages, qui surpassent tout ce que l'inquisition a jamais fait de plus horrible, François Ier plaisantait avec ses courtisans et couchait avec sa maîtresse. Ce ne sont pas là, monsieur, des histoires de sainte Potamienne, de sainte Ursule, et des onze mille vierges; c'est un récit fidèle de ce que l'histoire a de moins incertain.

« Le nombre des martyrs réformés, soit vaudois, soit albigeois, soit évangéliques, est innombrable. Un nommé Pierre Bergier, fut brûlé à Lyon en 1552, avec René Poyet, parent du chancelier Poyet. On jeta dans le même bûcher Jean Chambron, Louis Dimonet, Louis de Marsac, Étienne de Gravot, et cinq jeunes écoliers. Je vous ferais trembler si je vous faisais voir la liste des martyrs que les protestants ont conservée.

« Pierre Bergier chantait un psaume de Marot en allant au supplice. Dites-nous en bonne foi si vous chanteriez un psaume latin en pareil cas? Dites-nous si le supplice de la potence, de la roue ou du feu, est une preuve de la religion? C'est une preuve sans doute de la barbarie humaine; c'est une preuve que d'un côté il y a des bourreaux, et de l'autre des persuadés.

« Non, si vous voulez rendre la religion chrétienne aimable, ne parlez jamais de martyrs. Nous en avons fait cent fois, mille fois plus que tous les païens. Nous ne voulons point répéter ici ce qu'on a tant dit des massacres des Albigeois, des habitants de Mérindol, de la Saint-Barthélemy, de soixante ou quatre-vingt mille Irlandais protestants égorgés, assommés, pendus, brûlés par les catholiques; de ces millions d'Indiens tués comme des lapins dans des garennes, aux ordres de quelques moines. Nous frémissons, nous gémissons; mais, il faut le dire, parler de martyrs à des chrétiens, c'est parler de gibets et de roues à des bourreaux et à des recors. »

Après tant de vérités, nous demandons au monde entier si jamais un théiste a voulu forcer un homme d'une autre religion à embrasser le théisme, tout divin qu'il est. Ah! c'est parce qu'il est divin, qu'il n'a jamais violenté personne. Un théiste a-t-il jamais tué? que dis-je? a-t-il frappé un seul de ses insensés adversaires? Encore une fois, comparez et jugez.

Nous pensons enfin qu'il faut imiter le sage gouvernement chinois qui, depuis plus de cinquante siècles, offre à Dieu des hommages purs, et qui, l'adorant en esprit et en vérité, laisse la vile populace se vautrer dans la fange des étables des bonzes. Il tolère ces bonzes, et il les réprime, il les contient si bien, qu'ils n'ont pu exciter le moindre trouble sous la domination chinoise ni sous la tartare. Nous allons acheter dans cette terre antique de la porcelaine, du laque, du thé, des paravents, des magots, des commodes, de la rhubarbe, de la poudre d'or : que n'allons-nous y acheter la sagesse !

Des mœurs. — Les mœurs des théistes sont nécessairement pures, puisqu'ils ont toujours le Dieu de la justice et de la pureté devant les yeux, le Dieu qui ne descend point sur la terre pour ordonner qu'on vole les Égyptiens, pour commander à Osée de prendre une concubine à prix d'argent, et de coucher avec une femme adultère[1].

Aussi ne nous voit-on pas vendre nos femmes comme Abraham. Nous nous enivrons point comme Noé, et nos fils n'insultent pas au membre respectable qui les a fait naître. Nos filles ne couchent point avec leurs pères, comme les filles de Loth et comme la fille du pape Alexandre VI. Nous ne violons point nos sœurs, comme Ammon viola sa sœur Thamar. Nous n'avons point parmi nous de prêtres qui nous aplanissent la voie du crime en osant nous absoudre de la part de Dieu de toutes les iniquités que sa loi éternelle condamne. Plus nous méprisons les superstitions qui nous environnent, plus nous nous imposons la douce nécessité d'être justes et humains. Nous regardons tous les hommes avec des yeux fraternels: nous les secourons indistinctement; nous tendons des mains favorables aux superstitieux qui nous outragent.

Si quelqu'un parmi nous s'écarte de notre loi divine, s'il est injuste

1. Osée, chap. I.

et perfide envers ses amis, ingrat envers ses bienfaiteurs, si son orgueil inconstant et féroce contriste ses frères, nous le déclarons indigne du saint nom de *théiste*, nous le rejetons de notre société, mais sans lui vouloir de mal, et toujours prêts à lui faire du bien, persuadés qu'il faut pardonner, et qu'il est beau de faire des ingrats.

Si quelqu'un de nos frères voulait apporter le moindre trouble dans le gouvernement, il ne serait plus notre frère. Ce ne furent certainement pas des théistes qui excitèrent autrefois les révoltes de Naples, qui ont trempé récemment dans la conspiration de Madrid; qui allumèrent les guerres de la Fronde et des Guises en France, celle de trente ans dans notre Allemagne, etc., etc., etc. Nous sommes fidèles à nos princes; nous payons tous les impôts sans murmurer. Les rois doivent nous regarder comme les meilleurs citoyens et les meilleurs sujets. Séparés du vil peuple qui n'obéit qu'à la force, et qui ne raisonne jamais, plus séparés encore des théologiens, qui raisonnent si mal, nous sommes les soutiens des trônes, que les disputes ecclésiastiques ont ébranlés pendant tant de siècles.

Utiles à l'État, nous ne sommes point dangereux à l'Église; nous imitons Jésus, qui allait au temple.

De la doctrine des théistes. — Adorateurs d'un Dieu ami des hommes, compatissants aux superstitions même que nous réprouvons, nous respectons toute société, nous n'insultons aucune secte, nous ne parlons jamais avec dérision, avec mépris, de Jésus, qu'on appelle le *Christ*; au contraire, nous le regardons comme un homme distingué entre les hommes par son zèle, par sa vertu, par son amour de l'égalité fraternelle; nous le plaignons comme un réformateur peut-être un peu inconsidéré, qui fut la victime des fanatiques persécuteurs.

Nous révérons en lui un théiste israélite, ainsi que nous louons Socrate, qui fut un théiste athénien. Socrate adorait un Dieu, et l'appelait du nom de *père*, comme le dit son évangéliste Platon. Jésus appela toujours Dieu du nom de *père*, et la formule de prière qu'il enseigna commence par ces mots, si communs dans Platon : *Notre père*. Ni Socrate ni Jésus n'écrivirent jamais rien. Ni l'un ni l'autre n'institua une religion nouvelle. Certes, si Jésus avait voulu faire une religion, il l'aurait écrite. S'il est dit que Jésus envoya ses disciples pour baptiser, il se conforma à l'usage. Le baptême était d'une très-haute antiquité chez les Juifs; c'était une cérémonie sacrée, empruntée des Égyptiens et des Indiens, ainsi que presque tous les rites judaïques. On baptisait tous les prosélytes chez les Hébreux. Les mâles recevaient le baptême après la circoncision. Les femmes prosélytes étaient baptisées; cette cérémonie ne pouvait se faire qu'en présence de trois anciens au moins, sans quoi la régénération était nulle. Ceux qui, parmi les Israélites, aspiraient à une plus haute perfection, se faisaient baptiser dans le Jourdain. Jésus lui-même se fit baptiser par Jean, quoique aucun de ses apôtres ne fût jamais baptisé.

Si Jésus envoya ses disciples pour chasser les diables, il y avait déjà très-longtemps que les Juifs croyaient guérir des possédés, et chasser des diables. Jésus même l'avoue dans le livre qui porte le nom de Matthieu[1]. Il convient que les enfants même chassaient les diables.

Jésus, à la vérité, observa toutes les institutions judaïques; mais par toutes ses invectives contre les prêtres de son temps, par les injures atroces qu'il disait aux pharisiens, et qui lui attirèrent son supplice, il paraît qu'il faisait aussi peu de cas des superstitions judaïques que Socrate des superstitions athéniennes.

Jésus n'institua rien qui eût le moindre rapport aux dogmes chrétiens; il ne prononça jamais le mot de *chrétien*; quelques-uns de ses disciples ne prirent ce surnom que plus de trente ans après sa mort.

L'idée d'oser faire d'un Juif le créateur du ciel et de la terre n'entra certainement jamais dans la tête de Jésus. Si l'on s'en rapporte aux *Évangiles*, il était plus éloigné de cette étrange prétention que la terre ne l'est du ciel. Il dit expressément avant d'être supplicié : « Je vais à mon père qui est votre père, à mon Dieu qui est votre Dieu[27]. »

Jamais Paul, tout ardent enthousiaste qu'il était, n'a parlé de Jésus que comme d'un homme choisi par Dieu même pour ramener les hommes à la justice.

Ni Jésus, ni aucun de ses apôtres, n'a dit qu'il eût deux natures et une personne avec deux volontés; que sa mère fût mère de Dieu; que son esprit fût la troisième personne de Dieu, et que cet esprit procédât du Père et du Fils. Si l'on trouve un seul de ces dogmes dans les quatre *Évangiles*, qu'on nous le montre : qu'on ôte tout ce qui lui est étranger, tout ce qu'on lui a attribué en divers temps au milieu des disputes les plus scandaleuses et des conciles qui s'anathématisèrent les uns les autres avec tant de fureur, que reste-t-il en lui ? Un adorateur de Dieu qui a prêché la vertu, un ennemi des pharisiens, un juste, un théiste; nous osons dire que nous sommes les seuls qui soient de sa religion, laquelle embrasse tout l'univers dans tous les temps, et qui par conséquent est la seule véritable.

Que toutes les religions doivent respecter le théisme. — Après avoir jugé par la raison entre la sainte et éternelle religion du théisme, et les autres religions si nouvelles, si inconstantes, si variables dans leurs dogmes contradictoires, si abandonnées aux superstitions; qu'on les juge par l'histoire et par les faits, on verra dans le seul christianisme plus de deux cents sectes différentes, qui crient toutes : « Mortels, achetez chez moi; je suis la seule qui vend la vérité, les autres n'étalent que l'imposture. »

Depuis Constantin, on le sait assez, c'est une guerre perpétuelle entre les chrétiens; tantôt bornée aux sophismes, aux fourberies, aux cabales, à la haine, et tantôt signalée par les carnages.

Le christianisme, tel qu'il est, et tel qu'il n'aurait pas dû être, se fonda sur les plus honteuses fraudes; sur cinquante évangiles apocryphes; sur les constitutions apostoliques reconnues pour supposées; sur des fausses lettres de Jésus, de Pilate, de Tibère, de Sénèque, de

---

[1]. Matthieu, chap. XII, verset 2. — 27. Jean, XX, 17.

Paul; sur les ridicules récognitions de Clément; sur l'imposteur qui a pris le nom d'Hermas; sur l'imposteur Abdias, l'imposteur Marcel, l'imposteur Hégésippe; sur la supposition de misérables vers attribués aux sibylles; et après cette foule de mensonges vient une foule d'interminables disputes.

Le mahométisme, plus raisonnable en apparence, et moins impur, annoncé par un seul prophète prétendu, enseignant un seul Dieu, consigné dans un seul livre authentique, se divise pourtant en deux sectes¹ qui se combattent avec le fer, et en plus de douze qui s'injurient avec la plume.

L'antique religion des brachmanes souffre depuis longtemps un grand schisme. Les uns tiennent pour le *Shasta-bhad*, les autres pour l'*Othorabhad*. Les uns croient la chute des animaux célestes, à la place desquels Dieu forma l'homme, fable qui passa ensuite en Syrie, et même chez les Juifs du temps d'Hérode. Les autres enseignent une cosmogonie contraire.

Le judaïsme, le sabisme, la religion de Zoroastre, rampent dans la poussière. Le culte de Tyr et de Carthage est tombé avec ces puissantes villes. La religion des Miltiade et des Périclès, celle des Paul Émile et des Caton ne sont plus; celle d'Odin est anéantie; les mystères et les monstres d'Égypte ont disparu; la langue même d'Osiris, devenue celle des Ptolémée, est ignorée de leurs descendants : le théisme seul est resté debout parmi tant de vicissitudes, et dans le fracas de tant de ruines, immuable comme le Dieu qui en est l'auteur et l'objet éternel.

Bénédictions sur la tolérance. — Soyez béni à jamais, sire. Vous avez établi chez vous la liberté de conscience. Dieu et les hommes vous en ont récompensé. Vos peuples multiplient, vos richesses augmentent, vos États prospèrent, vos voisins vous imitent; cette grande partie du monde devient plus heureuse.

Puissent tous les gouvernements prendre pour modèle cette admirable loi de la Pensylvanie, dictée par le pacifique Penn, et signée par le roi d'Angleterre Charles II, le 4 mars 1681!

« La liberté de conscience étant un droit que tous les hommes ont reçu de la nature avec l'existence, il est fermement établi que personne ne sera jamais forcé d'assister à aucun exercice public de religion. Au contraire, il est donné plein pouvoir à chacun de faire librement exercice public ou privé de sa religion, sans qu'on ic puisse troubler en rien, pourvu qu'il fasse profession de croire un Dieu éternel, tout-puissant, formateur et conservateur de l'univers. »

Par cette loi, le théisme a été consacré comme le centre où toutes les lignes vont aboutir, comme le seul principe nécessaire. Aussi qu'est-il arrivé? la colonie pour laquelle cette loi fut faite n'était alors composée que de cinq cents têtes; elle est aujourd'hui de trois cent mille. Nos Souabes, nos Saltzbourgeois, nos palatins, plusieurs autres

1. Les sectes d'Omar et d'Ali. (ÉD.)

colons de notre basse Allemagne, des Suédois, des Holstenois, ont couru en foule à Philadelphie. Elle est devenue une des plus belles et des plus heureuses villes de la terre, et la métropole de dix villes considérables. Plus de vingt religions sont autorisées dans cette province florissante, sous la protection du théisme leur père, qui ne détourn point les yeux de ses enfants, tout opposés qu'ils sont entre eux, pourvu qu'ils se reconnaissent pour frères. Tout y est en paix, tout y vit dans une heureuse simplicité, pendant que l'avarice, l'ambition, l'hypocrisie, oppriment encore les consciences dans tant de provinces de notre Europe : tant il est vrai que le théisme est doux, et que la superstition est barbare.

Que toute religion rend témoignage au théisme. — Toute religion rend, malgré elle, hommage au théisme, quand même elle le persécute. Ce sont des eaux corrompues partagées en canaux dans des terrains fangeux, mais la source est pure. Le mahométan dit : « Je ne suis ni juif ni chrétien; je remonte à Abraham; il n'était point idolâtre; il adorait un seul Dieu. » Interrogez Abraham, il vous dira qu'il était de la religion de Noé, qui adorait un seul Dieu. Que Noé parle, il confessera qu'il était de la religion de Seth, et Seth ne pourra dire autre chose, sinon qu'il était de la religion d'Adam, qui adorait un seul Dieu.

Le juif et le chrétien sont forcés, comme nous l'avons vu, de remonter à la même origine. Il faut qu'ils avouent que, suivant leurs propres livres, le théisme a régné sur la terre jusqu'au déluge, pendant 1656 ans selon la *Vulgate*, pendant 2262 ans selon les *Septante*, pendant 2309 ans selon les *Samaritains;* et qu'ainsi, à s'en tenir au plus faible nombre, le théisme a été la seule religion divine pendant 2513 années, jusqu'au temps où les Juifs disent que Dieu leur donna une loi particulière dans un désert.

Enfin, si le calcul du P. Pétau était vrai; si, selon cet étrange philosophe, qui a fait, comme on l'a dit, tant d'enfants à coups de plume, il y avait six cent vingt-trois milliards six cent douze millions d'hommes sur la terre, descendants d'un seul fils de Noé; si les deux autres frères en avaient produit chacun autant; si par conséquent la terre fut peuplée de plus de dix-neuf cent milliards de fidèles en l'an 285 après le déluge, et cela vers le temps de la naissance d'Abraham selon Pétau; et si les hommes, en ce temps-là, n'avaient pas corrompu leurs voies, il s'ensuit évidemment qu'il y eut alors environ dix-neuf cent milliards de théistes de plus qu'il n'y a aujourd'hui d'hommes sur la terre.

Remontrance à toutes les religions. — Pourquoi donc vous élevez-vous aujourd'hui avec tant d'acharnement contre le théisme, religions nées de son sein ; vous qui n'avez de respectable que l'empreinte de ses traits défigurés par vos superstitions et par vos fables; vous filles parricides, qui voulez détruire votre père, quelle est la cause de vos continuelles fureurs? Craignez-vous que les théistes ne vous traitent comme vous avez traité le paganisme, qu'ils ne vous enlèvent vos temples, vos revenus, vos honneurs? Rassurez-vous, vos craintes sont chimériques : les théistes n'ont point de fanatisme, ils ne peuvent donc faire de mal, ils ne forment point un corps, ils n'ont point de vues ambitieuses; répandus sur la surface de la terre, ils ne l'ont jamais troublée; l'antre le plus infect des moines les plus imbéciles peut cent fois plus sur la populace que tous les théistes du monde; ils ne s'assemblent point, ils ne prêchent point; ils ne font point de cabales. Loin d'en vouloir aux revenus des temples, ils souhaitent que les églises, les mosquées, les pagodes de tant de villages, aient toutes une subsistance honnête; que les curés, les mollas, les brames, les talapoins, les bonzes, les lamas des campagnes, soient plus à leur aise, pour avoir plus de soin des enfants nouveau-nés, pour mieux secourir les malades, pour porter plus décemment les morts à la terre ou au bûcher; ils gémissent que ceux qui travaillent le plus soient les moins récompensés.

Peut-être sont-ils surpris de voir des hommes voués par leurs serments à l'humilité et à la pauvreté, revêtus du titre de prince, nageant dans l'opulence, et entourés d'un faste qui indigne les citoyens. Peut-être ont-ils été révoltés en secret, lorsqu'un prêtre d'un certain pays a imposé des lois aux monarques, et des tributs à leurs peuples. Ils désireraient, pour le bon ordre, pour l'équité naturelle, que chaque État fût absolument indépendant; mais ils se bornent à des souhaits, et ils n'ont jamais prétendu ramener la justice par la violence.

Tels sont les théistes; ils sont les frères aînés du genre humain, et ils chérissent leurs frères. Ne les haïssez donc pas; supportez ceux qui vous supportent, ne faites point de mal à ceux qui ne vous en ont jamais fait; ne violez point l'antique précepte de toutes les religions du monde, qui est celui d'aimer Dieu et les hommes.

Théologiens, qui vous combattez tous, ne combattez plus ceux dont vous tenez votre premier dogme. Muphti de Constantinople, schérif de la Mecque, grand brame de Bénarès, dalaï-lama de Tartarie qui êtes immortel, évêque de Rome qui êtes infaillible, et vous, leurs suppôts, qui tendez vos mains et vos manteaux à l'argent comme les Juifs à la manne, jouissez tous en paix de vos biens et de vos honneurs, sans haïr, sans insulter, sans persécuter les innocents, les pacifiques théistes, qui, formés par Dieu même tant de siècles avant vous, dureront aussi plus que vous dans la multitude des siècles. RÉSIGNATION, ET NON GLOIRE, A DIEU; IL EST TROP AU-DESSUS DE LA GLOIRE.

DISCOURS

AUX CONFÉDÉRÉS CATHOLIQUES DE KAMINIECK EN POLOGNE,

PAR LE MAJOR KAISERLING [1] AU SERVICE DU ROI DE PRUSSE.

(1768.)

Braves Polonais, vous qui n'avez jamais plié sous le joug des Romains conquérants, voudriez-vous être aujourd'hui les esclaves et les satellites de Rome théologienne?

Vous n'avez jusqu'ici pris les armes que pour votre liberté commune; faudra-t-il que vous combattiez pour rendre vos concitoyens esclaves? Vous détestez l'oppression; vous ne voudrez pas, sans doute, opprimer vos frères.

Vous n'avez eu depuis longtemps que deux véritables ennemis, les Turcs et la cour de Rome. Les Turcs voulaient vous enlever vos frontières, et vous les avez toujours repoussés; mais la cour de Rome vous enlève réellement le peu d'argent que vous tiriez de vos terres. Il faut payer à cette cour les annates des bénéfices, les dispenses, les indulgences. Vous avouez que si elle vous promet le paradis dans l'autre monde, elle vous dépouille dans celui-ci. *Paradis* signifie jardin. Jamais on n'acheta si cher un jardin dont on ne jouit pas encore. Les autres communions vous en promettent autant; mais du moins elles ne vous le font point payer. Par quelle fatalité voudriez-vous servir ceux qui vous rançonnent, et exterminer ceux qui vous donnent le jardin gratis? La raison, sans doute, vous éclairera, et l'humanité vous touchera.

Vous êtes placés entre les Turcs, les Russes, les Suédois, les Danois et les Prussiens. Les Turcs croient en un seul Dieu, et ne le mangent point; les Grecs le mangent, sans avoir encore décidé si c'est à la manière de la communion romaine : et d'ailleurs en admettant trois personnes divines, ils ne croient point que la dernière procède des deux autres. Les Suédois, les Danois, les Prussiens, mangent Dieu, à la vérité, mais d'une façon un peu différente des Grecs : ils croient manger du pain et boire un coup de vin en mangeant Dieu.

Vous avez aussi sur vos frontières plusieurs Églises de Prusse où l'on ne mange point Dieu, mais où l'on fait seulement un léger repas de pain et de vin en mémoire de lui; et aucune de ces religions ne sait précisément comment la troisième personne procède. Vous êtes trop justes pour ne pas sentir dans le fond de votre cœur qu'après tout il n'y a là aucune cause légitime de répandre le sang des hommes. Chacun tâche d'aller au jardin par le chemin qu'il a choisi; mais, en vérité, il ne faut pas les égorger sur la route.

---

[1] Le major Kaiserling était mort en 1749. (ÉD.)

D'ailleurs vous savez que ce ne fut que dans les pays chauds qu'on promit aux hommes un *paradis*, un *jardin*; et que si la religion juive avait été instituée en Pologne, on vous aurait promis de bons poêles. Mais, soit qu'on doive se promener après sa mort, ou rester auprès d'un fourneau, je vous conjure de vivre paisibles dans le peu de temps que vous avez à jouir de la vie.

Rome est bien éloignée de vous, et elle est riche; vous êtes pauvres; envoyez-lui encore le peu d'argent que vous avez, en lettres de change tirées par les juifs. Dépouillez-vous pour l'Église romaine, vendez vos fourrures pour faire des présents à Notre-Dame de Lorette, à plus de quinze cents milles de Kaminieck, mais n'inondez pas les environs de Kaminieck du sang de vos compatriotes; car nous pouvons vous assurer que Notre-Dame, qui vint autrefois de Jérusalem à la Marche d'Ancône par les airs, ne vous saura aucun gré d'avoir désolé votre patrie.

Soyez encore très-persuadés que son fils n'a jamais commandé, du mont des Olives et du torrent de Cédron, qu'on se massacrât pour lui sur les bords de la Vistule.

Votre roi[1], que vous avez choisi d'une voix unanime, a cédé, dans une diète solennelle, aux instances des plus sages têtes de la nation, qui ont demandé la tolérance. Une puissante impératrice[2] le seconde dans cette entreprise, la plus humaine, la plus juste, la plus glorieuse dont l'esprit humain puisse jamais s'honorer. Ils sont les bienfaiteurs de l'humanité entière; n'en soyez pas les destructeurs. Voudriez-vous n'être que des homicides sanguinaires, sous prétexte que vous êtes catholiques?

Votre primat est *catholique* aussi. Ce mot veut dire universel, quoique en effet la religion catholique ne compose pas la centième partie de l'univers. Mais ce sage primat a compris que la véritable manière d'être universel est d'embrasser dans sa charité tous les peuples de la terre, et d'être surtout l'ami de tous ses concitoyens. Il a su que si un homme peut en quelque sorte, sans blasphème, ressembler à la Divinité, c'est en chérissant tous les hommes, dont Dieu est également le père. Il a senti qu'il était patriote polonais avant d'être serviteur du pape, qui est le serviteur des serviteurs de Dieu. Il s'est uni à plusieurs prélats qui, tout catholiques universels qu'ils sont, ont cru que l'on ne doit pas priver ses frères du droit de citoyens, sous prétexte qu'ils vont au jardin par une autre allée que vous.

Cette auguste impératrice, qui vient d'établir la tolérance pour la première de ses lois dans le plus vaste empire de la terre, se joint à votre roi, à votre primat, à vos principaux palatins, à vos plus dignes évêques, pour vous rendre humains et heureux. Au nom de Dieu et de la nature, ne vous obstinez pas à être barbares et infortunés.

Nous avouons qu'il y a parmi vous de très-savants moines, qui prétendent que Jésus ayant été supplicié à Jérusalem, la religion chrétienne ne doit être soutenue que par des bourreaux, et qu'ayant été

1. Stanislas (Éd.) — 2. Catherine II. (Éd.)

vendu trente deniers par Judas, tout chrétien doit les intérêts échus de cet argent à notre saint-père le pape, successeur de Jésus.

Ils fondent ce droit sur des raisons, à la vérité, très-plausibles, et que nous respectons.

Premièrement, ils disent que l'assemblée étant fondée sur la pierre[1], et Simon Barjone, paysan juif, né auprès d'un petit lac juif, ayant changé son nom en celui de Pierre, ses successeurs sont par conséquent la pierre fondamentale, et ont à leur ceinture les clefs du royaume des cieux et celles de tous les coffres-forts. C'est une vérité dont nous sommes bien loin de disconvenir.

Secondement, ils disent que le Juif Simon Barjone-La-Pierre fut pape à Rome pendant vingt-cinq ans sous l'empire de Néron, qui ne régna que treize années, ce qui est encore incontestable.

Troisièmement, ils affirment, d'après les plus graves historiens chrétiens qui imprimèrent leurs livres dans ce temps-là, livres connus dans tout l'univers, publiés avec privilége, déposés dans la bibliothèque d'Apollon palatin, et loués dans tous les journaux; ils affirment, dis-je, que Simon Barjone Cépha-La-Pierre arriva à Rome quelque temps après Simon Vertu de Dieu, ou Vertu-Dieu, le magicien; que Simon Vertu-Dieu envoya d'abord un de ses chiens faire ses compliments à Simon Barjone, lequel lui envoya sur-le-champ un autre chien le saluer de sa part; qu'ensuite les deux Simons disputèrent à qui ressusciterait un mort; que Simon Vertu-Dieu ne ressuscita le mort qu'à moitié; mais que Simon Barjone le ressuscita entièrement. Cependant, selon la maxime,

Dimidium facti, qui bene cœpit, habet.
Hor., lib. I, ep. II, v. 40.

Simon Vertu-Dieu, ayant opéré la moitié de la résurrection, prétendit que, le fort étant fait, Simon Barjone n'avait pas eu grande peine à faire le reste, et qu'ils devaient tous deux partager le prix. C'était au mort d'en juger; mais comme il ne parla point, la dispute restait indécise. Néron, pour en décider, proposa aux deux ressusciteurs un prix pour celui qui volerait le plus haut sans ailes. Simon Vertu-Dieu vola comme une hirondelle; Barjone-La-Pierre, qui n'en pouvait faire autant, pria le Christ ardemment de faire tomber Simon Vertu-Dieu, et de lui casser les jambes. Le Christ n'y manqua pas. Néron, indigné de cette supercherie, fit crucifier La Pierre, la tête en bas. C'est ce que nous racontent Abdias, Marcellus et Égésippus, contemporains, les Thucydide et les Xénophon des chrétiens. C'est ce qui a été regardé comme voisin d'un article de foi, *vicinus articulo fidei*, pendant plusieurs siècles; ce que les balayeurs de l'Église de Saint-Pierre nous disent encore, ce que les révérends pères capucins annoncent dans leurs missions, ce qu'on croit sans doute à Kaminieck.

Un jésuite de Thorn m'alléguait avant-hier que c'est le saint usage de l'Église chrétienne, « et que Jésus-Dieu, la seconde personne de

[1]. Matthieu, XVI, 18. (Éd.)

Dieu, a dit charitablement : « Je suis venu apporter le glaive et non la « paix ; je suis venu pour diviser le fils et le père, la fille et la mère », etc. « Qui n'écoute pas l'assemblée? soit comme un païen ou un receveur des « deniers publics. » L'impératrice de Russie, le roi de Pologne, le prince primat, *n'écoutent pas l'assemblée*; donc on doit sacrifier le sang de l'impératrice, du roi, et du primat, au sang de Jésus répandu pour extirper de la terre le péché qui la couvre encore de toutes parts.

Ce bon jésuite fortifia cette apologie en m'apprenant qu'ils eurent, en 1724, la consolation de faire pendre, décapiter, rouer, brûler à Thorn un très-grand nombre de citoyens, parce que de jeunes écoliers avaient pris chez eux une image de la Vierge, mère de Dieu, et qu'ils l'avaient laissé tomber dans la boue.

Je lui dis que ce crime était horrible; mais que le châtiment était un peu dur, et que j'y aurais désiré plus de proportion. « Ah! s'écria-t-il avec enthousiasme, on ne peut trop venger la famille du Dieu des vengeances; il ne saurait se faire justice lui-même, il faut bien que nous l'aidions. Ce fut un spectacle admirable, tout était plein; nous donnâmes, au sortir du théâtre, un grand souper aux juges, aux bourreaux, aux geôliers, aux délateurs, et à tous ceux qui avaient coopéré à ce saint œuvre. Vous ne pouvez vous faire une idée de la joie avec laquelle tous ces messieurs racontaient leurs exploits; comme ils se vantaient, l'un d'avoir dénoncé un de ses parents dont il était héritier; l'autre d'avoir fait revenir les juges à son opinion quand il concluait à la mort; un troisième et un quatrième, d'avoir tourmenté un patient plus longtemps qu'il n'était ordonné. Tous nos pères étaient du souper; il y eut de très-bonnes plaisanteries; nous citions tous les passages des psaumes qui ont rapport à ces exécutions : « Le Seigneur « juste coupera leurs têtes[3].—Heureux celui qui éventrera leurs petits « enfants encore à la mamelle, et qui les écrasera contre la pierre, etc[4]. »

Il m'en cita une trentaine de cette force; après quoi il ajouta : « Je n'ai qu'un regret, c'est de n'avoir pas été inquisiteur; il me semble que j'aurais été bien plus utile à l'Église. — Ah! mon révérend père, lui répondis-je, il y a une place encore plus digne de vous, c'est celle de maître des hautes-œuvres; ces deux charges ne sont pas incompatibles, et je vous conseille d'y penser. »

Il me répliqua que tout bon chrétien est tenu d'exercer ces deux emplois, quand il s'agit de la vierge Marie; il cita plusieurs exemples dans ce siècle même, dans ce siècle philosophique, de jeunes gens appliqués à la torture, mutilés, décollés, brûlés, rompus vifs, expirants sur la roue, pour n'avoir pas assez révéré les portraits parfaitement ressemblants de la sainte Vierge, ou pour avoir parlé d'elle avec inconsidération.

Mes chers Polonais, ne frémissez-vous pas d'horreur à ce récit? Voilà donc la religion dont vous prenez la défense!

---

1. Matth., x, 34, 35. (Éd.) — 2. *Ibid.*, XVIII, 17. (Éd.)
3. Ps. CXXVIII, 4. — 4. Ps. CXXXVI, 9.

Le roi mon maître[1] a fait répandre le sang, il est vrai; mais ce fut dans des batailles, ce fut en exposant toujours le sien; jamais il n'a fait mourir, jamais il n'a persécuté personne pour la vierge Marie. Luthériens, calvinistes, hernoutres[2], piétistes, anabaptistes, mennonites, millénaires, méthodistes, tartares lamistes, turcs omarlistes, persans alistes, papistes même, tout lui est bon, pourvu qu'on soit un brave homme. Imitez ce grand exemple; soyons tous bons amis, et ne nous battons que contre les Turcs, quand ils voudront s'emparer de Kaminieck.

Vous dites pour vos raisons que si vous souffrez parmi vous des gens qui communient avec du pain et du vin, et qui ne croient pas que le Paraclet procède du Père et du Fils, bientôt vous aurez des nestoriens qui appellent Marie mère de Jésus, et non mère de Dieu, titre que les anciens Grecs donnaient à Cybèle; vous craignez surtout de voir renaître les sociniens, ces impies qui s'en tiennent à l'Évangile, et qui n'y ont jamais vu que Jésus s'appelât Dieu, ni qu'il ait parlé de la Trinité, ni qu'il ait rien annoncé de ce qu'on enseigne aujourd'hui à Rome; ces monstres enfin qui, avec saint Paul, ne croient qu'en Jésus, et non en Bellarmin et en Baronius.

Eh bien! ni le roi ni le prince primat n'ont envoyé chez vous de colonie socinienne; mais quand vous en auriez une, quel grand mal en résulterait-il ? Un bon tailleur, un bon fourreur, un bon fourbisseur, un maçon habile, un excellent cuisinier, ne vous rendraient-ils pas service s'ils étaient sociniens, autant pour le moins que s'ils étaient jansénistes ou hernoutres? N'est-il pas même évident qu'un cuisinier socinien doit être meilleur que tous les cuisiniers du pape? car si vous ordonnez à un rôtisseur papiste de vous mettre trois pigeons romains à la broche, il sera tenté d'en manger deux, et de ne vous en donner qu'un, en disant que trois et un font la même chose; mais le rôtisseur socinien vous fera servir certainement vos trois pigeons ; de même un tailleur de cette secte ne fera jamais votre habit que d'une aune quand vous lui en donnerez trois à employer.

Vous êtes forcés d'avouer l'utilité des sociniens; mais vous vous plaignez que l'impératrice de Russie ait envoyé trente mille hommes dans votre pays. Vous demandez de quel droit. Je vous réponds que c'est du droit dont un voisin apporte de l'eau à la maison de son voisin qui brûle; c'est du droit de l'amitié, du droit de l'estime, du droit de faire du bien quand on le peut.

Vous avez tiré fort imprudemment sur de petits détachements de soldats qui n'étaient envoyés que pour protéger la liberté et la paix. Sachez que les Russes tirent mieux que vous; n'obligez pas vos protecteurs à vous détruire; ils sont venus établir la tolérance en Pologne, mais ils puniront les intolérants qui les reçoivent à coups de fusil. Vous savez que Catherine II la tolérante est la protectrice du genre humain; elle protégera ses soldats, et vous serez les victimes de la plus haute folie qui soit jamais entrée dans la tête des hommes, c'est

---

1. Frédéric II. (ÉD.) — 2. Hernhutes. (ÉD.)

celle de ne pas souffrir que les autres délirent autrement que vous. Cette folie n'est digne que de la Sorbonne, des Petites-Maisons, et de Kaminieck.

Vous dites que l'impératrice n'est pas votre amie; que ses bienfaits, qui s'étendent aux extrémités de l'hémisphère, n'ont point été répandus sur vous; vous vous plaignez que, ne vous ayant rien donné, elle ait acheté cinquante mille francs la bibliothèque de M. Diderot, à Paris, rue Taranne, et lui en ait laissé la jouissance, sans même exiger de lui une de ces dédicaces qui font bâiller le protecteur et rire le public. Hé! mes amis, commencez par savoir lire, et alors on vous achètera des bibliothèques.....

Cætera desunt.

L'ÉPITRE AUX ROMAINS,

TRADUITE DE L'ITALIEN DE M. LE COMTE DE CORBERA.

(1768.)

ARTICLE I.— Illustres Romains, ce n'est pas l'apôtre Paul qui a l'honneur de vous écrire; ce n'est pas le digne Juif né à Tarsus, selon les *Actes des apôtres*, et à Giscala, selon Jérôme et d'autres pères : dispute qui a fait croire, selon quelques docteurs, qu'on peut être né en deux endroits à la fois, comme il y a chez vous de certains corps qui sont créés tous les matins avec des mots latins, et qui se trouvent en cent mille lieux au même instant.

Ce n'est pas cette tête chauve et chaude, au long et large nez, aux sourcils noirs, épais et joints, aux grosses épaules, aux jambes torses[1], lequel ayant enlevé la fille de Gamaliel son maître, et étant mécontent d'elle la première nuit de ses noces[2], la répudia, et se mit par dépit à la tête du parti naissant des disciples de Jésus, si nous en croyons les livres juifs contemporains.

Ce n'est pas ce Saul Paul qui, lorsqu'il était domestique de Gamaliel, fit massacrer à coups de pierres[3] le bon Stéphano, patron des diacres et des lapidés, et qui pendant ce temps gardait les manteaux des bourreaux, digne emploi de valet de prêtre. Ce n'est pas celui qui tomba de cheval[4], aveuglé par une lumière céleste en plein midi, et à qui Dieu dit en l'air, comme il dit tous les jours à tant d'autres : *Pourquoi me persécutes-tu?* Ce n'est pas celui qui écrivit aux demi-juifs demi-chrétiens des boutiques de Corinthe[5] : « N'ayons-nous pas le

---

1. Voy. les *Actes de sainte Thècle*, écrits dès le premier siècle par un disciple de saint Paul, reconnus pour canoniques par Tertullien, par saint Cyprien, par Grégoire de Nazianze, saint Ambroise, etc.
2. Anciens *Actes des Apôtres*, chap. XXI.
3. *Actes*, VII, 57. (ED.) — 4. *Id.*, IX, 4. (ED.) — 5. *Id., ibid.*, 4, 5, 7. (ED.)

droit d'être nourris à vos dépens, et d'amener avec nous une femme ? Qui est-ce qui va jamais à la guerre à ses dépens ? » Belles paroles dont le R. P. Menou, jésuite, apôtre de la Lorraine, a si bien profité qu'elles lui ont valu à Nanci vingt-quatre mille livres de rente, un palais, et plus d'une belle femme.

Ce n'est pas celui qui écrivit au petit troupeau de Thessalonique que *l'univers allait être détruit*[2], moyennant quoi ce n'était pas la peine, *ce n'était pas métier*, comme vous le dites en Italie, de garder de l'argent chez soi; car Paul disait : «[3] Aussitôt que l'archange aura crié, et que la trompette de Dieu aura sonné, Jésus descendra du ciel. Les morts qui sont à Christ ressusciteront les premiers, et nous qui vivons et qui vivrons jusqu'à ce temps-là, nous serons emportés en l'air au-devant de Jésus. »

Et remarquez, généreux Romains, que Saul Paul n'annonçait ces belles choses aux fripiers et épiciers de Thessalonique qu'en conséquence de la prédiction formelle de Luc, qui avait assuré publiquement[4], c'est-à-dire à quinze ou seize élus de la populace, que la génération ne passerait pas sans que le fils de l'homme vînt dans les nuées avec une grande puissance et une grande majesté. O Romains! si Jésus ne vint pas dans les nuées avec une grande puissance, du moins les papes ont eu cette grande puissance; et c'est ainsi que les prophéties s'accomplissent.

Celui qui écrit cette épître aux Romains, n'est pas, encore une fois, ce Saul Paul, moitié juif, moitié chrétien, qui ayant prêché Jésus, et ayant annoncé la destruction de la loi mosaïque, alla non-seulement judaïser dans le temple de Hershalaïm, nommé vulgairement Jérusalem, mais encore y observer d'anciennes pratiques rigoureuses par le conseil de son ami Jacques[5], et qui fit précisément ce que la sainte inquisition chrétienne punit aujourd'hui de mort.

Celui qui vous écrit n'a été ni valet de prêtre, ni meurtrier, ni gardeur de manteaux, ni apostat, ni faiseur de tentes, ni englouti au fond de la mer comme Jonas, pendant vingt-quatre heures, ni emporté au troisième ciel comme Élie, sans savoir ce que c'est que ce troisième ciel.

Celui qui vous écrit est plus citoyen que ce Saul Paul, qui se vante, dit-on, de l'être, et qui certainement ne l'était pas; car s'il était de Tarsus, cette ville ne fut colonie romaine que sous Caracalla; s'il était né à Giscala en Galilée, ce qui est bien plus vraisemblable, puisqu'il était de la tribu de Benjamin, on sait assez que ce bourg juif n'était pas une ville romaine; on sait que ni à Tarsus ni ailleurs on ne donnait pas la bourgeoisie romaine à des Juifs. L'auteur des *Actes des apôtres*[6] avance que ce Juif Paul et un autre Juif nommé Silas, furent saisis par la justice dans la ville de Philippe en Macédoine (ville fondée par le père d'Alexandre, et près de laquelle la bataille entre Cassius

---

1. *I aux Corinthiens*, chap. IX, v. 4 et 5. — 2. *I aux Thessaloniciens*, ch. IV. 3. *Ibid.*, 16 et 17. — 4. Luc, chap. XXI, 27. — 5. *Actes*, chap. XXI. 6. Chap. XVI, v. 22.

et Brutus d'un côté, et Antoine et Octave de l'autre, décida de votre empire). Paul et Silas furent fouettés pour avoir ému la populace, et Paul dit aux huissiers[1] : « On nous a fouettés, nous qui sommes citoyens romains. » Les commentateurs avouent bien que ce Silas n'était pas citoyen romain. Ils ne disent pas que l'auteur des *Actes* en a menti; mais ils conviennent qu'il a dit la chose qui n'est pas; et j'en suis fâché pour le Saint-Esprit qui a sans doute dicté les *Actes des apôtres*.

Enfin celui qui écrit aux descendants des Marcellus, des Scipion, des Caton, des Cicéron, des Titus, des Antonin, est un gentilhomme romain, d'une ancienne famille transplantée, mais qui chérit son antique patrie, qui gémit sur elle, et dont le cœur est au Capitole.

Romains, écoutez votre concitoyen, écoutez Rome et votre ancien courage.

« . . . . L'antico valore
« Negl' italici cor non è ancor morto. »
Petrarc., Conz. xxix.

Article II. — J'ai pleuré dans mon voyage chez vous, quand j'ai vu des Zoccolanti occuper ce même Capitole où Paul-Émile mena le roi Persée, le descendant d'Alexandre, lié à son char de triomphe; ce temple où les Scipions firent porter les dépouilles de Carthage, où Pompée triompha de l'Asie, de l'Afrique, et de l'Europe; mais j'ai versé des larmes plus amères quand je me suis souvenu du festin que donna César à nos ancêtres, servi à vingt-deux mille tables, et quand j'ai comparé ces *congiaria*, ces distributions immenses de froment, avec le peu de mauvais pain que vous mangez aujourd'hui, et que la chambre apostolique vous vend fort cher. Hélas! il ne vous est pas permis d'ensemencer vos terres sans les ordres de ces apôtres; mais avec quoi les ensemenceriez-vous? Il n'y a pas un citadin parmi vous, excepté quelques habitants du quartier Transtevère, qui possède une charrue. Votre Dieu a nourri cinq mille hommes, sans compter les femmes et les enfants, avec cinq pains et deux goujons, selon saint Jean, et quatre mille hommes selon Matthieu[2]. Pour vous, Romains, on vous fait avaler le goujon sans vous donner du pain; et les successeurs de Lucullus sont réduits à la sainte pratique du jeûne.

Votre climat n'a guère changé, quoi qu'on en dise. Qui donc a pu changer à ce point votre terrain, vos fortunes et vos esprits? D'où vient que la campagne, depuis les portes de Rome à Ostie, n'est remplie que de reptiles? Pourquoi de Montefiascone à Viterbe, et dans tout le terrain par lequel la voie Appienne vous conduit encore à Naples, un vaste désert a-t-il succédé à ces campagnes autrefois couvertes de palais, de jardins, de moissons, et d'une multitude innom-

---

1. *Actes*, chap. xvi, v. 37.
2. Matthieu, au chap. xiv, compte cinq mille hommes et cinq pains, et au chap. xv, quatre mille hommes et sept pains; apparemment ce sont deux miracles qui font en tout neuf mille hommes et neuf mille femmes pour le moins; et, si vous y ajoutez neuf mille petits enfants, le tout se monte à vingt-sept mille déjeuners : cela est considérable.

brable de citoyens? J'ai cherché le Forum Romanorum de Trajan, cette place pavée de marbre en forme de réseau, entourée d'un péristyle à colonnades chargées de cent statues; j'ai trouvé Campo Vaccino, le marché aux vaches, et malheureusement aux vaches maigres et sans lait. J'ai dit: « Où sont ces deux millions de Romains dont cette capitale était peuplée? » J'ai vérifié qu'année commune il n'y naît aujourd'hui que 3500 enfants; de sorte que, sans les Juifs, les prêtres et les étrangers, Rome ne contiendrait pas cent mille habitants. Je demandai : « A qui appartient ce bel édifice que je vois entouré de masures? » on me répond: « A des moines; » c'était autrefois la maison d'Auguste, ici logeait Cicéron, là demeurait Pompée : des couvent sont bâtis sur leurs ruines. »

O Romains! mes larmes ont coulé, et je vous estime assez pour croire que vous pleurez avec moi.

ARTICLE III. — On m'a fait comprendre qu'un vieux prêtre élu pape par d'autres prêtres, ne peut avoir ni le temps ni la volonté de soulager votre misère. Il ne peut songer qu'à vivre. Quel intérêt prendrait-il aux Romains? Rarement est-il Romain lui-même. Quel soin prendra-t-il d'un bien qui ne passera point à ses enfants ? Rome n'est pas son patrimoine comme il était devenu celui des césars : c'est un bénéfice ecclésiastique : la papauté est une espèce d'abbaye commendataire que chaque abbé ruine pendant sa vie. Les césars avaient un intérêt réel à rendre Rome florissante; les patriciens en avaient un bien plus grand du temps de la république; on n'obtenait les dignités qu'en charmant le peuple par des bienfaits, en forçant ses suffrages par l'apparence des vertus, en servant l'État par des victoires : un pape se contente d'avoir de l'argent et du pain azyme, et ne donne que des bénédictions à ce peuple qu'on appelait autrefois *le peuple roi*.

Votre premier malheur vint de la translation de l'empire de Rome à l'extrémité de la Thrace. Constantin, élu empereur par quelques cohortes barbares au fond de l'Angleterre, triompha de Maxence élu par vous. Maxence, noyé dans le Tibre au fort de la mêlée, laissa l'empire à son concurrent; mais le vainqueur alla se cacher au rivage de la mer Noire; il n'aurait pas fait plus s'il avait été vaincu. Souillé de débauches et de crimes, assassin de son beau-père, de son beau-frère, de son neveu, de son fils et de sa femme, en horreur aux Romains, il abandonna leur ancienne religion sous laquelle ils avaient conquis tant d'États, et se jeta dans les bras des chrétiens qui lui avaient fourni l'argent auquel il était redevable du diadème : ainsi il trahit l'empire dès qu'il en fut possesseur; et en transplantant sur le Bosphore ce grand arbre qui avait ombragé l'Europe, l'Afrique et l'Asie-Mineure, il en dessécha les racines. Votre seconde calamité fut cette maxime ecclésiastique citée dans un poëme français très-célèbre, intitulé *le Lutrin*, mais trop sérieusement véritable :

Abîme tout plutôt; c'est l'esprit de l'Église.

L'Église combattit l'ancienne religion de l'empire en déchirant elle-même ses entrailles, en se divisant, avec autant de fureur que d'imprudence, sur cent questions incompréhensibles dont on n'avait jamais entendu parler auparavant. Les sectes chrétiennes se poursuivaient l'une l'autre à feu et à sang, pour des chimères métaphysiques, pour des sophismes de l'école, se réunissaient pour ravir les dépouilles des prêtres fondés par Numa : elles ne se donnèrent point de repos qu'elles n'eussent détruit l'autel de la Victoire dans Rome.

Saint Ambroise, de soldat devenu évêque de Milan, sans avoir été seulement diacre, et votre Damase, devenu par un schisme évêque de Rome, jouirent de ce funeste succès. Ils obtinrent qu'on démolît l'autel de la Victoire, élevé dans le Capitole depuis près de huit cents ans; monument du courage de vos ancêtres, qui devait perpétuer la valeur de leurs descendants. Il s'en faut bien que la figure emblématique de la Victoire fût une idolâtrie comme celle de votre Antoine de Padoue, qui n'exauce ceux qui Dieu n'exauce pas; celle de François d'Assise, qu'on voyait sur la porte d'une église de Reims en France, avec cette inscription : « A François et Jésus, tous deux crucifiés; » celle de saint Crépin, de sainte Barbe et tant d'autres; et le sang d'une vingtaine de saints qui se liquéfie dans Naples à jour nommé, à la tête desquels est le patron Gennaro, inconnu au reste de la terre; et le prépuce et le nombril de Jésus; et le lait de sa mère, et son poil, et sa chemise, supposé qu'elle en eût, et son cotillon. Voilà des idolâtries aussi plates qu'avérées; mais pour la Victoire posée sur un globe et déployant ses ailes, une épée dans la main et des lauriers sur la tête, c'était la noble devise de l'empire romain, le symbole de la vertu. Le fanatisme vous enleva le gage de votre gloire.

De quel front ces nouveaux énergumènes ont-ils osé substituer des Roch, des Fiacre, des Eustache, des Ursule, des Nicaise, des Scholastique, à Neptune, qui présidait aux mers, à Mars, le dieu de la guerre, à Junon, dominatrice des airs, sous l'empire du grand Zeus, de l'éternel Démiourgos, maître des éléments, des dieux et des hommes? Mille fois plus idolâtres que vos ancêtres, ces insensés vous ont fait adorer des os de morts. Ces plagiaires de l'antiquité ont pris l'eau lustrale des Romains et des Grecs, leurs processions, la confession pratiquée dans les mystères de Cérès et d'Isis, l'encens, les libations, les hymnes, tout, jusqu'aux habits des prêtres. Ils dépouillèrent l'ancienne religion et se parèrent de ses vêtements. Ils se prosternent encore aujourd'hui devant des statues et des images d'hommes ignorés, en reprochant continuellement aux Périclès, aux Solon, aux Miltiade, aux Cicéron, aux Scipion, aux Caton, d'avoir fléchi les genoux devant les emblèmes de la Divinité.

Que dis-je? y a-t-il un seul événement dans l'*Ancien* et le *Nouveau Testament* qui n'ait été copié des anciennes mythologies indiennes, chaldéennes, égyptiennes et grecques? Le sacrifice d'Idothénée n'est-il pas visiblement l'origine de celui de Jephté? La biche d'Iphigénie n'est-elle pas le bélier d'Isaac? Ne voyez-vous pas Eurydice dans Édith, femme de Loth? Minerve et le cheval Pégase, en frappant des rochers en firent sortir des fontaines : on attribue le même prodige à Moïse

Bacchus avait passé la mer Rouge à pied sec avant lui, et il avait arrêté le soleil et la lune avant Josué. Mêmes fables, mêmes extravagances de tous les côtés.

Il n'y a pas un seul fait miraculeux dans les *Évangiles* que vous ne trouviez dans des écrivains bien antérieurs. La chèvre Amalthée avait sa corne d'abondance avant qu'on eût dit que Jésus avait nourri cinq mille hommes, sans compter les femmes, avec deux poissons. Les filles d'Anius avaient changé l'eau en vin et en huile, quand on n'avait pas encore parlé des noces de Cana. Athalie, Hippolyte, Alceste, Pélops, Hérès, étaient ressuscités quand on ne parlait pas encore de la résurrection de Jésus; et Romulus était né d'une vestale plus de sept cents ans avant que Jésus passât pour être né d'une vierge. Comparez et jugez.

ARTICLE IV. — Quand on eut détruit votre autel de la Victoire, les barbares vinrent, qui achevèrent ce que les prêtres avaient commencé. Rome devint la proie et le jouet des nations qu'elle avait si longtemps ou gouvernées ou réprimées.

Toutefois vous aviez encore des consuls, un sénat, des lois municipales; mais les papes vous ont ravi ce que les Huns, les Hérules, les Goths vous avaient laissé.

Il était inouï qu'un prêtre osât affecter les droits régaliens dans aucune ville de l'empire. On sait assez dans toute l'Europe, excepté dans votre chancellerie, que, jusqu'à Grégoire VII, votre pape n'était qu'un évêque métropolitain, toujours soumis aux empereurs grecs, puis aux empereurs francs, puis à la maison de Saxe, recevant d'eux l'investiture, obligé d'envoyer leur profession de foi à l'évêque de Ravenne et à celui de Milan, comme on le voit expressément dans votre *Diarium Romanum*. Son titre de patriarche en Occident lui donnait un très-grand crédit, mais aucun droit à la souveraineté. Un prêtre-roi était un blasphème dans une religion dont le fondateur a dit en termes exprès dans l'*Évangile* : « Il n'y aura parmi vous ni premier ni dernier. » Romains, pesez bien ces autres paroles qu'on met dans la bouche de Jésus[1] : « Il ne dépend pas de moi de vous mettre à ma droite ou à ma gauche, mais seulement de mon père. » Sachez d'ailleurs que tous les Juifs appelaient et qu'ils appellent encore fils de Dieu un homme juste : demandez-le aux huit mille Juifs qui vendent des haillons parmi vous, comme ils en ont toujours vendu; et observez avec toute votre attention les paroles suivantes[2] : « Que celui qui voudra devenir grand parmi vous soit réduit à vous servir. Le fils de l'homme n'est pas venu pour être servi, mais pour servir. »

En vérité, ces mots clairs et précis signifient-ils que le pape Boniface VIII a dû écraser la maison Colonne? qu'Alexandre VI a dû empoisonner tant de barons romains? et qu'enfin l'évêque de Rome a reçu de Dieu, dans des temps d'anarchie, le duché de Rome, celui de Ferrare, le Bolonais, la Marche d'Ancône, le duché de Castro et Ron-

1. Matthieu, chap. xx, v. 26. — 2. Matthieu, chap. xx, v. 26, 27 et 28.

ciglione, et tout le pays depuis Viterbe jusqu'à Terracine, contrées ravies à leurs légitimes possesseurs? Romains, serait-ce pour le seul Rezzonico[1] que Jésus aurait été envoyé de Dieu sur la terre?

ARTICLE V. — Vous m'allez demander par quels ressorts cette étrange révolution s'est pu opérer contre toutes les lois divines et humaines? Je vais vous le dire; et je défie le plus emporté fanatique auquel il restera une étincelle de raison, et le plus déterminé fripon qui aura conservé dans son âme un reste de pudeur, de résister à la force de la vérité, s'il lit avec l'attention que mérite un examen si important.

Il est certain, et personne n'en doute, que les premières sociétés galiléennes, nommées depuis chrétiennes, furent cachées dans l'obscurité et rampèrent dans la fange; il est certain que, lorsque les chrétiens commencèrent à écrire, ils ne confiaient leurs livres qu'à des initiés à leurs mystères; on ne les communiquait pas même aux catéchumènes, encore moins aux partisans de la religion impériale. Nul Romain ne sut, jusqu'à Trajan, qu'il y avait des *Évangiles*; aucun auteur grec ou romain n'a jamais cité ce mot *évangile*; Plutarque, Lucien, Pétrone, Apulée, qui parlent de tout, ignorent absolument qu'il y eût des *Évangiles*, et cette preuve, parmi cent autres preuves, démontre l'absurdité des auteurs qui prétendent aujourd'hui, ou plutôt qui feignent de prétendre que les disciples de Jésus moururent pour soutenir la vérité de ces *Évangiles*, dont les Romains n'entendirent jamais parler pendant deux cents années. Les Galiléens, demi-juifs demi-chrétiens, séparés des disciples de Jean, des thérapeutes, des esséniens, des judaïtes, des hérodiens, des saducéens et des pharisiens, grossirent leur petit troupeau dans le bas peuple, non pas assurément par le moyen des livres, mais par l'ascendant de la parole, mais en catéchisant des femmes[2], des filles, des enfants, mais en courant de bourgade en bourgade; en un mot, comme toutes les sectes s'établissent.

En bonne foi, Romains, qu'auraient répondu vos ancêtres, si saint Paul, ou Simon Barjone, ou Mathias, ou Matthieu, ou Luc, avaient comparu devant le sénat, s'ils avaient dit : « Notre Dieu Jésus, qui a passé toute sa vie pour le fils d'un charpentier, est né l'an 752 de la fondation de Rome, sous le gouvernement de Cirénius[3], dans un village juif nommé Bethléem, où son père Joseph et sa mère Mariah étaient venus se faire inscrire, quand Auguste ordonna le dénombrement de l'univers? Dieu naquit dans une étable entre un bœuf et un âne[4]; les anges descendirent du ciel à sa naissance, et en avertirent

---

1. C'est le nom de famille de Clément XIII, qui fut pape de 1758 à 1769. (Éd.)
2. *Actes*, chap. XVI, v. 13 et 14. — 3. Luc, chap. II, v. 1, 2, 3, etc.
4. Il est reçu dans toute la chrétienté que Jésus naquit dans une étable, entre un bœuf et un âne; cependant il n'en est pas dit un mot dans les Évangiles; c'est une imagination de Justin; Lactance en parle, ou du moins l'auteur d'un mauvais poëme sur la *Passion*, attribué à ce Lactance.

« Hic mihi fusa dedit bruta inter inertia primum
« Arida in angustis praesepibus herba cubile. »

tous les paysans; une étoile nouvelle éclata dans les cieux, et conduisit vers lui trois rois ou trois mages d'Orient, qui lui apportèrent en tribut de l'encens, de la myrrhe et de l'or; et malgré cet or, il fut pauvre toute sa vie. Hérode, qui se mourait alors, Hérode que vous aviez fait roi, ayant appris que le nouveau-né était roi des Juifs, fit égorger quatorze mille enfants nouveau-nés des environs, afin que ce roi fût compris dans leur nombre[1]. Cependant un de nos écrivains inspirés de Dieu dit[2] que l'enfant Dieu et roi s'enfuit en Égypte; et un autre écrivain non moins inspiré de Dieu, dit que l'enfant resta à Bethléem[3]; un des mêmes écrivains sacrés et infaillibles lui fait une généalogie royale; un autre écrivain sacré lui compose une généalogie royale entièrement contraire. Jésus prêche des paysans; Jésus garçon de la noce change l'eau en vin pour des paysans déjà ivres[4]. Jésus est emporté par le diable sur une montagne[5]. Jésus chasse les diables, et les envoie dans le corps de deux mille cochons[6] dans la Galilée où il n'y eut jamais de cochons. Jésus dit des injures atroces aux magistrats[7]. Le préteur Pontius le fait pendre. Il manifeste sa divinité sitôt qu'il est pendu; la terre tremble[8], tous les morts sortent de leurs tombeaux et se promènent dans la ville, aux yeux de Pontius. Il se fait une éclipse centrale du soleil[9] en plein midi, dans la pleine lune, quoique la chose soit impossible. Jésus ressuscite secrètement, monte au ciel, et envoie publiquement un autre Dieu, qui tombe en plusieurs langues de feu[10] sur les têtes de ses disciples. Que ces mêmes langues tombent sur vos têtes, pères conscrits, faites-vous chrétiens. »

Si le moindre huissier du sénat avait daigné répondre à ce discours, il leur aurait dit : « Vous êtes des fourbes insensés, qui méritez d'être renfermés dans l'hôpital des fous. Vous en avez menti quand vous dites que votre Dieu naquit en l'an de Rome 752, sous le gouvernement de Cirénius, proconsul de Syrie; Cirénius ne gouverna la Syrie que plus de dix ans après; nos registres en font foi : c'était Quintilius Varus qui était alors proconsul de Syrie.

« Vous en avez menti quand vous dites qu'Auguste ordonna le dénombrement de l'univers. Vous êtes des ignorants qui ne savez pas qu'Auguste n'était pas le maître de la dixième partie de l'univers. Si vous entendez par l'univers l'empire romain, sachez que ni Auguste ni personne n'a jamais entrepris un tel dénombrement. Sachez qu'il n'y eut qu'un seul cens des citoyens de Rome et de son territoire sous Auguste, et que ce cens se monta à quatre millions de citoyens; et à moins que votre charpentier Joseph et sa femme Mariah n'aient fait votre Dieu dans un faubourg de Rome, et que ce charpentier juif n'ait été un citoyen romain, il est impossible qu'il ait été dénombré.

« Vous en avez ridiculement menti avec vos trois rois et la nouvelle étoile, et les petits enfants massacrés, et avec vos morts ressuscités et

---

1. Matthieu, chap. II, v. 16. — 2. *Id., ibid.*, v. 14. — 3. Luc, chap. II, v. 28.
4. Jean, chap. II, v. 10. — 5. Matth., IV, 5; Luc, IV, 5. (Ed.)
6. Matth., VIII, 32; Marc, V, 13. (Ed.) — 7. Matth., XXIII. (Ed.)
8. Matth., XXVII, 51, 52, 53. (Ed.) — 9. Marc, XV, 33. (Ed.) — 10. *Actes*, II, 3. (Ed.)

marchant dans les rues à la vue de Pontius Pilatus, qui ne nous en a jamais écrit un seul mot, etc., etc.

« Vous en avez menti avec votre éclipse du soleil en pleine lune; notre préteur Pontius Pilatus nous en aurait écrit quelque chose, et nous aurions été témoins de cette éclipse avec toutes les nations de la terre. Retournez à vos travaux journaliers, paysans fanatiques, et rendez grâces au sénat, qui vous méprise trop pour vous punir. »

ARTICLE VI. — Il est clair que les premiers chrétiens demi-juifs se gardèrent bien de parler aux sénateurs de Rome, ni à aucun homme en place, ni à aucun citoyen au-dessus de la lie du peuple. Il est avéré qu'ils ne s'adressèrent qu'à la plus vile canaille; c'est devant elle qu'ils se vantèrent de guérir les maladies des nerfs, les épilepsies, les convulsions de matrice, que l'ignorance regardait partout comme des sortilèges, comme des obsessions des mauvais génies, chez les Romains, ainsi que chez les Juifs, chez les Égyptiens, chez les Grecs, chez les Syriens. Il était impossible qu'il n'y eût quelque malade de guéri; les uns l'étaient au nom d'Esculape; et l'on a même retrouvé depuis peu à Rome un monument d'un miracle d'Esculape avec les noms des témoins : les autres étaient guéris au nom d'Isis ou de la déesse de Syrie; les autres au nom de Jésus, etc. La canaille guérie en ce nom croyait à ceux qui l'annonçaient.

ARTICLE VII. — Les chrétiens s'établissaient parmi le peuple par ce moyen qui séduit toujours le vulgaire ignorant; ils avaient encore un ressort bien plus puissant; ils déclamaient contre les riches, ils prêchaient la communauté des biens; dans leurs associations secrètes ils engageaient leurs néophytes à leur donner le peu d'argent gagné à la sueur de leur front; ils citaient le prétendu exemple de Saphira et d'Ananias[1], que Simon Barjone surnommé Céphas, qui signifie Pierre, avait fait mourir de mort subite pour avoir gardé un écu, premier et détestable exemple des rapines ecclésiastiques.

Mais ils n'auraient pu parvenir à tirer ainsi l'argent de leurs néophytes, s'ils n'avaient prêché la doctrine des philosophes cyniques, qui était l'esprit de désappropriation : cela ne suffisait pas encore pour établir un troupeau nombreux; il y avait longtemps que la fin du monde était annoncée; vous la trouverez dans Épicure, dans Lucrèce, son plus illustre disciple; Ovide du temps d'Auguste avait dit :

Esse quoque in fatis reminiscitur, afore tempus,
Quo mare, quo tellus, correptaque regia cœli
Ardeat, et mundi moles operosa laboret.
Metam. I, 256.

Selon les autres un concours fortuit d'atomes avait formé le monde, un autre concours fortuit devait le démolir.

Quod superest, nunc me huc rationis detulit ordo,

---

1. *Actes*, chap. v, v. 1 jusqu'au 11.

Ut mihi mortali consistere corpore mundum,
Nativumque simul, ratio reddenda sit, esse.

Lucr., V, 65.

Cette opinion venait originairement des brachmanes de l'Inde : plusieurs Juifs l'avaient embrassée du temps d'Hérode ; elle est formellement dans l'*Évangile* de Luc, comme vous l'avez vu ; elle est dans les *Épîtres* de Paul ; elle est dans tous ceux qu'on appelle Pères de l'Église. Le monde allait donc être détruit ; les chrétiens annonçaient une nouvelle Jérusalem, qui paraissait dans les airs pendant la nuit [1]. On ne parlait chez les Juifs que d'un nouveau royaume des cieux ; c'était le système de Jean-Baptiste, qui avait remis en vogue, dans le Jourdain, l'ancien baptême des Indiens dans le Gange, baptême reçu chez les Égyptiens, baptême adopté par les Juifs. Ce nouveau royaume des cieux où les seuls pauvres devaient aller, et dont les riches étaient exclus, fut prêché par Jésus et ses adhérents : on menaçait de l'enfer éternel ceux qui ne croiraient pas au nouveau royaume des cieux : cet enfer inventé par le premier Zoroastre fut ensuite un point principal de la théologie égyptienne ; c'est d'elle que vinrent la barque à Caron, Cerbère, le fleuve Léthé, le Tartare, les Furies ; c'est d'Égypte que cette idée passa en Grèce, et de là chez les Romains ; les Juifs ne la connurent jamais jusqu'au temps où les pharisiens la prêchèrent un peu avant le règne d'Hérode : une de leurs contradictions était d'admettre un enfer en admettant la métempsycose ; mais peut-on chercher du raisonnement chez les Juifs? ils n'en ont jamais eu qu'en fait d'argent. Les saducéens, les samaritains, rejetèrent l'immortalité de l'âme, parce qu'en effet elle n'est dans aucun endroit de la loi mosaïque.

Voilà donc le grand ressort dont les premiers chrétiens, tous demi-juifs, se servirent pour donner de l'activité à la machine nouvelle ; communauté de biens, repas secrets, mystères cachés, Évangiles lus aux seuls initiés, paradis aux pauvres, enfer aux riches, exorcismes de charlatans ; voilà, dis-je, dans l'exacte vérité, les premiers fondements de la secte chrétienne. Si je me trompe, ou plutôt si je veux tromper, je prie le Dieu de l'univers, le Dieu de tous les hommes, de sécher ma main qui écrit ce que je pense, de foudroyer ma tête convaincue de l'existence de ce Dieu bon et juste, et de m'arracher un cœur qui l'adore.

ARTICLE VIII. — Romains, développons maintenant les artifices, les fourberies, les actes de faussaires, que les chrétiens eux-mêmes ont appelés fraudes pieuses ; fraudes qui vous ont enfin coûté votre liberté et vos biens, et qui ont plongé les vainqueurs de l'Europe dans l'esclavage le plus déplorable. Je prends encore Dieu à témoin que je ne vous dirai pas un seul mot qui ne soit prouvé. Si je voulais employer toutes les armes de la raison contre le fanatisme, tous les traits perçants de la vérité contre l'erreur, je vous parlerais d'abord de cette quantité

---

[1] Voy. *Apocalypse*, attribuée à Jean (XXI, 2) ; voy. aussi Justin et Tertullien.

prodigieuse d'Évangiles qui se sont contredits, et qu'aujourd'hui vos papes mêmes reconnaissent pour faux : ce qui démontre qu'au moins il y a eu des faussaires parmi les premiers chrétiens; mais c'est une chose assez connue. Il faut vous montrer des impostures plus communément ignorées, et mille fois plus funestes.

Première imposture. — C'est une superstition bien ancienne que les dernières paroles des vivants étaient des prophéties, ou du moins des maximes sacrées, des préceptes respectables. On croyait que l'âme, prête à se dégager des liens du corps, et à moitié réunie avec la Divinité, voyait l'avenir et la vérité qui se montrait alors sans nuage. Suivant ce préjugé, les judéo-christicoles forgent, dès le premier siècle de l'Église, le *Testament des douze patriarches*, écrit en grec, qui doit servir de prédiction et de préparation au nouveau royaume de Jésus. On trouve dans le *Testament* de Ruben [1] ces paroles : Προσκυνήσατε τῷ σπέρματι αὐτοῦ, ὅτι ὑπὲρ ὑμῶν ἀποθανεῖται ἐν πολέμοις ὁρατοῖς καὶ ἀοράτοις, καὶ ἔσται ἐν ὑμῖν βασιλεὺς αἰώνων. « Adorez son sperme; car il mourra pour vous dans des guerres visibles et invisibles, et il sera votre roi éternellement. » On applique cette prophétie à Jésus, selon la coutume de ceux qui écrivirent cinquante-quatre Évangiles en divers lieux, et qui presque tous tâchèrent de trouver dans les écrivains juifs, et surtout dans ceux qu'on appelle prophètes, des passages qu'on pouvait tordre en faveur de Jésus. Ils en supposèrent même plusieurs évidemment reconnus pour faux. L'auteur de ce *Testament des patriarches* est donc le plus effronté et le plus maladroit faussaire qui ait jamais barbouillé du papier d'Égypte : car ce livre fut écrit dans Alexandrie, dans l'école d'un nommé Marc.

Seconde imposture principale. — Ils supposèrent des lettres du roi d'Édesse à Jésus, et de ce prétendu prince, tandis qu'il n'y avait point de roi à Édesse, ville soumise au gouvernement de Syrie, et que jamais le petit prince d'Édesse ne prit le titre de roi; tandis qu'enfin il n'est dit dans aucun *Évangile* que Jésus sût écrire; tandis que, s'il avait écrit, il en aurait laissé quelque témoignage à ses disciples. Aussi ces prétendues lettres sont aujourd'hui déclarées actes de faussaires par tous les savants.

Troisième imposture principale qui en contient plusieurs. — On forge des actes de Pilate, des lettres de Pilate, et jusqu'à une histoire de la femme de Pilate ; mais surtout les lettres de Pilate sont curieuses; en voici un fragment :

« Il est arrivé depuis peu, et je l'ai vérifié, que les Juifs, par leur envie, se sont attiré une cruelle condamnation; leur Dieu leur ayant promis de leur envoyer son saint du haut du ciel, qui serait leur roi à bien juste titre, et ayant promis qu'il serait fils d'une vierge ; le Dieu des Hébreux l'a envoyé en effet, moi étant président en Judée. Les

---

1. Voy. *Codex pseudepigraphus Veteris Testamenti*, par J. A. Fabricius, seconde édition; Hambourg, 1722, t. II, p. 532. Il en existe une traduction française par Fr. Macé, d'après le latin de Robert, 1713, in-12. (*Note de M. Beuchot.*)

principaux des Juifs me l'ont dénoncé comme un magicien ; je l'ai cru, je l'ai bien fait fouetter, je le leur ai abandonné, ils l'ont crucifié, ils ont mis des gardes auprès de sa fosse ; il est ressuscité le troisième jour. »

Je joins à cette supposition celle du rescrit de Tibère au sénat, pour mettre Jésus au rang des dieux de l'empire, et les ridicules lettres du philosophe Sénèque à Paul, et de Paul à Sénèque, écrites en un latin barbare, et les lettres de la vierge Marie à saint Ignace; et tant d'autres fictions grossières dans ce goût. Je ne peux pas trop étendre ce dénombrement d'impostures, dont la liste vous effrayerait, si je les comptais une à une.

Quatrième imposture. — La supposition la plus hardie, peut-être, et la plus grossière, est celle des prophéties attribuées aux sibylles qui prédisent l'incarnation de Jésus, ses miracles, et son supplice, en vers acrostiches. Ces bêtises ignorées des Romains étaient l'aliment de la foi des catéchumènes. Elles ont eu cours pendant huit siècles parmi nous, et nous chantons encore dans une de nos hymnes, *teste David cum sibylla*, témoin David et la sibylle.

Vous vous étonnez sans doute qu'on ait pu adopter si longtemps ces méprisables facéties, et mener les hommes avec de pareilles brides; mais les chrétiens ayant été plongés quinze cents ans dans la plus stupide barbarie, les livres étant très-rares, les théologiens étant très-fourbes, on a tout osé dire à des malheureux capables de tout croire.

Cinquième imposture. — Illustres et infortunés Romains, avant d'en venir aux funestes mensonges qui vous ont coûté votre liberté, vos biens, votre gloire, et qui vous ont mis sous le joug d'un prêtre; et avant de vous parler du prétendu pontificat de Simon Barjone, qui siégea, dit-on, à Rome pendant vingt-cinq années, il faut que vous soyez instruits des *Constitutions apostoliques;* c'est le premier fondement de cette hiérarchie qui vous écrase aujourd'hui.

Au commencement du second siècle il n'y avait point de surveillant, d'épiscopos, d'évêque revêtu d'une dignité réelle pour sa vie, attaché irrévocablement à un certain siége, et distingué des autres hommes par ses habits; tous les évêques même furent vêtus comme des laïques jusqu'au milieu du cinquième siècle. L'assemblée était dans la salle d'une maison retirée. Le ministre était choisi par les initiés, et exerçait tant qu'on était content de son administration. Point d'autel, point de cierges, point d'encens : les premiers Pères de l'Église ne parlent qu'avec horreur des autels et des temples[1]. On se contentait de faire des collectes d'argent, et de souper ensemble. La société chrétienne s'étant secrètement multipliée, l'ambition voulut faire une hiérarchie; comment s'y prend-on? Les fripons qui conduisaient les enthousiastes leur font accroire qu'ils ont découvert les *Constitutions apostoliques* écrites par saint Jean et par saint Matthieu; *quæ ego Matthæus et Joannes vobis tradidimus*[2]. C'est là qu'on fait dire à Matthieu : « Gardez-vous de juger votre évêque; car il n'est donné

---

1. Justin et Tertullien. — 2. *Constitutiones apostolicæ*, liv. II, chap. LVII

qu'aux prêtres d'être juges[1]. » C'est là où Matthieu et Jean disent : « Autant que l'âme est au-dessus du corps, autant le sacerdoce l'emporte sur la royauté : regardez votre évêque comme un roi, comme un maître absolu, (*Dominum*) : donnez-lui vos fruits, vos ouvrages, vos prémices, vos dîmes, vos épargnes, les prémices, les dîmes de votre vin, de votre huile, de vos blés[2], etc. Que l'évêque soit un dieu pour vous, et le diacre un prophète[3]. Dans les festins, que le diacre ait double portion, et le prêtre le double du diacre; et s'ils ne sont pas à table, qu'on envoie les portions chez eux[4]. »

Vous voyez, Romains, l'origine de l'usage où vous êtes de mettre la nappe pour donner des indigestions à vos pontifes; et plût à Dieu qu'ils ne s'en fussent tenus qu'au péché de la gourmandise!

Au reste, dans cette imposture des *Constitutions des apôtres*, remarquez bien attentivement que c'est un monument authentique des dogmes du second siècle, et que cet ouvrage de faussaire rend hommage à la vérité, en gardant un silence absolu sur des innovations qu'on ne pouvait prévoir, et dont vous avez été inondés de siècle en siècle. Vous ne trouverez, dans ce monument du second siècle, ni trinité, ni consubstantialité, ni transsubstantiation, ni confession auriculaire. Vous n'y trouverez point que la mère de Jésus soit mère de Dieu, que Jésus eût deux natures et deux volontés, que le Saint-Esprit procède du père et du fils. Tous ces singuliers ornements de fantaisie, étrangers à la religion de l'*Évangile*, ont été ajoutés depuis au bâtiment grossier que le fanatisme et l'ignorance élevaient dans les premiers siècles.

Vous y trouverez bien trois personnes, mais jamais trois personnes en un seul Dieu. Lisez avec la sagacité de votre esprit, seule richesse que vos tyrans vous ont laissée, lisez la prière commune que les chrétiens faisaient dans leurs assemblées, au second siècle, par la bouche de l'épiscope :

« O Dieu tout-puissant, inengendré, inaccessible, seul vrai Dieu, et père de Christ, ton fils unique, Dieu au Paraclet, Dieu de tous, toi qui as constitué docteurs les disciples par Christ[5], etc. »

Voilà clairement un seul Dieu qui commande à Christ et au Paraclet. Jugez si cela ressemble à la trinité, à la consubstantialité établie depuis à Nicée, malgré la réclamation constante de dix-huit évêques et de deux mille prêtres[6].

Dans un autre endroit, le même auteur, qui est probablement un évêque secret des chrétiens à Rome, dit formellement : « Le Père est Dieu par-dessus tout[7]. »

C'était la doctrine de Paul, qui éclate en tant d'endroits de ses épîtres. « Ayons la paix en Dieu par notre Seigneur Jésus-Christ[8]. »

---

1. Liv. II, chap. xxxvi. — 2. Liv. II, chap. xxxiv. — 3. *Ibid.*, chap. xxx.
4. *Ibid.*, chap. xxxviii. — 5. *Constitutions apostoliques*, liv. VIII, chap. vi.
6. Voy. l'*Histoire de l'Église de Constantinople et d'Alexandrie*, Bibliothèque bodléienne.
7. *Constitutions apostoliques*, liv. III, chap. xvii.
8. *Épître aux Romains*, chap. v, v. 1.

« Nous avons été réconciliés avec Dieu par la mort du fils[1]. »
« Si, par le péché d'un seul, plusieurs sont morts, le don de Dieu s'en est plus répandu, grâces à un seul homme, qui est Jésus-Christ[2]. »
« Nous sommes héritiers de Dieu et cohéritiers de Jésus-Christ[3]. »
« Supportez-vous les uns les autres comme Jésus vous a supportés pour la gloire de Dieu[4]. »
« A Dieu le seul sage honneur et gloire par Jésus-Christ[5]. »
« Jésus nous a été donné de Dieu[6]. »
« Que le Dieu de notre Seigneur Jésus-Christ le père de gloire, vous donne l'esprit de sagesse[7]. »

C'est ainsi que le Juif chrétien saint Paul s'explique toujours, c'est ainsi qu'on fait parler Jésus lui-même dans les *Évangiles*[8] : « Mon père est plus grand que moi[9]; » c'est-à-dire, Dieu fait ce que les hommes ne peuvent faire; car tous les Juifs, en parlant de Dieu, disaient mon père.

La patenôtre commence par ces mots : « Notre père. » Jésus dit : « Nul ne le sait que le père. Nul autre que mon père ne sait ce jour, pas même les anges[10]. Cela ne dépend pas de moi, mais seulement de mon père[10]. » Il est encore très-remarquable que Jésus craignant d'être appréhendé au corps, et suant de peur sang et eau, s'écria : « Mon père, que ce calice s'éloigne de moi[11] ! » C'est ce qu'un polisson[12] de nos jours appelle mourir en Dieu. Enfin aucun Evangile ne lui a mis dans la bouche ce blasphème, qu'il était Dieu, consubstantiel à Dieu.

Romains, vous m'allez demander pourquoi, comment on en fit un Dieu dans la suite des temps? Et moi je vous demande pourquoi et comment on fit des dieux de Bacchus, de Persée, d'Hercule, de Romulus; encore ne poussa-t-on pas le sacrilége jusqu'à leur donner le titre de Dieu suprême, de Dieu créateur; ce blasphème était réservé pour la secte échappée de la secte juive.

Sixième imposture principale. — Je passe sous silence les innombrables impostures des voyages de Simon Barjone, de l'Évangile de Simon Barjone, de son Apocalypse, de l'Apocalypse de Cérinthe, ridiculement attribuée à Jean, des Épitres de Barnabé, de l'Évangile des douze apôtres, de leurs Liturgies, des Canons du concile des apôtres, de la Confection du *Credo* par les apôtres, les voyages de Matthieu, les voyages de Thomas, et de tant de rêveries reconnues enfin pour être de la main d'un faussaire, qui les fit passer sous des noms révérés des chrétiens.

Je n'insisterai pas beaucoup sur le roman du prétendu pape saint Clément, qui se dit successeur immédiat de saint Pierre; je remarque-

---

1. *Épitre aux Romains*, chap. v, v. 10. — 2. *Idem*, 15. — 3. *Idem*, VIII, 17. 4. *Idem*, xv, 7. — 5. *Idem*, xvi, 27. — 6. *Épitre aux Galates*, chap. I. 7. *Épitre aux Éphésiens*, I, 17. — 8. Jean, xiv, 28. — 9. Matthieu, xxiv, 36. 10. *Idem*, xx, 23. — 11. Luc, xxii, 44, 42.
12. J. J. Rousseau, dans la *Profession du vicaire savoyard*. (au IVe livre d'*Émile*). (Éd.)

rai seulement que Simon¹ Barjone et lui rencontrèrent un vieillard qui leur dit que sa femme l'a fait cocu, et qu'elle a couché avec son valet; Clément demande au vieillard comment il a su qu'il était cocu. « Par l'horoscope de ma femme, lui dit le bonhomme; et encore par mon frère, avec qui ma femme a voulu coucher, et qui n'a point voulu d'elle?.» A ce discours, Clément reconnaît son père dans le cocu, et ce même Clément apprend de Pierre qu'il est du sang des Césars. O Romains! c'est donc par de pareils contes que la puissance papale s'est établie.

Septième imposture principale sur le prétendu pontificat de Simon Barjone, surnommé Pierre. — Oui, a dit le premier que Simon, ce pauvre pêcheur, était venu de Galilée à Rome, qu'il y avait parlé latin, lui qui ne pouvait savoir que le patois de son pays, et qu'enfin il avait été pape de Rome vingt-cinq ans? C'est un Syrien nommé Abdias, qui vivait sur la fin du premier siècle, qu'on dit évêque de Babylone (c'est un bon évêché). Il écrivit en syriaque; nous avons son ouvrage traduit en latin par Jules Africain. Voici ce que cet écrivain sensé raconte; il a été témoin oculaire; son témoignage est irréfragable. Écoutez bien.

Simon Barjone, Pierre ayant ressuscité la Tabite, ou la Dorcas, couturière des apôtres, ayant été mis en prison par l'ordre du roi Hérode (quoique alors il n'y eût point de roi Hérode); et un ange lui ayant ouvert les portes de la prison (selon la coutume des anges), ce Simon rencontra dans Césarée l'autre Simon de Samarie, surnommé le magicien, qui faisait aussi des miracles; là ils commencèrent tous deux à se morguer. Simon le Samaritain s'en alla à Rome auprès de l'empereur Néron; Simon Barjone ne manqua pas de l'y suivre; l'empereur les reçut on ne peut pas mieux. Un cousin de l'empereur vint à mourir : aussitôt c'est à qui ressuscitera le défunt; le Samaritain a l'honneur de commencer la cérémonie, il invoque Dieu, le mort donne des signes de vie, et branle la tête. Simon Pierre invoque Jésus-Christ, et dit au mort de se lever; le mort se lève et vient l'embrasser. Ensuite vient l'histoire connue des deux chiens ; puis Abdias raconte comment Simon vola dans les airs, comment son rival Simon Pierre le fit tomber, Simon le magicien se cassa les jambes, et Néron fit crucifier Simon Pierre la tête en bas pour avoir cassé les jambes de l'autre Simon.

Cette arlequinade a été écrite non-seulement par Abdias, mais encore par je ne sais quel Marcel et par un Hégésippe qu'Eusèbe cita souvent dans son histoire. Observez, judicieux Romains, je vous en conjure, comment ce Simon Pierre peut avoir régné spirituellement vingt-cinq ans dans votre ville. Il y vint sous Néron, selon les plus anciens écrivains de l'Église; il y mourut sous Néron, et Néron ne régna que treize années.

Que dis-je? lisez les *Actes des apôtres*, y est-il seulement parlé d'un

1. *Récognitions de saint Clément*, liv. IX, nᵒˢ 32, 33. — 2. *Id.*, nᵒˢ 34 et 35.

voyage de Pierre à Rome? il n'en est pas fait la moindre mention. Ne voyez-vous pas que lorsque l'on imagina que Pierre était le premier des apôtres, on voulut supposer qu'il n'y avait eu que la ville impériale digne de sa présence ? Voyez avec quelle grossièreté on vous a trompés en tout : serait-il possible que le fils de Dieu, Dieu lui-même n'eût employé qu'une équivoque de polisson, une pointe, un quolibet absurde[1], pour établir Simon Barjone chef de son Église : « Tu es surnommé Pierre, et sur cette *pierre* j'établirai mon Église? » Si Barjone s'était appelé Potiron, Jésus lui aurait dit : « Tu es Potiron, et Potiron sera appelé le roi des fruits de mon jardin. »

Pendant plus de trois cents ans le successeur prétendu d'un paysan de Galilée fut ignoré dans Rome. Voyons enfin comment les papes devinrent vos maîtres.

Huitième imposture. — Il n'y a aucun homme instruit dans l'histoire des Églises grecque et latine, qui ne sache que les siéges métropolitains établirent leurs principaux droits au concile de Chalcédoine, convoqué en 451 par l'ordre de l'empereur Marcien et de Pulchérie, composé de six cent trente évêques. Les sénateurs qui présidaient au nom de l'empereur avaient à leur droite les patriarches d'Alexandrie et de Jérusalem, et à leur gauche, celui de Constantinople, et les députés du patriarche de Rome. Ce fut par les canons de ce concile que les siéges épiscopaux participèrent à la dignité des villes dans lesquelles ils étaient situés. Les évêques des deux villes impériales, Rome et Constantinople, furent déclarés les premiers évêques avec des prérogatives égales, par le célèbre vingt-huitième canon.

« Les Pères ont donné avec justice des prérogatives au siége de l'ancienne Rome, comme à une ville régnante, et les cent cinquante évêques du premier concile de Constantinople, très-chéris de Dieu, ont par là même raison attribué les mêmes priviléges à la nouvelle Rome; ils ont justement jugé que cette ville, où réside l'empire et le sénat, doit lui être égale dans toutes les choses ecclésiastiques. »

Les papes se sont toujours débattus contre l'authenticité de ce canon; ils l'ont défiguré, ils l'ont tordu de tous les sens. Que firent-ils enfin pour éluder cette égalité, et pour anéantir avec le temps tous les titres de sujétion qui les soumettaient aux empereurs comme tous les autres sujets de l'empire? Ils forgèrent cette fameuse donation de Constantin, laquelle a été tenue pour si véritable pendant plusieurs siècles; que c'était un péché mortel, irrémissible, d'en douter; et que le coupable encourait, *ipso facto*, l'excommunication majeure.

C'était une chose bien plaisante que cette donation de Constantin à l'évêque Sylvestre.

« Nous avons jugé utile, dit l'empereur, avec tous nos satrapes, et tout le peuple romain, de donner aux successeurs de saint Pierre une puissance plus grande que celle de Notre Sérénité. » Ne trouvez-vous pas, Romains, que le mot de satrape est bien placé là?

---

[1]. Matthieu, XVI, 18. (Ed.)

C'est avec la même authenticité que Constantin, dans ce beau diplôme, dit : « Qu'il a mis les apôtres Pierre et Paul dans de grandes châsses d'ambre; qu'il a bâti les églises de saint Pierre et de saint Paul; et qu'il leur a donné de vastes domaines en Judée, en Grèce, en Thrace, en Asie, etc., pour entretenir le luminaire; qu'il a donné au pape son palais de Latran, des chambellans, des gardes du corps, et qu'enfin il lui donne en pur don, à lui et à ses successeurs, la ville de Rome, l'Italie et toutes les provinces d'Occident; le tout pour remercier le pape Sylvestre de l'avoir guéri de la ladrerie, et de l'avoir baptisé, » quoiqu'il n'ait été baptisé qu'au lit de la mort par Eusèbe, évêque de Nicomédie.

Il n'y eut jamais ni pièce plus ridicule d'un bout à l'autre, ni plus accréditée dans les temps d'ignorance où l'Europe a croupi si longtemps après la chute de votre empire.

Neuvième imposture. — Je passe sous silence un millier de petites impostures journalières, pour arriver vite à la grande imposture des décrétales.

Ces fausses décrétales furent universellement répandues dans le siècle de Charlemagne. C'est là, Romains, que, pour mieux vous ravir votre liberté, on en dépouille tous les évêques; on veut qu'ils n'aient pour juge que l'évêque de Rome. Certes, s'il est le souverain des évêques, il devait bientôt devenir le vôtre, et c'est ce qui est arrivé. Ces fausses décrétales abolissaient les conciles, elles abolirent bientôt votre sénat, qui n'est plus qu'une cour de judicature, esclave des volontés d'un prêtre. Voilà surtout la véritable origine de l'avilissement dans lequel vous rampez. Tous vos droits, tous vos priviléges, si longtemps conservés par votre sagesse, n'ont pu vous être ravis que par le mensonge. Ce n'est qu'en mentant à Dieu et aux hommes qu'on a pu vous rendre esclaves; mais jamais on n'a pu éteindre dans vos cœurs l'amour de la liberté. Il est d'autant plus fort que la tyrannie est plus grande. Ce mot sacré de liberté se fait encore entendre dans vos conversations, dans vos assemblées, et jusque dans les antichambres du pape.

Article IX. — César ne fut que votre dictateur; Auguste ne fut que votre général, votre consul, votre tribun; Tibère, Caligula, Néron, vous laissèrent vos comices, vos prérogatives, vos dignités; les barbares même les respectèrent. Vous eûtes toujours votre gouvernement municipal. C'est par votre délibération, et non par l'autorité de votre évêque Grégoire III, que vous offrîtes la dignité de patrice au grand Charles Martel, maître de son roi, et vainqueur des Sarrasins en l'année 741 de notre fautive ère vulgaire.

Ne croyez pas que ce fut l'évêque Léon III qui fit Charlemagne empereur; c'est un conte ridicule du secrétaire Éginhard, vil flatteur des papes qui l'avaient gagné. De quel droit et comment un évêque sujet aurait-il fait un empereur qui n'était jamais créé que par le peuple ou par les armées qui se mettaient à la place du peuple?

Ce fut vous, peuple romain, qui usâtes de vos droits, vous qui ne voulûtes plus dépendre d'un empereur grec, dont vous n'étiez pas secourus; vous qui nommâtes Charlemagne, sans quoi il n'eût été qu'un usurpateur. Les annalistes de ce temps conviennent que tout était arrangé entre Carolo et vos principaux officiers (ce qui est en effet de la plus grande vraisemblance). Votre évêque n'y eut d'autre part que celle d'une vaine cérémonie, et la réalité de recevoir de grands présents. Il n'avait d'autre autorité légale dans votre ville, que celle du crédit attaché à sa mitre, à son clergé, et à son savoir-faire.

En vous donnant à Charlemagne, vous restâtes les maîtres de l'élection de vos officiers; la police fut entre leurs mains; vous demeurâtes en possession du môle d'Adrien, si ridiculement appelé depuis le château Saint-Ange, et vous n'avez été pleinement asservis que quand vos évêques se sont emparés de cette forteresse.

Ils sont parvenus pas à pas à cette grandeur suprême, si expressément proscrite pour eux par celui qu'ils regardent comme leur dieu, et dont ils osent s'appeler les vicaires. Jamais sous les Othons ils n'eurent de juridiction dans Rome. Les excommunications et les intrigues furent leurs seules armes; et lorsque, dans les temps d'anarchie, ils ont été en effet souverains, ils n'ont jamais osé en prendre le titre. Je défie tous les gens habiles qui vendent chez vous des médailles aux étrangers, d'en montrer une seule où votre évêque soit intitulé votre souverain. Je défie même les plus habiles fabricateurs de titres dont votre cour abonde, d'en montrer un seul où le pape soit traité de prince par la grâce de Dieu. Quelle étrange principauté que celle qu'on craint d'avouer!

Quoi! les villes impériales d'Allemagne qui ont des évêques sont libres; et vous, Romains, vous ne l'êtes pas! Quoi! l'archevêque de Cologne n'a pas seulement le droit de coucher dans cette ville, et votre pape vous permet à peine de coucher chez vous! Il s'en faut beaucoup que le sultan des Turcs soit aussi despotique à Constantinople que le pape l'est devenu à Rome.

Vous périssez de misère sous de beaux portiques. Vos belles peintures dénuées de coloris, et dix ou douze chefs-d'œuvre de la sculpture antique, ne vous procureront jamais ni un bon dîner ni un bon lit. L'opulence est pour vos maîtres et l'indigence est pour vous : le sort d'un esclave des anciens Romains était cent fois au-dessus du vôtre; car il pouvait acquérir de grandes fortunes; mais vous, nés serfs, vous mourez serfs, et vous n'avez d'huile que celle de l'extrême-onction. Esclaves de corps, esclaves d'esprit, vos tyrans ne souffrent pas même que vous lisiez dans votre langue le livre sur lequel on dit que votre religion est fondée.

Éveillez-vous, Romains, à la voix de la liberté, de la vérité et de la nature. Cette voix éclate dans l'Europe; il faut que vous l'entendiez; rompez les chaînes qui accablent vos mains généreuses, chaînes forgées par la tyrannie dans l'antre de l'imposture.

REMONTRANCES

**DU CORPS DES PASTEURS DU GÉVAUDAN, A ANT. JACQ. RUSTAN,
PASTEUR SUISSE A LONDRES**[1].

(1768.)

I. *Que prêtre doit être modeste.* — Notre cher et vénérable confrère, nous avons lu avec douleur votre facétie intitulée : *L'État présent du christianisme*. Vous avez avoué, il est vrai (page 7), que *l'ami de la vérité doit toujours être décent et modeste :* ah! notre frère, montrez-nous votre foi par vos œuvres. Vous insultez, dans votre licencieux écrit, les hommes les plus respectables, Français et Anglais; et même jusqu'à ceux qui nous ont rendu les plus grands services; qui ont souvent arrêté le bras du ministère, appesanti sur nous en France; qui ont inspiré la tolérance à tant de magistrats; qui ont été les principaux moteurs de la réhabilitation des Calas, et de la justice rendue après trois ans de soins aux cendres de notre frère innocent, roué et brûlé dans Toulouse. Ignorez-vous qu'ils ont tiré des galères plusieurs de nos martyrs? Ignorez-vous qu'aujourd'hui même ils travaillent à nous procurer un asile où nous puissions jouir de la liberté qui est le droit de tous les hommes? C'est à eux qu'on doit le mépris où est tombée la tyrannie de la cour de Rome et tout ce qu'on ose contre elle; et vous prenez ce temps-là pour faire contre eux un libelle! Hélas! notre vénérable camarade, vous ne connaissez pas l'esprit du gouvernement de France; il regarde la cour de Rome comme une usurpatrice et nous comme des factieux. Louis XIV d'une main saisissait Avignon et nous faisait rouer de l'autre.

Voilà pourquoi des chrétiens catholiques ont fait mourir tant de pasteurs protestants; c'est le cas, notre ami, de vous dire : « Ce n'est pas le tout d'être roué, il faut encore être poli. »

Nous demandons pardon au Seigneur de répéter ce mauvais quolibet; mais, en vérité, il ne convient que trop à notre triste situation et à votre libelle diffamatoire. Ne voyez-vous pas que vous justifiez en quelque sorte nos cruels persécuteurs? Ils diront : « Nous ne pendons, nous ne rouons que des brouillons insolents qui troublent la société. » Vous attaquez vos sauveurs, ceux qui ont prêché la tolérance; ne voyez-vous pas qu'ils n'ont pu obtenir cette tolérance pour les calvinistes paisibles, sans inspirer l'indifférence pour les dogmes, et qu'on nous pendrait encore si cette différence n'était pas établie? Remercions nos bienfaiteurs, ne les outrageons pas.

Vous avez de l'esprit, vous ne manquez pas d'éloquence; mais mal-

---

[1] Antoine-Jacques Roustan (et non Rustan), né à Genève en 1734, mort en 1808, publia des *Lettres sur l'état présent du christianisme*, 1768, in-12. C'est l'origine des *Remontrances* et des *Instructions* qui les suivent : ces deux pièces parurent ensemble en 29 pages in-8°, en septembre 1768, et furent mises à l'Index, à Rome, le 1ᵉʳ mars 1770. (*Note de M. Beuchot.*)

heureusement vous joignez à d'insipides railleries un style violent et emporté qui ne convient nullement à un prêtre à qui nous avons imposé les mains; et nous craignons pour vous que, si jamais vous reveniez en France, vous ne trouviez, dans la foule de ceux que vous outragez si indignement, des gens qui auront les mains plus lourdes que nous.

De quoi vous avisez-vous (page 148) de dire que « tous les préposés aux finances (sans faire la moindre exception) sont des sangsues du peuple, des fripons, qui semblent n'avoir en dépôt la puissance du souverain que pour la rendre détestable ? » Quoi ! notre malheureux frère le chancelier de l'échiquier, les gardes des rôles, sont des coquins suivant vous ? les chambres des finances de tous les États, le contrôleur général et les intendants de France, méritent la corde ? Vous osez ajouter « qu'il serait difficile d'ajouter à la haine et au mépris que les parlements et les peuples ont pour eux. »

C'est donc ainsi que vous voulez justifier ces paroles[1] : « Que celui qui n'écoute pas l'assemblée soit regardé comme un païen et un publicain. » Vous ne défendez la religion chrétienne que par des discours qui vous attireraient le pilori. A-t-on jamais vu une insolence si brutale et si punissable ? et quel est l'homme qui s'élève contre un ministère nécessaire à tous les États? Y pensez-vous bien, notre frère? avez-vous oublié qui vous êtes?

Nous ne sommes pas étonnés que vous vous déchaîniez contre la noblesse. Vous dites « qu'il est permis aux sots d'en faire le bouclier de leur sottise (page 93), et que les gens sensés ne connaissent de noble que l'homme de bien; » c'est un *scandalum magnatum*; c'est le discours d'un vil séditieux, et non pas d'un ministre de l'Évangile. Tout juré vidangeur, tout gadouard, tout savetier, tout geôlier, tout bourreau même, peut sans doute être homme de bien; mais il n'est pas noble pour cela. Cessez d'outrer la malheureuse manie de votre ami Jean-Jacques Rousseau, qui crie que tous les hommes sont égaux. Ces maximes sont le fruit d'un orgueil ridicule qui détruirait toute société. Songez que Dieu a dit par la bouche de Jésus, fils de Sirach[2] : « Je hais, je ne puis supporter le gueux superbe. »

Oui, notre frère, tous les hommes sont égaux en ce qu'ils ont les mêmes membres et les mêmes besoins, les mêmes droits à la justice distributive; mais ils ne peuvent pas tous être à la même place. Il est de la différence entre le soldat et le capitaine, entre le sujet et le prince, entre le plaideur et le juge. Le grand Dieu nous préserve de vouloir vous humilier! mais quand votre père était à l'hôpital de Genève, où son ivrognerie le conduisait assez souvent, était-il l'égal des directeurs de l'hôpital et du premier syndic? Prenez garde qu'on ne vous dise : *Ne, sutor, ultra crepidam.*

Nous savons que M. Rilliet[3] a dit aux Génevois, chez qui nous ac-

---

1. Matthieu, xviii, 17. (Éd.) — 2. *Ecclésiastique*, xxv, 4. (Éd.)
3. Théodore Rilliet, né à Genève en 1727, membre du conseil des deux-cents, mort en 1782 (Éd.)

courons en foule de nos provinces, qu'ils sont au-dessus des ducs et pairs de France, et des grands d'Espagne. Si cela est, il n'y a point là d'égalité, puisque les Génevois sont supérieurs; mais remarquez bien que M. Rilliet n'a parlé qu'aux citoyens, et que vous n'êtes pas citoyen.

Vous répondrez que vous êtes prêtre et que, selon le révérend docteur Hickes, « le prêtre est au-dessus du prince; que les rois et les reines doivent fléchir le genou devant un prêtre; que vouloir juger un prêtre, c'est vouloir juger Dieu lui-même, etc. » Nous convenons de toutes ces vérités : cependant il est toujours bon d'être modeste, car Euripide a dit (*Médée*, vers 636 et 637) :

Στέργοι δέ με σωφροσύνα,
Δώρημα κάλλιστον θεῶν.

Et Plutarque dit aussi de merveilleuses choses sur la modestie.

II. *Que prêtre de l'Église suisse à Londres doit être chrétien.* — Notre vénérable frère, vous dites (page 18 de votre libelle) que « vous n'êtes pas chrétien ; mais que vous seriez bien fâché de voir la chute du christianisme, surtout dans votre patrie : » nous ignorons si vous entendez par votre patrie, l'Angleterre où vous prêchez, ou bien la France dont vous êtes originaire, ou bien Genève qui vous a nourri. Mais nous sommes très-fâchés que vous ne soyez pas chrétien. Vous vous excuserez peut-être en disant que ce n'est pas vous qui parlez, que c'est un de vos amis dont vous rapportez un très-long discours. Mais comment pouvez-vous être l'ami intime d'un homme qui n'est pas chrétien, et qui est si bavard ? on voit trop que ce bon ami c'est vous-même. Vous lui prêtez vos phrases, votre style déclamatoire; on ne peut s'y méprendre. Ce bon ami est Antoine Rustan; *tu es ille vir*[1].

Je mets cet ami, dites-vous, *au-dessus des chrétiens vulgaires* (page 23). Toujours de l'orgueil, notre frère ! toujours de la superbe! ne vous corrigerez-vous jamais? *Christ* signifie oint, *chrétien* signifie onctueux. Mettez donc de l'onction dans vos paroles et de la charité dans votre conduite ; ne faites plus de libelle ; parlez surtout avec décence de Jésus-Christ. Page 61 vous l'appelez *fils putatif d'un charpentier*. Ah ! frère, que cela est indécent dans un pasteur ! *Fils putatif* entraîne de si vilaines idées ! fi ! ne vous servez jamais de ces expressions grossières : mais hélas ! à qui adressons-nous notre correction fraternelle ? à un homme qui n'est pas chrétien. Revenez au giron, cher frère, faites-vous rebaptiser : mais que ce soit par immersion: le bain est excellent pour les cerveaux trop allumés.

III. *Que prêtre ne doit point engager les gens dans l'athéisme.* — Vous employez votre seconde lettre à prouver que tous les théistes sont athées; mais c'est comme si vous disiez que tous les Musulmans, les Chinois, les Parsis, les Tartares, qui ne croient qu'en un seul Dieu, sont athées. Où est votre logique, frère? adorer un seul Dieu, est-ce

---

[1] *II Rois*, xii, 7. (*Éd.*)

n'en point reconnaître? Non content de cette extravagance, vous poussez la déraison jusqu'à prétendre que les athées seraient intolérants s'ils étaient les maîtres. Mais qui vous l'a dit? où avez-vous pris cette chimère? souvenez-vous de ce proverbe des anciens Arabes rapporté par Ben-Sirach : « Qu'y a-t-il de meilleur sur la terre? la tolérance. »

On vous accuse, vous, d'être intolérant comme le sont tous les parvenus orgueilleux. Vous nous apprenez que vous n'êtes point chrétien ; nous savons que vous ne pensez pas que Jésus soit consubstantiel à Dieu; vous êtes donc théiste. Vous assurez que les théistes sont athées ; voyez quelle conclusion on doit tirer de vos beaux arguments? Ah ! notre pauvre frère, vous n'avez pas le sens commun. Les directeurs de l'hôpital de Genève se repentent bien de vous avoir fait apprendre à lire et à écrire. Si jamais vous y revenez, vous y pourrez causer de grands maux et surtout à vous-même. Vous avez dans l'esprit une inquiétude et une violence, et dans le style une virulence qui vous attirera de méchantes affaires. Vous commençâtes avant d'être prêtre, et avant même que vous fussiez précepteur chez M. Labat, par faire un libelle scandaleux contre Louis XIV et contre le ministère de Louis XV ; M. de Montpérou le fit supprimer par les scolarques. Songez que les rois ont les bras longs et que vous nous exposez à porter la peine de vos sottises.

IV. *Que prêtre, soit réformé, soit réformable, ne doit ni déraisonner, ni mentir, ni calomnier.* — Vous accusez la Suisse et Genève (dans votre troisième lettre à je ne sais qui, page 47) « de produire de petits docteurs incrédules. Vous avez entendu, dites-vous, des femmes beaux esprits argumenter dans Genève contre Jésus-Christ, et faire les agréables sur l'histoire des Évangiles. »

Nous jugeons qu'il est infâme de calomnier ainsi et la ville qui vous a nourri par la charité, et tout le pays helvétique. Si vous ne voulez pas être chrétien, à la bonne heure, nous sommes tolérants ; soyez juif, ou mahométan, ou guèbre, ou brame, ou sabéen, ou confutzéiste, ou spinosiste, ou anabaptiste, ou hernhoutre, ou piétiste, ou méthodiste, ou janséniste, pourvu que vous soyez honnête. Mais n'accusez pas les Suisses et les Genevois vos bienfaiteurs, d'être sans religion. Portez surtout un grand respect aux dames ; c'est par elles qu'on parvient ; c'est Hélène, l'intendante des écuries de Constance Chlore, qui mit la religion chrétienne sur le trône de Constantin son bâtard : ce sont des reines qui ont rendu l'Angleterre, la Hongrie, la Russie, chrétiennes. Nous fûmes protégés par la duchesse de Ferrare, par la mère et la sœur du grand Henri IV. Nous avons toujours besoin de dévotes ; ne les aliénez pas de nous. Si les femmes nous abandonnent, nous sommes perdus.

Loin que la Suisse, Genève, la basse Allemagne, l'Angleterre, renoncent, comme vous le prétendez, au christianisme, tous ces pays devenus plus éclairés demandent un christianisme plus pur. Les laïques sont instruits, et trop instruits aujourd'hui pour les prêtres. Les laïques savent que la décision du premier concile de Nicée fut faite contre le vœu unanime de dix-sept évêques et de deux mille prêtres. Ils croient qu'il est impossible que deux personnes soient la même chose; ils croient qu'un homme ne peut pas avoir deux natures; ils croient que le péché originel fut inventé par Augustin.

Ils se trompent sans doute; mais ayons pour eux de l'indulgence. Ils révèrent Jésus, mais Jésus sage, modeste et juste, qui jamais, disent-ils, *n'a fait sa proie de s'égaler à Dieu*; Jésus, qui jamais n'a dit avoir deux natures et deux volontés, le Jésus véritable en un mot, et non pas le Jésus qu'ils prétendent défiguré dès les premiers temps, et encore plus dans les derniers.

On a fait une petite réforme au seizième siècle : on en demande partout une nouvelle à grands cris. Le zèle est peut-être trop fort; mais on veut adorer Dieu, et non les chimères des hommes.

Nous nous souviendrons toute notre vie d'un de nos confrères du Gévaudan; ce n'est pas de la bête dont nous voulons parler; c'est d'un pasteur qui faisait assez joliment des vers pour un homme qui n'avait jamais été à Paris. Il nous dit quelques heures avant de rendre son âme à Dieu :

> Amis, j'ai longtemps combattu
> Pour le fanatisme et la fable :
> Moins de dogme et plus de vertu,
> Voilà le culte véritable.

Ces paroles se gravèrent dans tous nos cœurs. Hélas! ce sont les disputes sur le dogme qui ont tout perdu. Ces seuls mots¹ : « Tu es Pierre, et sur cette pierre je fonderai mon assemblée, » ont produit sept cents ans de guerre entre les empereurs et les papes. Les interprétations de deux ou trois autres paroles ont inondé la terre de sang : le dogme est souvent diabolique, comme vous savez, et la morale est divine.

V. *Que prêtre doit se garder de dire des sottises, le plus qu'il pourra.* — Ce n'est qu'une bagatelle de dire que c'est M. de La Chalotais qui vous a appris que les sauvages n'admettent ni ne nient la Divinité; cela se trouve à l'article *Athée* dans toutes les éditions du *Dictionnaire philosophique*, recueil tiré des meilleurs auteurs anglais et français, recueil imprimé longtemps avant le livre de M. de La Chalotais, recueil enfin où l'on trouve plusieurs articles d'un de nos plus illustres confrères, plusieurs de M. Abauzit, plusieurs tirés de Middleton, etc.

Voici le passage en question :

« Il y a des peuples athées, dit Bayle dans ses *Pensées sur les comètes*; les Cafres, les Hottentots, les Topinambous, et beaucoup d'autres petites nations, n'ont point de Dieu : ils ne le nient ni ne l'affirment; ils n'en ont jamais entendu parler. Dites-leur qu'il y en a un, ils le croiront aisément; dites-leur que tout se fait par la nature des

---

1. Matthieu, XVI, 18. (Éd.)

choses, ils vous croiront de même. Prétendre qu'ils sont athées, c'est la même imputation que si on disait qu'ils sont anticartésiens. Ils ne sont ni pour ni contre Descartes, ce sont de vrais enfants; un enfant n'est ni athée ni déiste; il n'est rien.

« Quelles conclusions tirerons-nous de tout ceci? que l'athéisme est un *système* très-pernicieux dans ceux qui gouvernent, et qu'il l'est aussi dans les gens de cabinet, quoique leur vie soit innocente, parce que de leur cabinet il peut percer jusqu'à ceux qui sont en places; que s'il n'est pas si funeste que le fanatisme, il est presque toujours fatal à la *vertu*. Ajoutons surtout qu'il y a moins d'athées aujourd'hui que jamais, depuis que les philosophes ont reconnu qu'il n'y a aucun être végétant sans germe, aucun germe sans dessein, etc., et que le blé ne vient point de pourriture.

« Des géomètres non philosophes ont rejeté les causes finales, mais les vrais philosophes les admettent; et, comme l'a dit un auteur très-connu[1], *un catéchisme annonce Dieu aux enfants, et Newton le démontre aux sages.* »

Mais voici des choses plus sérieuses : on dit que vous êtes un théiste inconsidéré, un théiste vaillant, un théiste inconstant, un chrétien déserteur, un mauvais théiste, un calomniateur de tous les partis; on vous reproche de falsifier tout ce que vous rapportez; de mentir continuellement, en attaquant sans pudeur et le théisme et le christianisme. On se plaint que vous imputiez, dans vingt endroits, aux théistes de n'admettre ni peines ni récompenses après la mort, et que vous les accousiez de ressembler à la fois aux épicuriens, qui n'admettent que des dieux inutiles, et aux juifs, qui, jusqu'au temps d'Hérode, ne connurent ni l'immortalité de l'âme dont le *Pentateuque* n'a jamais parlé, ni la justice de Dieu dans une autre vie, de laquelle le *Pentateuque* n'a point parlé davantage. Vous osez charger de ces impiétés les plus sages, les plus pieux théistes; c'est-à-dire ceux qui ouvrent le sanctuaire de la religion par les mains de Dieu même avant d'y entrer avec Jésus. Lisez leurs livres, et voyez-y votre condamnation.

La *Profession de foi des théistes* est un ouvrage presque divin, adressé à un grand roi; on y lit ces paroles : « Nous adorons depuis le commencement des choses, la divinité unique, éternelle, rémunératrice de la vertu et vengeresse du crime : jusque-là tous les hommes sont d'accord, tous répètent après nous cette confession de foi. Le centre où tous les hommes se réunissent dans tous les temps, dans tous les lieux, est donc la vérité, et les écarts de ce centre sont donc le mensonge. »

Au reste, quand nous disons que cet ouvrage est presque divin, nous ne prétendons louer que la saine morale, l'adoration de l'Être suprême, la bienfaisance, la tolérance, que ce petit livre enseigne; et nous regardons ces préceptes comme des préparations à l'*Évangile*,

1. Voltaire lui-même. (ÉD.)

Le lord Bolingbroke s'exprime ainsi, nouvelle édition de son admirable livre de l'*Examen important*:

« Vous avez le front de demander ce qu'il faut mettre à la place de vos fables! je vous réponds, Dieu, la vérité, la vertu, des lois, des peines et des récompenses; prêchez la probité et non le dogme; soyez les prêtres de Dieu, et non les prêtres d'un homme. »

L'auteur du *Militaire philosophe*, de cet excellent ouvrage qu'on ne peut trop méditer, s'exprime ainsi, page 41 de la nouvelle édition :

« Je mets au nombre des moments les plus heureux de ma vie, celui où mes yeux ont commencé à s'ouvrir : indépendamment du calme et de la liberté d'esprit dont je jouis depuis que je ne suis plus sous le joug des préjugés religieux, je sens que j'ai de Dieu, de sa nature et de ses puissances infinies, des sentiments plus élevés et plus dignes de ces grands objets. Je suis plus fidèle à mes devoirs, je les remplis avec plus de plaisir et d'exactitude, depuis que je les ai réduits à leurs véritables bornes, et depuis que j'ai fondé l'obligation morale sur sa vraie base : en un mot, je suis tout un autre homme, tout un autre père, tout un autre fils, tout un autre mari, tout un autre maître, tout un autre sujet; je serais de même tout un autre soldat ou tout un autre capitaine. Dans mes actions, je consulte la nature, la raison et la conscience, qui m'instruisent de la véritable justice; au lieu que je ne consultais auparavant que ma secte, qui m'étourdissait de préceptes frivoles, injustes, impraticables et nuisibles. Mes scrupules ne tombent plus sur ces vaines pratiques dont l'observation tient lieu à tant de gens de la probité et des vertus sociales. Je ne me permets plus ces petites injustices qu'on a si souvent occasion de commettre dans le cours de la vie, et qui entraînent quelquefois de très-grands malheurs. »

Nous voyons avec une extrême satisfaction que tous les grands théistes admettent un Dieu juste qui punit, qui récompense et qui pardonne. Les vrais chrétiens doivent révérer le théisme comme la base de la religion de Jésus; point de religion sans théisme, c'est-à-dire sans la sincère adoration d'un Dieu unique. Soyons donc théistes avec Jésus; et comme Jésus, que vous appelez si indignement fils... putatif d'un charpentier.

INSTRUCTIONS
A ANTOINE-JACQUES RUSTAN.
(1768.)

Si vous voulez être véritablement utile à vos frères, nous vous exhorterions à écrire sagement contre ceux des théistes qui se sont écartés de la religion chrétienne; mais en les réfutant, que ce soit avec sagesse et avec charité; faites quelques pas vers eux, afin qu'ils viennent à nous. Si vous combattez l'erreur, rendez justice au mérite.

N'écrivez qu'avec respect contre le curé Meslier, qui demanda pardon en mourant d'avoir enseigné le christianisme; il n'aurait pas eu ces remords s'il avait enseigné un seul Dieu ainsi que Jésus.

Vous ne gagnerez rien à vomir des injures contre milord Herbert, milord Shaftesbury, milord Bolingbroke, le comte de Boulainvilliers, le consul Maillet, le savant et judicieux Bayle, l'intrépide Hobbes, le hardi Toland, l'éloquent et ferme Trenchard, l'estimable Gordon, le savant Tindal, l'adroit Middleton, et tant d'autres.

Ce n'est pas une petite entreprise de répondre à l'*Examen important*, au *Catéchisme de l'honnête homme*, au *Militaire philosophe*[1], au livre du savant et judicieux Fréret[2], au dialecticien Dumarsais[3]; au livre de Boulanger[4], à l'*Évangile de la raison*[5], au *Vicaire savoyard*, le seul véritablement bon ouvrage qu'ait jamais fait Jean-Jacques Rousseau.

Tous ces auteurs prétendent que le système qu'ils combattent s'est établi naturellement et sans aucun prodige. Ils disent qu'à la vérité les prêtres d'Isis, ceux de la déesse de Syrie, ceux de Cérès Éleusine, et tant d'autres, avaient des secrets pour chasser les esprits malins du corps des lunatiques; que les Juifs, depuis qu'ils avaient embrassé la doctrine des diables, les chassaient par la vertu de la racine barat et de la clavicule de Salomon; que dans Matthieu et Luc[6] on convient de cette puissance du peuple juif; mais ils ajoutent avec audace que ce miracle n'est pas bien avéré chez les prêtres de Syrie. Les Galiléens, dit Dumarsais, ajoutèrent à leurs exorcismes des déclamations contre les riches. Ils criaient : « La fin du monde approche, le royaume du ciel va venir; il n'y aura que les pauvres qui entreront dans ce royaume; donnez tout ce que vous avez, et nous vous ferons entrer. » Ils prédisaient toutes sortes de malheurs à l'empire romain, comme le rapporte Lucien, qui en a été témoin[7]. Les malheurs ne manquent jamais d'arriver; tout homme qui prédira les malheurs sera toujours un vrai prophète; le peuple criait : « Miracle, » et prenait les Galiléens pour des sorciers. Peu à peu les Galiléens s'instruisirent chez les platoniciens; ils mêlèrent leurs contes avec les dogmes de Platon, ils en composèrent une secte nouvelle.

Voilà ce que Dumarsais dit, et ce qu'il faut absolument réfuter.

Milord Bolingbroke[8] va encore plus loin : il cite l'exemple du cardeur de laine Leclerc, qui le premier établit le calvinisme en France, et qui fut martyrisé; Fox, le patriarche des quakers, qui était un paysan; Jean de Leyde, tailleur, qui fut roi des anabaptistes; et vingt

---

1. D'un manuscrit anonyme intitulé : *Difficultés sur la religion proposées au sieur Malebranche*, Naigeon composa le *Militaire philosophe*, qu'il publia en 1767, sans aucun nom d'auteur. (Éd.)
2. *Examen critique des apologistes de la religion chrétienne*, ouvrage publié sous le nom de Fréret, mais qui paraît être de Lévesque de Burigny. (Éd.)
3. Auteur de l'*Analyse de la religion chrétienne*. (Éd.)
4. *L'Antiquité dévoilée*. (Éd.)
5. Recueil de pièces philosophiques. (Éd.)
6. Matthieu, chap. xii; Luc, chap. xi. — 7. Voy. le *Philopatris* de Lucien.
8. Voltaire lui-même. (Éd.)

exemples semblables. Voilà, dit-il, comme les sectes s'établissent. Il faut réfuter milord Bolingbroke.

Le prince respectable[1] qui a fait le *Sermon des cinquante*, réimprimé six fois dans le *Recueil nécessaire*, s'exprime ainsi : « La secte de ce Jésus subsiste cachée : le fanatisme s'augmente ; on n'ose pas d'abord faire de cet homme un dieu, mais bientôt on s'encourage. Je ne sais quelle métaphysique de Platon s'amalgame avec la secte nazaréenne. On fait de Jésus le *logos*, le Verbe-Dieu, puis consubstantiel à Dieu, son père. On imagine la Trinité, et pour la faire croire, on falsifie les premiers Évangiles.

« On ajoute un passage touchant cette Trinité, de même qu'on falsifie l'historien Josèphe pour lui faire dire un mot de Jésus, quoique Josèphe soit un historien trop grave pour avoir fait mention d'un tel homme. On va jusqu'à forger des vers des sibylles ; on suppose des Canons des apôtres, des Constitutions des apôtres, un Symbole des apôtres, un voyage de Simon Pierre à Rome, un assaut de miracles entre ce Simon et un autre Simon prétendu magicien. En un mot, point d'artifices, de fraudes, d'impostures, que les Nazaréens ne mettent en œuvre : et après cela on vient nous dire tranquillement que les apôtres prétendus n'ont pu être ni trompés ni trompeurs, et qu'il faut croire à des témoins qui se sont fait égorger pour soutenir leurs dépositions.

« O malheureux trompeurs et trompés qui parlez ainsi ! quelle preuve avez-vous que ces apôtres ont écrit ce qu'on met sous leur nom ? Si on a pu supposer des canons, n'a-t-on pas pu supposer des évangiles ? n'en reconnaissez-vous pas vous-mêmes de supposés ? Qui vous a dit que les apôtres sont morts pour soutenir leur témoignage ? Il n'y a pas un seul historien contemporain qui ait seulement parlé de Jésus et de ses apôtres. Avouez que vous soutenez des mensonges par des mensonges ; avouez que la fureur de dominer sur les esprits, le fanatisme et le temps ont élevé cet édifice qui croule aujourd'hui de tous côtés ; mesurez que la raison déteste, et que l'erreur veut soutenir. »

Réfutez le prince auteur de ces paroles ; à moins que vous n'aimiez mieux être son aumônier, ce qui vous serait plus avantageux.

Quand vous réfuterez ces auteurs, gardez-vous de falsifier les saintes Écritures ; ne défendez pas la vérité par le mensonge : on vous reproche assez d'avoir corrompu le texte en disant dans votre libelle, que lorsque le Seigneur, sur le bord du fleuve Chobar, commanda à Ézéchiel de manger une livre de parchemin, et de se coucher pendant trois cent quatre-vingt et dix jours sur le côté gauche[2], et pendant quarante sur le côté droit ; il « lui ordonna aussi de se faire du pain de plusieurs sortes de graines, et de se servir, pour le cuire, de bouse de vache. » Lisez la *Vulgate*, vous y trouverez ces propres mots : *Comedes illud*[3], *et stercore quod egreditur de homine operies illud in oculis eorum.* « Tu mangeras ce pain, et tu le couvriras de l'excrément qui sort du corps de l'homme. » Couvrir son pain avec cet excrément,

---

1. Frédéric II. (Éd.) — 2. Ézéchiel, IV, 5. (Éd.) — 3. Ézéchiel, IV, 12. (Éd.)

n'est pas cuire son pain avec cet excrément. Le Seigneur se laisse ensuite toucher aux prières du prophète; il lui dit : « Je te donne de la fiente de bœuf au lieu de fiente d'homme. »

Pourquoi donc avoir falsifié le texte? pourquoi nous exposez-vous aux plaintes amères des incrédules, c'est-à-dire de ceux qui ne sont pas crédules, et qui ne vous en croiront pas sur votre parole ?

Nous n'approuvons pas la simplicité de ceux qui traduisent *stercore* par *de la merde :* c'est le mot propre, disent-ils; oui; mais la bienséance et l'honnêteté sont préférables au mot propre, quand la fidélité de la traduction n'en est point altérée.

On prétend que vous avez traduit aussi infidèlement tout ce qui regarde les deux sœurs Oolla et Ooliba dans le même Ézéchiel, aux chapitres XVI et XXIII. Le texte porte : « *Ubera tua intumuerunt, pilus tuus germinavit;* vos tetons ont grossi; votre poil a pointé : *ædificavisti tibi lupanar;* vous vous êtes bâti un b.....: *divisisti pedes omni transeunti;* vous avez ouvert vos cuisses à tous les passants : *Oolla insanivit libidine super concubitum eorum quorum carnes sunt ut carnes asinorum, et sicut fluxus equorum fluxus eorum ;* Oolla s'est abandonnée passionnément au coït de ceux qui ont des membres d'âne, et dont la semence est comme la semence des chevaux. » Vous pourriez certainement adoucir les mots sans gâter la pureté du texte; la langue hébraïque se permettait des expressions que la française réprouve.

Ainsi nous ne voudrions point que vous traduisissiez les révélations du prophète Osée selon la lettre, mais selon l'esprit. L'hébreu s'exprime ainsi à la vérité, le Seigneur dit (Osée, chap. 1) : « Prenez une femme de fornication, et faites-lui des fils de fornication *(filios fornicationum)* » selon la *Vulgate.* Vous avez traduit ces mots par *fils de putain ;* cela est trop grossier; et vous deviez dire enfants de la débauche, enfants du crime.

Ensuite, lorsqu'au chapitre III le Seigneur lui ordonne encore de prendre une femme adultère, et que le prophète dit : *Fodi eam pro quindecim argenteis et coro hordei;* « je la caressai pour quinze drachmes et un setier d'orge; » vous rendez ce mot *fodi* par le terme déshonnête qui lui répond : gardez-vous de jamais tomber dans ces indécences.

Le commentaire sur le *Nouveau Testament,* auquel vous travaillez, a d'autres inconvénients. Cette entreprise est d'une extrême difficulté; elle exige bien plus de connaissances qu'on ne croit; celles même des Simon, des Fabricius, des Cotellier, des Cave, des Greave, et des Grabe, ne suffisent pas. Il faut comparer tout ce qui peut nous rester des cinquante évangiles négligés ou rejetés avec les quatre reçus. Il est très-difficile de décider lesquels furent écrits les premiers. Une connaissance approfondie du *Talmud* est absolument nécessaire; on y rencontre quelques traits de lumière, mais ils disparaissent bientôt, et la nuit redouble. Les Juifs ne donnent point à Marie le même époux que lui donnent les *Évangiles ;* ils ne font point naître Jésus sous Hérode : l'arrivée des mages, leur étoile, le massacre des innocents, ne se lisent dans aucun auteur juif, pas même chez Flavius Josèphe, parent de Mariamne femme d'Hérode; le *Sépher Toldos Jeschut* est trop rempli de fables absurdes pour qu'on y puisse bien discerner le peu de vérités historiques qu'il peut contenir.

Dans nos Évangiles il se trouve malheureusement des contradictions qu'il semble impossible à l'esprit humain de concilier; telles sont les deux généalogies de Jésus, l'une par Matthieu, et l'autre par Luc. Personne n'a jamais pu jusqu'à présent trouver un fil pour sortir de ce labyrinthe, et Pascal a été réduit à dire seulement : *Cela n'est pas fait de concert*. Non sans doute, ils ne se sont pas concertés; mais il faut voir comment on peut les rapprocher.

Le commencement de Luc n'est pas moins embarrassant; il est constant qu'il n'y eut qu'un seul dénombrement des citoyens romains sous Auguste, et il est avéré que ceux qui en ont supposé deux se sont trompés. Il est encore avéré, par l'histoire et par les médailles, que Cirénius ou Quirinius n'était point gouverneur de Syrie quand Jésus naquit; et que la Syrie était gouvernée par Quintilius Varus. Cependant voici comme Luc s'exprime [1] : « Dans ces jours émana un édit de César Auguste, qu'il fût fait un dénombrement de tout l'univers. Ce fut le premier dénombrement, lequel fut fait par Cirénius ou Quirinius, président de Judée; et comme chacun allait se faire enregistrer dans sa ville, Joseph monta de la ville de Galilée Nazareth à la cité de David Bethléem en Judée, parce qu'il était de la maison et de la famille de David. »

Nous avouons qu'il n'y a presque pas un mot dans ce récit qui ne semble d'abord une erreur grossière. Il faut lire saint Justin, saint Irénée, saint Ambroise, saint Cyrille, Flavius Josèphe, Hervart, Périzonius, Casaubon, Grotius, Leclerc, pour se tirer de cette difficulté; et quand on les a lus, la difficulté augmente.

Le chapitre XXI de Luc vous jette dans de plus grandes perplexités : il semble prédire la fin du monde pour la génération qui existait alors. Il y est dit expressément[2] que « le Fils de l'homme viendra dans une nuée avec une grande puissance et une grande majesté. » Saint Paul[3] et saint Pierre[4] annoncent clairement la fin du monde pour le temps où ils vivent.

Nous avons plus de cinquante explications de ces passages, lesquelles n'expliquent rien du tout. Vous n'entendrez jamais saint Paul, si vous ne lisez tout ce que les rabbins ont dit de lui, et si vous ne conférez les *Actes de Thècle* avec ceux des apôtres. Vous n'aurez aucune connaissance du premier siècle de l'Église, si vous ne lisez le Pasteur d'Hermas, les Récognitions de Clément, les Constitutions apostoliques, et tous les ouvrages de ce temps-là, écrits sous des noms supposés. Vous verrez dans les siècles suivants une foule de dogmes, tous détruits les uns par les autres. Il est très-difficile de démêler comment le platonisme se fondit peu à peu dans le christianisme; vous ne trou-

1. II, 1, 2, 3, 4. (ÉD.) — 2. Verset 27. (ÉD.) — 3. I aux Thessal., IV, 17. (ÉD.)
4. I⁰ épître, IV, 7. (ÉD.)

vez plus qu'un chaos de disputes que dix-sept cents ans n'ont pu débrouiller. Ah! notre frère! une bonne action vaut mieux que toutes ces recherches; soyons doux, modestes, patients, bienfaisants. Ne barbotons plus dans les cloaques de la théologie, et lavons-nous dans les eaux pures de la raison et de la vertu.

Nous n'avons plus qu'un mot à vous dire. Vous vantez avec justice des exemples de bienfaisance que les Anglais ont donnés, et des souscriptions qu'ils ont ouvertes en faveur de leurs ennemis mêmes : mais les Anglais prétendent qu'ils ne se sont portés à ces actes d'humanité que depuis les livres des Shaftesbury, des Bolingbroke, des Collins, etc. Ils avouent qu'il n'y eut aucune action généreuse de cette nature dans le temps que Cromwell prêchait le fanatisme le fer à la main ; aucune lorsque Jacques Ier écrivait sur la controverse ; aucune quand le tyran Henri VIII faisait le théologien : ils disent que le théisme seul a rendu la nation bienfaisante. Vous pourrez tirer un grand parti de ces aveux, en montrant que c'est l'adoration d'un Dieu qui est la source de tout bien, et que les disputes sur le dogme sont la source de tout mal. Retranchez de la morale de Jésus les fadaises théologiques, elle restera divine ; c'est un diamant couvert de fange et d'ordure.

Nous vous souhaitons la modération et la paix.

DES

SINGULARITÉS DE LA NATURE,

PAR UN ACADÉMICIEN DE LONDRES, DE BOLOGNE,
DE PÉTERSBOURG, DE BERLIN, ETC.

(1768.)

On se propose ici d'examiner plusieurs objets de notre curiosité avec la défiance qu'on doit avoir de tout système, jusqu'à ce qu'il soit démontré aux yeux ou à la raison. Il faut bannir, autant qu'on le pourra, toute plaisanterie dans cette recherche. Les railleries ne sont pas des convictions ; les injures encore moins. Un médecin plus connu par son imagination impétueuse que par sa pratique, en écrivant contre le célèbre Linnæus, qui range dans la même classe l'hippopotame, le porc, et le cheval, lui dit : *Cheval toi-même.* Je l'interrompis lorsqu'il lisait cette phrase, et je lui dis : « Vous m'avouerez que, si M. Linnæus est un cheval, c'est le premier des chevaux. » Il n'est pas adroit de débuter par de telles épithètes, et il n'est pas honnête de conclure par elles.

L'examen de la nature n'est pas une satire. Tenons-nous seulement en garde contre les apparences, qui trompent si souvent ; contre l'autorité magistrale, qui veut subjuguer ; contre le charlatanisme, qui accompagne et qui corrompt si souvent les sciences ; contre la foule crédule, qui est pour un temps l'écho d'un seul homme.

Souvenons-nous que les tourbillons de Descartes se sont évanouis ; qu'il ne reste rien de ses trois éléments, presque rien de sa description de l'homme ; que deux de ses lois du mouvement sont fausses ; que son système sur la lumière est erroné ; que ses idées innées sont rejetées, etc., etc., etc.

Songeons que les systèmes de Burnet, de Woodward, de Whiston, sur la formation de la terre, n'ont pas aujourd'hui un partisan ; qu'on commence, en Allemagne même, à regarder les monades, l'harmonie préétablie, et la *Théodicée* de l'ingénieux et profond Leibnitz, comme des jeux d'esprit, oubliés en naissant dans tout le reste de l'Europe. Plus on a découvert de vérités dans le siècle de Newton, plus on doit bannir les erreurs qui souilleraient ces vérités. On a fait une ample moisson, mais il faut cribler le froment, et rejeter l'ivraie.

Dans la physique, comme dans toutes les affaires du monde, commençons par douter : c'est le premier précepte d'Aristote et de Descartes. Mais on a cru en France que Descartes était l'inventeur de cette maxime.

Examinons par nos yeux et par ceux des autres. Craignons ensuite d'établir des règles générales. Celui qui, n'ayant vu que des bipèdes et des quadrupèdes, enseignerait que la génération ne s'opère que par l'union d'un mâle et d'une femelle, se tromperait lourdement.

Celui qui, avant l'invention de la greffe, aurait affirmé que les arbres ne peuvent jamais porter que des fruits de leur espèce, n'aurait avancé qu'une erreur.

Il y a près d'un siècle qu'on crut avoir découvert un satellite de Vénus. Depuis, un célèbre observateur anglais[1] vit ou crut voir ce satellite ; on a cru aussi le voir en France : cependant les astronomes n'en ont rien vu. Il peut exister ; mais attendons.

L'analogie pourrait attribuer à plus forte raison un satellite à Mars, qui est beaucoup plus éloigné du soleil que nous ; ce satellite serait plus aisé à découvrir : cependant on ne l'a jamais aperçu. Le plus sûr est donc de n'être sûr de rien, ni dans le ciel, ni sur la terre, jusqu'à ce qu'on en ait des nouvelles bien constatées.

Caliginosa nocte premit, Deus : « Dieu couvre, dit Horace[2], ses secrets d'une nuit profonde. »

M'apprendra-t-on jamais par quels subtils ressorts[3]
L'éternel Artisan fait végéter les corps ?
Pourquoi l'aspic affreux, le tigre, la panthère,
N'ont jamais dépouillé leur cruel caractère ;
Et que, reconnaissant la main qui le nourrit,
Le chien meurt en léchant le maître qu'il chérit ?
D'où vient qu'avec cent pieds, qui semblent inutiles,

1. Short. (ÉD.) — 2. Liv. III, ode xxxix, vers 30. (ÉD.)
3. Ces vers sont de Voltaire lui-même dans son *Quatrième discours sur l'homme*. (ÉD.)

Cet insecte tremblant traîne ses pas débiles?
Pourquoi ce ver changeant se bâtit un tombeau,
S'enterre, et ressuscite avec un corps nouveau,
Et, le front couronné, tout brillant d'étincelles,
S'élance dans les airs en déployant ses ailes?
Le sage Dufaï, parmi ses plants divers,
Végétaux rassemblés des bouts de l'univers,
Me dira-t-il pourquoi la tendre sensitive
Se flétrit sous nos mains, honteuse et fugitive?
. . . .
Demandez à Silva par quel secret mystère
Ce pain, cet aliment, dans mon corps digéré,
Se transforme en un lait doucement préparé?
Comment, toujours filtré dans ses routes certaines,
En longs ruisseaux de pourpre il court enfler mes veines,
A mon corps languissant rend un pouvoir nouveau,
Fait palpiter mon cœur et penser mon cerveau?
Il lève au ciel les yeux, il s'incline, il s'écrie :
« Demandez-le à ce Dieu qui nous donna la vie. »

Ce n'est point là ce qu'on appelle *la raison paresseuse*; c'est la raison éclairée et soumise, qui sait qu'un être chétif ne peut pénétrer l'infini. Un fétu suffit pour nous démontrer notre impuissance. Il nous est donné de mesurer, calculer, peser, et faire des expériences, mais souvenons-nous toujours que le sage Hippocrate commença ses *Aphorismes* par dire que *l'expérience est trompeuse*; et qu'Aristote commença sa métaphysique par ces mots : *Qui cherche à s'instruire doit savoir douter*.

Pour voir de quels effets étonnants la nature est capable, examinons quelques-unes de ses productions qui sont sous nos mains, et cherchons, en doutant, quels résultats évidents nous en pourrions former.

Chap. I. — *Des pierres figurées.*

Ces pierres, soit agates, soit espèces de marbres et de cailloux, sont fort communes; on les appelle *dendrites*, quand elles représentent des arbres; *herborisées* ou *arborisées*, lorsqu'elles ne figurent que de petites plantes; *zoomorphites*, quand le jeu de la nature leur a imprimé la ressemblance imparfaite de quelques animaux. On pourrait nommer *domatistes* celles qui représentent des maisons. Il y en a quelques-unes de cette espèce très-étonnantes. J'en ai vu une sur laquelle on discernait un arbre chargé de fruits, et une face d'homme très-mal dessinée, mais reconnaissable.

Il est clair que ce n'est ni un arbre ni une maison qui a laissé l'empreinte de son image sur ces petites pierres dans le temps qu'elles pouvaient avoir de la mollesse et de la fluidité. Il est évident qu'un homme n'a pas laissé son visage sur une agate. Cela seul démontre que la nature exerce dans le genre des fossiles, comme dans les autres, un empire dont nous ne pouvons révoquer en doute la puissance, ni démêler les ressorts.

Dire qu'on a vu sur ces dendrites des empreintes de feuilles d'arbres qui ne croissent qu'aux Indes, n'est-ce pas avancer une chose peu prouvée¹? Une telle fiction n'est-elle pas la suite du roman imaginé par quelques-uns, que la mer des Indes est venue autrefois en Allemagne, dans les Gaules, et dans l'Espagne? Les Huns et les Goths y sont bien venus : oui; mais la mer ne voyage pas comme les hommes. Elle gravite éternellement vers le centre du globe. Elle obéit aux lois de la nature, et quand elle aurait fait ce voyage, comment aurait-elle apporté des feuilles des Indes pour les déposer sur les agates de Bohême? Nous commençons par cette observation, parce qu'elle nous servira plus qu'aucune autre à nous défier de l'opinion que les petits poissons des mers les plus éloignées sont venus habiter les carrières de Montmartre et les sommets des Alpes et des Pyrénées. Il y a eu sans doute de grandes révolutions sur ce globe; mais on aime à les augmenter : on traite la nature comme l'histoire ancienne, dans laquelle tout est prodige.

CHAP. II. — *Du corail.*

Est-on bien sûr que le corail soit une production d'insectes, comme il est indubitable que la cire est l'ouvrage des abeilles? On a trouvé de petits insectes dans les pores du corail; mais où n'en trouve-t-on pas? Les creux de tous les arbres en fourmillent, les vieilles murailles sont tapissées de républiques; mais ces petits animaux n'ont pas formé les murailles et les arbres. On serait bien mieux fondé, si on voyait un vieux fromage de Sassenage pour la première fois, à supposer que les mites innombrables qu'il renferme ont produit ce fromage.

Un de ceux qui ont dit que les coraux étaient composés de petits vers prétendit en même temps que les turquoises étaient faites d'ossements de morts, parce qu'on avait découvert quelques turquoises imparfaites auprès d'un ancien cadavre. Il se pourrait bien que les coraux ne fussent pas plus l'ouvrage d'un ver que la turquoise n'est l'ouvrage d'un os de mort.

Mille insectes viennent se loger dans les éponges sur les bords de la mer; mais ces insectes ont-ils produit les éponges? De très-habiles naturalistes croient le corail un logement que les insectes se sont bâti. D'autres s'en tiennent à l'ancienne opinion que c'est un végétal, et le témoignage des yeux est en leur faveur².

---

1. Il y a des dendrites qui sont véritablement des empreintes de plantes; d'autres sont produites par des parties métalliques déposées sur ces pierres ou dans leur intérieur; d'autres sont formées par des bulles d'air. Quant aux pays des plantes qui ont produit ces impressions, on doit être très-réservé à en décider : la plupart n'ont point de caractères spécifiques bien certains, et nous ne connaissons point toutes les espèces de nos climats. Les botanistes font chaque année des découvertes en ce genre. (*Ed. de Kehl.*)

2. La découverte que le corail est la production d'une espèce de polypes marins est de M. Peyssonnel; de savants naturalistes la nièrent; elle n'a été confirmée depuis par M. de Jussieu; et, en faisant dissoudre ces substances dans

Chap. III. — *Des polypes.*

Est-il bien avéré que les lentilles d'eau, qu'on a nommées *polypes d'eau douce*, soient de vrais animaux? Je me défie beaucoup de mes yeux et de mes lumières; mais je n'ai jamais pu apercevoir jusqu'à présent dans ces polypes que des espèces de petits joncs très-fins qui semblent tenir de la nature des sensitives. L'héliotrope ou la fleur au soleil, qui souvent se tourne d'elle-même du côté de cet astre, a pu paraître d'abord un phénomène aussi extraordinaire que celui des polypes. La mimose des Indes, qui semble imiter le mouvement des animaux, n'est pourtant point dans le genre animal. La petite progression très-lente et très-faible, qu'on remarque dans les polypes nageant dans un gobelet d'eau, n'approche pas de la progression beaucoup plus rapide et plus visible des petites pierres plates qui descendent des bords d'un plat dans le milieu, quand ce plat est rempli de vinaigre. Les bras du polype pourraient bien n'être que des ramifications; ses têtes, de simples boutons; son estomac, des fibres creuses; ses mouvements, des ondulations de ces fibres. Les petits insectes que cette plante semble quelquefois avaler peuvent entrer dans sa substance pour s'y nourrir et y périr, aussi bien qu'être attirés par cette substance pour être mangés par elle. Le polype subsiste très-bien sans que ces petits insectes tombent dans ses fibres; il n'a donc pas besoin d'aliments : on peut donc croire qu'il n'est qu'une plante. Ce qu'on a pris pour ses œufs peut n'être que de la graine. Sa reproduction par bouture paraît indiquer que c'est une simple plante. Enfin il jette des rameaux quand on l'a retourné comme on retourne un gant : certainement la nature ne l'a pas fait pour être ainsi retourné par nos mains; et il n'y a rien là qui sente l'animalité.

Feu M. Dufaï avait sur sa cheminée une belle garniture de polypes de la grande espèce dans des vases. Ses parents et moi nous regardions de tous nos yeux, et nous lui disions que nous ressemblions à Sancho Pança, qui ne voyait que des moulins à vent où son maître voyait des géants armées. Notre incrédulité ne doit pourtant pas dépouiller ces polypes de la dignité d'animaux. Des expériences frappantes déposent pour eux. Je ne prétends pas leur ravir leurs titres; mais ont-ils la sensibilité et la perception qui distinguent le règne animal du végétal? Reconnaissons-nous pour nos confrères des êtres qui n'ont pas avec nous la moindre ressemblance? Certainement le flûteur de M. Vaucanson a plus l'air d'un homme qu'un polype n'a l'air d'un animal. Peut-être devrait-on n'accorder la qualité d'animal qu'aux êtres qui feraient *toutes* les fonctions de la vie, qui manifesteraient du sentiment, des désirs, des volontés, et des idées.

Il est bon de douter encore, jusqu'à ce qu'un nombre suffisant d'ex-

---

un acide affaibli, on parvient à séparer la partie terreuse du réseau animal qui lui sert de base.

Les turquoises paraissent devoir leur origine à des os colorés par une chaux métallique; cela est même prouvé pour quelques-unes de ces pierres. (*Ed. de Kehl.*)

périences réitérées nous aient convaincus que ces plantes aquatiques sont des êtres doués de sentiment, de perception, et des organes qui constituent l'animal réel. La vérité ne peut que gagner à attendre[1].

Chap. IV. — *Des limaçons.*

La reproduction de ces polypes, qui se fait comme celle des peupliers et des saules, est bien moins merveilleuse que la renaissance des têtes de limaçons de jardin à coquille. Qu'il revienne une tête à un animal assez gros, visiblement vivant, et dont le genre n'est point équivoque[2], c'est là un prodige inouï, mais un prodige qu'on ne peut contester. Il n'y a point là de supposition à faire, point de microscope à employer, point d'erreurs à craindre. La raison humaine, et surtout la raison de l'école, est confondue par le témoignage des yeux. On croit la tête, dans tous les êtres vivants, le principe, la cause de tous les mouvements, de toutes les sensations, de toutes les perceptions : ici c'est tout le contraire. La tête qui va renaître reçoit du reste du corps, en quinze ou vingt jours, des fibres, des nerfs, une liqueur circulante qui tient lieu de sang, une bouche, des dents, des télescopes, des yeux, un cerveau, des sensations, des idées ; je dis des idées, car on ne peut sentir sans avoir une idée au moins confuse que l'on sent. Où sera donc désormais le principe de l'animal? Sera-t-on forcé de revenir à *l'harmonie* des Grecs? et dix mille volumes de métaphysique deviendront-ils absolument inutiles?

Si du moins la reproduction de ces têtes pouvait forcer certains hommes à douter, les colimaçons auraient rendu un grand service au genre humain.

Chap. V. — *Des huîtres à l'écaille.*

Les huîtres sont un grand prodige pour nous, non pas pour la nature. Un animal toujours immobile, toujours solitaire, emprisonné entre deux murs aussi durs qu'il est mou, qui fait naître ses semblables sans copulation, et qui produit des perles sans qu'on sache comment, qui semble privé de la vue, de l'ouïe, de l'odorat, et des organes ordinaires de la nourriture : quelle énigme! On les mange par centaines sans faire la moindre réflexion sur leurs singulières propriétés.

---

1. Voy. l'ouvrage de M. Trembley *sur les polypes*. Il résulte de ses observations que les polypes donnent des signes d'irritabilité et de spontanéité dans leurs mouvements ; que leur manière de se nourrir est plus analogue à celle des animaux qu'à celle des plantes. Mais pourquoi n'y aurait-il pas des êtres organisés qui ne seraient ni végétaux ni animaux? D'ailleurs il faut s'en tenir aux faits ; et pourvu qu'on connaisse avec exactitude les phénomènes des polypes, il est très-peu important de savoir dans quelle classe on doit les ranger. (*Éd. de Kehl.*)

2. J'ai coupé la tête entière à quinze limaces inconnues ; toutes ont repris des têtes en moins de six semaines ; les unes plus tôt, les autres plus tard. Aucun limaçon à coquille n'a reproduit de tête : un seul, à qui je n'avais coupé la tête qu'entre les quatre antennes, a reproduit la partie de tête coupée. Les expériences sur les limaces sont les plus étonnantes qu'on ait jamais faites ; et on n'est pas au bout.

Il faudrait faire sur elles les mêmes tentatives que sur les limaçons, leur couper sur leur rocher ce qui leur sert de tête, refermer ensuite leur écaille, et voir, au bout d'un mois, ce qui leur sera arrivé. Sont-elles des zoophytes? quelles bornes divisent le végétal et l'animal? où commence un autre ordre de choses? quelle chaîne lie l'univers? Mais y a-t-il une chaîne? ne voit-on pas une disproportion marquée entre les planètes et leurs distances, entre la nature brute et l'organisée, entre la matière végétante et la sensible, entre la sensible et la pensante? Qui sait si elles se touchent? qui sait s'il n'y a pas entre elles un infini qui les sépare? qui saura jamais seulement ce que c'est que la matière?

CHAP. VI. — Des abeilles.

Je ne sais pas qui a dit le premier que les abeilles avaient un roi. Ce n'est pas probablement un républicain à qui cette idée vint dans la tête.

Je ne sais pas qui leur donna ensuite une reine au lieu d'un roi, ni qui supposa le premier que cette reine était une Messaline qui avait un sérail prodigieux, qui passait sa vie à faire l'amour et à faire ses couches, qui pondait et logeait environ quarante mille œufs par an. On a été plus loin, on a prétendu qu'elle pondait trois espèces différentes; des reines, des esclaves nommés *bourdons*, et des servantes nommées *ouvrières*, ce qui n'est pas trop d'accord avec les lois ordinaires de la nature.

On a cru qu'un physicien, d'ailleurs grand observateur, inventa, il y a quelques années, les fours à poulets, inventés depuis environ cinq mille ans par les Égyptiens, ne considérant pas l'extrême différence de notre climat et de celui de l'Égypte[1]. On a dit encore que ce physicien inventa de même le royaume des abeilles sous une reine, mère de trois espèces.

Tous les naturalistes avaient avant lui répété cette invention. Enfin il est venu un homme qui, étant possesseur de six cents ruches, a mieux examiné son bien que ceux qui, n'ayant point d'abeilles, ont copié des volumes sur cette république industrieuse, qu'on ne connaît guère mieux que celle des fourmis. Cet homme est M. Simon, qui ne se pique de rien, qui écrit très-simplement, mais qui recueille comme moi du miel et de la cire. Il a de meilleurs yeux que moi; il en sait plus que M. le prieur de Jonval, et que M. le comte[2] du *Spectacle de la Nature*; il a examiné ses abeilles pendant vingt années; il nous assure

---

1. Ces fours à poulets, renouvelés par M. de Réaumur, ne furent entre ses mains qu'une expérience curieuse; on a fait depuis des expériences sur la manière de donner à tous ces œufs, dans ces fours, une chaleur égale et constante, sur les moyens d'empêcher ces œufs de se dessécher par la chaleur, en produisant dans le lieu où ils sont renfermés un certain degré d'humidité; par ces précautions, cette méthode est devenue plus sûre; on ne perd que très-peu de poulets, et elle peut être employée avec profit dans le voisinage des grandes villes. (Éd.)

2. Interlocuteurs du *Spectacle de la nature*, par Pluche. (Éd.)

qu'on s'est moqué de nous, et qu'il n'y a pas un mot de vrai dans tout ce qu'on a répété dans tant de livres.

Il prétend qu'en effet il y a dans chaque ruche une espèce de roi et de reine qui perpétuent cette race royale et qui président aux ouvrages; il les a vus, il les a dessinés, et il renvoie aux *Mille et une Nuits* et à l'*Histoire de la reine d'Achem* la prétendue reine abeille avec son sérail. Il y a ensuite la race des bourdons, qui n'a aucune relation avec la première, et enfin la grande famille des abeilles ouvrières partagées en mâles et en femelles, qui forment le corps de la république. Ce sont les abeilles femelles qui déposent leurs œufs dans les cellules qu'elles ont formées.

Comment en effet la reine seule pourrait-elle pondre et loger quarante mille œufs l'un après l'autre? Il est très-vraisemblable que M. Simon a raison. Le système le plus simple est presque toujours le véritable. Je me soucie d'ailleurs fort peu du roi et de la reine. J'aurais mieux aimé que tous ces raisonneurs m'eussent appris à guérir mes abeilles, dont la plupart moururent, il y a deux ans, pour avoir trop sucé des fleurs de tilleul[1].

On nous a trompés sur tous les objets de notre curiosité, depuis les éléphants jusqu'aux abeilles et aux fourmis, comme on nous a donné des contes arabes pour l'histoire, depuis Sésostris jusqu'à la domination de Constantin, et depuis Constantin et son *labarum* jusqu'au pacte que le maréchal Fabert fit avec le diable. Presque tout est obscurité dans les origines des animaux, ainsi que dans celles des peuples; mais quelque opinion qu'on embrasse sur les abeilles et sur les fourmis, ces deux républiques auront toujours de quoi nous étonner et de quoi humilier notre raison. Il n'y a point d'insecte qui ne soit une merveille inexplicable.

On trouve dans les Proverbes attribués à Salomon « qu'il y a quatre choses qui sont les plus petites de la terre, et qui sont plus sages que les sages : les fourmis, petit peuple qui se prépare une nourriture pendant la moisson; le lièvre, peuple faible qui couche sur des pierres; la sauterelle, qui, n'ayant pas de rois, voyage par troupes; le lézard, qui travaille de ses mains, et qui demeure dans les palais des rois. » J'ignore pourquoi Salomon a oublié les abeilles, qui paraissent avoir un instinct bien supérieur à celui des lièvres, qui ne couchent point sur la pierre, et des lézards, dont j'ignore le génie. Au surplus, je préférerai toujours une abeille à une sauterelle.

---

1. Il reste encore de grandes obscurités sur la génération des abeilles, malgré les recherches d'une société économique établie en Lusace, et qui a fait de l'observation des abeilles l'objet principal de ses travaux. L'opinion de M. de Réaumur est la plus vraisemblable, à cela près qu'il paraît que les mâles ne fécondent les œufs que hors du corps de la femelle, et lorsqu'ils sont déposés dans leurs cellules : ce qui explique l'usage de cette grande quantité de mâles. Quant à l'opinion de M. Simon, elle n'a jamais eu de partisans parmi les observateurs exacts. Il reste à examiner si la différence entre la reine femelle et les ouvrières, tient à ce qu'elles naissent de germes différents, ou seulement à ce qu'elles sont élevées dans des cellules plus ou moins grandes ; on ignore également pourquoi il y a dans les ruches deux espèces de bourdons. (*Éd. de Kehl.*)

Chap. VII. — *De la pierre.*

La nature se joue à former autant de sortes de pierres que d'animaux; elle produit des pierres qui ressemblent à des lentilles, et qu'on appelle *lenticulaires*, des cubes, des cailloux ronds, des pierres un peu re semblantes à des langues, et qu'on a nommées *glossopètres*; d'autres qui ont la forme approchante d'un œuf; d'autres dont la figure est celle de l'oursin de mer : il y en a beaucoup de tournées en spirales; on leur a donné très-improprement le nom de *cornes d'Ammon*, car dans toutes les sciences on a eu la petite vanité d'imposer des noms fastueux aux choses les plus communes. Ainsi les chimistes ont appelé une préparation de plomb *du sucre de Saturne*, comme un bourgeois ayant acheté une charge prend le titre de *haut et puissant seigneur* chez son notaire.

J'ai vu de ces cornes d'Ammon qui paraissent nouvellement formées, et qui ne sont pas plus grandes que l'ongle du petit doigt; j'en ai vu d'à demi formées, et qui pèsent vingt livres; j'en ai vu qui font une volute parfaite, d'autres qui ont la forme d'un serpent entortillé sur lui-même, aucune qui ait l'air d'une corne. On a dit que ces pierres sont l'ancien logement d'un poisson qui ne se trouve qu'aux Indes; que par conséquent la mer des Indes a couvert nos campagnes; nous en avons déjà parlé, et nous demandons encore si cette manière d'expliquer la nature est bien naturelle?

Il y a des coquilles nommées *conchæ Veneris*, conques de Vénus, parce qu'elles ont une fente oblongue doucement arrondie aux deux bouts. L'imagination galante de quelques physiciens leur a donné un beau titre, mais cette dénomination ne prouve pas que ces coquilles soient les dépouilles des dames.

Chap. VIII. — *Du caillou.*

Quel suc pierreux forme ces cailloux de mille espèces différentes? Pourquoi, dans plusieurs de nos campagnes, ne voit-on pas un seul caillou, et que d'autres, à peu de distance, en sont couvertes? Pourquoi en Amérique, vers la rivière des Amazones, n'en trouve-t-on pas un seul dans l'espace de cinq cents lieues?

Au milieu de nos champs nous découvrons souvent des cailloux énormes, depuis trois pieds jusqu'à vingt de diamètre; et à côté il y en a qui paraissent aussi anciens et qui n'ont pas un demi-pouce d'épaisseur; d'autres n'ont que deux ou trois lignes de diamètre; leur pesanteur spécifique est inégale : elle approche dans les uns de celle du fer, dans d'autres elle est moindre, et dans quelques-uns plus forte.

Quelque pesant, quelque opaque, quelque lisse qu'un caillou puisse être, il est percé comme un crible. Si l'or et les diamants ont autant et plus de pores que de substance, à plus forte raison le caillou est-il percé dans toutes ses dimensions; et un million d'ouvertures dans un caillou peut fournir autant d'asiles à des insectes imperceptibles. C'est un assemblage de parties homogènes dont résulte une masse souvent inébranlable au marteau; il est vitrifiable à la longue, à un feu de fournaise, et on voit alors que ses parties constituantes sont une espèce de cristal; mais quelle force avait joint ces petits cristaux? d'où résultait ce corps si dur que le feu a divisé? est-ce l'attraction qui rendait toutes ses parties si unies entre elles et si compactes? Cette attraction démontrée entre le soleil et les planètes, entre la terre et son satellite, agit-elle entre toutes les parties du globe, tandis qu'elle pénètre au centre du globe entier? Est-elle le premier principe de la cohésion des corps? est-elle avec le mouvement la première loi de la nature? C'est ce qui paraît le plus probable; mais que cette probabilité est encore loin d'une conviction lumineuse!

CHAP. IX. — *De la roche.*

Il y a plusieurs sortes de roches qui forment la chaîne des Alpes et des autres montagnes par lesquelles les Alpes se rejoignent aux Pyrénées. Je ne parlerai dans cet article que de la fameuse opération d'Annibal sur le haut des Alpes. Une pointe de roche escarpée lui fermait le passage. Il la rendit calcinable ou du moins facile à diviser par le fer, en l'échauffant par un grand feu, et en y versant du vinaigre.

Les siècles suivants ont douté de la possibilité du fait. Tout ce que je sais, c'est qu'ayant pris des éclats d'une de ces roches à grains qui composent la plus grande partie des Alpes, je les mis dans un vase rempli d'un vinaigre bouillant; ils devinrent en peu de minutes presque friables comme du sable. Ils se pulvérisèrent entre mes doigts. Il n'y a point d'enfant qui ne puisse faire l'expérience d'Annibal.

CHAP. X. — *Des montagnes, de leur nécessité, et des causes finales.*

Il y a une très-grande différence entre les petites montagnes isolées et cette chaîne continue de rochers qui règnent sur l'un et sur l'autre hémisphère. Les isolées sont des amas hétérogènes composés de matières étrangères, entassées sans ordre, sans couches régulières. On y trouve des restes de végétaux, d'animaux terrestres et aquatiques, on pétrifiés, ou friables, des bitumes, des débris de minéraux. Ce sont pour la plupart des volcans, des éruptions de la terre, des excrescences causées par des convulsions; leurs sommets sont rarement en pointes, leurs flancs contiennent des soufres qui s'allument.

La grande chaîne, au contraire, est formée d'un roc continu, tantôt de roche dure, tantôt de pierre calcaire, tantôt de graviers. Elle s'élève et s'abaisse par intervalles. Ses fondements sont probablement aussi profonds que ses cimes sont élevées. Elle paraît une pièce essentielle à la machine du monde, comme les os le sont aux quadrupèdes et aux bipèdes. C'est autour de leurs faîtes que s'assemblent les nuages et les neiges, qui de là se répandant sans cesse forment tous les fleuves et toutes les fontaines, dont on a si longtemps et si faussement attribué la source à la mer.

Sur ces hautes montagnes dont la terre est couronnée, point de coquilles, point d'amas confus de végétaux pétrifiés, excepté dans quelques crevasses profondes où le hasard a jeté des corps étrangers.

Les chaînes de ces montagnes qui couvrent l'un et l'autre hémisphère ont une utilité plus sensible. Elles affermissent la terre; elles servent à l'arroser; elles renferment à leurs bases tous les métaux, tous les minéraux.

Qu'il soit permis de remarquer à cette occasion que toutes les pièces de la machine de ce monde semblent faites l'une pour l'autre. Quelques philosophes affectent de se moquer des causes finales rejetées par Épicure et par Lucrèce. C'est plutôt, ce me semble, d'Épicure et de Lucrèce qu'il faudrait se moquer. Ils vous disent que l'œil n'est point fait pour voir, mais qu'on s'en est servi pour cet usage, quand on s'est aperçu que les yeux y pouvaient servir. Selon eux, la bouche n'est point faite pour parler, pour manger, l'estomac pour digérer, le cœur pour recevoir le sang des veines et l'envoyer dans les artères, les pieds pour marcher, les oreilles pour entendre. Ces gens-là, pourtant, avouaient que les tailleurs leur faisaient des habits pour les vêtir, et les maçons des maisons pour les loger; et ils osaient nier à la nature, au grand Être, à l'intelligence universelle, ce qu'ils accordaient tous à leurs moindres ouvriers.

Il ne faut pas, sans doute, abuser des causes finales : on ne doit pas dire comme M. le prieur dans le *Spectacle de la nature*, que les marées sont données à l'Océan pour que les vaisseaux entrent plus aisément dans les ports, et pour empêcher que l'eau de la mer ne se corrompe; car la Méditerranée n'a point de flux et de reflux, et ses eaux ne se corrompent point.

Pour qu'on puisse s'assurer de la fin véritable pour laquelle une cause agit, il faut que cet effet soit de tous les temps et de tous les lieux. Il n'y a pas eu des vaisseaux en tout temps et sur toutes les mers; ainsi l'on ne peut pas dire que l'Océan ait été fait pour les vaisseaux. Nous avons remarqué ailleurs que les nez n'avaient pas été faits pour porter des lunettes, ni les mains pour être gantées. On sent combien il serait ridicule de prétendre que la nature eût travaillé de tout temps pour s'ajuster aux inventions de nos arts arbitraires, qui tous ont paru si tard; mais il est bien évident que si les nez n'ont pas été faits pour les besicles, ils l'ont été pour l'odorat, et qu'il y a des nez depuis qu'il y a des hommes. De même, les mains n'ayant pas été données en faveur des gantiers, elles sont visiblement destinées à tous les usages que le métacarpe, les phalanges de nos doigts, et les mouvements du muscle circulaire du poignet, nous procurent.

Cicéron, qui doutait de tout, ne doutait pas pourtant des causes finales.

Il paraît bien difficile surtout que les organes de la génération ne soient pas destinés à perpétuer les espèces. Ce mécanisme est bien admirable; mais la sensation que la nature a jointe à ce mécanisme est bien plus admirable encore. Épicure devait avouer que le plaisir est divin, et que ce plaisir est une cause finale par laquelle sont produits sans cesse ces êtres sensibles qui n'ont pu se donner la sensation.

Cet Épicure était un grand homme pour son temps; il vit ce que Descartes a nié, ce que Gassendi a affirmé, ce que Newton a démontré, qu'il n'y a point de mouvement sans vide. Il conçut la nécessité des atomes pour servir de parties constituantes aux espèces invariables. Ce sont là des idées très-philosophiques. Rien n'était surtout plus respectable que la morale des vrais épicuriens : elle consistait dans l'éloignement des affaires publiques, incompatibles avec la sagesse, et dans l'amitié, sans laquelle la vie est un fardeau. Mais pour le reste de la physique d'Épicure, elle ne paraît pas plus admissible que la matière cannelée de Descartes.

Enfin, les chaînes de montagnes qui couronnent les deux hémisphères, et plus de six cents fleuves qui coulent jusqu'aux mers du pied de ces rochers, toutes les rivières qui descendent de ces mêmes réservoirs, et qui grossissent les fleuves après avoir fertilisé les campagnes; des milliers de fontaines qui partent de la même source, et qui abreuvent le genre animal et le végétal; tout cela ne paraît pas plus l'effet d'un cas fortuit et d'une déclinaison d'atomes que la rétine qui reçoit les rayons de la lumière, le cristallin qui la réfracte; l'enclume, le marteau, l'étrier, le tambour de l'oreille, qui reçoit les sons, les routes du sang dans nos veines, la systole et la diastole du cœur, ce balancier de la machine qui fait la vie.

Chap. XI. — *De la formation des montagnes.*

On ne s'est pas contenté de dire que notre terre avait été originairement de verre; Maillet a imaginé que nos montagnes avaient été faites par le flux, le reflux, et les courants de la mer.

Cette étrange imagination a été fortifiée dans l'*Histoire naturelle* imprimée au Louvre, comme un enfant inconnu et exposé est quelquefois recueilli par un grand seigneur; mais le public philosophe n'a pas adopté cet enfant, et il est difficile à élever. Il est trop visible que la mer ne fait point une chaîne de roches sur la terre. Le flux peut amonceler un peu de sable, mais le reflux l'emporte. Des courants d'eau ne peuvent produire lentement, dans des siècles innombrables, une suite immense de rochers nécessaires dans tous les temps. L'Océan ne peut avoir quitté son lit, creusé par la nature, pour aller élever au-dessus des nues les rochers de l'Immaüs et du Caucase. L'Océan une fois formé, une fois placé, ne peut pas plus quitter la moitié du globe pour se jeter sur l'autre, qu'une pierre ne peut quitter la terre pour aller dans la lune.

Sur quelles raisons apparentes appuie-t-on ce paradoxe? Sur ce qu'on prétend que, dans les vallées des Alpes, les angles saillants d'une montagne à l'occident répondent aux angles rentrants d'une montagne à l'orient. Il faut bien, dit-on, que les courants de la mer aient produit ces angles. La conclusion est hasardée. Le fait peut être vrai dans quelques vallons étroits; il ne l'est pas dans le grand bassin de la Savoie et du lac de Genève; il ne l'est pas dans la grande vallée de l'Arno, autour de Florence; mais à quelles branches ne se prend-on pas quand on se noie dans les systèmes[1]!

Il vaudrait autant avancer que les montagnes ont produit les mers que de prétendre que les mers ont produit les montagnes.

Quel est donc le véritable système? celui du grand Être qui a tout fait, et qui a donné à chaque élément, à chaque espèce, à chaque genre, sa forme, sa place, et ses fonctions éternelles. Le grand Être qui a formé l'or et le fer, les arbres, l'herbe, l'homme et la fourmi, a fait l'océan et les montagnes. Les hommes n'ont pas été des poissons, comme le dit Maillet, tout a été probablement ce qu'il est par des lois immuables. Je ne puis trop répéter que nous ne sommes pas des dieux qui puissions créer un univers avec la parole.

Il est très-vrai que d'anciens ports sont comblés, que la mer s'est retirée de Carthage, de Rosette, des deux Syrtes, de Ravenne, de Fréjus, d'Aigues-Mortes, etc. Elle a englouti des terrains; elle en a laissé d'autres à découvert. On triomphe de ces phénomènes, on conclut que l'océan a caché, pendant des siècles, le mont Taurus et les Alpes sous ses flots. Quoi! parce que des atterrissements ont reculé la mer de plusieurs lieues, et qu'elle aura inondé d'un autre côté quelques terrains bas, on nous persuadera qu'elle a inondé le continent pendant des milliers de siècles! Nous voyons des volcans, donc tout le globe a été en feu; des tremblements de terre ont englouti des villes, donc tout l'univers a été la proie des flammes. Ne doit-on pas se défier d'une telle conclusion? Les accidents ne sont pas des règles générales.

L'illustre et savant auteur de l'*Histoire naturelle* dit, à la fin de la théorie de la terre, page 124 : « Ce sont les eaux rassemblées dans la vaste étendue des mers, qui, par le mouvement continuel du flux et du reflux, ont produit les montagnes, les vallées, etc. »

Mais aussi voici comment il s'exprime, page 359 : « Il y a, sur la surface de la terre, des contrées élevées qui paraissent être des points de partage marqués par la nature pour la distribution des eaux. Les environs du mont Saint-Gothard sont un de ces points en Europe; un autre point est le pays situé entre les provinces de Belozera et de Vologda en Russie, d'où descendent des rivières, dont les unes vont à la mer Blanche, d'autres à la mer Noire, et d'autres à la mer Caspienne, etc. »

Il enseigne donc ici que cette grande chaîne de montagnes, prolongée d'Espagne en Tartarie, est une pièce essentielle à la machine du

---

1. La plupart des vallées, qu'on a supposées avoir été formées par la mer, sont évidemment l'ouvrage des torrents et des rivières qui y coulent ou qui y ont coulé autrefois; car on observe, sur les plateaux supérieurs aux vallées où coulent ces fleuves, des dépôts où l'on retrouve les mêmes cailloux roulés que ces rivières entraînent. (*Éd. de Kehl.*)

monde. Il semble se contredire dans ces deux assertions; il ne se contredit pourtant pas : car, en avouant la nécessité des montagnes pour entretenir la vie des animaux et des végétaux, il suppose que « les eaux du ciel détruisent peu à peu l'ouvrage de la mer, et, ramenant tout au niveau, rendront un jour notre terre à la mer, qui s'en emparera successivement, en laissant à découvert de nouveaux continents, etc. »

Voilà donc, selon lui, notre Europe privée des Alpes et des Pyrénées, et de toutes leurs branches. Mais, en supposant cette chaîne de montagnes écroulée, dispersée sur notre continent, n'en élèvera-t-elle pas la surface? Cette surface ne sera-t-elle pas toujours au-dessus du niveau de la mer? Comment la mer, en violant les lois de la gravitation et celles des fluides, viendra-t-elle se placer, chez les Basques, sur les débris des Pyrénées? Que deviendront les habitants; hommes et animaux, quand l'océan se sera emparé de l'Europe? Il faudra donc qu'ils s'embarquent pour aller chercher les terrains que les mers auront abandonnés vers l'Amérique. Car, si l'océan prend chaque jour quelque chose de nos habitations, il faudra bien qu'à la fin nous allions tous demeurer ailleurs. Descendrons-nous dans les profondeurs de l'océan, qui sont en beaucoup d'endroits de plus de mille pieds? Mais quelle puissance contraire à la nature commandera aux eaux de quitter ces profondes et immenses vallées pour nous recevoir?

Prenons la chose d'un autre biais. Presque tous les naturalistes sont persuadés aujourd'hui que les dépôts de coquilles au milieu de nos terres sont des monuments du long séjour de l'océan dans les provinces où ces dépouilles se sont trouvées. Il y en a en France à 40, à 50 lieues des côtes de la mer. On en trouve en Allemagne, en Espagne, et surtout en Afrique. C'est donc ici un événement tout contraire à celui qu'on a supposé d'abord : « Ce ne sont plus les eaux du ciel qui détruisent peu à peu l'ouvrage de la mer, qui ramènent tout au niveau, et qui rendent notre terre à la mer. » C'est au contraire la mer qui s'est retirée insensiblement, dans la suite des siècles, de la Bourgogne, de la Champagne, de la Touraine, de la Bretagne, où elle demeurait, et qui s'en est allée vers le nord de l'Amérique. Laquelle de ces deux suppositions prendrons-nous? D'un côté on nous dit que l'océan vient peu à peu couvrir les Pyrénées et les Alpes; de l'autre on nous assure qu'il s'en retourne tout entier par degrés. Il est évident que l'un des deux systèmes est faux; et il n'est pas improbable qu'ils le soient tous deux.

J'ai fait ce que j'ai pu jusqu'ici pour concilier avec lui-même le savant et éloquent académicien, auteur aussi ingénieux qu'utile de l'*Histoire naturelle*. J'ai voulu rapprocher ses idées pour en tirer de nouvelles instructions; mais comment pourrai-je accorder avec son système ce que je trouve au tome XII, page 10, dans son discours intitulé *Première vue de la nature?* « La mer irritée, dit-il, s'élève vers le ciel, et vient en mugissant se briser contre des digues inébranlables, qu'avec tous ses efforts elle ne peut ni détruire ni surmonter. La terre, élevée au-dessus du niveau de la mer, est à l'abri de ses irruptions. Sa surface, émaillée de fleurs, parée d'une verdure toujours renouvelée, peuplée de mille et mille espèces d'animaux différents, est un lieu de repos, un séjour de délices, etc. »

Ce morceau dérobé à la poésie, semble être de Massillon ou de Fénelon, qui se permirent si souvent d'être poëtes en prose ; mais certainement si la mer irritée, en s'élevant vers le ciel, se brise en mugissant contre des digues inébranlables; si elle ne peut surmonter ces digues avec tous ses efforts, elle n'a donc jamais quitté son lit pour s'emparer de nos rivages; elle est bien loin de se mettre à la place des Pyrénées et des Alpes. C'est non-seulement contredire ce système qu'on a eu tant de peine à étayer par tant de suppositions, mais c'est contredire une vérité reconnue de tout le monde ; et cette vérité est que la mer s'est retirée à plusieurs milles de ses anciens rivages, et qu'elle en a couvert d'autres; vérité dont on a étrangement abusé.

Quelque parti qu'on prenne, dans quelque supposition que l'esprit humain se perde, il est possible, il est vraisemblable, il est même prouvé que plusieurs parties de la terre ont souffert de grandes révolutions. On prétend qu'une comète peut heurter notre globe en son chemin; et Trissotin, dans *les Femmes savantes*, n'a peut-être pas tort de dire :

> Je viens vous annoncer une grande nouvelle :
> Nous l'avons en dormant, madame, échappé belle;
> Un monde près de nous a passé tout du long,
> Est chu tout au travers de notre tourbillon ;
> Et s'il eût en chemin rencontré notre terre,
> Elle eût été brisée en morceaux comme verre.

La théorie des comètes n'était pas encore connue lorsque la comédie des *Femmes savantes* fut jouée à la cour en 1672. Il est très-certain que le concours de ces deux globes qui roulent dans l'espace avec tant de rapidité aurait des suites effroyables, mais d'une tout autre nature que l'acheminement insensible de l'océan à l'endroit où est aujourd'hui le mont Saint-Gothard, ou son départ de Brest et de Saint-Malo pour se retirer vers le pôle et vers le détroit de Hudson. Heureusement il se passera du temps avant que notre Europe soit fracassée par une comète, ou engloutie par l'océan.

Chap. XII. — *Des coquilles, et des systèmes bâtis sur des coquilles.*

Il est arrivé aux coquilles la même chose qu'aux anguilles ; elles ont fait éclore des systèmes nouveaux. On trouve dans quelques endroits de ce globe des amas de coquillages ; on voit dans quelques autres des huîtres pétrifiées : de là on a conclu que, malgré les lois de la gravitation et celles des fluides, et malgré la profondeur du lit de l'océan, la mer avait couvert toute la terre il y a quelques millions d'années.

La mer ayant inondé ainsi successivement la terre, a formé les montagnes par ses courants, par ses marées ; et quoique son flux ne s'élève qu'à la hauteur de quinze pieds dans ses plus grandes intumescences sur nos côtes, elle a produit des roches hautes de 18 000 pieds.

Si la mer a été partout, il y a eu un temps où le monde n'était peuplé que de poissons. Peu à peu les nageoires sont devenues des bras, la queue fourchue s'étant allongée a formé des cuisses et des jambes; enfin les poissons sont devenus des hommes, et tout cela s'est fait en conséquence des coquilles qu'on a déterrées. Ces systèmes valent bien l'horreur du vide, les formes substantielles, la matière globuleuse, subtile, cannelée, striée, la négation de l'existence des corps, la baguette divinatoire de Jacques Aimard, l'harmonie préétablie, et le mouvement perpétuel.

Il y a, dit-on, des débris immenses de coquilles auprès de Maestricht. Je ne m'y oppose pas, quoique je n'y en aie vu qu'une très-petite quantité. La mer a fait d'horribles ravages dans ces quartiers-là; elle a englouti la moitié de la Frise; elle a couvert des terrains autrefois fertiles, elle en a abandonné d'autres. C'est une vérité reconnue, personne ne conteste les changements arrivés sur la surface du globe dans une longue suite de siècles. Il se peut physiquement, et sans oser contredire nos livres sacrés, qu'un tremblement de terre ait fait disparaître l'île Atlantide neuf mille ans avant Platon, comme il le rapporte, quoique ses mémoires ne soient pas sûrs. Mais tout cela ne prouve pas que la mer ait produit le mont Caucase, les Pyrénées et les Alpes.

On prétend qu'*il y a des fragments de coquillages à Montmartre, et à Courtagnon auprès de Reims*. On en rencontre presque partout, mais non pas sur la cime des montagnes, comme le suppose le système de Maillet.

Il n'y en a pas une seule sur la chaîne des hautes montagnes, depuis la Sierra-Morena jusqu'à la dernière cime de l'Apennin. J'en ai fait chercher sur le mont Saint-Gothard, sur le Saint-Bernard, dans les montagnes de la Tarentaise : on n'en a pas découvert.

Un seul physicien m'a écrit qu'il a trouvé une écaille d'huître pétrifiée vers le Mont-Cenis. Je dois le croire, et je suis très-étonné qu'on n'y en ait pas vu des centaines. Les lacs voisins nourrissent de grosses moules dont l'écaille ressemble parfaitement aux huîtres; on les appelle même *petites huîtres* dans plus d'un canton.

Est-ce d'ailleurs une idée tout à fait romanesque de faire réflexion sur la foule innombrable de pèlerins qui partaient à pied de Saint-Jacques en Galice, et de toutes les provinces, pour aller à Rome par le Mont-Cenis chargés de coquilles à leurs bonnets? Il en venait de Syrie, d'Égypte, de Grèce, comme de Pologne et d'Autriche. Le nombre des romipètes a été mille fois plus considérable que celui des hagi qui ont visité la Mecque et Médine, parce que les chemins de Rome sont plus faciles, et qu'on n'était pas forcé d'aller par caravanes. En un mot, une huître près du Mont-Cenis ne prouve pas que l'Océan indien ait enveloppé toutes les terres de notre hémisphère.

On rencontre quelquefois en fouillant la terre des pétrifications étrangères, comme on rencontre dans l'Autriche des médailles frappées à Rome. Mais pour une pétrification étrangère il y en a mille de nos climats.

Quelqu'un a dit[1] qu'il aimerait autant croire le marbre composé de plumes d'autruche que de croire le porphyre composé de pointes d'oursin. Ce quelqu'un-là avait grande raison, si je ne me trompe.

On découvrit, ou l'on crut découvrir, il y a quelques années, les ossements d'un renne et d'un hippopotame près d'Étampes, et de là on conclut que le Nil et la Laponie avaient été autrefois sur le chemin de Paris à Orléans. Mais on aurait dû plutôt soupçonner qu'un curieux avait eu autrefois dans son cabinet le squelette d'un renne et celui d'un hippopotame. Cent exemples pareils invitent à examiner longtemps avant que de croire.

Chap. XIII. — *Amas de coquilles.*

Mille endroits sont remplis de mille débris de testacés, de crustacés, de pétrifications. Mais remarquons, encore une fois, que ce n'est presque jamais ni sur la croupe ni dans les flancs de cette continuité de montagnes dont la surface du globe est traversée; c'est à quelques lieues de ces grands corps, c'est au milieu des terres, c'est dans des cavernes, dans des lieux où il est très-vraisemblable qu'il y avait de petits lacs qui ont disparu, de petites rivières dont le cours est changé, des ruisseaux considérables dont la source est tarie. Vous y voyez des débris de tortues, d'écrevisses, de moules, de colimaçons, de petits crustacés de rivière, de petites huitres semblables à celles de Lorraine: mais de véritables corps marins, c'est ce que vous ne voyez jamais. S'il y en avait, pourquoi n'aurait-on jamais vu d'os de chiens marins, de requins, de baleines?

Vous prétendez que la mer a laissé dans nos terres des marques d'un très-long séjour. Le monument le plus sûr serait assurément quelques amas de marsouins au milieu de l'Allemagne; car vous en voyez des milliers se jouer sur la surface de la mer Germanique dans un temps serein. Quand vous les aurez découverts et que je les aurai vus à Nuremberg et à Francfort, je vous croirai; mais, en attendant, permettez-moi de ranger la plupart de ces suppositions avec celle du vaisseau pétrifié trouvé dans le canton de Berne à cent pieds sous terre, tandis qu'une de ses ancres était sur le mont Saint-Bernard.

J'ai vu quelquefois des débris de moules et de colimaçons qu'on prenait pour des coquilles de mer.

Si on songeait seulement que, dans une année pluvieuse, il y a plus de limaçons dans dix lieues de pays que d'hommes sur la terre, on pourrait se dispenser de chercher ailleurs l'origine de ces fragments de coquillages dont les bords du Rhône et ceux d'autres rivières sont tapissés dans l'espace de plusieurs milles. Il y a beaucoup de ces limaçons dont le diamètre est de plus d'un pouce. Leur multitude détruit quelquefois les vignes et les arbres fruitiers. Les fragments de leurs coques endurcies sont partout. Pourquoi donc imaginer que des coquillages des Indes sont venus s'amonceler dans nos climats quand

---

1. Voltaire lui-même. (Éd.)

nous en avons chez nous par millions? Tous ces petits fragments de coquilles, dont on a fait tant de bruit pour accréditer un système, sont pour la plupart si informes, si usés, si méconnaissables, qu'on pourrait également parier que ce sont des débris d'écrevisses ou de crocodiles, ou des ongles d'autres animaux. Si on trouve une coquille bien conservée dans le cabinet d'un curieux, on ne sait d'où elle vient; et je doute qu'elle puisse servir de fondement à un système de l'univers.

Je ne nie pas, encore une fois, qu'on ne rencontre, à cent milles de la mer, quelques huîtres pétrifiées, des conques, des univalves, des productions qui ressemblent parfaitement aux productions marines; mais est-on bien sûr que le sol de la terre ne peut enfanter ces fossiles? La formation des agates arborisées ou herborisées ne doit-elle pas nous faire suspendre notre jugement? Un arbre n'a point produit l'agate qui représente parfaitement un arbre; la mer peut aussi n'avoir point produit ces coquilles fossiles qui ressemblent à des habitations de petits animaux marins. L'expérience suivante en peut rendre témoignage.

CHAP. XIV. — *Observation importante sur la formation des pierres et des coquillages.*

M. Le Royer de La Sauvagère, ingénieur en chef, et de l'Académie des belles-lettres de La Rochelle, seigneur de la terre Desplaces en Touraine, auprès de Chinon, atteste qu'auprès de son château une partie du sol s'est métamorphosée deux fois en un lit de pierre tendre dans l'espace de quatre-vingts ans. Il a été témoin lui-même de ce changement. Tous ses vassaux et tous ses voisins l'ont vu. Il a bâti avec cette pierre, qui est devenue très-dure étant employée. La petite carrière dont on l'a tirée commence à se former de nouveau. Il y renaît des coquilles qui d'abord ne se distinguent qu'avec un microscope, et qui croissent avec la pierre. Ces coquilles sont de différentes espèces; il y a des ostracites, des gryphites, qui ne se trouvent dans aucune de nos mers; des cames, des télines, des cœurs, dont les germes se développent insensiblement, et s'étendent jusqu'à six lignes d'épaisseur.

N'y a-t-il pas là de quoi étonner du moins ceux qui affirment que tous les coquillages qu'on rencontre dans quelques endroits de la terre y ont été déposés par la mer?

Si on ajoute à tout ce que nous avons déjà dit, ce phénomène de la terre Desplaces; si d'un autre côté on considère que le fleuve de Gambie et la rivière de Bissao sont remplis d'huîtres, que plusieurs lacs en ont fourni autrefois, et en ont encore, ne sera-t-on pas porté à suspendre son jugement? Notre siècle commence à bien observer : il appartiendra aux siècles suivants de décider, mais probablement on sera un jour assez savant pour ne décider pas.

CHAP. XV. — *De la grotte des Fées.*

Les grottes où se forment les stalactites et les stalagmites sont communes. Il y en a dans presque toutes les provinces. Celle du Chablais est peut-être la moins connue des physiciens, et qui mérite le plus de l'être. Elle est située dans des rochers affreux, au milieu d'une forêt d'épines, à deux petites lieues de Ripaille, dans la paroisse de Féterne. Ce sont trois grottes en voûte l'une sur l'autre, taillées à pic par la nature dans un roc inabordable. On n'y peut monter que par une échelle, et il faut s'élancer ensuite dans ces cavités en se tenant à des branches d'arbres. Cet endroit est appelé par les gens du lieu *la grotte des Fées*. Chacune a dans son fond un bassin dont l'eau passe pour avoir la même vertu que celle de Sainte-Reine. L'eau qui distille de la supérieure à travers le rocher y a formé dans la voûte la figure d'une poule qui couve des poussins. Auprès de cette poule est une autre concrétion qui ressemble parfaitement à un morceau de lard avec sa couenne, de la longueur de près de trois pieds.

Dans le bassin de cette même grotte, où l'on se baigne, on trouve des figures de pralines telles qu'on les vend chez les confiseurs, et à côté, la forme d'un rouet ou tour à filer avec la quenouille. Les femmes des environs prétendent avoir vu dans l'enfoncement une femme pétrifiée au-dessous du rouet : mais les observateurs n'ont point vu en dernier lieu cette femme. Peut-être les concrétions stalactiques avaient dessiné autrefois une figure informe de femme ; et c'est ce qui fit nommer cette caverne *la grotte des Fées*.

Il fut un temps qu'on n'osait en approcher ; mais depuis que la figure de la femme a disparu, on est devenu moins timide.

Maintenant, qu'un philosophe à système raisonne sur ce jeu de la nature, ne pourra-t-il pas dire : Voilà des pétrifications véritables ? Cette grotte était habitée sans doute autrefois par une femme ; elle filait au rouet, son lard était pendu au plancher, elle avait auprès d'elle sa poule avec ses poussins ; elle mangeait des pralines, lorsqu'elle fut changée en rocher elle et ses poulets, et son lard, et son rouet, et sa quenouille, et ses pralines, comme Édith, femme de Loth, fut changée en statue de sel. L'antiquité fourmille de ces exemples.

Il serait bien plus raisonnable de dire : Cette femme fut pétrifiée, que de dire : Ces petites coquilles viennent de la mer des Indes ; cette écaille fut laissée ici par la mer il y a cinquante mille siècles ; ces glossopètres sont des langues de marsouins qui s'assemblèrent un jour sur cette colline pour n'y laisser que leurs gosiers ; ces pierres en spirale enfermaient autrefois le poisson nautilus, que personne n'a jamais vu.

CHAP. XVI. — *Du falun de Touraine et de ses coquilles.*

On regarde enfin le falun de Touraine comme le monument le plus incontestable de ce séjour de l'océan sur notre continent dans une multitude prodigieuse de siècles, et la raison, c'est qu'on prétend que cette mine est composée de coquilles pulvérisées.

Certainement si à trente-six lieues de la mer il était d'immenses bancs de coquillages marins, s'ils étaient posés à plat par couches régulières, il serait démontré que ces bancs ont été le rivage de la mer : et il est d'ailleurs très-vraisemblable que des terrains bas et plats ont été tour à tour couverts et dégagés des eaux jusqu'à trente et quarante lieues; c'est l'opinion de toute l'antiquité. Une mémoire confuse s'en est conservée, et c'est ce qui a donné lieu à tant de fables.

> *Nil equidem durare diu sub imagine eadem*
> *Crediderim. Sic ad ferrum venistis ab auro,*
> *Secula. Sic toties versa est fortuna locorum.*
> *Vidi ego, quod fuerat quondam solidissima tellus,*
> *Esse fretum. Vidi factas ex æquore terras :*
> *Et procul a pelago conchæ jacuere marinæ :*
> *Et vetus inventa est in montibus anchora summis*[1]*.*
> *Quodque fuit campus, vallem decursus aquarum*
> *Fecit : et eluvie nons est deductus in æquor :*
> *Eque paludosa siccis humus aret arenis ;*
> *Quæque sitim tulerant, stagnata paludibus hument.*

C'est ainsi que Pythagore s'explique dans Ovide[2]. Voici une imitation de ces vers qui en donnera l'idée :

> Le Temps, qui donne à tout le mouvement et l'être,
> Produit, accroît, détruit, fait mourir, fait renaître,
> Change tout dans les eaux, sur la terre, et dans l'air.
> L'âge d'or à son tour suivra l'âge de fer.
> Flore embellit des champs l'aridité sauvage.
> La mer change son lit, son flux, et son rivage.
> Le limon qui nous porte est né du sein des eaux.
> Où croissent les moissons voguèrent les vaisseaux.
> La main lente du Temps aplanit les montagnes ;
> Il creuse les vallons, il étend les campagnes,
> Tandis que l'Éternel, le souverain des temps,
> Demeure inébranlable en ces grands changements.

Mais pourquoi cet océan n'a-t-il formé aucune montagne sur tant de côtes plates livrées à ses marées ? Et pourquoi, s'il a déposé des amas prodigieux de coquilles en Touraine, n'a-t-il pas laissé les mêmes monuments dans les autres provinces à la même distance ?

D'un côté je vois plusieurs lieues de rivages au niveau de la mer dans la basse Normandie : je traverse la Picardie, la Flandre, la Hollande, la basse Allemagne, la Poméranie, la Prusse, la Pologne, la Russie, une grande partie de la Tartarie, sans qu'une seule haute montagne, faisant partie de la grande chaîne, se présente à mes yeux.

---

1. Cela ressemble un peu à l'ancre de vaisseau qu'on prétendait avoir trouvée sur le grand Saint-Bernard : aussi s'est-on bien gardé d'insérer cette chimère dans la traduction.
2. *Métamorphoses*, XV, 259-69. (ÉD.)

Je puis franchir ainsi l'espace de deux mille lieues dans un terrain assez uni, à quelques collines près. Si la mer, répandue originairement sur notre continent, avait fait les montagnes, comment n'en a-t-elle pas fait une seule dans cette vaste étendue?

De l'autre côté ces prétendus bancs de coquilles à trente, à quarante lieues de la mer, méritent le plus sérieux examen. J'ai fait venir de cette province, dont je suis éloigné de cent cinquante lieues, une caisse de ce falun. Le fond de cette minière est évidemment une espèce de terre calcaire et marneuse, mêlée de talc, laquelle a quelques lieues de longueur sur environ une et demie de largeur. Les morceaux purs de cette terre pierreuse sont un peu salés au goût. Les laboureurs l'emploient pour féconder leurs terres, et il est très-vraisemblable que son sel les fertilise : on en fait autant dans mon voisinage avec du gypse. Si ce n'était qu'un amas de coquilles, je ne vois pas qu'il pût fumer la terre. J'aurais beau jeter dans mon champ toutes les coques desséchées des limaçons et des moules de ma province, ce serait comme si j'avais semé sur des pierres.

Quoique je sois sûr de peu de choses, je puis affirmer que je mourrais de faim si je n'avais pour vivre qu'un champ de vieilles coquilles cassées [1].

En un mot il est certain, autant que mes yeux peuvent avoir de certitude, que cette marne est une espèce de terre, et non pas un assemblage d'animaux marins qui seraient au nombre de plus de cent mille milliards de milliards. Je ne sais pourquoi l'académicien qui le premier, après Palissi, fit connaître cette singularité de la nature, a pu dire : « Ce ne sont que de petits fragments de coquilles très-reconnaissables pour en être des fragments; car ils ont leurs cannelures très-bien marquées; seulement ils ont perdu leur luisant et leur vernis. »

Il est reconnu que, dans cette mine de pierre calcaire et de talc, on n'a jamais vu une seule écaille d'huître, mais qu'il y en a quelques-unes de moules, parce que cette mine est entourée d'étangs. Cela seul décide la question contre Bernard Palissi, et détruit tout le merveilleux que Réaumur et ses imitateurs ont voulu y mettre.

Si quelques petits fragments de coquilles, mêlés à la terre marneuse, étaient réellement des coquilles de mer, il faudrait avouer qu'elles sont dans cette falunière depuis des temps reculés qui épouvantent l'imagination, et que c'est un des plus anciens monuments des révolutions de notre globe. Mais aussi comment une production enfouie quinze pieds en terre pendant tant de siècles peut-elle avoir l'air si nouveau ? Comment y a-t-on trouvé la coquille d'un limaçon toute fraîche ? Pourquoi la mer n'aurait-elle confié ces coquilles tourangeotes

---

1. Tout ce que ces coquillages pourraient opérer, ce serait de diviser une terre trop compacte. On en fait autant avec du gravier. Des coquilles fraîches et pilées pourraient servir par leur huile; mais des coquillages desséchés ne sont bons à rien.
— Quand ces coquilles sont très-friables, elles peuvent servir d'engrais comme la craie ou la marne. (*Ed. de Kehl.*)

qu'à ce seul petit morceau de terre, et non ailleurs? N'est-il pas de la plus extrême vraisemblance que ce falun, qu'on avait pris pour un réservoir de petits poissons, n'est précisément qu'une mine de pierre calcaire d'une médiocre étendue?

D'ailleurs l'expérience de M. de La Sauvagère, qui a vu des coquillages se former dans une pierre tendre, et qui en rend témoignage avec ses voisins, ne doit-elle pas au moins nous inspirer quelques doutes?

Voici une autre difficulté, un autre sujet de douter. On trouve entre Paris et Arcueil, sur la rive gauche de la Seine, un banc de pierre très-long tout parsemé de coquilles maritimes, ou qui du moins leur ressemblent parfaitement. On m'en a envoyé un morceau pris au hasard à cent pieds de profondeur. Il s'en faut bien que les coquilles y soient amoncelées par couches : elles y sont éparses, et dans la plus grande confusion. Cette confusion seule contredit la régularité prétendue qu'on attribue au falun de Touraine.

Enfin, si ce falun a été produit à la longue dans la mer, elle est donc venue à près de quarante lieues dans un pays plat, et elle n'y a point formé de montagnes. Il n'est donc nullement probable que les montagnes soient des productions de l'océan. De ce que la mer serait venue à quarante lieues, s'ensuivrait-il qu'elle aurait été partout?

CHAP. XVII. — *Idées de Palissi sur les coquilles prétendues.*

Avant que Bernard Palissi eût prononcé que cette mine de marne de trois lieues d'étendue n'était qu'un amas de coquilles, les agriculteurs étaient dans l'usage de se servir de cet engrais, et ne soupçonnaient pas que ce fussent uniquement des coquilles qu'ils employassent. N'avaient-ils pas des yeux? Pourquoi ne crut-on pas Palissi sur sa parole? Ce Palissi d'ailleurs était *un peu visionnaire*. Il fit imprimer le livre intitulé : « Le moyen de devenir riche, et la manière véritable par laquelle tous les hommes de France pourront apprendre à multiplier et à augmenter leur trésor et possessions, par maître Bernard Palissi, inventeur des rustiques figulines du roi. » Il tint à Paris une école, où il fit afficher qu'il rendrait l'argent à ceux qui lui prouveraient la fausseté de ses opinions. Cette espèce de charlatanerie décrédita ses coquilles jusqu'au temps où elles furent remises en honneur par un académicien célèbre qui enrichit les découvertes des Swammerdam, des Lauvenhoeck, par l'ordre dans lequel il les plaça, et qui voulut rendre de grands services à la physique. L'expérience, comme on l'a déjà dit, est trompeuse; il faut donc examiner encore ce falun. Il est certain qu'il pique la langue par une légère âcreté; c'est un effet que les coquilles ne produiront pas. Il est indubitable que le falun est une terre calcaire et marneuse; il est indubitable aussi qu'elle renferme quelques coquilles de moules à dix, à quinze pieds de profondeur. L'auteur estimable de *l'Histoire naturelle*, aussi profond dans ses vues qu'attrayant par son style, dit expressément : « Je prétends que les coquilles sont l'intermède que la nature emploie pour former la plupart des pierres.

Je prétends que les craies, les marnes, et les pierres à chaux, ne sont composées que de poussière et de détriments de coquilles. »

On peut aller trop loin, quelque habile physicien que l'on soit. J'avoue que j'ai examiné pendant douze ans de suite la pierre à chaux que j'ai employée, et que ni moi ni aucun des assistants n'y avons aperçu le moindre vestige de coquilles.

A-t-on donc besoin de toutes ces suppositions pour prouver les révolutions que notre globe a essuyées dans des temps prodigieusement reculés? Quand la mer n'aurait abandonné et couvert tour à tour les terrains bas de ses rivages que le long de deux mille lieues sur quarante de large dans les terres, ce serait un changement sur la surface du globe de quatre-vingt mille lieues carrées.

Les éruptions des volcans, les tremblements, les affaissements des terrains, doivent avoir bouleversé une assez grande quantité de la surface du globe; des lacs, des rivières, ont disparu, des villes ont été englouties, des îles se sont formées, des terres ont été séparées : les mers intérieures ont pu opérer des révolutions beaucoup plus considérables. N'en voilà-t-il pas assez? Si l'imagination aime à se représenter ces grandes vicissitudes de la nature, elle doit être contente.

J'avoue encore qu'il est démontré aux yeux qu'il a fallu une prodigieuse multitude de siècles pour opérer toutes les révolutions arrivées dans ce globe, et dont nous avons des témoignages incontestables. Les quatre cent soixante et dix mille ans dont les Babyloniens, précepteurs des Égyptiens, se vantaient, ne suffisent peut-être pas; mais je ne veux point contredire la Genèse, que je regarde avec vénération. Je suis partagé entre ma faible raison, qui est mon seul flambeau, et les livres sacrés juifs, auxquels je n'entends rien du tout. Je me borne toujours à prier Dieu que les hommes ne persécutent pas des hommes; qu'on ne fasse pas de cette terre si souvent bouleversée une vallée de misère et de larmes, dans laquelle des serpents destinés à ramper quelques minutes dans leurs trous dardent continuellement leur venin les uns contre les autres.

CHAP. XVIII. — *Du système de Maillet, qui, de l'inspection des coquilles, conclut que les poissons sont les premiers pères des hommes.*

Maillet, dont nous avons déjà parlé, crut s'apercevoir au Grand-Caire que notre continent n'avait été qu'une mer dans l'éternité passée; il vit des coquilles, et voici comme il raisonna : « Ces coquilles prouvent que la mer a été pendant des milliers de siècles à Memphis; donc les Égyptiens et les singes viennent incontestablement des poissons marins. »

Les anciens habitants des bords de l'Euphrate ne s'éloignaient pas beaucoup de cette idée, quand ils débitèrent que le fameux poisson Oannès sortait tous les jours du fleuve pour les venir catéchiser sur le rivage. Dercéto, qui est la même que Vénus, avait une queue de poisson. La Vénus d'Hésiode naquit de l'écume de la mer.

C'est peut-être suivant cette cosmogonie qu'Homère dit que l'océan est le père de toutes choses; mais, par ce mot d'océan, il n'entend, dit-on, que le Nil, et non notre mer océane, qu'il ne connaissait pas. Thalès apprit aux Grecs que l'eau est le premier principe de la nature. Ses raisons sont que la semence de tous les animaux est aqueuse; qu'il faut de l'humidité à toutes les plantes, et qu'enfin les étoiles sont nourries des exhalaisons humides de notre globe. Cette dernière raison est merveilleuse; et il est plaisant qu'on parle encore de Thalès, et qu'on veuille savoir ce qu'Athénée et Plutarque en pensaient.

Cette nourriture des étoiles n'aurait pas réussi dans notre temps, et malgré les sermons du poisson Oannès, les arguments de Thalès, les imaginations de Maillet, malgré l'extrême passion qu'on a aujourd'hui pour les généalogies, il y a peu de gens qui croient descendre d'un turbot et d'une morue. Pour étayer ce système, il fallait absolument que toutes les espèces et tous les éléments se changeassent les uns en les autres. Les *Métamorphoses* d'Ovide devenaient le meilleur livre de physique qu'on ait jamais écrit.

Notre globe a eu sans doute ses métamorphoses, ses changements de forme; et chaque globe a eu les siennes, puisque tout étant en mouvement, tout a dû nécessairement changer; il n'y a que l'immobilité qui soit immuable, la nature est éternelle; mais nous autres nous sommes d'hier. Nous découvrons mille signes de variations sur notre petite sphère. Ces signes nous apprennent que cent villes ont été englouties, que des rivières ont disparu, que dans de longs espaces de terrain on marche sur des débris. Ces épouvantables révolutions accablent notre esprit. Elles ne sont rien du tout pour l'univers, et presque rien pour notre globe. La mer, qui laisse des coquilles sur un rivage qu'elle abandonne, est une goutte d'eau qui s'évapore au bord d'une petite tasse; les tempêtes les plus horribles ne sont que le léger mouvement de l'air produit par l'aile d'une mouche. Toutes nos énormes révolutions sont un grain de sable à peine dérangé de sa place. Cependant que de vains efforts pour expliquer ces petites choses! que de systèmes, que de charlatanisme pour rendre compte de ces légères variations si terribles à nos yeux! que d'animosités dans ces disputes! Les conquérants qui ont envahi le monde, n'ont pas été plus orgueilleux et plus acharnés que les vendeurs d'orviétan qui ont prétendu le connaître.

« La terre est un soleil encroûté, dit celui-ci. — C'est une comète qui a effleuré le soleil, dit celui-là. En voici un qui crie que cette huître est une médaille du déluge; un autre lui répond qu'elle est pétrifiée depuis quatre milliards d'années. Hé! pauvres gens qui osez parler en maîtres, vous voulez m'enseigner la formation de l'univers, et vous ne savez pas celle d'un ciron, celle d'une paille! »

CHAP. XIX. — *Des germes.*

Des philosophes tâchèrent donc d'établir quelque système qui bannît les germes par lesquels les générations des hommes, des animaux et des plantes s'étaient perpétuées jusqu'à nos jours. C'est en vain que nos yeux voient et que nos mains manient les semences que nous jetons en terre; c'est en vain que les animaux sont tous évidemment produits par un germe : on s'est plu à démentir la nature pour établir d'autres systèmes que le sien.

Celui des animaux spermatiques ne semble point contredire la physique; cependant on s'en est dégoûté comme d'une mode. Il était très-commun alors que tous les philosophes, excepté ceux de quatre-vingts ans, dérobassent à l'union des deux sexes la liqueur séminale productrice du genre humain, et que, dans cette liqueur, on vit, à l'aide du microscope, nager les petits vers qui devaient devenir hommes, comme on voit dans les étangs glisser les têtards destinés à être grenouilles.

Dans ce système les mâles étaient les principaux dépositaires de l'espèce; au lieu que, dans le système des œufs, qui avait prévalu jusqu'alors, c'étaient les femelles qui contenaient en elles toutes les générations, et qui étaient véritablement mères. Le mâle ne servait qu'à féconder les œufs, comme les coqs fécondent les poules. Ce système des œufs avait un prodigieux avantage, celui de l'expérience journalière et incontestable dans plusieurs espèces. Cependant on a fini par douter de l'un et de l'autre; mais, soit que le mâle contienne en lui l'animal qui doit naître, soit que la femelle le renferme dans son ovaire, et que la liqueur du mâle serve à son développement, il est certain que, dans les deux cas, il y a un germe : et c'est ce germe que l'amour de la nouveauté, la fureur des systèmes, et encore plus celle de l'amour-propre, entreprirent de détruire.

L'auteur d'un petit livre intitulé *la Vénus physique*[1] imagina que tout se faisait par attraction dans la matrice, que la jambe droite attirait à elle la jambe gauche, que l'humeur vitrée d'un œil, sa rétine, sa cornée, sa conjonctive, étaient attirées par de semblables parties de l'autre œil. Personne n'avait jamais corrompu à cet inconcevable excès l'attraction démontrée par Newton dans des cas absolument différents; une telle chimère était digne de l'idée de disséquer des têtes de géants pour connaître la nature de l'âme, et d'exalter cette âme pour prédire l'avenir. Cette folie ne servit pas peu à décréditer l'esprit systématique, qui est pourtant si nécessaire au progrès des sciences, quand il n'est que l'esprit d'ordre, et qu'il est réglé par la raison.

CHAP. XX. — *De la prétendue race d'anguilles formées de farine et de jus de mouton.*

Celui qui a dit le premier qu'il n'y a point de sottise dont l'esprit humain ne soit capable était un grand prophète. Un jésuite irlandais, nommé Needham, qui voyageait dans l'Europe en habit séculier, fit des expériences à l'aide de plusieurs microscopes. Il crut apercevoir dans la farine de blé ergoté, mise au four, et laissée dans un vase purgé d'air, et bien bouché, il crut apercevoir, dis-je, des anguilles

___
1. Maupertuis. (ÉD.)

qui accouchaient bientôt d'autres anguilles. Il s'imagina voir le même phénomène dans du jus de mouton bouilli. Aussitôt plusieurs philosophes s'efforcèrent de crier merveille, et de dire : « Il n'y a point de germe ; tout se fait, tout se régénère par une force vive de la nature. — C'est l'attraction, disait l'un. — C'est la matière organisée, disait l'autre. — Ce sont des molécules organiques vivantes qui ont trouvé leurs moules. » De bons physiciens furent trompés par un jésuite. C'est ainsi qu'un commis des fermes [1], en Basse-Bretagne, fit accroire à tous les beaux esprits de Paris qu'il était une jolie femme, laquelle faisait très-bien des vers. Il faut avouer que ce fut la honte éternelle de l'esprit humain que ce malheureux empressement de plusieurs philosophes à bâtir un système universel sur un fait particulier qui n'était qu'une méprise ridicule, indigne d'être relevée. On ne douta pas que la farine de mauvais blé formant des anguilles, celle de bon froment ne produisît des hommes.

L'erreur accréditée jette quelquefois de si profondes racines, que bien des gens la soutiennent encore, lorsqu'elle est reconnue et tombée dans le mépris, comme quelques journaux historiques répètent de fausses nouvelles insérées dans les gazettes, lors même qu'elles ont été rétractées. Un nouvel auteur [2] d'une traduction élégante et exacte de Lucrèce, enrichie de notes savantes, s'efforce, dans les notes du troisième livre, de combattre Lucrèce même à l'appui des malheureuses expériences de Needham, si bien convaincues de fausseté par M. Spallanzani, et rejetées de quiconque a un peu étudié la nature [3]. L'ancienne erreur que la corruption est mère de la génération [4] allait ressusciter ; il n'y avait plus de germe ; et ce que Lucrèce, avec toute l'antiquité, jugeait impossible, allait s'accomplir.

.... *Ex omnibu rebus* [5]
Omne genus nasci posset, nil semine egeret.

1. Desforges-Maillard. (ÉD.) — 2. Lagrange. (ÉD.)
3. Voy. l'ouvrage intitulé : *Nouvelles Recherches sur les animaux microscopiques*, par M. Spallanzani. Il avait sur Needham un grand avantage, celui de n'avoir les yeux fascinés par aucun système physique ou théologique. Tuberville Needham était anglais et prêtre, et non irlandais et jésuite ; c'est une plaisanterie. Les expériences microscopiques lui avaient donné quelque réputation, mais la métaphysique de collège, dans laquelle il noya ses observations, le fit tomber ; il eut le malheur d'obliger M. de Voltaire à écrire contre lui, et il devint ridicule. Les animaux microscopiques, observés par Needham, sont de vrais animaux, comme l'a prouvé M. Spallanzani. Parmi les prétendues anguilles, il y en a de réelles, ce sont celles d'une espèce de blé vicié ; elles ont la singulière propriété de vivre étant desséchées, et de se ranimer lorsqu'on les mouille avec un peu d'eau. Cette propriété se conserve durant un temps indéfini ; mais ces animaux existent dans le grain même, après avoir vécu dans la racine et dans la tige ; il n'y a point là de génération spontanée. Quelques autres des anguilles de Needham sont des filaments ou des gaines dans lesquelles les vrais animaux sont renfermés.

M. Spallanzani a montré que Needham n'avait pas pris toutes les précautions nécessaires pour détruire les germes qui auraient pu se développer dans les infusions, et que, quand on prend ces précautions, on ne trouve plus d'animaux. (ÉD. de Kehl.)
4. *I aux Corinthiens*, XV, 36. (ÉD.)
5. Lucrèce : *De rerum natura*, I, 160-67. (ÉD.)

E mare primum homines, e terra posset oriri
Squammigerum genus, et volucres; erumpere cœlo
Armenta atque aliæ pecudes........
.... Ferre omnes omnia possent.

Le hasard incertain de tout alors dispose,
L'animal est sans germe, et l'effet est sans cause.
On verra les humains sortir du fond des mers,
Les troupeaux bondissants tomber du haut des airs;
Les poissons dans les bois naissant sur la verdure ;
Tout pourra tout produire, il n'est plus de nature.

Lucrèce avait assurément raison en ce point de physique, quelque ignorant qu'il fût d'ailleurs. Et il est démontré aujourd'hui aux yeux et à la raison qu'il n'est ni de végétal ni d'animal qui n'ait son germe. On le trouve dans l'œuf d'une poule comme dans le gland d'un chêne. Une puissance formatrice préside à tous ces développements d'un bout de l'univers à l'autre.

Il faut bien reconnaître des germes, puisqu'on les voit et qu'on les sème, et que le chêne est en petit contenu dans le gland. On sait bien que ce n'est pas un chêne de soixante pieds de haut qui est dans ce fruit; mais c'est un embryon qui crottra par le secours de la terre et de l'eau, comme un enfant croit par une autre nourriture.

Nier l'existence de cet embryon, parce qu'on ne conçoit pas comment il en contient d'autres à l'infini, c'est nier l'existence de la matière, parce qu'elle est divisible à l'infini. Je ne le comprends pas, donc cela n'est pas. Ce raisonnement ne peut être admis contre les choses que nous voyons et que nous touchons. Il est excellent contre des suppositions, mais non pas contre les faits.

Quelque système qu'on substitue, il sera tout aussi inconcevable, et il aura, par-dessus celui des germes, le malheur d'être fondé sur un principe qu'on ne connaît pas, à la place d'un principe palpable, dont tout le monde est témoin. Tous les systèmes sur la cause de la génération, de la végétation, de la nutrition, de la sensibilité, de la pensée, sont également inexplicables. Monades, qui étiez le miroir concentré de l'univers, harmonie préétablie entre l'horloge de l'âme et l'horloge du corps, idées innées tantôt condamnées, tantôt adoptées par une Sorbonne, *sensorium commune*, qui n'êtes nulle part, détermination du moment où l'esprit vient animer la matière, retournez au pays des chimères avec *le Targum*, *le Talmud*, *la Michna*, *la Cabale*, *la Chiromancie*, les *Éléments de Descartes* et les *Contes nouveaux*. Sommes-nous à jamais condamnés à nous ignorer? Oui.

CHAP. XXI. — *D'une femme qui accouche d'un lapin.*

A quoi ne porte point l'envie de se signaler par un système! Cette doctrine des générations fortuites avait déjà pris tant de crédit dès le commencement du siècle, que plusieurs personnes étaient persuadées qu'une sole pouvait engendrer une grenouille. Il ne faut pour cela, disait-on, que des parties organiques de grenouilles dans des moules de soles. Un chirurgien de Londres assez fameux, nommé Saint-André, publiait cette doctrine de toutes ses forces, en 1726, et il avait l'enthousiasme des nouvelles sectes. Une de ses voisines, pauvre et hardie, résolut de profiter de la doctrine du chirurgien. Elle lui fit confidence qu'elle était accouchée d'un lapereau, et que la honte l'avait forcée de se défaire de son enfant; mais que la tendresse maternelle l'avait empêchée de le manger.

Saint-André, trouvant dans l'aveu de cette femme la confirmation de son système, ne douta pas de cette aventure et en triompha avec ses adhérents. Au bout de huit jours, cette femme le fait prier de venir dans son galetas; elle lui dit qu'elle ressent des tranchées comme si elle était prête d'accoucher encore. Saint-André l'assure que c'est une superfétation. Il la délivre lui-même en présence de deux témoins. Elle accouche d'un petit lapin qui était encore en vie. Saint-André montre partout le fils de sa voisine. Les opinions se partagent; quelques-uns crient miracle : les partisans de Saint-André disent que, suivant les lois de la nature, il est étonnant que la chose n'arrive pas plus souvent. Les gens sensés rient; mais tous donnent de l'argent à la mère des lapins.

Elle trouva le métier si bon qu'elle accoucha tous les huit jours. Enfin la justice se mêla des affaires de sa famille; on la tint enfermée : on la veilla; on surprit un petit lapereau qu'elle avait fait venir, et qu'elle s'enfonçait dans un orifice qui n'était pas fait pour lui. Elle fut punie; Saint-André se cacha. Les papiers publics s'égayèrent sur cette garenne, comme ils se sont égayés depuis sur l'homme qui devait se mettre dans une bouteille de deux pintes, et sur le public qui vint en foule à ce spectacle.

La saine physique détruit toutes ces impostures, ainsi qu'elle a chassé les possédés et les sorciers.

Il résulte de tout ce que nous avons vu, qu'il faut se méfier des lapereaux de Saint-André, des anguilles de Needham, des générations fortuites, de l'harmonie préétablie, qui est très-ingénieuse, et des molécules organiques, qui sont plus ingénieuses encore.

CHAP. XXII. — *Des anciennes erreurs en physique.*

Les erreurs de la fausse physique sont en bien plus grand nombre que les vérités découvertes. Presque tout est absurde dans Lucrèce : voyez seulement le quatrième et le cinquième livre, vous y trouverez que des simulacres émanent des corps pour venir frapper notre vue et notre odorat.

Quam primum noscas rerum simulacra vagari, etc.
Lib. IV, 126.

....
Ergo multa brevi spatio simulacra geruntur. (160)

Les voix s'engendrent mutuellement,

> *Ex aliis aliæ quoniam gignuntur*.... (608)

Le lion tremble et s'enfuit à la vue du coq,

> *Hunc nequeunt rapidi contra constare leones.* (716)

Les animaux se livrent au sommeil, quand des trois parties de l'âme une est chassée au dehors, une autre se retire dans l'intérieur et une troisième éparse dans les membres ne peut se réunir,

> ....*Ut pars inde animai*
> *Ejiciatur, et introrsum pars abdita cedat,*
> *Pars etiam distracta per artus non queat esse*
> *Conjuncta inter se, nec motu mutua fungi.* (042-945)

Le soleil et les autres feux s'abreuvent des eaux de la terre,

> ....*Cum sol et vapor omnis*
> *Omnibus epotis humoribus exsuperarint.* Lib. V, 384-5.

Le soleil et la lune ne sont pas plus grands qu'ils le paraissent,

> *Nec nimio solis major rota, nec minor ardor,*
> *Esse potest.* (565-66)
> ....
> *Lunaque.... nihilo fertur majore figura.* (575-77)

Nous n'avons la nuit que parce que le soleil a épuisé ses feux durant le jour,

> ....*Efflavit languidus ignes.* (651)

Ou parce qu'il se cache sous la terre,

> ...*Quia sub terras cursum convertere cogit.* (453)

Il ne faut pas croire qu'on trouve plus de vérités dans les *Géorgiques* de Virgile; ses observations sur la nature ne sont pas plus vraies que sa triste apothéose d'Octave, surnommé Auguste, auquel il dit qu'on ne sait pas encore s'il voudra bien être dieu de la terre ou de la mer, et que le scorpion se retire pour lui laisser une place dans le ciel. Ce scorpion aurait mieux fait de s'allonger pour percer de son aiguillon l'auteur des proscriptions, et l'assassin des citoyens de Pérouse.

Il commence par dire que le lin et l'avoine brûlent la terre,

> *Urit enim lini campum seges, urit avenæ.* Georg., I, 77.

Selon lui, les peuples qui habitent les climats de l'ourse sont plongés dans une nuit éternelle, ou bien l'étoile du soir luit pour eux quand nous avons l'aurore,

> *Illic, ut perhibent, aut intempesta silet nox*
> *Semper, et obtenta densantur nocte tenebræ :*
> *Aut redit a nobis Aurora, diemque reducit;*
> *Nosque ubi primus equis Oriens afflavit anhelis,*
> *Illic sera rubens accendit lumina Vesper.* (257-61)

On sait assez que ce sont nos antipodes de l'Orient chez qui la nuit arrive quand le soleil commence à luire pour nous, et non pas les peuples du Nord qui peuvent être sous le même méridien que nous.

N'entreprenez rien, dit-il, le cinquième jour de la lune : car c'est le jour que les Titans combattirent contre les dieux.

Quintam fuge, etc. (277)

Le dix-septième jour de la lune est très-heureux pour planter la vigne et pour dompter les bœufs.

Septima post decimam felix, etc. (284)

Les étoiles tombent du ciel dans un grand vent,

Sæpe etiam stellas vento impendente videbis
Præcipites cælo labi.... (365-66)

Les cavales sont fécondées par le zéphir; leur matrice distille le poison de l'hippomane.

Tous les fleuves sortent du sein de la terre; et enfin les *Géorgiques* finissent par faire naître des abeilles du cuir d'un taureau.

Quiconque, en un mot, croirait connaître la nature en lisant Lucrèce et Virgile, meublerait sa tête d'autant d'erreurs qu'il y en a dans les *Secrets du petit Albert*, ou dans les anciens *Almanachs de Liége*. D'où vient donc que ces poëmes sont si estimés? pourquoi sont-ils lus avec tant d'avidité par tous ceux qui savent bien la langue latine? C'est à cause de leurs belles descriptions, de leur saine morale, de leurs tableaux admirables de la vie humaine. Le charme de la poésie fait pardonner toutes les erreurs, et l'esprit pénétré de la beauté du style ne songe pas seulement si on le trompe.

CHAP. XXIII. — *D'un homme qui faisait du salpêtre.*

Il faudrait avoir toujours devant les yeux ce proverbe espagnol : *De las cosas mas seguras*[1], *la mas segura es dudar*. Quand on a fait une expérience, le meilleur parti est de douter longtemps de ce qu'on a vu et de ce qu'on a fait.

En 1753[2], un chimiste allemand, d'une petite province voisine de l'Alsace, crut, avec apparence de raison, avoir trouvé le secret de faire aisément du salpêtre, avec lequel on composerait la poudre à canon à vingt fois meilleur marché et beaucoup plus promptement. Il fit en effet de cette poudre; il en donna au prince, son souverain, qui en fit usage à la chasse. Elle fut jugée plus fine et plus agissante que toute autre. Le prince, dans un voyage à Versailles, donna de la même poudre au roi, qui l'éprouva souvent et en fut toujours également satisfait. Le chimiste était si sûr de son secret, qu'il ne voulut pas le donner à moins de dix-sept cent mille francs payés comptant et la

[1] Des choses les plus sûres, la plus sûre est le doute. (*Éd.*)
[2] Ce dut être en 1754 : voy. la lettre au prince héréditaire de Hesse-Cassel du 14 mai 1754. (*Note de M. Beuchot.*)

quart du profit pendant vingt années. Le marché fut signé; le chef de la compagnie des poudres, depuis garde du trésor royal, vint en Alsace, de la part du roi, accompagné d'un des plus savants chimistes de France. L'Allemand opéra devant eux auprès de Colmar, et il opéra à ses propres dépens : c'était une nouvelle preuve de sa bonne foi. Je ne vis point les travaux; mais le garde du trésor royal étant venu chez moi avec son chimiste, je lui dis que, s'il ne payait les dix-sept cent mille livres qu'après avoir fait du salpêtre, il garderait toujours son argent. Le chimiste m'assura que le salpêtre se ferait. Je lui répétai que je ne le croyais pas. Il me demanda pourquoi. « C'est que les hommes ne font rien, lui dis-je. Ils unissent et ils désunissent, mais il n'appartient qu'à la nature de faire. »

L'Allemand travailla trois mois entiers, au bout desquels il avoua son impuissance. « Je ne peux changer la terre en salpêtre, dit-il ; je m'en retourne chez moi changer du cuivre en or. » Il partit, et fit de l'or comme il avait fait du salpêtre.

Quelle fausse expérience avait trompé ce pauvre Allemand, et le duc son maître, et le garde du trésor royal, et le chimiste de Paris, et le roi ? La voici :

Le transmutateur allemand avait vu un morceau de terre imprégnée de salpêtre, et il en avait tiré d'excellent, avec lequel il avait composé la meilleure poudre à tirer ; mais il ne s'aperçut pas que ce petit terrain était mêlé de débris d'anciennes caves, d'anciennes écuries et des restes du mortier des murs. Il ne considéra que la terre; et il crut qu'il suffisait de cuire une terre pareille pour faire le salpêtre le meilleur[1].

CHAP. XXIV. — D'un bateau du maréchal de Saxe.

Le maréchal de Saxe avait sans doute l'esprit de combinaison, de pénétration, de vigilance, qui forme un grand capitaine. Cependant, en 1729, il imagina de construire une galère sans rame et sans voile qui remonterait la rivière de Seine, de Rouen à Paris, en vingt-quatre heures, dans l'espace de quatre-vingt-dix lieues; car il n'y en a pas moins par les sinuosités de la rivière. On a construit de pareilles machines, dans lesquelles on peut se promener sur une eau dormante au moyen de deux roues à larges aubes, auxquelles une manivelle donne le mouvement. Il ne faisait pas réflexion que son bateau ne pourrait résister au courant de l'eau; que ce que l'on gagne en temps on le

---

1. Le salpêtre est un sel neutre résultant de la combinaison de l'acide nitreux avec l'alcali fixe. Dans les pays septentrionaux on trouve peu de terres qui fournissent par la lessive soit du salpêtre, soit des nitres à base terreuse. Cependant on y est parvenu à se procurer du salpêtre, en exposant à l'air, à l'abri de la pluie, des murs de terre calcaire, soit en arrosant ces murs avec des eaux chargées de matières végétales ou animales, soit même seulement en les plaçant auprès des habitations. L'air méphitique, produit par la décomposition des substances végétales et animales, paraît contribuer à la formation de l'acide nitreux, et les végétaux contribuent à lui donner une base alcaline. L'acide nitreux n'est pas une substance simple; mais ses véritables éléments ne sont pas encore bien connus. (Éd. de Kehl.)

perd en force, et au contraire. Il eut pourtant des certificats de deux membres de l'Académie des sciences et il obtint un privilége exclusif pour sa machine. Il l'essaya ; on croira bien qu'il ne réussit pas. Mlle Lecouvreur disait alors comme Géronte : « Que diable allait-il faire dans cette galère ? » Cette tentative lui coûta dix mille écus, il n'était pas riche alors. Il répara bien depuis sur terre son erreur sur la rivière de Seine. Il sut ménager plus à propos la force et le temps, en faisant les plus savantes manœuvres de guerre.

Ces mécomptes, en fait d'hydraulique et de forces mouvantes, arrivent tous les jours à plus d'un artiste.

CHAP. XXV. — *Des méprises en mathématiques.*

Ce fut le scandale de la géométrie, lorsque, vers le commencement de ce siècle, les mathématiciens français et allemands disputèrent sur la force des corps en mouvement. Les disciples de Leibnitz prétendaient que cette force était en raison composée du carré de la vitesse et de la pesanteur des corps. Les Français, au contraire, ne mesuraient cette force que par la vitesse multipliée par la masse. M. de Mairan exposa le malentendu avec beaucoup de clarté. La victoire demeura à l'ancienne philosophie ; et il est à remarquer que jamais aucun géomètre anglais ne voulut entendre parler de la nouvelle mesure introduite en Allemagne par Leibnitz.

L'Académie des sciences de Paris fut trompée quelque temps sur une matière plus importante. Voici le fait tel qu'il est rapporté dans les *Éléments de Newton* :

« Louis XIV avait signalé son règne par cette méridienne qui traverse la France ; l'illustre Dominique Cassini l'avait commencée avec monsieur son fils ; il avait, en 1701, tiré du pied des Pyrénées à l'Observatoire une ligne aussi droite qu'on le pouvait, à travers les obstacles presque insurmontables que les hauteurs des montagnes, les changements de la réfraction dans l'air et les altérations des instruments opposaient sans cesse à cette vaste et délicate entreprise ; il avait donc, en 1701, mesuré six degrés dix-huit minutes de cette méridienne. Mais de quelque endroit que vint l'erreur, il avait trouvé les degrés vers Paris, c'est-à-dire vers le nord, plus petits que ceux qui allaient aux Pyrénées vers le midi ; cette mesure démentait et celle de Norwood et la nouvelle théorie de la terre aplatie aux pôles. Cependant cette nouvelle théorie commençait à être tellement reçue, que le secrétaire de l'Académie[1] n'hésita point, dans son *Histoire* de 1701, à dire que les mesures nouvelles prises en France prouvaient que *la terre est un sphéroïde dont les pôles sont aplatis*. Les mesures de Dominique Cassini entraînaient, à la vérité, une conclusion toute contraire ; mais, comme la figure de la terre ne faisait pas encore en France une question, personne ne releva pour lors cette conclusion fausse. Les degrés du méridien, de Collioure à Paris, passèrent pour exactement

[1] Fontenelle, (Éd.)

mesurés, et le pôle qui, par ces mesures, devait nécessairement être allongé, passa pour aplati.

« Un ingénieur, nommé M. des Roubais, étonné de la conclusion, démontra que, par les mesures prises en France, la terre devait être un sphéroïde oblong, dont le méridien qui va d'un pôle à l'autre est plus long que l'équateur et dont les pôles sont allongés[1]. Mais de tous les physiciens à qui il adressa sa dissertation, aucun ne voulut la faire imprimer, parce qu'il semblait que l'Académie eût prononcé et qu'il paraissait trop hardi à un particulier de réclamer. Quelque temps après, l'erreur de 1701 fut reconnue ; on se dédit, et la terre fut allongée par une juste conclusion tirée d'un faux principe. » Enfin l'erreur fut entièrement corrigée.

Une société savante revient bientôt à la vérité. Tout le monde convient aujourd'hui que la planète de la terre est un sphéroïde inégal un peu aplati vers les pôles, et cela est plus démontré par la théorie d'Huygens et de Newton que par toutes les mesures qu'on pourrait prendre, mesures trop sujettes à des erreurs inévitables.

Aussi les Anglais, qui aiment tant à voyager, n'ont-ils jamais fait aucun voyage pour vérifier d'une manière toujours un peu incertaine ce qui leur paraissait démontré par les lois de la nature.

Chap. XXVI. — *Vérités condamnées.*

Voilà bien des méprises dans lesquelles les plus grands hommes et les corps les plus savants sont tombés, parce que les meilleurs génies et les plus estimables tiennent toujours quelque chose de la fragilité humaine.

On pourrait ajouter à cette liste les sentences portées contre Galilée. Deux congrégations de cardinaux le condamnèrent pour avoir soutenu le mouvement de la terre autour du soleil, mouvement qui était presque déjà démontré en rigueur. Il fut forcé de demander pardon à genoux et d'avouer qu'il avait annoncé une doctrine *absurde*. Les cardinaux lui remontrèrent, d'après tous leurs théologiens, que Josué avait arrêté le soleil sur le chemin de Gabaon. Galilée n'avait qu'à leur répondre que c'était aussi depuis ce temps-là que le soleil était immobile. Mais enfin il fut condamné, à la honte de la raison ; et, comme on l'a déjà dit[2], ce jugement aurait couvert l'Italie d'un opprobre éternel, si Galilée ne l'avait couverte de gloire par sa philosophie même que l'on proscrivait.

On sait assez qu'il y a un corps considérable[3] qui proscrivit les idées innées de Descartes, et qui ensuite a condamné ceux qui combattaient les idées innées. Cela prouve assez que les théologiens ne doivent point se mêler de philosophie. Il y a l'infini entre ces deux sciences.

On a prononcé dans plus d'un pays des jugements encore plus étranges sur des points de physique qui ne sont nullement du ressort

1. Son mémoire est dans le *Journal littéraire*.
2. Chap. CXXI de l'*Essai sur les mœurs*. (Ed.) — 3. La Sorbonne. (Ed.)

de Cujas et de Bartole. On sait à quel point le savant Ramus fut persécuté pour n'avoir pas été de l'avis d'Aristote, qui n'était entendu ni de ses adversaires ni de ses juges. Et enfin il lui en coûta la vie à la journée de la Saint-Barthélemy.

Les médecins qui tenaient pour les anciens intentèrent un procès à ceux qui démontraient la circulation du sang. Les maîtres d'erreur ont toujours eu recours à l'autorité quand il s'agissait de raison. Les exemples de ceux qui ont été condamnés pour avoir instruit le genre humain sont presque aussi nombreux en physique qu'en morale.

CHAP. XXVII. — *Digression.*

Si tant d'erreurs physiques ont aveuglé des nations entières, si l'on a ignoré pendant tant de siècles la direction de l'aimant, la circulation du sang, la pesanteur de l'atmosphère, quelles prodigieuses erreurs les hommes ont-ils dû commettre dans le gouvernement? Quand il s'agit d'une loi physique, on l'examine, du moins aujourd'hui, avec quelque impartialité; et ce n'est pas en recherchant les principes de la nature que la fureur des passions et la nécessité pressante de se déterminer aveuglent l'esprit; mais en fait de gouvernement on n'a été souvent conduit que par les passions, les préjugés, et le besoin du moment. Ce sont là les trois causes de la mauvaise administration qui a fait le malheur de tant de peuples.

C'est ce qui a produit tant de guerres entreprises par témérité, soutenues sans conduite, terminées par le malheur et par la honte; c'est ce qui a donné cours à tant de lois pires que la disette de toute loi, c'est ce qui a ruiné tant de familles par une jurisprudence inventée dans des temps d'ignorance, et consacrée par l'usage; c'est ce qui a fait des finances publiques un jeu de hasard dangereux.

C'est ce qui a introduit dans le culte de la Divinité tant d'énormes abus, tant de fureurs plus abominables peut-être que la sauvage ignorance de tout culte. L'erreur, dans tous ces points capitaux, se consacra de père en fils, de livre en livre, de chaire en chaire, et rendit quelquefois les hommes plus malheureux que s'ils se disputaient encore du gland dans les forêts.

Il est très-aisé de réformer la physique, quand le vrai est enfin découvert. Peu d'années suffisent pour faire tourner la terre autour du soleil malgré les décrets de Rome, pour établir les lois de la gravitation en dépit des universités, et pour assigner les routes de la lumière. Les législateurs de la nature sont bientôt obéis et respectés d'un bout du monde à l'autre; mais il n'en est pas de même dans la législation politique. Elle a été et elle est encore un chaos presque partout; les hommes se sont conduits à l'aventure dans tout ce qui regarde leur vie, leurs biens, et tout leur être présent et à venir.

CHAP. XXVIII. — *Des éléments.*

Y a-t-il des éléments? Les trois imaginés par Descartes, que j'ai vus dans mon enfance enseignés par la plupart des écoles, étaient infiniment au-dessous des contes des *Mille et une Nuits*; car aucun de ces contes ne répugne aux lois de la nature, et ils sont d'ailleurs très-agréables. Les cinq principes des chimistes étaient si peu reconnus, qu'ils les réduisirent eux-mêmes à trois, puis à deux. Ils revinrent ensuite au feu, à l'eau, et à la terre.

Il a bien fallu enfin admettre l'air. Ainsi les quatre éléments d'Aristote sont rentrés dans tout leur honneur. Mais ces éléments de quoi sont-ils faits eux-mêmes ? S'ils sont composés de parties, ils ne sont pas éléments. L'air, le feu, l'eau, et la terre, se changent-ils les uns dans les autres ? Subissent-ils des métamorphoses ? Qu'est-ce, à la rigueur, qu'une métamorphose ? C'est un être changé en un autre être ; c'est au fond l'anéantissement du premier, et la création du second. Pour que l'eau devienne absolument terre, il faut que cette eau périsse et que la terre se forme; car si l'eau contenait en elle-même les principes de terre dans laquelle elle s'est changée, ce n'est plus une transmutation, c'est l'eau qui contenait en elle un peu de terre, et qui, s'étant évaporée, a laissé cette terre à découvert.

Le célèbre Robert Boyle s'y trompa, et entraîna Newton dans sa méprise. Ayant longtemps tenu de l'eau dans une cornue à un feu égal, le chimiste qui opérait avec lui crut que l'eau s'était, au bout de quelques mois, changée en terre; le fait était faux; mais Newton, le croyant vrai, supposa que les quatre éléments pouvaient se changer les uns dans les autres. Boerhaave fit voir depuis quelle avait été la méprise de Boyle. Cette erreur avait conduit Newton à un système qui paraît faux. Si de grands hommes tels que Boyle et Newton se sont trompés, quel homme pourra se flatter d'être à l'abri de l'erreur ? Et quelle extrême défiance ne doit-on pas avoir des opinions reçues et de ses idées propres ?

Chap. XXIX. — *De la terre.*

Qu'est-ce que la terre ? Son essence est-elle d'être de l'argile, de la boue ? non, sans doute, puisque de la marne, de la craie, de la glaise, du sable, du plâtre, de la pierre calcaire, sont appelés *terre*. Aussi Becher distinguait entre terre vitrifiable, inflammable, et mercurielle. La terre est-elle un assemblage de tout ce que contient notre globe ? Y entre-t-il de l'eau, du feu, et de l'air ? En ce cas comment peut-on l'appeler un élément ?

On a longtemps imaginé qu'il y avait une terre première, une terre vierge, qui n'est rien de ce que nous voyons, et qui est capable de recevoir tout ce que notre globe renferme; mais cette terre est apparemment dans le paradis terrestre, dont personne ne peut plus approcher. Nous ne connaissons plus que différentes sortes de substances terreuses, sans que nous puissions dire d'aucune : « Voilà le principe des autres, voilà la matrice dans laquelle tout se forme, et le tombeau dans lequel tout rentre. »

CHAP. XXX. — De l'eau.

Qu'est-ce que l'eau? Est-elle fluide ou solide de sa nature? ne faut-il pas, pour qu'elle coule, qu'un feu secret en désunisse les parties? Otez une grande quantité de ce feu, elle devient glace. Or, qu'est-ce qu'un élément qui a besoin d'un autre élément pour exister?

L'eau de la mer est-elle de même nature que nos eaux de fontaines et de rivières? Y a-t-il dans l'Océan et dans la Méditerranée de grands bancs de sel et des mines de bitume qui donnent à leurs eaux un goût différent de celui de notre eau ordinaire, quand nous l'avons chargée de sel marin? Personne n'a jamais vu ces prétendues mines de sel; personne n'a jamais extrait du bitume de l'eau de la mer.

Pourquoi l'eau est-elle incompressible? pourquoi n'a-t-elle aucun ressort? et qu'est-ce que le ressort? Pourquoi de l'eau, enfermée dans un globe d'or, s'échappera-t-elle à travers les pores de l'or quand on frappera sur ce globe avec un marteau, quoique l'or soit près de vingt fois plus dense que l'eau? Et pourquoi ne peut-elle passer à travers des pores du verre, tout diaphane qu'est ce verre? Comment l'eau en vapeur a-t-elle une force si prodigieuse? On serait embarrassé de répondre.

On ne sait pas encore même précisément pourquoi l'eau éteint le feu [1].

CHAP. XXXI. — De l'air.

Quelques philosophes ont nié qu'il y eût de l'air. Ils disent qu'il est inutile d'admettre un être qu'on ne voit jamais, et dont tous les effets s'expliquent si aisément par les vapeurs qui sortent du sein de la terre. Newton a démontré que le corps le plus dur a moins de matière que de pores. Des exhalaisons continuelles s'échappent en foule de toutes les parties de notre globe. Un cheval jeune et vigoureux, ramené tout en sueur dans son écurie en temps d'hiver, est entouré d'une atmosphère mille fois moins considérable que notre globe ne l'est de la matière de sa propre transpiration.

Cette transpiration, ces exhalaisons, ces vapeurs innombrables, s'échappent sans cesse par des pores innombrables, et ont elles-mêmes des pores. C'est ce mouvement continu en tout sens qui forme et qui détruit sans cesse végétaux, minéraux, métaux, animaux. C'est ce qui a fait penser à plusieurs que le mouvement est essentiel à la matière, puisqu'il n'y a pas une particule dans laquelle il n'y ait un mouvement continu. Et si la puissance formatrice éternelle qui préside à tous les globes est l'auteur de tout mouvement, elle a voulu du moins que ce

[1]. L'eau de la mer est de l'eau pure qui tient en dissolution du sel commun et des sels marins à base terreuse; ce sont ces sels qui lui donnent cette amertume que plusieurs physiciens attribuent encore au bitume.

Depuis que l'on a su que la combustion ne pouvait s'exécuter sans qu'il se fît une combinaison d'air vital avec les parties non combustibles des corps, on connaît un peu mieux la raison pour laquelle l'eau éteint le feu. On est parvenu, depuis quelques années, à prouver que l'eau n'est pas incompressible. (*Ed. de Kehl.*)

mouvement n2 périt jamais. Or ce qui est toujours indestructible a pu paraître essentiel, comme l'étendue et la solidité ont paru essentielles. Si cette idée est une erreur, elle est pardonnable; car il n'y a que l'erreur malicieuse et de mauvaise foi qui ne mérite pas d'indulgence.

Mais qu'on regarde le mouvement comme essentiel ou non, il est indubitable que les exhalaisons de notre globe s'élèvent et retombent, sans aucun relâche, à un mille, à deux milles, à trois milles au-dessus de nos têtes. Au mont Atlas, à l'extrémité du Taurus, tout homme peut voir tous les jours les nuages se former sous ses pieds. Il est arrivé mille fois à des voyageurs d'être au-dessus de l'arc-en-ciel, des éclairs, et du tonnerre.

Le feu répandu dans l'intérieur du globe, ce feu caché dans l'eau et dans la glace même, est probablement la source impérissable de ces exhalaisons, de ces vapeurs dont nous sommes continuellement environnés. Elles forment un ciel bleu dans un temps serein, quand elles sont assez hautes et assez atténuées pour ne nous envoyer que des rayons bleus, comme les feuilles de l'or amincies exposées aux rayons du soleil dans la chambre obscure. Ces mêmes vapeurs forment les tonnerres et les éclairs. Comprimées et ensuite dilatées par cette compression dans les entrailles de la terre, elles s'échappent en volcans, forment et détruisent de petites montagnes, renversent des villes, ébranlent quelquefois une grande partie du globe.

Cette mer de vapeurs dans laquelle nous nageons, qui nous menace sans cesse, et sans laquelle nous ne pourrions vivre, comprime de tous côtés notre globe et ses habitants avec la même force que si nous avions sur notre tête un océan de trente-deux pieds de hauteur; et chaque homme en porte environ quarante mille livres.

Tout ceci posé, les philosophes qui nient l'air disent : « Pourquoi attribuerions-nous à un élément inconnu et invisible des effets que l'on voit continuellement produits par ces exhalaisons visibles et palpables?

« L'air est élastique, nous dit-on ; mais les vapeurs de l'eau seule le sont souvent bien davantage. Ce que vous appelez l'élément de l'air, pressé dans une canne à vent, ne porte une balle qu'à une très-petite distance; mais, dans la pompe à feu des bâtiments d'York à Londres, les vapeurs font un effet cent fois plus violent.

« On ne dit rien de l'air, continuent-ils, qu'on ne puisse dire de même des vapeurs du globe; elles pèsent comme lui, s'insinuent comme lui ; elles se dilatent, elles se condensent de même, elles allument le feu de même. Ici se présente une grande objection, c'est que le feu est subitement éteint par des vapeurs grossières. Les exhalaisons du vin nouveau éteignent un flambeau dans une cave fermée : la même chose arrive à l'entrée de la grotte du Chien près de Naples. Bien plus, ces vapeurs tuent l'homme dans qui l'air libre entretenait la vie. »

Les ennemis de l'air trouvent leur excuse dans ce seul mot de vapeurs grossières. Ils disent que, lorsque ces vapeurs sont plus ténues, elles deviennent salutaires, et qu'alors, loin d'éteindre un flambeau, elles entretiennent sa faible flamme.

Ce système semble avoir un grand avantage sur celui de l'air, en ce qu'il rend parfaitement raison de ce que l'atmosphère ne s'étend qu'environ à trois ou quatre milles tout au plus; au lieu que, si on admet l'air, on ne trouve nulle raison pour laquelle il ne s'étendrait pas beaucoup plus loin, et n'embrasserait pas l'orbite de la lune.

La plus grande objection que l'on fasse contre les systèmes des exhalaisons du globe est qu'elles perdent leur élasticité dans la pompe à feu quand elles sont refroidies; au lieu que l'air est, dit-on, toujours élastique. Mais premièrement il n'est pas vrai que l'élasticité de l'air agisse toujours; son élasticité est nulle quand on le suppose en équilibre; et, sans cela, il n'y a point de végétaux et d'animaux qui ne crevassent et n'éclatassent en cent morceaux, si cet air, qu'on suppose être dans eux, conservait son élasticité. Les vapeurs n'agissent point quand elles sont en équilibre; c'est leur dilatation qui fait leurs grands effets. En un mot, tout ce qu'on attribue à l'air semble appartenir sensiblement, selon ces philosophes, aux exhalaisons de notre globe.

Si on leur objecte que l'air est quelquefois pestilentiel, c'est bien plutôt des exhalaisons qu'on doit le dire. Elles portent avec elles des parties de soufre, de vitriol, d'arsenic, et de toutes les plantes nuisibles. On dit : « L'air est pur dans ce canton ; » cela signifie : « Ce canton n'est point marécageux; il n'a ni plantes ni minières pernicieuses dont les parties s'exhalent continuellement dans les corps des animaux. » Ce n'est point l'élément prétendu de l'air qui rend la campagne de Rome si malsaine; ce sont les eaux croupissantes, ce sont les anciens canaux qui, creusés sous terre de tous côtés, sont devenus le réceptacle de toutes les bêtes venimeuses. C'est de là que s'exhale continuellement un poison mortel. Allez à Frescati ; ce n'est plus le même terrain, ce ne sont plus les mêmes exhalaisons. Mais pourquoi l'élément supposé de l'air changerait-il de nature à Frescati ? Il se chargera, dit-on, dans la campagne de Rome, de ces exhalaisons funestes; et n'en trouvant pas à Frescati, il deviendra plus salutaire. Mais, encore une fois, puisque ces exhalaisons existent, puisqu'on les voit visiblement s'élever le soir en nuages, quelle nécessité de les attribuer à une autre cause ? Elles montent dans l'atmosphère, elles s'y dissipent, elles changent de forme; le vent dont elles sont la première cause les emporte, les sépare; elles s'atténuent; elles deviennent salutaires de mortelles qu'elles étaient.

Une autre objection, c'est que ces vapeurs, ces exhalaisons renfermées dans un vase de terre, s'attachent aux parois et tombent; ce qui n'arrive jamais à l'air. Mais qui vous a dit que, si les exhalaisons humides tombent au fond de ce cristal, il n'y a pas incomparablement plus de vapeurs sèches et élastiques qui se soutiennent dans l'intérieur de ce vase ? L'air, dites-vous, est purifié après une pluie. Mais nous sommes en droit de vous soutenir que ce sont les exhalaisons terrestres qui se sont purifiées; que les plus grossières, les plus aqueuses, rendues à la terre, laissent les plus sèches et les plus fines au-dessus de nos têtes, et que c'est cette ascension et cette descente alternatives qui entretiennent le jeu continuel de la nature.

Voilà une partie des raisons qu'on peut alléguer en faveur de l'opinion que l'élément de l'air n'existe pas. Il y en a de très-spécieuses, et qui peuvent au moins faire naître des doutes; mais ces doutes céderont toujours à l'opinion commune, qui paraît établie sur des principes supérieurs à ceux qui n'admettent au lieu d'air que les exhalaisons du globe[1].

Chap. XXXII. — *Du feu élémentaire et de la lumière.*

On trouve, dans les *Éléments de la philosophie de Newton*, donnés en 1738, ces paroles : « Newton, pour avoir anatomisé la lumière, n'en a pas découvert la nature intime. Il savait bien qu'il y a dans le feu élémentaire des propriétés qui ne sont point dans les autres éléments.

« Il parcourt 130 millions de lieues en moins d'un quart d'heure, de Jupiter à notre globe ; il ne paraît pas tendre vers un centre comme les corps, mais il se répand uniformément et également en tous sens au contraire des autres éléments. Son attraction vers les objets qu'il touche, et sur la surface desquels il rejaillit, n'a nulle proportion avec la gravitation universelle de la matière.

« Il n'est pas même prouvé que les rayons du feu élémentaire ne se pénètrent pas en quelque sorte les uns les autres, si on ose le dire. C'est pourquoi Newton, frappé de toutes ces singularités, semble toujours douter si la lumière est un corps. Pour moi, si j'ose hasarder mes doutes, j'avoue que je ne crois pas impossible que le feu élémentaire soit un être à part qui anime la nature, et qui tient le milieu entre les corps et quelque autre être que nous ne connaissons pas; de même que certaines plantes servent de passage du règne végétal au règne animal. »

Voici les questions qu'on peut faire sur le feu élémentaire et les rayons de la lumière, dont Newton dit si souvent, *Corpora sint, necne.*

Ce feu est-il absolument une matière comme les autres éléments, l'eau, la terre, et ce qu'on distingue par le terme d'air ou d'*éther*? Tout corps, quel qu'il soit, tend vers un centre; mais la lumière et le feu s'en échappent également de tous côtés. Elle n'est donc pas soumise à la loi de gravitation qui caractérise toute matière.

Tout corps est impénétrable; mais les rayons de lumière semblent se pénétrer. Mettez un corps qui aura reçu la couleur rouge à quelque

1. Il s'élève de la terre deux espèces de vapeurs : les unes ne se soutiennent que parce qu'elles sont dissoutes dans l'air; les autres sont l'air même, ou plutôt les différentes espèces de fluides aériformes qui composent l'atmosphère; c'est-à-dire des fluides expansibles à un degré de chaleur inférieur à celui des plus grands froids connus. Un de ces fluides est propre à entretenir le feu et la vie des animaux; les autres, connus sous le nom d'air fixe ou d'air acide, d'air inflammable, d'air déphlogistiqué, etc., ne peuvent servir à ces deux fonctions; l'air vital ne forme qu'environ un quart de l'air atmosphérique pris auprès de la surface de la terre. Ainsi, dans ce sens que l'atmosphère n'est pas formée par un élément simple, l'opinion pour laquelle M. de Voltaire paraît pencher est très-vraie; et personne, parmi les physiciens, ne s'en doutait lorsqu'il publia cet ouvrage. (*Éd. de Kehl.*)

distance d'un corps qui aura reçu des rayons verts ; que 100 millions d'hommes regardent ce point vert et ce point rouge, ils les voient tous deux également : cependant il est d'une nécessité absolue que les rayons verts et les rayons rouges se traversent. Or comment peuvent-ils se traverser sans se pénétrer ? on a proposé cette difficulté à plusieurs philosophes, aucun n'y a jamais répondu.

Il est vrai que l'on a prétendu que la flamme pèse : mais n'a-t-on pas confondu quelquefois les corpuscules joints à la flamme avec la flamme elle-même ?

Qui ne connaît ces expériences par lesquelles le plomb calciné pèse plus étant réduit en chaux qu'auparavant ? L'on a soupçonné que cette addition de poids était l'effet seul du feu introduit dans le plomb : mais n'est-il pas plus vraisemblable qu'une partie de l'air de l'atmosphère raréfiée se soit unie avec ce métal en fusion, et en ait fait ainsi augmenter le poids [1] ?

Ce feu nécessaire à tous les corps, et qui leur donne la vie, peut-il être de la nature de ces corps mêmes ; et n'est-il pas bien probable que le vivifiant a quelque chose au-dessus du vivifié ?

Conçoit-on bien qu'un être qui se meut 1,600 mille fois plus vite qu'un boulet de canon dans notre atmosphère, et dont la vitesse est peut-être incomparablement plus rapide dans l'espace non résistant, soit ce que nous appelons *matière* ?

N'est-on pas obligé d'avouer aujourd'hui, avec Muschenbroeck, « qu'il n'y a rien qui nous soit moins connu que la cause de l'émanation de la lumière ? Il faut avouer que l'esprit humain ne saurait jamais concevoir un phénomène si surprenant. »

Ce feu élémentaire n'est-il pas un principe de l'électricité, puisque au même instant, au même clin d'œil, le coup électrique se fait sentir à trois cents personnes à la fois rangées à la file ? Le premier est frappé, le dernier sent le coup dans l'instant même.

N'est-il pas dans les animaux le principe de la sensation instantanée, qui fait que la moindre piqûre, aux extrémités du corps, ébranle, sans aucun intervalle de temps, ce qu'on appelle le *sensorium* ? En un mot, cet être agissant si universellement, si singulièrement sur tous les corps, n'est-il pas un être intermédiaire entre la matière dont il a des propriétés, et d'autres êtres qui touchent encore à d'autres, et qui en diffèrent ?

Cette idée que le feu élémentaire est quelque chose qui tient d'un côté à la matière connue, et qui de l'autre s'en éloigne, peut être rejetée, mais ne doit pas être méprisée.

Dans l'ignorance profonde où croupit le vulgaire gouverné et le vulgaire gouvernant, sur ces quatre éléments dont nous tenons la vie, à quoi nous ont servi les découvertes en physique et les inventions du génie ? Au lieu de bien cultiver la terre, nous l'ensanglantons ; nous

---

[1] On a depuis prouvé très-bien ce que M. de Voltaire conjecture ici, ce qu'il avait déjà soupçonné un des premiers dans sa pièce sur *la nature et la propagation du feu*. (Éd. de Kehl.)

employons le feu et l'air à mettre les villes en cendres : les eaux de la mer nous servent à porter la destruction sur tout le globe. La métallurgie, inventée d'abord pour l'usage de la charrue, a fait périr mille millions d'hommes. La théorie des forces mouvantes, employée d'abord à nous soulager dans nos travaux, devint bientôt féconde en machines meurtrières. Enfin l'invention d'un bénédictin chimiste, amenant un nouvel art de la guerre chez toutes les nations, rendant le courage et la force inutiles, a fait que Gustave et Turenne ont été tués par des poltrons. Il y a maintenant en Europe, en comptant les Turcs et les Tartares, quinze cent mille soldats portant des fusils. Aucun ne sait qu'il est armé par un moine mathématicien.

Chap. XXXIII. — *Des lois inconnues.*

Si Newton a découvert cette clef de la nature, par laquelle une pierre, une bombe retombe en cherchant le centre de la terre, et les planètes marchent dans leurs orbites; si cette loi de l'attraction agit, non en raison des surfaces, comme pourrait faire l'impulsion d'un fluide, mais en raison des masses; si elle pénètre au centre de la matière en raison inverse du carré des distances, pourquoi cette loi n'agit-elle pas suivant les mêmes proportions dans les phénomènes de l'aimant, dans ceux de l'électricité, dans l'ascension des liqueurs à travers les tuyaux capillaires, dans la cohésion des corps, dans les rayons du soleil qui rebondissent d'une surface de cristal, sans toucher réellement cette surface? On ne peut, dans aucun de ces cas, avoir recours aux lois du mouvement, à l'impulsion des corpuscules intermédiaires. Il y a donc certainement des lois éternelles, inconnues, suivant lesquelles tout s'opère, sans qu'on puisse les expliquer par la matière et par le mouvement.

Ces lois ressemblent à celles par lesquelles tous les animaux font agir leurs membres à leur volonté. Qui découvrira le rapport de la volonté d'un animal et du mouvement de ses jambes? Il y a donc des lois qui ne tiennent en rien à la matière connue. La philosophie corpusculaire ne peut donc rendre aucune raison des premiers principes des choses. Descartes, en paraissant s'expliquer en philosophe, prononçait donc l'assertion la moins philosophique, quand il disait : « Donnez-moi de la matière et du mouvement, et je vais faire un monde. »

Il y a dans toutes les académies une chaire vacante pour les vérités inconnues, comme Athènes avait un autel pour les dieux ignorés.

Chap. XXXIV. — *Ignorances éternelles.*

La nature de nos sensations, de nos idées, de notre mémoire, ne nous est-elle pas plus inconnue encore? Comment se peut-il faire qu'un animal sente? Quel rapport y a-t-il entre la matière connue et le sentiment?

Comment une idée se place-t-elle dans notre cerveau? Peut-on avoir une sensation sans avoir l'idée, la conscience, le témoignage interne qu'on éprouve cette sensation?

Comment cet animal, à qui j'ai coupé la tête, a-t-il encore des sensations, privé du cerveau d'où partent les nerfs qui sont l'origine de tout sentiment ?

Pourquoi, vivant sans tête des semaines entières, sent-il encore les piqûres que je lui fais ? pourquoi se réfugie-t-il dans son enveloppe à la moindre sensation désagréable que je lui cause ?

Qu'est-ce que la mémoire ? et dans quel magasin retrouve-t-on quelquefois, sans le vouloir, une foule d'idées et de mots dont on n'avait plus aucun souvenir ?

Comment les animaux ont-ils en songe des sensations et des idées qu'ils n'avaient point eues en veillant ?

Par quel accord incompréhensible la volonté fait-elle obéir incontinent certains muscles, certains viscères, tandis qu'il y en a d'autres sur lesquels elle n'aura jamais le moindre empire ? Enfin pourquoi a-t-on l'existence ? Pourquoi est-il quelque chose ?

Si, après ces réflexions, on ne sait pas douter, il faut qu'on soit bien fier.

CHAP. XXXV. — *Incertitudes en anatomie.*

Malgré tous les secours que le microscope a donnés à l'anatomie, malgré les grandes découvertes de tant d'habiles chirurgiens, de tant de médecins célèbres, que de disputes interminables se sont élevées, et dans quelle incertitude sommes-nous encore !

Interrogez Borelli sur la force exercée par le cœur dans sa dilatation, dans sa diastole ; il vous assure qu'elle est égale à un poids de cent quatre-vingt mille livres. Adressez-vous à Keill, il vous certifie que cette force n'est que de cinq onces. Jurin vient, qui décide qu'ils se sont trompés ; et il fait un nouveau calcul ; mais un quatrième survenant prétend que Jurin s'est trompé aussi. La nature se moque d'eux tous, et pendant qu'ils disputent, elle a soin de notre vie ; elle fait contracter et dilater le cœur par des voies que l'esprit humain n'a pas encore pénétrées.

On dispute depuis Hippocrate sur la manière dont se fait la digestion ; les uns accordent à l'estomac des sucs digestifs ; d'autres les lui refusent. Les chimistes font de l'estomac un laboratoire ; Hecquet en fait un moulin. Heureusement la nature nous fait digérer sans qu'il soit nécessaire que nous sachions son secret. Elle nous donne des appétits, des goûts, et des aversions, pour certains aliments, dont nous ne pourrons jamais savoir la cause.

On dit que notre chyle se trouve déjà tout formé dans les aliments mêmes, dans une perdrix rôtie. Mais que tous les chimistes ensemble mettent des perdrix dans une cornue, ils n'en retireront rien qui ressemble ni à une perdrix ni au chyle. Il faut avouer que nous digérons ainsi que nous recevons la vie, que nous la donnons, que nous dormons, que nous sentons, que nous pensons, sans savoir comment.

Nous avons des bibliothèques entières sur la génération ; mais personne ne sait encore seulement quel ressort produit l'intumescence dans la partie masculine.

On parle d'un suc nerveux qui donne la sensibilité à nos nerfs; mais ce suc n'a pu être découvert par aucun anatomiste.

Les esprits animaux, qui ont une si grande réputation, sont encore à découvrir.

Votre médecin vous fera prendre une médecine, et ne sait pas comment elle vous purge.

La manière dont se forment nos cheveux et nos ongles nous est aussi inconnue que la manière dont nous avons des idées. Le plus vil excrément confond tous les philosophes.

Winslow et Lemeri entassent mémoires sur mémoires touchant la génération des mulets; les savants se partagent : l'âne, fier et tranquille, sans se mêler de la dispute, subjugue cependant sa cavale, qui lui donne un beau mulet. La nature agit, et nous disputons.

M. Ulloa, si célèbre par les services qu'il a rendus à la physique, et par l'Histoire philosophique de ses voyages, assure que, dans un canton de l'Amérique méridionale, il a vu plusieurs fois, observé, mangé des écrevisses, qui toutes étaient constamment plus charnues dans la pleine lune, et plus chétives dans les quadratures. Il a vu et employé de gros roseaux qui éprouvaient les mêmes influences, étant plus nourris d'eau quand la lune était dans son plein que dans le temps du croissant, et du décours. Il eût été à souhaiter qu'il eût donné plus de détails de ces étonnantes singularités. Ni les écrevisses ni les roseaux de nos climats ne subissent de pareils changements. Pourquoi la lune agirait-elle sur les écrevisses du Pérou, et négligerait-elle celles de notre continent ? Pourquoi ne serait-ce que dans un seul canton du Pérou que les roseaux et les écrevisses seraient soumis à l'empire de la lune ? Je ferais un trop gros livre, si je voulais détailler tout ce que je n'ai jamais pu comprendre.

CHAP. XXXVI. — *Des monstres et des races diverses.*

On ne s'accorde point sur l'origine des monstres. Comment s'accorderait-on, puisqu'on ne convient pas encore de la formation des animaux réguliers ?

Natura est sibi semper consona, dit Newton: la nature est partout semblable à elle-même. Oui, les corps tendent vers le centre en tout pays : le feu brûlera partout; mais la nature agit très-différemment dans les générations, puisque, parmi les animaux, les uns jettent des œufs, les autres sont vivipares, ceux-ci n'ont qu'un sexe, ceux-là en ont deux, plusieurs engendrent sans copulation.

Quo teneam vultus mutantem Protea nodo ?
   Hor., lib. I, ep. 1, 90.

La race des nègres n'est-elle pas absolument différente de la nôtre ? Il y a encore des ignorants qui impriment que des nègres et des négresses, transportés dans nos climats, engendrent des blancs. Il n'y a rien de plus faux, et tous nos colons d'Amérique qui ont des nègres sont témoins du contraire.

DES SINGULARITÉS DE LA NATURE.

Comment peut-on imprimer encore aujourd'hui que les noirs sont une race de blancs noircie par le climat, tandis qu'on sait que, sous le même climat, il n'y avait aucun noir en Amérique lorsqu'elle fut découverte, tandis qu'il n'y a de nègres que ceux qu'on y a transplantés d'Afrique, tandis que ces nègres engendrent toujours des nègres comme eux? La maladie des systèmes peut-elle troubler l'esprit au point de faire dire qu'un Suédois et un Nubien sont de la même espèce, lorsqu'on a sous les yeux le *reticulum mucosum* des nègres, qui est absolument noir, et qui est la cause évidente de leur noirceur inhérente et spécifique? Je sais que, dans la même carrière, on trouve du marbre noir et du marbre blanc; mais certainement le blanc n'a pas produit le noir, et les races nègres ne viennent pas plus de races blanches, que l'ébène ne vient d'un orme, et que les mûres ne viennent des abricots.

Le compilateur du *Journal économique*[1], qui n'est jamais sorti de la rue Saint-Jacques, me dit, d'un ton de maître, que les Caraïbes n'étaient point rouges; que les mères se plaisaient seulement à teindre en rouge leurs enfants. Et voilà mes voisins qui arrivent de la Guadeloupe, et qui me donnent une attestation, « qu'il y a encore cinq à six familles caraïbes dans l'anse Bertrand; leur peau est de la couleur de notre cuivre rouge; ils sont bien faits, ils ont de longs cheveux et point de barbe. »

Ils ne sont pas les seuls peuples de cette couleur. J'ai parlé à l'Indien insulaire qui vint en France demander justice, vers l'an 1720, au conseil du roi, contre M. Hébert, ci-devant gouverneur de Pondichéry, et qui l'obtint. Il était rouge, et d'ailleurs un très-bel homme.

Maillet a raison quelquefois. Il avait beaucoup vu et beaucoup examiné. « Les Américains, dit-il, page 125 du premier volume, surtout les Canadiens, excepté les Esquimaux, n'ont ni poil ni barbe, etc. » Son éditeur, qui a fait imprimer le manuscrit de Maillet, chez la veuve Duchesne, fait une note sur ce texte, et dit fièrement : « Telliamed se trompe; les sauvages de l'Amérique ne sont point sans poil et sans barbe; ils n'en ont point, parce que, s'arrachant le poil, ou le faisant tomber à mesure qu'il paraît, ils se frottent ensuite du jus de certaines herbes pour l'empêcher de croître de nouveau. »

Avec quelle confiance, avec quelle ignorance intrépide ce badaud de Paris prétend-il que les Brésiliens, et les Canadiens, et les Patagons, se sont donné le mot de s'arracher le poil sans avoir de pinces! Quel secret se sont-ils communiqué du fleuve Saint-Laurent au cap de Horn pour empêcher la barbe de croître? Quel est le voyageur, le colon américain, qui ne sache que ces peuples n'ont jamais eu de poil en aucune partie de leur corps?

Les hommes, dans le Nouveau-Monde, en sont privés, comme les lions y sont privés de crins[2]; toute la nature était différente de la nôtre

---
1. Boudet. (ÉD.)
2. Voici la lettre qu'un ingénieur en chef, qui a commandé longtemps en Canada, me fait l'honneur de m'écrire, du 1ᵉʳ décembre 1768 :
« J'ai vu au Canada trente-deux nations différentes rassemblées à la fois pour

en Amérique quand nous la découvrîmes; de même que, sur les bords méridionaux de l'Afrique, il n'y avait rien qui ressemblât aux productions de notre Europe, ni hommes, ni quadrupèdes, ni oiseaux, ni plantes.

Croira-t-on de bonne foi qu'un Lapon et un Samoïède soient de la race des anciens habitants des bords de l'Euphrate? Leurs rangifères ou rennes, animaux qui ne se trouvent point ailleurs et qui ne peuvent vivre ailleurs, descendent-ils des cerfs de la forêt de Senlis? Il n'a pas certainement été plus difficile à la nature de faire des Lapons et des rangifères que des nègres et des éléphants.

Les nègres blancs que j'ai vus, ces petits hommes qui ont des yeux de perdrix, et la soie la plus fine et la plus blanche sur la tête, et qui ne ressemblent aux nègres que par leur nez épaté et par la rondeur de la conjonctive, ne me paraissent pas plus descendre d'une race noire dégénérée que d'une race de perroquets. L'auteur de l'*Histoire naturelle* les croit d'une race noire, parce qu'ils sont blancs, et qu'ils habitent tous à peu près la même latitude, au Darien, au sud du Zaïr et à Ceylan. Et moi, c'est parce qu'ils habitent la même latitude que je les crois tous d'une race particulière.

Est-il bien vrai que, dans quelques îles des Philippines et des Mariannes, il y ait quelques familles qui ont des queues, comme on peint les satyres et les faunes? Des missionnaires jésuites l'ont assuré : plusieurs voyageurs n'en doutent pas, Maillet dit qu'il en a vu. Des domestiques nègres de feu M. de La Bourdonnaie, le vainqueur de Madras, et la victime de ses services, m'ont juré qu'ils en avaient vu plusieurs. Il ne serait pas plus étrange que le croupion se fût allongé et relevé dans quelques races d'hommes, qu'il ne l'est de voir des familles qui ont six doigts aux mains. Mais qu'il y ait eu quelques hommes à queue ou non, cela est fort peu important, et il faut ranger ces queues dans la classe des monstruosités.

Y a-t-il eu en effet des espèces de satyres, c'est-à-dire des filles ont-elles pu être enceintes de la façon des singes, et enfanter des animaux métis, comme les juments font des mulets et des jumars? Toute l'antiquité atteste ces faits singuliers. Plusieurs saints ont vu des satyres. Ce n'est pas un article de foi. La chose est très-possible, mais elle a dû être rare. Il est vrai que les singes aiment fort les filles : mais nos filles ont de l'horreur pour eux, elles les craignent, elles les fuient. Cependant on ne peut douter de plusieurs unions monstrueuses arrivées quelquefois dans les pays chauds. La peine prononcée dans les

---

dant deux campagnes de suite dans notre armée, et je les ai vues avec des yeux assez curieux pour vous assurer qu'ils sont imberbes. Leurs femmes le sont aussi, et c'est un fait sur lequel vous pouvez également compter. Enfin, monsieur, non-seulement les Américains n'ont point de poil au menton, mais ils n'en ont dans aucune partie du corps. Ils en ont l'obligation à la nature, et non à la prétendue herbe dont le savant auteur de la rue Saint-Jacques prétend qu'ils se frottent. »

— M. Carver, homme très-instruit, qui a fait un voyage dans l'Amérique septentrionale en 1767, et qui a passé un hiver chez les sauvages, a imprimé qu'ils n'étaient imberbes que parce qu'ils s'arrachaient le poil. (*Éd. de Kehl.*)

lois contre de tels accouplements, est une preuve incontestable de leur réalité, et il est fort probable qu'il est né des animaux de ces mélanges ignorés dans nos villes, mais dont on voit des exemples dans les campagnes.

CHAP. XXXVII. — *De la population.*

La population a-t-elle toujours été abondante ? non, sans doute ; les peuples paresseux, comme la plupart des Américains, ont dû toujours être en petit nombre ; ils laissent leurs terres en friche ; les fleuves les inondent ; des marais immenses infectent l'air ; on respire des poisons. La paucité de la race humaine rend la terre inhabitable, et cette terre abandonnée contribue à son tour à la dépopulation. Notre continent est tantôt plus ou moins peuplé. Le nombre des citoyens romains diminua sensiblement depuis les horribles scélératesses de Sylla et de Marius, jusqu'à celles du lâche Octave, surnommé *Auguste*, et de l'effréné Antoine.

L'espèce diminua beaucoup en France, dans les guerres civiles, jusqu'aux belles années du divin Henri IV. J'ai lu, dans je ne sais que livre[1], que, sous Charles IX, au temps de la Saint-Barthélemy, la France avait vingt-neuf millions d'habitants. Une pareille erreur ne mérite pas d'être réfutée.

Il est certain que la peste, la guerre, la famine, l'inquisition, ont dépeuplé des royaumes entiers. D'un autre côté, il y a des provinces trop peuplées, comme la Basse-Allemagne, dont il est sorti plus de vingt mille familles pour aller chercher des terres dans les colonies anglaises. Le pays du pape manque d'hommes, celui des Provinces-Unies en regorge ; la raison en est assez connue : l'un est habité par des prêtres qui immolent les races futures à l'espérance d'un petit bénéfice ; l'autre est peuplé des facteurs des deux mondes. Si on avait dit à Trajan, dans son beau forum : *Londres sera un jour six fois plus peuplée que votre Rome*, on l'aurait bien étonné.

L'Europe est-elle plus peuplée qu'elle ne l'était du temps de Charlemagne ? oui, malgré les moines ; regardez Amsterdam, Venise, Paris, Londres, Milan, Naples, Hambourg, et tant d'autres villes qui n'étaient alors que des villages très-chétifs, ou qui n'existaient pas.

La plus grande partie de la forêt Hercinie est couverte de villes, de villages et de moissons. Le bois commence à manquer de nos jours presque partout : notre Europe est si peuplée, qu'il est impossible que chacun ait du pain blanc, et mange quatre livres de viande par mois. Voilà où nous en sommes : avons-nous trop de monde ? n'en avons-nous pas assez ?

Au reste, ne négligeons jamais l'occasion de remarquer l'épouvantable ridicule de ceux qui donnent à chaque enfant de Noé des centaines de milliards de descendants au bout de quelques années.

---

1. Voltaire veut probablement parler de l'*Ami des hommes* ; mais c'est de *dix-neuf millions* seulement qu'il est question, première partie, page 55 de l'édition in-4° de l'*Ami des hommes*. (*Note de M. Beuchot*.)

Un célèbre Écossais, M. Templeman, a calculé que si toute la terre habitée était peuplée comme la Hollande, elle contiendrait 34 720 millions d'hommes; si comme la Russie, 435 millions seulement. L'auteur de l'*Essai sur les mœurs et l'esprit des nations* assigne autour de 900 millions de têtes au genre humain. Je crois qu'il ne s'éloigne pas beaucoup de la vérité. Quand on ne se trompe que d'un million dans de tels calculs, le mal n'est pas grand. Je ne sais si la terre manque d'hommes, mais certainement elle manque d'hommes heureux.

CHAP. XXXVIII. — *Ignorances stupides et méprises funestes*

Quoique les physiciens paraissent condamnés à une ignorance éternelle sur les principes des choses, cependant la distance est prodigieuse entre eux et le vulgaire. Quelle différence, par exemple, des connaissances d'un grand artiste en horlogerie, et d'une dame qui achète sa montre! elle ne s'informe pas seulement de l'art qui a divisé également les heures du jour. Il y a cent mille âmes dans Paris qui, en soufflant le feu de leurs cheminées, n'ont jamais seulement pensé à la mécanique par laquelle l'air entrant dans leur soufflet ferme ensuite la soupape qui lui est attachée. Les dames, les princesses, les reines, passent une partie du matin à leur miroir, sans imaginer qu'il y a des traits de lumière qui forment un angle d'incidence égal à l'angle de réflexion. On mange tous les jours des membres, des entrailles d'animaux, en n'ayant pas même la curiosité de savoir ce qu'on mange. Le nombre est très-petit de ceux qui cherchent à s'instruire des ressorts de leur corps et de leur pensée. De là vient qu'ils mettent souvent l'un et l'autre entre les mains des charlatans.

Le gros des hommes est dans ce cas pour les choses qui l'intéressent le plus. La routine les conduit dans toutes les actions de leur vie; on ne réfléchit que dans les grandes occasions, et quand il n'est plus temps. C'est ce qui a rendu presque toutes les administrations vicieuses; c'est ce qui a produit autant d'erreurs dans le gouvernement que dans la philosophie. En voici un exemple palpable tiré de l'arithmétique.

Le gouvernement de Suède eut autrefois besoin d'argent; le ministre emprunta et créa des rentes perpétuelles à cinq pour cent, comme avaient fait ses prédécesseurs. L'argent valait alors 25 livres idéales le marc; ainsi le citoyen et l'étranger qui prêtèrent chacun 40 marcs durent recevoir, à cinq pour cent, chacun deux marcs de rente, c'est-à-dire 50 livres idéales; l'écu était alors à deux livres chimériques et demie, qu'on nommait 50 sous chimériques. Ces deux marcs réels composaient au rentier 20 écus de rente, qu'on appelait 50 livres.

Cependant les dépenses augmentèrent; l'État s'obéra de plus en plus; l'argent manqua. On conseilla au ministre de faire valoir le marc 50 livres au lieu de 25, et par conséquent de donner la dénomination de cinq livres à ce même écu qui n'en valait que deux et demie. « Par la vertu de cette parole, il payera, disait-on, toutes les rentes en idée, et il ne donnera réellement que la moitié de ce qu'il doit. » On promulgue l'édit : l'écu en vaut deux tout d'un coup ; 50 sous numéraires sont changés en 100 sous numéraires. Le sot peuple, à qui on dit que son argent a doublé de valeur dans sa poche, se croit du double plus riche, et celui qui a prêté son argent a perdu en un moment, et pour jamais, la moitié de son bien. Mais qu'arrive-t-il de cette opération aussi injuste qu'absurde ? le gouvernement ne reçoit plus que la moitié des impôts ; le cultivateur qui devait un écu ou deux livres et demie idéales de taille ne donne plus que la moitié réelle d'un écu, et le gouvernement, en frustrant ses créanciers, est bien plus frustré par ses débiteurs. Il n'a d'autre ressource que de doubler les impôts, et cette ressource est une ruine. Rien n'est plus sensible que cet exemple.

On voit mille autres abus non moins pernicieux dans plus d'un État. On n'y remédie pas ; on étaye comme on peut la maison prête à crouler, et on laisse le soin de la rebâtir à son successeur, qui n'en pourra venir à bout.

Il y a des vices d'administration qui sont plus contagieux que la peste, et qui portent nécessairement la désolation d'un bout de l'Europe à l'autre. Un prince veut faire la guerre ; et, croyant que Dieu est toujours pour les gros bataillons, il double le nombre de ses troupes ; le voilà d'abord ruiné dans l'espérance d'être vainqueur ; cette ruine, qui était auparavant la suite de la guerre, commence chez lui avant le premier coup de canon. Son voisin en fait autant pour lui résister ; chaque prince, de proche en proche, double aussi ses armées ; les campagnes sont donc ravagées du double ; le cultivateur, doublement foulé, a nécessairement la moitié moins de bestiaux pour engraisser ses terres, la moitié moins de manœuvres pour l'aider à les cultiver. Ainsi tout le monde souffre à peu près également, quand même les avantages seraient égaux de chaque côté.

Les lois qui concernent la justice distributive ont été souvent aussi mal conçues que les ressources d'une administration obérée. Les hommes ayant tous les mêmes passions, le même amour pour la liberté, chaque homme étant à peu près un composé d'orgueil, de cupidité et d'intérêt, d'un grand goût pour une vie douce, et d'une inquiétude qui exige une vie active, ne devraient-ils pas avoir les mêmes lois, comme dans un hôpital on fait prendre le même quinquina à tous ceux qui ont la fièvre tierce ?

On répond à cela que, dans un hôpital bien policé, chaque maladie a son traitement particulier ; mais c'est ce qui n'arrive pas dans nos gouvernements ; tous les peuples sont malades en morale, et il n'y a pas deux régimes qui se ressemblent.

Les lois de toute espèce, qui sont la médecine des âmes, ont donc été composées presque partout par des charlatans qui ont donné des palliatifs, et quelques-uns même ont prescrit des poisons.

Si la maladie est la même dans le monde entier, si un Basque a tout autant de cupidité qu'un Chinois, il est évident qu'il faut un régime uniforme pour le Chinois et pour le Basque. La différence du climat n'a ici aucune influence. Ce qui est juste à Bilbao doit être juste à Pékin, par la raison qu'un triangle rectangle est la moitié de son carré sur le rivage atlantique comme sur le rivage indien : la vérité est une, toutes les lois diffèrent; donc la plupart des lois ne valent rien.

Un jurisconsulte un peu philosophe me dira : « Les lois sont comme les règles du jeu, chaque nation joue aux échecs différemment. Chez les unes le roi peut faire deux pas; chez d'autres il n'en fait qu'un; ici on va à dame, là on n'y va pas. Mais dans chaque pays tous les joueurs se soumettent à la loi établie. »

Je lui réponds : Cela est fort bien quand il ne s'agit que de jouer. Je joue mon bien en Hollande, en le plaçant à deux et demi pour cent; en France j'en aurai cinq. Certaines denrées payeront plus de droits en Angleterre qu'en Espagne. Ce sont là véritablement des jeux dont les règles sont arbitraires. Mais il y a des jeux où il va de la liberté, de l'honneur et de la vie.

Celui qui voudrait calculer les malheurs attachés à l'administration vicieuse serait obligé de faire l'histoire du genre humain. Il résulte de tout ceci que, si les hommes se trompent en physique, ils se trompent encore plus en morale, et que nous sommes livrés à l'ignorance et au malheur dans une vie qui, tout bien calculé, n'a pas, l'un portant l'autre, trois ans de sensations agréables.

« Mais quoi ! nous répondra un homme à routine, était-on mieux du temps des Goths, des Huns, des Vandales, des Francs, et du grand schisme d'Occident ? »

Je réponds que nous étions beaucoup plus mal. Mais je dis que les hommes qui sont aujourd'hui à la tête des gouvernements étant beaucoup plus instruits qu'on ne l'était alors, il est honteux que la société ne se soit pas perfectionnée en proportion des lumières acquises. Je dis que ces lumières ne sont encore qu'un crépuscule. Nous sortons d'une nuit profonde, et nous attendons le grand jour.

FIN DU VINGT-SEPTIÈME VOLUME.

TABLE.

MÉLANGES (SUITE.)

	Pages.
Les questions de Zapata, traduites par le sieur Tamponet, docteur de Sorbonne.	1
Lettre de M. de Voltaire. 1767.	14
Examen important de milord Bolingbroke, ou le Tombeau du fanatisme, écrit sur la fin de 1736. 1767.	16
Lettre sur les panégyriques, par Irénée Aléthès, professeur en droit dans le canton d'Uri. 1767.	102
Homélies prononcées à Londres en 1765, dans une assemblée particulière. 1767.	107
Mémoire présenté au ministère de France, et qui doit être mis à la tête de la nouvelle édition qu'on prépare du *Siècle de Louis XIV*. 1767.	139
La défense de mon oncle. 1767.	146
A Warburton. 1767.	195
Fragment des instructions pour le prince royal de ***. 1767.	197
Lettre de Gérofle à Cogé. 1767.	204
Essai historique et critique sur les dissensions des Églises de Pologne, par Joseph Bourdillon, professeur en droit public. 1767.	206
Lettres à S. A. Mgr le prince de ***. sur Rabelais, et sur d'autres auteurs qui ont mal parlé de la religion chrétienne. 1767.	220
La prophétie de la Sorbonne, de l'an 1530, tirée des manuscrits de M. Baluze. 1767.	263
Réponse catégorique au sieur Cogé. 1767.	264
Le dîner du comte de Boulainvilliers.	265
Avis à tous les Orientaux. 1767.	286
Femmes, soyez soumises à vos maris. 1767.	287
Préface de M. Abauzit. 1767.	290
Lettre d'un avocat de Besançon au nommé Nonotte, ex-jésuite. 1768.	291
Épître écrite de Constantinople aux frères. 1768.	293
Lettre de l'archevêque de Cantorbéry à l'archevêque de Paris. 1768.	296
Sermon prêché à Bâle, le premier jour de l'an 1768, par Josias Rosette. 1768.	298
Déclaration. 1768.	305
Relation du bannissement des jésuites de la Chine, par l'auteur du compère Mathieu. 1768.	306
Entretiens chinois. 1768.	317
Conseils raisonnables à M. Bergier, pour la défense du christianisme, par une Société de bacheliers en théologie. 1768.	329
Profession de foi des théistes, par le comte Da.... au R. D. P., traduite de l'allemand. 1768.	342

Discours aux confédérés catholiques de Kaminieck, en Pologne, par le major Kaiserling, au service du roi de Prusse. 1768............ 350
L'épître aux Romains, traduite de l'italien de M. le comte de Corbera. 1768... 353
Remontrances du corps des pasteurs du Gévaudan à Antoine-Jacques Rustan, pasteur suisse à Londres. 1768...................... 384
Instructions à Antoine-Jacques Rustan. 1768................ 387
Des singularités de la nature, par un académicien de Londres, de Bologne, de Pétersbourg, de Berlin, etc. 1768................ 392

FIN DE LA TABLE DU VINGT-SEPTIÈME VOLUME.

COULOMMIERS
Imprimerie PAUL BRODARD.

RAPPORT = 15

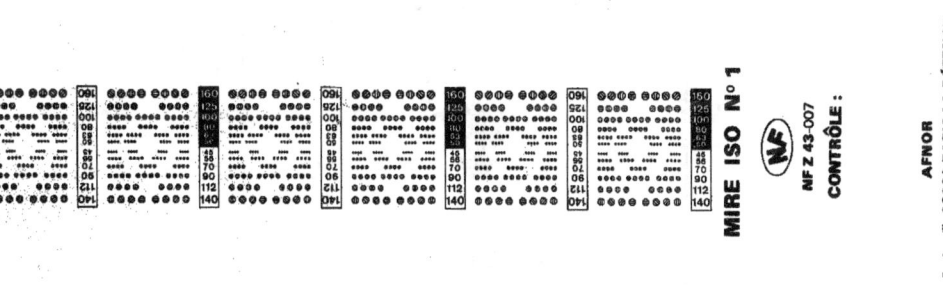

BIBLIOTHÈQUE
NATIONALE

CHÂTEAU
de
SABLÉ
1981

www.ingramcontent.com/pod-product-compliance
Lightning Source LLC
Chambersburg PA
CBHW060934230426
43665CB00015B/1941